山香教育

河南省特岗教师招聘考试专用教材

教育理论基础

山香教育考试命题研究中心 主编

首都师范大学出版社
CAPITAL NORMAL UNIVERSITY PRESS

图书在版编目(CIP)数据

教育理论基础 / 山香教育考试命题研究中心主编. -- 北京：首都师范大学出版社，2024.1
河南省特岗教师招聘考试专用教材
ISBN 978-7-5656-7902-5

Ⅰ.①教… Ⅱ.①山… Ⅲ.①教育理论—教师—聘用—资格考试—教材 Ⅳ.①G40

中国国家版本馆CIP数据核字(2023)第232868号

河南省特岗教师招聘考试专用教材
JIAOYU LILUN JICHU
教育理论基础
山香教育考试命题研究中心　主　编

策划编辑	张文强		
责任编辑	安晓东　曹亮亮	封面设计	山香教育

首都师范大学出版社出版发行
地　　址　北京市海淀区西三环北路105号
邮　　编　100048
咨询电话　010-68418523(总编室)　　010-68982468(发行部)
网　　址　http://cnupn.cnu.edu.cn
印　　刷　河南黎阳印务有限公司
经　　销　全国新华书店
版　　次　2024年1月第1版
印　　次　2024年1月第1次印刷
开　　本　889mm×1194mm　1/16
印　　张　34
字　　数　1030千
定　　价　68.00元

版权所有　翻印必究

24年内容沉淀
将心注入,用双手把考生托上岸 **24**年

山香女孩

抖音扫码 - 山香教育

一段真实感人的故事

一个中国招教的传奇

一个大山中质朴的女孩

只为了能守候心中的爱情

执著地踏上教师招考之路

几经心酸、坎坷数载

终含泪圆梦

师者大爱无疆

回首仍在招教路上迷茫无助

痛苦挣扎的考生

她忍痛放弃来之不易的光辉事业

决然分享自己的招教秘籍

掇菁撷华、纳优去粕，无微不至、倾心辅导

只为复制精彩，再造成功

她圆了一批又一批考生的教师之梦

她让一批又一批的考生喜泪盈眶

她收到了一句又一句的致谢和感恩话语

她已经不是一个她了

而是更多的她，创造了中国招教奇迹！

她就是——山香教育！

前言
QIANYAN

近年来,教师招聘考试越来越"火热",使得考生在参加教师招聘考试时面临着两大困境:一方面,随着广大考生对教师招聘考试的不断探索,笔试分数的差距在不断缩小;另一方面,教师招聘考试的试题难度和灵活性也在不断提高。因此,获得一套实用性强的教辅对考生来说尤为重要。

教育理论基础作为河南省特岗教师招聘考试的常考内容,具有内容多、复习难、要求高的特点。鉴于此,山香教育结合多年研究成果和教学反馈,深入分析制约考生得高分的因素,对教材进行精心编排,旨在帮助考生通过阅读和学习达到理想的备考效果。

3大特色　破解教育理论基础

特色1　立足真题考情　归纳核心考点

考情最能体现命题人的思想。通过对真题的梳理分析,整理出命题特点和考查方向,并以此作为教材的核心内容,真正做到"考什么,讲什么""怎么考,怎么讲"。同时,"知识再拔高"等栏目的呈现,使整个教材知识体系形成一个完美闭环。

特色2　融合教学经验　传授备考心法

教师招聘考试作为一门选拔性考试,考生顺利通过考试的途径只有一个:考高分。每道题的正误都可能决定是否顺利通过考试。所以,核心考点和备考心法就显得尤为重要。本书的编写摒弃了以往传统说教式的罗列,倡导互动式学习,并融合山香名师多年授课经验,通过"小香课堂""记忆有妙招"等栏目的设计,帮助考生从容备考。

特色3　微课视频助学　强化巩固提升

鉴于文字讲解的局限性,本书针对重难点知识配备了微课视频,由山香名师进行视频讲解,实现"读"和"讲"的完美结合。同时,本书设置"考点大默写"栏目,聚焦关键知识,助力考生掌握关键考点。

愿诸君能够善用山香图书这件"利器",在即将到来的教师招聘考试中打好有准备之战。预祝大家在有限的时间内选择最恰当、最有效的方法备考。祝各位早日走上心目中的三尺讲台!

编者

说　明

黑体字:知识点中需要重点掌握的词语。

波浪线:复习时需要重点掌握的句子。

红色句子:比画波浪线的句子更重要,需要着重掌握。

使用图解 SHI YONG TU JIE

思维导图
- 梳理知识脉络
- 勾勒认知地图

思维导图
（教学心理相关结构图：教学设计—目标设计、策略设计、媒体设计、评价设计；课堂管理—概述、群体管理、纪律管理等）

河南特岗考向
本章属于教育学的基础章节，也是重点考查章节，内容较为琐碎，需要识记的知识较多。现对2014~2023年本章河南特岗考向分析如下：

考点	考频	题型	能力层级
教育的概念	1	单选	理解
现代社会教育的特点	2	单选、判断	识记
教育学的萌芽阶段的教育思想	2	单选	识记
教育学的独立形态阶段的教育思想	4	单选	区分
中国近现代著名教育家及其教育思想	2	单选	识记

河南特岗考向
- 探究命题规律
- 精准预测考向

核心考点
- 立足真题考情
- 归纳核心考点

核心考点

第一节 教育与社会的发展

作为一种有目的地培养人的社会活动，教育的发展受社会政治经济制度、生产力水平、科学技术和文化传统等的影响，并对这些因素的变化发展产生反作用。

一、教育的社会制约性 【单选】

考点1 社会政治经济制度对教育的影响和制约

社会政治经济制度决定教育的性质。在同一政治经济制度下，各国的教育虽然也有差异，但其本质属性是相同的。

★★ 考点大默写 ★★

1. 学生极易受外部环境因素的影响，具有"染于苍则苍，染于黄则黄"的特点。这体现了学生的_____特点。
2. 学生主观能动性最基本的表现是_____。
3. 学生主观能动性的最高表现是_____。
4. 大数学家华罗庚在初中时期数学成绩非常差，他的数学老师跟全班同学说："如果将来有一个人没有出息，那个人一定是华罗庚。"之后华罗庚通过自己的努力成为著名的数学家。案例中的老师违背了学生是_____的人的学生观。
5. "应当把成人看作成人，把孩子看作孩子。"这体现了学生是_____的人的学生观。

【参考答案】
1. 可塑性 2. 自觉性/主动性 3. 创造性 4. 发展中 5. 独特

考点大默写
- 再现高频考点
- 验收学习成果

真题面对面
- 再现历年真题
- 还原考场体验

真题面对面

[2023,单,1分]"出自造物主之手的东西都是好的,而一到了人的手里,就全变坏了"。这句话蕴含的教育思想是( )
A. 自然主义　　　　　　　　　　B. 经院主义
C. 理性主义　　　　　　　　　　D. 要素主义
答案：A

小香课堂

在教育学的发展过程中,有很多"最早""第一"的著作,对此考生需要准确识记,切忌混淆。例如：
《学记》——中国及世界最早的教育专著；
《雄辩术原理》——西方最早的教育著作；
《大教学论》——近代第一本教育学著作；
《普通教育学》——第一本现代教育学著作。

小香课堂
- 精讲重点难点
- 提示易错易混

记忆有妙招

为方便考生记忆,我们将教育的社会属性总结成以下口诀：
永利机场,相对民生。永：永恒性。利：历史性。机：继承性。场：长期性。相对：相对独立性。民：民族性。生：生产性。

记忆有妙招
- 编写速记口诀
- 高效趣味记忆

知识再拔高

学校劳动教育的基本目标

(1)形成正确的劳动观,养成良好的劳动习惯。要进行劳动教育,必须从培养学生的劳动观念着手。进行劳动知识、技能和习惯的教育,帮助学生了解劳动知识及技能,掌握劳动的本领。
(2)增强劳动中的智力参与,培养学生的创造性。
(3)培养劳动特长,形成良好品德。

知识再拔高
- 开阔考生视野
- 完善知识体系

视频二维码
- 山香名师录播
- 助力视频学习

考点3　个体身心发展的不平衡性(不均衡性)

1. 个体身心发展的不平衡性的表现

一方面是指身心发展的同一方面的发展速度,在不同的年龄阶段是不平衡的。例如,青少年的身高体重在其全部发展过程中会经历两个高峰：第一个高峰是在一岁左右,第二个高峰是在青春发育期。在这两个高峰期内,身高体重的发展较之其他阶段快得多。

个体身心发展的不平衡性

目录

高效备考从扫码开始……

扫码听讲的4个理由

1. 海量真题免费刷
2. 参加模考体验佳
3. 时政打卡天天有
4. 备考咨询专业答

码上听我讲

教育理论基础知识模块

第一部分 教育学

第一章 教育与教育学

本章考题约占试卷总分值的2%~5%,考查题型主要为单项选择题、多项选择题、判断题等。

思维导图	005
河南特岗考向	006
核心考点	006
第一节 教育及其产生与发展	006
第二节 教育学及其产生与发展	014
第三节 教育研究及其方法	024

考点大默写／013／024／027

第二章 教育的基本规律

本章考题约占试卷总分值的2%~4%,考查题型主要为单项选择题、判断题等。

思维导图	029
河南特岗考向	029
核心考点	030

目录 I

第一节　教育与社会的发展 ···································· 030
　　第二节　教育与人的发展 ······································ 036

考点大默写 / 036 / 043

第三章　教育目的与教育制度

本章考题约占试卷总分值的2%~10%,考查题型主要为单项选择题、判断题、论述题等。

思维导图 ··· 045
河南特岗考向 ·· 046
核心考点 ··· 046
　　第一节　教育目的概述 ·· 046
　　第二节　我国的教育目的 ···································· 050
　　第三节　学校与学校教育制度 ······························ 056
　　第四节　我国的学校教育制度 ······························ 059

考点大默写 / 049 / 055 / 059 / 062

第四章　教师与学生

本章考题约占试卷总分值的1%~15%,考查题型主要为单项选择题、判断题、案例分析题等。

思维导图 ··· 063
河南特岗考向 ·· 064
核心考点 ··· 064
　　第一节　教　师 ··· 064
　　第二节　学　生 ··· 075
　　第三节　师生关系 ·· 077

考点大默写 / 074 / 077 / 081

第五章　课程论

本章考题约占试卷总分值的3%~8%,考查题型主要为单项选择题等。

思维导图 ··· 083
河南特岗考向 ·· 084
核心考点 ··· 084
　　第一节　课程概述 ·· 084
　　第二节　课程目标 ·· 090
　　第三节　课程内容 ·· 093
　　第四节　课程结构 ·· 095
　　第五节　课程管理 ·· 096
　　第六节　课程设计与实施 ···································· 098
　　第七节　课程评价 ·· 101

第八节　课程资源 ·· 103

考点大默写／090／093／095／096／097／100／102／104

第六章　教学论

本章考题约占试卷总分值的4%~12%，考查题型主要为单项选择题、多项选择题、判断题、案例分析题、教学设计题等。

思维导图 ··· 105
河南特岗考向 ·· 106
核心考点 ·· 106
　第一节　教学概述 ·· 106
　第二节　教学过程 ·· 108
　第三节　教学原则与教学方法 ·· 114
　第四节　教学组织形式与教学工作的基本环节 ······································ 125
　第五节　教学评价 ·· 132
　第六节　教学模式 ·· 137
　第七节　教育教学技能 ·· 140

考点大默写／107／113／124／131／137／140／145

第七章　德育

本章考题约占试卷总分值的3%~10%，考查题型主要为单项选择题、论述题、案例分析题等。

思维导图 ··· 147
河南特岗考向 ·· 148
核心考点 ·· 148
　第一节　德育概述 ·· 148
　第二节　德育过程 ·· 150
　第三节　德育原则 ·· 153
　第四节　德育的途径、方法与模式 ·· 157

考点大默写／150／152／156／161

第八章　班级管理与班主任工作

本章考题约占试卷总分值的1%~4%，考查题型主要为单项选择题、多项选择题、判断题等。

思维导图 ··· 163
河南特岗考向 ·· 164
核心考点 ·· 164
　第一节　班级与班级管理 ··· 164
　第二节　良好班集体的培养 ·· 169
　第三节　班主任工作 ··· 170

目　录　Ⅲ

第四节　课外活动与三结合教育 ···················· 176

考点大默写 / 168 / 170 / 175 / 178

附录　习近平总书记关于教育的重要论述 ···················· 179

第二部分　心理学

第一章　心理学概述

本章考题约占试卷总分值的1%~2%,考查题型主要为单项选择、多项选择题、判断题等。

思维导图 ···················· 185
河南特岗考向 ···················· 185
核心考点 ···················· 186
　　第一节　心理学的研究对象 ···················· 186
　　第二节　心理的实质 ···················· 187
　　第三节　心理学的产生与发展 ···················· 190

考点大默写 / 187 / 190 / 192

第二章　认知过程

本章考题约占试卷总分值的2%~7%,考查题型主要为单项选择题、判断题等。

思维导图 ···················· 193
河南特岗考向 ···················· 194
核心考点 ···················· 194
　　第一节　注　意 ···················· 194
　　第二节　感觉与知觉 ···················· 200
　　第三节　记　忆 ···················· 208
　　第四节　表象与想象 ···················· 215
　　第五节　思　维 ···················· 217

考点大默写 / 200 / 208 / 214 / 217 / 226

第三章　情绪情感和意志过程

本章考题约占试卷总分值的5%~12%,考查题型主要为单项选择题、判断题、论述题、案例分析题等。

思维导图 ···················· 227
河南特岗考向 ···················· 227
核心考点 ···················· 228
　　第一节　情绪和情感 ···················· 228
　　第二节　意　志 ···················· 235

考点大默写 / 235 / 241

第四章　个性心理

本章考题约占试卷总分值的2%~8%，考查题型主要为单项选择题等。

思维导图	243
河南特岗考向	244
核心考点	244
第一节　需要、动机与兴趣	244
第二节　能　力	248
第三节　气质与性格	254

考点大默写 / 248 / 253 / 258

第三部分　教育心理学

第一章　教育心理学概述

本章考题约占试卷总分值的1%~10%，考查题型主要为单项选择题、论述题等。

思维导图	261
河南特岗考向	261
核心考点	261
第一节　教育心理学的基本内涵	261
第二节　教育心理学的发展	264
第三节　教育心理学的研究方法与研究原则	266

考点大默写 / 263 / 265 / 267

第二章　心理发展及个别差异

本章考题约占试卷总分值的2%~8%，考查题型主要为单项选择题、多项选择题、判断题等。

思维导图	269
河南特岗考向	270
核心考点	270
第一节　心理发展概述	270
第二节　认知发展与教育	273
第三节　中小学生人格、社会化发展与教育	279
第四节　学生的个别差异	284

考点大默写 / 273 / 279 / 283 / 287

第三章　学习理论

本章考题约占试卷总分值的2%~10%，考查题型主要为单项选择题、判断题等。

思维导图	289
河南特岗考向	290
核心考点	290
第一节 学习概述	290
第二节 行为主义学习理论	293
第三节 认知派学习理论	300
第四节 人本主义学习理论	305
第五节 建构主义学习理论	306

考点大默写 / 292 / 299 / 305 / 306 / 308

第四章　学习心理

本章考题约占试卷总分值的4%~16%，考查题型主要为单项选择题、判断题、论述题、案例分析题等。

思维导图	309
河南特岗考向	310
核心考点	311
第一节 学习动机	311
第二节 学习策略	323
第三节 学习迁移	329
第四节 知识的学习	334
第五节 技能的形成	339
第六节 问题解决与创造性	344
第七节 态度与品德的形成	352

考点大默写 / 323 / 329 / 334 / 339 / 344 / 352 / 362

第五章　教学心理

本章考题约占试卷总分值的2%~8%，考查题型主要为单项选择题、案例分析题等。

思维导图	363
河南特岗考向	363
核心考点	364
第一节 教学设计	364
第二节 课堂管理	369

考点大默写 / 369 / 380

第六章　心理健康与教师职业心理

本章考题约占试卷总分值的1%~12%，考查题型主要为单项选择题、判断题、论述题、案例分析题等。

思维导图	381
河南特岗考向	381

VI　　目　录

核心考点	382
第一节　心理健康概述	382
第二节　学生的心理健康及其维护	384
第三节　教师职业心理	390

考点大默写 / 384 / 390 / 397

第四部分　新课程理念

思维导图	401
河南特岗考向	401
核心考点	402

第一章　新课程改革概述

本章考题约占试卷总分值的0~1%,考查题型主要为判断题等。

第一节　新课程改革的背景与发展趋势	402
第二节　新课程改革的目标与理念	403

考点大默写 / 405

第二章　新课程与教学改革

本章考题约占试卷总分值的1%~8%,考查题型主要为单项选择题、判断题、案例分析题等。

第一节　教学改革概述	407
第二节　教师角色与教学行为	407
第三节　新的教学观	409
第四节　学习方式的变革	411

考点大默写 / 413

第三章　综合实践活动

本章考题约占试卷总分值的0~1%,考查题型主要为判断题等。

第一节　综合实践活动概述	414
第二节　研究性学习	415

考点大默写 / 416

第五部分　教师职业道德

思维导图	419
河南特岗考向	419
核心考点	420

第一章 教师职业道德概述

本章考题约占试卷总分值的0～2%，考查题型主要为单项选择题等。

  第一节 教师职业道德的概念、特点及价值蕴含 …………………………… 420
  第二节 教师职业道德的功能 …………………………………………………… 422

考点大默写 / 422

第二章 教师职业道德的基本原则、范畴及规范

本章考题约占试卷总分值的1%～12%，考查题型主要为单项选择题、多项选择题、判断题、案例分析题等。

  第一节 教师职业道德基本原则 ………………………………………………… 423
  第二节 教师职业道德范畴 ……………………………………………………… 424
  第三节 《中小学教师职业道德规范》解读 …………………………………… 426

考点大默写 / 431

第三章 教师职业道德修养与评价

本章考题约占试卷总分值的1%～2%，考查题型主要为单项选择题、判断题等。

  第一节 教师职业道德修养 ……………………………………………………… 433
  第二节 教师职业道德评价 ……………………………………………………… 434

考点大默写 / 436

第六部分　教师法律法规及政策

思维导图 …………………………………………………………………………………… 439
河南特岗考向 ……………………………………………………………………………… 440
核心考点 …………………………………………………………………………………… 440

第一章 教育法律基础

本章考题约占试卷总分值的1%～2%，考查题型主要为单项选择题等。

  第一节 教育法规概述 …………………………………………………………… 440
  第二节 教育法律规范 …………………………………………………………… 442
  第三节 教育法律关系 …………………………………………………………… 443
  第四节 教育法律救济 …………………………………………………………… 445

考点大默写 / 447

第二章 依法执教与教师违法(侵权)行为

本章考题约占试卷总分值的1%～6%，考查题型主要为单项选择题等。

  第一节 依法执教 ………………………………………………………………… 448
  第二节 教师违法(侵权)行为 …………………………………………………… 448

考点大默写 / 451

第三章 现行主要的教育法律法规

本章考题约占试卷总分值的4%~14%,考查题型主要为单项选择题、判断题、案例分析题等。

- 第一节 《中华人民共和国教育法》·················452
- 第二节 《中华人民共和国义务教育法》·················457
- 第三节 《中华人民共和国教师法》·················461
- 第四节 《中华人民共和国未成年人保护法》·················465
- 第五节 《中华人民共和国预防未成年人犯罪法》·················468
- 第六节 《学生伤害事故处理办法》·················471
- 第七节 《中小学教育惩戒规则(试行)》·················474

考点大默写 / 477

第四章 新教育政策动向

本章考题约占试卷总分值的1%~10%,考查题型主要为单项选择题、判断题、案例分析题等。

- 第一节 《关于构建优质均衡的基本公共教育服务体系的意见》(节选)·················479
- 第二节 《关于加强中小学地方课程和校本课程建设与管理的意见》(节选)·················480
- 第三节 《义务教育课程方案(2022年版)》(节选)·················482
- 第四节 《关于进一步减轻义务教育阶段学生作业负担和校外培训负担的意见》(节选)·················484
- 第五节 《关于全面加强新时代大中小学劳动教育的意见》·················485
- 第六节 《新时代中小学教师职业行为十项准则》·················487

考点大默写 / 487

主观题应试技巧模块

第一章 案例分析题
- 第一节 2014-2023年真题分析·················491
- 第二节 答题策略·················492

第二章 论述题
- 第一节 2014-2023年真题分析·················496
- 第二节 答题策略·················496

第三章 教学设计题
- 第一节 2014-2023年真题分析·················498
- 第二节 教案设计·················498
- 第三节 教育方案设计·················508

第四章 教育写作题

节	标题	页码
第一节	2014-2023年真题分析	515
第二节	教育写作评分标准	515
第三节	教育写作答题技巧	517
第四节	教育写作素材精选	519
第五节	教育写作范文展示	521

专家微课视频索引

（扫描正文中下列知识点处的二维码，即可获取专家微课视频）

- 教育的基本要素 / 008
- 古代希腊 / 011
- 苏格拉底 / 016
- 行动研究法 / 026
- 教育的政治功能 / 032
- 内发论 / 036
- 外铄论 / 037
- 个体身心发展的不平衡性 / 042
- 教育目的的层次结构 / 048
- 现代学校教育制度的类型 / 057
- 教师职业的发展历史 / 065
- 学科课程与活动课程 / 085
- 间接经验与直接经验相结合 / 109
- 复式教学 / 126
- 备课 / 128
- 疏导原则 / 153
- 注意的稳定性与注意的分配 / 197
- 知觉的选择性 / 204
- 遗忘的原因 / 211
- 情绪的分类 / 229
- 意志的品质 / 236
- 需要层次理论 / 244
- 埃里克森的人格发展阶段理论 / 282
- 场依存型与场独立型 / 285
- 强化与惩罚的区别 / 296
- 耶克斯—多德森定律 / 314
- 自我效能感的影响因素 / 320
- 元认知策略 / 327
- 定势与功能固着 / 347
- 影响创造性的因素 / 350
- 系统脱敏法 / 387

教育理论基础知识模块

第一部分

教育学

内容导学

- 河南省特岗教师招聘考试教育学部分共分为八章。

- 第一章至第三章主要是对教育学基本原理及研究方法的阐释，第一章的考查题型一般为客观题，第二章、第三章主、客观题均会涉及。

- 第四章至第八章主要介绍教育教学实践中所涉及的基本理论，考查题型主、客观题均会涉及。其中，第四章、第六章和第七章为主观题的高频考查章节。

- 考生应重点掌握第一章、第二章、第四章至第八章的内容，并结合历年真题有重点地复习。对于以客观题为主要考查形式的知识点，应注重识记与理解；对于以主观题为主要考查形式的知识点，不仅要做到识记和理解，更要能灵活运用。

第一章 教育与教育学

思维导图

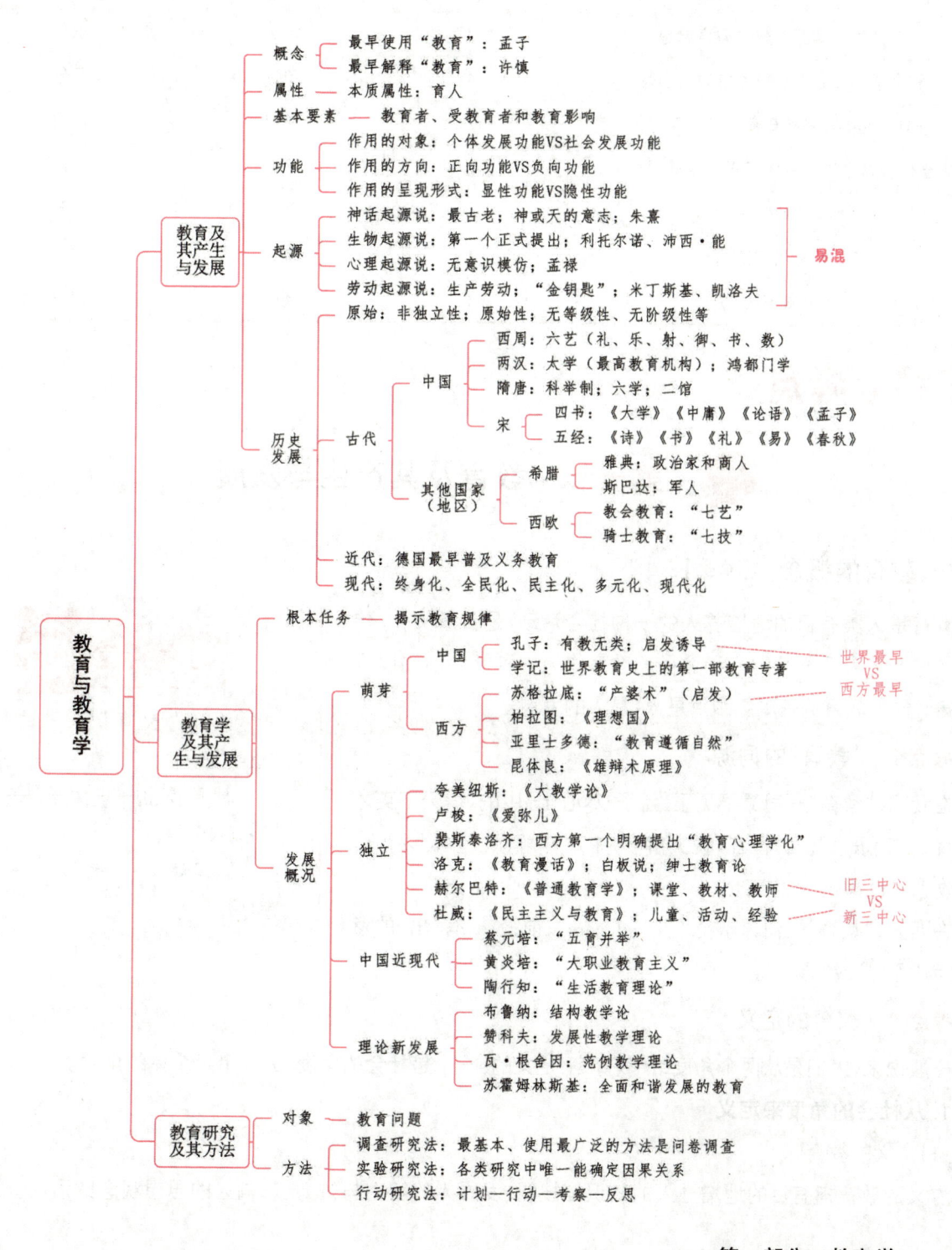

- **教育与教育学**
  - 教育及其产生与发展
    - 概念
      - 最早使用"教育"：孟子
      - 最早解释"教育"：许慎
    - 属性——本质属性：育人
    - 基本要素——教育者、受教育者和教育影响
    - 功能
      - 作用的对象：个体发展功能VS社会发展功能
      - 作用的方向：正向功能VS负向功能
      - 作用的呈现形式：显性功能VS隐性功能
    - 起源〔易混〕
      - 神话起源说：最古老；神或天的意志；朱熹
      - 生物起源说：第一个正式提出；利托尔诺、沛西·能
      - 心理起源说：无意识模仿；孟禄
      - 劳动起源说：生产劳动，"金钥匙"；米丁斯基、凯洛夫
    - 历史发展
      - 原始：非独立性；原始性；无等级性、无阶级性等
      - 古代
        - 中国
          - 西周：六艺（礼、乐、射、御、书、数）
          - 两汉：太学（最高教育机构）；鸿都门学
          - 隋唐：科举制；六学；二馆
          - 宋
            - 四书：《大学》《中庸》《论语》《孟子》
            - 五经：《诗》《书》《礼》《易》《春秋》
        - 其他国家（地区）
          - 希腊
            - 雅典：政治家和商人
            - 斯巴达：军人
          - 西欧
            - 教会教育："七艺"
            - 骑士教育："七技"
      - 近代：德国最早普及义务教育
      - 现代：终身化、全民化、民主化、多元化、现代化
  - 教育学及其产生与发展
    - 根本任务——揭示教育规律
    - 萌芽
      - 中国
        - 孔子：有教无类；启发诱导 〔世界最早VS西方最早〕
        - 学记：世界教育史上的第一部教育专著
      - 西方
        - 苏格拉底："产婆术"（启发）
        - 柏拉图：《理想国》
        - 亚里士多德："教育遵循自然"
        - 昆体良：《雄辩术原理》
    - 发展概况
      - 独立
        - 夸美纽斯：《大教学论》
        - 卢梭：《爱弥儿》
        - 裴斯泰洛齐：西方第一个明确提出"教育心理学化"
        - 洛克：《教育漫话》；白板说；绅士教育论
        - 赫尔巴特：《普通教育学》；课堂、教材、教师 〔旧三中心VS新三中心〕
        - 杜威：《民主主义与教育》；儿童、活动、经验
      - 中国近现代
        - 蔡元培："五育并举"
        - 黄炎培："大职业教育主义"
        - 陶行知："生活教育理论"
      - 理论新发展
        - 布鲁纳：结构教学论
        - 赞科夫：发展性教学理论
        - 瓦·根舍因：范例教学理论
        - 苏霍姆林斯基：全面和谐发展的教育
  - 教育研究及其方法
    - 对象——教育问题
    - 方法
      - 调查研究法：最基本、使用最广泛的方法是问卷调查
      - 实验研究法：各类研究中唯一能确定因果关系
      - 行动研究法：计划—行动—考察—反思

河南特岗考向

本章属于教育学的基础章节,也是重点考查章节,内容较为琐碎,需要识记的知识较多。现对2014~2023年本章河南特岗考向分析如下:

考点	考频	题型	能力层级
教育的概念	1	单选	理解
现代社会教育的特点	2	单选、判断	识记
教育学的萌芽阶段的教育思想	2	单选	识记
教育学的独立形态阶段的教育思想	4	单选	区分
中国近现代著名教育家及其教育思想	2	单选	识记
当代教育学理论的代表人物及其观点	2	单选	识记
调查研究法	1	单选	理解
行动研究法	1	单选	识记
教育叙事研究	1	判断	理解

核心考点

第一节 教育及其产生与发展

一、教育的概念 【单选】

教育是人类有目的地培养人的一种社会活动,是传承文化、传递生产与社会生活经验的一种途径。教育作为一种社会活动以人为直接对象。教育的基本着眼点是人,是人的发展。

考点1 "教育"的词源

在我国,"教育"一词**最早**见于《孟子·尽心上》中的"得天下英才而教育之,三乐也"。许慎在《说文解字》中这样解释:"教,上所施,下所效也""育,养子使作善也"。

在西方,"教育"一词源于拉丁文"educere",前缀"e"有"出"的意思,意为"引出"或"导出"。

考点2 教育的定义

一般说来,人们是从两个角度给"教育"下定义的:一个是社会的角度,另一个是个体的角度。

1. 从社会的角度来定义

(1)广义的教育

广义的教育指有目的地增进人的知识与技能、发展人的智力与体力、影响人的思想观念的活动。广义

> **小香课堂**
>
> 关于"教育"一词的两个"最早":
>
> 最早提出——孟子——《孟子·尽心上》;
>
> 最早解释——许慎——《说文解字》。

的教育可能是无组织的、自发的或零散的，也可能是有组织的、自觉的或系统的。它包括社会教育、学校教育和家庭教育。

(2) 狭义的教育

狭义的教育指学校教育，是教育者依据一定的社会要求，依据受教育者的身心发展规律，有目的、有计划、有组织地对受教育者施加影响，促使其朝着所期望的方向发展变化的活动。

2. 从个体的角度来定义

从个体的角度来定义"教育"，往往把"教育"等同于个体学习与发展的过程。

兼顾社会和个体两个方面给教育下定义：教育是在一定社会背景下发生的促使个体的社会化和社会的个性化的实践活动。

真题面对面

[2014,单,2分]教育的基本着眼点是（　　）

A. 传授知识　　　　　　　　B. 发展智力

C. 人的发展　　　　　　　　D. 社会发展

答案：C

二、教育的属性

1. 教育的本质属性

教育的本质属性是育人，即教育是一种有目的地培养人的社会活动，这是教育区别于其他事物现象的根本特征，也是教育的质的规定性。

2. 教育的社会属性

表1-1　教育的社会属性

属性	内涵	示例
永恒性	教育与人类社会共始终	"自有人生，便有教育"
历史性	不同时期有不同特点（古今不同）	西汉初期的"罢黜百家，独尊儒术"
继承性	不同时期有共同点（古今相同）	"因材施教"原则、讲授法等的沿用
长期性	时间周期较长	"十年树木，百年树人"
相对独立性	教育有其自身的规律，可以"超前"或"滞后"	教育先行/教育优先发展
生产性	教育从来就是生产性活动，有其自己的特殊性	教育与生产劳动相结合
民族性	每个民族/国家都有其各自的特点	办好中国特色社会主义高校

记忆有妙招

为方便考生记忆，我们将教育的社会属性总结成以下口诀：

永利机场，相对民生。永：永恒性。利：历史性。机：继承性。场：长期性。相对：相对独立性。民：民族性。生：生产性。

三、教育的基本要素

教育者、受教育者(学习者)和教育媒介(教育影响)是构成教育活动的基本要素。

1. 教育者

教育者是指能够在一定社会背景下促进个体社会化和社会个性化活动的人。在教育的构成要素中,教育者是主导性的因素,是教育活动的组织者和领导者。

广义的教育者指对受教育者态度、知识、技能、思想、品德等方面起到教育影响作用的人。

狭义的教育者指从事学校教育活动的人。其中,教师是学校教育者的主体,是直接的教育者,在整个教育过程中起主导作用,是学生身心发展的主要影响源。

2. 受教育者(学习者)

在社会教育活动中,在生理、心理及性格发展方面有目的地接受影响、从事学习的人,统称为**受教育者**,既包括在校学习的学生,也包括各种形式成人教育中的学习者。受教育者是教育的**对象**及学习的**主体**。从法律角度看,受教育者是教育活动中的自然人,他们与教育者是平等的。

受教育者在接受思想、品德、知识、技能、行为以及智慧、性格等方面的影响时具有主观能动性。

小香课堂

受教育者主要是学生,却不只是学生。学生一般是指在各级各类学校接受学历教育的自然人,而人们学习知识、提高能力的途径和方式有多种,因此受教育者的范围要大于学生。

3. 教育影响(教育媒介)

教育影响即教育活动中教育者作用于学习者的全部信息,既包括信息的内容,也包括信息选择、传递和反馈的形式,是内容与形式的统一。从内容上说,主要是教育内容、教育材料或教科书;从形式上说,主要是教育手段、教育方法和教育组织形式。

上述教育的三要素之间既相互独立,又相互规定,共同构成一个完整的实践系统。

在教育的诸多矛盾中,受教育者与教育内容这一对矛盾是教育中**基本的**、**决定性的**矛盾,因为它是教育活动的逻辑起点。

四、教育的功能

表1-2 教育功能的分类

分类依据	类型	含义
作用的对象	个体发展功能(**本体功能**)	教育对个体发展的影响和作用。它由教育活动的内部结构特征决定,发生于教育活动内部
	社会发展功能(**派生功能**)	教育对社会发展的影响和作用
作用的方向	正向功能	教育有助于社会进步和个体发展的积极影响和作用
	负向功能	教育阻碍社会进步和个体发展的消极影响和作用
作用的呈现形式	显性功能	教育活动依照教育目的,在实际运行中所出现的与之相吻合的结果。如促进人的全面和谐发展、促进社会的进步等
	隐性功能	伴随着显性教育功能所出现的非预期性的功能。如教育复制了现有的社会关系、再现了社会的不平等;学校照管儿童的功能等。一旦隐性的潜在功能被有意识地开发、利用,就可以转变成显性教育功能

此外,日本学者**柴野昌山**把教育功能的方向和形式结合起来,将其划分为四类:即显性正向功能、隐性正向功能、隐性负向功能以及显性负向功能。

五、教育的起源

表1-3 教育的起源

代表学说	代表人物	主要观点	评价
神话起源说	朱熹	(1)教育是由人格化的神(上帝或天)所创造的; (2)教育目的是体现神或天的意志	(1)人类关于教育起源的最古老的观点; (2)受到当时在人类起源问题上认识水平的局限,是根本错误的,非科学的
生物起源说	利托尔诺(法) 沛西·能(英)	教育是一种生物现象,而不是人类所特有的社会现象	(1)第一个正式提出的有关教育起源的学说;标志着在教育起源问题上开始转向科学解释; (2)没有把握人类教育的目的性和社会性,把教育的起源问题生物学化
心理起源说	孟禄(美)	教育起源于日常生活中儿童对成人的无意识模仿	(1)使教育从动物界回归到人类社会,提出模仿是教育起源的新说,有一定的合理性; (2)把人类有意识的教育行为混同于无意识模仿,同样导致了教育的生物学化,否认了教育的社会属性,是不正确的
劳动起源说 (社会起源说)	主要集中在苏联(如米丁斯基、凯洛夫等)和我国	在马克思历史唯物主义理论指导下形成,认为教育起源于人类所特有的生产劳动	提供了理解教育起源和教育性质的一把"金钥匙"

神话起源说　　生物起源说　　心理起源说　　劳动起源说

记忆有妙招

为方便考生记忆,我们将各教育起源学说的代表人物及其观点总结成以下口诀:

(1)**诸神合一**:神话起源说认为教育的目的是使人皈依于神或顺从于天。**诸**:朱熹。

(2)**本能生利息**:生物起源说认为教育起源于动物的生存本能。**利**:利托尔诺。**息**:沛西·能。

(3)**心里做着一个无意识的梦**:心理起源说认为教育起源于儿童对成人无意识的模仿。**梦**:孟禄。

(4)**中苏(米凯)爱劳动**:劳动起源说认为教育起源于生产劳动。**米**:米丁斯基。**凯**:凯洛夫。

六、教育的历史发展 【单选、判断】

考点1 原始社会的教育

总体来说,原始社会的教育主要有以下三个特征:

(1)教育具有非独立性,教育和社会生活、生产劳动紧密相连。教育是在生产劳动和社会生活中进行的,没有特定的教育场所和专职教育人员。

(2)教育具有自发性、全民性(普及性)、广泛性、无等级性(平等性)和无阶级性,是原始状态下的教育机会均等,只因年龄、性别和劳动分工不同而有差别。

(3)教育具有原始性。教育内容简单,主要是传递生产经验;教育方法单一,只限于动作示范与观察模仿、口耳相传与耳濡目染。

考点2 古代社会的教育

1.古代社会教育的特征

古代社会的教育一般指奴隶社会的教育和封建社会的教育。

(1)奴隶社会的教育及其特征

奴隶社会里,出现了专门从事教育工作的教师,产生了学校教育,教育从社会活动中分化出来,成为独立的形态。奴隶社会的教育的共同特征表现在:

①学校教育成为奴隶主阶级手中的工具,具有鲜明的阶级性;

②学校教育与生产劳动相脱离和相对立;

③学校教育趋于分化和知识化;

④学校教育制度尚不健全。

(2)封建社会的教育及其特征

封建社会的学校教育较之奴隶社会的学校教育,在规模上逐渐扩大,在类型上逐渐增多,在内容上也日益丰富,并且具有等级性、专制性和保守性。但是,由于封建社会的生产仍是手工操作的小生产,生产劳动者的培养不需要通过学校教育,因而封建社会的学校教育,仍然没有培养生产劳动者的任务,基本上也是与生产劳动脱离的。

(3)古代东西方教育的共同特征

古代东西方的教育虽然在具体内容和形式上存在许多差异,但也有一些共同特征:阶级性、道统性、等级性、专制性、刻板性、象征性。

2.古代社会教育的发展

(1)古代中国

表1-4 古代中国的教育

时期	教育发展概况
夏朝	我国最早的学校出现
商朝	有了比较正规的学校教育场所;根据对不同年龄的学生在教育上的要求,划分了不同的教育阶段。瞽宗是商代大学特有的名称,是当时奴隶主贵族子弟学习礼乐的场所
西周	建立了政教合一的官学体系,其显著特征是"学在官府"("学术官守")。学校教育制度发展得比较完备,有"国学""乡学"之分。学校教育的基本学科:"六艺"。"六艺"以"礼乐"为中心,具体包括礼、乐、射、御、书、数

续表

时期	教育发展概况
春秋战国	官学衰微，私学兴起，教育的对象由贵族扩大到平民，促进了百家争鸣的社会盛况。 稷下学宫是养士的缩影，是由官家举办、私家主持的学校，特点是学术自由
两汉时期	汉武帝采纳董仲舒"罢黜百家，独崇儒术"的建议，实行思想专制主义的文化教育政策和选士制度。 太学是当时的最高教育机构，其正式教师是博士，主要从事教学工作，同时参与政府的政治、学术活动。 东汉灵帝时设立了鸿都门学，这是世界上最早的研究文学艺术的专门学校。 地方官学的发展始于景帝末年、武帝初年的"文翁兴学"
隋唐时期	在选士制度上采取科举制；形成以六学二馆为主干的中央官学。 六学：国子学、太学、四门学、律学、书学、算学；二馆：崇文馆、弘文馆
宋朝	程朱理学成为国学。 教育内容主要为"四书五经"。 ("四书"是《大学》《中庸》《论语》《孟子》的合称，"五经"是《诗》《书》《礼》《易》《春秋》的合称) 书院盛行。书院最早出现在唐朝，正式的教育制度则是由朱熹创立的，发展于宋朝 (六大书院包括白鹿洞书院、石鼓书院、岳麓书院、应天府书院、嵩阳书院、茅山书院)
明朝	八股文成为科考的固定格式，其出现标志着封建社会教育开始走向衰落。 在城镇和乡村地区广泛开设社学，这是对民间儿童进行教育的重要形式
清朝	1905年，清政府下令"废科举，开学堂"

注：六艺——礼，包括政治、历史和以"孝"为本的伦理道德教育；乐，包括音乐、诗歌、舞蹈教育；射，射箭技术教育；御，以驾兵车为主的军事技术教育；书，文字教育；数，简单的计算教育。

(2) 古代其他国家(地区)

表1-5　古代其他国家(地区)的教育

国家(地区)	教育发展概况
古代印度	教育与宗教联系在一起，分为婆罗门教育和佛教教育。其教育目的主要是道德陶冶，内容多是消极的、遁世的，缺乏积极因素，主张禁欲修行
古代埃及	教育特征："以僧为师""以吏为师"，四大学校类型： 宫廷学校——法老教育皇子皇孙和贵族子弟的场所。 职官学校——以吏为师、以法为教，招收贵族和官员子弟，肩负着文化训练和业务训练的任务。 僧侣学校——附设在寺庙中的学校，着重科学技术教育，亦为学术中心。 文士学校——开设最多的学校。文士精通文字，能写善书，执掌治事权限，较受尊重
古代希腊	以雅典和斯巴达的教育为代表： 雅典教育——在西方最早形成体育、德育、智育、美育和谐发展的教育，教育内容比较丰富，教育方法也比较灵活，教育目的是培养有文化、有修养和多种才能的政治家和商人。 斯巴达教育——以军事体育训练和政治道德灌输为主，教育内容单一，教育方法也比较严厉，其教育目的是培养忠于统治阶级的强悍的军人
中世纪的西欧	形成了两种著名的封建教育体系： 教会教育——目的是培养教士和僧侣，教育内容是"七艺"，包括"三科"(文法、修辞、辩证法)和"四学"(算术、几何、天文、音乐)，而且各科都贯穿神学。 骑士教育——目的是培养封建骑士，教育内容是"骑士七技"(也称"武士七艺")，即骑马、游泳、击剑、打猎、投枪、下棋、吟诗

第一部分　教育学　011

小香课堂

关于古代教育内容的"三四五六七":
三科——文法、修辞、辩证法。
四学——算术、几何、天文、音乐。
四书——《大学》《中庸》《论语》《孟子》。
五经——《诗》《书》《礼》《易》《春秋》。
六艺——礼、乐、射、御、书、数。
七技——骑马、游泳、击剑、打猎、投枪、下棋、吟诗。

考点3 近代社会的教育

(1)国家加强了对教育的重视和干预,公立教育崛起。

(2)初等义务教育的普遍实施。德国是世界上最早普及义务教育的国家。

(3)教育的世俗化。教育从宗教中分离出来。有些国家明确规定,宗教、政党不得干预学校教育。

(4)教育的法制化。重视教育立法,以法治教。

考点4 现代社会的教育

20世纪以后,教育的改革和发展呈现出一些新的特点。

(1)**教育的终身化**。20世纪60年代以后提出的教育贯穿人一生的终身教育思想,强调职前教育与职后教育的一体化,青少年教育与成人教育的一体化,学校教育与社会教育的一体化。法国教育家保罗·朗格朗最早系统论述了终身教育。

终身教育是适应科学知识的加速增长和人的持续发展要求而逐渐形成的一种教育思想和教育制度,包括各个年龄阶段的各种方式的教育。把终身教育等同于成人教育或职业教育的观念是片面的。

(2)**教育的全民化**。所谓全民教育,是指教育必须向所有人开放,人人都有接受教育的权利且必须接受一定程度的教育。

(3)**教育的民主化**。教育民主化是对教育的等级化、特权化和专制性的否定。

教育民主化首先是指教育机会均等,即教育要为所有的社会成员提供平等的教育权利,包括入学机会的均等、教育过程中享有教育资源机会的均等和教育结果的均等,这意味着要对社会弱势群体学生给予特殊照顾;

其次是指师生关系的民主化;

再次是指教育方式、教育内容等的民主化,为学生提供更多自由选择的机会;

最后是追求教育的自由化,包括教育自主权的扩大,根据社会要求设置课程,编写教材的灵活性等。

概言之,教育民主化是指全体社会成员享有越来越多的教育机会,受到越来越充分的民主教育。

另外,现代教育最显著的发展特征表现为教育的民主化。教育民主化要求的是平等、高质量的教育和适合个体个性特征的教育。教育民主化的追求趋向于对个人学习权益的保障和终身学习的实现。

小香课堂

教育的全民化与民主化是易混淆的知识点,考生可结合以下内容进行区分:

全民化——追求人人都能受教育。

民主化——追求人人都能受到同样的教育。

(4)教育的多元化。教育的多元化是对教育的单一性和统一性的否定,具体表现为培养目标的多元化、办学形式的多元化、管理模式的多元化、教学内容的多元化、评价标准的多元化等。教育多元化是社会生活多元化以及人的个性化在教育上的反映。

(5)教育技术的现代化。教育技术的现代化是指现代科学技术在教育上的应用,包括教育设备、教育手段、教育方法等的现代化以及由此而引起的教育思想、观念的变化。

真题面对面

1.[2017,单,2分]"人过四十不学艺"的说法违背了(　　)
A.民主教育的思想　　　　　　　　B.终身教育的思想
C.生活教育的思想　　　　　　　　D.多元教育的思想

2.[2021,判断,1分]教育民主化作为现代教育最显著的特征,追求的是平等、高质量和适合个性特征的教育。(　　)

答案:1.B　2.√

★ 考点大默写 ★

1. "得天下英才而教育之,三乐也"出自_____。

2. 广义的教育指有目的地增进人的知识与技能、发展人的智力与体力、影响人的思想观念的活动。它包括_____、_____和_____。

3. 狭义的教育指_____,是教育者依据一定的社会要求,依据受教育者的身心发展规律,有目的、有计划、有组织地对受教育者施加影响,促使其朝着所期望的方向发展变化的活动。

4. 教育的本质属性是_____,即教育是一种有目的地培养人的社会活动,这是教育区别于其他事物现象的根本特征,也是教育的质的规定性。

5. 西汉初期实行的"罢黜百家,独崇儒术"的文教政策体现的教育的社会属性是_____。

6. 一般来讲,教育的基本要素包括_____、受教育者和教育影响三个方面。

7. 从作用的方向看,教育功能可分为_____和_____。

8. 教育的_____起源说提供了理解教育起源和教育性质的一把"金钥匙"。

9. 教育史上第一个正式提出的有关教育起源的学说是_____。

10. _____起源说认为教育起源于日常生活中儿童对成人无意识的模仿。

11. 在统治阶级内部,统治阶级子弟也要按照家庭出身等进入不同等级的学校,这体现的古代教育的特征是_____。

12. 西周形成了以"_____"为中心的"六艺"教育。

13. 古希腊_____教育的目的是培养忠于统治阶级的强悍的军人和武士。

14. _____强调职前教育与职后教育的一体化、青少年教育与成人教育的一体化、学校教育与社会教育的一体化。

15. 最早系统论述"终身教育"的学者是_____。

16. "既追求让所有人都受到同样的教育,又追求教育的自由化"指的是教育的_____特点。

第一部分　教育学　013

【参考答案】
1.《孟子·尽心上》 2. 社会教育；学校教育；家庭教育 3. 学校教育 4. 育人 5. 历史性 6. 教育者
7. 正向功能；负向功能 8. 劳动/社会 9. 生物起源说 10. 心理 11. 等级性 12. 礼乐 13. 斯巴达
14. 终身教育 15. 保罗·朗格朗 16. 民主化

第二节 教育学及其产生与发展

一、教育学的内涵

考点1 教育学的定义

教育学是研究教育现象和教育问题，揭示教育规律的一门科学。教育学的根本任务是揭示教育规律。

教育现象是教育活动在运动发展中的表现形式，是教育活动外在的、表面的特征，包括教育社会现象和教育认识现象。教育现象被认识和研究，便成为教育问题。

教育问题是指反映到人们大脑中的、需要探明和解决的教育实际矛盾和理论疑难。教育问题是推动教育学发展的内在动力。

教育规律是教育现象与其他社会现象及教育现象内部各个要素之间本质的、内在的、必然的联系或关系。教育最基本的规律有两条：

(1) 关于教育与社会发展关系的规律，我们称之为教育的外部关系规律；

(2) 关于教育和人的发展关系的规律，我们称之为教育的内部关系规律。

考点2 教育学与教育科学的关系

教育学是庞大教育科学体系中的**基础学科**。教育科学是有关教育问题的各种科学理论的学科群，它包含教育社会学、教育经济学、教学论、课程论、教育技术学等。教育学研究的是教育基本的、一般的问题，是从总体上分析教育问题的，而其他学科则是从某个角度对某个方面问题的研究。

考点3 教育学的价值

1. 反思日常教育经验

从历史上看，对于教育问题的习俗性认识是一个比较古老的形式，而对于教育问题的科学认识只不过是近代以来才发展起来的。因此，可以说教育的科学认识即教育学是对教育的习俗认识即日常教育经验的一种理性反思和历史性超越，是教育习俗性认识历史发展的必然。

2. 科学解释教育问题

教育学之所以能够超越日常的教育经验而成为一种专门的教育认识活动，是与其自身的认识方式分不开的。这种认识方式就是"科学的"认识方式，即可以对教育问题进行"科学的"解释。

3. 沟通教育理论与实践

(1) 启发教育实践工作者的教育自觉，使他们不断地领悟教育的真谛；

(2) 获得大量的教育理论知识，拓展教育工作的理论视野；

(3) 养成正确的教育态度，培植坚定的教育信念；

(4) 提高教育实践工作者的自我反思和发展能力；

(5) 为成为研究型的教师打下基础。

二、教育学的发展概况

考点1　教育学的萌芽阶段　【单选】

1. 中国萌芽阶段的教育思想

(1)孔子、孟子、荀子、墨家和道家的教育思想

表1-6　孔子、孟子、荀子、墨家和道家的教育思想

代表	教育思想	点拨
孔子 (教育思想主要体现在《论语》中)	学说核心:"仁"	"仁"的中心是爱人
	教育对象:"有教无类"	体现教育平等(起点公平)
	教育内容:《诗》《书》《礼》《乐》《易》《春秋》	道德教育居首位;重文事、人事,轻科技、生产劳动
	教学原则与方法: 启发诱导(世界上最早提出); 因材施教; 学、思、行相结合,即学思并重; 温故知新	"不愤不启,不悱不发" "求也退,故进之;由也兼人,故退之" "学而不思则罔,思而不学则殆" "温故而知新,可以为师矣"
孟子	思想基础:"性善论"; 教育目的:"明人伦"; 理想人格:"大丈夫"	"富贵不能淫,贫贱不能移,威武不能屈"
荀子 (最强调尊师)	持有观点:"性恶论"; 教育作用:"化性起伪"; 学习过程:闻—见—知—行	"不闻不若闻之,闻之不若见之,见之不若知之,知之不若行之。学至于行之而止矣。行之,明也;明之为圣人" "君子博学而日参省乎己,则知明而行无过矣"
墨家 (墨翟)	教育内容:以"兼爱""非攻"为教,同时注重文史知识的掌握和逻辑思维能力的培养,还注重实用技术的传习	特色和价值主要体现在科学技术教育和训练思维能力的教育上,它们突破了儒家六艺教育的范畴,堪称一大创造
	知识来源:"亲知""闻知""说知"	重视"说知",即依靠类推和明故的方法来获得知识
道家	主张:教循自然原则("道法自然"的哲学); 教育目的:培养"上士"或"隐君子"; 学习方法:"怀疑""辩证法"	"人法地,地法天,天法道,道法自然"

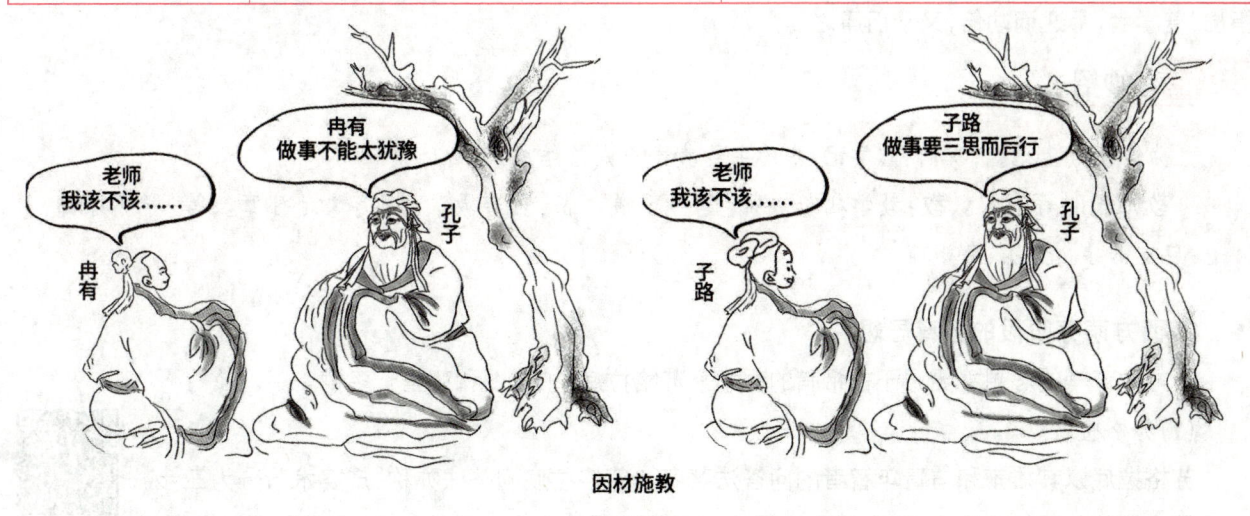

因材施教

真题面对面

[2020,单,2分]下列选项中,不是出自《论语》的是( )

A."敏而好学,不耻下问"

B."君子博学而日参省乎己,则知明而行无过矣"

C."学而不厌,诲人不倦"

D."知之为知之,不知为不知,是知也"

答案:B

(2)《学记》的教育思想

《学记》(收入《礼记》)是中国也是世界教育史上的第一部教育专著,成文大约在战国末期。《学记》从正反两方面总结了儒家的教育理论和经验,系统阐述了教育的作用和任务、学校制度、教育目的、教学原则、教师的地位和作用、师生关系等。

《学记》开篇阐述教育的目的:"建国君民,教学为先""君子如欲化民成俗,其必由学乎",其总结的教学原则主要包括:

表1-7 《学记》中的教学原则

教学原则	引文示例
教学相长	"是故学然后知不足,教然后知困。知不足,然后能自反也;知困,然后能自强也。故曰:教学相长也"
尊师重道	教师观:"师严然后道尊,道尊然后民知敬学"
藏息相辅	正课学习与课外练习必须兼顾,课内与课外相结合,相互补充:"大学之教也,时教必有正业,退息必有居学"
豫时孙摩	预防+及时施教+循序渐进+观摩学习:"禁于未发之谓豫;当其可之谓时;不陵节而施之谓孙;相观而善之谓摩"
启发诱导	反对死记硬背,主张启发式教学,主张开导学生,但不要牵着学生走;对学生提出较高的要求,但不能使学生灰心:"故君子之教,喻也。道而弗牵,强而弗抑,开而弗达。道而弗牵则和,强而弗抑则易,开而弗达则思。和、易以思,可谓善喻矣"
长善救失	"学者有四失,教者必知之。人之学也,或失则多,或失则寡,或失则易,或失则止。此四者,心之莫同也。知其心,然后能救其失也。教也者,长善而救其失者也"

此外,《学记》还主张"学不躐等",即教学要遵循学生心理发展特点,循序渐进;同时,重视学生的学习,指出"善学者,师逸而功倍,又从而庸之"。

记忆有妙招

为方便考生记忆,我们将《学记》中的主要教学原则总结成以下口诀:

教师长时等七夕。教:教学相长。**师**:尊师重道。**长**:长善救失。**时**:豫时孙摩。**等**:学不躐等。**七**:启发诱导。**夕**:藏息相辅。

2. 西方萌芽阶段的教育思想

西方教育学的思想主要源于古希腊的哲学家苏格拉底、柏拉图和亚里士多德。

(1)苏格拉底

苏格拉底以其雄辩和与青年智者的**问答法**著名。苏格拉底问答法亦称"**产婆术**",分为三步:第一步称为苏格拉底讽刺,他认为这是使人变得聪明的一个必要的步骤,因为除非一个人很

谦逊,"自知其无知",否则他不可能学到真知;

第二步称为定义,在问答中经过反复诘难和归纳,从而得出明确的定义和概念;

第三步称为助产术,引导学生自己进行思索,自己得出结论。

(2)柏拉图

柏拉图的教育思想集中体现在其代表作《理想国》中。他认为教育与政治有着密切的联系,以培养未来的统治者为宗旨的教育乃是在现实世界中实现理想的正义国家的工具。这种观点是国家主义教育思想的渊源。国家主义教育思想伴随着近代欧美民族国家的出现而产生,在19世纪达到高潮。在西方教育思想史上,柏拉图的《理想国》和卢梭的《爱弥儿》、杜威的《民主主义与教育》被称为三个里程碑。

(3)亚里士多德

亚里士多德是古希腊百科全书式的哲学家,他秉承了柏拉图的理性说,认为追求理性就是追求美德,就是教育的最高目的。亚里士多德的教育思想主要体现在他的著作《政治学》中。他认为,教育应该是国家的。亚里士多德在教育史上首次提出了"**教育遵循自然**"的观点,主张按照儿童心理发展的规律对儿童进行分阶段教育,提倡对儿童进行和谐的教育,成为后来全面发展教育的思想源泉。

(4)昆体良

昆体良是古罗马教学法大师,他是西方教育史上第一个专门论述教育问题的教育家。其代表作《雄辩术原理》(《论演说家的教育》《论演说家的培养》)是西方最早的教育著作,也被誉为古代西方的第一部教学法论著。值得注意的是,昆体良已经对班级授课进行了一些阐述,这是班级授课制思想的萌芽。

考点2 教育学的独立形态阶段 【单选】 必背

17世纪以后,教育学的发展进入了一个新的阶段,逐渐形成一门独立的学科。近代实验科学鼻祖培根首次提出把教育学作为一门独立的学科,他提出的归纳法为教育学的发展奠定了方法论基础。

这一时期的教育学著作主要有夸美纽斯的《大教学论》、洛克的《教育漫话》、卢梭的《爱弥儿》、裴斯泰洛齐的《林哈德与葛笃德》、赫尔巴特的《普通教育学》、福禄贝尔的《人的教育》、斯宾塞的《教育论》、乌申斯基的《人是教育的对象》和杜威的《民主主义与教育》等。

1. 教育学学科的建立

表1-8 教育学学科建立时期的主要教育家

人物	代表作	教育思想	点拨
夸美纽斯	《大教学论》(近代第一本教育学著作)《世界图解》	(1)"泛智"教育(提出普及教育的思想); (2)教育适应自然; (3)班级授课制(首次系统论述); (4)教学原则:直观性、系统性、量力性、巩固性、自觉性等	"把一切事物教给一切人类的全部艺术" "一切男女青年都应该进学校"
卢梭	《爱弥儿》	(1)自然主义教育的核心:使儿童"归于自然"; (2)"性善论"; (3)对儿童的教育年龄做了划分; (4)教育要遵循儿童本性,防范外界不良影响	"出自造物主之手的东西都是好的,而一到了人的手里,就全变坏了"

续表

人物	代表作	教育思想	点拨
康德	《康德论教育》	(1)教育的根本就是要对人的本性进行适当的控制; (2)道德教育的最高目的:自由(必要的"管束"和"训导"是实现自由的必要保证); (3)康德曾先后四次在哥尼斯堡大学讲授教育学,是最早在大学开设教育学讲座的有影响的学者之一	"人是唯一需要教育的动物"
裴斯泰洛齐	《林哈德与葛笃德》	(1)"教育心理学化":把教育提高到科学的水平,将教育科学建立在人的心理活动规律的基础上 (2)要素教育论	在西方教育史上,第一个明确提出"教育心理学化"口号的教育家
洛克	《教育漫话》	(1)提出"白板说",认为天赋的智力人人平等;(2)"绅士教育论"(内容:体育、德育、智育)	"我们日常所见的人中,他们之所以或好或坏,或有用或无用,十分之九都是他们的教育所决定的。人之所以千差万别,便是由于教育之故"

记忆有妙招

为方便考生记忆,我们将各位教育家的教育思想总结成以下口诀:
(1)卢梭的教育思想:**卢梭性善爱弥儿**。卢梭主张"性善论",其代表作是《爱弥儿》。
(2)裴斯泰洛齐的教育思想:**裴齐要诉心里话**。裴斯泰洛齐提出了"要素教育论"和"教育心理学化"的主张。
(3)洛克的教育思想:**洛克白板话绅士**。洛克主张"白板说",其代表作是《教育漫话》,提出了绅士教育论。

真题面对面

[2023,单,1分]"出自造物主之手的东西都是好的,而一到了人的手里,就全变坏了"。这句话蕴含的教育思想是(　　)

A.自然主义　　　　　　　　B.经院主义
C.理性主义　　　　　　　　D.要素主义

答案:A

2. 规范教育学的建立

(1)赫尔巴特

赫尔巴特是康德哲学教席的继承者,德国著名的心理学家和教育学家,在世界教育史上被认为是"现代教育学之父"或"科学教育学的奠基人"。他的《普通教育学》的出版(1806年)标志着规范教育学的建立,也标志着教育学的发展进入了科学化时期,同时,这本书也被认为是第一本现代教育学著作。其主要教育观点有:

赫尔巴特

018　教育理论基础知识模块

①教育理论体系的两个理论基础

赫尔巴特的贡献在于把道德教育理论建立在伦理学的基础上,把教学理论建立在心理学的基础上,可以说是奠定了科学教育学的基础。伦理学即实践哲学,主要体现为五种道德观念;赫尔巴特认为心理学就是研究观念的科学,他重视和发展了两个重要的概念,即"意识阈"和"统觉","统觉"就是新观念被旧观念所同化和吸收的过程。

②教育目的

教育的最高目的是道德和性格的完善,他把教育目的分为两种:①"可能的目的",即与儿童未来所从事的职业有关的目的。②"必要的目的",具体而言就是指养成内心自由、完善、仁慈、正义和公平这五种道德观念。

③教育性教学原则

在西方教育史上,赫尔巴特第一次提出了"**教育性教学**"的概念。"教育性教学"指没有任何无教学的教育,也没有任何无教育的教学。教育性教学的主要内容包括:教学和教育是相互联系的同一过程的两个方面;教育和教学的关系是目的和手段的关系;决定教学具有教育性的主要因素在于强化教学工作中的教育目的性;对于教育性教学来说,一切都取决于其所引起的智力活动。

④教学四阶段论

即明了、联合(联想)、系统、方法。

明了,主要是把新教材分解为各个构成部分,并和意识中相关的观念,即已经掌握的知识进行比较;

联合(联想),建立新旧观念的联系,使学生在新旧观念的联系中继续深入学习新教材;

系统,学生在教师的指导下,在新旧观念联系的基础上进行深入思考,寻求结论和规律;

方法,通过实际练习,运用系统的知识,使之变得更熟练、更牢固。

后来他的门徒席勒把明了分为两个阶段,组成了分析、综合、联想、系统、方法的教学过程。席勒的学生赖因又将其进一步演变为:预备(提出问题、说明目的)、提示(提示新课程、讲解新教材)、联合、总结、应用的教学过程。

赫尔巴特强调系统知识的传授,强调课堂教学的作用,强调教材的重要性,强调教师的权威作用和中心地位,形成了传统教育"课堂中心""教材中心""教师中心"的特点。他的教育思想对19世纪以后的教育实践和教育思想产生了很大影响,被看作是传统教育理论的代表。

小香课堂

在教育学的发展过程中,有很多"最早""第一"的著作,对此考生需要准确识记,切忌混淆。例如:

《学记》——中国及世界最早的教育专著;

《雄辩术原理》——西方最早的教育著作;

《大教学论》——近代第一本教育学著作;

《普通教育学》——第一本现代教育学著作。

(2)杜威

杜威的理论是现代教育理论的代表,区别于传统教育"课堂中心""教材中心""教师中心"的"旧三中心论",他提出了"儿童中心(学生中心)""活动中心""经验中心"的"新三中心论"。其代表作《民主主义与教育》及反映在其作品中的实用主义教育思想,对20世纪的教育和教学有深远影响。其主要教育观点有:

①论教育的本质

杜威认为,教育即生活,教育即生长,教育即经验的改组或改造。"教育是生活的过程,而不是将来生活的准备。"此外,杜威还提出"学校即社会",这是对"教育即生活"的进一步引申。从"教育即生活"到"学校即社会",再到课程的变革("从做中学")是层层递进的。

②论教育的目的

杜威从"教育即生活"中引出他的"教育无目的论"。"教育的过程,在它自身以外没有目的,它就是它自己的目的;教育的过程是一个不断改组、不断改造和不断转化的过程。"

③"从做中学"

在经验论的基础上,杜威提出"从做中学",要求以活动性、经验性的主动作业取代传统的书本式教材的统治地位。同时,"从做中学"也是杜威提出的教学方法,这是一种经验的方法、思维的方法和探究的方法。这种探究的五个步骤即思维五步说或五步探究教学法,即创设疑难情境、确定疑难所在、提出解决问题的种种假设、推断哪个假设能解决这个困难、验证这个假设。

杜威的教育学说提出以后,西方教育学便出现了以赫尔巴特为代表的传统教育学派和以杜威为代表的现代教育学派的对立局面。

记忆有妙招

为方便考生记忆,我们将杜威的主要教育思想总结成以下口诀:

三即两学无目的,还有一个三中心。三即:"教育即生活""教育即生长""教育即经验的改组或改造"。两学:"学校即社会""从做中学"。无目的:"教育无目的论"。三中心:"儿童中心(学生中心)""活动中心""经验中心"。

真题面对面

[2021,单,2分]下列选项中,对教育名著认识不正确的是(   )

A.《大教学论》首次系统论述了班级授课制

B.《爱弥儿》对绅士教育进行了全面论证

C.《民主主义与教育》提出了教育即经验的改组或改造

D.《普通教育学》标志着教育学的发展进入了科学化时期

答案:B

考点3 20世纪教育学的多元化发展

表1-9 20世纪主要的教育学流派

教育学流派	代表人物及代表著作	主要思想
实验教育学	拉伊的《实验教育学》、梅伊曼的《实验教育学纲要》以及比纳、霍尔和桑代克	19世纪末20世纪初产生于德国。主张用自然科学的实验法研究儿童发展及其与教育的关系。实验教育学所强调的定量研究成为20世纪教育学研究的一个基本范式,极大地推动了教育科学的发展
文化教育学（精神科学教育学）	狄尔泰的《关于普遍妥当的教育学的可能》、斯普兰格的《教育与文化》以及利特	19世纪末出现在德国。主张教育的过程是一种历史文化过程,教育研究采用精神科学或文化科学的方法（即理解与解释的方法）进行,教育的目的是促进社会历史的客观文化向个体的主观文化转变,培养完整的人格
实用主义教育学	杜威的《民主主义与教育》《经验与教育》、克伯屈的《设计教学法》	19世纪末20世纪初兴起于美国。主张： (1)教育即生活； (2)教育即学生个体经验持续不断的增长； (3)学校是一个雏形的社会； (4)课程组织应以学生的经验为中心； (5)师生关系以儿童为中心； (6)教学过程注重学生的独立发现和体验,尊重学生发展的个体差异
马克思主义教育学（社会主义教育学）	(1)克鲁普斯卡娅的《国民教育与民主主义教育》（最早以马克思主义为基础探讨教育学问题的著作）。 (2)凯洛夫于1939年主编的《教育学》（世界上第一部马克思主义的教育学著作）。 (3)我国教育家杨贤江于1930年以李浩吾为化名出版的《新教育大纲》（我国第一部马克思主义的教育学著作）。 (4)加里宁的《论共产主义教育》、马卡连柯的《教育诗》等	基本观点： (1)教育是一种社会历史现象,在阶级社会中具有鲜明的阶级性,不存在脱离社会影响的教育； (2)教育起源于社会性生产劳动； (3)教育的根本目的是促进学生个体的全面发展； (4)现代教育与生产劳动相结合不仅是发展社会生产力的重要方法,也是培养全面发展的人的唯一方法； (5)在教育与社会政治、经济、文化的关系上,教育一方面受其制约,另一方面又具有相对独立性,并反作用于政治、经济、文化； (6)马克思主义唯物辩证法和历史唯物主义是教育科学研究的方法论基础
批判教育学	鲍尔斯和金蒂斯的《资本主义美国的学校教育》、阿普尔的《教育中的文化和经济再生产》、布厄迪尔的《教育、社会和文化再生产》	兴起于20世纪70年代,是当代西方教育理论界占主导地位的教育思潮。主张学校教育的功能是再生产出占主导地位的社会政治意识形态、文化关系和经济结构；教育目的是对师生进行"启蒙",以达到意识"解放"

小香课堂

杨贤江的《新教育大纲》（1930年出版）虽然比凯洛夫的《教育学》（1939年出版）出版时间更早,但是在国际上凯洛夫的《教育学》影响力更大,所以凯洛夫的《教育学》被公认为世界上第一部马克思主义的教育学著作。

考点4 中国近现代教育思想 【单选】

表1-10 中国近现代著名教育家及其教育思想

教育家	教育思想
蔡元培 (毛泽东评价:"学界泰斗,人世楷模")	(1)教育的最终目的:造就"完全人格"。 (2)"五育并举"的教育方针:军国民教育、实利主义教育、公民道德教育、世界观教育和美感教育。 (3)改革北京大学的教育实践:①抱定宗旨,改变校风;②贯彻"思想自由,兼容并包"的办学原则;③教授治校,民主管理;④学科与教学体制改革。 (4)教育独立思想:①教育经费独立;②教育行政独立;③教育学术和内容独立;④教育脱离宗教而独立
黄炎培	提倡"大职业教育主义"。 (1)职业教育的目的:使无业者有业,使有业者乐业; (2)职业教育的教学原则:手脑并用、做学合一、理论与实际并行、知识与技能并重; (3)职业道德教育的基本要求:敬业乐群; (4)职业教育的作用:"谋个性之发展""为个人谋生之准备""为个人服务社会之准备""为国家及世界增进生产力之准备"
陈鹤琴 (中国近代学前儿童教育理论和实践的开创者)	明确提出"活教育"主张: (1)"活教育"的目标 做人,做中国人,做现代中国人。 (2)"活教育"课程 打破惯常按学科组织的体系,采取能体现儿童生活整体性和连贯性的"五指活动"形式,即:儿童健康活动、儿童社会活动、儿童科学活动、儿童艺术活动和儿童文学活动。 (3)"活教育"的教学原则 凡是儿童能够做的,就应该教儿童自己做;凡是儿童能够想的,应当让他自己想;你要儿童怎样做,就应当教儿童怎样学;等等。 (4)"活教育"的方法 做中教,做中学,做中求进步;重视室外活动,着重于生活的体验,以实物为研究对象,以书籍为辅佐的参考。 (5)"活教育"的步骤 实验观察、阅读思考、创作发表、批评研讨
陶行知 (毛泽东评价:"伟大的人民教育家",宋庆龄赞誉:"万世师表")	(1)提出生活教育理论:"生活即教育"(生活教育的本质论及核心)、"社会即学校"(生活教育的范围论)、"教学做合一"(生活教育的方法论)。 (2)名言:"千教万教教人求真,千学万学学做真人""捧着一颗心来,不带半根草去"

真题面对面

[2022,单,2分]提出"使无业者有业,使有业者乐业"教育思想的是( )

A.黄炎培　　　　B.陈鹤琴　　　　C.蔡元培　　　　D.陶行知

答案:A

考点5 当代教育学理论的新发展 【单选】

1.现代教学理论的三大流派

布鲁纳、赞科夫、瓦·根舍因等人提出的教学理论,充实了教育学的内容,提高了教育学的科学化水平,被视为现代教学理论的三大流派。同时，布鲁纳、赞科夫和瓦·根舍因一同被国际上誉为"课程现代化"的三大典型代表。

(1)布鲁纳

美国教育家布鲁纳在《教育过程》一书中提出了"结构教学论"，强调"无论我们选教何种学科，务必使学生理解该学科的基本结构"；倡导发现法，培养学生的科学探索精神、科学兴趣和创造能力。

(2)赞科夫

苏联教育家赞科夫通过近二十年的小学教学改革实验，出版了《教学与发展》一书。他把学生的一般发展作为教学的出发点，提出了发展性教学理论的五条教学原则，即高难度、高速度、理论知识起主导作用、理解学习过程、使所有学生包括"差生"都得到一般发展的原则。

(3)瓦·根舍因

德国教育家瓦·根舍因创立了范例教学理论，提出改革教学内容，加强教材的基本性、基础性，并通过对范例的接触，培养学生独立思考、独立判断与独立工作的能力。

记忆有妙招

为方便考生记忆，我们将现代教学理论的三大流派总结成以下口诀：

布结构，赞发展，瓦范例。布结构：布鲁纳提出结构教学论。**赞发展**：赞科夫提出发展性教学理论。**瓦范例**：瓦·根舍因创立范例教学理论。

2. 其他学者的观点

表1-11　其他学者的观点

代表人物	主要教育思想	代表著作
皮亚杰(瑞士)	教学的主要目的是发展学生的智力	《教育科学与儿童心理学》
保罗·朗格朗(法国)	终身教育理论	《终身教育引论》
苏霍姆林斯基(苏联)	全面和谐发展的教育：学校教育的理想是培养全面和谐发展的人	《给教师的一百条建议》《把整个心灵献给孩子》

注：苏霍姆林斯基的教育著作被认为是学校生活的百科全书，是"活的教育学"。

真题面对面

1.[2020,单,2分]下列选项中的教育名著与作者对应不正确的是(　　)

A.《大教学论》——夸美纽斯　　　　B.《民主主义与教育》——杜威

C.《爱弥儿》——卢梭　　　　　　　D.《给教师的一百条建议》——赞科夫

2.[2018,单,2分]发展性教学理论的代表人物是(　　)

A.布鲁纳　　　　　　　　　　　　B.布卢姆

C.赞科夫　　　　　　　　　　　　D.巴班斯基

答案：1.D　2.C

★ 考点大默写 ★

1. _____是研究教育现象和教育问题,揭示教育规律的一门科学。

2. _____是推动教育学发展的内在动力。

3. 孔子的教育思想主要体现在_____一书中。他在教育对象上主张_____,还最早提出了"不愤不启,不悱不发"的_____教学思想。

4. 在人性论上,孟子主张_____,他认为教育的目的在于"_____"。

5. _____是我国及世界上最早的一部教育专著,它提出了"长善救失""教学相长"等教育思想。

6. _____以其雄辩和与青年智者的问答法著名,该问答法亦称"产婆术"。

7. 西方教育思想史上的三个里程碑式的著作是《理想国》、_____和_____。

8. _____是西方教育史上最早的教育著作。

9. 首次提出把教育学作为一门独立的学科的人是_____。

10. 夸美纽斯的_____是近代第一本教育学著作。

11. 洛克反对天赋观念,提出了"_____"。他在_____一书中提出了绅士教育的思想。

12. 赫尔巴特的著作_____标志着教育学的发展进入了科学化时期,他提出的传统教育的"三中心"是"课堂中心""_____""教师中心"。

13. 杜威提出了"_____""_____""_____"的"新三中心论"。

14. 提出"为个人谋生之准备""为个人服务社会之准备"教育思想的是_____,提出"生活即教育""社会即学校"教育思想的是_____。

15. 结构教学理论的代表人物是_____,范例教学理论的代表人物是_____,教育名著《把整个心灵献给孩子》的作者是_____。

【参考答案】

1. 教育学 2. 教育问题 3.《论语》;有教无类;启发式 4. 性善论;明人伦 5.《学记》 6. 苏格拉底 7.《爱弥儿》;《民主主义与教育》 8.《雄辩术原理》(《论演说家的教育》/《论演说家的培养》) 9. 培根 10.《大教学论》 11. 白板说;《教育漫话》 12.《普通教育学》;教材中心 13. 儿童中心(学生中心);活动中心;经验中心 14. 黄炎培;陶行知 15. 布鲁纳;瓦·根舍因;苏霍姆林斯基

第三节 教育研究及其方法

一、教育研究的内涵

教育研究是以教育问题为对象,运用科学的方法,遵循一定的研究程序,收集、整理和分析有关资料,从而发现和总结教育规律的一种认识活动。

教育研究的对象是教育问题,它包括理论问题与实践问题。教育问题具有以下特点:复杂性、两难性、开放性、整合性与扩散性。

二、教育研究的基本过程

(1)选择研究课题;(2)教育文献检索与综述;(3)制订研究计划;(4)教育研究资料的收集、整理与分析;(5)教育研究论文与报告的撰写。

记忆有妙招

为方便考生记忆,我们将教育研究的基本过程总结成以下口诀:一选二检三制订,整理分析写报告。

三、教育研究方法 【单选、判断】

考点1 观察研究法

1. 观察研究法的概念

观察研究法是指人们有目的、有计划地通过感官和辅助仪器,对处于自然状态下的客观事物进行系统考察,从而获取经验事实的一种科学研究方法。观察研究法是教育科学研究广泛使用的一种方法。观察研究法不限于肉眼观察、耳听手记,还可以利用视听工具,如录音机、录像机、电影机等。

2. 观察研究法的类型

(1)根据观察的情境条件,可分为自然观察法和实验观察法;

(2)根据观察时是否借助仪器设备,可分为直接观察法和间接观察法;

(3)根据观察者是否直接参与被观察者所从事的活动,可分为参与观察法和非参与观察法;

(4)根据观察内容是否有统一设计的、有一定结构的观察项目和要求,可分为结构性观察和非结构性观察;

(5)根据观察的内容是否连续完整以及观察记录的方式,可分为叙述观察法、取样观察法和评价观察法。

3. 观察研究法的一般步骤

(1)界定研究问题,明确观察目的和意义;(2)编制观察提纲,进入研究情境;(3)实施观察,收集、记录资料;(4)分析资料,得出研究结论。

考点2 调查研究法

1. 调查研究法的概念

调查研究法是在教育理论指导下,通过运用观察、列表、问卷、访谈、个案研究及测验等方式,搜集教育问题的资料,从而对教育的现状做出科学分析,并提出具体工作建议的一整套实践活动。

在教育调查研究中,常用的调查方法有查阅资料、问卷法、开调查会、访谈法和调查表法,其中**最基本、使用最广泛的方法是问卷调查**。

2. 调查研究法的步骤

(1)明确调查目的;(2)制订调查计划;(3)准备调查材料和工具;(4)实施调查;(5)整理调查材料;(6)撰写调查报告。

3. 调查研究法的优缺点

最突出的优点:可以深入了解教育现状,发现问题,弄清事实,为教育行政部门制定教育政策、教育规划以及为教育改革提供事实依据。

局限性：调查往往只是表面的，难以确定其因果关系；调查的成功往往取决于被调查者的合作态度，更多地受制于研究对象；调查的可靠性有一定限制，调查者的主观倾向、态度都有可能影响被调查者，使调查的客观性降低。

> **真题面对面**
>
> [2014,单,2分]采用问卷、访谈等方式搜集有关材料,进行分析研究的科研方法是（ ）
> A.调查法　　　　　B.行动研究法　　　　　C.观察法　　　　　D.实验法
> 答案：A

考点3　实验研究法

1. 实验研究法的概念

实验研究法是根据研究目的，运用一定的人为手段，主动干预或控制研究对象的发生、发展过程，通过观察、测量、比较等方式探索、验证所研究现象因果关系的研究方法。

实验研究的目的是发现事物间的因果关系，是各类研究中唯一能确定因果关系的研究。

2. 实验研究法的步骤

(1)提出实验的假说；(2)设置变量；(3)选择实验被试，选择适当的实验组织形式；(4)对实验组实施干预，同时严密控制无关变量；(5)实验进行一个轮次或一个阶段，对因变量进行后效测试(后测)，并对结果进行比较；(6)检验课题假说能否成立。

考点4　个案研究法

1. 个案研究法的概念

个案研究法是对某一个体、某一群体或某一组织在较长时间里连续进行调查，从而研究其行为发展变化全过程的研究方法。它是当今教育研究中运用广泛的定性研究方法，也是描述性研究和实地调查的一种具体方法。其任务是揭示研究对象形成、变化的特点和规律，以及影响个案发展变化的各种因素，并提出相应的对策。

个案研究的设计以及描述可以考虑以下七个"W"问题：谁(Who)、什么(What)、地点(Where)、如何(How)、原因(Why)、时间(When)、受谁影响(Whom)。

2. 个案研究法的步骤

(1)确定研究对象；(2)收集研究资料；(3)诊断与假设；(4)分析与指导；(5)形成结论。

考点5　行动研究法

1. 行动研究法的概念

行动研究是指实际工作者(如教师)基于解决实际问题的需要，与专家、学者及本单位的成员共同合作，将实际问题作为研究的主题，进行系统的研究，以解决实际问题的一种研究方法。

教育行动研究的特点可以概括为"为教育行动而研究""在教育行动中研究""由教育行动者研究"。

2. 行动研究法的类型

(1)根据行动研究的时间性，可以分为前摄性行动研究和应答性行动研究；

(2)根据行动研究的组织形式,可分为个体独立型行动研究、小组协作型行动研究和组织合作型行动研究。

3. 行动研究法的步骤

行动研究的基本过程大致分为循序渐进的四个环节,即计划、行动、考察和反思。

> **真题面对面**
>
> [2018,单,2分]教师与专家共同合作,将实际问题作为主题进行研究的方法是(　　)
>
> A. 实验法　　　　　B. 观察法　　　　　C. 调查法　　　　　D. 行动研究法
>
> 答案:D

考点6　教育叙事研究

叙事研究是抓住人类经验的故事性特征进行研究并用故事的形式呈现研究结果的一种研究方式。它所关注的是在一定的场景和实践中所发生的故事,以及主人公是如何思考、筹划、应对、感受、理解这些故事的。即教育主体叙述教育教学中的真实情境的过程,是通过讲述教育故事,体悟教育真谛的一种研究方法。

教育叙事研究并非为讲故事而讲故事,而是通过教育叙事展开对现象的思索,对问题的研究,是一个将客观的过程、真实的体验、主观的阐释有机融为一体的教育经验的发现和揭示过程。也可以说,教育叙事研究就是通过教育主体的故事叙说来描绘教育行为、进行意义建构并使教育活动获得解释性意义理解的一种质的研究或者研究方法。

> **真题面对面**
>
> [2021,判断,1分]中小学教师通过描述自身的教育故事,对这些故事进行意义建构,在此基础上形成对教育活动的解释性理解。这种研究方法属于行动研究。(　　)
>
> 答案:×

考点7　质性研究法

质性研究也称为"**实地研究法**"或"**参与观察法**",它是基于经验和直觉的研究方法,以研究者本人作为研究工具,凭借研究者自身的洞察力,在与研究对象的互动中理解和解释其行为和意义建构。质性研究实际上并不是一种方法,而是许多不同研究方法的统称。

考点8　教育随笔

教育随笔,顾名思义就是谈教育思想观点的随笔,也可以说"教育心得",主要是写教育过程中某一点体会的心得。教育随笔的主要特点是短小精悍、取材广泛、迅速及时。

★ 考点大默写 ★

1. 教育科学研究广泛使用的一种方法是_____。
2. 运用观察、列表、问卷、访谈、个案研究及测验等方式,搜集教育问题的资料的科研方法是_____。
3. _____的目的是发现事物间的因果关系,是各类研究中唯一能确定因果关系的研究。

4. _____是指实际工作者(如教师)基于解决实际问题的需要,与专家、学者及本单位的成员共同合作,将实际问题作为研究的主题,进行系统的研究,以解决实际问题的一种研究方法。它的基本过程大致分为循序渐进的四个环节,即_____、_____、_____和_____。

5. 抓住人类经验的故事性特征进行研究并用故事的形式呈现研究结果的一种研究方式_____。

【参考答案】

1. 观察研究法　2. 调查研究法　3. 实验研究　4. 行动研究;计划;行动;考察;反思　5. 教育叙事研究

第二章 教育的基本规律

思维导图

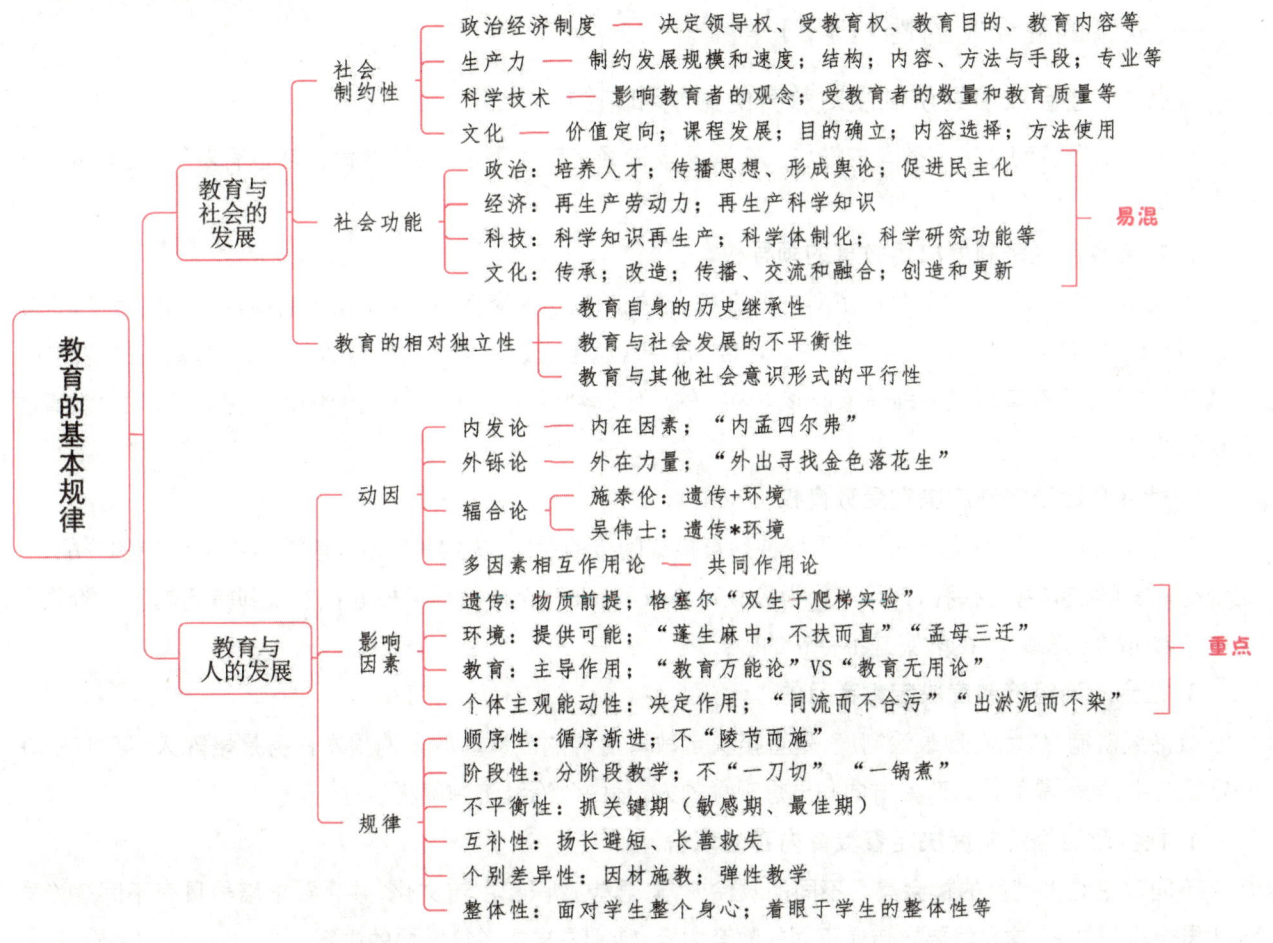

- 教育的基本规律
  - 教育与社会的发展
    - 社会制约性
      - 政治经济制度 —— 决定领导权、受教育权、教育目的、教育内容等
      - 生产力 —— 制约发展规模和速度；结构；内容、方法与手段；专业等
      - 科学技术 —— 影响教育者的观念；受教育者的数量和教育质量等
      - 文化 —— 价值定向；课程发展；目的确立；内容选择；方法使用
    - 社会功能【易混】
      - 政治：培养人才；传播思想、形成舆论；促进民主化
      - 经济：再生产劳动力；再生产科学知识
      - 科技：科学知识再生产；科学体制化；科学研究功能等
      - 文化：传承；改造；传播、交流和融合；创造和更新
    - 教育的相对独立性
      - 教育自身的历史继承性
      - 教育与社会发展的不平衡性
      - 教育与其他社会意识形式的平行性
  - 教育与人的发展【重点】
    - 动因
      - 内发论 —— 内在因素；"内孟四尔弗"
      - 外铄论 —— 外在力量；"外出寻找金色落花生"
      - 辐合论
        - 施泰伦：遗传+环境
        - 吴伟士：遗传*环境
      - 多因素相互作用论 —— 共同作用论
    - 影响因素
      - 遗传：物质前提；格塞尔"双生子爬梯实验"
      - 环境：提供可能；"蓬生麻中，不扶而直""孟母三迁"
      - 教育：主导作用；"教育万能论"VS"教育无用论"
      - 个体主观能动性：决定作用；"同流而不合污""出淤泥而不染"
    - 规律
      - 顺序性：循序渐进；不"陵节而施"
      - 阶段性：分阶段教学；不"一刀切""一锅煮"
      - 不平衡性：抓关键期（敏感期、最佳期）
      - 互补性：扬长避短、长善救失
      - 个别差异性：因材施教；弹性教学
      - 整体性：面对学生整个身心；着眼于学生的整体性等

河南特岗考向

本章从宏观层面介绍了教育与社会发展、教育与人的发展的关系，内容较为琐碎，需要识记和理解的知识较多。现对本章2014～2023年河南特岗考向分析如下：

考点	考频	题型	能力层级
文化对教育发展的影响和制约	1	单选	识记
教育的社会功能	4	单选、判断	理解
内发论、外铄论的主要观点和代表人物	2	判断	区分
影响个体身心发展的主要因素	5	单选、判断	理解
个体身心发展的规律	3	单选	应用

第一部分 教育学 029

核心考点

第一节 教育与社会的发展

作为一种有目的地培养人的社会活动,教育的发展受社会政治经济制度、生产力水平、科学技术和文化传统等的影响,并对这些因素的变化发展产生反作用。

一、教育的社会制约性 【单选】

考点1 社会政治经济制度对教育的影响和制约

社会政治经济制度决定教育的性质。在同一政治经济制度下,各国的教育虽然也有差异,但其本质属性是相同的。

1. 社会政治经济制度决定教育的领导权

在人类社会中,谁掌握了生产资料的所有权,谁就掌握了国家政权,谁就能控制精神产品的生产,谁就能控制学校教育的领导权。社会中占统治地位的阶级,总是通过对教育方针政策的颁布、教育目的的制定、教育经费的分配、教育内容特别是意识形态内容的规定、教师和教育行政人员的任命聘用等,实现对教育领导权的控制。

2. 社会政治经济制度决定受教育权

在阶级社会中,统治阶级总是要采取种种直接或间接的手段,决定和影响受教育权在社会中的分配,决定谁有享受学校教育的权利,谁无享受学校教育的权利,谁有受什么样学校教育的权利等问题。在阶级社会中,"超阶级""超政治"的教育是不存在的。

3. 社会政治经济制度决定教育目的

政治经济制度,尤其是政治制度,是直接决定教育目的的因素。教育的根本任务是培养人,可以说,在一定社会中,培养具有什么政治方向和思想观念的人,是由政治经济制度决定的。

4. 社会政治经济制度决定着教育内容的取舍

不同政治经济制度的社会具有不同的政治方向、思想意识和主流文化,并且要求培养具有不同政治立场和思想意识的人,这自然要求传递不同的教育内容,特别是思想道德方面的内容。

5. 社会政治经济制度决定着教育体制

教育体制是一个国家配合政治、经济、科技体制而确定下来的学校办学形式、层次结构、组织管理等相对稳定的运行模式和规定。任何一个国家的教育体制都不存在固定僵化的模式,要随着政治体制、经济体制的变革而变革。

6. 社会政治经济制度制约教育的改革与发展

在推动教育改革和发展的动力因素中,政治经济制度起着直接的推动作用。任何由非政治力量引发的教育改革和发展,都需要而且只能借助于政治的中介作用才能实现。现代世界各国所进行的大规模的教育革新,无一不是由政府和教育行政机关直接组织、调节、控制的。

7. 教育相对独立于政治经济制度

尽管政治经济制度对教育有着巨大的影响和制约作用,但教育也具有其自身的规律,有自己的相对独立性。这就意味着学校不可以忽视自身的办学规律,不能放弃学校教育任务而直接为政治经济制度服务。

考点 2　生产力对教育的影响和制约

1. 生产力的发展水平制约着教育发展的规模和速度

教育发展的规模与速度,取决于生产力发展所提供的物质条件和生产力发展对教育事业所提出的要求。

2. 生产力的发展水平制约着教育结构的变化

教育结构是指各级各类学校的比例关系和衔接方式,以及不同性质专业之间的比例构成。生产力的发展促进经济结构产生各种变化,从而也决定了教育结构的复杂多样化。

3. 生产力发展水平制约着教育的内容、方法与手段

传播和继承人类已有的生产生活经验是教育活动最初的价值取向,由此决定了生产力的发展水平必然制约着教育内容的选择。生产力的发展促进了科学技术的发展与更新,从而也要求教育内容不断调整与更新。同时,生产力的提高也在不断地促进教学方法、手段、组织形式的更新与发展。

4. 生产力发展水平制约着学校的专业设置

学校的专业设置及结构调整,必须依据人才市场所需要的专门人才的规格及数量而进行,即学校的专业设置受制于社会生产力发展状况。

5. 教育相对独立于生产力的发展水平

虽然受生产力发展水平的制约,但教育与生产力的发展并非完全同步。

我们也要认识到,教育相对独立于生产力的发展水平并不是说教育的发展可以脱离生产力的发展,教育归根结底还是要受生产力发展水平的制约。

考点 3　科学技术对教育的影响和制约

现代教育发展的根本动因是科技进步。科学技术对教育的影响,首先表现为对教育的**动力作用**。具体来说,科技对教育的作用表现如下:

1. 科学技术能够改变教育者的观念

科技发展水平决定了教育者的知识水平和知识结构,影响到他们对教育内容、方法的选择和运用,也会影响到他们对教育规律的认识和教育过程中教育机制的设定。

2. 科学技术能够影响受教育者的数量和教育质量

一方面,科技的发展及其在教育上的广泛运用,使教育对象得以扩大;另一方面,科技的发展正日益揭示出教育对象的身心发展规律,从而使教育活动遵循这种规律,提高了教育质量。此外,科学技术的每次革新都极大地促进了受教育者数量的增长和教育质量的提高。

3. 科学技术能够影响教育的内容、方法和手段

科技的发展促使教学内容不断更新、课程体系不断变化。随着科学技术的迅猛发展,教育的方法和手段也得以改进。

考点 4　文化对教育的影响和制约

从广义上说,教育是文化的一部分,但教育又是一种非常特殊的文化,因为教育既是文化的构成体,又是文化传递、深化与提升的手段。这就是教育的**双重文化属性**。

1. 文化对教育具有价值定向作用

不同的教育在很大程度上是由不同的文化价值观支配和决定的。一个社会的教育是以保存或传承现有文化成果作为主要的、甚至是唯一的价值取向,还是在继承现有文化的同时致力于传统文化的转型并创造新文化,取决于社会总体的文化价值观。

2. 文化发展促进学校课程的发展

文化对课程的影响主要体现在两个方面:(1)课程内容的丰富;(2)课程结构的更新。课程的发展不是随文化变迁而自发更新嬗变的过程,而是有意识的创造性转换的过程。

3. 文化影响教育目的的确立

教育目的的确立,除了取决于社会政治经济制度和生产力发展水平以外,还受文化的影响。例如,我国古代社会的主流文化是以儒学为核心的伦理型文化,这种文化反映在人才培养上,就强调教育目的是"在明明德,在亲民,在止于至善"。

4. 文化影响教育内容的选择

教育的内容就是人类的文化。不同时期的文化和不同国家与民族的文化,影响着教育内容的不同选择。

5. 文化影响着教育教学方法的使用

不同的文化影响着人们对知识及其来源的认识,在教育上影响着人们对师生关系的认识,由此决定了人们对教育教学方法的不同应用。

真题面对面

[2023,单,1分]某市豫剧团在多所学校开展"戏剧进校园"活动。这体现了影响学校教育的因素是( )

A. 政治　　　　　　B. 经济　　　　　　C. 文化　　　　　　D. 科技

答案:C

二、教育的社会功能 【单选、判断】 必背

考点1　教育的政治功能

教育作为国家的一个基本制度,直接受政治的制约,因此形成了教育的"政治"属性。但同时教育又对政治经济制度有维护、巩固和加强的作用。

1. 教育培养出政治经济制度所需要的人才

通过培养人才实现对政治经济制度的影响,是教育作用于政治经济制度的主要途径。任何一种政治经济制度,要想得到维持、巩固和发展,都需要大量依据一定要求培养出来的人才,而这些人才的培养,很大程度上依靠教育。

2. 教育通过传播思想、形成舆论作用于一定的政治经济制度

教育特别是学校教育,不仅向学生传播、灌输一定的政治思想意识,而且通过在校师生的言论行动、学校的教材和刊物向社会宣传一定的思想意识,制造社会舆论,借以影响群众,影响社会的风俗习惯和道德面貌等,为一定的政治经济服务,起着巩固现有政治经济制度的作用。

3. 教育促进民主化进程,但对政治经济制度不起决定作用

(1)一个国家的民主程度直接取决于一个国家的政体,但又间接取决于这个国家人民的文化程度和教育事业发展的程度,一个国家普及教育的程度越高,人的知识越丰富,就越能增强人民的权利意识,认识民主的价值,推崇民主的政策,推动政治的改革和进步。

(2)教育对社会政治经济制度起着巨大的影响作用,但不是决定作用。社会政治经济制度发展的根本动力是生产力与生产关系的矛盾运动,教育在这种矛盾运动中只起加速或延缓作用,而不起决定作用。

总之,政治经济制度直接制约着教育的性质和发展方向,教育又对一定的政治经济有不可忽视的影响,这种影响随着现代化进程的加快,变得越来越重要。当然,我们不能把教育的作用强调到不适当的程度,通过教育的作用解决政治、经济的根本问题是不现实的,教育对政治、经济的变革不起决定作用。

> **真题面对面**
>
> 1.[2021,单,2分]某小学提出的培养目标是:培养勇于担当、乐于奉献、善于合作的现代小公民。这体现了教育的(　　)
>
> A.政治功能　　　B.文化功能　　　C.人口功能　　　D.科技功能
>
> 2.[2019,单,2分]教育要培养的是中国特色社会主义建设者和接班人,而不是旁观者和反对派。这句话深刻揭示了教育的(　　)
>
> A.经济属性　　　B.政治属性　　　C.文化属性　　　D.科技属性
>
> 3.[2016,单,2分]直接制约着教育的性质和发展方向的社会因素是(　　)
>
> A.生产力　　　　　　　　　　B.政治经济制度
>
> C.文化　　　　　　　　　　　D.科学技术
>
> 答案:1.A　2.B　3.B

考点2　教育的经济功能

这里论述的教育的经济功能,主要是体现在教育对社会生产力的促进作用中的。教育对经济发展的作用,不是表现为直接创造物质财富,而是表现为为经济活动再生产劳动力和再生产科学知识。具体表现如下:

1.教育再生产劳动力

劳动力的质量和数量是生产力发展的重要条件,教育承担着再生产劳动力的重任。教育再生产劳动力具体体现在:

(1)教育使潜在的生产力转化为现实的生产力;

(2)教育可以提高劳动力的质量和素质,使之获得一定劳动部门认可的技能和技巧,成为发达的和专门的劳动力;

(3)教育可以改变劳动力的形态,把一个简单劳动力训练成一个复杂劳动力,把一个体力劳动者培养成一个脑力劳动者;

(4)教育可以使劳动力得到全面发展,提高劳动转换能力,摆脱现代分工对每个人造成的片面性。

知识再拔高

人力资本理论

20世纪60年代,以美国舒尔茨为代表的西方经济学家,提出了人力资本理论。所谓人力资本,是指凝聚在劳动者身上的知识、技能及其所表现出来的可以影响从事生产性工作的能力。它是相对于物质资本而言的,是人的资本形态。

倡导该理论的学者尤其重视教育投资的作用,认为教育不但是一种消费活动,也是一种投资活动。教育投资是人力资本的核心,是一种可以带来丰厚利润的生产性投资,包括学校教育、职业训练、卫生保健等。

2. 教育再生产科学知识

科学知识是第一生产力,但是科学知识在未用于生产前只是一种意识形态的或潜在的生产力。必须通过教育才能把前人积累的科学知识传递给年青一代,把潜在的生产力转化为现实的生产力。

所以,教育是实现科学知识再生产的重要手段。教育再生产科学知识具体表现在:

(1)教育可以高效能地扩大科学知识的再生产,使原来为少数人所掌握的科学知识在较短的时间内为更多的人所掌握,从而提高劳动生产效率,促进生产力的发展;

(2)教育也担负着发展科学、再生产科学的任务,这在高校表现得尤为明显。

考点3 教育的科技功能

1. 教育能完成科学知识再生产

教育对科学创造的成果加以合理的加工和编排,传授给更多的人,尤其是传授给年青一代,使他们能够掌握前人创造的科学成果,为进行科学知识的再生产打下基础。

2. 教育推进科学的体制化

科学的体制化是指出现职业的科学家以及专门的科研机构去开展科学研究。只有在教育高度发达的情况下,才会出现科学的体制化。

3. 教育具有科学研究的功能

教育者在传播科学知识的同时,也直接从事科研工作,这在高校里尤为突出。

4. 教育促进科研技术成果的开发利用

科学技术在教育上的应用,丰富了科学技术的活动,能扩大科学技术的成果,如多媒体技术、电脑软件技术在教育上的广泛应用,对推进相关科学和技术的研究有直接作用。

考点4 教育的文化功能

1. 教育能够传承文化

文化的传承是文化得以延续和发展的基本前提。教育传承文化的功能有三种主要表现形式:传递、保存、活化。

(1)教育可以传递和保存文化

教育是文化传递和保存最为基本和最为有效的手段。随着社会的不断发展,文化的传递、保存方式不断发生变化。但不论人类文化的传递和保存方式发生何种变化,都离不开教育这一最基本的方式。

(2)教育可以活化文化

教育要实现真正意义上的文化传承,还必须把储存形态的文化转化为现实活跃形态的文化,即把附着于物体、文字和技术性载体上的文化符号转化到人这一载体上,为人所掌握与内化。这一转化的过程就是文化的活化。

2. 教育能够改造文化(选择和整理、提升文化)

改造文化是指在原有文化要素的基础上所进行的取舍、调整和再组合。教育对文化的改造主要是通过选择文化和整理文化来实现的。

教育是文化传递的手段,但教育又不等同于文化传递。并非所有的文化都能成为教育内容,教育必须对文化进行选择和整理。

文化选择,是对某种、某部分文化的吸收或舍弃。

3. 教育能够传播、交流和融合文化

教育通过传播文化,使不同国家和民族的文化相互交流、交融,促进文化的优化和发展。教育应重视发展多元文化,促进各社会族群间的相互尊重与和谐发展。

4. 教育能够更新和创造文化

没有文化的更新和创造,就没有文化的真正发展。教育更新、创造文化的功能主要表现在两个方面:(1)教育通过培养具有创新精神和创造能力的人来发挥其文化创造的功能。(2)教育直接创造新的文化。

> **小香课堂**
>
> 教育对文化的传递功能和传播功能是易混淆的知识点,应注意:文化传递强调时间上的流动,从一代人传到另一代人;文化传播强调空间上的流动,从一个地方传到另一个地方。

> **真题面对面**
>
> [2020,判断,1分]通过培养人来促进政治、经济、文化、科技的发展是教育的社会功能。( )
>
> 答案:√

三、教育的相对独立性

教育的相对独立性是指教育具有自身独特的发展规律和能动性。一般来说,教育为一定社会的生产力发展水平所制约,为一定社会的政治经济制度所决定,为一定社会的文化所影响。但是教育又常显示出其自身所特有的形式和发展轨迹。教育的相对独立性主要表现在以下几个方面:

1. 教育自身的历史继承性

教育和其他社会现象一样,在其历史的发展过程中必然从各个方面吸收和利用以往历史阶段的教育成果和经验。教育的思想、制度、内容和方法等各个方面不仅反映着一定社会的生产力发展水平和政治经济制度的要求,而且与教育发展的历史沿革有着一定的渊源,都带有自身发展历程中的烙印。这就是教育自身的历史继承性。

2. 教育与社会发展的不平衡性

教育受一定社会的生产力发展水平和政治经济制度制约、决定,但与社会生产力发展水平和政治经济制度的改变,并非完全同步,具有与社会发展的不平衡性。

3. 教育与其他社会意识形式的平行性

教育作为社会意识形态中的一种意识形式,与社会意识形态中的其他意识形式,如政治思想、哲学观念、伦理道德、宗教、文学、艺术等,有着密切的联系,这种联系不是决定与被决定的关系,而是相互影响的平行性关系。

★ 考点大默写 ★

1. 教育与社会诸多因素有密切联系,其中,决定教育领导权和受教育权的是＿＿＿＿＿＿＿＿＿＿＿。
2. ＿＿＿＿＿＿＿＿＿＿的发展水平制约着教育发展的规模和速度。
3. 科学技术对教育的影响,首先表现为对教育的＿＿＿＿＿＿＿＿作用。
4. 教育可以提高劳动力的质量和素质,使之获得一定劳动部门认可的技能和技巧,成为发达的和专门的劳动力。这体现了教育的＿＿＿＿＿＿＿＿功能。
5. 我国古代社会崇尚儒学,因此提出了"在明明德,在亲民,在止于至善"的教育目的。这体现了＿＿＿＿＿＿＿＿因素对确立教育目的的影响。
6. 20世纪60年代,以美国＿＿＿＿＿＿＿＿为代表的西方经济学家,提出了人力资本理论。
7. 教育能传播思想、形成舆论,这体现了教育的＿＿＿＿＿＿＿＿功能。
8. 教育的经济功能主要表现在教育再生产＿＿＿＿＿＿＿＿,教育再生产＿＿＿＿＿＿＿＿。
9. 在人类发展历程中,常出现教育与政治经济发展不平衡的现象。这说明教育具有＿＿＿＿＿＿＿＿＿＿＿。

【参考答案】

1. 社会政治经济制度　2. 生产力　3. 动力　4. 经济　5. 文化　6. 舒尔茨　7. 政治　8. 劳动力；科学知识　9. 相对独立性

第二节　教育与人的发展

一、个体身心发展的概念

个体身心发展是指作为复杂整体的个体在从生命开始到生命结束的全部人生过程中,不断发生的变化过程,特别是指个体的身心特点向积极方面变化的过程。

二、个体身心发展的动因 【判断】

考点1　内发论（遗传决定论）

1. 内发论的基本观点

内发论强调内在因素,如"需要""成熟",强调人的身心发展的力量主要源于人自身的内在需要,身心发展的顺序也是由身心成熟机制决定的。即在人的身心发展过程中起决定作用的是遗传素质。内发论又称自然成熟论、预成论等。

内发论

2. 内发论的主要代表人物

表1-12 内发论的主要代表人物及其观点

代表人物	主要观点
孟子	人的本性是善的,"万物皆备于我"
弗洛伊德	人的性本能是最基本的自然本能
威尔逊	"基因复制"是决定人的一切行为的本质力量
高尔顿（遗传决定论的"鼻祖"）	个体的发展及其个性品质早在基因中就决定了,发展只是这些内在因素的自然展开,环境只起引发作用
格塞尔	强调成熟机制对人的发展的决定作用
霍尔	"一两的遗传胜过一吨的教育";"复演说"

考点2 外铄论（环境决定论）

1. 外铄论的基本观点

外铄论认为人的发展主要依靠外在的力量,诸如环境的刺激和要求、他人的影响和学校的教育等。外铄论又称外塑论或经验论等。

2. 外铄论的主要代表人物

表1-13 外铄论的主要代表人物及其观点

代表人物	主要观点
荀子	人的贵贱、愚智、贫富都取决于后天的教育和学习,教育在人的发展中起着"化性起伪"的作用
洛克	提倡"白板说",认为人的心灵犹如一块白板,它本身没有内容,可以任意涂抹
华生	给我一打健康的婴儿,不管他们祖先的状况如何,我可以任意把他们培养成从领袖到小偷等各种类型的人
斯金纳	人的行为乃至复杂的人格都可以通过外在的强化或惩罚手段来加以塑造、改变、控制或矫正

记忆有妙招

为方便考生记忆,我们将内发论与外铄论的代表人物总结成以下口诀：
(1)内孟四尔弗。内：内发论。孟：孟子。四尔：威尔逊、高尔顿、格塞尔、霍尔。弗：弗洛伊德。
(2)外出寻找金色落花生。外：外铄论。寻：荀子。金：斯金纳。落：洛克。花生：华生。

考点3 辐合论

辐合论,也称为二因素论。这种观点肯定先天遗传因素和后天环境对儿童发展的重要作用,而且二者的作用各不相同,不能相互替代。

德国心理学家**施泰伦**在其所著的《早期儿童心理学》一书中,明确地提出儿童心理的发展是受环境和遗传共同影响的"合并原则",即提出：发展等于遗传与环境之和。

美国心理学家**吴伟士**(武德沃斯)认为,虽然儿童的发展是其遗传和后天环境共同影响的结果,但这两种因素在儿童的发展中所起的作用是不同的。与施泰伦的观点不同的是,他认为,人的发展等于遗传与环境的乘积。

考点4　多因素相互作用论（共同作用论）

辩证唯物主义认为，人的发展是个体的内在因素（如先天遗传素质、机体成熟的机制）与外部环境（如外在刺激的强度、社会发展的水平、个体文化背景等）在个体活动中相互作用的结果。人是能动的实践主体，没有个体的积极参与，个体的发展是不能实现的。在主客观条件大致相似的情况下，个体主观能动性发挥的程度，对人的发展有着决定性的意义。

> **真题面对面**
>
> 1. [2023,判断,1分]孟子"扩充四端"的人性教育论和荀子"化性起伪"的人性教育论都属于外铄论。（　）
> 2. [2022,判断,1分]教师若持有"性恶论"人性假设，其教育方法会更加注重"外铄"。（　）
>
> 答案：1. ×　2. √

三、影响个体身心发展的主要因素　【单选、判断】　必背

总体看来，影响个体身心发展的因素主要有遗传、环境、教育（学校教育）和个体主观能动性等。

考点1　遗传

遗传，也叫遗传素质，是指从上一代继承下来的生理解剖上的特点，如机体的形态、结构以及器官和神经系统的特征等。这些遗传素质是先天的，与生俱来的。人的发展就是在人类特有的遗传素质基础上展开的。遗传素质是人的身心发展的前提，具体体现在以下几个方面：

1. 遗传素质是人的身心发展的前提，为人的发展提供了可能性，但不能决定人的发展

人的身心发展必须以正常的遗传素质为基础，发展才有可能。没有这个前提，任何发展都不可能。或者某些遗传素质有缺陷，某种发展可能就永远不能实现。

遗传素质不决定人身心发展的现实性，王安石的《伤仲永》中的仲永就是典型的例子。"用进废退"和"获得性遗传"说明遗传素质具有一定的可塑性，它会随着环境、教育的改变和人类实践活动的深入等作用而逐渐发生变化。遗传因素对人的影响在整个发展过程中总体上呈减弱趋势。因此，一个人的神经系统，虽然生来就被某些属性制约，但是它本身却具有极大的可塑性。即使是某些低能或弱智儿童，在特殊教育的作用下，也能获得一定发展。"遗传决定论"的观点夸大了遗传的作用，把遗传看作决定人的发展的唯一因素，是不正确的。

遗传因素

2. 遗传素质的个别差异是人的身心发展的个别差异的原因之一

遗传素质存在着个别差异，表现在高级神经活动类型、感觉器官的结构和机能方面。这些差异是个性形成的生理基础，是人的个性差异的最初原因。

3. 遗传素质的成熟机制制约着人的身心发展的水平及阶段

个体的遗传素质是逐步发展成熟的。遗传素质的成熟程度，为一定年龄阶段的身心发展提供了限制与

可能,制约着年青一代身心发展的过程及其阶段。教育必须按照遗传素质发展的水平进行,超越或落后于遗传素质成熟水平都不利于人的发展。**格塞尔通过双生子爬梯实验证明了他的"成熟势力说"。**

考点 2　环境

环境包括自然环境和社会环境两大部分。教育学中所说的环境一般指社会环境。广义上来说,教育也包括在环境这一概念之中。为了突出学校教育在人的身心发展中的自觉性、目的性和计划性的特点,以区别于环境影响的某种程度的自发性,我们把学校教育从环境中分离出来,另做详细叙述。

1. 社会环境为个体的发展提供了多种可能,使遗传提供的发展可能变成现实

社会环境是人的发展的外部条件,为个体的发展提供了多种可能,如机遇、条件和对象。离开社会环境这种外部条件,再好的遗传素质也难以发挥作用。遗传提供的可能只有在一定的社会环境下才能变为现实。"近朱者赤,近墨者黑""蓬生麻中,不扶而直"及"孟母三迁"的故事,都说明了社会环境对人的发展的影响。

2. 环境是推动人身心发展的动力

(1)环境是人身心发展不可缺少的外部条件。在人类社会中,每个社会成员之间都结成一定的社会关系,因而人具有社会性的特点,人的发展永远不能离开赖以生存的社会环境。

(2)环境推动和制约着人身心发展的速度和水平。环境对个体发展的影响有积极和消极之分,一般来说,生产力发达或良好的社会生活条件,可以加速年青一代身心发展的进程;相反,不良的社会生活条件,可以阻碍年青一代身心发展的进程。

3. 环境不决定人的发展

环境对人的身心发展具有一定的影响,但环境不决定人的发展,因为环境作用具有自发性、偶然性等特点,对于环境的影响,个体存在适应与对抗,"出淤泥而不染"讲的就是这个道理。这也说明虽然环境制约着人的身心发展,但是人在一定程度上又可以发挥主观能动性,超越环境的制约。因此,夸大环境对人的发展的作用,特别是"环境决定论"的观点是错误的。

4. 人对环境的反应是能动的

社会环境是人发展的外部条件,但是个体受环境的影响不是消极被动的,而是积极能动的实践过程。环境对人的发展的影响要通过个体的主观努力和社会实践活动才能实现。有的人在良好的环境中却没有什么成就,甚至走向与环境要求相反的道路;有的人在恶劣的环境中却能"出淤泥而不染",成为很有作为的人。因此,主观能动性是外部影响转化为内部发展要素的根据。

考点 3　教育(学校教育)

教育是社会环境的一部分,但它是影响人的发展的自觉的、可控的因素。教育,从逻辑上既是特殊的实践,又是特殊的环境。由于这种特殊性,使得在影响人的发展因素中,教育对人的发展特别是对年青一代的发展起着主导作用和促进作用。

1. 学校教育在人身心发展中起主导作用的原因

(1)学校教育是有目的、有计划、有组织地培养人的活动;(2)学校有专门负责教育工作的教师,相对而言效果较好;(3)学校教育能有效地控制和协调影响学生发展的各种因素。

2. 学校教育在人身心发展中起主导作用的表现(学校教育在影响个体发展上的特殊功能)

(1)学校教育对于个体发展做出社会性规范。

(2)学校教育具有开发个体特殊才能和发展个性的功能。学校教学内容的多面性和同一学生集体中学生才能的差异性,有助于个体特殊才能的发现,而专门学校对这些才能的发展具有重要作用。

(3)学校教育对个体发展的影响具有即时和延时的价值。

(4)学校教育具有加速个体发展的特殊功能。

3. 实现学校教育在人身心发展中起主导作用和促进作用的条件

学校教育主导作用的实现是相对的、有条件的。

(1)从外部环境方面来说,它要求社会的发展为个体的发展提供相应的前提,它依赖于家庭环境的影响,包括家长的职业类别和文化程度、家庭的经济状况和自然结构;依赖于社会发展的状况,包括生产力水平、科技发展、社会环境、社会文化传统和民族心态以及公民整体素质等。

(2)从教育系统内部来说,它依赖于教育自身的状况,包括学校的物质条件、师资队伍、教育管理者的水平等方面;依赖于学习者的主观能动性,它要求教育要遵循儿童的身心发展规律,还要积极协调社会、家庭等各个方面的教育影响,使其成为一股适合儿童需要的合力。

在肯定学校教育对个体发展所起的主导作用的同时,还应正确地看待"教育万能论"和"教育无用论"这两个在教育功能认识上的误区。

"教育万能论" 是一种片面地夸大教育在人的发展中的作用的观点,认为人完全是教育的产物。代表人物有英国的洛克、德国的康德、美国的华生、法国的爱尔维修等。

"教育无用论" 是一种抹杀教育在人的发展中的作用的观点,认为教育对人的发展无能为力。中世纪的一些学者以及英国的高尔顿都是这一观点的代表人物。

考点4　个体主观能动性

1. 个体主观能动性的概念

个体主观能动性是指人的主观意识和活动对于客观世界的积极作用,包括能动地认识客观世界和改造客观世界,并统一于人们的社会实践活动中。

从活动水平角度看,个体主观能动性由三个层次构成:第一层次是人作为生命体进行的**生理活动**,第二层次是个体的**心理活动**,最高层次是**社会实践活动**。

人的主观能动性从综合的意义上把主体与客体、个体与社会、人的内部世界与外部世界联系起来,成为推动人本身发展的决定性因素。因此,教育要非常重视学生主观能动性的发挥。

个体主观能动性

2. 个体主观能动性的作用

个体的主观能动性是人的一种内在需要,是一种寻求发展的积极动机和渴望。所以,个体的主观能动

性是人的身心发展的内在动力,也是促进个体发展从潜在的可能状态转向现实状态的决定性因素。逆境可以成才,"同流而不合污""出淤泥而不染""威武不能屈"等典故反映出人的主观能动性在个体发展中的作用。

总之,影响人的身心发展的因素是多方面的。遗传素质是人的身心发展的**物质前提**,环境为个体的发展提供了多种可能,而教育作为特殊的环境对人的身心发展起主导作用,个体主观能动性是人的身心发展的内因和动力。这些因素彼此关联、相互配合,共同发挥作用,促进人的身心发展。

> **真题面对面**
>
> 1.[2023,单,1分]家长一门心思把孩子送进名校或名师班级。这种现象表明家长过度重视(　　)
>   A.遗传因素　　　　B.环境因素　　　　C.家庭因素　　　　D.主观因素
>
> 2.[2021,单,2分]下列选项中,与个体发展的影响因素对应错误的是(　　)
>   A.种瓜得瓜,种豆得豆——遗传决定　　　B.出淤泥而不染——主体作用
>   C.近朱者赤,近墨者黑——环境影响　　　D.揠苗助长——因材施教
>
> 3.[2016,单,2分]促进个体发展从潜在的可能状态转向现实状态的决定性因素是(　　)
>   A.学校教育　　　B.遗传因素　　　C.社会环境　　　D.个体主观能动性
>
> 4.[2022,判断,1分]格塞尔"双生子爬梯实验"的结果表明,家庭教育在儿童发展中的作用更显著。(　　)
>
> 答案:1.B　2.D　3.D　4.×

四、个体身心发展的规律 【单选】

考点1　个体身心发展的顺序性

1.个体身心发展的顺序性的概念

个体身心发展的顺序性是指人的身心发展是一个由低级到高级、由简单到复杂、由量变到质变的连续不断的发展过程。例如,身体的发展遵循着从上到下、从中间到四肢、从骨骼到肌肉的顺序发展,心理的发展总是由机械记忆到意义记忆,由具体思维到抽象思维。

2.个体身心发展的顺序性的教育要求

人的发展的顺序性是客观的、不以人的意志为转移的,教育工作要遵循这种顺序性,循序渐进地促进人的发展。所以,教育一般不可"陵节而施",否则就会出现教育的异化,造成教育的负效应。对于早期教育的问题,我们要明白,早期教育并不是越早越好,过于夸大早期教育的目的和作用是极为错误的。

考点2　个体身心发展的阶段性

1.个体身心发展的阶段性的概念

个体身心发展在不同的年龄阶段表现出不同的总体特征及主要矛盾,面临着不同的发展任务,这就是身心发展的阶段性。例如,童年期学生的思维特点是具有较大的具体性和形象性,抽象思维能力还比较弱,对抽象的道理不易理解;少年期的学生,抽象思维已经有了很大的发展,但经常需要具体的感性经验作支持。

2. 个体身心发展的阶段性的教育要求

个体身心发展的阶段性规律,决定了教育工作必须根据不同年龄阶段的特点分阶段进行。如果不顾学生的年龄特征和接受能力,在教育工作中搞"一刀切""一锅煮",让孩子同成年人一样地听报告、搞活动、开批判会,把对儿童和青少年的教育"成人化",就违反了个体身心发展的阶段性规律。教育工作必须从学生的实际出发,针对不同年龄阶段的学生,提出不同的具体任务,采取不同的教育内容和方法,既不能把小学生当中学生看待,也不能把初中生和高中生混为一谈。

考点 3　个体身心发展的不平衡性(不均衡性)

1. 个体身心发展的不平衡性的表现

一方面是指身心发展的同一方面的发展速度,在不同的年龄阶段是不平衡的。例如,青少年的身高体重在其全部发展过程中会经历两个高峰:第一个高峰是在一岁左右,第二个高峰是在青春发育期。在这两个高峰期内,身高体重的发展较之其他阶段快得多。

另一方面是就个体身心发展的不同方面而言的。研究表明,青少年身心的不同方面所达到的某种发展水平或成熟的时期是不平衡的,有的方面可能在较早年龄就达到较高水平,而有的方面则晚些。例如,青春初期的孩子身高体重的增长已达到较高水平,而骨化过程远远没有完成。感知觉是认识的低级阶段,儿童的感知觉的发展比高级形式的判断、推理等逻辑思维能力的发展要早许多。

2. 个体身心发展的不平衡性的教育要求

根据个体身心发展的不平衡性,教育教学要抓住关键期,以求在最短的时间内取得最佳的效果。所谓关键期,就是指人的某种身心潜能在人的某一年龄段有一个最好的发展时期。研究认为,关键期既包括有机体需要刺激的时期,也包括有机体对某种刺激最敏感的时期。因此,关键期也叫敏感期、最佳期。在这一时期内,对个体某一方面进行训练可以获得最佳成效,并能充分发挥个体在这一方面的潜力。错过了关键期,训练的效果就会降低,甚至永远无法补偿。当然,关键期也并不是绝对的,错过关键期之后,经过补偿性学习仍有可能得到发展,只是难度要大些。因此教育必须适应人身心发展的不平衡性,在人的素质发展的关键期内,施以相应的教育,促进该素质的发展。

考点 4　个体身心发展的互补性

1. 个体身心发展的互补性的概念

互补性是指机体某一方面的机能受损甚至缺失后,可通过其他方面的超常发展得到部分补偿。机体各部分存在着互补的可能,为人在自身某方面缺失的情况下能与环境协调,从而继续生存与发展提供了条件。互补性也存在于心理机能与生理机能之间。人的精神力量、意志、情绪状态对整个机能起到调节作用,能帮助人战胜疾病和残缺,使身心依然得到发展。

2. 个体身心发展的互补性的教育要求

教育工作者要树立信心,相信每一个学生,特别是暂时落后或在某些方面有缺陷的学生,通过其他方面的补偿性发展,都可以达到与一般正常学生一样的发展水平;还要掌握科学的教育方法,发现学生的优势,扬长避短、长善救失,激发学生自我发展的信心和自觉。

考点 5　个体身心发展的个别差异性

1. 个体身心发展的个别差异性的概念

个体身心发展的个别差异性,是指个体之间的身心发展以及个体身心发展的不同方面之间,存在着发展程度和速度的不同。人的先天素质、环境和教育以及自身的主观能动性的不同,决定了人的身心发展存在着个别差异。

2. 个体身心发展的个别差异性的表现

(1)不同儿童同一方面的发展速度和水平不同,如有些人"少年得志",有些人则"大器晚成"。

(2)不同儿童不同方面的发展存在差异,如有的儿童的数学能力较强,但绘画却很差,而有的儿童正好相反。

(3)不同儿童所具有的个性心理不同,如同年龄的儿童具有不同的兴趣、爱好和性格等。

(4)个别差异也表现在群体间,如男女性别的差异。

3. 个体身心发展的个别差异性的教育要求

个体身心发展的个别差异性要求教育必须因材施教,充分发挥每个学生的潜能和积极因素,有的放矢地选择适宜、有效的教育途径和方法手段,使每个学生都能得到最大的发展。如在教学中采取弹性教学制度、采取能力分组、组织兴趣小组等。

考点6 个体身心发展的整体性

1. 个体身心发展的整体性的概念

学生是一个整体的人,以其整个身心投入教学生活,并以整个身心来感知、体验、享受和创造这种教学生活。教师所面对的是一个活生生的、整体的人,尽管这个整体不是"完美"的整体。

2. 个体身心发展的整体性的教育要求

(1)教学应该面对学生整个身心;(2)教学要着眼于学生的整体性,促进学生的一般发展,注意做到认知因素与非认知因素、意识与潜意识、科学与艺术的统一。

真题面对面

1.[2020,单,2分]在教育中把儿童当作儿童,而不当作"小大人"。这表明个体身心发展具有( )

A. 均衡性　　　　B. 互补性　　　　C. 阶段性　　　　D. 不平衡性

2.[2017,单,2分]个体身心发展的速度、成熟水平等具有不均衡性,所以教育应该( )

A. 因材施教　　　B. 抓住关键期　　C. 分阶段实施　　D. 扬长避短

3.[2016,单,2分]教育要适应人的发展的个别差异性,就要做到( )

A. 循序渐进　　　B. 因材施教　　　C. 教学相长　　　D. 防微杜渐

答案:1. C　2. B　3. B

考点大默写

1. 个体身心发展的动因理论中_____强调人的身心发展的力量主要源于人自身的内在需要,身心发展的顺序也是由身心成熟机制决定的。

2. 外铄论的主要代表人物包括_____、_____、_____和斯金纳等。

3. 总体看来,影响个体身心发展的因素主要有遗传、环境、教育(学校教育)和个体主观能动性等。其中,_____在人的身心发展中起主导作用,_____是促进个体发展从潜在的可能状态转向现实状态的决定性因素。

4. "龙生龙,凤生凤,老鼠的儿子会打洞。"这一说法反映了＿＿＿＿因素对人的发展的影响。

5. "蓬生麻中,不扶而直"反映了＿＿＿＿因素对人的发展的影响。

6. "同流而不合污""出淤泥而不染""威武不能屈"说明了人的＿＿＿＿＿＿＿＿在个体身心发展中的作用。

7. 从活动水平角度看,个体主观能动性由三个层次构成。其中最高层次是＿＿＿＿＿＿＿＿。

8. 个体身心发展的＿＿＿＿要求在教育过程中必须做到循序渐进,"拔苗助长"违背了这一规律。

9. 个体身心发展的＿＿＿＿规律,决定了教育工作必须根据不同年龄阶段的特点分阶段进行。

10. 人的某种身心潜能在某一年龄段有一个最好的发展时期,是指发展的＿＿＿＿,它体现了个体身心发展的＿＿＿＿规律。

11. 盲人的听觉、嗅觉和触觉一般都特别灵敏,这说明人的身心发展具有＿＿＿＿规律。

12. 人们常说的"聪明早慧""大器晚成"是指个体身心发展具有＿＿＿＿规律,这一规律要求学校教育必须因材施教。

【参考答案】

1. 内发论/遗传决定论　2. 荀子;洛克;华生　3. 教育/学校教育;个体主观能动性　4. 遗传/遗传素质　5. 环境　6. 主观能动性　7. 社会实践活动　8. 顺序性　9. 阶段性　10. 关键期(敏感期/最佳期);不平衡性/不均衡性　11. 互补性　12. 个别差异性

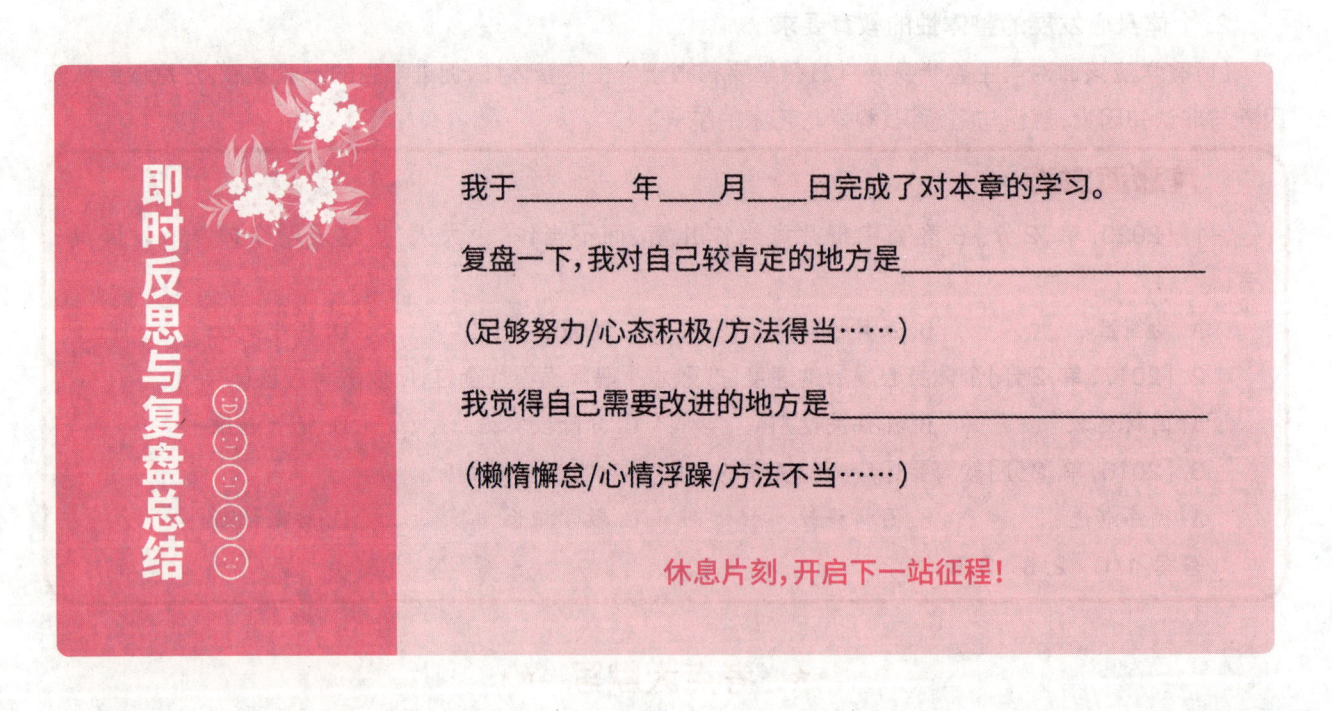

即时反思与复盘总结

我于＿＿＿＿年＿＿月＿＿日完成了对本章的学习。

复盘一下,我对自己较肯定的地方是＿＿＿＿＿＿＿＿

(足够努力/心态积极/方法得当……)

我觉得自己需要改进的地方是＿＿＿＿＿＿＿＿

(懒惰懈怠/心情浮躁/方法不当……)

休息片刻,开启下一站征程!

第三章 教育目的与教育制度

思维导图

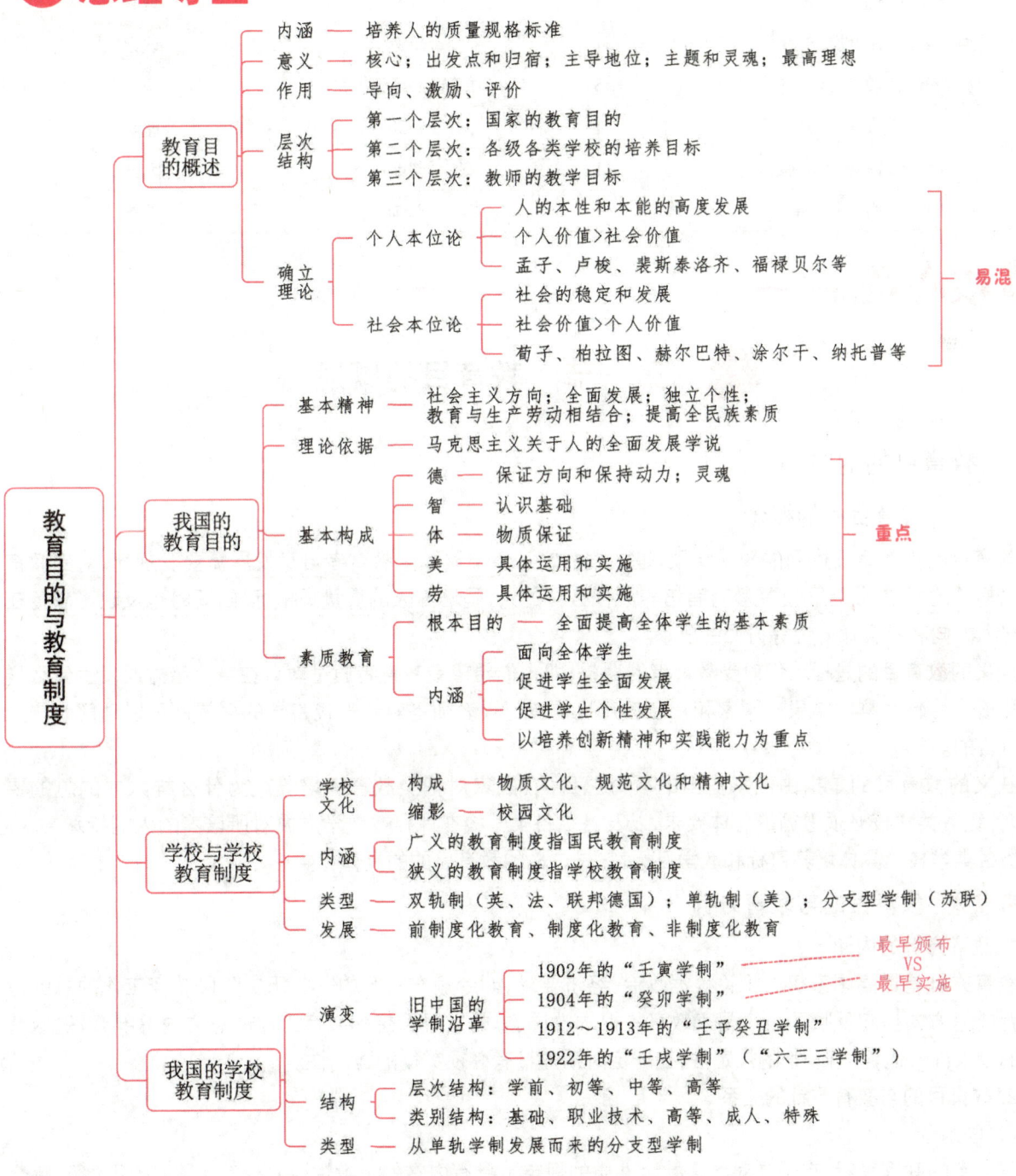

- **教育目的与教育制度**
  - **教育目的概述**
    - 内涵 —— 培养人的质量规格标准
    - 意义 —— 核心；出发点和归宿；主导地位；主题和灵魂；最高理想
    - 作用 —— 导向、激励、评价
    - 层次结构
      - 第一个层次：国家的教育目的
      - 第二个层次：各级各类学校的培养目标
      - 第三个层次：教师的教学目标
    - 确立理论（易混）
      - 个人本位论
        - 人的本性和本能的高度发展
        - 个人价值>社会价值
        - 孟子、卢梭、裴斯泰洛齐、福禄贝尔等
      - 社会本位论
        - 社会的稳定和发展
        - 社会价值>个人价值
        - 荀子、柏拉图、赫尔巴特、涂尔干、纳托普等
  - **我国的教育目的**
    - 基本精神 —— 社会主义方向；全面发展；独立个性；教育与生产劳动相结合；提高全民族素质
    - 理论依据 —— 马克思主义关于人的全面发展学说
    - 基本构成（重点）
      - 德 —— 保证方向和保持动力；灵魂
      - 智 —— 认识基础
      - 体 —— 物质保证
      - 美 —— 具体运用和实施
      - 劳 —— 具体运用和实施
    - 素质教育
      - 根本目的 —— 全面提高全体学生的基本素质
      - 内涵
        - 面向全体学生
        - 促进学生全面发展
        - 促进学生个性发展
        - 以培养创新精神和实践能力为重点
  - **学校与学校教育制度**
    - 学校文化
      - 构成 —— 物质文化、规范文化和精神文化
      - 缩影 —— 校园文化
    - 内涵
      - 广义的教育制度指国民教育制度
      - 狭义的教育制度指学校教育制度
    - 类型 —— 双轨制（英、法、联邦德国）；单轨制（美）；分支型学制（苏联）
    - 发展 —— 前制度化教育、制度化教育、非制度化教育
  - **我国的学校教育制度**
    - 演变 —— 旧中国的学制沿革
      - 1902年的"壬寅学制" …… 最早颁布
      - 1904年的"癸卯学制" …… 最早实施
      - 1912～1913年的"壬子癸丑学制"
      - 1922年的"壬戌学制"（"六三三学制"）
    - 结构
      - 层次结构：学前、初等、中等、高等
      - 类别结构：基础、职业技术、高等、成人、特殊
    - 类型 —— 从单轨学制发展而来的分支型学制

第一部分 教育学

河南特岗考向

本章属于教育学的基础章节,考点较分散,多为基础知识的识记。现对2014~2023年本章河南特岗考向分析如下:

考点	考频	题型	能力层级
教育目的的意义与作用	1	单选	理解
确立教育目的的依据	1	判断	理解
有关教育目的确立的理论	1	单选	识记
我国教育目的的基本构成	5	单选、判断、论述	识记
素质教育	1	判断	理解
现代教育制度的发展	1	判断	区分
旧中国的学制沿革	1	单选	掌握

核心考点

第一节 教育目的概述

一、教育目的的内涵

考点1 教育目的的概念

教育目的指教育要达到的预期结果,是根据一定社会发展和受教育者自身发展需要及规律,对受教育者提出的总的要求,规定了把受教育者培养成什么样的人,是培养人的质量规格标准,同时也反映了教育在人的努力方向和社会倾向性等方面的要求。

广义的教育目的是指人们对受教育者的期望,即人们希望受教育者通过教育在身心诸方面发生什么样的变化或产生什么样的结果。国家和社会教育机构、家长、教师等对新一代寄予的期望都可以理解为广义的教育目的。

狭义的教育目的是指由国家提出的教育总目的(国家对把受教育者培养成为什么样人才的总的要求)和各级各类学校必须遵循的总体要求,以及各级各类学校在课程或教学方面对所培养的人的特殊要求,即各级各类学校的具体培养目标和教学目标,它是广义的教育目的的具体化。

考点2 教育目的与教育方针

1. 教育方针的内涵

教育方针是最高国家权力机关根据政治、经济要求,明令颁布实行的一定历史阶段教育工作的总的指导方针或总方向。它反映了一个国家教育的根本性质、总的指导思想和教育工作的总方向等要素,是教育目的的政策性表达,具有政策的规定性,在一定时期内具有必须贯彻的强制性。

2. 教育目的与教育方针的关系

(1)联系

从二者的联系来看,它们在对教育社会性质的规定上具有内在的一致性,都含有"为谁(哪个阶级、哪个社会)培养人"的规定性,都是一定社会(国家或地区)各级各类教育在其性质和方向上不得违背的根本指导原则。教育目的是教育方针中核心和基本的内容。

(2)区别

表1-14 教育目的与教育方针的区别

对比项	教育目的	教育方针
归属范畴	理论术语,是学术性概念,属于教育基本理论范畴,也属于目的性范畴	工作术语,是政治性概念,属于教育政策学范畴,也属于手段性范畴
内容	①一般只包含"为谁培养人""培养什么样的人"的问题。 ②着重于规定教育培养人才的质量规格	其内容一般包含教育的性质和服务方向、教育目的、实现教育目的的根本途径三个组成部分。 ①除"为谁培养人""培养什么样的人"的问题之外,还含有"怎样培养人"的问题和教育事业发展的基本原则。 ②着重于规定教育事业发展的方向("办什么样的教育""怎样办教育")
提出者	国家、政党、团体或个人(对教育实践可以不具约束力)	政府或政党(对教育实践具有强制性)
影响力		教育方针＞教育目的

二、教育目的的意义与作用 【单选】

考点1 教育目的的意义

教育目的是整个教育工作的核心,是教育活动的依据和评判标准、出发点和归宿,在教育活动中居于主导地位。同时它也是全部教育活动的**主题**和**灵魂**,是教育的**最高理想**。它贯穿于教育活动的全过程,对一切教育活动都有指导意义,也是确定教育内容、选择教育方法和评价教育效果的**根本依据**。

考点2 教育目的的作用(功能)

1. 教育目的对教育工作具有导向作用

教育目的不仅为受教育者指明方向、预定发展结果,也为教育工作者指明工作方向和奋斗目标。因此,教育目的无论是对受教育者还是教育者都具有目标导向作用。

2. 教育目的对贯彻教育方针具有激励作用

教育目的不仅能指导整个教育实践活动过程,而且能够激励人们为实现共同的目标而努力。教育目的本身包含对学生成长的期望和要求,因此对学生的发展具有很大的激励作用。美国学者布鲁巴克说过:"目标就是价值,假如教育目标有价值,并且人愿意获得它(实现它),那么,它便能使学习者付出为达到该目标所需要的力量。"

3. 教育目的是对教育效果进行评价的重要标准

教育目的是衡量、评价教育实施效果的根本依据和标准。评价学校的办学水平、办学效益,检查教育教学工作的质量,评价教师的教学质量和工作效果,检查学生的学习质量和发展程度等,都必须以教育目的为依据和标准来进行。

此外,也有说法认为,教育目的的功能包括定向功能、调控功能和评价功能。

真题面对面

[2017,单,2分]"良好的教育目的能使人付出为达到该目的所需的力量"说明教育目的具有(　　)

A.激励作用　　　B.评价作用　　　C.导向作用　　　D.聚合作用

答案:A

三、教育目的的层次结构

教育目的是各级各类学校遵循的工作总方针,但各级各类学校还有各自的具体工作方针,这便决定了教育目的的层次性。教育目的包括三个层次:国家的教育目的、各级各类学校的培养目标和教师的教学目标。也有人认为,教育目的分为四个层次:教育目的、培养目标、课程目标和教学目标。

(1)第一个层次:**国家的教育目的**,它是由国家提出来的,其决策要经过一定的组织程序,一般体现在国家的教育文本和教育法令中。

(2)第二个层次:**各级各类学校的培养目标**,它是根据国家的教育目的制定的某一级或某一类学校、某一专业对人才培养的具体要求,是国家的教育目的在不同教育阶段、不同级别的学校、不同专业方向的具体化。在培养目标上,各级各类学校的培养目标既有共同要求,又有一定差异。因此,各级各类学校的培养目标必须同中有异、重点突出、特点鲜明。教育目的与培养目标是普遍与特殊的关系。

(3)第三个层次:**教师的教学目标**。教学目标是指教学活动结束后学生所能达到的预期标准。教学目标是教育者在教育教学过程中,在完成某一阶段的工作时,希望受教育者达到的要求或产生的变化结果。教学目标是教育目的和培养目标在教学活动中的进一步具体化。

教学目标与教育目的、培养目标之间是具体与抽象的关系。

四、确立教育目的的依据【判断】

1.确定教育目的的主观依据

从主观方面来看,教育目的首先是教育活动中人的价值选择。人们在考虑教育目的时往往会受其哲学观念、人性假设和理想人格等观念和价值取向的影响。

2.确定教育目的的客观依据

(1)教育目的要反映生产力和科技发展对人才的需求

生产力是人类改造自然、获取物质资料的能力,生产力的发展水平体现人类已有的发展程度,又对人的进一步发展提供可能和提出要求。在社会发展中,生产力的发展起着最终的决定作用,从而也是制约教育的最终决定因素。

(2)教育目的要符合社会政治经济发展的需要

教育目的的性质和方向直接决定于社会的政治经济制度。在阶级社会里教育目的总是取决于统治阶级的政治经济利益。因此在阶级社会中,教育目的具有鲜明的阶级性,是阶级意志的集中表现,所谓超阶级的教育目的是不存在的。

(3)教育目的要符合受教育者的身心发展规律

对受教育者身心发展规律的认识是确定教育目的的前提。首先,教育目的直接指向的对象是受教育者,是希望引起受教育者的身心发生预期变化,使其成长为具有一定个性的社会个体,离开了受教育者这一对象,既不能构成也无从实现教育目的;其次,受教育者在教育活动中不仅是教育的对象,而且也是教育活动的主体。受教育者作为教育对象在教育活动中的主体地位是教育活动对象区别于其他活动对象的显著特点。教育目的的制定不能不考虑这个特点,为受教育者主体性的发挥留下广阔的空间。

在确立教育目的时,必须考虑以上诸因素的影响,只有这样,才能制定出真正适合社会和人自身发展需要的教育目的,最终保证学校培养出社会需要的有用之材。

真题面对面

[2022,判断,1分]教育目的要反映生产力和科技发展对人才的需求。(　　)

答案:√

五、有关教育目的确立的理论 【单选】

表 1-15 个人本位论与社会本位论

代表理论	代表人物	基本观点
个人本位论	**孟子**、**卢梭**、**裴斯泰洛齐**、**福禄贝尔**、**马利坦**、**赫钦斯**、**奈勒**、**马斯洛**、**萨特**等	(1)确立教育目的的根据是人的本性。倡导个性解放,尊重人的价值。 (2)教育的目的是培养健全发展的人,发展人的本性,挖掘人的潜能,增进受教育者的个人价值。 (3)个人价值高于社会价值,而不是为某个社会集团或阶级服务。 简言之,教育的根本目的是人的本性和本能的高度发展
社会本位论	**荀子**、**柏拉图**、**赫尔巴特**、**涂尔干**、**纳托普**、**凯兴斯泰纳**、**孔德**、**巴格莱**等	(1)确立教育目的的根据是社会的要求,个人的发展必须服从社会需要,因为个人生活在社会中,受制于社会环境。 (2)教育的目的是为社会培养合格的成员和公民,使受教育者社会化。 (3)社会价值高于个人价值,教育质量和效果可以用社会发展的各种指标来评价。 简言之,教育以社会的稳定和发展为最高宗旨 关于社会本位论的这一观点,古已有之,我国最早的教育论著《学记》中写道:"君子如欲化民成俗,其必由学乎。""古之王者,建国君民,教学为先。"

知识再拔高

个人本位与社会本位的历史的、具体的统一

个人价值与社会价值并没有一个孰重孰轻的问题,个人本位论与社会本位论也没有一个谁正确谁错误的问题。从理论上讲,二者具有同等的合理性与同等的局限性。教育目的中个人价值与社会价值的权衡与选择,要受具体的社会历史条件的制约,是随社会历史条件的变化而有所变化与侧重的。社会需要与个人发展是辩证统一的,教育目的必须体现这种辩证统一的关系。

我国的教育目的就较好地体现了个人本位和社会本位的历史的、具体的统一。首先,我们培养的人是德智体美劳全面发展的人,体现了对个人价值的尊重;其次,我们培养的人又是社会主义的建设者和接班人,体现了社会对人的要求。

真题面对面

[2022,单,2分]"古之王者,建国君民,教学为先"体现了教育目的的价值取向上的(　　)

A.个人本位论　　　B.科学本位论　　　C.教育无目的论　　　D.社会本位论

答案:D

★★ 考点大默写 ★★

1. _____既包含"为谁培养人""培养什么样的人"的问题,也包含"怎样培养人"的问题和教育事业发展的基本原则。
2. 我国教育方针中核心和基本的内容是_____。
3. 教育活动的主题和灵魂是_____,它也是教育的最高理想。
4. 教育目的可分为三个层次:国家的_____、各级各类学校的_____和教师的_____。其中最为具体化的是_____。

5. 教育目的与培养目标是_____的关系。
6. 在教育目的的价值取向上,卢梭是_____的代表人物。
7. 教育要培养"自由的人",这是_____的教育目的观。
8. 某老师认为,教育的目的在于使青年社会化。这种教育目的观属于_____。

【参考答案】

1. 教育方针　2. 教育目的　3. 教育目的　4. 教育目的;培养目标;教学目标;教师的教学目标　5. 普遍与特殊　6. 个人本位论　7. 个人本位论　8. 社会本位论

第二节　我国的教育目的

一、新中国成立以来我国教育目的的各种表述

表1-16　新中国成立以来我国教育目的的各种表述

时间	文件或会议	关于教育目的的表述
1957年	《关于正确处理人民内部矛盾的问题》	我们的教育方针,应该使受教育者在德育、智育、体育几方面都得到发展,成为有社会主义觉悟的有文化的劳动者 注:这是新中国成立后颁布的第一个教育方针
1999年	《中共中央国务院关于深化教育改革,全面推进素质教育的决定》	实施素质教育,就是全面贯彻党的教育方针,以提高国民素质为根本宗旨,以培养学生的创新精神和实践能力为重点,造就"有理想、有道德、有文化、有纪律"的、德智体美等全面发展的社会主义建设者和接班人
2001年	《国务院关于基础教育改革与发展的决定》	坚持教育必须为社会主义现代化建设服务,为人民服务,必须与生产劳动和社会实践相结合,培养德智体美等全面发展的社会主义事业建设者和接班人
2010年	《国家中长期教育改革和发展规划纲要(2010~2020年)》	全面贯彻党的教育方针,坚持教育为社会主义现代化建设服务,为人民服务,与生产劳动和社会实践相结合,培养德智体美全面发展的社会主义建设者和接班人
2012年	十八大报告	坚持教育为社会主义现代化建设服务、为人民服务,把立德树人作为教育的根本任务,培养德智体美全面发展的社会主义建设者和接班人
2017年	十九大报告	落实立德树人根本任务,发展素质教育,推进教育公平,培养德智体美全面发展的社会主义建设者和接班人
2018年	全国教育大会	坚持中国特色社会主义教育发展道路,培养德智体美劳全面发展的社会主义建设者和接班人,加快推进教育现代化、建设教育强国、办好人民满意的教育
2021年	《中华人民共和国教育法》(修正)	教育必须为社会主义现代化建设服务、为人民服务,必须与生产劳动和社会实践相结合,培养德智体美劳全面发展的社会主义建设者和接班人
2022年	二十大报告	全面贯彻党的教育方针,落实立德树人根本任务,培养德智体美劳全面发展的社会主义建设者和接班人

二、现阶段我国教育目的的基本精神

新中国成立以来,党和国家制定的各种文件中有关教育方针及其规定的教育目的,提法虽然不尽相同,但基本内涵或基本精神是一致的,包含一个总的精神,就是培养学生成为未来国家、社会发展的主人。其基本点主要表现在:

(1)坚持社会主义方向性。要求培养的人是社会主义事业的建设者和接班人,因此要坚持政治思想道德素质与科学文化知识能力的统一。

(2)坚持全面发展。要求学生在德、智、体等方面全面发展,要求坚持脑力与体力两方面的和谐发展。

(3)培养独立个性。适应时代要求,强调学生个性的发展,重点是培养学生的创新精神和实践能力。

(4)教育与生产劳动相结合,是实现我国教育目的的根本途径。

(5)注重提高全民族素质。

总的来说,其体现的精神实质是:第一,培养劳动者(为经济建设和社会的全面发展进步培养各级各类人才)是社会主义教育目的的**总要求**;第二,要求德、智、体等方面全面发展是社会主义的教育质量标准;第三,坚持社会主义方向,是我国教育目的的**根本性质**和**特点**;第四,坚持教育与生产劳动相结合的根本途径。同时,这也体现了我国教育目的的**基本特征**,即:第一,以马克思关于人的全面发展学说为指导思想;第二,具有鲜明的政治方向;第三,坚持全面发展与个性发展的统一。

知识再拔高

联合国教科文组织提出的"学会学习"的教育目的

1996年,国际21世纪教育委员会向联合国教科文组织提交了《教育——财富蕴藏其中》的报告,其中最核心的思想是教育应使受教育者学会学习,即教育要使学习者"学会认知""学会做事""学会共同生活(学会合作)"和"学会生存"。这一思想很快被全球各国所认可,并被称为**教育的四大支柱**。"学会学习"的最终目标指向人的全面发展。

1972年,国际教育发展委员会向联合国教科文组织提交了一份名为《学会生存——教育世界的今天和明天》的研究报告。它由法国前总理、教育部长富尔起草,因此又称"富尔报告书"。该报告书被誉为当代教育思想发展的里程碑。

真题面对面

[2023,单,1分]下列选项中,作者和教育名著对应不正确的是(　　)

A. 洛克——《教育漫话》　　　　　　B. 第斯多惠——《德国教师培养指南》

C. 乌申斯基——《人是教育的对象》　　D. 保罗·朗格朗——《学会生存》

答案:D

三、我国确立教育目的的理论依据

马克思阐述了关于人的全面发展学说,这一学说是我国确立教育目的的<u>理论依据</u>和<u>基础</u>。它的内容主要有:

(1)人的全面发展。所谓人的全面发展是指人的劳动能力,即人的体力和智力的全面、和谐、充分的发展,还包括人的道德的发展和人的个性的充分发展。

(2)旧式分工造成了人的片面发展。

(3)机器大工业生产为人的全面发展提供了基础和可能。

(4)社会主义制度是实现人的全面发展的社会条件。

(5)教育与生产劳动相结合是"造就全面发展的人的唯一方法"。教育与生产劳动相结合是培养全面发展的人的根本途径,也是唯一途径。

四、我国教育目的的基本构成 【单选、判断、论述】 必背

要培养全面发展的人,就必须建构全面发展的教育。一般认为,我国现在的中小学的全面发展教育主要包括德育、智育、体育、美育、劳动技术教育。

考点1 全面发展教育的组成部分

1. 德育

德育是培养学生正确的人生观、世界观、价值观,使学生具有良好的道德品质和正确的政治观念,形成正确的思想方法的教育。德育的基本任务包括:

(1)培养学生良好的道德品质;

(2)培养学生正确的政治方向;

(3)培养学生正确的价值观;

(4)培养学生良好、健康的心理品质;

(5)培养学生良好的思想品德能力等。

要保证教育的方向,培养社会主义拥护者和建设者,必须做好德育工作。

2. 智育

智育是传授给学生系统的科学文化知识、技能,发展他们的智力和与学习有关的非认知因素的教育。智育的主要内容和任务包括传授知识、发展技能、培养自主性和创造性。智育的具体任务有:

(1)向学生系统传授科学文化知识,为学生各方面发展奠定良好的知识基础;

(2)培养训练学生,使其形成基本技能;

(3)培养和发展学生的智力才能,增强学生各方面能力;

(4)培养学生良好的学习品质和热爱科学的精神。

智育的**根本任务**是培育或发展学生的智慧,尤其是智力。

3. 体育

体育是授予学生健康的知识、技能,发展他们的体力,增强他们的自我保健意识和体质,培养他们参加体育活动的需要和习惯,增强其意志力的教育。体育的基本任务包括:

(1)指导学生锻炼身体,促进身体正常发育和技能的发展,增强学生体质,提高健康水平;

(2)使学生掌握运动锻炼的科学知识和基本技能,掌握运动锻炼的方法,增强运动能力;

(3)使学生掌握身心卫生保健知识,养成良好的身心卫生保健习惯;

(4)发展学生良好品德,养成学生文明习惯。

其中,增强学生体质是学校体育的根本任务,这是学校体育与学校其他活动最根本的区别。学校体育的基本组织形式是**体育课**。

4. 美育

美育是培养学生健康的审美观,发展他们感受美、鉴赏美、创造美的能力,培养他们高尚的情操与文明素养的教育。

(1)美育的任务

①培养学生正确的审美观点,使他们具有感受美、理解美和鉴赏美的知识与技能;

②培养学生艺术活动的技能,发展他们体现美和创造美的能力;

③培养学生心灵美和行为美,使他们在生活中体现内在美和外在美的统一。

(2)美育的内容

①自然美。自然美是以大自然作为审美对象所感受和体验到的美。

②社会美。社会美是以社会生活中美好的人和事为对象而感受和体验到的美。

③艺术美。艺术美是以艺术家创造的典型化、集中化的艺术作品为对象所感受和体验到的美。艺术的形式是多种多样的,有文学、戏剧、电影、音乐、绘画、舞蹈等。

④科学美。科学美是以人类的科研活动为对象所感受到的美。

(3)美育的途径

①通过课堂教学和课外文化艺术活动进行美育;②通过大自然进行美育;③在日常生活中进行美育。

5.劳动技术教育

劳动技术教育是引导学生掌握劳动技术知识和技能,形成劳动观点和习惯的教育。

(1)劳动技术教育的任务

①培养学生的劳动观点、劳动习惯和学习生产技术的兴趣;

②使学生初步掌握现代生产技术的基础知识和基本技能,学会使用一般的生产工具;

③掌握组织生产和管理生产的初步知识和技能。

(2)劳动技术教育对德育、智育、体育、美育的促进作用

①劳动技术实践对实践者提出劳动纪律、劳动态度等要求,要求劳动者能够吃苦耐劳,因而劳动技术教育亦有助于培养学生热爱劳动、遵守劳动纪律、爱护劳动果实、吃苦耐劳等品质。

②通过劳动技术教育,学生可以获得有关劳动工具和劳动对象的知识,并且劳动技术实践过程,将所学知识与实际生产劳动联系起来,有助于促进学生智力的发展。

③劳动技术实践过程还有助于促进学生机体的发育和发展,有助于学生体质的增加。

④劳动技术实践过程以及劳动成果所包含的美的因素,也有助于学生审美意识、审美能力的培养。

知识再拔高

学校劳动教育的基本目标

(1)形成正确的劳动观,养成良好的劳动习惯。要进行劳动教育,必须从培养学生的劳动观念着手。进行劳动知识、技能和习惯的教育,帮助学生了解劳动知识及技能,掌握劳动的本领。

(2)增强劳动中的智力参与,培养学生的创造性。

(3)培养劳动特长,形成良好品德。

真题面对面

1.[2021,单,2分]某小学实施美育时,选用的京剧脸谱、豫剧服饰与民间泥塑等内容属于( )

A.艺术美　　　　B.社会美　　　　C.自然美　　　　D.科学美

2.[2022,判断,1分]数学、化学、生物等学科内容缺乏美的元素,教师很难在相应课程教学中开展美育。( )

3.[2019,判断,1分]学校开展劳动教育,只是让学生掌握一定的生活劳动知识和技能,为未来职业教育打好基础。( )

答案:1.A　2.×　3.×

考点 2　全面发展教育各组成部分之间的关系

1."五育"在全面发展中的地位存在不平衡性

全面发展不能理解为要求学生"样样都好"的平均发展,也不能理解为人人都要发展成为一样的人。全面发展的教育同"因材施教""发挥学生的个性特长"并不是对立的、矛盾的。人的发展应是全面、和谐、具有鲜明个性的。在实际生活中,青少年德、智、体、美、劳诸方面的发展往往是不平衡的,有时需要针对某个带有倾向性的问题强调某一方面。学校教育也常会因某一时期任务的不同,在某一方面有所侧重。

2."五育"各有其相对独立性

"五育"中的每一组成部分都有其相对独立性,有其特定的任务、内容和功能,对其他各育起着影响、促进的作用,各育不能相互代替。各育都具有特定的内涵、特定的任务,其各自的社会价值、教育价值、满足人发展的价值都是通过各自不同的作用体现出来的。德育对其他各育起着**保证方向**和**保持动力**的作用,它体现了社会主义教育的方向,是"五育"的**灵魂**;智育则为其他各育的实施提供了**认识基础**;体育则是实施各育的物质保证;美育和劳动技术教育是德育、智育、体育的具体运用和实施。因此,"五育"各有其相对独立性。

3."五育"之间具有内在联系

德育、智育、体育、美育、劳动技术教育紧密相连,它们互为条件,互相促进,相辅相成,构成一个统一的整体。它们的关系具有在活动中相互渗透的特征。

五、素质教育【判断】

考点 1　素质教育的概念

1999年的《中共中央国务院关于深化教育改革,全面推进素质教育的决定》,将素质教育确定为我国教育改革和发展的长远方针,素质教育随之成为我国各级各类教育追求的共同理想。

素质教育是依据人的发展和社会发展的实际需要,以全面提高全体学生的基本素质为**根本目的**,以尊重学生主体性和主动精神,注重开发人的智慧潜能,形成人的健全个性为**根本特征**的教育。

考点 2　素质教育的内涵

(1)素质教育是面向全体学生的教育。素质教育倡导人人有受教育的权利,强调在教育中每个人都得到发展,而不是只注重一部分人,更不是只注重少数人的发展。

(2)素质教育是促进学生全面发展的教育。素质教育的理论依据是全面发展教育。全面发展教育是素质教育的内容或途径,素质教育是全面发展教育的目标或落实。实施素质教育必须坚持"五育"并举,促进学生生动活泼地发展。

(3)素质教育是促进学生个性发展的教育。教育要尊重并充分发展学生的个性。

(4)素质教育是以培养创新精神和实践能力为重点的教育。作为国力竞争基础工程的教育,必须培养具有创新精神和实践能力的新一代人才,这是素质教育的时代特征。能不能培养学生的创新精神和实践能力是应试教育和素质教育的本质区别。

考点 3　实施素质教育的措施

(1)改变教育观念;(2)转变学生观;(3)加大教育改革的力度;(4)建立素质教育的保障机制;(5)建立素质教育的运行机制;(6)营造良好的校园文化氛围。

考点 4　要避免在实施素质教育中出现以下误区

误区一:素质教育就是不要"尖子生"。

这是对素质教育面向全体学生的误解。素质教育坚持面向全体学生,意味着素质教育要使每个学生都得到与其潜能相一致的发展。

误区二:素质教育就是要学生什么都学、什么都学好。

这是对素质教育使学生全面发展的误解。素质教育强调为学生的发展奠定基础,同时又要发展学生的个性,因此素质教育对学生的要求是合格加特长。

误区三:素质教育就是不要学生刻苦学习,"减负"就是不给或少给学生留课后作业。

这是对素质教育使学生生动、主动和愉快发展的误解。学生真正的愉快来自于通过刻苦的努力而获得成功之后的快乐,学生真正的负担是不情愿的学习任务。

误区四:素质教育就是要使教师成为学生的合作者、帮助者和服务者。

这是对素质教育所倡导的"学生的主动发展"和"民主平等的师生关系"的误解。

误区五:素质教育就是多开展课外活动,多上文体课。

这是对素质教育形式化的误解。教育培养人的基本途径是教学,学生的基本任务是在接受人类文化精华的过程中获得发展。这就决定了素质教育的主渠道是教学,主阵地是课堂。

误区六:素质教育就是不要考试,特别是不要百分制考试。

这是对考试的误解。考试包括百分制考试本身没有错,要说错的话,就是应试教育中使用者将其看作学习的目的。考试作为评价的手段,是衡量学生发展的尺度之一,也是激励学生发展的手段之一。

误区七:素质教育就会影响升学率。

这是对素质教育内涵的误解。首先,素质教育的目的是促进学生的全面发展,素质教育旨在提高国民素质,升学率只是衡量教育质量的标准之一;其次,真正的素质教育不会影响升学率,因为素质教育强调科学地学习、刻苦地学习、有针对性地学习,这样有助于升学率的提高。

真题面对面

[2019,判断,1分]实施素质教育就是要学生什么都学,什么都学好。(　　)

答案:×

★ 考点大默写 ★

1. 联合国教科文组织在《教育——财富蕴藏其中》的报告中提出,教育要使学习者"学会认知""_____""学会共同生活(学会合作)"和"_____",这一思想很快被全球各国所认可,并被称为教育的四大支柱。

2. 我国教育目的的根本性质和特点是_____。

3. 我国确立教育目的的理论依据是_____,这一学说指出,教育与_____相结合是"造就全面发展的人的唯一方法"。

4. 我国全面发展教育的组成部分包括_____、_____、_____、_____和_____。其中对其他各育起着保证方向和保持动力作用的是_____,为其他各育提供认识基础的是_____,为其他各育提供物质保证的是_____。

5. 五育中,发展学生的_____是智育的根本任务,_____是学校体育的根本任务。

6. 学校体育的基本组织形式是_____。

7. 素质教育的重点是培养学生的_____和_____。

8. "素质教育就是多开展课外活动,多上文体课"是对素质教育的_____的误解。

【参考答案】

1. 学会做事;学会生存 2. 坚持社会主义方向 3. 马克思主义关于人的全面发展学说;生产劳动 4. 德育;智育;体育;美育;劳动技术教育;德育;智育;体育 5. 智力/智慧;增强学生体质 6. 体育课 7. 创新精神;实践能力 8. 形式化

第三节　学校与学校教育制度

一、学校概述

考点1　学校的产生

1. 学校的概念

学校是一种古老的、广泛存在的社会组织。它始于人类知识及其传播的专门化要求,是有计划、有组织、有系统地进行教育教学活动的重要场所,是现代社会中最常见、最普遍的组织形式。学校的产生标志着教育从生产劳动中的第一次分离。

2. 学校产生的条件

(1)生产力的发展以及社会生产水平的提高,为学校的产生提供了物质基础;

(2)脑力劳动和体力劳动相分离,为学校的产生提供了专门从事教育活动的知识分子;

(3)文字的创造与知识的积累,为学校教育活动的开展提供了有效的教育手段与充分的教育内容;

(4)国家机器的产生需要专门的机构来培养官吏和知识分子来为统治阶级服务。

3. 我国学校的产生

一般认为,在夏朝的时候,我国就出现了学校。但是,我们并没有从考古发掘中找到可靠的实物来证实。而有文字记载,同时又有考古出土的实物证实的学校出现在商朝。

> **小香课堂**
>
> 关于我国最早的学校出现的时期,在单项选择题中,如果选项同时出现了夏和商,而题干中又没有严格的条件限制说明,一般认为我国最早的学校出现在夏朝。

考点2　学校文化

1. 学校文化的内涵

(1)学校文化的概念

最早提出"学校文化"这一概念的是美国学者华勒。学校文化是一所学校在长期的教育实践过程中积淀、演化和创造出来的,并为其成员所认同和遵循的价值观念体系、行为规范准则和物化环境风貌的一种整合和结晶。

(2)学校文化的构成

从其形式来看,学校文化由物质文化、规范文化和精神文化构成。

①物质文化是学校文化的空间物态形式,是学校精神文化的物质载体。物质文化包括环境文化和设施文化,它是学校教育教学及其管理活动的物质基础。

②规范文化又叫**制度文化**,是一种确立组织机构、明确成员角色和职责、规范成员行为的文化。规范文化有三种表达方式,即组织形态、规章制度、角色规范。

③精神文化是学校文化的核心,可分解为四种基本成分,即认知成分、情感成分、价值成分和理想成分。

2. 学校文化的特征

(1)学校文化是一种组织文化。

(2)学校文化是一种整合性较强的文化。

(3)学校文化以传递文化传统为己任。

(4)校园文化是学校文化的缩影。**校园文化**是指学校全体成员在学习、工作和生活的过程中所共同拥有的价值观、信仰、态度、作风和行为准则。它是人们为了保证学校中教育活动顺利进行而创立和形成的一种特有的文化形态。校园文化包括校园物质文化、校园精神文化和校园组织与制度文化。校园精神文化是校园文化的核心内容,也是校园文化的最高层次。

二、教育制度的内涵

教育制度是指一个国家或地区各级各类教育机构与组织的体系及其各项规定的总称。

广义的教育制度指国民教育制度,是一个国家为实现其国民教育目的,从组织系统上建立起来的一切教育设施和有关规章制度的总和。

狭义的教育制度指学校教育制度,简称学制,是一个国家各级各类学校的总体系,具体规定各级各类学校的性质、任务、要求、入学条件、修业年限及它们之间的相互关系。学校教育制度是国民教育制度的核心和主体,体现了一个国家国民教育制度的实质。一般来说,它是由三个基本要素构成的,即学校的类型、学校的级别、学校的结构。

三、建立学制的依据

(1)生产力发展水平和科学技术发展状况;(2)社会政治经济制度;(3)青少年儿童身心发展规律;(4)人口发展状况;(5)文化传统;(6)本国学制的历史发展和国外学制的影响。

四、现代学校教育制度的类型

现代学制主要有三种类型:一是双轨学制,二是单轨学制,三是分支型学制。

表1-17 现代学校教育制度的类型

学制类型	代表国家	特点
双轨制	英国、法国、联邦德国等欧洲国家	(1)其学校系统分为两轨:一轨是学术教育,为特权阶层子女所占有,学术性很强,学生可升到大学以上;另一轨是职业教育,为劳动人民的子弟所开设,属生产性的一轨。两轨之间互不相通,互不衔接。 (2)不利于教育的普及
单轨制	美国	(1)最早产生于美国,先后被世界许多国家采纳。 (2)从小学直至大学,形式上任何儿童都可以入学。 (3)最明显的特点是体现了教育的公平性,有利于教育的逐级普及。 (4)教育参差不齐、效益低下、发展失衡,同级学校之间教学质量相差较大
分支型学制(中间型学制或"Y"型学制)	苏联	(1)介于双轨学制和单轨学制之间,上通(高等学校)下达(初等学校)、左(中等专业学校)右(中等职业技术学校)互联,既有利于学术人才的培养,也有利于职业教育的发展。 (2)课时多、课程复杂,教学不够灵活,特别是地域性较强的课程得不到很好的发展

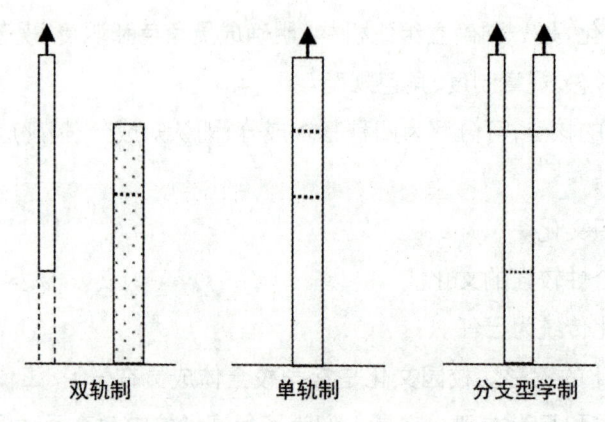

图1-1 现代学校教育制度的类型

双轨制　单轨制　分支型学制

五、现代教育制度的发展 【判断】

考点1　教育制度在形式上的发展(教育制度的发展历史)

历史上曾经有过从非正式教育、正式而非正规教育再到正规教育的演变。正规教育的主要标志是近代以学校系统为核心的教育制度,又称制度化教育。以制度化教育为参照,之前的非正式、非正规教育都可归为前制度化教育,而之后的非正式、非正规化教育则都归为非制度化教育。因此,教育制度的发展经历了从前制度化教育到制度化教育再到非制度化教育的过程。

1. 前制度化教育

前制度化教育是人类教育史上一个重要的发展阶段。一般认为,在奴隶社会初期出现的定型的教育组织形式即实体化教育——学校是其重要的标志。定型的教育组织形式包括古代的前学校与前社会教育机构、近代的学校与社会教育机构。学校的产生,意味着教育活动的专门化,教育形态趋于定型。

教育实体的形成具有的特点:(1)教育主体确定;(2)教育的对象相对稳定;(3)形成系列的文化传播活动;(4)有相对稳定的活动场所和设施等;(5)由以上因素结合而成的独立的社会活动形态。

2. 制度化教育

近代学校系统的出现,开启了制度化教育的新阶段。大致来说,严格意义上的学校教育系统在19世纪下半期已经基本形成。制度化的教育指向形成系统的各级各类学校。学校教育系统的形成,即意味着制度化教育的形成。制度化教育主要指的是正规教育,也就是具有层次结构的、按年龄分级的教育制度。

我国近代制度化教育兴起的标志是清朝末年的"废科举,兴学校",以及颁布了全国统一的教育宗旨和近代学制。

3. 非制度化教育

非制度化教育是相对于制度化教育而言的。它指出了制度化教育的弊端,但又不是对制度化教育的全盘否定。非制度化教育所推崇的理想是:"教育不应再限于学校的围墙之内。"一般认为,库姆斯等人的"非正规教育"概念、伊里奇的"非学校化"主张都是非制度化教育的核心思想。提出构建学习化社会的理想是非制度化教育的重要体现。

> **真题面对面**
>
> [2020,判断,1分]非制度化教育推行的理念是"教育不应再限于学校的围墙之内"。(　　)
>
> 答案:√

考点 2　现代教育制度的发展趋势

(1)加强学前教育并重视与小学教育的衔接。

(2)强化普及义务教育,延长义务教育年限。

(3)中等教育中普通教育与职业教育朝着相互渗透的方向发展。二战后综合中学的比例逐渐增加,出现了普通教育职业化、职业教育普通化的趋势。

(4)高等教育的大众化。国际上通常认为,高等教育的毛入学率低于15%的属精英教育阶段,高于15%低于50%的为大众化阶段,高于50%的为普及化阶段。

(5)终身教育体系的建构。终身教育的特点:①终身性。这是终身教育最大的特征。②全民性。③广泛性。④灵活性和实用性。

(6)教育社会化与社会教育化。

(7)教育的国际交流加强。

(8)学历教育与非学历教育的界限逐渐淡化。

★ 考点大默写 ★

1. _____的发展以及社会生产水平的提高,为学校的产生提供了物质基础。

2. 学校文化由_____、_____和_____构成。

3. _____是校园文化的核心内容,也是校园文化的最高层次。

4. _____是国民教育制度的核心与主体,体现了一个国家国民教育制度的实质。

5. _____具体规定着各级各类学校的性质、任务、要求、入学条件、修业年限以及它们之间的关系。

6. 现代学制最早出现在欧洲,主要有三种类型:_____、_____、_____。其中,英国的学制属于_____,美国的学制属于_____。

7. 我国近代制度化教育兴起的标志是清朝末年的"_____",以及颁布了全国统一的教育宗旨和近代学制。

8. _____所推崇的理想是:"教育不应再限于学校的围墙之内。"

9. 现代教育中普通教育与_____朝着相互渗透的方向发展。

【参考答案】

1. 生产力　2. 物质文化;规范文化/制度文化;精神文化　3. 校园精神文化　4. 学校教育制度(学制)　5. 学校教育制度/学制　6. 双轨制;单轨制;分支型学制;双轨制;单轨制　7. 废科举,兴学校　8. 非制度化教育　9. 职业教育

第四节　我国的学校教育制度

一、我国现代学校教育制度的演变 【单选】

我国古代的学校分为官学、私学和书院,与之相对应,我国古代的学校教育制度主要由官学教育系统、私学教育系统和书院教育系统构成。我国现代学制的建立是从清末"废科举,兴学校"开始的。

考点1　旧中国的学制沿革

表1-18　旧中国的学制沿革

学制名称	借鉴蓝本	简介
1902年的"壬寅学制"（《钦定学堂章程》）	日本学制	中国近代教育史上最早由国家正式颁布的学制系统，虽然正式公布，但并未实行
1904年的"癸卯学制"（《奏定学堂章程》）	日本学制	(1)规定教育目的是"忠君、尊孔、尚公、尚武、尚实"，明显反映了"中学为体，西学为用"的思想。 (2)中国近代教育史上第一部由国家颁布的并在全国实行的学制系统，成为中国近代教育走向制度化、法制化阶段的标志
1912~1913年学制（"壬子癸丑学制"）	——	(1)第一次规定了男女同校，废除读经，充实了自然科学的内容，将学堂改为学校。 (2)我国教育史上第一个具有资本主义性质的学制
1922年的"壬戌学制"（"新学制""六三三学制"）	美国学制	(1)采用美国式的六三三分段法，即小学六年、初中三年、高中三年。 (2)第一次依据学龄儿童和青少年身心发展规律来划分学校教育阶段，高中增加职业科，大中学校课程采用学分制、选科制

注：因为癸卯学制是1903年拟定、1904年颁布执行的，故在不同的参考资料中，有说1903年的"癸卯学制"，也有说1904年的"癸卯学制"。本书结合历年真题及大多数资料的说法，采用1904年的"癸卯学制"这一说法。

小香课堂

我国"最早颁布"和"最早（正式）实施"的现代学制是一个容易混淆的知识点，壬寅学制是中国近代教育史上最早由国家正式颁布的学制系统，虽然正式公布，但并未实行；癸卯学制是中国近代教育史上第一部由国家颁布的并在全国实行的学制系统。

记忆有妙招

为方便考生记忆，我们将旧中国的四个学制总结成以下口诀：
壬颁布，癸实施，壬子癸丑最小资，戌美国，六三三。

真题面对面

[2017，单，2分]我国正式实施的第一个学制是（　　）
A.癸卯学制　　B.壬寅学制　　C.壬戌学制　　D.六三三学制
答案：A

考点 2　新中国的学制沿革

表1-19　新中国的学制沿革

时间	文件	主要内容
1951年	《关于改革学制的决定》	规定我国学制包括幼儿教育、初等教育、中等教育和高等教育(标志着我国学制发展到了一个新阶段)
1958年	《关于教育工作的指示》	提出了"两条腿走路"的办学方针和"三个结合""六个并举"的具体办学原则。其中,"三个结合"指统一性与多样性相结合、普及与提高相结合、全面规划与地方分权相结合
1985年	《中共中央关于教育体制改革的决定》	(1)教育体制改革的根本目的就是提高民族素质,多出人才、出好人才; (2)地方承担九年义务教育的责任,有计划、有步骤地普及九年制义务教育; (3)调整中等教育结构,大力发展职业技术教育
1993年	《中国教育改革和发展纲要》	确定20世纪末教育发展的总目标:"**两基**"(基本普及九年义务教育和基本扫除青壮年文盲);"**两全**"(全面贯彻党的教育方针,全面提高教育质量);"**两重**"(建设好一批重点学校和一批重点学科)
1999年	《中共中央国务院关于深化教育改革,全面推进素质教育的决定》	提出形成社会化、开放式的教育网络,逐步完善终身学习体系,而且还要求在减轻学生课业负担、课程设置、教学内容、考试等方面进行改革
2001年	《国务院关于基础教育改革与发展的决定》	要求在基础教育阶段深化教育教学改革,扎实推进素质教育,进一步明确加快构建符合素质教育要求的新的基础教育课程体系的任务
2004年	《2003～2007年教育振兴行动计划》	(1)努力提高普及九年义务教育的水平和质量,为2010年全面普及九年义务教育和全面提高义务教育质量打好基础; (2)以全面推进素质教育为目标,加快考试评价制度改革; (3)积极推进普通高中、学前教育和特殊教育的改革与发展; (4)健全教育督导与评估体系,保障教育发展与改革目标的实现

二、我国现行学校教育制度的结构及类型

考点 1　我国现行学校教育制度的结构

学校教育结构是指学校教育的总体中各个部分的比例关系和组合方式,通常可以从层次结构和类别结构两个方面来分析:

从层次结构上来看,我国现行学校教育包括学前教育、初等教育、中等教育和高等教育四个层次;

从类别结构上来看,我国现行学校教育可划分为基础教育、职业技术教育、高等教育、成人教育和特殊教育五个大类。其中,基础教育是实施普通文化科学知识的教育,是提高民族素质的奠基工程,在教育中处于基础性地位。普通中小学教育的性质属于基础教育,它的任务是培养全体学生的基本素质,为他们学习做人和进一步接受专业(职业)教育打好基础,为提高民族素质打好基础。我国的基础教育包括学前教育和普通中小学教育。

记忆有妙招

为方便考生记忆,我们将我国现行学校教育制度的层次结构和类别结构总结为如下口诀:(1)层次结构:**前初中高**。(2)类别结构:**高人特机智**。

考点 2　我国现行学校教育制度的类型

从类型上看,我国现行学制是从单轨学制发展而来的分支型学制。我国学制改革和发展的基本方向就是重建和完善分支型学制。

★ 考点大默写 ★

1. 我国最早颁布的学制是_____学制,首次颁布并实施的学制是_____学制,二者都是以_____的学制为蓝本而制定的。
2. _____学制是我国教育史上第一个具有资本主义性质的学制。
3. 1922年的_____学制以_____学制为蓝本,采用六三三分段法,又被称为"六三三学制"。
4. 我国现行学校教育从层次上可划分为学前教育、_____、中等教育和_____四个层次,从类别上可划分为基础教育、_____、_____、_____和特殊教育五个大类。
5. 从类型上看,我国现行学制是从单轨学制发展而来的_____学制。

【参考答案】
1. 壬寅;癸卯;日本　2. 壬子癸丑　3. 壬戌;美国　4. 初等教育;高等教育;职业技术教育;高等教育;成人教育　5. 分支型

即时反思与复盘总结

我于_____年____月____日完成了对本章的学习。

复盘一下,我对自己较肯定的地方是_____

(足够努力/心态积极/方法得当……)

我觉得自己需要改进的地方是_____

(懒惰懈怠/心情浮躁/方法不当……)

休息片刻,开启下一站征程!

第四章 教师与学生

思维导图

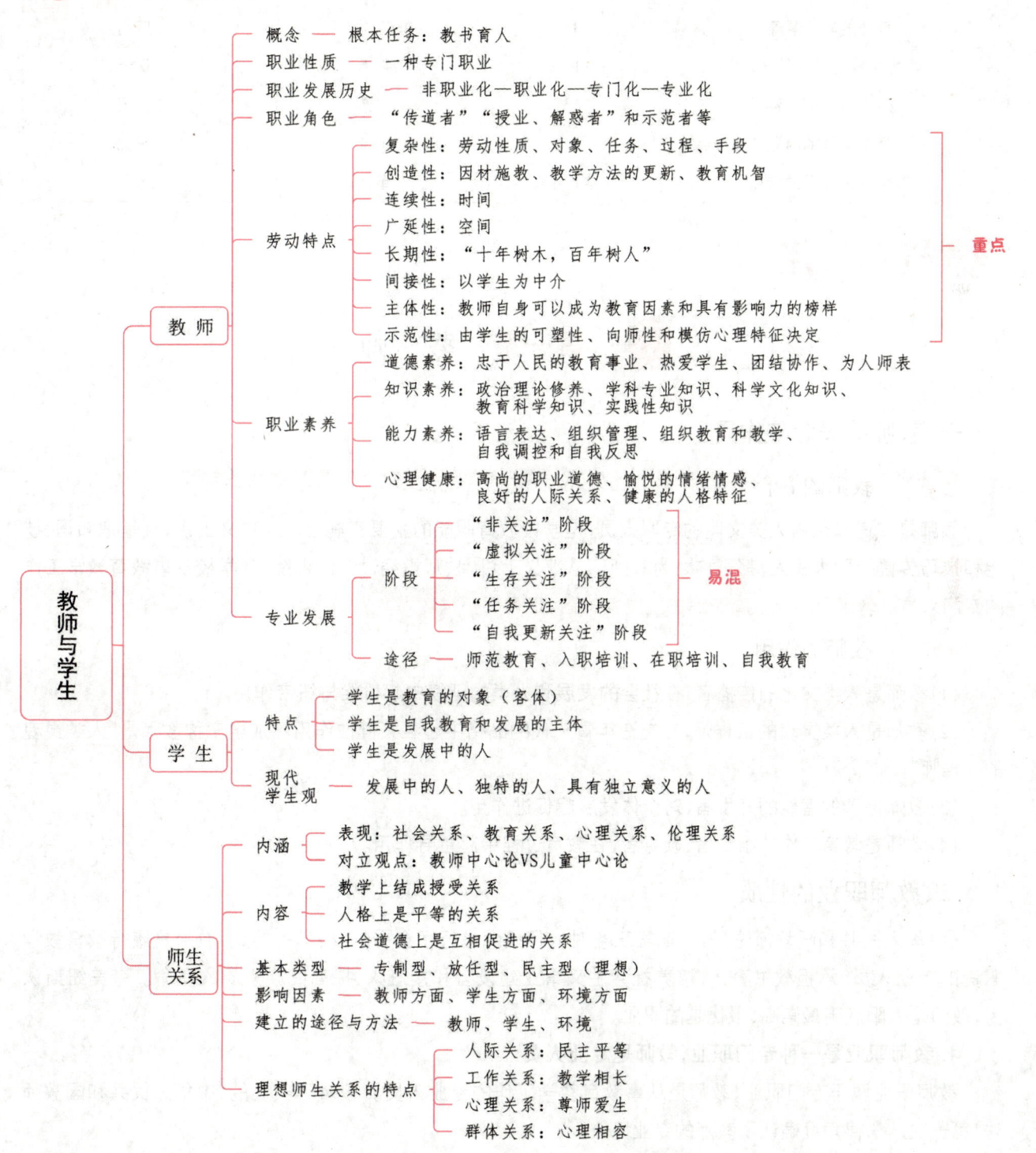

- **教师与学生**
  - **教师**
    - 概念 —— 根本任务：教书育人
    - 职业性质 —— 一种专门职业
    - 职业发展历史 —— 非职业化—职业化—专门化—专业化
    - 职业角色 —— "传道者""授业、解惑者"和示范者等
    - 劳动特点（**重点**）
      - 复杂性：劳动性质、对象、任务、过程、手段
      - 创造性：因材施教、教学方法的更新、教育机智
      - 连续性：时间
      - 广延性：空间
      - 长期性："十年树木，百年树人"
      - 间接性：以学生为中介
      - 主体性：教师自身可以成为教育因素和具有影响力的榜样
      - 示范性：由学生的可塑性、向师性和模仿心理特征决定
    - 职业素养
      - 道德素养：忠于人民的教育事业、热爱学生、团结协作、为人师表
      - 知识素养：政治理论修养、学科专业知识、科学文化知识、教育科学知识、实践性知识
      - 能力素养：语言表达、组织管理、组织教育和教学、自我调控和自我反思
      - 心理健康：高尚的职业道德、愉悦的情绪情感、良好的人际关系、健康的人格特征
    - 专业发展
      - 阶段（**易混**）
        - "非关注"阶段
        - "虚拟关注"阶段
        - "生存关注"阶段
        - "任务关注"阶段
        - "自我更新关注"阶段
      - 途径 —— 师范教育、入职培训、在职培训、自我教育
  - **学生**
    - 特点
      - 学生是教育的对象（客体）
      - 学生是自我教育和发展的主体
      - 学生是发展中的人
    - 现代学生观 —— 发展中的人、独特的人、具有独立意义的人
  - **师生关系**
    - 内涵
      - 表现：社会关系、教育关系、心理关系、伦理关系
      - 对立观点：教师中心论VS儿童中心论
    - 内容
      - 教学上结成授受关系
      - 人格上是平等的关系
      - 社会道德上是互相促进的关系
    - 基本类型 —— 专制型、放任型、民主型（理想）
    - 影响因素 —— 教师方面、学生方面、环境方面
    - 建立的途径与方法 —— 教师、学生、环境
    - 理想师生关系的特点
      - 人际关系：民主平等
      - 工作关系：教学相长
      - 心理关系：尊师爱生
      - 群体关系：心理相容

河南特岗考向

本章属于教育学的重点章节,需要识记和应用的知识较多。现对2014~2023年本章河南特岗考向分析如下:

考点	考频	题型	能力层级
教师职业的特点	2	单选、案例	应用
教师劳动的特点	5	单选	区分
教师的职业素养	3	单选、案例	应用
学生主观能动性的表现	1	判断	识记
师生关系的内容	1	单选	识记
师生关系的内涵	1	单选	识记
理想师生关系的特点	1	单选	区分

核心考点

第一节 教师

一、教师的概念与作用

考点1 教师的概念

教师是传递和传播人类文明的专职人员,是学校教育职能的主要实施者。从广义上讲,凡是把知识、技能和技巧传授给别人的人,都可称之为教师。从狭义上讲,教师指经过专门训练、在学校从事教育教学工作的专门人员。教师是学校教育工作的主要实施者,根本任务是教书育人。

考点2 教师的作用

(1)教师是人类文化的传播者,在社会的发展和人类的延续中起桥梁与纽带作用。

(2)教师是人类灵魂的工程师,在塑造年青一代的品格中起着关键性作用。加里宁称教师是"人类灵魂的工程师"。

(3)教师是人的潜能的开发者,对个体发展起促进作用。

(4)教师是教育工作的组织者、领导者,在教育过程中起主导作用。

二、教师职业的性质

《中华人民共和国教师法》第一章第三条对教师概念进行了全面的、科学的界定:教师是履行教育教学职责的专业人员,承担教书育人,培养社会主义事业建设者和接班人、提高民族素质的使命。夸美纽斯认为,教师是太阳底下最崇高、最优越的职业。

1.教师职业是一种专门职业,教师是专业人员

教师职业属于专门职业,教师是从事教育教学工作的专业人员。1994年实施的《中华人民共和国教师法》第一次从法律角度确认了教师的专业地位。

2. 教师是教育者,教师职业是促进个体社会化的职业

学生从自然人发展成社会人,是在学习、接受人类经验,消化、吸收人类文化的社会化过程中逐步实现的。教师根据一定的社会要求,向年青一代传授人类长期积累的知识经验,规范他们的行为品格,塑造他们的价值观念,引导他们把外在的社会要求内化为个体的素质,从而实现个体的社会化。

三、教师职业的发展历史

表1-20 教师职业的发展历史

阶段	主要内容
非职业化阶段	(1)我国:"学在官府""以吏为师",教师由官吏兼任,官师一体; (2)西方:教师大多由僧侣兼任
职业化阶段	(1)独立的教师行业伴随着私学的出现而出现,教师开始回归到专业教育工作者的角色上来; (2)教师职业基本上还不具备专门化水平
专门化阶段	(1)以专门培养教师的教育机构的出现为标志。 (2)世界上最早的师范教育机构诞生于法国。1681年,"基督教兄弟会"神甫拉萨儿在兰斯创立的师资训练学校是世界上独立的师范教育的开始。 (3)我国最早的师范教育产生于清末。盛宣怀在上海开办"南洋公学",其中的师范院即中国最早的师范教育。 (4)师范教育的产生,使教师的培养走上专门化的道路
专业化阶段	(1)学校对教师的需求开始从"量"的急需向"质"的提高方面转变,独立设置的师范院校逐渐并入文理学院,教师的培养改由综合大学的教育学院或师范学院承担,这被称为"教师教育大学化",教师职业开始走上专业化的发展道路。 (2)1966年10月,国际劳工组织和联合国教科文组织在巴黎会议上通过的《关于教师地位的建议》中提出:教师工作应被视为一种专业。 (3)在中国,教师的专业技术人员身份在1993年颁布的《中华人民共和国教师法》中得到确认,该法规定:教师是履行教育教学职责的专业人员

四、教师职业的特点(教师职业角色)【单选、案例分析】

教师职业的最大特点在于职业角色的多样化。一般来说,教师的职业角色主要有以下几个方面:

考点1 "传道者"角色(人类灵魂的工程师)

教师负有传递社会道德传统、价值观念的使命,"道之所存,师之所存也"。除了社会一般道德、价值观念外,教师对学生的"做人之道""为业之道""治学之道"等也有引导和示范的责任。

考点2 "授业、解惑者"角色(知识传授者、人类文化的传递者)

教师是社会各行各业建设人才的培养者,他们在掌握了人类经过长期的社会实践活动所获得的知识经验、技能的基础上,对其精心加工整理,然后以特定的方式传授给年青一代,并帮助他们解除学习中的困惑。

考点3 示范者角色(榜样)

(1)教师的言行是学生学习和模仿的榜样。夸美纽斯曾说过,教师的职务是用自己为榜样来教育学生。学生具有可塑性和向师性的特点,教师的言谈举止、行为方式、为人处世的态度等都会对学生产生耳濡目染、潜移默化的影响。因此,教师是学生学习的最直接榜样。

(2)优秀教师还是其他教师学习的模范,是社会各界学习的模范,这就构成师表维度的四个不同层次:规范、垂范、模范、世范。

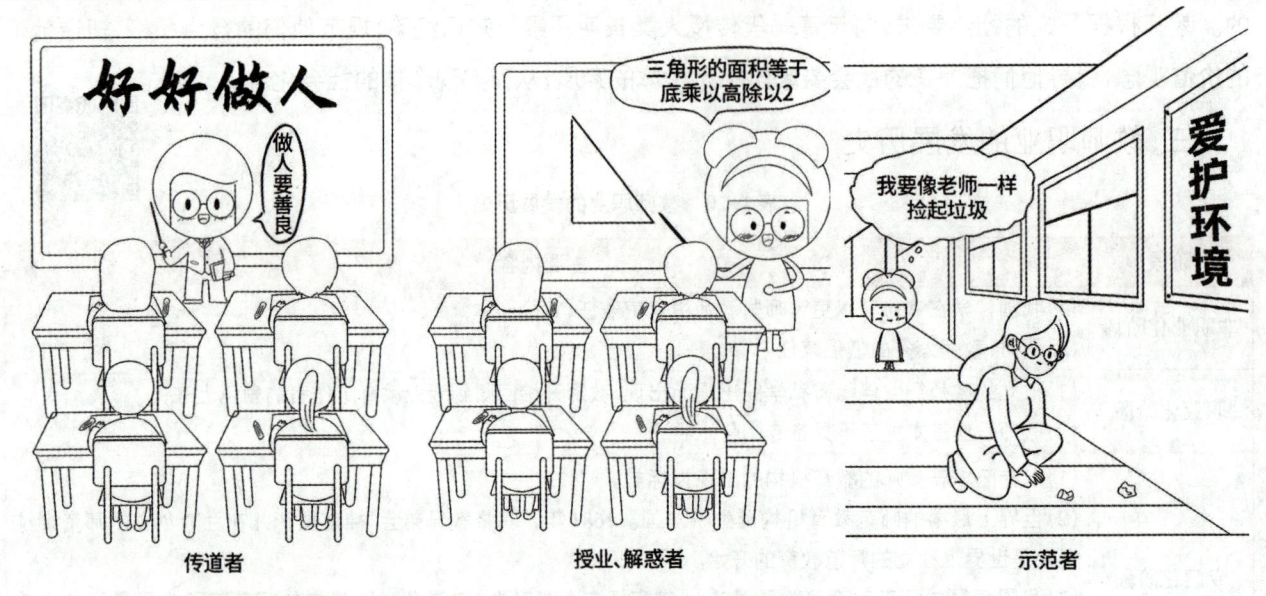

传道者　　　　　　　　授业、解惑者　　　　　　示范者

考点4　"教育教学活动的设计者、组织者和管理者"角色

(1)教师是教育教学活动的设计者。好的教学设计可以使教学有序进行,给教学提供好的环境,使学生养成循序渐进的习惯,全面地完成教学任务。精心地进行教学设计,需要教师全面把握教学的任务、教材的特点、学生的特点等要素。

(2)教师是教育教学活动的组织者,即教师在教学资源分配(包括时间分配、内容安排、学生分组)和教学活动展开等方面是具体的实施者。

(3)教师是教育教学活动的管理者。教师需要肩负起教育教学管理的职责,包括确定目标、建立班集体、制定和贯彻规章制度、维持班级纪律、组织班级活动、协调人际关系等,并对教育教学活动进行控制、检查和评价。

不同的教师进行教学管理的方式不同,这取决于教师的能力素质结构、权威结构、兴趣结构、性格气质结构、年龄结构等因素,显示了教师的不同个性,决定着教学管理活动的水平和质量。主要存在四种教师管理类型:强硬专断型、仁慈专断型、放任自流型以及民主管理型。

考点5　"家长代理人、父母"和"朋友、知己"的角色

教师是儿童继父母之后所遇到的另一个社会权威,是家长的代理人。低年级的学生倾向于把教师看作父母的化身,对教师的态度类似于对父母的态度。而高年级的学生则往往愿意把教师当作他们的朋友,也期望教师能把他们当作朋友,希望在学习、生活等多方面得到教师的指导,希望教师能与他们一起分担痛苦与忧伤、分享欢乐与幸福。

考点6　"研究者"角色和"学习者""学者"角色

(1)教师工作的对象是充满生命力和个性特点的青少年,传授的是不断变化的科学知识和人文知识。所以,教师不能千篇一律地、机械地进行教育,而是要不断反思、研究自己的工作,灵活机智、创造性地开展教书育人工作。教师应该积极地参与教学研究、教学实验与改革,不断地提高自身的教育理论水平和教育质量。

(2)教师的研究,不仅是对科学知识的研究,更有对教育对象即学生的研究,对教师和学生交往的研究等,这都需要教师终身学习,更新自己的知识结构,以便使教育教学建立在更宽广的知识背景之上,适应学生的个性发展、自己的专业发展和教育教学改革的需要。

(3)教师还被认为是智者的化身,必须拥有渊博的知识。

真题面对面

[2020,案例分析,10分]近年来,人工智能的发展环境发生了深刻的变化,呈现出深度学习、跨界融合、人机协同、自主操控等新特征。在可预见的未来,诸如超市收银员、银行柜台服务人员、高速公路收费人员、餐饮服务人员等,将会被人工智能部分或全部取代。但是,根据一项国际研究的预测和分析,未来二十年最不容易被人工智能取代的职业之一是教师职业。

请结合案例运用教育学知识分析:人工智能时代教师职业角色的"不变"与"变化"各是什么?

答案:(1)教师职业角色的"不变":①"传道者""授业、解惑者"角色。教师的根本任务依然是教书育人。②"示范者"角色。在教育活动中,教师的言行举止依然是学生学习和模仿的榜样。③"家长代理人、父母"和"朋友、知己"的角色。在人工智能时代,教师要教好学生,依然需要做到热爱、关心学生,理解学生。此外,教师在教育教学过程中依然扮演着"教育教学活动的设计者、组织者和管理者"角色以及"研究者""学习者"和"学者"的角色。

(2)教师职业角色的"变化":教师需要转变单纯的知识传授者角色,成为学生学习的促进者。教师不仅要培养学生的各种能力,还要成为学生人生的引路人。

五、教师劳动的特点 【单选】 必背

考点1 教师劳动的复杂性和创造性

1. 教师劳动的复杂性

教师劳动的复杂性是由其工作性质、任务及过程的特殊性所决定的。教师劳动的复杂性主要表现在以下五个方面:

(1)教师**劳动性质**的复杂性。教师的劳动属于专业行为,是一种高度复杂的心智劳动。

(2)教师**劳动对象**的复杂性。教师的劳动对象是千差万别的人。教师不仅要经常在同一个时空条件下,面对全体学生,实施统一的课程计划、课程标准,还要根据每个学生的实际情况施教。

(3)教师**劳动任务**的复杂性。教师不仅要传授科学文化知识和训练学生的技能,发展学生的智力,培养学生的能力,还要培养学生一定的思想品德,促进学生的身心健康发展。教育目的就是使每个学生得到全面、和谐而独特的发展。

(4)教师**劳动过程**的复杂性。要使学生形成一种良好的思想品德,需要经过知识的传授、情感的体验、意志的锻炼、信念的建立,以及行为习惯的培养这样一个长期的过程。

(5)教师**劳动手段**的复杂性。教育要有效地促进学生的全面发展,必须保持教育影响的一致性,优化组合各种影响,使之发挥最佳的合力。然而,把这些复杂的影响有效地组织到教育过程中,使来自各方面的影响协调一致,这是一种复杂的工作。

记忆有妙招

为方便考生记忆，我们将教师劳动复杂性的表现总结成以下口诀：

对手过任性。对：劳动对象。手：劳动手段。过：劳动过程。任：劳动任务。性：劳动性质。

2. 教师劳动的创造性

教师劳动的创造性主要是由劳动对象的特点决定的。教师劳动的创造性主要表现在三个方面：

(1) 因材施教。教师劳动的创造性首先表现在因材施教上。

(2) 教学方法上的不断更新。"教学有法，教无定法"是对教师劳动创造性的最好注脚。

(3) 教师需要"教育机智"。教育机智是教师在教育教学过程中的一种特殊定向能力，是指教师能根据学生新的特别是意外的情况，迅速而正确地做出判断，随机应变地采取及时、恰当而有效的教育措施解决问题的能力。教育机智是教师良好的综合素质和修养的外在表现，是教师娴熟运用综合教育手段的能力。乌申斯基曾经指出："不论教育者怎样研究教育学理论，如果他没有教育机智，他就不可能成为一个优秀的教育实践者。"教育机智可以用四个词语概括：因势利导、随机应变、掌握分寸、对症下药。

考点2 教师劳动的连续性和广延性

1. 教师劳动的连续性

连续性是指时间的连续性。教师的劳动没有严格的交接班时间界限，这个特点是由教师劳动对象的相对稳定性决定的。教师要不断了解学生的过去与现状，预测学生的发展与未来，检验教育教学效果，获取教育教学反馈信息，准备新一轮的教育教学活动。

2. 教师劳动的广延性

广延性是指空间的广延性。教师没有严格界定的劳动场所，课堂内外、学校内外都可能成为教师劳动的空间，这个特点是由影响学生发展因素的多样性决定的。学生的成长不仅受学校的影响，还受社会和家庭的影响。教师不能只在课内、校内发挥影响，还要走出校门，协调学校、社会、家庭的教育影响，以便形成教育合力。

考点3 教师劳动的长期性和间接性

1. 教师劳动的长期性

长期性指人才培养的周期比较长，教育的影响具有迟效性。教师劳动的成效并不是一时就可以检验出来的，而是需要教师付出长期的、大量的劳动才能看到结果、得到验证，教师的某些影响对学生终身都会产生作用。因此，教师的劳动具有长期性。

(1) 教师的劳动成果是人才，而人才培养的周期比较长。把一个人培养成为能够独立生活，能够服务社会，能够为人类做出贡献的合格人才，不是一朝一夕之功。"十年树木，百年树人"就是对这个道理的最佳阐释。

(2) 教师对学生所施加的影响，往往要经过很长的时间才能见效果。中小学教育处于打基础的阶段，教师的教育影响通常要反映在学生对高一级学校学习的适应中，甚至反映在学生走上工作岗位后的成就上。

小香课堂

教师劳动的广延性与长期性是易错易混点，考生可从以下两点进行理解识记：

广延性——空间的广延性，无严格界定的劳动场所；

长期性——人才培养周期长，影响具有迟效性。

2. 教师劳动的间接性

间接性指教师的劳动不直接创造物质财富,而是以学生为中介实现教师劳动的价值。教师的劳动并没有直接服务于社会,或直接贡献于人类的物质产品和精神产品。教师劳动的结晶是学生,是学生的品德、学识和才能,待学生走上社会,由他们来为社会创造财富。

考点 4 教师劳动的主体性和示范性

1. 教师劳动的主体性

主体性指教师自身可以成为活生生的教育因素和具有影响力的榜样。教师劳动的主体性表现在两个方面:首先,教育教学过程是教师直接用自身的知识、智慧、品德影响学生的过程,是教师将自身具备的这些素质转化为学生素质的过程;其次,教师劳动工具的主体化也是教师劳动的主体性的表现。教师所使用的教具、教材,必须为教师自己所掌握,成为教师自己的东西,才能向学生传授。

2. 教师劳动的示范性

示范性指教师的言行举止,如人品、才能、治学态度等都会成为学生学习的对象。教师劳动的示范性是由学生的可塑性、向师性和模仿心理特征决定的。同时,教师劳动的主体性也要求教师的劳动具有示范性特点。德国著名教育家第斯多惠指出:"教师本人是学校里最重要的师表,是最直观的、最有教益的模范,是学生最活生生的榜样。"任何一个教师,不管他是否意识到这一点,不管他是自觉还是不自觉,他都在对学生进行示范。因此,教师必须以身作则、为人师表。

真题面对面

1. [2020,单,2分]"不论教育者怎样研究教育学理论,如果他没有教育机智,他就不可能成为一个优秀的教育实践者。"这句话说明教师劳动具有(　　)

   A. 创造性　　　　B. 长期性　　　　C. 示范性　　　　D. 广延性

2. [2019,单,2分]教师不仅要在课内、校内发挥影响力,还要进行家访,协调学校、家庭、社会的教育影响。这体现的教师劳动特点是(　　)

   A. 广延性　　　　B. 长期性　　　　C. 示范性　　　　D. 复杂性

3. [2018,单,2分]下列选项能体现教师劳动的长期性特点的是(　　)

   A. 桃李不言,下自成蹊　　　　　　B. 学高为师,身正为范
   C. 十年树木,百年树人　　　　　　D. 学而不厌,诲人不倦

4. [2017,单,2分]学生的模仿性和向师性特点决定了教师的劳动具有(　　)

   A. 复杂性　　　　B. 创造性　　　　C. 示范性　　　　D. 长期性

   答案:1. A　2. A　3. C　4. C

六、教师的职业素养 【单选、案例分析】

教师的职业素养是教师做好教育工作的前提,也是衡量教师能否胜任本职工作的基本条件。

考点 1 教师的职业道德素养

教师的职业道德,简称"师德",是教师职业素质的核心。教师的职业道德素养是从教师对待事业、对待学生、对待集体和对待自己的态度上来体现的,陶行知先生的"捧着一颗心来,不带半根草去"的奉献精神是其典型代表。

1. 对待事业：忠于人民的教育事业

热爱教育事业是教师做好教育工作的前提，是教师职业道德的基础，也是教师劳动积极性和创造性的源泉。忠于人民的教育事业要求教师做到：(1)依法执教，严谨治教；(2)爱岗敬业，廉洁从教。

2. 对待学生：热爱学生

热爱教育事业具体体现在热爱学生上。热爱学生是教师职业道德的核心，是教师高尚道德品质的表现。

(1)为什么要热爱学生

①师爱是教师接纳、认可学生的心理基础，是教育好学生的前提；②师爱是激励教师做好教育工作的精神动力；③师爱是打开学生心扉的钥匙；④师爱还有助于培养学生友好待人、趋向合群等良好的社会情感和开朗乐观的个性。

(2)热爱学生的要求(教师如何热爱学生)

①把对学生的爱与严格要求相结合；②把爱与尊重、信任相结合；③要全面关怀学生；④要关爱全体学生；⑤理解和宽容学生；⑥解放学生；⑦对学生要保持积极、稳定的情绪。

真题面对面

[2016,单,2分]教师职业道德的核心是(　　)

A.热爱教育事业　　　B.热爱学生　　　C.为人师表　　　D.团结协作

答案：B

---

3. 对待集体：团结协作

人的培养靠单个教师是不行的，因为人的成长要受到多方面因素的影响。人才的全面成长，是多方教育者集体劳动的结晶。这就要求教师必须与各方面协同合作，以便形成教育合力，共同完成培养人的工作。为此，要求教师做到：(1)相互支持、相互配合；(2)严于律己，宽以待人；(3)弘扬正气，摒弃陋习。

4. 对待自己：为人师表(良好的道德修养)

教师的言行举止、品德才能、治学态度等方面都会对学生产生潜移默化的影响，成为学生学习的对象。这是由教师劳动的"主体性、示范性"特点以及学生的"向师性、模仿性、可塑性"特点所决定的。因此，教师只有自己具备了良好的道德修养，才能有力地说服学生、感染学生、教育学生。有位教育家曾说过："如果儿童的怀疑涉及教师的道德方面，则教师的地位更为不幸了。"为此，教师必须做到：

(1)高度自觉，自我监控。教师以高标准严格要求自己，才能使自己在学生面前成为活生生的教材，成为学生做人的榜样。

(2)身教重于言教。要做到身教，最基本的要求是：凡是要求学生去做的，教师一定要身体力行，做到言行一致，发挥表率作用。

考点2　教师的知识素养

1. 政治理论修养

马列主义、毛泽东思想和中国特色社会主义理论体系。

2. 精深的学科专业知识(本体性知识)

这是教师知识结构的核心，也是教师向学生传授知识的必备基础。主要包括：(1)掌握该学科的基本知识和基本技能;(2)掌握该学科的基本理论和学科体系;(3)了解该学科的发展脉络;(4)了解学科领域的思维方式和方法论。

3. 广博的科学文化知识

教师的知识不仅要"专",而且要"博",教师的专业知识应建立在广博的科学文化知识的基础之上。这是因为:(1)这是科学知识日益融合和渗透的要求;(2)这是青少年多方面发展的要求;(3)教师的任务是教书育人。

4. 必备的教育科学知识(条件性知识)

人们通过数千年的教育实践,积累了丰富的教育教学实践经验,在总结这些经验的基础上,人们揭示了教育教学的规律,提出了教育教学的原则、方法体系,形成了系统的教育理论。教师要加强教育工作的科学性和有效性,就必须掌握这些理论。其中,教育学、心理学及各科教材教法是教师首先要掌握的最为基本的教育科学知识。此外,教师还要掌握教育管理方面的知识。

教师的教育科学知识主要包括三个方面:(1)学生身心发展的知识;(2)教与学的知识;(3)学生成绩评价的知识。

5. 丰富的实践性知识

教师的实践性知识是基于教师个人的经验积累,在对待和处理教育问题时体现出的个人特质和教育智慧。

考点3 教师的能力素养

1. 语言表达能力

语言,特别是口头语言,是教师向学生传递教育信息的重要工具,因此要求教师具有较强的语言表达能力。对教师的语言表达要求如下:

(1)准确、简练,具有科学性;(2)清晰、流畅,具有逻辑性;(3)生动、形象,具有启发性;(4)口头语言和肢体语言的巧妙结合。

2. 组织管理能力

(1)教师要有确定合理目标和计划的能力。教师要组织管理班级,能根据班级的具体情况,提出近期、中期和长期目标和计划,将班级培养成具有共同奋斗目标、良好的班级作风、强大的凝聚力的班集体。

(2)教师要有引导学生的能力。学生是教育活动的主体,教师要调动学生的积极性,使学生积极主动地参加教育活动,而不是消极被动地接受。

3. 组织教育和教学的能力

(1)教师要善于制订教育教学工作计划、编写教案、组织教材,以加强教学工作的预见性、有序性;

(2)教师要善于组织课堂教学,以保证教学过程的顺利进行和教学任务的完成;

(3)教师要善于组织学校、家庭及社会各方面的教育力量,使各方面相互配合,进行教育资源的整合。

4. 自我调控和自我反思能力(较高的教育机智)

教师的自我调控和反思能力主要表现在:

(1)对自身的教育教学表现进行自我监督、自我反馈、自我反思、自我改进的能力;

(2)根据新情况、新问题调整自己的预定计划以适应变化的能力。

考点4　职业心理健康

教师心理健康的构成是指一个优秀教师所应有的心理素质,也就是教师对内外环境及人际关系有着良好适应所需要的条件,主要包括四个方面:高尚的职业道德、愉悦的情绪情感、良好的人际关系、健康的人格特征等。

七、教师专业发展

考点1　教师专业发展的概念

教师专业发展,又称教师专业成长,是指教师在整个专业生涯中,依托专业组织、专门的培养制度和管理制度,通过持续的专业教育,习得教育教学专业技能,形成专业理想、专业道德和专业能力,从而实现专业自主的过程。它包括教师群体的专业发展和教师个体的专业发展。

教师群体的专业发展是指教师职业不断成熟、逐渐达到专业标准,并获得相应的专业地位的过程。它既是教师个体专业化的条件和保障,同时也最终代表着教师职业的专业化。

教师个体的专业发展是教师作为专业人员,从专业思想到专业知识、专业能力、专业心理品质等方面由不成熟到比较成熟的发展过程,即由一个专业新手发展成为专家型教师或教育家型教师的过程。

从历史发展的总趋势来看,教师专业发展的核心以及最终体现就在于教师个体的专业发展。

考点2　教师专业发展的内容

(1)专业理想的建立。教师的专业理想是教师对成为一个成熟的教育专业工作者的向往与追求,它为教师提供了奋斗的目标,是推动教师发展的巨大动力。

(2)专业态度和动机的完善。教师专业态度和动机是教师专业活动的动力基础。教师在这个方面的发展主要表现为教师的专业理想、对职业的态度、工作积极性高低以及职业满意度等。

(3)专业知识的拓展与深化。教师作为一个专业人员,必须具备从事专业工作所需要的基本知识。因此,教师的专业知识是教师专业发展中的一个重要内容,教师专业知识(合理的知识结构)主要包括本体性知识、条件性知识、实践性知识和一般文化知识。

(4)专业能力的提高。教师的专业能力就是教师的教育教学能力,是教师在教育教学活动中所形成的顺利完成某项任务的能量和本领。它是教师综合素质最突出的外在表现,也是评价教师专业性的核心因素。

(5)教师的专业人格。教师的专业人格是教师在教育教学工作中所必须具有的道德品质方面的自我修养,诚实正直、善良宽容、公正严格是教师专业人格的重要内容。

(6)专业自我的形成。专业自我包括自我意象、自我尊重、工作动机、工作满意感、任务知觉和未来前景。对教学工作来说,教师的专业自我是教师个体对自我从事教学工作的感受、接纳和肯定的心理倾向,这种倾向将显著地影响到教师的教学成效。

考点3　教师专业发展的阶段

叶澜等人从"自我更新"取向角度对教师专业发展阶段进行了深入研究,将它按照先后顺序划分为"非关注"阶段、"虚拟关注"阶段、"生存关注"阶段、"任务关注"阶段、"自我更新关注"阶段五个阶段。

表 1-21 "自我更新"取向的教师专业发展阶段及其特点

阶段	特点
"非关注"阶段	(1)正式教师教育之前； (2)所形成的"前科学"的教育教学知识、观念影响深远
"虚拟关注"阶段	(1)一般是职前接受教师教育阶段(包括实习期)； (2)主体的身份是学生,至多只是"准教师"； (3)在虚拟的教学环境中获得某些经验,进行学习和训练,产生自我专业发展反思的萌芽,为正式进入任职阶段打下基础
"生存关注"阶段	(1)关键阶段,突出特点是"骤变与适应"； (2)不仅面临着由教育专业的学生向正式教师角色的转换,也存在所学理论知识和具体教学实践的"磨合期"； (3)新任教师一般处于这一阶段
"任务关注"阶段	(1)由关注"我能行吗"转到关注"我怎样才能行"； (2)开始尝试通过变更教学方式和方法对学生产生影响； (3)开始着重发展自己的专业知识和一般教学知识； (4)专业态度较为稳定,从心理上接纳教学工作,决心做出贡献
"自我更新关注"阶段	(1)认识到学生是学习的主人,开始鼓励学生去发现、建构意义； (2)知识结构发展的重点转移到了学科教学法知识以及应用； (3)开始拓展个人实践知识； (4)开始对自身的专业发展进行反思

考点 4 教师专业发展的途径

1. 师范教育

职前师范教育阶段是师范生进行专业准备与学习,初步形成教师职业所需要的知识与能力的关键时期,是教师专业化发展的**起始**和**奠基阶段**。师范教育的质量直接决定了新教师的质量,并影响着教师今后的发展。

2. 入职培训

新教师都会面临一个角色适应问题。为了让新教师尽快进入角色,新教师的任职学校应当采取及时有效的支持性措施。在我国,各级师范院校还承担了短期的系统培训工作,培训的目的是向新教师提供系统而持续的帮助,使之尽快转变角色、适应环境。

3. 在职培训

为了适应教育改革与发展的需要,为在职教师提供的继续教育,主要采取"理论学习、尝试实践、反省探究"三结合的方式,培养教师研究教育对象、教育问题的意识和能力。教师的在职培训活动很广,可以是业余进修,也可以是校本培训(如集体观摩、相互评课、相互研讨等)。

4. 自我教育

教师的自我教育就是专业化的自我建构,它是教师个体专业化发展**最直接、最普遍**的途径。教师自我教育的方式主要有自我反思、主动收集教改信息、研究教育教学中的各种关键事件、自学现代教育教学理论、积极感受教学的成功与失败等。教师的自我教育是专业理想确立、专业情感积淀、专业技能提高、专业风格形成的关键。

此外,跨校合作(如教师专业发展学校),专家指导(如讲座、报告),政府教育部门和教研机构组织的各类专业培训和交流活动等也是教师专业发展的途径。

考点5 教师专业化的实现

教师专业化的实现,从客观上来看,需要国家和政府的法律、政策和资金支持;从主观上来看,需要教师的个人努力。

1. 国家和政府对教师专业化的促进与保障

(1)加强教师教育。①建立一体化和开放式的教师教育体系。②要改革教师教育课程。

(2)制定法律法规。我国于1993年颁布了《中华人民共和国教师法》,首次以法律形式规定国家实行教师资格制度。1995年国家颁布了《教师资格条例》。

(3)提供经济保障。

2. 教师个人为实现专业化应做的主观努力

(1)善于学习;(2)恒于研究;(3)勤于反思;(4)勇于实践。

★ 考点大默写 ★

1. 最早提出教师要做"人类灵魂的工程师"的教育家是_____。
2. 夸美纽斯曾说过,教师的职务是以自己为榜样来教育学生。这体现了教师职业的_____角色。
3. 教师的任务是教书育人,包含多方面的要求和较为复杂的内容。这反映了教师劳动的_____特点。
4. "教学有法,教无定法"体现的教师劳动的特点是_____。
5. 语文老师关于语言、文学方面的知识属于教育知识结构中的_____知识;关于教育学、心理学方面的知识属于教育知识结构中的_____知识。
6. 依据"自我更新"取向的教师专业发展阶段理论,教师由关注"我能行吗"转到关注"我怎样才能行",这说明其处于教师专业发展的"_____"阶段。
7. 教师专业发展的途径中,_____是教师专业化发展的奠基阶段,_____是教师个体专业化发展最直接、最普遍的途径。
8. 教师的劳动成果是学生的品德、学识和能力,而非显性的物质财富。这说明教师的劳动具有_____特点。
9. "其身正,不令而行;其身不正,虽令不从。"这句话体现了教师劳动的_____特点。
10. 教师的职业素养是教师做好教育工作的前提,它主要包括职业道德素养、_____、_____和职业心理健康四个方面的内容。

【参考答案】

1. 加里宁 2. 示范者 3. 复杂性 4. 创造性 5. 本体性;条件性 6. 任务关注 7. 师范教育;自我教育 8. 间接性 9. 示范性 10. 知识素养;能力素养

第二节 学　生

一、学生的特点

考点1　学生是教育的对象（客体）

1. 依据

从教师方面看，教师是教育过程的组织者、领导者，学生是教师教育实践活动的作用对象，是被教育者、被组织者和被领导者。

从学生自身特点看，学生具有可塑性、依赖性和向师性。

(1)学生具有**可塑性**。学生处于长知识、长身体的时期，也是他们的品德、人格正在形成的时期，各方面尚未成熟，具有很大的发展潜力，而且尚未定型，极容易受外部环境因素的影响，具有"染于苍则苍，染于黄则黄"的特点。

(2)学生具有**依赖性**。学生多属未成年人，还不具备完全独立生活的能力。在家里，他们要依赖父母，入学后他们将对父母的依赖心理转为对教师的依赖心理。

(3)学生具有**向师性**。学生入学后，会自然地亲近、信赖、尊敬甚至崇拜教师，把教师作为获取知识的智囊、解决问题的顾问、行为举止的楷模。

2. 表现

(1)学生明确自己的主要任务是学习，具有愿意接受教育的心理倾向；

(2)学生服从教师的指导，接受教师的帮助，期待从教师那里汲取营养，促进自身的身心发展。

(3)学生所参加的是一种规范化的学习，学生的学习是有目的、有计划、有组织地进行的，它是由一定的教育制度以及学校的各项规章制度所规定了的。

考点2　学生是自我教育和发展的主体【判断】

1. 依据

(1)学生是具有主观能动性的人。学生是有意识、有情感、有个性的社会人，他们不是盲目、机械、被动地接受作用于他们的影响，而是具有主观能动性的人。

(2)学生在接受教育的过程中，也具有一定的素质，可以进行自我教育。因此，学生是自我教育和发展的主体。

2. 表现

(1)**自觉性**，也称**主动性**，这是学生主观能动性**最基本**的表现。它表现在学生能根据一定的目标或要求，或在某种情境的激发下，自行采取相应的态度或行动。例如，学生在课堂上主动回答问题、参与活动，课下主动完成作业、主动帮助同学等。

(2)**独立性**，也称**自主性**，这是自觉性进一步发展的表现。它表现在学生不仅具有自觉性，而且能自行确定或选择符合自身需要、特点和条件的目标和行动方式，并能在实现目标的行动中自我监督和调控。

(3)**创造性**，这是学生主观能动性的**最高表现**。它表现在学生不仅具有自觉性和独立性，而且有超越意识，如超越书本、超越教师、超越自己和群体等。在教学过程中，表现为不满足于书上的现成结论，不满足于教师提供的解题方法，倾向于提出新颖或与众不同的见解或解决问题的方法。

> **真题面对面**
>
> [2023,判断,1分]自觉性是学生主观能动性的最高表现。(　　)
>
> 答案：×

考点3　学生是发展中的人

学生不是成人，他们正处于身心发展最迅速的时期，生理和心理两方面都不太成熟，具有很大的发展的可能性与可塑性。

学生是发展中的人，包括四层含义：(1)学生具有和成人不同的身心发展特点；(2)学生具有发展的巨大潜在可能性；(3)学生具有发展的需要；(4)学生具有获得成人教育关怀的需要。

二、现代学生观

学生观就是教师对学生的基本看法，它影响教师对学生的认识及其态度与行为，进而影响学生的发展。我国传统的学生观将学生看作是被动的受体、教师塑造与控制的对象，学生在教育中处于边缘位置，对学生的教育是规范、预设的。现代学生观的主要观点如下：

考点1　学生是发展中的人，要用发展的观点认识学生

(1)学生的身心发展是有规律的。教师应依据学生身心发展的规律和特点来开展教育活动。

(2)学生具有巨大的发展潜能。在实际工作中，许多人往往从学生的现实表现推断学生没有出息，没有潜力。其实，学生具有巨大的发展潜能，智力水平可以明显提高，这已为科学研究所证实。

(3)学生是处于发展过程中的人。作为发展中的人，意味着学生还是不成熟的人，是一个正在成长的人。把学生作为发展中的人来对待，就要理解学生身上存在的不足，就要允许学生犯错误。当然，更重要的是要帮助学生解决问题，改正错误，从而不断促进学生的进步和发展。

(4)学生的发展是全面的发展。现代学生观强调，教师在教育教学实践中，不仅要重视"知识与技能"的传授，更要看到"过程与方法""情感态度与价值观"的重要性，把学生培养成全面发展的人。

考点2　学生是独特的人

(1)学生是完整的人。学生并不是单纯的、抽象的学习者，而是有着丰富个性的完整的人。学习过程并不是单纯的知识接受或技能训练，而是伴随着交往、创造、追求、选择、意志努力、喜怒哀乐等的综合过程，是学生整个内心世界的全面参与。

(2)每个学生都有自身的独特性。独特性是个性的本质特征，珍视学生的独特性和培养具有独特个性的人，应成为我们对待学生的基本态度。独特性也意味着差异性，差异不仅是教育的基础，也是学生发展的前提，应视之为一种财富而珍惜开发，使每个学生在原有基础上都得到完全、自由的发展。

(3)学生与成人之间存在着巨大的差异。学生和成人之间是存在很大差别的，学生的观察、思考、选择和体验，都和成人有明显不同。"应当把成人看作成人，把孩子看作孩子。"

考点3　学生是具有独立意义的人

(1)每个学生都是独立于教师的头脑之外，不以教师的意志为转移的客观存在。学生既不是教师的四肢，可以由教师随意支配；也不是泥土或石膏，可以由教师任意捏塑。教师不但不能把自己的意志强加给学

生,而且连自己的知识也是不能强加给学生的。因为这样并没有尊重学生的主观能动性,只会挫伤学生的主动性、积极性,扼杀他们的学习兴趣,窒息他们的思想,引起他们自觉或不自觉的抵制或抗拒。

(2)学生是学习的主体。教师对学生的教育与改造,只是学生发展的外部条件和外因,学生的主体活动才是学生获得发展的内在机制和内因。这表现在:①学生是具有一定主体性的人;②学生是学习活动的主体;③教学过程在于建构学生主体。

(3)学生是责权主体。从法律角度看,在现代社会,学生在社会系统中享受各项基本权利,有些甚至是特定的。但同时,学生也要承担一定的责任和义务。把学生作为责权主体来对待,是现代教育区别于古代教育的重要特征,也是教育民主的重要标志。

★ 考点大默写 ★

1. 学生极易受外部环境因素的影响,具有"染于苍则苍,染于黄则黄"的特点。这体现了学生的_____特点。
2. 学生主观能动性最基本的表现是_____。
3. 学生主观能动性的最高表现是_____。
4. 大数学家华罗庚在初中时期数学成绩非常差,他的数学老师跟全班同学说:"如果将来有一个人没有出息,那个人一定是华罗庚。"之后华罗庚通过自己的努力成为著名的数学家。案例中的老师违背了学生是_____的人的学生观。
5. "应当把成人看作成人,把孩子看作孩子。"这体现了学生是_____的人的学生观。

【参考答案】
1. 可塑性　2. 自觉性/主动性　3. 创造性　4. 发展中　5. 独特

第三节　师生关系

一、师生关系概述

考点1　师生关系的内涵 【单选】

师生关系是指教师和学生在教育教学活动中为完成一定的教育任务,以"教"和"学"为中介而形成的一种特殊的社会关系,包括彼此所处的地位、作用和态度等。师生关系是教育活动过程中人与人关系中最基本、最重要的关系。

师生之间的现实关系是不断变化和丰富多样的,可以从不同的层面进行划分,主要表现为社会关系、教育关系、心理关系和伦理关系。

1. 社会关系

它以年青一代的成长为目标,是人与人的各种社会关系在教育教学中的反映。主要表现为师生之间存在的代际关系、政治关系、文化的授受关系、道德关系以及法律关系。

2. 教育关系

师生之间的教育关系是指教师与学生在教育教学活动中为完成一定的教育任务,以"教"和"学"为中介,以促进学生的整体发展和自主发展为目标而建立的一种工作关系。教育关系是师生关系中最基本的关系,其他师生关系皆服务于这一关系。具体表现在:(1)从教育过程的主体作用来说,教师和学生是教育和被教育的关系;(2)从教育作为一种组织来说,教师和学生共同生活在学校、班级、教室等社群中,构成组织与被组织的关系;(3)从教育活动的展开来说,教师和学生是一种平等的交往关系和对话关系。

3. 心理关系

师生心理关系的实质是师生个体之间的情感是否融洽、个性是否冲突、人际关系是否和谐。具体体现在:(1)师生之间的认知关系是师生心理关系的基础;(2)情感关系是师生心理关系的另一个重要方面。

4. 伦理关系

师生之间的伦理关系是指在教育教学活动中,教师与学生构成一个特殊的道德共同体,各自承担一定的伦理责任,履行一定的伦理义务。这种关系是师生关系体系中最高层次的关系形式,对其他关系形式具有约束和规范作用。

> **真题面对面**
>
> [2023,单,1分]师生关系类型多样,其中最基本的关系是(　　)
>
> A. 社会关系　　　　B. 教育关系　　　　C. 心理关系　　　　D. 伦理关系
>
> 答案:B

考点2　两种对立的观点

关于师生关系,有两种对立的观点,即教师中心论和儿童中心论。

1. 教师中心论

教师中心论的典型代表是**赫尔巴特**,他认为教师在教育教学过程中起主宰作用,强调教师的权威作用。

2. 儿童中心论(学生中心论)

儿童中心论则认为教育的目的在于促进儿童的成长,因此教育要从学生的兴趣和需要出发,整个教育过程要围绕儿童进行,其代表人物有法国的**卢梭**和美国的**杜威**。

教师中心论仅看到了教师的主导作用,忽视了学生的主观能动性,在教育实践中使教育活动脱离学生的实际,以致难以达到预期的效果。学生中心论则过分夸大了学生的主观能动性,忽视了学生是教育对象这一基本事实,结果会导致教育质量下降。教师和学生的关系是辩证统一的,既要重视教师的主导作用,又要重视学生的主观能动性。

二、师生关系的内容　【单选】

(1)师生在教育内容的教学上结成授受关系。①从教师与学生的社会角色规定的意义上看,教师是传授者,学生是受授者;②学生在教学中主体性的实现,既是教育的目的,也是教育成功的条件;③对学生的指导、引导的目的是促进学生的自主发展。

(2)师生在人格上是平等的关系。①学生作为一个独立的社会个体,在人格上与教师是平等的;②教师和学生是一种朋友式的友好帮助关系。

(3)师生在社会道德上是互相促进的关系。①师生关系在本质上是一种人—人关系;②教师对学生的影响不仅仅是知识上的、智力上的影响,更是思想上的、人格上的影响。

> **真题面对面**
>
> [2016,单,2分]师生关系在教学层面上的特点是（　　）
> A. 授受关系　　　B. 互相促进　　　C. 民主平等　　　D. 长善救失
> 答案：A

三、师生关系的基本类型

表1-22　师生关系的基本类型

类型	表现		
	教师	学生	师生交往
专制型	教学责任心强，不讲求方式方法，不注意听取学生意愿和与学生协作	唯命是从，不能发挥独立性、创造性，学习被动	缺乏情感因素，教师的专断粗暴、简单随意会引起学生的反感、憎恶甚至对抗，造成师生关系紧张
放任型	缺乏责任心和爱心，对学生的学习和发展任其自然	对教师的教学能力怀疑、失望；对教师的人格议论、轻视	师生关系冷漠，班级秩序失控，教学效果较差
民主型	能力强、威信高，善于同学生交流，不断调整教学进程和方法	学习积极性高，兴趣广泛、独立思考，和教师配合默契	理想的师生关系类型

四、影响师生关系的因素

良好师生关系的建立是学生健康、和谐发展的重要保证，是实施素质教育、提高教育质量的重要条件。影响师生关系的因素归纳起来主要有以下几个方面：

1. 教师方面

（1）教师对学生的态度。学生受教师的评价影响很大。教师对学生的评价往往通过语言暗示、表情等反映出来。教师偏爱优生、忽视中等生、厌恶"差生"，就会使学生与教师产生不同的距离。

（2）教师的领导方式。教师的领导方式有专制型、民主型、放任型三种。大量教育实践表明，民主型领导方式下的师生关系比较融洽，最能发挥学生的主观能动性。

（3）教师的智慧。学识渊博是学生亲近教师的重要因素之一。

（4）教师的人格因素。教师的性格、气质、兴趣等是影响师生关系的重要因素。性格开朗、气质优雅、兴趣广泛的教师最受学生欢迎。

2. 学生方面

学生对师生关系的影响主要产生于学生对教师的认识。许多调查表明：学生与教师关系好，就喜欢上这位教师的课，就会主动亲近教师；自认为教师瞧不起自己的，就会主动疏远教师。

3. 环境方面

影响师生关系的环境主要是学校的人际关系环境和课堂的组织环境。学校领导与教师的关系、教师之间的关系、教师与家长的关系，必然影响师生关系。课堂的组织环境主要包括教室的布置、座位的排列、学生的人数等。

我国中小学课桌的摆放多呈"秧田式"，教师讲台置于块状空间的正前方，这种格局阻隔了师生之间的交往及生生之间的交往。目前，许多国家都在探讨圆桌式、马蹄形、半圆形、蜂巢式等便于师生交往和交流的座位排列方式。

五、良好师生关系建立的途径与方法

1. 教师方面

教师是教育过程的组织者,在全部教育活动中起主导作用。从根本上说,良好的师生关系首先取决于教师。为此,教师要从以下几个方面努力:

(1)了解和研究学生。教师要与学生取得共同语言,使教育影响深入学生的内心世界,就必须了解和研究学生。了解和研究学生主要包括三个方面:①了解和研究学生个人,如学生个体的思想意识、道德品质、兴趣、需要、知识水平、个性特点、身体状况;②了解学生的群体关系,如班集体的特点及其形成原因;③了解和研究学生的学习和生活环境,如学习态度和方法。

(2)树立正确的学生观。现代学生观在前面已经提到。教师既要把学生当作教育的对象,又要把学生看作学习的主人;既要耐心细致地做好各项指导工作,又要充分调动学生的积极主动性。

(3)提高教师自身的素质。教师的素质是影响师生关系的核心因素。

(4)热爱、尊重学生,公平对待学生。热爱学生包括热爱所有学生,对学生充满爱心,经常走到学生之中,忌讳挖苦讽刺学生、粗暴对待学生。尊重学生特别要尊重学生的人格,保护学生的自尊心,维护学生的合法权益,避免师生对立。教师处理问题必须公正无私,使学生心悦诚服。

(5)发扬教育民主。民主平等是现代师生伦理关系的核心要求。

(6)主动与学生沟通,善于与学生交往。

(7)正确处理师生矛盾。

(8)提高法制意识,保护学生的合法权利。教师要提高法制意识,明确师生之间的权利与义务,切实依法保护学生的合法权利。

(9)加强师德建设,纯化师生关系。

2. 学生方面

(1)正确认识自己。学生如果能够正确认识自己的优缺点以及应该努力的目标,站在客观的角度思考和看待自己,那么他们对于教师的指导就能更加认真地倾听和思考,这对于形成良好师生关系有很大的促进作用。

(2)正确认识老师。每位老师都有其自身的特征、缺点和优点,当学生发现教师不能满足他们某些方面的期待或不喜欢某位老师时,应该摒弃对教师的固有成见,学会客观地认识和理解老师的付出,积极主动地和老师沟通,这样互相理解的师生双方才是良好师生关系的形成基础。

3. 环境方面

(1)加强校园文化建设,确保校园文化的相对独立性、完整性和纯洁性。

(2)加强学风教育,促进良好学风的养成,使学生在一个良好的学风氛围下健康地学习,这对于良好师生关系的形成也具有一定的作用和价值。

六、理想师生关系(我国新型师生关系)的特点 【单选】

1. 人际关系:民主平等

教师与学生在教育过程中处于不同的地位,承担着不同的角色,但是双方有着共同的目标和利益,相互之间存在依赖关系。学生的健康成长有赖于教师的指导和帮助,教师教的成效有赖于学生的积极配合。作为教师要能够调动学生的积极性,把学生当作学习的主人,平等对待学生,尊重学生的人格,与学生做知心朋友。

2. 工作关系:教学相长

在教育过程中,教师的教促进学生的学,学生的学促进教师的教。教与学、教师与学生是相互促进的,正如《学记》所言:"是故学然后知不足,教然后知困。"教师在教的过程中,促使自己不断学习、不断进步。同时,在教育过程中,虚心的教师也会从学生那里学到不少东西,从而不断充实自己。教学相长包括三层含义:

(1)教师的教可以促进学生的学;
(2)教师可以向学生学习;
(3)学生可以超越教师。

3. 心理关系:尊师爱生

尊师与爱生是相互促进的两个方面:教师通过对学生的尊重和关爱换取学生发自内心的尊敬和信赖;而学生对教师的尊敬和信赖,又可激发教师更加努力地工作,为学生营造良好的心理气氛和学习条件。

4. 群体关系:心理相容

心理相容是群体成员在心理和行为上的彼此协调一致和相互理解。它是群体人际关系的重要心理成分,是群体团结的心理特征。心理相容以共同活动为中介,以成员彼此对共同活动的动机与价值观的一致为前提。根本上从属于人际关系的师生关系,其心理相容是指在教师与学生的交往中,心理和行为的彼此协调一致、相互接纳、彼此宽容、和谐默契。

此外,还有说法认为,我国新型师生关系(理想师生关系)的特点包括:人际关系,即尊师爱生;社会关系,即民主平等;教育关系,即教学相长;心理关系,即心理相容。

真题面对面

[2018,单,2分]师生关系在人际关系层面上的特点是(　　)

A. 教学相长　　　　　　B. 民主平等
C. 相互促进　　　　　　D. 授受关系

答案:B

★★ 考点大默写 ★★

1. _____是教育活动过程中人与人关系中最基本、最重要的关系。

2. _____是师生关系中最基本的关系。

3. 关于师生关系,有两种对立的观点,即教师中心论和儿童中心论(学生中心论)。其中,德国的教育学家赫尔巴特是_____中心论的典型代表。

4. 师生关系的内容包括:(1)师生在教育内容的教学上结成_____关系;(2)师生在人格上是_____的关系;(3)师生在社会道德上是_____的关系。

5. 师生关系的基本类型有三种,即_____、_____和_____,其中_____是理想的师生关系类型。

6. 从根本上说,良好的师生关系首先取决于_____。
7. 理想师生关系的特点有四个,即尊师爱生、_____、_____、_____。
8. "青出于蓝而胜于蓝"反映出理想师生关系应具备的特点是_____。

【参考答案】

1. 师生关系　2. 教育关系　3. 教师　4. 授受;平等;互相促进　5. 专制型;放任型;民主型;民主型　6. 教师　7. 民主平等;教学相长;心理相容　8. 教学相长

即时反思与复盘总结

我于_____年____月____日完成了对本章的学习。

复盘一下,我对自己较肯定的地方是_____

(足够努力/心态积极/方法得当……)

我觉得自己需要改进的地方是_____

(懒惰懈怠/心情浮躁/方法不当……)

休息片刻,开启下一站征程!

第五章 课程论

思维导图

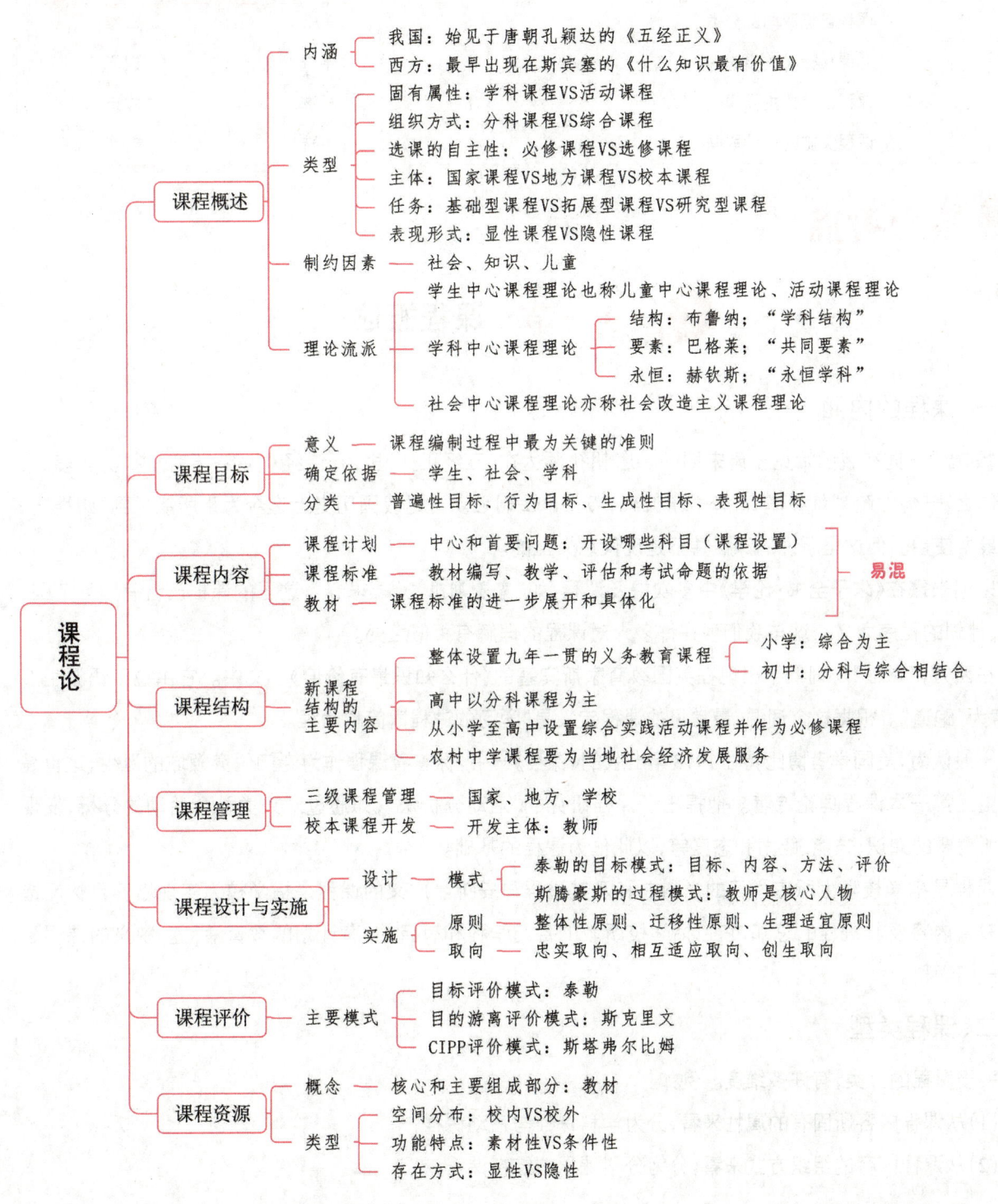

- **课程论**
  - **课程概述**
    - 内涵
      - 我国：始见于唐朝孔颖达的《五经正义》
      - 西方：最早出现在斯宾塞的《什么知识最有价值》
    - 类型
      - 固有属性：学科课程VS活动课程
      - 组织方式：分科课程VS综合课程
      - 选课的自主性：必修课程VS选修课程
      - 主体：国家课程VS地方课程VS校本课程
      - 任务：基础型课程VS拓展型课程VS研究型课程
      - 表现形式：显性课程VS隐性课程
    - 制约因素——社会、知识、儿童
    - 理论流派
      - 学生中心课程理论也称儿童中心课程理论、活动课程理论
      - 学科中心课程理论
        - 结构：布鲁纳；"学科结构"
        - 要素：巴格莱；"共同要素"
        - 永恒：赫钦斯；"永恒学科"
      - 社会中心课程理论亦称社会改造主义课程理论
  - **课程目标**
    - 意义——课程编制过程中最为关键的准则
    - 确定依据——学生、社会、学科
    - 分类——普遍性目标、行为目标、生成性目标、表现性目标
  - **课程内容**（易混）
    - 课程计划——中心和首要问题：开设哪些科目（课程设置）
    - 课程标准——教材编写、教学、评估和考试命题的依据
    - 教材——课程标准的进一步展开和具体化
  - **课程结构**
    - 新课程结构的主要内容
      - 整体设置九年一贯的义务教育课程
        - 小学：综合为主
        - 初中：分科与综合相结合
      - 高中以分科课程为主
      - 从小学至高中设置综合实践活动课程并作为必修课程
      - 农村中学课程要为当地社会经济发展服务
  - **课程管理**
    - 三级课程管理——国家、地方、学校
    - 校本课程开发——开发主体：教师
  - **课程设计与实施**
    - 设计——模式
      - 泰勒的目标模式：目标、内容、方法、评价
      - 斯腾豪斯的过程模式：教师是核心人物
    - 实施
      - 原则——整体性原则、迁移性原则、生理适宜原则
      - 取向——忠实取向、相互适应取向、创生取向
  - **课程评价**
    - 主要模式
      - 目标评价模式：泰勒
      - 目的游离评价模式：斯克里文
      - CIPP评价模式：斯塔弗尔比姆
  - **课程资源**
    - 概念——核心和主要组成部分：教材
    - 类型
      - 空间分布：校内VS校外
      - 功能特点：素材性VS条件性
      - 存在方式：显性VS隐性

第一部分 教育学

河南特岗考向

本章系统介绍了课程的相关内容，属于教育学的重点章节，需要理解和识记的知识较多。现对2014~2023年本章河南特岗考向分析如下：

考点	考频	题型	能力层级
学科课程与活动课程	3	单选	区分
显性课程与隐性课程	1	单选	识记
课程目标取向的分类	1	单选	理解
课程标准的概念	1	单选	识记
课程设计的主要模式	1	单选	应用
课程实施的三种取向	1	单选	理解

核心考点

第一节 课程概述

一、课程的内涵

"课程"一词在我国始见于**唐宋期间**。唐朝孔颖达在《五经正义》里为《诗经·小雅·巧言》中"奕奕寝庙，君子作之"一句注疏："维护课程，必君子监之，乃得依法制也。"这是我国历史上迄今为止所能见到"课程"一词的**最早**使用。但这里所说的课程并不是现代意义上的。

宋朝朱熹在《朱子全书·论学》中多次提及课程，如"宽着期限，紧着课程"，这里的课程已含有学习范围、进程、计划的程序之义。这与我们现在许多人对课程的理解有相似之处。

在西方，"课程"一词最早出现在英国教育家**斯宾塞**的《什么知识最有价值》一文中。它由拉丁语派生而来，意为"跑道"。根据这个词源，最常见的课程定义是"学习的进程"，简称学程。

一般认为，美国学者**博比特**在1918年出版的《课程》一书，标志着课程作为专门研究领域的诞生，这也是教育史上**第一本课程理论专著**。他提出了课程研究的"活动分析法"，即通过对人类社会活动的分析，发现社会所需要的知识、技能、能力和态度等，以此作为课程的基础。

课程是指学校学生所应学习的学科总和及其进程与安排。**广义的课程**是指学校为实现培养目标而选择的教育内容及其进程的总和，它包括学校所教的各门学科和有目的、有计划的教育活动。**狭义的课程**是指某一门学科。

二、课程类型

关于课程的分类，有许多维度。例如：

(1)从课程内容所固有的**属性**来看，分为学科课程与活动课程；

(2)从课程内容的**组织方式**来看，分为分科课程与综合课程；

(3)从对学生学习要求的角度或学生选课的自主性来看,分为必修课程与选修课程;

(4)从课程设计、开发和管理的主体来看,分为国家课程、地方课程与校本课程;

(5)从课程任务来看,分为基础型课程、拓展型课程与研究型课程;

(6)从课程的表现形式或对学生的影响方式来看,分为显性课程与隐性课程。

此外,从课程功能的角度划分,课程可分为工具性课程、知识性课程、技能性课程、实践性课程;从课程的组织核心角度划分,课程可分为学科中心课程、学生中心课程、社会中心课程等。

考点1 学科课程与活动课程 【单选】

1. 学科课程

学科课程是指以文化知识(科学、道德、艺术)为基础,按照一定的价值标准,从不同的知识领域或学术领域选择一定的内容,根据知识的逻辑体系,将所选出的知识组织为学科的课程类型。它是最古老、使用范围最广泛的课程类型。其主导价值在于传承人类文明,强调使学生掌握、传递和发展人类积累下来的文化遗产。我国古代的"六艺"和古希腊的"七艺"都是学科课程。

学科课程的优点:(1)从社会发展角度讲,有助于文化遗产的系统传承;(2)从学生角度讲,有助于学生全面、准确地了解该领域的发展状况,实现智力的充分发展;(3)从教学角度讲,学科课程的教学活动容易组织,也容易评价,便于提高教学效率;(4)从国家角度讲,在保证尖端人才的培养和促进国家科学技术的发展方面具有不可替代的基础作用。

学科课程的缺点:(1)从学生发展角度讲,过多考虑知识的逻辑和体系,不能完全照顾学生的需要和兴趣;(2)从课程本身角度讲,与现实生活存在较远距离,缺乏活力,易造成学习内容的凝固化;(3)从教师教学角度讲,容易导致偏重知识授受的倾向,不利于学生全面和富有个性地发展。

2. 活动课程

活动课程亦称经验课程,是指围绕着学生的需要和兴趣、以活动为组织方式的课程形态,即以学生的主体性活动经验为中心组织的课程。经验课程以开发与培育主体内在的、内发的价值为目标,旨在培养具有丰富个性的主体。学生的兴趣、动机、经验是经验课程的基本内容。其主导价值在于使学生获得关于现实世界的直接经验和真切体验。杜威是活动课程的主要代表人物。

活动课程的局限性:

(1)活动课程以学习者的经验为中心来组织,容易导致学科知识的支离破碎,学生难以掌握完整系统的学科知识体系;

(2)活动课程以学习者的活动为中心,但学习者的活动具有多种性质,并非所有的活动都有教育价值,也并非所有的活动都能带来同样的教育价值,因此在实施中容易导致"活动主义",为活动而活动,如果把握不当,会极大地影响教学效率和教育质量;

(3)活动课程在课程实施中对教师的教学组织能力以及相关教学设施提出了较高要求,它要求教师具有相当高的专业素养和教育艺术素养,在师资条件不具备的情况下,活动课程的实施具有一定的风险性。

知识再拔高

研学旅行课程

教育部等11部门印发《关于推进中小学生研学旅行的意见》指出,中小学生研学旅行是由教育部门和学校有计划地组织安排,通过集体旅行、集中食宿方式开展的研究性学习和旅行体验相结合的校外教育活动。它是学校教育和校外教育衔接的创新形式,是教育教学的重要内容,是综合实践育人的有效途径。

各中小学要结合当地实际,把研学旅行纳入学校教育教学计划,与综合实践活动课程统筹考虑,促进研学旅行和学校课程有机融合,要精心设计研学旅行活动课程,做到立意高远、目的明确、活动生动、学习有效,避免"只旅不学"或"只学不旅"现象。学校根据教育教学计划灵活安排研学旅行时间,一般安排在小学四到六年级、初中一到二年级、高中一到二年级,尽量错开旅游高峰期。学校根据学段特点和地域特色,逐步建立小学阶段以乡土乡情为主、初中阶段以县情市情为主、高中阶段以省情国情为主的研学旅行活动课程体系。

3. 学科课程与活动课程的关系

学科课程和活动课程有着各自的独特功能,不能相互代替,必须既重视学科课程,又重视活动课程,发挥教育途径的整体功能。学科课程又与活动课程有着紧密的联系。活动课程和学科课程相辅相成,相得益彰,使我们的教育目标深刻全面地得到落实。

真题面对面

1. [2020,单,2分]下列选项中,关于学科课程和活动课程的描述不正确的是( )

   A. 学科课程更关注知识结构与逻辑　　　B. 活动课程更关注学生的间接经验

   C. 活动课程所获结论有时可能有误　　　D. 两类课程既相互区别又相辅相成

2. [2019,单,2分]中小学开设的研学旅行课程属于( )

   A. 活动课程　　B. 学科课程　　C. 选修课程　　D. 分科课程

3. [2017,单,2分]春秋时期的六艺"礼、乐、射、御、书、数",它们从课程类型来看是( )

   A. 广域课程　　B. 综合课程　　C. 活动课程　　D. 学科课程

   答案:1. B　2. A　3. D

考点2　分科课程与综合课程

1. 分科课程

分科课程是根据学校教育目标、教学规律和一定年龄阶段的学生发展水平,分别从各门学科中选择部分内容,组成各种不同的学科,彼此分立地安排它们的教学顺序、教学时数和期限。其主导价值在于使学生获得逻辑严密和条理清晰的文化知识,但是容易带来科目过多、分科过细的问题。

2. 综合课程

综合课程是指打破传统的分科课程的知识领域,组合两门或两门以上学科领域而构成的一门学科。

其缺点主要有两点:(1)教科书的编写较为困难,只专不博的教师很难胜任综合课程的教学,教学具有一定的难度;(2)难以向学生提供系统完整的专业理论知识,不利于高级专业化人才的培养。它采取合并相关学科的办法:减少教学科目,把几门学科的教学内容组织在一门综合学科之中。其主导价值在于通过相关学科的集合,促使学生认识的整体发展并形成把握和解决问题的全面视野与方法。

需要注意的是,"相关课程""融合课程""广域课程""核心课程"都是综合课程的形式,隶属综合课程,只不过综合的程度以及设计的思路略有差异。

考点3　必修课程与选修课程

1. 必修课程

必修课程是根据人的发展和社会发展需要制定的,所有学生都必须学习的科目。它是个体社会化的基础,其主导价值在于培养和发展学生的共性。就我国现阶段基础教育课程现状而言,必修课程一般包括国家课程和地方课程。

2. 选修课程

选修课程是针对必修课程的不足之处提出来的,是为发展学生的兴趣、爱好和个性特长而开设的课程。

考点4　国家课程、地方课程与校本课程

国家课程的主导价值在于通过课程体现国家的教育意志;地方课程的主导价值在于通过课程满足地方社会发展的现实需要;校本课程的主导价值在于通过课程展示学校的办学宗旨和特色,提升学校的办学水平,促进学生的个性发展。

考点5　基础型课程、拓展型课程与研究型课程

1. 基础型课程

基础型课程注重培养学生的**基础学力**,注重学生对科学文化基础知识和基本技能的掌握,同时获得智力的发展和能力的培养,即培养学生作为一个公民所必需的以"三基"(读、写、算)为中心的基础教养,是中小学课程的主要组成部分。

基础型课程的内容是基础的,以基础知识和基本技能为主,不仅注重知识、技能的传授,也注重思维力、判断力等能力的发展和学习动机、学习态度的培养。基础型课程是必修的、共同的课程。

2. 拓展型课程

拓展型课程注重拓展学生的**知识和能力**,开阔学生的知识视野,发展学生各种不同的特殊能力,并迁移到其他方面的学习。拓展型课程常常以选修课的形式出现,与基础型课程相比有较大的灵活性。

3. 研究型课程

研究型课程注重培养学生的**探究态度和能力**。这类课程从问题的提出、方案的设计到实施以及结论的得出,完全由学生自己来做,重研究过程甚于注重结论。

考点6　显性课程与隐性课程　【单选】

1. 显性课程

显性课程亦称公开课程,是指在学校情境中以直接的、明显的方式呈现的课程。显性课程的主要特征是计划性,这是区分显性课程和隐性课程的主要标志。

2.隐性课程

"隐性课程"一词是由杰克逊在其1968年出版的《班级生活》一书中首先提出的。隐性课程亦称潜在课程、自发课程,是学校情境中以间接的、内隐的方式呈现的课程。

隐性课程的主要表现形式有:

(1)观念性隐性课程。包括隐藏于显性课程之中的意识形态,学校的校风、学风,有关领导与教师的教育理念、价值观、知识观、教学风格、教学指导思想等。

(2)物质性隐性课程。包括学校建筑、教室的布置、校园环境等。

(3)制度性隐性课程。包括学校管理体制、学校组织机构、班级管理方式、班级运行方式。

(4)心理性隐性课程。包括学校人际关系状况、师生特有的心态、行为方式等。

> **真题面对面**
>
> [2016,单,2分]渗透在学校的自然环境、物质环境、人际环境及观念环境中的课程是( )
>
> A.必修课程　　　　B.显性课程　　　　C.隐性课程　　　　D.选修课程
>
> 答案:C

三、制约课程的主要因素

总的来说,社会、知识、儿童是制约学校课程的三大因素,也是影响课程发展的基本外部因素,它们之间的协调作用,决定着课程的性质、内容和框架结构。

(1)一定历史时期社会发展的要求及提供的可能(社会需求);

(2)一定时代人类文化及科学技术发展水平(学科知识水平);

(3)学生的年龄特征、知识与技能的基础及其可接受性(学习者身心发展的需求)。

此外,课程发展还受到课程系统内部众多因素的影响,其中,学制、课程传统、课程理论和课程规律都是直接制约着课程变革和发展的重要力量。

四、主要课程理论流派

考点1　学生中心课程理论

学生中心课程理论也称儿童中心课程理论,具有实用性、综合性、实践性等特点,是以儿童的现实生活特别是活动为中心来编制课程的理论,因此,这种课程理论又称活动课程理论。活动课程理论的主要倡导者是美国实用主义教育家杜威。

1.基本主张

(1)经验论

教育就是经验的改造或改组。这种改造或改组,既能增加经验的意义,又能提高指导后来经验进程的能力。课程即那种对学生经验增长有教育价值的经验。

(2)以儿童为中心的活动论

活动课程论认为,教育应以儿童实际经验为起点,从做中学。一切学习都要通过"做",由"做"而得到的知识才是真正的知识。

(3)主动作业论

所谓主动作业是着眼于儿童经验的发展而对社会生活中的典型职业进行分析、归纳而获得的各种活动方式,如商业、烹饪、缝纫、纺织、木工等。

(4)课程组织的心理顺序论

杜威并不否认课程的组织要考虑教材的逻辑顺序,但他更重视课程的组织要考虑儿童的心理顺序。他主张课程的组织应从儿童的经验出发,将教材心理学化,在教学过程中将儿童的个体经验逐渐提升到教材的逻辑水平。

2.评价

优点:(1)重视学生学习活动的心理准备,在课程设计与安排上满足了儿童的兴趣,有很大的灵活性,调动了学生学习的主动性和积极性;(2)强调实践活动,重视学生通过亲自体验获得直接经验,主动去探索,有利于培养学生解决实际问题的能力;(3)强调围绕现实社会生活的各个领域精心设计和组织课程,有利于学生获得对世界的完整认识。

局限性:过分夸大儿童个人经验的重要性,存在很大的片面性,忽视了知识本身的内在逻辑联系与顺序,从而使课程设置有很大的偶然性和随机性,因此不能保证课程教学的连续性和系统性,只能使学生获得一些零碎片段的知识,不能掌握系统的文化知识,降低了学生的知识水平,教育质量难以保证。因此,表面上看它旨在发挥学生的主体性,但实质上却限制了学生主体的发展。另外,以儿童为中心,容易轻视教育的社会任务。

考点2 学科中心课程理论

表1-23 学科中心课程理论的主要流派

理论流派	代表人物	主要观点
结构主义课程理论	布鲁纳	该理论以学科结构为课程中心,认为人的学习是认知结构不断改进与完善的过程,因此,学科基本结构的学习对学习者的认知结构发展最有价值
要素主义课程理论	巴格莱	(1)课程的内容应该是人类文化的"共同要素",首先要考虑的是国家和民族的利益;(2)学科课程是向学生提供经验的最佳方法;(3)重视系统知识的传授,以学科课程为中心
永恒主义课程理论	赫钦斯	该理论认为课程涉及的第一个根本问题就是,为了实现教育目的,什么知识最有价值或如何选择学科。永恒主义对此的回答是:具有理智训练价值的传统的"永恒学科"的价值高于实用学科的价值。"永恒学科"是课程的核心

考点3 社会中心课程理论

社会中心课程理论亦称社会改造主义课程理论,是以适应社会需要为中心编制的理论,以布拉梅尔德为代表。

社会中心课程理论认为应该把课程重点放在当代社会的问题、社会的主要功能、学生关心的社会现象,以及社会改造与社会活动计划等方面。这种理论认为设计课程要通过对社会问题的分析来确定教育目标,主张打破传统的学科课程界限,但不按学生的活动来组织课程;要兼顾儿童的年龄特征,但不主张以学生的兴趣和动机作为编制课程的基本出发点,而以社会现实问题作为课程设计的核心。其核心观点是:课程不应该帮助学生去适应社会,而是要建立一种新的社会秩序和社会文化。

因此,该理论主张学生应尽可能多地参与到社会中去,课程应以广泛的社会问题为中心。

★ 考点大默写 ★

1. 在我国,"课程"一词始见于_____期间。

2. 一般认为,美国学者_____在1918年出版的_____一书,是课程论作为独立学科诞生的标志。

3. 从课程内容的组织方式来看,课程可分为_____课程与_____课程。

4. 根据课程任务,可将课程分为_____课程、_____课程与_____课程。

5. 从课程功能的角度划分,课程可分为_____课程、_____课程、技能性课程和_____课程。

6. 世界上最古老、使用范围最广泛的课程类型是_____,我国古代的"六艺"、古希腊的"七艺"都属于这种课程类型。

7. 基础型课程注重培养学生的_____,培养学生作为一个公民所必需的以"三基"为中心的基础教养,"三基"即_____、_____、_____;拓展型课程注重拓展学生的_____;研究型课程注重培养学生的_____。

8. 显性课程的主要特征是_____,这是区分显性课程和隐性课程的主要标志。

9. 隐性课程主要有四种表现形式,校风、学风属于_____隐性课程,学校人际关系状况属于_____隐性课程。

10. 活动课程理论的主要倡导者是美国实用主义教育家_____。

11. 主张课程的内容应该是人类文化的"共同要素"的课程理论流派是_____课程理论,其代表人物是_____。

12. 永恒主义课程理论认为,_____是课程的核心。

13. 主张课程应以广泛的社会问题为中心的课程理论是_____课程理论。

14. 制约学校课程的三大因素分别是_____、_____和儿童。

【参考答案】

1. 唐宋 2. 博比特;《课程》 3. 分科;综合 4. 基础型;拓展型;研究型 5. 工具性;知识性;实践性 6. 学科课程 7. 基础学力;读;写;算;知识和能力;探究态度和能力 8. 计划性 9. 观念性;心理性 10. 杜威 11. 要素主义;巴格莱 12. "永恒学科" 13. 社会中心 14. 社会;知识

第二节 课程目标

一、课程目标的内涵

课程目标是根据教育宗旨和教育规律而提出的具体价值和任务指标,是课程本身要实现的具体目标和意图。它是确定课程内容、教学目标和教学方法的基础,是整个课程编制过程中**最为关键**的准则。它直接受教育目的、培养目标的影响,是培养目标的分解,是师生行动的依据。

二、课程目标与教育目的、培养目标、教学目标的关系

教育目的是总体性的、高度概括性的,而不是具体的;课程目标旨在详细描述学生身心发展的预期结果,明确学生所要达到的发展水平,是具体的,可以付诸实现,不是一般性的规划,与教育目的不同。

培养目标的实现,主要是通过学校所设置的课程而达成的,但培养目标通常不涉及具体的学习领域。因此,为了使课程编制工作切实有效,我们还必须使培养目标具体化,即要确定课程目标。课程目标是培养目标的下位概念。

教学目标是课程目标的进一步具体化,是指导、实施和评价教学的**基本依据**,是师生在学科教学活动中预期达到的教学结果和标准。教学目标是课程目标的下位概念。课程目标的制定关系到某一科类或某一学科的全局,而教学目标是为教师的教和学生的学提供依据,它主要是对局部的教与学产生导向作用。

从教育目的到培养目标到课程目标再到教学目标,它们是一个紧密联系的统一体,上一层次目标制约着下一层次目标,而下一层次目标是上一层次目标的落实与具体化。

三、确定课程目标的依据

1. 学习者的需要(对学生的研究)

课程的价值在于促进学习者的身心发展,因此,学习者的需要是确定课程目标的**基本依据**。对学生的研究,就是要找出教育者期望在学生身上所要达到的预期结果。

2. 当代社会生活的需求(对社会的研究)

学校课程要反映社会政治、经济、文化发展的需求。当代社会生活的需求是课程目标的基本来源之一。当代社会生活的需求不仅指社会生活的当下现实需求,更重要的是社会生活的变迁趋势和未来需求。这样,课程目标就不仅仅只是反映当下社会的需求,更主要的是反映社会的未来发展趋势。

3. 学科知识及其发展(对学科的研究)

课程内容来源于一些主要学科的知识,因而课程目标的实现必须要以学科为依托,即在确定课程目标的过程中首先要考虑学科本身的功能。学科知识及其发展是课程目标的基本来源之一。

由于这三个因素是交互起作用的,对任何单一因素的研究结果都不足以成为课程目标的唯一来源。如果过于强调某一因素,就会走到极端。课程史上出现过的学生中心课程、社会中心课程、学科中心课程就是典型的例子,它们基本上都是以失败而告终的。

因此,在制定课程目标时,应该把学科知识、社会需要和学生需要三者辩证地结合起来,根据我国现行课程的弊端和未来社会发展的需要,把发展学生的个性、提高学生的整体素质放在突出的位置上来考虑。

四、课程目标取向的分类 【单选】

1. 普遍性目标取向

普遍性目标是将一般教育宗旨或原则直接运用于课程领域,成为课程领域一般性、规范性的课程目标。它是一种古老且长期存在的课程目标取向,上可追溯到中国的先秦,西方的古希腊、古罗马时期,近现代教育史上普遍性目标也广泛存在。普遍性目标把可普遍运用于所有教育实践中的一般教育宗旨或原则等同于课程目标,是对课程全局的总体考虑和安排,具有普遍性、方向性、指令性特点。它所反映的是比较长期的教育价值取向,是任何门类的课程不可缺少的部分。

2.行为目标取向

行为目标是以显性化、精确性、具体的、可操作的行为的形式加以陈述的课程目标。它指明了课程与教学过程结束后学生身上所发生的行为变化,具有精确性、具体性、可操作性。

3.生成性目标取向

生成性目标不是由外部事先规定的目标,而是在教育情境之中随着教育过程的展开而自然生成的目标。它强调学生、教师与教育情境的交互作用,有益于培养学生解决实际问题的能力。此外,"生成性目标"的过程取向有益于消除"行为目标"取向所存在的过程与结果、手段与目的之间的二元对立问题。当过程与结果、手段与目的被内在地联系起来后,课程与教学目标就是学生在教学过程中,在与教育情境的交互作用中产生的学生自己的目标,而不是课程开发者和教师所强加的目标。

4.表现性目标取向

表现性目标是美国学者艾斯纳提出的一种目标取向,是指在教育情境的种种际遇中每一学生个性化的创造性表现。表现性目标实际上就是指人们在从事某种活动结束时有意或无意得到的结果,它是"课程活动的结果"。

> **真题面对面**
>
> [2021,单,2分]在课程目标取向中,强调通过学生、教师与教育情境的交互作用产生课程目标,而不是课程开发者和教师所强加的目标。这体现的是(　　)
>
> A.行为目标取向　　　　　　B.教学性目标取向
>
> C.表现性目标取向　　　　　　D.生成性目标取向
>
> 答案:D

五、三维课程目标

"知识与技能"目标强调基础知识和基本技能的获得,相当于传统的"**双基教学**"。

"过程与方法"目标突出的是让学生"学会学习",使学生获得知识的过程同时成为获得学习方法和能力发展的过程。

"情感态度与价值观"目标强调在教学过程中激发学生的情感共鸣,引起积极的态度体验,形成正确的价值观。

小香课堂

考生需注意,三维课程目标是教育部于2001年颁布的《基础教育课程改革纲要(试行)》中提出的。2022年,教育部印发了新修订的义务教育课程方案和语文等16个课程标准。此次课标修订,力求使课程目标自觉体现本课程在培育学生核心素养方面的基本贡献,结合本课程的性质、理念及课程的基本内容,从核心素养视角对课程总目标及学段目标进行表述。

从三维课程目标到核心素养,更加凸显了课程的育人功能,体现了从学科本位到以人为本的转变。

★★ 考点大默写 ★★

1. _____是确定课程内容、教学目标和教学方法的基础,是整个课程编制过程中最为关键的准则。
2. 就课程目标取向的分类而言,《大学》提出的"格物、致知、诚意、正心、修身、齐家、治国、平天下"的教育宗旨属于_____目标。
3. 课程目标确定的依据有_____的需要、_____的需求和学科知识及其发展。

【参考答案】

1. 课程目标　2. 普遍性　3. 学习者;当代社会生活

第三节　课程内容

课程是学校教育的核心,涉及教学过程中教师"教什么"和学生"学什么"的问题,它规定以什么样的教育内容来培养新一代,是学校教育的基础。目前在我国,中小学课程主要由课程计划、课程标准、教材三部分组成。

课程计划体现了国家对学校的统一要求,是编写各科课程标准和教材的主要依据;课程标准是课程计划的分学科展开,每门学科都有对应的学科课程标准;教材是课程标准的具体化,课程标准中规定的各门学科一般都有相应的教材。

1992年,原国家教委在制订九年义务教育的教学计划时,把"教学计划"更名为"课程计划"。指导我国这次课程改革的《基础教育课程改革纲要(试行)》仍用"课程计划"这一术语,把原来用的"教学大纲"改为"课程标准"。

一、课程计划

课程计划是根据一定的教育目的和培养目标,由教育行政部门制定的有关学校教育和教学工作的指导性文件。课程计划主要由课程计划的指导思想、培养目标、课程设置及其说明、课时安排、课程开设顺序和时间分配、考试考查制度和实施要求几部分构成。在基本内容上,课程计划主要是指教学科目的设置(课程设置)、学科顺序(课程开设顺序)、课时分配(教学时数)、学年编制和学周安排。其中,开设哪些科目(课程设置)是课程计划的中心和首要问题。

义务教育阶段的教学计划具有强制性、普遍性、基础性的特点。

二、课程标准　【单选】

考点1　课程标准的概念

课程标准是课程计划中每门学科以纲要的形式编写的、有关学科教学内容的指导性文件,是课程计划的分学科展开。它规定了学科的教学目标、任务,知识的范围、深度和结构,教学进度以及有关教学方法的基本要求,是编写教科书和教师进行教学的直接依据,也是衡量各科教学质量的重要标准。教师应将课程标准作为检查自己教学质量的依据。

教育部先后于2001年和2011年颁布了义务教育课程方案和课程标准。从所颁布的各科课程标准来看,完整的课程标准一般由说明(或前言)、课程目标、课程内容标准、课程实施建议、附录(无法概括到课程标准中的内容,如术语解释)五部分组成。其中,说明部分是统率课程标准的指导思想,课程目标、内容标准和实施建议是课程标准的主体。

教育部于2022年印发的《义务教育课程方案》指出,国家课程标准规定课程性质、课程理念、课程目标、课程内容、学业质量和课程实施等,是教材编写、教学、考试评价以及课程实施管理的直接依据。

> **真题面对面**
>
> [2014,单,2分]按学科制定的、体现国家基础教育课程基本规范和质量要求的指导性文件是(　　)
> A.课程计划　　　　B.教学计划　　　　C.课程标准　　　　D.课时计划
> 答案:C

考点2　课程标准设计的原则

(1)课程标准关注的对象是学生,是对学生学习行为的要求;

(2)课程标准涉及的范围是学生综合的发展领域;

(3)课程标准的要求是所有学生基本要达到的要求,而非最高要求;

(4)课程标准的目的是促进学生更好地发展,而不仅仅是应付某一件事;

(5)它隐含着教师不是教科书的执行者,而是教学方案(课程)的开发者,即教师是"用教科书教,而不是教教科书"。

考点3　课程标准的功能

国家课程标准是教材编写、教学、评估和考试命题的依据,是国家管理和评价课程的基础。应体现国家对不同阶段的学生在知识与技能、过程与方法、情感态度与价值观等方面的基本要求,规定各门课程的性质、目标、内容框架,提出教学建议和评价建议。

课程标准中规定的基本素质要求是教材、教学和评价的灵魂,也是整个基础教育课程的灵魂。

三、教材

1.教材的概念

教材是根据学科课程标准系统阐述学科内容的教学用书,它是知识授受活动的主要信息媒介,是课程标准的进一步展开和具体化。

表1-24　教材的类型与主体

类型	印刷品:教科书、教学指导用书、补充读物、图表等
	音像制品:幻灯片、电影片、录音带、录像带、磁盘、光盘等
主体	说法一:教科书是教材的主体
	说法二:教科书和讲义是教材的主体

新课程将教材视为"跳板"而非"圣经"。新的课程计划和课程标准为教学活动预留了充分的空间,视教材为案例,开放教材,鼓励教师充实并超越教材。教师应将教材视为教学活动的"跳板",使之成为学生学习和创新的有力凭借。

2. 教科书的作用

(1)教科书是学生在学校获得系统知识、进行学习的主要材料,它可以帮助学生掌握教师教授的内容,同时,也便于学生预习、复习和做作业。

(2)教科书也是教师进行教学的**主要依据**,它为教师的备课、上课、布置作业、学生学习成绩的检查评定提供了基本材料。

(3)根据教学计划对本学科的要求,分析本学科的教学目标、内容范围和教学任务。

(4)根据本学科在整个学校课程中的地位,研究本学科与其他学科的关系。

3. 教科书编写应遵循的基本原则与要求

(1)科学性与思想性统一;(2)强调内容的基础性与适用性;(3)知识的内在逻辑与教学法要求的统一;(4)理论与实践统一;(5)教科书的编排形式要有利于学生的学习;(6)注意与其他学科的纵向和横向联系。

★ 考点大默写 ★

1. 目前在我国,中小学课程主要由_____、_____、教材三部分组成。

2. _____是根据一定的教育目的和培养目标,由教育行政部门制定的有关学校教育和教学工作的指导性文件。

3. 课程计划的中心和首要问题是_____。

4. _____是课程计划中每门学科以纲要的形式编写的、有关学科教学内容的指导性文件,是课程计划的分学科展开。

5. _____是学生获得系统知识的主要材料,也是教师进行教学的主要依据。

【参考答案】
1.课程计划;课程标准 2.课程计划 3.开设哪些科目(课程设置) 4.课程标准 5.教科书

第四节 课程结构

一、课程结构的概念

课程结构指课程各部分的组织和配合,即课程内容有机联系在一起的组织方式。课程结构是课程目标转化为教育成果的纽带,是课程活动顺利开展的依据。课程结构调整就其实质而言,就是重新认识和确立各种课程类型以及具体科目在学校课程体系中的价值、地位、作用和相互关系。

二、新课程结构的主要内容

1. 整体设置九年一贯的义务教育课程

小学阶段以综合课程为主。

初中阶段设置分科与综合相结合的课程。

2. 高中以分科课程为主

为使学生在普遍达到基本要求的前提下实现有个性的发展,课程标准应有不同水平的要求,在开设必修课的同时,设置丰富多样的选修课程,开设技术类课程。积极试行学分制管理。

3. 从小学至高中设置综合实践活动课程并作为必修课程

强调学生通过实践,增强探究和创新意识,学习科学研究的方法,发展综合运用知识的能力。增进学校与社会的密切联系,培养学生的社会责任感。在课程的实施过程中,加强信息技术教育,培养学生利用信息技术的意识和能力。了解必要的通用技术和职业分工,形成初步技术能力。

4. 农村中学课程要为当地社会经济发展服务

在达到国家课程基本要求的同时,可根据现代农业发展和农村产业结构的调整因地制宜地设置符合当地需要的课程,深化"农科教相结合"和"三教统筹"等项改革,试行通过"绿色证书"教育及其他技术培训获得"双证"的做法。城市普通中学也要逐步开设职业技术课程。

★★ 考点大默写 ★★

1. _____指课程各部分的组织和配合,即课程内容有机联系在一起的组织方式。

2. 基础教育课程改革对课程设置的要求是:小学阶段以_____为主,初中阶段设置_____相结合的课程,高中以_____为主。

3. 基础教育课程改革提出,从小学至高中设置_____课程并作为必修课程。

【参考答案】

1. 课程结构　2. 综合课程;分科与综合;分科课程　3. 综合实践活动

第五节　课程管理

一、新课程的管理政策

1985年,《中共中央关于教育体制改革的决定》首次提出"实行基础教育由地方负责、分级管理的原则"。

1999年,《中共中央国务院关于深化教育改革,全面推进素质教育的决定》进一步指出"试行国家课程、地方课程和学校课程",标志着我国长期以来实行的中央集中管理的课程政策体系开始向**中央—地方—学校分散管理的课程体制过渡**。

2001年颁布的《基础教育课程改革纲要(试行)》明确规定实行国家、地方和学校三级课程管理体制。这样做是为了改变我国原有课程管理过于集中的状况,通过确立地方和学校参与课程改革的权力主体地位,完善课程管理体系,进一步增强课程对地方、学校及学生的适应性。

至此,我国的课程管理体制逐步完善和成熟起来。

二、三级课程管理

1. 国家课程

国家课程是由中央教育行政机构编制和审定的课程,其管理权限属中央级教育机关。它的宗旨是保证国家实现普通教育的培养目标和提高普通教育的水平,规定学生应掌握的基础知识和基本能力,体现国家对教育的基本要求。

国家对课程的管理主要体现在:(1)教育部总体规划基础教育课程;(2)制定课程管理的各项政策;(3)制定基础教育课程标准;(4)积极试行新的课程评价制度。

2. 地方课程

地方课程是省级教育行政部门以国家课程为基础,依据当地的政治、经济、文化、民族等发展的需要而开发设计的课程。其宗旨是补充、丰富国家课程,满足地区差异。

地方对课程的管理体现在:(1)贯彻国家课程政策,制订课程实施计划;(2)组织课程的实施与评价;(3)加强课程资源的开发和管理。

3. 学校课程

学校课程即校本课程,是学校在确保国家课程和地方课程有效实施的前提下,针对学生的兴趣和需要,结合学校的传统和优势以及办学理念,充分利用学校和社区的课程资源,自主开发或选用的课程。

学校对课程的管理体现在:(1)制定课程实施方案;(2)重建教学管理制度;(3)管理和开发课程资源;(4)改进课程评价。

三、校本课程开发

校本课程是我国三级课程管理体制的重要组成部分,可以为学生提供多样化的课程,在一定范围内补充国家课程的不足。

校本课程开发有利于形成学校办学特色;有利于教师专业水平的提高,尤其是科研能力的提高;有利于学生主体性的发展,真正满足学生生存与发展的需要。

1. 校本课程开发的理念

(1)"学生为本"的课程理念(校本课程开发要基于学生的实际发展要求)。

(2)"决策分享"的民主理念。

(3)校本课程开发的主体是教师而不是专家。校本课程开发的主体必须是教师。学校教师之外的其他机构人员,可以参与和协助教师开发校本课程,但却不能取代教师的工作。

(4)"全员参与"的合作精神。

(5)校本课程开发的基础:善于利用现场课程资源。

(6)个性化是校本课程开发的价值追求。

(7)校本课程开发的性质:国家课程的补充。

(8)校本课程开发的运作:同一目标的追求。

2. 校本课程的开发途径

(1)合作开发;(2)课题研究与实验;(3)规范原有的选修课、活动课和兴趣小组。

★☆ **考点大默写** ☆★

1. 我国的三级课程管理体制是指_____、_____和_____三级课程管理。

2. 我国实行三级课程管理,是为了改变我国原有课程管理过于_____的状况,进一步增强课程对地方、学校及学生的_____。

3. 校本课程开发的主体是_____。

【参考答案】

1. 国家;地方;学校 2. 集中;适应性 3. 教师

第六节　课程设计与实施

一、课程设计

考点1　课程设计的概念

课程设计是有目的、有计划地产生课程计划、课程标准以及教科书等的系统化活动。课程设计的实质是人们根据一定的价值取向,按照一定的课程理念,以特定的方式组织安排课程中的各种要素或各种成分,从而形成课程结构的过程及其产物。

考点2　课程设计的主要模式　【单选】

1. 泰勒的目标模式

目标模式是以目标为课程开发的基础和核心,围绕课程目标的确定、实现和评价等环节进行课程开发的模式。目标模式是伴随20世纪初的课程开发科学化运动而产生的,是课程开发的经典模式,其主要代表人物是泰勒。**泰勒是美国著名的课程理论家,他于1949年出版了《课程与教学的基本原理》**,提出了关于课程编制的四个问题:

(1)学校应当追求哪些目标?(学校应当追求的目标)

泰勒认为应根据学习者本身的需要、当代校外生活的要求以及专家的建议三方面来提出目标。其中,泰勒主张教育目标的确定首先应考虑学生的兴趣和需要。

(2)怎样选择和形成学习经验?(选择和形成学习经验)

泰勒提出了选择学习经验的五条原则:①必须使学生有机会去实践目标中所包含的行为;②必须使学生在实践上述行为时有满足感;③所选择的学习经验应在学生能力范围内;④多种经验可用来达到同一目标;⑤同一经验可以产生数种结果。

(3)怎样有效地组织学习经验?(有效地组织学习经验)

泰勒认为最主要的是必须根据继续性(即在课程设计上要使学生有重复练习和提高所学技能的机会)、序列性(即后一经验是在前一经验基础上的泛化与深化)、综合性(即课程的横向联系)的标准来组织学习经验。

(4)如何确定这些目标正在得以实现?(课程评价/评价结果)

泰勒认为评价是课程编制的一项重要工作。它既要揭示学生获得的经验是否产生了满意的结果,又要发现各种计划的长处与弱点。

泰勒原理可概括为：**目标、内容、方法、评价**，即：(1)确定课程目标；(2)根据目标选择课程内容(经验)；(3)根据目标组织课程内容(经验)；(4)根据目标评价课程。**泰勒原理**的实质是以目标为中心的模式，因此又被称为"目标模式"。

目标模式的最大优点是注重目标的重要性，其整个课程开发过程都是围绕目标来进行的。目标模式提出了一个有章可循的实践模式，便于操作。

> **真题面对面**
>
> [2018,单,2分]泰勒主张在确定课程目标时，首先要考虑的因素是（　　）
> A. 学科专家建议　　　　　　　　　B. 学生的兴趣和需要
> C. 社会生活　　　　　　　　　　　D. 家长需要
> 答案：B

2.斯腾豪斯的过程模式

针对目标模式过分强调预期行为结果即"目标"而忽视"过程"的缺陷，英国课程论专家**斯腾豪斯**提出了过程模式。所谓过程模式是指课程的开发不是为了生产出一套"计划"，然后予以实施和评价的过程，而是一个连续不断的研究过程，并贯穿着对整个过程的评价和修正。而所有这些都集中在课堂实践中，教师是整个过程的核心人物。

二、课程实施

考点1　课程实施的概念

课程实施即将已经编定好的课程付诸实践的过程，它是达到预期的课程目标的**基本途径**。一般来说，课程设计得越好，实施起来就越容易，效果也就越好。

课程实施作为一个动态的序列化的实践过程，具有一定的运行结构：(1)安排课程表；(2)分析教学任务；(3)研究学生的学习特点；(4)选择并确定教学模式；(5)规划教学单元和课；(6)组织教学活动；(7)评价教学活动的过程与结果。

其中，课程表的安排应遵循以下几条原则：

(1)**整体性原则**。在安排课程表的过程中，要从全局着眼，使每门课程都处在能发挥最佳效果的恰当位置。

(2)**迁移性原则**。在安排课程表时要充分考虑各学科之间相互影响的性质和特点，利用心理学的迁移规律促使各门课程之间产生正迁移，促进教学质量的提高。

(3)**生理适宜原则**。课程表的安排还要考虑到学生的生理特点，使学生的大脑功能和体能处于高度优化的状态。

考点2　课程实施的三种取向　【单选】

1.忠实取向

这种课程实施取向认为，设计好的课程是不能改变的，课程实施的过程应该是忠实地执行课程计划的过程。

2. 相互适应(调适)取向

这种课程实施取向认为,设计好的课程计划是可以变动的,课程实施过程是课程计划与班级或学校实际情境在课程目标、内容、方法、组织模式诸方面相互调整、改变与适应的过程。

3. 创生取向

这种课程实施取向认为,设计好的课程并不是固定不变的,课程实施的过程也是课程的设计过程。课程创生取向还认为,教师的角色是课程开发者,教师连同其学生成为建构积极的教育经验的主体。课程实施的过程是在具体教育情境中由师生共同创生新的教育经验的过程,原来设计好的课程只是这个"经验"创生过程中可供选择的材料之一。

> **真题面对面**
>
> [2015,单,2分]"教师是课程开发者"体现了课程实施的(　　)
>
> A.忠实取向　　　　B.相互适应取向　　　　C.工具性取向　　　　D.创生取向
>
> 答案:D

考点3　有效实施课程的条件

1. 课程计划本身的特点

(1)合理性(相对优越性);(2)和谐性;(3)明确性;(4)简约性;(5)可传播性;(6)可操作性。

2. 学区的特征

学校所在的行政区域即"学区",学区的特征是影响课程实施的又一因素。主要表现在六个方面:(1)学区从事课程变革的传统;(2)学区对课程计划的采用过程;(3)学区对课程变革的行政支持;(4)课程变革人员的发展水平与对变革的参与程度;(5)课程变革的时间表和评价体系;(6)学区教育委员会与社区的特征。

3. 学校的特征

学校作为课程改革和实施的基本单位和核心,它对课程实施的影响主要包括校长和教师两方面。

4. 校外环境

校外环境是影响课程实施的第四类因素,它包括政府部门的重视、外部机构的支持,以及社区与家长的协助等。

★ 考点大默写 ★

1. _____是有目的、有计划地产生课程计划、课程标准以及教科书等的系统化活动。

2. _____于1949年出版了被誉为"现代课程理论圣经"的《课程与教学的基本原理》,提出了关于课程编制的四个问题。

3. _____即将已经编定好的课程付诸实践的过程,它是达到预期的课程目标的基本途径。

4. 安排课程表应遵循的原则包括_____原则、_____原则和_____原则。

5. 课程实施的过程是在具体教育情境中由师生共同创生新的教育经验的过程,这体现的课程实施的取向是_____。

【参考答案】

1. 课程设计　2. 泰勒　3. 课程实施　4. 整体性；迁移性；生理适宜　5. 创生取向

第七节　课程评价

一、课程评价的概念

课程评价是以一定的方法、途径对课程的目标、实施和结果等有关问题的价值和特点做出判断的过程。它包括对课程本身的评价和对学生学业的评价。

二、课程评价的主要模式

考点1　目标评价模式

目标评价模式是由美国课程评价专家，也是有着"课程评价之父"美誉的泰勒，针对20世纪初形成并流行的常模参照测验的不足而提出的。这种模式以目标为中心展开。它是以泰勒的课程理论为依据，围绕目标而建构的一种评价模式。该评价原理可概括为七个步骤或阶段：

(1)确定教育计划的目标；(2)根据行为和内容来界定每一个目标；(3)确定使用目标的情境；(4)设计呈现情境的方式；(5)设计获取记录的方式；(6)确定评定时使用的计分单位；(7)设计获取代表性样本的手段。

其中，确定目标是最为关键的一步，因为其他所有步骤都是围绕目标展开的。目标评价模式强调要用明确的、具体的行为方式来陈述目标，并以预先规定和界说的目标为中心来设计、组织和实施评价，从而确定学生通过课程教学所取得的进步，亦即确定学生达到目标的程度，找出实际结果与课程目标之间的差距，并利用这种信息反馈作为修订课程计划或更新课程目标的依据。

考点2　目的游离评价模式

目的游离评价模式是由美国学者斯克里文针对目标评价模式的弊病而提出来的。他主张把评价的重点从"课程计划预期的结果"转向"课程计划实际的结果"上来。评价者不应受预期的课程目标的影响，尽管这些目标在编制课程时可能是有用的，但不适宜作为评价的准则。

目的游离评价模式对目标评价模式的批判是击中要害的。评价除了要关注预期的结果之外，还应关注非预期的结果。评价的指向不应该只是课程计划满足目标的程度，更应该考虑课程计划满足实际需要的程度。

考点3　CIPP评价模式

CIPP评价模式是由美国教育评价家斯塔弗尔比姆倡导的课程评价模式。他认为课程评价不应局限在评定目标达到的程度上，而应该是一种过程，旨在描述、取得及提供有用的资料，为判断各种课程计划、课程方案服务。该模式包括四个步骤：

(1)背景评价，即确定课程计划实施机构的背景；明确评价对象及其需要；明确满足需要的机会；诊断需要的基本问题；判断目标是否已反映了这些需要。背景评价强调应根据评价对象的需要对课程目标本身做出判断，看两者是否一致。

第一部分　教育学　　101

(2)输入评价,主要是为了帮助决策者选择达到目标的最佳手段,从而对各种可供选择的课程计划进行评价。

(3)过程评价,主要是通过描述实际过程来确定或预测课程计划本身或实施过程中存在的问题,从而为决策者提供如何修正课程计划的有效信息。

(4)成果评价,即要测量、解释和评判课程计划的成绩。

CIPP课程评价模式考虑到了影响课程计划的种种因素,可以弥补其他评价模式的不足,相对来说比较全面,但由于它的操作过程比较复杂,难以被一般人所掌握。

记忆有妙招

为方便考生记忆,我们将CIPP评价模式的四个步骤总结成以下口诀:
背书过程。背:背景评价。书:输入评价。过:过程评价。程:成果评价。

三、课程评价的基本阶段

无论评价者采用何种评价模式和技术,课程评价的基本步骤如下:
(1)把焦点集中在所要研究的课程现象上;(2)收集信息;(3)组织材料;(4)分析材料;(5)报告结果。

四、当前课程评价发展的基本特征

(1)重视发展,淡化甄别与选拔,实现评价功能的转变。评价不再是为了选拔和甄别,不是为了"选拔适合教育的儿童",而是为了如何发挥评价的激励作用,关注学生成长与进步的状况,并通过分析指导,提出改进计划来促进学生的发展。

(2)重综合评价,关注个体差异,实现评价指标的多元化。

(3)强调质性评价,定性与定量相结合,实现评价方法的多样化。

(4)强调参与与互动、自评与他评相结合,实现评价主体的多元化。

(5)注重过程,终结性评价与形成性评价相结合,实现评价重心的转移。

★ 考点大默写 ★

1. 提出课程的目标评价模式,被称为"课程评价之父"的教育家是_____。
2. 从"课程计划预期的结果"转向"课程计划实际的结果"的评价模式是_____评价模式。
3. CIPP评价模式包含_____、_____、_____和成果评价四个步骤。

【参考答案】

1. 泰勒 2. 目的游离 3. 背景评价;输入评价;过程评价

第八节　课程资源

一、课程资源的概念和特点

1. 课程资源的概念

课程资源是课程建设的基础,它包括教材以及学生家庭、学校和社会生活中一切有助于学生发展的各种资源。教材是课程资源的**核心**和**主要**组成部分。课程资源有狭义和广义之分:

狭义的课程资源仅指形成课程的直接要素来源;

广义的课程资源指有利于实现课程目标的各种因素,包括形成课程的直接要素来源(素材性课程资源)和实施课程的必要而直接的条件(条件性课程资源)。

综合上述两种观点,**课程资源**是指课程设计、实施和评价等整个课程教学过程中可以利用的一切人力、物力以及自然资源的总和,包括教材、教师、学生、家长以及学校、家庭和社区中所有有利于实现课程目标,促进教师专业成长和学生有个性的全面发展的各种资源。

2. 课程资源的特点

(1)多样性;(2)潜在性;(3)多质性;(4)动态性。

二、课程资源的类型

表1-25　课程资源的类型

分类依据	类型	特点	举例
空间分布	校内课程资源	学校范围之内	教材、教师等
	校外课程资源	超出学校范围	校外图书馆、科技馆、博物馆、网络资源、乡土资源等
功能特点	素材性课程资源	直接作用于课程成为课程的要素,并内化为学生身心发展的素质	知识、技能、经验、活动方式与方法、情感态度与价值观以及培养目标等
	条件性课程资源	作用于课程却并不是形成课程本身的直接来源,但在很大程度上决定着课程的实施范围和实施水平,间接制约课程的实际效果和人的现实发展水平	与课程实施有关的人力、物力和财力,以及时间、场地、媒体、设备、设施和环境等,还有对于课程本质的认识状况
存在方式	显性课程资源	看得见、摸得着,可以直接作用于教育教学	教材、计算机网络、自然和社会中的事物、活动等
	隐性课程资源	以潜在的方式对教育教学活动施加影响,作用方式具有间接性和隐蔽性	学校的风气,社会风气,家庭氛围,师生关系,教师或学生的经验、感受、困惑、意见等

三、开发和利用课程资源的原则和理念

1. 开发和利用课程资源的基本原则

(1)共享性原则;(2)经济性原则;(3)实效性原则;(4)因地制宜原则。

2. 开发和利用课程资源的理念

(1)课程标准和教科书等是**基本而特殊**的课程资源。

(2)教师是最重要的课程资源。教师不仅是课程资源的开发者,而且其本身也是重要的课程资源。教师不仅决定课程资源的鉴别、开发、积累和利用,是素材性课程资源的重要载体,而且自身就是课程实施的首要的基本条件资源。

(3)学生既是课程资源的消费者,又是课程资源的开发者。

(4)教学过程是师生运用课程资源共同建构知识和人生的过程。教学过程是动态的课程资源。

四、开发和利用课程资源的途径与方法

(1)进行社会调查;(2)审查学生活动,总结和反思教学经验;(3)开发实施条件;(4)研究学生情况;(5)鉴别利用校外资源;(6)建立资源数据库。

★ 考点大默写 ★

1. _____是课程资源的核心和主要组成部分。
2. 根据功能特点,可将课程资源分为_____课程资源和_____课程资源。
3. 从存在方式角度对课程资源进行划分,师生关系状况属于_____课程资源。
4. 课程资源的开发与利用不应强求一律,而应从实际出发,发挥地域优势。这体现的是课程资源开发和利用的_____原则。
5. _____是最重要的课程资源。

【参考答案】
1. 教材　2. 素材性;条件性　3. 隐性　4. 因地制宜　5. 教师

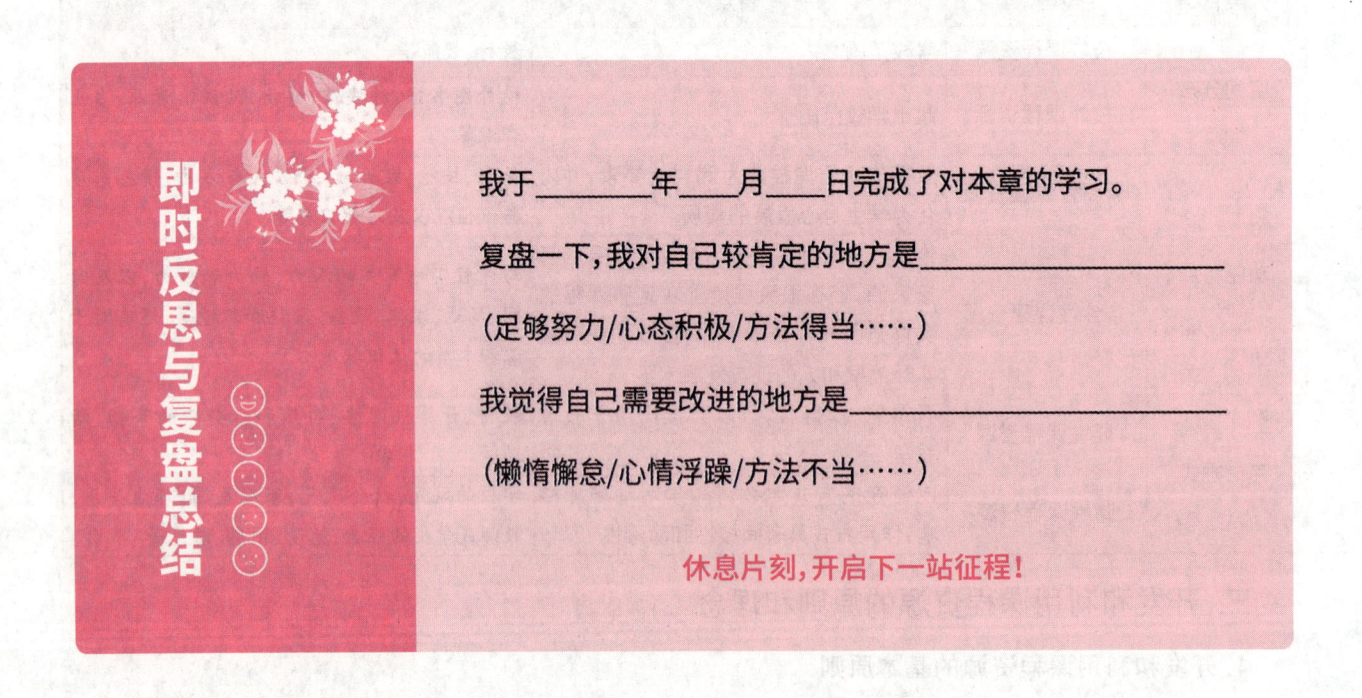

即时反思与复盘总结

我于_____年___月___日完成了对本章的学习。

复盘一下,我对自己较肯定的地方是_____

(足够努力/心态积极/方法得当……)

我觉得自己需要改进的地方是_____

(懒惰懈怠/心情浮躁/方法不当……)

休息片刻,开启下一站征程!

第六章 教学论

思维导图

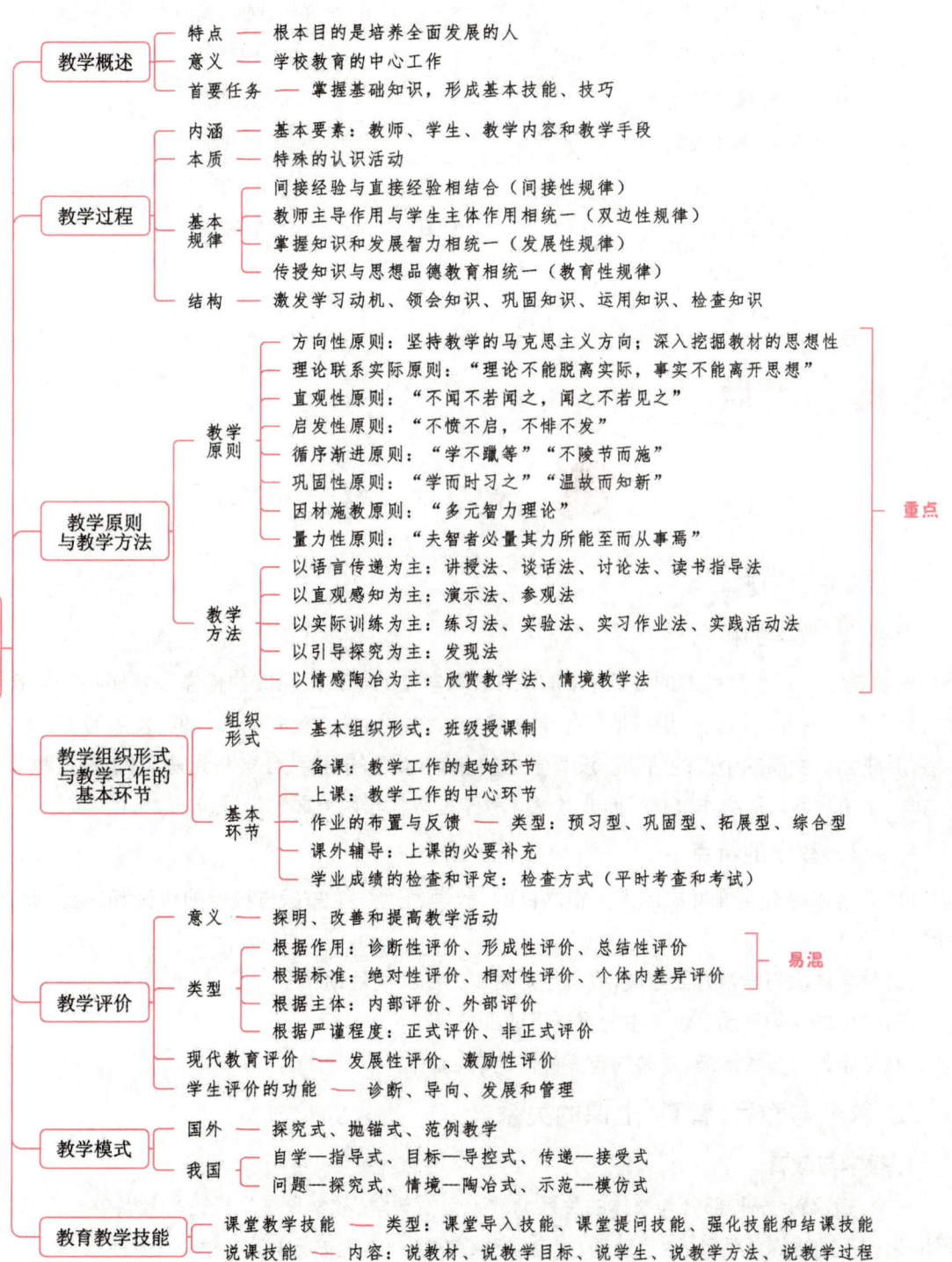

- 教学论
  - 教学概述
    - 特点——根本目的是培养全面发展的人
    - 意义——学校教育的中心工作
    - 首要任务——掌握基础知识，形成基本技能、技巧
  - 教学过程
    - 内涵——基本要素：教师、学生、教学内容和教学手段
    - 本质——特殊的认识活动
    - 基本规律
      - 间接经验与直接经验相结合（间接性规律）
      - 教师主导作用与学生主体作用相统一（双边性规律）
      - 掌握知识和发展智力相统一（发展性规律）
      - 传授知识与思想品德教育相统一（教育性规律）
    - 结构——激发学习动机、领会知识、巩固知识、运用知识、检查知识
  - 教学原则与教学方法【重点】
    - 教学原则
      - 方向性原则：坚持教学的马克思主义方向；深入挖掘教材的思想性
      - 理论联系实际原则："理论不能脱离实际，事实不能离开思想"
      - 直观性原则："不闻不若见之，闻之不若见之"
      - 启发性原则："不愤不启，不悱不发"
      - 循序渐进原则："学不躐等""不陵节而施"
      - 巩固性原则："学而时习之""温故而知新"
      - 因材施教原则："多元智力理论"
      - 量力性原则："夫智者必量其力所能至而从事焉"
    - 教学方法
      - 以语言传递为主：讲授法、谈话法、讨论法、读书指导法
      - 以直观感知为主：演示法、参观法
      - 以实际训练为主：练习法、实验法、实习作业法、实践活动法
      - 以引导探究为主：发现法
      - 以情感陶冶为主：欣赏教学法、情境教学法
  - 教学组织形式与教学工作的基本环节
    - 组织形式——基本组织形式：班级授课制
    - 基本环节
      - 备课：教学工作的起始环节
      - 上课：教学工作的中心环节
      - 作业的布置与反馈——类型：预习型、巩固型、拓展型、综合型
      - 课外辅导：上课的必要补充
      - 学业成绩的检查和评定：检查方式（平时考查和考试）
  - 教学评价
    - 意义——探明、改善和提高教学活动
    - 类型【易混】
      - 根据作用：诊断性评价、形成性评价、总结性评价
      - 根据标准：绝对性评价、相对性评价、个体内差异评价
      - 根据主体：内部评价、外部评价
      - 根据严谨程度：正式评价、非正式评价
    - 现代教育评价——发展性评价、激励性评价
    - 学生评价的功能——诊断、导向、发展和管理
  - 教学模式
    - 国外——探究式、抛锚式、范例教学
    - 我国
      - 自学—指导式、目标—导控式、传递—接受式
      - 问题—探究式、情境—陶冶式、示范—模仿式
  - 教育教学技能
    - 课堂教学技能——类型：课堂导入技能、课堂提问技能、强化技能和结课技能
    - 说课技能——内容：说教材、说教学目标、说学生、说教学方法、说教学过程

河南特岗考向

本章属于教育学的重点章节,考查题型多样且难度较高,需要识记、理解和应用的知识较多。现对2014~2023年本章河南特岗考向分析如下:

考点	考频	题型	能力层级
教学过程的基本规律	2	单选、案例	理解
我国目前中小学主要的教学原则	8	单选、判断、案例	应用
常用的教学方法	5	单选、判断、案例	应用
教学组织形式	1	单选	识记
教学工作的基本环节	3	单选、判断	区分
教学评价的基本类型	5	单选、判断	识记
教学评价的意义	2	单选、判断	识记
现代教育评价	1	案例	理解
课堂导入技能	2	单选	识记
说课技能	1	多选	理解

核心考点

第一节 教学概述

一、教学的内涵

考点1 教学的概念

教学是在一定教育目的的规范下,教师的教和学生的学共同组成的传递和掌握社会经验的**双边活动**。它是教师有目的、有计划、有组织地指导学生掌握系统的科学文化知识和技能,发展智力、体力,陶冶品德、美感,形成全面发展的个性的活动。没有学生的参与,教学的目标、任务将无法实现;没有教师的教,只有学生的学,这种活动只能称作"自学"而非教学。教学是教与学两方面的辩证统一。

考点2 教学的特点

(1)教学以培养全面发展的人为**根本目的**,教学通过系统知识与技能的传授和掌握,促进学生的身心发展;

(2)教学由教与学两方面组成,教学是师生双方的共同活动;

(3)学生的认识活动是教学中的重要组成部分;

(4)教学具有多种形态,是共性与多样性的统一。

二、教学与教育、智育、上课的关系

1. 教学与教育

教学与教育是一种部分与整体的关系。教育包括教学,教学只是学校进行教育的一个**基本途径**。除教学外,学校还通过课外活动、生产劳动、社会活动等途径向学生进行教育。

2. 教学与智育

教学与智育是一种复杂的交叉关系，两者既有联系又有区别。作为教育的一个组成部分的智育，即向学生传授系统的科学文化知识和发展学生的智力，主要是通过教学进行的，但不能把两者等同。一方面，教学也是德育、美育、体育、劳动技术教育的途径；另一方面，智育也需要通过课外活动等才能全面实现。把教学等同于智育将阻碍教学作用的全面发挥。

3. 教学与上课

上课是实施教学的一种方式。就当前我国的情况来看，班级上课是教学的基本组织形式。教学工作以上课为中心环节。

三、教学的意义

教学是贯彻教育方针，实施全面发展教育，实现教育目的的基本途径。具体如下：

(1)教学是传播系统知识、促进学生发展的最有效的形式，是社会经验的再生产、适应并促进社会发展的有力手段。

(2)教学是进行全面发展教育、实现培养目标的基本途径，为个人全面发展提供科学的基础和实践，是培养学生个性全面发展的重要环节。

(3)教学是学校教育的**中心工作**，学校教育工作必须坚持以教学为主（教学的地位）。

学校是专门培养人的机构，要使学生在德、智、体等方面都得到发展，就需要通过教学、课外校外活动、生产劳动等途径来实现。教学在学校教育工作中所占时间最长，涉及面最广，对学生发展的影响最全面深刻，对学校教育质量的影响也最大。所以，学校工作必须以教学为主。

学校工作以教学为主，既是由教学本身的性质决定的，也是多年来教育工作经验的总结。但这并不意味着可以轻视甚至忽略其他工作，应当坚持"**教学为主，全面安排**"的原则。

四、教学的一般任务

(1)引导学生掌握科学文化基础知识和基本技能。**教学的首要任务**是使学生掌握系统的科学文化基础知识，形成基本技能、技巧，其他任务的实现都是在完成这一任务的过程中和基础上进行的。

(2)发展学生智能，特别是培养学生的创新精神和实践能力。

(3)发展学生体能，提高学生身心健康水平。

(4)培养学生高尚的审美情趣和审美能力。

(5)培养学生具备良好的道德品质和个性心理特征，形成科学的世界观。

上述五项基本任务是相互联系、相互促进的，其中，掌握基础知识、形成基本技能是基础，发展智能是核心，发展体能是保证，思想品德是方向，良好的个性心理品质是理想目标。

★ 考点大默写 ★

1. _____ 是在一定教育目的的规范下，教师的教和学生的学共同组成的传递和掌握社会经验的双边活动。

2. 教学与教育是一种_____ 与_____ 的关系。

3. 教学与智育是一种复杂的_____ 关系，两者既有联系又有区别。

4. _____ 是学校教育的中心工作，学校教育工作必须坚持以_____ 为主。

5. 教学的首要任务是使学生掌握系统的_____,形成基本技能、技巧。

【参考答案】
1. 教学　2. 部分;整体　3. 交叉　4. 教学;教学　5. 科学文化基础知识

第二节　教学过程

一、教学过程的内涵

考点1　教学过程的概念

教学过程是教师根据一定社会的要求和学生身心发展的特点,有目的、有计划地指导学生掌握系统的科学文化知识和基本技能,同时发展学生的智力和体力,培养学生的良好品德和健康个性,使其形成科学世界观的过程。

考点2　教学过程的构成要素

构成教学过程的要素有许多,人们从不同的立场和视角进行分析,形成了不同的观点。例如:
(1)三要素说——教师、学生、教学内容;
(2)四要素说——教师、学生、教学内容、教学手段;
(3)五要素说——教师、学生、教学内容、教学手段、教学环境;
(4)六要素说——教师、学生、内容、方法、媒体、目的;
(5)七要素说——学生、目的、内容、方法、环境、反馈和教师。
一般认为,教师、学生、教学内容和教学手段是构成教学过程的基本要素。

二、教学过程的本质

教学活动是教师教、学生学的统一活动。活动是在过程中实现的,而过程则是通过活动得以展开的。因此教学活动与教学过程在本质上的含义是相同的。教学活动就其本质而言,是一种特殊的认识活动。

考点1　教学过程主要是一种认识过程

这里的认识不等于"认知",是一个层次高于心理学中的认识的哲学概念,即人脑对于客观世界积极的反映,概括了心理学上的认识、情感、意志以及个性心理品质的形成等全部活动和过程。

教学过程中有两类不同性质的活动(教和学),但教学过程的**主要矛盾**是学生与其所学的知识之间的矛盾(教师提出的教学任务同学生完成这些任务的需要、实际水平之间的矛盾),实际上也就是学生认识过程的矛盾,是认识主体与其客体之间的矛盾。因此,学生的认识活动是教学中最主要的活动,教学过程是一种认识过程。

考点2　教学过程是一种特殊的认识过程

教学过程作为一种特殊的认识过程,其特殊性表现在:
(1)认识对象的**间接性**与**概括性**。即学习的内容是已知的、他人的,也是经过提炼的认识成果。
(2)认识方式的**简捷性**与**高效性**。通过间接知识认识世界,可以减少探索的实践,避免探索的弯路,尽快地掌握人类的文化精华,因而是高效的。
(3)教师的**引导性**、**指导性**与**传授性**(有领导的认识)。学生具有不成熟性,学生的认识始终是在教师的传授、指导下进行以达到认识目的的。

(4)认识的**交往性**与**实践性**。教学活动是发生在师生之间及学生之间的一种特殊的交往活动,这种交往活动同时具有实践的性质。

(5)认识的**教育性**与**发展性**。即教学中学生认识的形成既是目的,也是发展的手段,认识中追求并实现着学生的知、情、意、行等方面的发展与完全人格的养成。

考点3 教学过程以认识活动为基础,是促进学生身心发展的过程

教学过程不等于发展过程,它是实现发展的**途径和手段**。教学的目的在于使学生理解与掌握知识、形成技能技巧、培养学生的能力。但学生的情感、意志等因素也同时参与学生的认识过程,并与学生的认识过程交织在一起。因此,学生在掌握知识的教学过程中,也在实现着其身心的全面发展。

三、历史上对教学过程的各种理解

教学过程的理论是教学的基本理论,历代中外教育家曾以不同观点从不同角度对教学过程做过种种的探索,提出各自的见解:

(1)公元前6世纪,孔子把学习过程概括为"学—思—行"(也有说法认为是"学—思—习—行")的统一过程;

(2)儒家思孟学派进一步提出"博学之,审问之,慎思之,明辨之,笃行之"(《礼记·中庸》)的学习过程;

(3)17世纪捷克教育家夸美纽斯主张把教学建立在感觉活动的基础之上;

(4)19世纪德国教育家**赫尔巴特**提出教学过程由"**明了、联合、系统、方法**"四阶段构成(后发展为五个阶段),这一理论标志着教学过程理论的形成;

(5)19世纪末,美国实用主义教育家**杜威**认为,教学过程是学生直接经验的不断改造和增加的过程,是"从做中学"的过程;

(6)20世纪40年代,苏联教育家凯洛夫认为,教学过程是一种认识过程;

(7)20世纪50年代以来,学者们以强调师生交往、认知结构的构建、信息加工等不同观点来对这一过程进行解释。

当代国外教学过程理论主要有:加涅的信息加工理论、布鲁纳的结构教学理论、赞科夫的教学与发展理论、巴班斯基的教学过程最优化理论、斯金纳的程序教学论。

四、教学过程的基本规律(基本特点)【单选、案例】

教学过程是教师引导下的学生的特殊认识过程。在教学过程中,教师要高质量地完成教学任务,实现培养人的使命,必须处理好的关系包括:间接经验与直接经验的关系、教师主导作用与学生主体作用的关系、知识与能力的关系、知识教育与思想道德教育的关系、智力因素与非智力因素的关系。

考点1 间接经验与直接经验相结合(间接性规律)

人们认识客观事物主要有两条途径:一是获取直接经验,即通过亲自探索、实践所获得的经验;二是获取间接经验,即他人的认识成果,主要是指人类在长期认识过程中积累并整理而成的书本知识。教学活动是学生认识客观世界的过程,要以间接经验为主、直接经验为辅,将二者有机结合起来。

1. 以间接经验为主是教学活动的主要特点

学习间接经验是学生认识客观世界的基本途径。原因如下:

(1)借助间接经验认识世界,是认识上的捷径。这也是教学过程中认识方式的简捷性与高效性的体现。

(2)学习间接经验也是由学生特殊的认识任务决定的。这是教学过程中认识对象的间接性与概括性，教师的引导性、指导性与传授性的体现。

2. 学生学习间接经验要以直接经验为基础

书本知识，一般表现为概念、定理、原理等，这对学生来说是间接经验。学生要把这些知识转化为自己的知识，必须以个人以往积累的或现时获得的感性经验为基础，教师要根据教学需要充分利用和丰富学生的直接经验。

3. 贯彻直接经验与间接经验相统一的规律，要防止两种倾向

(1)过分强调书本知识的传授和学习，忽视引导学生通过实践活动、亲身参与、独立探索去积累经验、获取知识；

(2)只强调学生通过自己的探索去发现、积累知识，忽视书本知识的学习和教师的系统讲授。

遵循直接经验与间接经验相结合的规律，要求教师在教学中坚持理论联系实际：(1)加强基本理论知识的教学；(2)增强教学的实践性，培养学生运用知识的能力；(3)培养学生理论联系实际的学风。

考点2　教师主导作用与学生主体作用相统一（双边性规律）

在教学中，教师的教依赖于学生的学，学生的学离不开教师的教，教与学是辩证统一的。

1. 充分发挥教师的主导作用

教师是教学活动的领导者、组织者，是学生学习的指导者和学习质量的检查者，能够引导学生沿着社会所期望的方向发展，使学生成为社会所需要的人才。

教师的主导作用主要体现在三个方面：(1)教师决定着学生学习的方向、内容、进程、结果和质量，并起着引导、规范、评价和纠正的作用；(2)对学生的学习方式以及学习态度发挥作用；(3)影响学生的个性以及人生观、世界观的形成。

2. 充分发挥学生主体参与教学的能动性

教学中，学生是学习的主人，具有主观能动性，学生学习的主观能动性主要体现在两个方面：

(1)学生对外部信息具有选择的能动性、自觉性，学生对信息的选择与否直接受学生本人的学习动机、兴趣、需要以及所接受的外部要求所左右；

(2)学生对外部信息进行内部加工时体现出独立性、创造性，因为学生对信息进行内部加工的过程受到个体原有的知识经验、思维方式、情感意志、价值观念等的制约。这些都直接影响学习的效果，因此，在教学中必须发挥学生的主体作用。

要发挥学生的主体作用，仅仅解决师生之间的认知关系是不够的，还要解决师生之间的人际关系。所以，要建立合作、友爱、平等、民主的师生关系。

3. 教师的主导作用和学生主体作用之间的辩证统一关系

(1)教师和学生的作用是不可分割的。发挥教师的主导作用并不意味着制约学生的主动性。相反，发挥教师的主导作用，就是要更好地发挥学生的主动精神。同样，发挥学生的主动性也离不开教师的主导作用。

(2)教师的主导作用和学生的主体作用是相互促进的。教师的主导作用要依赖于学生主体作用的发挥。学生学习的主动性、积极性越高，说明教师的主导作用发挥得越好。反过来，学生的主体作用要依赖于教师的主导作用来实现。只有教师、学生两方面互相配合，才能收到最佳的教学效果。

4. 贯彻教师主导作用与学生主体作用相统一的规律，要防止两种倾向

在教学过程中，不能只重视教师的作用，忽略学生学习的主动性和创造性；也不能只强调学生的作用，使学生陷入盲目探索的状态，学不到系统的知识，要把二者有机地结合起来。

历史上，以赫尔巴特为代表主张的"教师中心"倾向和以杜威为代表主张的"学生中心"倾向，或者忽视学生主体作用或者忽视教师主导作用，都是片面的、不正确的、行不通的。

考点3 掌握知识和发展智力相统一（发展性规律）

1. 知识和智力是两个不同的概念（区别）

知识是人们对客观世界的认识，智力是人们认识客观事物的基本能力。知识的多少与才能的高低并不等同，掌握知识和运用知识的能力也不相同。智力并不完全是随着知识的掌握而自然发展起来的。

2. 掌握知识与发展智力二者是相互统一和相互促进的（联系）

掌握知识和发展智力相互依存、相互促进，二者统一在教学活动中。现代教学观认为，教学过程既是向学生传授知识的过程，又是发展学生智力和能力的过程。

(1)掌握知识与发展智力这两个教学任务统一在同一个教学活动之中，统一在同一个认识主体的认识活动之中。

(2)掌握知识是发展智力的基础。

(3)发展智力又是掌握知识的重要条件。

3. 要使知识的掌握真正促进智力的发展是有条件的

(1)从传授知识的内容来看，传授给学生的知识应是规律性的知识。

(2)从传授知识的量来看，一定时间范围内所学知识的量要适当，不能过多。

(3)采用启发式教学。

(4)培养学生良好的个性，重视学生的个别差异，注重因材施教。

4. 贯彻掌握知识和发展智力相统一的规律，要防止两种倾向

在整个教学过程中，我们要防止形式教育论和实质教育论两种倾向。在教学中，只有把掌握知识和发展智力有机地结合起来，才能提高教学质量。

表1-26 形式教育论与实质教育论

	形式教育论	实质教育论
起源	古希腊	古希腊和古罗马
时期	形成于17世纪，盛行于18~19世纪	形成于18世纪，兴盛于19世纪，20世纪初衰落
代表人物	洛克（英）、裴斯泰洛齐（瑞士）	赫尔巴特（德）、斯宾塞（英）
基本观点	教学的主要任务在于通过开设希腊文、拉丁文、逻辑、文法和数学等学科发展学生的智力，至于学科内容的实用意义则是无关紧要的	教学的主要任务在于传授给学生有用的知识，至于学生的智力则无需进行特别的培养和训练
评价	只强调训练学生的思维形式，忽视知识的传授	只向学生传授对实际生活有用的知识，忽视对学生认识能力的训练

考点4 传授知识与思想品德教育相统一（教育性规律）

在教学过程中，学生掌握科学文化知识和提高思想品德修养是相辅相成的两个方面，具体体现在以下三点：

1. 知识是思想品德形成的基础

学生思想品德水平的提高有赖于其对科学文化知识的掌握。

(1)科学的世界观和先进的思想都要有一定的科学文化知识作为基础;

(2)知识学习本身是艰苦的劳动,这个学习过程可以培养学生优秀的道德品质。

正如赫尔巴特说的"我不承认有任何无教育的教学",教学永远具有教育性。

2. 思想品德水平的提高为学生积极地学习知识提供动力

学习活动是一项十分艰苦的脑力劳动,在学习过程中必然会遇到各种各样的困难,这就需要学习者必须有明确的学习目的、强烈的学习欲望和较高的思想觉悟。在教学中,教师要不断培养、提高学生的思想品德水平,引导他们将个人的学习与社会发展、祖国前途联系起来,充分调动他们学习的主动性、积极性,这是学生获取知识的重要保证。

3. 贯彻传授知识和思想品德教育相统一的规律时,必须注意的问题

(1)脱离知识进行思想品德教育,这会使思想品德教育成为无源之水、无本之木,不仅不利于学生品德水平的提高,而且还影响系统知识的教学。

(2)只强调传授知识,忽视思想品德教育。不能认为学生学习了知识以后,思想品德水平自然会随之提高。因为教学的教育性必须要经过教师给学生施加积极影响,必须通过启发、激励,使学生对所学知识产生积极的态度时,教学的教育性才能得以实现。

在教学过程中要注意把二者有机结合起来。

记忆有妙招

为帮助考生记忆,我们将教学过程的四条基本规律总结为:**教师间接教育学生发展**。(1)**教师、学生**:双边性规律;(2)**间接**:间接性规律;(3)**教育**:教育性规律;(4)**发展**:发展性规律。

真题面对面

[2017,单,2分]"我想不到有任何无教学的教育,正如在反向方面,我不承认有任何无教育的教学"强调教学过程中要坚持的教学规律是(　　)

A.发展性规律　　　　B.间接性规律　　　　C.双边性规律　　　　D.教育性规律

答案:D

五、教学过程的结构

教学过程的结构指教学过程的基本阶段。学科性质不同、教学目的任务不同和学生的年龄阶段不同,教学过程的展开、行进和发展的程序是不完全一样的。教学过程大致分为以下五个阶段:

1. 激发学习动机

学习动机是推动学生学习的一种内部动力,它往往与学习兴趣、求知欲和责任感联系在一起。教师要使学生明确学习目的,激发学生学习的责任感和积极性。

2. 领会知识

领会知识是教学过程的中心环节。领会知识包括使学生感知和理解教材。感知教材主要是使学生获得关于所学内容的一个整体的表象,是所有教学活动的必经阶段。理解的目的在于形成概念、原理,真正认识事物的本质和规律。

3. 巩固知识

巩固所学的知识是教学过程的一个必要环节。巩固知识的意义在于避免或减少对先前所学知识的遗忘,并且为顺利学习新知识、新材料奠定基础。

4. 运用知识

在教学中,运用知识、形成技能技巧主要是通过教学实践来实现的,如完成各种书面或口头作业、实验等。此外,运用知识不只局限于技能和技巧的掌握,还包括"知识迁移"的能力和创造能力的发挥等。

5. 检查知识

检查知识是指教师通过作业、提问、测验等方式对学生的学习效果进行考查的过程。检查知识的目的在于使教师及时获得关于教学效果的反馈信息,以调整教学进程与要求,并帮助学生了解自己掌握知识技能的情况,以便及时改进。

小香课堂

关于教学过程的中心环节,有说是领会知识,有说是理解教材。这两种说法在本质上是一致的。领会知识包括感知教材和理解教材,一般来说,学生在教学中的认知往往是从感知教材入手的,它是理解教材的基础,"感觉只解决现象问题,理论才解决本质问题",理解教材需要引导学生在学习上爬坡,在认识上飞跃,从感性上升到理性。因此,也可以说理解教材是教学过程的中心环节。在考试中,考生可结合这两种说法灵活选择,有"领会知识"时选择"领会知识",同时存在"感知教材"和"理解教材"时,选择"理解教材"。

考点大默写

1. 教学活动就其本质而言,是一种特殊的_____活动。
2. 教学过程作为一种特殊的认识过程,其特殊性表现在:认识对象的_____与概括性;认识方式的简捷性与高效性;教师的_____、指导性与传授性;认识的_____与实践性;认识的教育性与发展性。
3. 赫尔巴特说:"我不承认有任何无教育的教学。"这体现了教学永远具有_____。
4. 学习_____经验是学生认识客观世界的基本途径。
5. 王老师在讲"镭"元素时,向同学们介绍了"镭"元素的发现者居里夫人献身科学的事迹,同学们深受教育。这体现了教学的_____规律。
6. 掌握知识和发展智力相互依存、相互促进,其中,_____是_____的基础。
7. _____教育论认为教学的主要任务在于发展学生的智力,至于学科内容的实用意义则是无关紧要的。
8. _____教育论的代表人物有德国的赫尔巴特和英国的斯宾塞。
9. 教学过程一般可分为激发学习动机、_____、巩固知识、_____和_____五个阶段。
10. 教学过程的中心环节是_____。

【参考答案】
1. 认识　2. 间接性;引导性;交往性　3. 教育性　4. 间接　5. 传授知识与思想品德教育相统一(教育性)
6. 掌握知识;发展智力　7. 形式　8. 实质　9. 领会知识;运用知识;检查知识　10. 领会知识

第三节 教学原则与教学方法

一、教学原则

考点1 教学原则的概念

教学原则是根据一定的教学目的和教学过程规律而制定的指导教学工作的基本准则。教学原则是教学规律在教学中的反映,它的制定必须以教学规律为依据。

考点2 我国目前中小学主要的教学原则 【单选、判断、案例】 必背

1. 方向性原则

(1)基本含义

方向性原则是指教学要以马克思主义为指导,以马克思主义的立场、观点和方法来选择教学内容,分析和理解教学内容,结合科学知识教学对学生进行社会主义核心价值观、正确的人生观和科学的世界观的教育。

(2)贯彻此原则的要求

①坚持教学的马克思主义方向。教师应该在教学中坚持按照马克思主义方向引导学生,按照社会主义的培养目标设计和规范自己的教学,教师的教学指导思想、立场、观点、方法、态度要符合马克思主义的基本要求,从而使学生逐步形成正确的价值观、人生观和世界观。

②深入挖掘教材的思想性。马克思主义的方向性主要是正确发挥教材的思想性,对学生进行思想教育,培养学生良好的道德品质,达到教书育人的目的。教师必须遵循马克思主义的立场、观点和方法,应通过恰当的方式使学生明确教学目的,调动学生与教师合作,认识每一具体目标的实现与总体教育目标达成的关系,最终完成教学任务。

2. 理论联系实际原则(知行统一原则)

(1)基本含义

理论联系实际原则是指教师在教学中,应使学生从理论与实际的结合中来理解和掌握知识,并引导他们运用新获得的知识去解决各种实际问题,培养他们分析问题和解决问题的能力。这一原则是直接经验与间接经验相统一的教学规律在教学中的体现。

我国古代教育家十分重视对知与行关系的研究。在西方,古希腊智者派认为,没有实践的理论和没有理论的实践都没有意义。裴斯泰洛齐很重视"知识与知识的应用"。乌申斯基也指出:"空洞的、毫无根据的理论是一点用处也没有的。理论不能脱离实际,事实不能离开思想。"

(2)贯彻此原则的要求

①重视书本知识的教学,在传授知识的过程中注重联系实际;②重视引导和培养学生运用知识的能力;③加强教学的实践性环节,逐步培养与形成学生综合运用知识的能力,进行"第三次学习";④正确处理知识教学与能力训练的关系;⑤补充必要的乡土教材。

3. 直观性原则

(1)基本含义

直观性原则是指在教学活动中,教师应尽量利用学生的多种感官和已有的经验,通过各种形式的感知,

使学生获得生动的表象,从而比较全面、深刻地掌握知识。这一原则的提出是由学生的年龄特征决定的。

对教学中的直观性原则,古今中外教育家都做过非常精辟的阐述。中国古代教育家荀况说过,"不闻不若闻之,闻之不若见之""闻之而不见,虽博必谬",提出了在学习中不仅要"闻之"更要"见之",才能"博而不谬"。中世纪捷克杰出的教育家夸美纽斯率先提出了教学中的直观性原则,他在著作《大教学论》中指出,应该尽可能地把事物本身或代替它的图像放在面前,让学生去看看、摸摸、听听、闻闻等。乌申斯基也指出了直观性原则的重要性。

(2)直观手段的种类

直观手段的种类繁多,一般分为三大类:实物直观、模像直观和言语直观。这部分知识具体可参见心理学部分第二章第二节中的"感知规律与直观教学"的相关内容。

(3)贯彻此原则的要求

①正确选择直观教具和教学手段;②将直观教具的演示与语言讲解结合起来;③重视运用言语直观。

4. 启发性原则

(1)基本含义

启发性原则是指在教学活动中,教师要调动学生的主动性和积极性,引导他们通过独立思考、积极探索,生动活泼地学习,自觉地掌握科学知识,提高分析问题和解决问题的能力。

启发性原则是在吸取中外教育遗产的基础上提出的,是教师主导作用与学生主体作用相统一的规律在教学中的反映。苏格拉底的"产婆术",孔子提出的"不愤不启,不悱不发"的教学要求以及《学记》中"道而弗牵,强而弗抑,开而弗达"的教学思想,都是这一教学原则的体现。第斯多惠也曾说:"一个坏的教师奉送真理,一个好的教师则教人发现真理。"

(2)贯彻此原则的要求

①加强学习的目的性教育,调动学生学习的主动性;②设置问题情境,启发学生独立思考,培养学生良好的思维方法和思维能力;③让学生动手,培养其独立解决问题的能力,鼓励学生将知识创造性地运用于实际;④发扬教学民主,它包括:建立民主、平等的师生关系和生生关系,创造民主、和谐的教学气氛,鼓励学生发表不同见解,允许学生向教师质疑,等等。

5. 循序渐进原则

(1)基本含义

循序渐进原则在西方常被称为**系统性原则**,是指教师要严格按照科学知识的内在逻辑和学生的认知发展规律进行教学,使学生掌握系统的科学文化知识,能力得到充分的发展。

《学记》要求"学不躐等""不陵节而施",提出"杂施而不孙,则坏乱而不修",意思是:如果教学不按一定的顺序,杂乱无章地进行,学生就会陷入紊乱而没有收获。朱熹进一步提出"循序而渐进,熟读而精思",明确提出了循序渐进的教育要求。在国外,夸美纽斯指出了循序渐进的重要性,乌申斯基和布鲁纳也很强调系统知识的学习。

(2)贯彻此原则的要求

①教师的教学要有系统性;②抓主要矛盾,解决好重点与难点;③教师要引导学生将知识体系化、系统化;④按照学生的认识顺序,由浅入深,由易到难,由简到繁地进行教学。

6. 巩固性原则

(1)基本含义

巩固性原则是指教师在教学中要引导学生在理解的基础上牢固地掌握基本知识和基本技能,而且在需要的时候,能够准确无误地呈现出来,以利于知识技能的运用。

古今中外的教育家都很重视知识的巩固问题:孔子要求"学而时习之""温故而知新";夸美纽斯明确提出了"教与学的巩固性原则";乌申斯基认为"复习是学习之母"。

(2)贯彻此原则的要求

①要在教学的全过程中加强知识的巩固;②组织好学生的复习工作,教会学生记忆的方法;③通过扩充、改组和运用知识的过程来巩固知识。

7. 因材施教原则

(1)基本含义

因材施教原则是指教师在教学中,要从课程计划、学科课程标准的统一要求出发,面向全体学生,同时又要根据学生的个别差异,有的放矢地进行有差别的教学,使每个学生都能扬长避短,获得最佳的发展。因材施教的教学原则既为学生身心发展的客观规律所决定,也受我国的教育目的制约。

我国古代的孔子善于根据学生的不同特点,有针对性地进行教育,以发挥他们各自的专长。宋代朱熹把孔子这一经验概括为"孔子施教,各因其材",这是"因材施教"的来源。美国心理学家加德纳提出并阐明的"多元智力理论"也有力地说明了应当针对学生的个性特征进行教育。

(2)贯彻此原则的要求

①要坚持课程计划和学科课程标准的统一要求;②教师要了解学生,从实际出发进行教学;③教师要善于发现每个学生的兴趣、爱好,并创造条件,尽可能使每个学生的不同特长都得以发挥。

8. 量力性原则

(1)基本含义

量力性原则,也称可接受性原则,是指教学的内容、方法、分量和进度要适合学生的身心发展,使他们能够接受,但又要有一定的难度,需要他们经过努力才能掌握,以促进学生的身心发展。

我国古代的墨子很重视学习上的量力而为,他提出:"夫智者必量其力所能至而从事焉。"经验证明,教学中传授的知识只有符合学生的接受能力才能被他们理解,顺利地转化为他们的精神财富,罗素、布鲁纳、赞科夫都持这种观点。

为了应对社会发展的挑战,现代教学注重促进儿童的发展,因而改称发展性原则更能反映其实质。

(2)贯彻此原则的要求

①了解学生的发展水平,从实际出发进行教学;②考虑学生认识发展的时代特点。

小香课堂

为方便考生记忆,我们将我国目前中小学主要的教学原则总结以下口诀:

小方理直发需巩固财力。**方**:方向性原则。**理**:理论联系实际原则。**直**:直观性原则。**发**:启发性原则。**需**:循序渐进原则。**巩固**:巩固性原则。**财**:因材施教原则。**力**:量力性原则。

> **真题面对面**
>
> 1.[2018,单,2分]《学记》中体现启发性教学原则的名句是(　　)
>   A.道而弗牵,强而弗抑,开而弗达
>   B.不陵节而施
>   C.建国君民,教学为先
>   D.禁于未发之谓豫
> 2.[2017,单,2分]"到什么山上唱什么歌"启示我们应该坚持的教学原则是(　　)
>   A.巩固性原则
>   B.因材施教原则
>   C.循序渐进原则
>   D.直观性原则
> 3.[2016,单,2分]"不陵节而施"体现的教学原则是(　　)
>   A.巩固性原则
>   B.循序渐进原则
>   C.启发性原则
>   D.直观性原则
> 4.[2021,判断,1分]以马克思主义为指导,深入挖掘学科内容的思想性、教育性。这体现了教学的方向性原则。(　　)
>
> 答案:1.A　2.B　3.B　4.√

二、教学方法

考点1　教学方法的概念

教学方法是指教师和学生为了完成教学任务、实现教学目标而采取的共同活动方式,是教师引导学生掌握知识技能、获得身心发展而共同活动的方法。它包含了教师的教法和学生的学法。

考点2　两种对立的教学方法指导思想 【判断】

依据指导思想不同,各种教学方法可归并为两大类:注入式和启发式,这是两种根本对立的教学方法指导思想。

注入式是一种"填鸭式"的教学方法,是指教师从主观出发,把学生看成单纯接受知识的容器,向学生灌注知识,无视学生在学习上的主观能动性。在这种思想的指导下,教师在教学中仅仅起了一个现成信息的载负者和传递者的作用,而学生则仅仅起着记忆器的作用。

启发式则是指教师从学生实际出发,采取各种有效的形式去调动学生学习的积极性,指导他们自己去学习的方法。值得注意的是,启发式是运用各种教学方法的指导思想,不是一种具体的教学方法。

小香课堂

在我国传统教学中,教师多使用灌输的方式进行教学,在此过程中运用最多的又是讲授法,因此,有人将讲授法等同于注入式教学,这是错误的。衡量一种教学方法是否具有启发性,关键是看教师能否促进学生积极主动地去学习,而不是单从形式上去加以判断。

> **真题面对面**
>
> [2020,判断,1分]启发式教学是一种具体的教学方法。(　　)
> 答案:×

第一部分　教育学　117

考点 3　常用的教学方法　【单选、判断、案例】　必背

根据教学活动中学生的不同认识方式,可将我国中小学常用的教学方法分为以下五大类:

1. 以语言传递为主的教学方法

这一类教学方法运用极为广泛,主要包括:讲授法、谈话法、讨论法、读书指导法四种。

(1)讲授法

①讲授法的概念

讲授法是教师运用口头语言系统连贯地向学生传授知识、技能,发展学生智力的教学方法。

②讲授法的形式

一般认为,讲授法可分为讲读、讲述、讲解和讲演四种形式。

讲读是读(教科书)与讲的结合,边读边讲,亦称串讲。

讲述是教师向学生描绘学习的对象、介绍学习的材料、叙述事物产生变化的过程。

讲解是教师向学生解释、论证概念、原理、规律、公式等。

讲演则是教师在中学高年级采用的一种教学方法,它要求教师不仅要系统全面地描述事实,而且要通过深入分析、推理、论证来归纳、概括科学的概念或结论。

此外,有人将讲授法分为三种形式:讲述、讲读、讲解。还有人认为讲授法包括讲述、讲解、讲读、讲演、讲评五种形式。

③讲授法的优缺点

优点:可以充分发挥教师的主导作用,使学生在短时间内获得大量系统的科学知识,并且能结合知识传授进行思想品德教育。

缺点:不易发挥学生的主动性和积极性,不利于因材施教,容易造成"填鸭式""满堂灌"的教学效果。

④运用讲授法的基本要求

讲授内容要有科学性、系统性和思想性,要认真组织;讲授要讲究策略和方式,要系统完整,层次分明,重点突出,符合知识的系统性和启发性教学原则的要求;教师要努力提高语言表达水平,讲究语言艺术;要组织学生听讲;要与其他教学方法配合使用。

> **真题面对面**
>
> [2023,判断,1分]讲授法的优点是有助于充分发挥学生的主动性和积极性。(　　)
>
> 答案:×

(2)谈话法

①谈话法的概念

谈话法也叫问答法,它是教师按一定的教学要求向学生提出问题,要求学生回答,并通过问答的形式来引导学生获取或巩固知识的方法。

②谈话法的优点

能够照顾到每个学生的特点,充分激发学生的思维活动,有利于发展学生的语言表达能力;能够使教师通过谈话直接了解学生的学习程度,及时检验自己的教学效果,从而提出一些补救措施来弥补学生的知识缺陷,开拓学生的思路,使学生保持注意和兴趣。

③运用谈话法的基本要求

要做好计划,教师要对谈话的中心、提问的内容做充分准备,并拟定谈话提纲;要善问,提出的问题要明

确、具体、难易适宜,符合学生已有的知识程度与经验,还要有启发性,形式要多样化;要善于启发诱导,谈话时,教师要面向全体学生,给学生留有思考的余地,因势利导,让学生一步步地去获得新知;谈话结束后,应结合学生回答的情况进行归纳和小结,给出问题的正确答案,指出谈话过程中的优缺点。

> **真题面对面**
> [2016,单,2分]通过问答的形式来引导学生获取或巩固知识的方法是( )
> A.讨论法　　　　　B.讲授法　　　　　C.谈话法　　　　　D.练习法
> 答案:C

(3)讨论法

①讨论法的概念

讨论法是全班或小组成员在教师的指导下,围绕某一中心问题发表自己的看法和见解,从而进行相互学习的一种方法。运用讨论法需要学生具备一定的基础知识、一定的理解能力和独立思考能力,因此,讨论法在高年级运用得比较多。

②讨论法的优点

通过对所学内容的讨论,学生之间可以集思广益,互相启发,加深理解,提高认识;同时还可以激发学生的学习热情,培养对问题的钻研精神并训练学生的语言表达能力。

③运用讨论法的基本要求

讨论前,教师应提出有吸引力的讨论题目,并明确讨论的具体要求,指导学生收集有关资料;讨论时,教师要善于引导学生围绕中心,联系实际,自由发表意见,并让每个学生都有发言机会;讨论结束后,教师要进行小结,并提出需要进一步思考的问题。

小香课堂

谈话法与讨论法易混淆,考生要注意两者的区别在于教师的作用不同:谈话法是教师和学生进行交流互动;讨论法是教师指导学生针对某一问题进行交流互动。

谈话法　　　　　　　　　　　　讨论法

第一部分　教育学　　119

(4)读书指导法

①读书指导法的概念

读书指导法是指教师指导学生通过阅读教科书和其他参考书,以获得知识、巩固知识、培养学生自学能力的一种方法。指导学生读书,包括指导学生阅读教科书和阅读课外书籍两个方面。

②运用读书指导法的基本要求

教师要提出明确的目的、要求和思考题;教会学生使用工具书;帮助学生逐步学会阅读的方法;用多种方式指导学生阅读。

2. 以直观感知为主的教学方法

这种教学方法具有形象性、具体性、直接性和真实性的特点,主要有**演示法**和**参观法**两种。

(1)演示法

①演示法的概念

演示法是指教师通过展示实物、教具和示范性的实验来说明、印证某一事物和现象,使学生掌握新知识的一种教学方法。演示所使用的工具可分为四大类:实物、标本、模型、图片的演示;图表、示意图、地图的演示;实验演示;幻灯片、电影、录像的演示。演示法体现了直观性、理论联系实际的教学原则。

②运用演示法的基本要求

明确演示目的,做好演示准备;演示必须精确可靠、操作规范;演示时要引导学生集中注意力,运用多种感官去感知,以发展学生的思考力和观察力;演示结束后,教师要引导学生分析观察结果以及各种变化之间的关系,通过分析、对比、归纳、综合得出正确结论。

(2)参观法

①参观法的概念

参观法又称**现场教学**,是教师根据教学目的和要求,组织学生进行实地考察、研究,使学生获取新知识,巩固、验证旧知识的一种教学方法。

参观教学法可以分为**准备性参观**、**并行性参观**和**总结性参观**。

②参观法的优点

能够使教学和实际生活联系起来,激发学生对知识的渴望和兴趣,扩大学生的视野;能够使学生接触社会,并从中受到教育和启发,同时也可以培养学生观察事物的能力和习惯。

③运用参观法的基本要求

参观前,教师要根据教学的目的和要求,做好准备工作;参观时,教师要引导学生收集资料,做好必要记录,也可以请有关人员进行讲解或指导;参观结束后,教师要组织学生及时进行小结。

3. 以实际训练为主的教学方法

以实际训练为主的教学方法是指以形成技能技巧,培养行为习惯和发展学生能力为主的教学方法。其特点是使学生通过实践活动动脑、动口、动手,提高学生分析问题和解决问题的能力,并养成良好的行为习惯。以实际训练为主的教学方法主要有练习法、实验法、实习作业法、实践活动法四种。

(1)练习法

①练习法的概念

练习法是指学生在教师的指导下巩固知识,培养各种技能和技巧的基本教学方法。练习法是中小学各科教学普遍采用的教学方法。练习法的种类有说话的练习,解答问题的练习,绘画、制图的练习,作文和创作的练习,运动与文娱技能、技巧的练习。

②练习法的基本步骤

教师提出练习的任务,说明练习的意义、要求和注意事项,并做出示范;学生在练习时,教师要巡回辅导;练习之后教师要进行系统的分析和总结。

③练习法的优点

可以有效地发展学生的各种技能技巧,对培养学生的意志品质也有重要作用。

④运用练习法的基本要求

教师要使学生明确练习的目的和要求;练习的题目要注意学生基础知识的积累、巩固以及基本技能的提高;教师要教给学生正确的练习方法,并对学生的练习进行及时的检查和反馈;在练习过程中要注意培养学生自我检查的能力和习惯;练习方式要多样化。

(2)实验法

①实验法的概念

实验法是指教师引导学生使用一定的仪器和设备,进行独立操作,引起某些事物和现象产生变化,从而使学生获得直接经验,培养学生技能和技巧的教学方法。实验法常用于物理、化学、生物等自然学科的教学。

②实验法的优点

可以把理论与实践结合起来,有利于激发学生的求知欲望;有利于培养学生独立使用仪器进行科学实验的基本技能;可以培养学生严谨的科学态度和扎实的作风。

③运用实验法的基本要求

认真编写实验计划;加强实验指导;做好实验总结。

小香课堂

演示法包括实验演示,其与实验法的区别在于操作主体的不同:

实验演示——教师做实验,学生看;

实验法——学生做实验,教师指导。

演示法 实验法

第一部分 教育学 121

(3)实习作业法

①实习作业法的概念

实习作业法是指教师根据学科课程标准的要求,指导学生运用所学知识在课上或课外进行实际操作,将知识运用于实践的教学方法。这种方法在自然学科的教学中占有重要的地位,如数学课的测量练习、生物课的植物栽培和动物饲养等。

②实习作业法的优点

有利于理论与实践的结合,对培养学生运用书本知识从事实际工作的能力有重要的意义。

③运用实习作业法的基本要求

实习作业法要在教师的指导下有目的、有计划、有组织地进行;实习中,教师要加强指导;实习结束后,教师要指导学生写出实习报告或体会,并进行评阅和评定。

(4)实践活动法

实践活动法是指让学生参加社会实践活动,培养学生解决实际问题的能力和多方面实践能力的教学方法。在实践活动法中,学生是中心,教师是学生的参谋或顾问,教师必须保证学生的主动参与,决不能越俎代庖。

4. 以引导探究为主的教学方法

以引导探究为主的教学方法,是指教师组织和引导学生通过独立的探究和研究活动而获得知识的方法,主要是发现法。

(1)发现法的概念

发现法,又称探索法、研究法,是指学生学习概念和原理时,教师只是给他们一些事例和问题,让学生自己通过阅读、观察、实验、思考、讨论、听讲等途径去独立探究,自行发现并掌握相应的原理和结论的一种方法。它的指导思想是在教师指导下,以学生为主体,让学生自觉地、主动地探索,掌握认识和解决问题的方法与步骤,研究客观事物的属性,发现事物发展起因和事物内部的联系,从中找出规律,形成自己的概念。

(2)发现法的特点

其特点在于关注学习过程甚于关注学习结果,要求学生主动参与到知识形成的过程中去。具体表现在:

①学生通过对问题的探究获得经验和知识,提高创新意识和进取精神;

②学生在教师的引导下探究和解决问题,在教学中处于主体地位;

③教学方法以学生独立探究和作业为主,教师的讲授、指导以及学生的阅读、练习服务于独立探究。

> **真题面对面**
>
> [2020,单,2分]在教师的支持和帮助下,学生通过主动探究,获取知识和能力的教学方法是( )
>
> A.范例教学法　　B.程序教学法　　C.暗示教学法　　D.发现法
>
> 答案:D

5. 以情感陶冶(体验)为主的教学方法

以情感陶冶(体验)为主的教学方法是指教师根据一定的教学要求,有计划地使学生处于一种类似真实的活动情境之中,利用其中的教育因素综合地对学生施加影响的一种教学方法。

以情感陶冶(体验)为主的教学方法的优点在于改变了传统教学只重认知,忽视情感的弊端,对培养学生的学习动机,丰富学生的生活体验,发展学生的创造能力,培养学生高尚的道德和审美情感都起到了重要的作用。缺点是其应用的范围有限,有些抽象的知识不能通过此法来掌握。因此,它更多的是作为一类辅助性的教学方法来使用。

以情感陶冶(体验)为主的教学方法,主要包括**欣赏教学法**和**情境教学法**两种。

(1)欣赏教学法

欣赏教学法是指在教学过程中指导学生体验客观事物真善美的一种教学方法。欣赏教学法一般包括对自然的欣赏、人生的欣赏和艺术的欣赏等。

(2)情境教学法

情境教学法是指在教学过程中,教师有目的地引入或创设具有一定情绪色彩的生动具体的场景,以引起学生一定的情感体验,从而帮助学生理解教材,并使学生的心理机能得到发展的教学方法。教师创设的情境一般包括生活展现的情境、图画再现的情境、实物演示的情境、音乐渲染的情境、言语描述的情境等。

考点4　国内外教学方法的改革与发展

1. 国内具有代表性的教学方法

(1)上海特级教师倪谷音首先倡导的**愉快教学法**。

(2)江苏省特级教师李吉林首创的**情境教学法**。

(3)江苏常州特级教师邱学华首创的**尝试教学法**。教师采用"先练后讲""先学后教"的方式,让学生先去尝试练习,依靠自己的努力初步解决问题,最后教师根据学生练习中的难点,有针对性地进行讲解。

(4)以上海闸北八中校长刘京海为首的一批教改研究者首先提出的**成功教学法**。成功教学法的基本要素有三个:积极的期望、成功的机会和鼓励性评价。

> **真题面对面**
>
> [2022,单,2分]教师在课堂上经常对学生进行鼓励性反馈,给予积极的期待,增强学生学习的内部动力,该教学方法属于(　　)
>
> A.愉快教学法　　　　B.情境教学法　　　　C.尝试教学法　　　　D.成功教学法
>
> 答案:D

2. 国外具有代表性的教学方法

(1)美国心理学家布鲁纳所倡导的**发现法**。

(2)依据美国教育学家布卢姆的"教育目标分类"和"掌握学习策略"所形成的**目标教学法**。

(3)美国著名教育心理学家斯金纳倡导的**程序教学法**。

(4)苏联教育家沙塔洛夫创造的**"纲要信号图表"教学法**。

(5)德国学者瓦·根舍因首创的**范例教学法**。

(6)保加利亚医学和心理学博士洛扎诺夫首创的**暗示教学法**。

(7)美国人本主义心理学家罗杰斯提出的**非指导教学法**。

考点5　教学方法的选择和运用

1. 选择与运用教学方法的基本依据

(1)教学目的和任务的要求;(2)课程性质和特点;(3)每节课的重点、难点;(4)学生年龄特征;(5)教学

第一部分　教育学　123

时间、设备、条件;(6)教师业务水平、实际经验及个性特点。

此外,教学方法的选择与运用还受教学手段、教学环境等因素的制约,这就要求我们要全面、具体、综合地考虑各种相关因素,进行权衡取舍。

2. 教学方法运用的综合性、灵活性、创造性

教学方法运用的综合性是指根据教学任务和教学内容的需要,综合运用多种教学方法,而不要长期只使用一种教学方法。教学方法运用的灵活性是指在实际应用中,要从实际需要出发,随时对其进行调整。教学方法运用的创造性是指从教学实践出发,在把握现有教学方法的基础上有所创造。

★ 考点大默写 ★

1. 教师要正确发挥教材的思想性,对学生进行思想教育,培养学生良好的道德品质,达到教书育人的目的,这体现了_____教学原则。

2. 《学记》中提出的"杂施而不孙,则坏乱而不修"的观点强调教学应当重视_____教学原则。

3. 阳光学校大力开发乡土教材,教材讲述发生在学生身边的自然地理、生产生活知识等,内容以日常生活为起点,使学生感到熟悉、有趣、难度适当。这符合_____的教学原则。

4. "不闻不若闻之""闻之而不见,虽博必谬"所体现的是_____教学原则。

5. 第斯多惠所说的"一个坏的教师奉送真理,一个好的教师则教人发现真理"体现的是_____教学原则。

6. 王老师认为教学如果只是一味搞突击、求速成,那么将会欲速则不达,应该由浅入深、由简到繁地帮助学生打好基础、提高能力,这样学习效率自然会提高。王老师的理念主要遵循了_____教学原则。

7. "学而时习之,不亦说乎"这说明教学应当遵循_____教学原则。

8. 清代著名诗人顾嗣协曾写过一首名为《杂兴》的诗:"骏马能历险,力田不如牛。坚车能载重,渡河不如舟。舍长以就短,智者难为谋。生材贵适用,慎勿多苛求。"这体现了教学的_____原则。

9. 我国古代的墨子提出:"夫智者必量其力所能至而从事焉。"这体现了教学的_____原则。

10. 依据指导思想不同,各种教学方法可归并为两大类:注入式和_____。

11. 以语言传递为主的教学方法主要有_____、_____、_____和读书指导法四种。

12. 《学记》指出"独学而无友,则孤陋而寡闻""相观而善"等。这说明我们在教学中要注意运用的教学方法是_____。

13. _____是教师指导学生通过阅读教科书和其他参考书以获取或巩固知识的方法。

14. 在一堂化学课上,张老师运用分子模型帮助学生认识乙醛的分子结构,张老师采用的教学方法是_____。

15. 科学课上,老师指导学生通过显微镜观察植物的内部结构,获得有关植物的知识。这种教学方法属于_____。

16. 学生在数学课上学习了长方形的面积公式之后,教师让学生回家后计算一下家里客厅的面积,这种教学方法属于_____。

17. 布鲁纳所倡导的"发现学习"是一种以_____为主的教学方法。

【参考答案】

1. 方向性　2. 循序渐进　3. 理论联系实际　4. 直观性　5. 启发性　6. 循序渐进　7. 巩固性　8. 因材施教　9. 量力性　10. 启发式　11. 讲授法；谈话法；讨论法　12. 讨论法　13. 读书指导法　14. 演示法　15. 实验法　16. 实习作业法　17. 引导探究

第四节　教学组织形式与教学工作的基本环节

一、教学组织形式【单选】

考点1　教学组织形式的概念

学校教学工作是通过一定的组织形式进行的。教学组织形式是指教学活动中教师与学生为实现教学目标所采用的社会结合方式。在教学史上先后出现的影响较大的教学组织形式有个别教学制、班级授课制、分组教学和道尔顿制等。其中，个别教学制是古代学校的主要教学形式。

考点2　现代教学的基本组织形式——班级授课制

1. 班级授课制的概念

课堂教学的主要形式是班级授课制。它是把学生按年龄和文化程度分成固定人数的班级，教师根据课程计划和规定的时间表进行教学的一种组织形式。

2. 班级授课制的产生与发展

1632年，捷克教育家夸美纽斯出版的《大教学论》最早从理论上对班级授课制做了阐述，为班级授课制奠定了理论基础。后来，以赫尔巴特为代表的教育家提出教学过程的形式阶段论（即明了、联想/联合、系统、方法），班级授课制得以进一步完善而基本定型。最后，以苏联教育学家凯洛夫为代表，提出课的类型和结构的概念，使班级授课制形成一个完整的体系。

在我国，最早采用班级授课制的是清政府于1862年设于北京的京师同文馆，并在癸卯学制中以法令形式确定下来，随之在全国范围内推广。班级授课制是与现代化大生产相适应的集体教学形式。

3. 班级授课制的基本特点

班级授课制的基本特点："班""课""时"。

(1)以班为单位集体授课，学生人数固定。

(2)按课教学。"课"是教学活动的基本单元，一般分为单一课和综合课。

(3)按时授课。把每一"课"规定在固定的单位时间内进行，这个单位时间称为"课时"，课与课之间有一定的间歇和休息。

4. 班级授课制的优点与不足

(1)班级授课制的优点

①有利于经济有效地大面积培养人才，提高教学效率；

②它以"课"为教学活动单元，能保证学习活动循序渐进，有利于学生获得系统的科学知识；

③有利于发挥教师的主导作用；

④有利于发挥学生集体的教育作用；

⑤有利于学生德、智、体多方面的发展；

⑥有利于进行教学管理和教学检查。

第一部分　教育学　125

(2)班级授课制的不足

①不利于学生主体性的发挥。学生的独立性、自主性受到限制,不利于培养学生的志趣、特长。

②不利于培养学生的探索精神、创造能力和实际操作能力。过于强调书本知识的学习,容易造成理论和实践的脱节。

③不能很好地适应教学内容和教学方法的多样化。班级授课制中,无论用什么教学方法,都只能适应部分学生。

④不利于因材施教,难以满足学生个性化的学习需要。

⑤不利于学生之间真正的交流和启发。在班级授课制中,课堂成为学生生活的基本空间,课堂教学成为学生最主要的生活方式,学生的交往受到限制。

⑥以"课"为基本的教学活动单位,某些情况下会割裂内容的整体性。

真题面对面

[2014,单,2分]奠定班级授课制理论基础的代表性著作是(　　)
A. 赫尔巴特的《普通教育学》　　　　B. 夸美纽斯的《大教学论》
C. 巴班斯基的《教学过程最优化》　　D. 杜威的《民主主义与教育》
答案:B

考点3　现代教学的辅助形式——个别教学与现场教学

1. 个别教学

(1)个别教学的概念

个别教学是教师针对不同学生的情况进行个别辅导的教学组织形式。

(2)个别教学的要求

①发挥每个学生的潜力和积极因素,培养学生各自的优势,克服各自的缺点;

②既要针对个体,又要使个体不脱离于群体;

③要制定详细的个案分析,综合运用各种教学组织形式,灵活运用各种教学方法,做好各项工作。

2. 现场教学

(1)现场教学的概念

现场教学是指教师把学生带到事物发生、发展的现场进行教学活动的形式。它可以以班级为单位,也可以以小组或个人为单位,通常需要有关现场人员的参加。

(2)现场教学的要求

①目的明确;②准备充分;③现场指导;④及时总结。

考点4　现代教学的特殊组织形式——复式教学

1. 复式教学的概念

复式教学是把两个或两个以上不同年级的学生编在一个教室里,由一位教师分别用不同的教材,在一节课里对不同年级的学生进行教学的一种特殊组织形式。它适用于学生少、教师少、校舍和教学设备较差的农村及偏远地区。

2. 复式教学的意义

复式教学保持了班级授课制的一切本质特征,与班级授课制不同的是教师要在一节课的时间内巧妙地同时安排几个年级学生的活动。复式教学组织得好,学生的基本训练和自学能力往往更强。复式教学便于儿童就近入学,可以最大限度地节约师资、教室和教学设备等,充分利用教育资源,有利于教育的普及。

3. 组织复式教学的要求

(1)合理编班,要根据学生人数、教室大小、师资质量等情况全面考虑,灵活掌握;(2)编制复式班课表;(3)培养小助手;(4)建立良好的课堂常规。

考点5　其他教学组织形式

1. 分组教学

(1)分组教学的概念

分组教学是指在按年龄编班或取消按年龄编班的基础上,根据学生能力、成绩分组进行编班的教学组织形式。

(2)分组教学的类型

外部分组,即取消按年龄编班,按学生的能力或某些测验成绩编班。

内部分组,即在按年龄编班的班级内,再根据学生的成绩将他们分成若干个不同的小组。

能力分组,是根据学生的能力发展水平来进行分组教学的,各组课程相同,学习年限则不同。

作业分组,是根据学生的特点和意愿来分组教学的,各组学习年限相同,课程则不同。

(3)分组教学的要求

①充分了解学生;②制订个体教学计划;③保证教学井然有序;④深入钻研教材教法。

2. 贝尔—兰喀斯特制

贝尔—兰喀斯特制,也称导生制,是由英国人贝尔和兰喀斯特于18世纪末19世纪初创建的,这种教学组织形式仍以班级为基础,但教师不直接面向班级全体学生,教师先把教学内容教给年龄较大的学生,而后由他们中间的佼佼者——导生去教年幼的或成绩较差的其他学生。这种组织形式是在英国工场手工业向大机器生产过渡的过程中,在需要大规模培养学生且师资比较缺乏的情况下出现的。导生"现买现卖"很难保证基本的教学质量。

3. 道尔顿制

最早提出对班级教学进行改造的是"道尔顿制",它是由美国教育家柏克赫斯特创建的一种典型的自学辅导式教学组织形式。运用这种方法时,教师不再讲授,只为学生指定自学参考书、布置作业,由学生自学和独立完成作业后,向老师汇报学习情况和接受考查。道尔顿制的优点是有利于调动学生学习的主动性,培养他们的学习能力和创造才能;缺点是不利于系统知识的掌握,对教学设施和条件要求较高。

4. 设计教学法

1918年,美国教育家克伯屈发表了论文《设计教学法》,系统地归纳和阐述了设计教学法的理念,赢得了很大声誉,他也被称为"**设计教学法之父**"。设计教学法主张废除班级授课制度,打破学科界限,摒弃传统的教科书,在教师指导下,由学生自己决定学习目的和内容,在自己设计、自己负责任的单元活动中获得有关的知识和能力。设计教学法的重点是以活动课程代替学科课程,使学生在活动中获得对知识的整体认知。其主要缺陷是忽视系统知识的掌握,影响教学质量;而且在教学实施过程中困难很多,难以落实。

5. 特朗普制

特朗普制是由美国教育家劳伊德·特朗普于20世纪50年代提出的一种教学组织形式。这种教学组织形式把大班教学、小班研究和个别教学三种教学形式结合起来。大班是所有学生一起上课;小班是把大的学生分为20人左右的小组,研究和讨论大班授课材料;个别教学是由学生独立完成作业。特朗普制既有班级授课制的优点,也有个别教学的长处,但管理起来比较麻烦。

考点6 当前教学组织形式改革的重点

(1)适当缩小班级规模,使教学单位趋向合理化。

(2)改进班级授课制,实现多种教学组织形式的综合运用。

(3)多样化的座位排列,加强课堂教学的交往互动。

(4)探索个别化教学。

表1-27 常见座位编排的比较

座位类型	结构特征	主要功能	局限	适用范围
秧田形	学生纵横直排而坐,全部面向教师	便于全体学生集中听课和教师授课;有利于大班教学	学生活动空间小;除同桌学生以外,彼此不易互动	教师集中讲授、学生接受
马蹄形	学生环绕教师而坐,大部分学生能相互面对	教师能方便地走近每一个学生;两边的学生能彼此有视觉接触和非语言交流;公共活动空间大	不利于大班教学(若采用双马蹄形,则可容纳更多的学生)	便于教师组织全班性的讨论、动作示范;有利于多个学生的活动表演
圆形	学生环绕教师而坐,既可面向教师,也能彼此相对	全体学生彼此之间都能有视觉接触和非语言交流;学生之间互动方便;教师容易走近每个学生;公共活动空间大	不利于大班教学(若采用双环形,则可容纳更多的学生)	
模块形	同桌学生之间环形而坐,不同桌学生相互独立	同桌学生之间互动方便、深入	不同桌学生之间难于互动	便于学生分组学习(小组讨论或合作学习)

二、教学工作的基本环节 【单选、判断】

教师教学工作包括五个基本环节(即基本程序):备课、上课、作业的布置与反馈、课外辅导和学业成绩的检查与评定。

考点1 备课

备课就是教师根据学科课程标准的要求和本门课程的特点,结合学生的具体情况,选择最合适的表达方法和顺序,以保证学生有效地学习。备课的**主要任务**是根据课程标准,将特定教学内容有效传递给特定的学生。备课分**个人备课**和**集体备课**两种。个人备课是教师自己钻研学科课程标准和教材的活动。集体备课是由相同学科和相同年级的教师共同钻研教材,解决教材的重点、难点和教学方法等问题的活动。

1. 备课的意义

备课是教师教学的起始环节,是上好课的先决条件,备好课是上好课的前提。对教师而言,备好课可以加强教学的计划性,有利于教师充分发挥主导作用。教师要在平时的学习、生活中有意识地收集教学资料,为上课做准备。

2. 备课的要求

(1)做好三方面的工作,即钻研教材、了解学生、设计教法,也即备教材、备学生、备教法

①**钻研教材**:钻研教材包括学习学科课程标准、钻研教科书和阅读有关参考资料。

首先,钻研学科课程标准就是指教师要弄清楚本学科的教学目的,教材的体系、结构、基本内容和教学

法上的基本要求。

其次,教师必须钻研教科书,掌握学科的主要内容,重点、难点所在,同时也要考虑如何利用它来促进学生态度、情感、价值观的转变,知识的拓展及各种能力的提高。

此外,各种参考资料是教科书的重要补充,教师应广泛阅读有关参考书来获得有价值的信息,以满足教学需求。

教师掌握教材有一个深化的过程,一般要经过**懂、透、化**三个阶段。懂,就是对教材的基本思想、基本概念、每句话、每个字都要弄清楚,弄懂;透,即要透彻了解教材的结构、重点与难点、掌握知识的逻辑,能运用自如,知道应补充哪些资料,怎样才能教好;化,就是教师的思想感情和教材的思想性、科学性融合在一起了。达到化的境界,就完全地掌握了教材。

②了解学生:了解学生应当是全面的。首先要考虑学生总体的年龄特征,熟悉他们身心发展的特点;其次要了解学生个体的能力水平、学习态度和兴趣特点;此外,还要了解班级的一般状况,如班纪、班风等。

③设计教法:教师要在钻研教材、了解学生的基础上,考虑用什么方法使学生有效地掌握知识并促进他们能力、品德等方面的发展。教师应根据教学目的、内容、学生的特点等来选择最佳的教学方法。此外,也要相应地考虑学生的学法,包括预习、学生在课堂中的学习活动以及课外作业等。

(2)写好三种计划,即学年(或学期)教学计划、课题(或单元)计划、课时计划(教案)

①学年(或学期)教学计划:该计划包括学生情况的简要分析、本学期或学年的教学总要求、教科书的章节或课题、各课题的教学时数和时间的具体安排、各课题所需要运用的教学手段等。

②课题(或单元)计划:在制订好学年(或学期)教学计划的基础上,教师还要制订出课题(或单元)计划。课题(或单元)计划一般包括:课题名称、课题教学目的、课时划分、各课时课的类型、主要教学方法、必要的教具。此外,教师还要考虑课题之间的联系,做好协调工作。

③课时计划:即教案,它通常是指教师为某一节课而拟定的上课计划,一般包括班级、学科名称、授课时间、课题、教学目的、课的类型、教学进程等。其中教学进程是教案的主要部分,教师要详细设计和安排教学内容的展开、教学方法的运用和时间的分配等。

> **真题面对面**
>
> [2021,判断,1分]中小学教师备课的主要任务是分析教材,吃透主旨,最终形成正式的教案。( )
>
> 答案:×

考点2 上课

1.上课的意义

上课是整个教学工作的中心环节,是教师教和学生学的最直接体现,是提高教学质量的关键。

2.课的类型

根据教学的任务,可分为传授新知识课(新授课)、巩固新知识课(巩固课)、技能技巧课(技能课)和检查知识课(检查课)。

根据一节课所完成任务的类型数,可分为单一课和综合课。

根据使用的主要教学方法,可分为讲授课、演示课(演示实验或放幻灯片、录像)、练习课、实验课和复习课。

3. 课的结构

课的结构是指课的基本组成部分及各组成部分进行的顺序、时限和相互关系,不同类型的课有不同的结构。了解课的结构有助于掌握每一种课的性能与操作过程,以便发挥各种课在教学中的作用。

一般来说,构成课的基本组成部分有组织教学、检查复习、讲授新教材、巩固新教材、布置课外作业等。

4. 上好一节课的标准

(1)要使学生的注意力集中;(2)要使学生的思维活跃;(3)要使学生积极参与到课堂中来;(4)要使个别学生得到照顾。

5. 上好课的基本要求

(1)教学目标明确;(2)教学内容准确;(3)教学结构合理;(4)教学方法适当;(5)讲究教学艺术;(6)板书有序;(7)充分发挥学生的主体性,这是上好课最根本的要求,离开了这一点,以上的所有要求就失去了意义。

考点3 作业的布置与反馈

1. 作业的意义

作业是结合教学内容,要求学生独立完成的各种类型的练习。无论是课内作业还是课外作业,作用都在于加深和加强学生对教材的理解和巩固,帮助学生掌握相关的技能、技巧。

通过作业的布置、检查和批改,教师可以及时发现学生在知识或技能方面的缺陷并加以纠正,同时对学生的作业完成情况做出评价并提出进一步的学习建议。

2. 作业设计的类型

作业的种类繁多,形式各异。为了方便理解和认识,人们常常根据一定的标准,对作业进行分类,如:

按照作业的形式,分为口头作业、阅读作业、书面作业、实践作业等;

按照完成作业所需要的时间,分为即时作业、短时作业和长时作业;

按照作业涉及的内容,分为知识型作业和技能型作业。

下面我们主要从日常教学作业功能的角度,把作业分为以下几种类型:

(1)**预习型作业**是教师在上新课之前,针对将要传递的新课内容给学生布置的作业,其主要是为了学生在课堂上更好地接受和理解新知识,提高课堂教学的效率。

(2)**巩固型作业**是日常教学中最经常使用的作业类型,以学生应掌握的基础知识和基本技能为主要内容,其目的是帮助学生理解和强化课堂所传递的新知识。

(3)**拓展型作业**是为了加深理解课堂所学的知识,以及对课堂所学知识进行一定延伸的作业。这是相对高层次的作业,主要是为了适应学生在掌握知识上客观存在的层次性差异,以更好地满足学生发展的不同要求。

(4)**综合型作业**主要是在学习内容相对完整的阶段,如学期的期中、期末或单元学习结束时,教师为学生设计的复习型作业。综合型作业的目的是帮助学生对学习的内容进行必要的总结和回顾,通过复习进一步巩固和加深对知识的理解、掌握和运用。

> **真题面对面**
>
> [2023,单,1分]教师为了帮助学生加深理解本节课所学习的知识,根据课程内容设置具有一定延伸意义和高层次的作业。这种作业是(　　)
>
> A.预习型作业　　B.巩固型作业　　C.拓展型作业　　D.综合型作业
>
> 答案:C

3. 布置作业的要求

(1)作业内容符合课程标准的要求;

(2)考虑不同学生的能力需求;

(3)分量适宜、难易适度;

(4)作业形式多样,具有多选性;

(5)要求明确,规定作业完成时间;

(6)作业反馈清晰、及时;

(7)作业要具有典型意义和举一反三的作用;

(8)作业应有助于启发学生的思维,含有鼓励学生独立探索并进行创造性思维的因素;

(9)尽量同现代生产和社会生活中的实际问题结合起来,力求理论联系实际。

考点4 课外辅导

1. 课外辅导的内容

(1)给学生解答疑难问题,指导学生做好作业;

(2)为基础差和因事、因病缺课的学生补课;

(3)给成绩特别优异的学生做个别辅导;

(4)对学生进行学习方法上的辅导;

(5)对学生进行学习目的和学习态度的教育。

2. 课外辅导的意义

课外辅导是上课的必要补充,是适应学生个别差异、贯彻因材施教的重要措施。

考点5 学业成绩的检查与评定

1. 学业成绩检查与评定的意义

学业成绩的检查与评定是教学工作的一个重要环节,它对教学工作的顺利进行和教学质量的提高具有十分重要的意义:

(1)有利于促进学生的学习;

(2)有利于促进教师的教学;

(3)有利于学校领导了解学校的教学情况;

(4)有利于家长了解自己子女的学习情况;

(5)有利于为上级教育主管部门制定教育方针政策和选拔人才提供依据。

2. 学业成绩检查的方式

检查学生学业成绩的方法是多种多样的。常用的检查方式有两大类:平时考查和考试。

平时考查的方式主要有口头提问、检查书面作业和单元测验等。

考试是对学生知识、技能等进行总结性检查时所采用的一种方式。它通常在学习告一段落后,为了系统地检查和衡量所学知识、技能等方面的情况,在期中、期末和毕业时进行。

★★ 考点大默写 ★★

1.现代学校教学的基本组织形式是_____,它有利于大面积、高效率地培养人才。

2. 在我国,最早采用班级授课制的是清政府于1862年设于北京的_____,并在癸卯学制中以法令形式确定下来,随后在全国范围内推广。

3. 1632年,_____出版的_____最早从理论上对班级授课制做了阐述,为班级授课制奠定了理论基础。

4. 教学模式中的_____要求学生课前先自学基于教学目标和内容制作的教学微视频,完成进阶作业,课堂上,师生一起共同完成作业,解决疑难,创造探究的学习形式。

5. _____是把两个或两个以上不同年级的学生编在一个教室里,由一位教师分别用不同的教材,在一节课里对不同年级的学生进行教学的一种特殊组织形式。

6. _____是由美国教育家柏克赫斯特创建的一种典型的自学辅导式的教学组织形式。

7. 在教师指导下,由学生自己决定学习目的和内容,在自己设计、自己负责任的单元活动中获得有关的知识和能力。这种教学组织形式是_____。

8. 特朗普制提出_____、_____和个别教学三种教学形式要结合起来。

9. 分组教学有外部分组和内部分组、能力分组和作业分组等。其中,_____分组是根据学生的特点和意愿来分组教学的,各组学习年限相同,课程则不同。

10. 教学工作的基本环节包括_____、_____、作业的布置与反馈、_____和学业成绩的检查与评定。

11. _____是教师教学的起始环节,是上好课的先决条件。

12. 教师备课要做好三方面的工作,即_____、_____、设计教法,也即_____、_____、备教法。

13. 教学工作的中心环节是_____。

14. 根据一节课所完成任务的类型数,可将课分为_____和_____。

15. 上好课的最根本的要求是_____。

16. 从日常教学作业功能的角度,可把作业分为_____、_____、_____和_____四种类型。

【参考答案】

1. 班级授课制 2. 京师同文馆 3. 夸美纽斯;《大教学论》 4. 翻转课堂 5. 复式教学 6. 道尔顿制 7. 设计教学法 8. 大班教学;小班研究 9. 作业 10. 备课;上课;课外辅导 11. 备课 12. 钻研教材;了解学生;备教材;备学生 13. 上课 14. 单一课;综合课 15. 充分发挥学生的主体性 16. 预习型作业;巩固型作业;拓展型作业;综合型作业

第五节 教学评价

一、教学评价的概念

教学评价是指以教学目标为依据,通过一定的标准和手段,对教学活动及其结果给予价值上的判断,即对教学活动及其结果进行测量、分析和评定的过程。它以参与教学活动的教师、学生、教学目标、内容、方法、教学设备、场地和时间等因素的有机组合的过程和结果为评价对象,是对教学工作的整体功能所做的评价。其目的是对课程、教学方法以及学生培养方案做出决策。

二、教学评价的意义 【单选、判断】

(1)对学校来说,可以记载和积累学生学习情况的资料,定期向家长报告他们子女的成绩,并作为学生升、留级和能否毕业的依据;

(2)对教师来说,可以及时了解学生的学习情况和获得教学效果的反馈信息,以分析自己教学的优缺点,更好地提高教学水平;

(3)对学生来说,可以及时得到学习效果的反馈信息,明确自己学习中的长处与不足,从中受到激励与警示,以扬长补短;

(4)对领导来说,可以了解每个教师、每个班的教学情况,便于发现问题与总结经验,以改进教学;

(5)对家长来说,可以了解子女的学习情况及其变化,以便配合学校进行教育。

教学评价最重要的作用在于运用它来探明、改善和提高教学活动本身的功能。教学评价在为教学工作导航,它不断向教师、学生、学校领导与家长显示出教学运行的状况、方位、速度、问题,指明教学前进的航向,激励各个方面同心协力,以最佳方式促进学生的发展,达到教学目标的要求。

知识再拔高

学生评价及其功能

学生评价是指根据一定的标准,通过使用一定的技术和方法,以学生为评价对象所进行的价值判断。它既是教育评价的基础和重点,也是学校教育评价的核心。学生评价的功能包括:

(1)**诊断功能**。学生评价的诊断功能主要表现在通过评价能有效地判断学生的发展状况。

(2)**导向功能**。学生评价是依据一定的标准和所要完成的目标进行的价值判断。因此,学生要获得理想的评价,就必然要了解评价的标准和方式,并倾向于依据标准来调整其发展状态,以期获得好的效果。同时,教师也会采用此目标并将其有效地反映在教学过程中。这样势必对学生的发展起导向作用。

(3)**发展功能**。学生评价的发展功能是当代教育评价最为关注的问题。它是指评价应是基于以学生发展为根本目的的一种评价制度,其评价的目标、内容和方法以及评价结果的处理等都是为促进学生的有效发展服务的。而且,实施评价的过程就是学生不断地认识自我、发展自我和完善自我的过程,强调学生评价的形成性作用。

(4)**管理功能**。学生评价作为一种价值判断,客观上能够对学生知识的掌握状况和发展水平给予鉴定并做出一定的区分,有益于高一级学校的选拔;同时,学生评价的结果也可作为评价教师工作质量的依据之一。因此,世界各国的学校教育都利用学生评价的管理功能,作为对学生有效分流的主要依据之一,并以此调整学校教育的发展方向,改善教育教学活动。

真题面对面

1.[2023,单,1分]根据学生评价调整学校教育发展方向,改善教育活动。这体现了学生评价的(　　)

A.诊断功能　　　　B.管理功能　　　　C.激励功能　　　　D.发展功能

2.[2023,判断,1分]教学评价的价值在于运用它来探明、改善和提高教学活动。(　　)

答案:1.B　2.√

三、教学评价的基本类型 【单选、判断】 必背

从不同的角度和标准出发,教学评价可以划分为不同的类型。

考点1　诊断性评价、形成性评价和总结性评价

根据教学评价的作用,可以分为诊断性评价、形成性评价和总结性评价。

1. 诊断性评价

(1)诊断性评价的概念

诊断性评价是在学期开始或一个单元教学开始时,为了了解学生的学习准备状况及影响学习的因素而进行的评价。它包括各种通常所称的摸底考试。

(2)诊断性评价的主要功能

①检查学生的学习准备程度;②决定对学生的适当安置;③辨别造成学生学习困难的原因。

2. 形成性评价

(1)形成性评价的概念

形成性评价是在教学过程中为改进和完善教学活动而进行的对学生学习过程及结果的评价。它包括在一节课或一个课题的教学中对学生的口头提问和书面测验。

(2)形成性评价的主要功能

①改进学生的学习;②为学生的学习定步;③强化学生的学习;④给教师提供反馈。

3. 总结性评价

(1)总结性评价的概念

总结性评价也称为**终结性评价**,是在一个大的学习阶段、一个学期或一门课程结束时对学生学习结果的评价。总结性评价注重考查学生掌握某门学科的整体程度,概括水平较高,测验内容范围较广,常在学期中或学期末进行。

(2)总结性评价的主要功能

①评定学生的学习成绩;②证明学生掌握知识、技能的程度和能力水平以及达到教学目标的程度;③确定学生在后继教学活动中的学习起点;④预言学生在后继教学活动中成功的可能性;⑤为制定新的教学目标提供依据。

考点2　绝对性评价、相对性评价和个体内差异评价

根据评价采用的标准,可以分为绝对性评价、相对性评价和个体内差异评价。

1. 绝对性评价

(1)绝对性评价的概念

绝对性评价又称**目标参照性评价**(标准参照评价),是运用目标参照性测验对学生的学习成绩进行的评价,它主要依据教学目标和教材编制试题来测量学生的学业成绩,判断学生是否达到了教学目标的要求,而不以评定学生之间的差异为目的。

(2)绝对性评价的优缺点

绝对性评价可以衡量学生的实际水平,了解学生对知识、技能的掌握情况,宜用于升级考试、毕业考试和合格考试。它的缺点是不适用于甄选人才。

2. 相对性评价

（1）相对性评价的概念

相对性评价又称为**常模参照性评价**，是运用常模参照性测验对学生的学习成绩进行的评价，它主要依据学生个人的学习成绩在该班学生成绩序列或常模中所处的位置来评价和决定他的成绩的优劣，而不考虑是否达到教学目标的要求。

（2）相对性评价的优缺点

相对性评价具有**甄选性强**的特点，因而可以作为选拔人才、分类排队的依据。它的缺点是不能明确表示学生的真正水平，不能表明学生在学业上是否达到了特定的标准，对于个人的努力状况和进步的程度也不够重视。

3. 个体内差异评价

（1）个体内差异评价的概念

个体内差异评价是对被评价者的过去和现在进行比较，或对评价对象的不同方面进行比较。

（2）个体内差异评价的优缺点

个体内差异评价的最大优点是充分体现了尊重个体差异的因材施教原则，适当减轻了评价对象的压力。但是，由于评价本身缺乏客观标准，因此不易给评价对象提供明确的目标，难以发挥评价的应有功能。

> **小香课堂**
>
> 考生在理解绝对性评价、相对性评价和个体内差异评价这三个概念时，可把绝对性评价理解为"看标准"，把相对性评价理解为"看位置"，把个体内差异评价理解为"看自己"。

考点3　内部评价和外部评价

根据评价主体，可以分为内部评价和外部评价。

内部评价也就是自我评价，指由课程设计者或使用者自己实施的评价。这种评价易于开展，可以经常进行。

外部评价是被评价者之外的专业人员对评价对象进行明显的（看得见的、众所周知的）统计分析或文字描述。

考点4　正式评价和非正式评价

根据教学评价的严谨程度，可以分为正式评价和非正式评价。

正式评价指学生在相同的情况下接受相同的评估，且采用的评定工具比较客观，如测验、问卷等。

非正式评价则是针对个别学生，且评价的资料大多是采用非正式方式收集的，如观察、谈话等。

有时，教师也会采用非正式评价作为正式评价的补充。例如，为了对小明的智力水平进行更全面的评价，教师在对他进行智力测验之后，如果能再结合平时的观察以及与小明面谈的情况，就有可能获得更详细的信息，如小明可能只是因为比较好动、注意力不易集中，导致在智力测验中表现较差，而并不是由于能力低下。

知识再拔高

真实性评价

真实性评价是检验学生综合能力的一种评价，它提供给学生真实生活中的种种问题、挑战，以供学生应用相关知识、技能、态度及智慧。真实性评价应该至少包括一项真实性任务，在真实性评价中，学生通过能够展现其理解水平的方式应用信息，展现其对已有知识的驾驭能力。学生在评价之初就应该明了评价标准，这样他们亦可以应用标准进行自我评价。

真题面对面

1.[2022,单,2分]下列选项中,对形成性评价的功能描述不正确的是(　　)

A.有利于强化学生的学习　　　　　　　　B.有利于确定学生的学习进度

C.有利于给教师提供反馈　　　　　　　　D.有利于检查学生的学习准备程度

2.[2022,判断,1分]招聘、升学等选拔性考试通常采用目标参照评价。(　　)

3.[2021,判断,1分]某语文老师在教学过程中为了了解学生对阅读知识和技能的掌握情况而进行的评价是诊断性评价。(　　)

答案:1.D　2.×　3.×

四、现代教育评价 【案例分析】

考点1　现代教育评价的理念

现代教育评价的理念是**发展性评价**与**激励性评价**。以被评价者的发展为本,重视被评价者的起点和发展过程中出现的各种问题。评价的根本目的是促进评价对象的发展,它基于评价对象的过去,重视评价对象的现在,更着眼于评价对象的未来。

考点2　发展性评价

一般把以实现评价的综合功能为目的的评价称为"**发展性评价**",并把评价的综合功能称为"**发展功能**"。

1.发展性评价的基本内涵

(1)评价目的。评价的根本目的在于促进发展。淡化原有的甄别与选拔功能,关注学生、教师、学校和课程发展中的需要,突出评价的激励与调控功能,激发学生、教师、学校和课程的内在发展动力,促进其不断进步,实现自身价值。

(2)评价功能。与课程功能的转变相适应,发展性评价体现基础教育课程改革的精神,有利于基础教育课程改革的顺利实施。

(3)评价观念。发展性评价体现最新的教育观念和课程评价发展的趋势。关注人的发展,强调评价的民主性和人性化的发展,重视被评价者的主体性与评价对个体发展的建构作用。

(4)评价内容与评价标准。评价内容综合化,重视知识以外的综合素质的发展,尤其是创新、探究、合作与实践等能力的发展,以适应人才发展多样化的要求;评价标准分层化,关注被评价者之间的差异性和发展的不同需求,以个体发展的独特性促进其在原有水平上的提高。

(5)评价方式。评价方式多样化,将量化评价方法与质性评价方法相结合,适应综合评价的需要,丰富评价与考试的方法,如成长记录袋、学习日记、情境测验、行为观察和开放性考试等,追求评价的科学性、实效性和可操作性。

(6)评价主体。评价主体多元化,从单方转为多方,增强评价主体间的互动,强调被评价者成为评价主体中的一员,建立学生、教师、家长、管理者、社区和专家等共同参与、交互作用的评价制度,以多渠道的反馈信息促进被评价者的发展。

(7)评价过程。关注评价过程,将形成性评价与终结性评价有机地结合起来,使学生、教师、学校和课程的发展过程成为评价的组成部分,而终结性的评价结果随着改进计划的确定亦成为下一次评价的起点,进入被评价者发展的进程之中。

2.发展性评价的特征

(1)促进被评价者的发展;(2)要求评价者和被评价者具有共同的价值取向;(3)注重过程评价;(4)关注个体差异;(5)强调评价主体多元化。

★ 考点大默写 ★

1. _____是指以教学目标为依据,通过一定的标准和手段,对教学活动及其结果给予价值上的判断,即对教学活动及其结果进行测量、分析和评定的过程。
2. 根据教学评价的作用,可以将教学评价分为诊断性评价、_____和总结性评价。
3. 刘老师为了能及时了解学生在学习上的进展,对学生进行了一次随堂小测验。这种评价属于_____。
4. 根据评价采用的标准,可以将教学评价分为_____、_____和个体内差异评价。
5. 为了更好地了解学生的知识水平,更好地开展教学,某中学各班在新学期开始时都进行了摸底考试,这种评价方式属于_____。
6. 形成性评价的主要功能包括:_____、为学生的学习定步、强化学生的学习和_____。
7. 赵老师在课堂举行演讲比赛,胜出的学生可以代表班级参加学校演讲比赛,这种评价方法属于_____。
8. 小鑫上学期期末英语成绩为65分,本学期期末英语成绩为78分,英语老师给小鑫的评价结果是"进步"。这种评价方法属于_____。
9. 小明数学成绩非常不理想,但数学老师发现小明的逻辑推理能力特别好,记忆能力稍微差一些。这种评价属于_____。
10. 俗语所说的"矮个子里找高个"运用的是_____。
11. 按照评价主体,可以将评价分为_____和_____。
12. _____是运用目标参照性测验对学生的学习成绩进行的评价。

【参考答案】

1.教学评价 2.形成性评价 3.形成性评价 4.绝对性评价(目标参照性评价/标准参照评价);相对性评价(常模参照性评价) 5.诊断性评价 6.改进学生的学习;给教师提供反馈 7.相对性评价 8.个体内差异评价 9.个体内差异评价 10.相对性评价 11.内部评价;外部评价 12.绝对性评价

第六节 教学模式

一、教学模式的内涵

教学模式是指在一定教学思想或教学理论指导下建立起来的较为稳定的教学活动结构框架和活动程序。作为结构框架,突出了教学模式从宏观上把握教学活动整体及各要素之间的内部关系和功能;作为活动程序则突出了教学模式的有序性和可操作性。

第一部分 教育学 137

二、常见的教学模式

考点1　当代国外主要的教学模式

1. 探究式教学

(1) 内涵

探究式教学依据皮亚杰和布鲁纳的建构主义理论，以问题解决为中心，注重学生独立活动的开展，注重学生的前认知，注重体验式教学，有利于培养学生的探究和思维能力。

(2) 基本程序

问题—假设—推理—验证—总结提高，即首先创设一定的问题情境，提出问题，然后组织学生对问题进行猜想和做假设性的解释，再设计实验进行验证，最后总结规律。

2. 抛锚式教学

(1) 内涵

抛锚式教学要求建立在有感染力的真实事件或真实问题的基础上，所以有时也被称为"实例式教学"或"基于问题的教学"或"情境性教学"。抛锚式教学的理论基础是建构主义。建构主义认为，学习者要想完成对所学知识的意义建构，最好的办法是让学习者到现实世界的真实环境中去感受、去体验（即通过获取直接经验来学习）。

(2) 基本程序

创设情境—确定问题—自主学习—协作学习—效果评价。

3. 范例教学模式

(1) 范例教学模式的提出者及特点

范例教学模式是由德国教育心理学家瓦·根舍因提出来的。范例教学模式具有如下特点：

①体现**基本性**，教学重视基本知识的学习；

②体现**基础性**，教学重视学生实际和可接受性，难度适宜；

③体现**范例性**，在学科知识中精选起示范作用的内容，便于学生学习时进行正向迁移；

④体现四个统一，即知识教学与德育的统一、问题教学与系统学习的统一、掌握知识与发展能力的统一、主体与客体的统一。

(2) 范例教学的基本程序

范例性地阐明"个"案—范例性地阐明"类"案—范例性地掌握规律原理—掌握规律原理的方法论意义—规律原理的运用训练。在教学过程中，教师应注意选取不同的带有典型性的范例，从个别入手，归纳成类；再从类入手，提炼本质特征；最后上升到规律与原理。范例教学模式比较适合社会科学中的一些原理和规律的教学，有助于培养学生的分析能力，有助于学生理解规律和原理。

考点2　当代我国主要的教学模式

1. 自学—指导式

教师是学生自学的"指导者""引导者"。教师一般要设计出要求明确的自学提纲，提供必要的参考书、学习辅助工具（如词典、字典）。该模式主要用于具备一定阅读能力的学生。

2. 目标—导控式

学习是按由低到高的不同水平逐步递进的。每一较高水平的学习植根于较低水平的学习上。因而要设计出由低到高的一个紧接一个的程序化目标,通过评价学生对学习目标所达到的水平,以调节教师给学生提供的学习条件和时间,发挥每个学生都能学好的潜能。

3. 传递—接受式

传递—接受式教学模式以传授系统知识、培养基本技能为目标,其着眼点在于充分挖掘人的记忆力、推理能力以及间接经验在掌握知识方面的作用,使学生能够快速有效地掌握更多的信息量。该模式强调教师的指导作用,认为知识是从教师到学生的一种单向传递,非常注重教师的权威性。

基本程序:复习旧课—激发学习动机—讲授新课—巩固练习—检查评价—间隔性复习。

4. 问题—探究式(引导—发现式)

这是一种以解决问题为中心,注重学生独立活动,着眼于创造性思维能力和意志力培养的教学模式。

操作程序:第一步,提出问题。第二步,建立假说。针对问题,提出解决问题的可能性设想。第三步,拟定计划。第四步,验证假说。资料式的验证主要是通过学生收集、整理有关假说的材料,经分析、概括得出结论。实验式的验证主要是通过动手做实验、分析实验、总结实验结果,看假说是否成立、有效。第五步,根据验证的结果,交流提高。

5. 情境—陶冶式

这种教学模式是从"人的认识是有意识心理活动和无意识心理活动的统一、理智活动和情感活动的统一"的观点出发,通过创设一种情感和认识相互促进的教学环境,引导学生在轻松愉快的教学氛围中有效地获取知识、陶冶情感的教学模式。

理论依据:吸取了洛扎诺夫的暗示教学理论,并参照我国教学实际工作者积累的有效经验加以概括而形成,如情境教学、愉快教学、成功教学等。

6. 示范—模仿式

示范—模仿式教学模式是教师有目的地把示范技能作为有效的刺激,以引起学生相应的行动,使他们通过模仿,有效地掌握必要的技能的一种教学模式。它是教学中最基本的教学模式之一,多用于以训练技能为目的的教学。

基本步骤:定向(明确所学目的)—参与性练习—自主练习—迁移(熟练掌握)。

边缘考点

考点 其他新兴的教学模式

1. 慕课

所谓"慕课(MOOC)",即 Massive Open Online Course 的英文首字母缩写的中文音译,意为大规模开放在线课程。只有当课程是开放的,才可以称之为"慕课",只有这些课程是大型的或者大规模的,它才是典型的"慕课"。慕课的主要特点包括:(1)大规模;(2)开放性;(3)非结构性;(4)自主性;(5)网络性;(6)交互性。

2. 翻转课堂

所谓翻转课堂,就是在信息化环境中,课程教师提供以教学视频为主要形式的学习资源,学生在上课前完成对教学视频等学习资源的观看和学习,师生在课堂上一起完成作业答疑、协作探究和互动交流等活动的一种新型的教学模式。

翻转课堂的教学是一种先学后教的模式,是自主性、互动式、个性化的教学模式,有利于提升教学质量和学习质量。

真题面对面

[2019,单,2分]课前学生自学教学视频等教学资源,课堂上师生开展作业答疑、协调探究和互动交流等活动。这种教学模式是( )

A.翻转课堂　　　　B.视频教学　　　　C.范例教学　　　　D.程序教学

答案:A

★ 考点大默写 ★

1. _____ 是指在一定教学思想或教学理论指导下建立起来的较为稳定的教学活动结构框架和活动程序。

2. _____ 要求建立在有感染力的真实事件或真实问题的基础上,所以有时也被称为"实例式教学"或"基于问题的教学"或"情境性教学"。

3. 以问题解决为中心,注重学生独立活动,着眼于创造性思维能力和意志力培养的教学模式为_____。

4. _____ 教学模式强调教师的指导作用,认为知识是从教师到学生的一种单向传递。

5. 以传授系统知识和培养基本技能为目标的教学模式是_____。

6. 在动作技能的教学(比如广播体操的教学,武术动作的教学)中,比较合适的教学模式是_____。

【参考答案】

1. 教学模式　2. 抛锚式教学　3. 问题—探究式/引导—发现式　4. 传递—接受式　5. 传递—接受式
6. 示范—模仿式

第七节　教育教学技能

一、课堂教学技能

根据课堂教学技能的功能和作用,可分为课堂导入技能、课堂讲授技能、课堂提问技能、课堂倾听技能、课堂对话技能、课堂板书技能、教学反馈和强化技能、结课技能、布置和批改作业技能。下面,我们主要阐述课堂导入技能、课堂提问技能、教学强化技能和结课技能。

考点1　课堂导入技能

课堂导入是教师在新的教学内容和教学活动开始时,通过简短的言语或行为,引导学生迅速进入学习状态的教学行为方式。

1. 课堂导入的类型　【单选】

(1)直接导入

直接导入是指教师上课伊始直接阐明本节课的学习内容、目标和要求的导入方法。这是**最简单和最常用**的一种导入方法。

(2)温故导入

温故导入是指教师通过帮助学生复习与即将学习的新知识有关的旧知识,从中找到新旧知识的联结点,合乎逻辑、顺理成章地引导学生学习新知识的一种导入方法。温故导入是由已知导向未知,过渡流畅自然,适用于连贯性和逻辑性较强的知识内容。

(3)直观导入

直观导入指教师借助于实物、标本、挂图等直观教具,以及投影、录像等媒体或示范性实验,对与教学内容相关的信息进行演示,并引导学生通过观察产生疑问,进行思考,从而自然进入新课学习的一种导入方法。这种导入有助于学生获得感性知识,调动学生学习的积极性。

(4)问题导入

问题导入是指教师通过提出富有启发性的问题,引起学生回忆、联想、思考,从而激发学生产生学习和探究欲望,进而导入新的教学内容的一种导入方法。疑问是学习的起点,也是学习的动力。问题导入能激发学生思维,活跃课堂气氛,使学生带着问题学习,从而促使学生对知识的理解更加深刻。

(5)实例导入

实例导入是指教师从学生实际生活中选择与教学内容有密切联系的实例开讲,从而使学生进入学习情境,引出教学内容的一种导入方法。应用实例导入新课,可使抽象的问题具体化,复杂的问题简单化,深奥的问题浅显化。提供实例的方式可以是口头的,也可以是书面的。运用实例导入时应注意:①所选实例必须真实,学生熟悉,且紧扣教学内容;②所选实例要典型、生动、符合学生特点。

(6)情境导入

情境导入是指教师运用满怀激情的朗读、演讲或者通过音乐、动画、录像等创设有趣的学习情境,感染学生,引起学生丰富的想象和联想,使其情不自禁地进入学习情境的一种导入方法。具体生动的情境具有很强的感染力和说服力,可以触及学生的内心深处,使其思想与教学内容发生联结。

此外,常用的导入类型还有审题导入、游戏导入、练习导入、经验导入等。

真题面对面

[2018,单,2分]教师展示实物、标本让学生观察,这种导入新课的方法属于(　　)

A.直接导入　　　B.问题导入　　　C.故事导入　　　D.直观导入

答案:D

2.课堂导入的基本要求　【单选】

(1)导入要有针对性

课堂导入要根据教学实际有针对性地设计:①导入设计要与学科性质、教学内容和教学目标相适应;②要针对不同年龄阶段学生的心理特点、知识基础、认识水平设计导入。

(2)导入要有启发性、趣味性

富有启发性的导入能引导学生发现问题,激发学生解决问题的强烈愿望,在学生思维上创造矛盾冲突,调动学生积极的思维活动,使他们更好地理解新的教学内容。

教师可以通过设置悬念、创设情境、做游戏、展示现象等方法来设计具有启发性的课堂导入,激发学生兴趣。

(3)导入要有新颖性

求新求异,喜欢新鲜事物,爱听新鲜事是学生普遍具有的心理。心理学研究表明,令学生耳目一新的"新异刺激",可以有效地强化学生的感知态度,吸引学生的注意。因此,导入的形式和内容要有新意,才能激起学生的兴趣。新颖性导课往往能"出奇制胜",但应切忌单为新颖猎奇而走向荒诞不经的极端。

(4)要恰当把握导入的"度"

课堂导入的主要目的是把新旧知识联结起来,引出新知识,使学生更好地学习新知识。因此,教师一定要把握好导入的"度"。课堂导入应尽量做到简练省时,力争用最少的话语、最短的时间导入新课,引出新的教学内容。

> **真题面对面**
>
> [2023,单,1分]教师用动画片、故事等学生喜闻乐见的形式导入新课。这种导入形式体现了( )
>
> A.导入要有针对性　　　　B.导入要有趣味性
> C.导入要有厚重感　　　　D.导入要有"度"的把握
>
> 答案:B

考点2　课堂提问技能

1.课堂提问的含义

课堂提问是教师在课堂教学中,通过创设问题情境、设置疑问引导和促进学生学习的教学行为方式。

2.课堂提问的类型

根据不同的标准,可以把提问分为多种类型。本节则主要阐述根据**布卢姆**的目标分类学中关于认知目标的层次把课堂提问划分的六种类型:

(1)**回忆提问**,是从巩固所学知识出发设计的提问。通过提问让学生回忆、复习前面学过的知识,并通过复习旧知,求得新知。

(2)**理解提问**,是检查学生对事物本质和内部联系的把握程度的提问。需要学生对已学过的知识进行回忆、解释、重新整合,对学习材料进行内化处理,组织语言然后表达出来。

(3)**应用提问**,是检查学生在具体情境中应用所学概念、规则、原理解决实际问题的能力水平的提问。通过应用,学生把理论知识和社会生活实践联系起来,可以培养和提高他们解决问题的能力。

(4)**分析提问**,是要求学生通过分析知识结构,弄清概念之间的关系或者事件的前因后果,最后得出结论的提问方式。学生必须通过认真思考,对材料进行加工、组织、解释和鉴别才能解决问题。

(5)**综合提问**,是要求学生发现知识之间的内在联系,并在此基础上把教材中的概念、规则等重新组合的提问方式。综合提问的目的在于训练学生掌握把事物的各个部分、方面、要素、阶段联结成为整体进行考查并找出其相互联系的思维方式。

(6)**评价提问**,是让学生运用一定的准则和标准对观念、作品等做出价值判断,或进行比较和选择的一种提问方式。评价提问是**最高层次**的提问,目的在于训练学生对人、事、物进行比较、鉴赏和评价的能力。学生在回答此类问题时必须先设定标准和价值观念,再据此对事物做出判断和选择。

3.课堂提问的基本要求

(1)合理地设计问题;(2)面向全体学生提问;(3)目的明确,把握好时机;(4)提问的语言要准确,具有启发性;(5)提问的态度要温和自然;(6)及时进行评价和总结。

考点3　教学强化技能

1. 教学强化的概念和类型

教学强化是指教师采用一定方法促进和增强学生某一行为向教师期望的方向发展的教学行为。教学强化的类型如下。

表1-28　教学强化的类型

强化类型	内涵
语言强化	教师通过语言对学生的行为及其结果给予肯定,从而使学生的行为向着教师所希望的方向发展的强化。语言强化分为口头语言强化和书面语言强化两种
非言语强化	教师运用某种非言语因素的身体动作、表情和姿势等传递一种信息,对学生的某种行为表现表示赞赏和肯定,常用的非言语强化有:面部表情;眼神的运用;体态语强化;服饰语强化
标志强化	教师运用一些醒目的文字、符号、色彩对比等,对学生的行为进行的强化
动作强化	教师用体态语言对学生的表现进行的强化,包括头势、手势、目光和姿态等,头势如点头或摇头,手势如鼓掌、伸大拇指
活动强化	教师让学生承担任务从而对学生的学习行为进行的强化

2. 教学强化的基本要求

(1)强化目标要明确;(2)强化态度要诚恳;(3)强化时机要恰当;(4)强化方式要灵活;(5)强化要与反馈有机结合。

考点4　结课技能

1. 结课的内涵

结课是指教师在完成课堂教学活动时,为使学生所学的知识得以及时转化、升华、条理化和系统化,教师对学过的知识进行归纳总结的教学行为。

结课在课堂教学中具有举足轻重的作用:(1)有助于对教学内容进行归纳和总结并使之系统化;(2)有助于检查教与学的效果;(3)有助于激发并维持学生的学习动机;(4)有助于学生巩固所学知识;(5)具有教学过渡的作用。

2. 结课的方法

表1-29　结课的方法

结课的方法	内涵	特点
归纳结课（总结式结课）	教师用总结性的语言提纲挈领地再现一节课或一个章节的知识结构体系,从而结束课堂教学	不能对讲授内容简单重复,而应有所创新
比较结课	教师通过分析和比较使学生掌握新旧知识之间的关系,从而结束课堂教学	一般用于具有明显可比较性的教学内容
活动结课	教师采用讨论、实验、演示、竞赛等形式进行结课	主要目的是通过活动引导学生主动参与分析、综合、对比等思维活动,印证所学
悬念结课	教师通过设置疑问、留下悬念以启发学生思考的结课方法(在上下两节课的内容有密切联系时,教师可以通过一个吸引人的悬念激发学生的求知欲,顺势要求学生带着疑问去预习新课,为下一节课做好铺垫)	(1)设置的问题要有启发性;(2)所设的悬念是学生自主探索能够解决的,并且与下节课的内容密切相关

续表

结课的方法	内涵	特点
拓展延伸结课	教师把教学内容做进一步延伸和拓展来结束课堂教学	教师要考虑到学生能获得的课程资源,提出的要求一定是学生通过努力能够做到的
游戏结课	根据教学内容和学生特点,运用游戏结束课堂教学,以游戏作小结,寓教于乐	增强教学效果,检验和巩固所学知识,促进学生的学习体验
回味式结课（意味深长式结课）	教师用含蓄隽永、耐人寻味的语词、诗歌、箴言或隐喻结课	使学生意味深长和难以忘怀
激励式结课	教师以充满激情、洋溢理想的话语、故事、箴言或谚语结课	能够打动学生的心扉,给学生留下深刻的印象

3. 结课的基本要求

(1)结课要有针对性;(2)结课要有全面性和深刻性;(3)结课要简洁明快;(4)结课要有趣味性。

二、说课技能

考点1　说课的含义

说课是说课者运用一定的理论,将自己教学系统设计的思路、依据或者教学后的反思,借助口头语言和其他辅助手段,简约地与同行、教学研究人员以及教育部门有关领导进行交流、探讨,以改进说课者的教学设计、提高教学质量、促进教师成长发展的一种教学研究活动和方式。

简言之,说课就是教师阐述在课堂教学中做什么,怎么做,为什么这么做的教学研究活动。说课的重点是"为什么这样做",要把教学构想、教学效果及其理论依据说清楚。

考点2　说课的功能

(1)检查功能。领导可以通过教师说课,检查其备课情况,指出存在的问题,促使其修改教学方案,进一步提高备课质量。

(2)评价功能。通过说课,评价教师的教育教学理论功底,文化知识、专业知识掌握程度,评价教师的业务能力,进而综合评价教师的教学水平。

(3)培训功能。教师说课需要说清教材分析和处理、教法设计,还需讲出做法的依据,这就必然促使教师去钻研教材、钻研教法,学习教育教学理论,使自身文化业务素质不断提高。

(4)研究功能。说课与评"说"是紧密结合在一起的,说者在说前需要深入研究,评者要给予点拨、指导评价。

考点3　说课的内容　【多选】

1. 说教材

教材是教学大纲的具体化,是教师教、学生学的具体材料。因此,说课首先要求教师说教材。分析教材应从以下几方面来分析:教材的前后联系和所处的地位;教材的内容和作用;教学重点、难点等。

2. 说教学目标

教学目标是讲课的出发点和归宿,所以要制定得明确、具体,这样才能切实对课堂教学起到指导作用。制定目标时要根据课标要求和教材内容,准确地确定若干条目标。

3. 说学生(说学情)

学生是学习的主体,因此教师说课必须说清楚学生。对学生做出准确无误的分析,这是教学得以正确开展的基础。

说学生包括三方面情况:(1)学生的旧知识基础和生活经验;(2)学生的起点能力分析;(3)学生的一般特点与学习风格差异。

4. 说教学方法

(1)**说教法**。教师说教法,不仅要说选择哪些教法,还要说清楚为什么。对于说教法要注意三个方面:

①要明确各种教学方法的特点和作用,做到教法合理优选,有机结合;

②教法的选择和运用应以启发式教学为指导思想;

③选择教法的理论依据要准确、具体、针对性强。

(2)**说学法**。学法指导是指教师在传授知识、发展能力的同时,对学生进行学习方法指导,使他们掌握一定的学习方法,并获得选择和运用恰当的学习方法进行有效学习的能力。对于说学法要注意两个方面:

①准备教给学生什么学习方法,培养哪些能力和学习习惯;

②结合教学目标、教材特点和学生年龄,贴切并具体地说出理论依据。

5. 说教学过程

说教学过程是说课的重点部分。说教学过程具体包括:(1)说教学设计思路;(2)说教学流程;(3)说教学媒体准备;(4)说板书设计。

真题面对面

[2023,多,2分]说课是教学研究工作的重要形式。说课的主要内容包括(　　)

A. 说教材　　　　　　　　　　B. 说学情

C. 说教学过程　　　　　　　　D. 说教学目标

E. 说教法

答案:ABCDE

考点4　说课的基本要求

(1)语言简明,重点突出;(2)关注教学创新,突出自身特色;(3)说理透彻,理论与实践相结合;(4)要具有较强的教学反思意识。

★ 考点大默写 ★

1. 教师通过生动而富有感染力的朗读,引起学生丰富的联想和想象,使其情不自禁地进入学习情境中。这种导入方法是_____。
2. 教师展示实物、标本让学生观察进而导入新课,这种导入的方法属于_____。
3. 课堂教学中最简单、最常用的导入形式是_____。
4. 根据布卢姆的教学目标分类学对课堂提问的分类,"你怎样看待这篇散文?"属于_____水平的提问。
5. 根据布卢姆的教学目标分类学对课堂提问的分类,课堂提问中,含有"请用自己的话解释"等关键词语的提问一般属于_____水平的提问。

6. 教师用体态语言对学生的表现进行强化,属于教学强化类型中的____。
7. 在课程结束时,教师通过班级分组竞赛的方式进行结课。这种结课方式属于____。
8. 说课的内容包括:____、____、____、____和____。

【参考答案】
1. 情境导入　2. 直观导入　3. 直接导入　4. 评价　5. 理解　6. 动作强化　7. 活动结课　8. 说教材;说教学目标;说学生/说学情;说教学方法;说教学过程

即时反思与复盘总结

我于_____年___月___日完成了对本章的学习。

复盘一下,我对自己较肯定的地方是_____

(足够努力/心态积极/方法得当……)

我觉得自己需要改进的地方是_____

(懒惰懈怠/心情浮躁/方法不当……)

休息片刻,开启下一站征程!

第七章 德育

思维导图

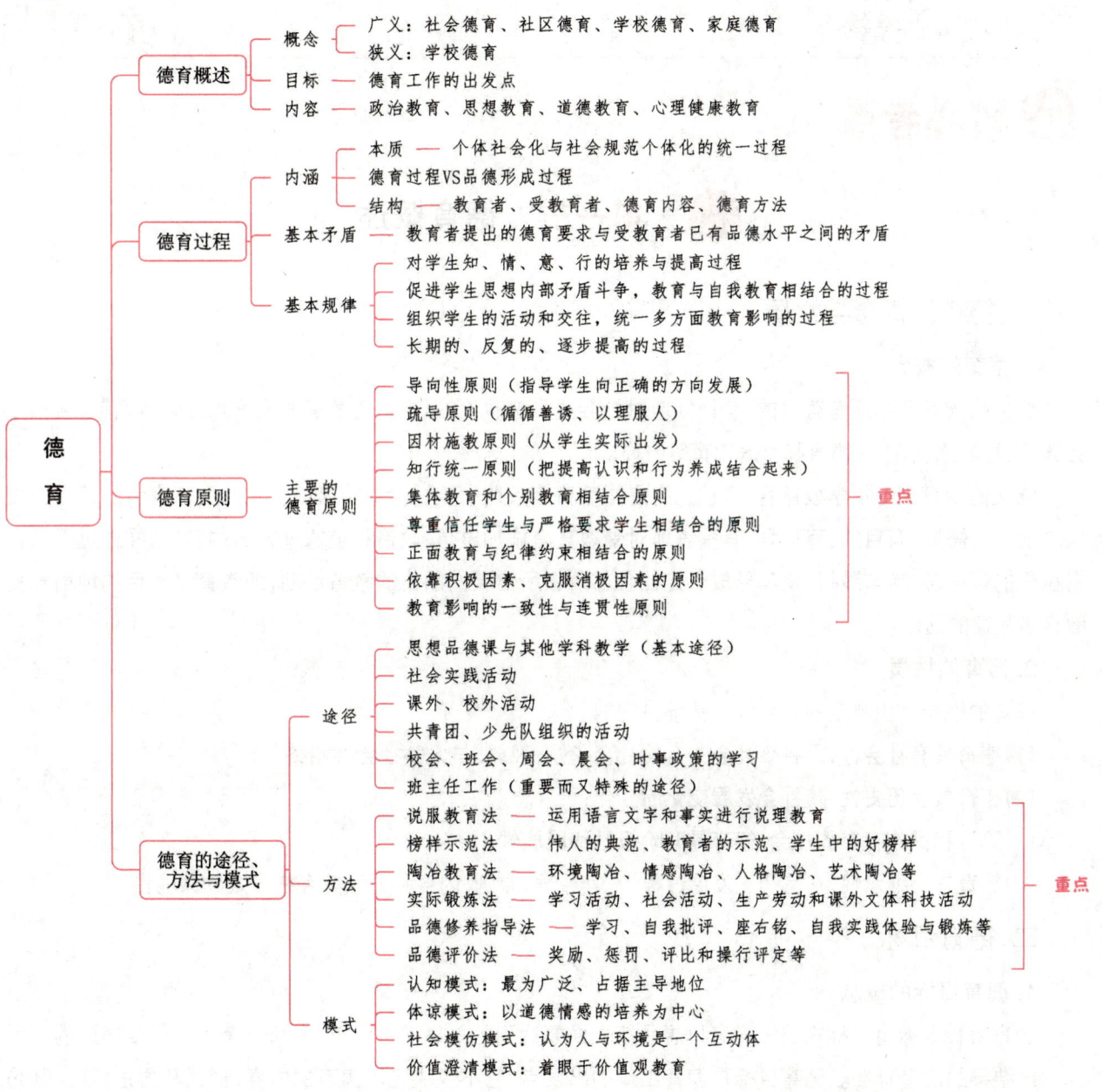

- 德育
  - 德育概述
    - 概念
      - 广义：社会德育、社区德育、学校德育、家庭德育
      - 狭义：学校德育
    - 目标 —— 德育工作的出发点
    - 内容 —— 政治教育、思想教育、道德教育、心理健康教育
  - 德育过程
    - 内涵
      - 本质 —— 个体社会化与社会规范个体化的统一过程
      - 德育过程VS品德形成过程
      - 结构 —— 教育者、受教育者、德育内容、德育方法
    - 基本矛盾 —— 教育者提出的德育要求与受教育者已有品德水平之间的矛盾
    - 基本规律
      - 对学生知、情、意、行的培养与提高过程
      - 促进学生思想内部矛盾斗争，教育与自我教育相结合的过程
      - 组织学生的活动和交往，统一多方面教育影响的过程
      - 长期的、反复的、逐步提高的过程
  - 德育原则
    - 主要的德育原则（重点）
      - 导向性原则（指导学生向正确的方向发展）
      - 疏导原则（循循善诱、以理服人）
      - 因材施教原则（从学生实际出发）
      - 知行统一原则（把提高认识和行为养成结合起来）
      - 集体教育和个别教育相结合原则
      - 尊重信任学生与严格要求学生相结合的原则
      - 正面教育与纪律约束相结合的原则
      - 依靠积极因素，克服消极因素的原则
      - 教育影响的一致性与连贯性原则
  - 德育的途径、方法与模式
    - 途径
      - 思想品德课与其他学科教学（基本途径）
      - 社会实践活动
      - 课外、校外活动
      - 共青团、少先队组织的活动
      - 校会、班会、周会、晨会、时事政策的学习
      - 班主任工作（重要而又特殊的途径）
    - 方法（重点）
      - 说服教育法 —— 运用语言文字和事实进行说理教育
      - 榜样示范法 —— 伟人的典范、教育者的示范、学生中的好榜样
      - 陶冶教育法 —— 环境陶冶、情感陶冶、人格陶冶、艺术陶冶等
      - 实际锻炼法 —— 学习活动、社会活动、生产劳动和课外文体科技活动
      - 品德修养指导法 —— 学习、自我批评、座右铭、自我实践体验与锻炼等
      - 品德评价法 —— 奖励、惩罚、评比和操行评定等
    - 模式
      - 认知模式：最为广泛、占据主导地位
      - 体谅模式：以道德情感的培养为中心
      - 社会模仿模式：认为人与环境是一个互动体
      - 价值澄清模式：着眼于价值观教育

第一部分　教育学　　147

河南特岗考向

本章属于教育学的重点章节,考查内容较繁杂,但考查难度相对较低。现对2014～2023年本章河南特岗考向分析如下:

考点	考频	题型	能力层级
我国中小学主要的德育原则	3	单选、案例	应用
德育途径	1	论述	识记
常用的德育方法	4	单选、论述	区分

核心考点

第一节 德育概述

一、德育的概念与性质

1. 德育的概念

广义的德育泛指所有有目的、有计划地对社会成员在政治、思想与道德等方面施加影响的活动,包括社会德育、社区德育、学校德育和家庭德育等方面。

狭义的德育则专指学校德育,学校德育是指教育者按照一定社会或阶级的要求和受教育者品德形成发展的规律与需要,有目的、有计划、有系统地对受教育者施加思想、政治和道德等方面的影响,并通过受教育者积极的认识、体验与践行,使其形成一定社会与阶级所需要的品德的教育活动,即教育者有目的地培养受教育者品德的活动。

2. 德育的性质

德育的性质是由特定的社会经济基础决定的。

(1)德育具有社会性,是各个社会共有的社会、教育现象,与人类社会共始终;

(2)德育具有历史性,随社会发展变化而变化;

(3)阶级和民族存在的社会,德育具有阶级性和民族性;

(4)德育具有继承性,在其历史发展过程中,其原理、原则、内容和方法等存在一定的共同性。

二、德育目标

1. 德育目标的概念

德育目标是教育目标在受教育者思想品德方面要达到的总体规格要求,亦即德育活动所要达到的预期目的或结果的质量标准。德育目标是德育工作的出发点,它不仅决定了德育的内容、形式和方法,而且制约着德育工作的基本过程。

2. 确立德育目标的依据

要使德育目标具有科学性和可行性,就必须使德育目标建立在客观、科学的基础上。一般而言,德育目标的确立主要依据四个方面:

（1）青少年思想品德形成、发展的规律及心理特征；（2）国家的教育方针和教育目的；（3）民族文化及道德传统；（4）时代与社会发展需要。

三、德育内容

考点1　学校德育内容的概念

学校德育内容是教育者依据学校德育目标所选择的，形成受教育者品德的社会思想政治准则和道德规范的总和。德育目标确定了培养人的总体规格和要求，但必须落实到德育内容上，才能进行有效的德育活动，达到预期目标。

考点2　德育内容的选择依据

德育内容总是随着时代的发展而变化，因不同国家社会性质、发展水平和文化传统而各显特色。其选择依据如下：

（1）德育目标，它决定德育内容；

（2）受教育者的身心发展特征，决定德育内容的深度和广度；

（3）德育所面对的时代特征和学生思想实际，决定德育工作的针对性和有效性。

此外，选择德育内容还应考虑文化传统的作用。

考点3　我国学校德育的主要内容

根据1988年、1994年和1996年中共中央颁布的有关决定，我国学校德育内容主要有政治教育、思想教育、道德教育和心理健康教育（也有说法认为，我国学校德育内容主要有政治教育、思想教育、道德教育、法纪教育和心理健康教育）。

政治教育主要是按照特定国家的政治观和社会对公民的一般要求，对公民进行系统的政治理论教育和法制教育以及社会行为规范教育。我国的政治教育主要包括马克思主义基本理论教育、阶级教育、世界观教育和社会科学教育。

思想教育是有关人生观、世界观以及相应思想观念方面的教育，包括辩证唯物主义和历史唯物主义世界观和人生观教育、革命理想和革命传统教育、劳动教育、自觉纪律教育。

道德教育主要注重受教育者的良好个性培养及社会公德的教育，我们所说的道德教育是指社会主义道德教育和共产主义道德教育。

心理健康教育主要有三方面的内容，即学习辅导、生活辅导和择业指导。

政治教育、思想教育和道德教育所包含的具体内容主要有：（1）爱国主义教育。爱国主义教育是德育的**永恒主题**，在社会发展的不同历史时期具有不同的内容，建设有中国特色的社会主义是新时期爱国主义的崭新含义。（2）理想教育。（3）集体主义教育。（4）劳动教育。（5）人道主义与社会公德教育。（6）自觉纪律教育。（7）民主与法制观念的教育。（8）科学世界观和人生观教育。

2017年教育部印发的《中小学德育工作指南》中提出的德育内容包括：理想信念教育、社会主义核心价值观教育、中华优秀传统文化教育、生态文明教育、心理健康教育。

★ 考点大默写 ★

1. 狭义的德育专指_____,是教育者有目的地培养受教育者品德的活动。
2. _____是德育的永恒主题。
3. _____是德育工作的出发点,它不仅决定了德育的内容、形式和方法,而且制约着德育工作的基本过程。
4. 我国学校的心理健康教育主要有三方面的内容,即_____、_____和择业指导。

【参考答案】
1. 学校德育　2. 爱国主义教育　3. 德育目标　4. 学习辅导;生活辅导

第二节　德育过程

一、德育过程的内涵

考点1　德育过程的概念与本质

德育过程是教育者按照一定的道德规范和受教育者思想品德形成的规律,对受教育者有目的、有计划地施加影响,以形成教育者所期望的思想品德的过程,是促使受教育者道德认识、道德情感、道德意志和道德行为发展的过程。德育过程从本质上说是个体社会化与社会规范个体化的统一过程。

考点2　德育过程与品德形成过程的关系

1. 德育过程与品德形成过程的联系

德育过程与品德形成过程是**教育与发展**的关系。德育过程的最终目标是使受教育者形成一定的思想品德。品德形成属于人的发展过程,德育过程是对品德的形成与发展过程的调节与控制。德育只有遵循人的品德形成与发展规律,才能有效地促进人的品德形成与发展。

2. 德育过程与品德形成过程的区别

(1)从活动方式来看,德育过程主要是教育者与受教育者双边活动的过程,而品德形成过程是学生个体品德自我发展的过程。

(2)从影响因素看,德育过程中学生主要接受有目的、有计划、有组织的教育影响,而品德形成过程中,学生受各种因素影响,有自觉的因素,也有自发的因素。

(3)从形成的结果看,德育过程的结果是有意识地培养学生形成符合社会要求的思想品德,而品德形成过程的结果可能与社会要求相一致,也可能不一致。

考点3　德育过程的结构

德育过程由教育者、受教育者、德育内容和德育方法这四个相互制约的要素构成。

(1)教育者是德育过程的组织者、领导者,在德育过程中起主导作用。

(2)受教育者包括受教育者个体和群体,他们都是德育的对象。在德育过程中,受教育者既是德育的客体,又是德育的主体。

(3)**德育内容**是用以形成受教育者品德的社会思想政治准则和法纪道德规范,是教育者进行德育工作的重要依据,是受教育者学习、修养和内化的客体,是教育者与受教育者双边活动的中介。

(4)**德育方法**是教育者施教传道和受教育者受教修养的相互作用的活动方式的总和。

二、德育过程的基本矛盾

德育过程的矛盾是指德育过程中各要素、各部分之间和各要素、各部分内部各方面之间的对立统一关系,包括教育者与受教育者的矛盾,教育者与德育内容、方法的矛盾,受教育者与德育内容、方法的矛盾,受教育者自身思想品德内部诸要素之间的矛盾等。

德育过程的基本矛盾是教育者提出的德育要求(社会所要求的道德规范)与受教育者已有品德水平之间的矛盾。这是德育过程中最一般、最普遍的矛盾,也是决定德育过程本质的特殊矛盾。

三、德育过程的基本规律

考点1 德育过程是对学生知、情、意、行的培养与提高过程

1. 知、情、意、行是构成思想品德的四个基本要素

学生的思想品德由知、情、意、行四个心理因素构成。学生思想品德的形成与发展,即这四个心理因素的形成与发展的过程,学校德育过程也就是对这四个品德心理因素的培养过程。

知即**品德认识**,是人们对是非善恶的认识和评价,以及在此基础上形成的品德观念,包括品德知识和品德判断两个方面。

情即**品德情感**,是人们对客观事物做出是非、善恶判断时引起的内心体验,表现为人们对客观事物的爱憎、好恶的态度。品德情感是学生产生品德行为的内部动力,是实现转化的催化剂。

意即**品德意志**,是人们为实现一定的品德行为目的所做出的努力的过程。品德意志是调节学生品德行为的精神力量。

行即**品德行为**,它是通过实践或练习形成的,是实现品德认识、情感以及由品德需要产生的品德动机的行为定向及外部表现。品德行为是衡量品德水平的**重要标志**。

2. 知、情、意、行之间的关系及其发展

德育过程的一般顺序可以概括为:提高品德认识、陶冶品德情感、锻炼品德意志和培养品德行为习惯。德育过程一般以知为开端,以行为终结。但由于社会生活的复杂性、德育影响的多样性等因素,在德育具体实施过程中,又具有多种开端,可根据学生品德发展的具体情况,或从导之以行开始,或从动之以情开始,或从锻炼品德意志开始,最后达到使学生品德在知、情、意、行几方面和谐发展的目的。

考点2 德育过程是一个促进学生思想内部矛盾斗争的发展过程,是教育与自我教育相结合的过程

(1)学生思想品德的任何变化,都依赖于学生个体的心理活动。任何外界的教育和影响,都必须通过学生思想状态的变化,经过学生思想内部的矛盾斗争,才能发生作用,促使学生品德的真正形成。

(2)在德育过程中,学生思想内部的矛盾斗争,实质上是对外界教育因素的分析、综合过程。教育者应当自觉利用矛盾运动的规律,促进学生思想矛盾向社会需要的方向转化。

(3)学生的自我教育过程,实际上也是他们思想内部矛盾斗争的过程,斗争的过程也是学生品德不断发展的过程,这一规律要求教育者高度重视培养学生的自我教育能力,发挥学生在德育过程中的主观能动性。

学生的自我教育能力是学生品德赖以形成的内部因素，也是学生品德发展程度的一个主要标志。自我教育能力主要由自我评价和自我调控能力构成。为此，要遵循学生自我教育能力的发展规律，从实际出发，因势利导，有计划地培养与提高学生的自我意识、自我评价和自我调控能力，以形成和发展他们的自我教育能力。自我教育能力的形成与发展，反过来会帮助学生更加积极地吸收外在的教育因素，促进自身的品德发展。

考点3 德育过程是组织学生的活动和交往，统一多方面教育影响的过程

(1)个体的思想品德是在活动和交往的过程中，接受外界教育影响，逐渐形成和发展，并通过活动和交往的过程表现出来的。有目的地根据德育目标和思想品德的形成规律设计实施活动，能加快个体品德发展的速度，对学生品德发展方向起规范和保证作用。这就要求教育者要精心设计和组织教育活动和交往。

(2)学生在活动中，必定受到多方面的影响，其中既有校内的正式影响，又有校外的非正式影响；既有积极正面的影响，也有消极负面的影响。学校德育应在多方面影响中发挥主导作用，抵制消极负面影响，将各种积极正面的教育影响统一到教育目的上来，形成学校、家庭、社会教育的合力，促进学生良好品德的形成和发展。

(3)德育过程中活动和交往的主要特点：①具有引导性、目的性和组织性；②不脱离学生学习这一主导活动，主要交往对象是教师和同学；③具有科学性和有效性，是按照学生品德形成发展规律和教育学、心理学原理组织的，因而能更加有效地影响学生品德的形成。

考点4 德育过程是一个长期的、反复的、逐步提高的过程

(1)德育过程是一个长期的过程。一方面，随着人类社会的不断进步，德育要在内容、手段、方法等方面不断加以调整和补充，另一方面，知、情、意、行等心理因素的培养提高也需要长期的训练和积累，这就决定了德育过程必然是一个长期的、坚持不懈的过程。

(2)德育过程是一个反复的、逐步提高的过程。学生正处于成长期，世界观尚未形成，思想很不稳定，品德发展容易出现反复，这就要求教育者要正确认识和对待这种现象，持之以恒、耐心细致地教育学生，引导学生在反复中逐步前进。

★ 考点大默写 ★

1. 德育过程的本质就是＿＿＿＿＿＿与＿＿＿＿＿＿＿＿＿＿的统一过程。
2. 德育过程通常由＿＿＿＿＿＿、＿＿＿＿＿＿、德育内容和＿＿＿＿＿＿四个相互制约的要素构成。
3. ＿＿＿＿＿＿是德育过程的组织者、领导者，在德育过程中起主导作用。
4. 德育过程的基本矛盾是＿＿＿＿＿＿＿＿＿＿与＿＿＿＿＿＿＿＿＿＿之间的矛盾。
5. 德育过程是对学生＿＿＿＿＿＿、情、＿＿＿＿＿＿、＿＿＿＿＿＿的培养与提高过程。
6. 德育过程一般以＿＿＿＿＿＿为开端，以＿＿＿＿＿＿为终结。
7. 德育过程是一个长期的、＿＿＿＿＿＿的、＿＿＿＿＿＿的过程。

【参考答案】
1. 个体社会化；社会规范个体化 2. 教育者；受教育者；德育方法 3. 教育者 4. 教育者提出的德育要求(社会所要求的道德规范)；受教育者已有品德水平 5. 知；意；行 6. 知；行 7. 反复；逐步提高

第三节 德育原则

一、德育原则的概念

德育原则是根据教育目的、德育目标和德育过程规律而提出的指导德育工作的基本要求。德育原则对制定德育大纲、确定德育内容、选择德育方法、运用德育组织形式等具有指导作用。

二、我国中小学主要的德育原则 【单选、案例分析】

考点1 导向性原则

1. 基本含义

导向性原则是指进行德育时要有一定的理想性和方向性,以指导学生向正确的方向发展。在我国,德育工作要把无产阶级的政治方向放在首位,对学生的德育要求要同共产主义目标相联系。

2. 贯彻这一原则的要求

(1)坚持正确的政治方向;(2)德育目标必须符合新时期的方针政策和总任务的要求;(3)要把德育的理想性和现实性结合起来。

考点2 疏导原则

1. 基本含义

疏导原则是指进行德育时要循循善诱、以理服人,从提高学生认识入手,调动学生的主动性,使他们积极向上。疏导原则也就是循循善诱原则。我国古代教育家孔子很善于诱导他的学生,其弟子颜回这样称赞道:"夫子循循然善诱人,博我以文,约我以礼,欲罢不能。"

2. 贯彻这一原则的要求

(1)讲明道理,疏通思想;(2)因势利导,循循善诱;(3)以表扬、激励为主,坚持正面教育。

考点3 因材施教原则(从学生实际出发)

1. 基本含义

因材施教原则是教育者在德育过程中,应根据学生的年龄特征、个性差异以及品德发展现状,采取不同的方法和措施,加强德育的针对性和实效性。孔子很早就提出了"视其所以,观其所由,察其所安"的了解学生的有效方法,并根据学生的特点进行有区别的教育。这一原则是对我国优良教育传统的继承和发扬,也符合青少年学生的身心发展规律。

2. 贯彻这一原则的要求

(1)以发展的眼光客观、全面、深入地了解学生,正确认识和评价当代青少年学生的思想特点;(2)根据不同年龄阶段学生的特点,选择不同的内容和方法进行教育,防止一般化、成人化、模式化;(3)注意学生的个别差异,因材施教。

考点4 知行统一原则

1. 基本含义

知行统一原则是指教育者在进行德育时,既要重视对学生进行系统的思想道德的理论教育,又要重视组织学生参加实践锻炼,把提高认识和行为养成结合起来,使学生做到言行一致。

2. 贯彻这一原则的要求

(1)加强理论教育,提高学生的思想道德认识;(2)组织和引导学生参加社会实践,通过实践活动加深认识,增强情感体验,养成良好的行为习惯;(3)对学生的评价和要求要坚持知行统一的原则;(4)教育者要以身作则,严于律己,言行一致。

> **真题面对面**
>
> [2021,单,2分]某小学以"做非遗文化小传人"为主题,组织学生到当地非物质文化传承基地,开展优秀传统文化教育活动。这体现的德育原则是( )
> A. 长善救失原则　　　　　　　　B. 尊重信任与严格要求相结合原则
> C. 知行统一原则　　　　　　　　D. 正面教育与纪律约束相结合原则
> 答案:C

考点5　集体教育和个别教育相结合原则

1. 基本含义

这一原则是指在德育过程中,教育者要善于组织和教育学生热爱集体,并依靠集体教育每个学生,同时通过对个别学生的教育,来促进集体的形成和发展,从而把集体教育和个别教育有机地结合起来。

这一原则是苏联教育家马卡连柯成功教育经验的总结。马卡连柯指出:教师要影响个别学生,首先要去影响这个学生所在的集体,然后通过集体和教师一道去影响这个学生,便会产生良好的教育效果。这就是著名的"平行教育原则"。

2. 贯彻这一原则的要求

(1)建立健全的学生集体;(2)开展丰富多彩的集体活动,充分发挥学生集体的教育作用;(3)加强个别教育,并通过个别教育影响集体,增强集体的生机和活力。

考点6　尊重信任学生与严格要求学生相结合的原则

1. 基本含义

这一原则是指在德育过程中,教育者既要尊重信任学生,又要对学生提出严格的要求,把严和爱有机地结合起来,使教育者的合理要求转化为学生的自觉行动。这一原则是教育者正确对待受教育者的基本情感和态度。

学生受到教师的尊重,内心会产生满意感和光荣感,这是促进学生积极向上的内在力量。我国明代教育家王阳明指出:"大抵童子之情,乐嬉游而惮拘检,如草木之始萌芽,舒畅之则条达,摧挠之则衰萎。今教童子,必使其趋向鼓舞,中心喜悦,则其进自不能已。"教师尊重学生并不意味着放松对学生的要求,更不代表教师可以放任学生。尊重学生,是对学生的信任,相信学生的能力,相信他们未来的发展。严格要求是指教师按照教育目的的要求,教育、培养学生。在德育工作中,尊重信任与严格要求是辩证统一的,尊重和信任是严格要求的前提,正如苏联教育家马卡连柯所说:"要尽量多地要求一个人,也要尽可能地尊重一个人。"爱是严的基础,严是爱的体现,只有把两者紧密结合在一起,才能取得最佳教育效果。

2. 贯彻这一原则的要求

(1)教育者要有强烈的事业心、责任感以及尊重热爱学生的态度；

(2)教育者应根据教育目的和德育目标,对学生严格要求,认真管理；

(3)教育者要从学生的年龄特征和品德发展状况出发,提出适度的要求,并坚定不渝地贯彻到底。

考点7 正面教育与纪律约束相结合的原则

1. 基本含义

这一原则是指德育工作既要正面引导,说服教育,启发自觉,调动学生接受教育的内在动力,又要辅之以必要的纪律约束,并使两者有机结合起来。青少年学生缺乏一定的行为自控能力,这就决定了在正面引导的同时,必须加以必要的纪律约束。

2. 贯彻这一原则的要求

(1)坚持正面教育原则,以客观的事实、先进的榜样和表扬鼓励为主的方法教育和引导学生；

(2)坚持摆事实,讲道理,以理服人,启发自觉；

(3)建立健全学校规章制度和集体组织的公约、守则等,并且严格管理,认真执行。

考点8 依靠积极因素,克服消极因素的原则(长善救失原则)

1. 基本含义

这一原则是指在德育工作中,教育者要善于依靠、发扬学生自身的积极因素,调动学生自我教育的积极性,克服消极因素,以达到长善救失的目的。

2. 贯彻这一原则的要求

(1)教育者要用一分为二的观点,全面分析,客观地评价学生的优点和不足；

(2)教育者要有意识地创造条件,将学生思想中的消极因素转化为积极因素；

(3)教育者要提高学生自我认识、自我评价的能力,启发他们自觉思考,克服缺点,发扬优点。

考点9 教育影响的一致性和连贯性原则

1. 基本含义

这一原则是指在德育工作中,教育者应主动协调多方面教育力量,统一认识和步调,有计划、有系统、前后连贯地教育学生,发挥教育的整体功能,培养学生正确的思想品德。

2. 贯彻这一原则的要求

(1)充分发挥教师集体的作用,统一学校内部的多种教育力量,使之成为一个分工合作的优化群体；

(2)争取家长和社会的配合,主动协调好与家庭、社会教育的关系,逐步形成以学校为中心的"三位一体"的德育网络；

(3)保持德育工作的经常性和制度化,处理好衔接工作,保证对学生影响的连续性、系统性,使学生的思想品德得以循序渐进地持续发展。

记忆有妙招

> 为帮助考生记忆,我们将我国中小学主要的德育原则总结为如下口诀：
> 两导两因一知行,尊重集体要正面,另外还有一教育。

两导：导向性原则、疏导原则。**两因**：因材施教原则，依靠积极因素、克服消极因素的原则。**一知行**：知行统一原则。**尊重**：尊重信任学生与严格要求学生相结合的原则。**集体**：集体教育和个别教育相结合原则。**要正面**：正面教育与纪律约束相结合的原则。**一教育**：教育影响的一致性和连贯性原则。

真题面对面

[2018，案例分析，10分] 四(3)班的小东，非常顽皮，不讲卫生，上课爱打瞌睡，学习成绩也不好，同学们很不喜欢他，他也常表现出破罐子破摔的样子。班主任黄老师看在眼里，急在心上。一次班会活动，黄老师发现小东在台上镇定自若，还很幽默，就及时表扬、鼓励了他。在一次"班级之最"评选中，小东被评为"小品演得最好的人"。由于小东点子多，大家选他做了班会策划的组长，得到老师和同学们的肯定后，小东积极为班级做事，变得干净整洁了，也爱学习了。小东原来最不喜欢上黄老师的英语课，现在是英语课上发言最积极的人，学习也有了明显的进步。

请结合德育原则对此案例进行分析。

答案：(1)因材施教原则是指教育者在德育过程中，应根据学生的年龄特征、个性差异以及品德发展现状，采取不同的方法和措施，加强德育的针对性和实效性。案例中的小东点子多，老师和同学选他做了班会策划的组长，这体现了因材施教的德育原则。

(2)依靠积极因素，克服消极因素的原则(长善救失原则)是指在德育工作中，教育者要善于依靠、发扬学生自身的积极因素，调动学生自我教育的积极性，克服消极因素，以达到长善救失的目的。案例中的小东开始时非常顽皮，不讲卫生，上课爱打瞌睡，学习成绩也不好，当黄老师发现小东在台上镇定自若，还很幽默后，就及时表扬、鼓励了他。后来小东被评为"小品演得最好的人"，还被选为班会策划的组长，得到老师和同学们的肯定后，小东积极为班级做事，变得干净整洁了，也爱学习了。这些都体现了长善救失原则。

(3)集体教育和个别教育相结合原则是指在德育过程中，教育者要善于组织和教育学生热爱集体，并依靠集体教育每个学生，同时通过对个别学生的教育，来促进集体的形成和发展，从而把集体教育和个别教育有机地结合起来。案例中的小东在被选为班会策划的组长，得到老师和同学们的肯定后，就积极为班级做事，自己也变得干净整洁了，也爱学习了。这些都体现了集体教育和个别教育相结合原则。

★ 考点大默写 ★

1. _____是根据教育目的、德育目标和德育过程规律而提出的指导德育工作的基本要求。

2. 中学生正处在品德迅速发展的关键时期，一方面他们的可塑性大，另一方面他们又年轻，缺乏社会经验与识别力，易受外界社会的影响。这启示学校在开展德育工作时应注重采取_____原则。

3. "夫子循循然善诱人，博我以文，约我以礼，欲罢不能。"这句话体现了德育的_____原则。

4. "视其所以，观其所由，察其所安"体现了德育的_____原则。

5. 在德育过程中，能体现马克思主义"一分为二"辩证认识学生的德育原则是_____。

6. "要尽量多地要求一个人，也要尽可能地尊重一个人"所体现的德育原则是_____。

7. "纸上得来终觉浅,绝知此事要躬行。"这句话体现了_____的德育原则。

8. 一位老师在召开"关爱老人"的主题班会后,组织学生去敬老院慰问老人,让同学们陪老人说话聊天等。这主要体现了德育的_____原则。

9. 班主任李老师发现,最近班里部分学生迷上电子游戏无心学习。于是李老师分别找了几个学生谈话,又召开了相关的主题班会。这一做法贯彻了德育的_____原则。

【参考答案】

1. 德育原则 2. 导向性 3. 疏导 4. 因材施教 5. 长善救失原则/依靠积极因素,克服消极因素的原则 6. 尊重信任学生与严格要求学生相结合的原则 7. 知行统一 8. 知行统一 9. 集体教育和个别教育相结合

第四节 德育的途径、方法与模式

一、德育途径 【论述】

德育途径是指学校教育者对学生实施德育时可供选择和利用的渠道,又称为德育组织形式。我国学校德育途径是广泛多样的,具体如下:

1. 思想品德课(思想政治课)与其他学科教学

思想品德课(思想政治课)与其他学科教学是学校有目的、有计划、系统地对学生进行德育的基本途径。学校以教学为主,因此,思想品德课之外的其他各科教学是德育**最经常**、**最基本**的途径。

2. 社会实践活动

学生的思想品德是在活动和交往中形成,并通过活动和交往表现出来的。社会实践活动有助于培养学生各种良好的品德和风尚,因此,社会实践活动也是学校德育不可缺少的重要途径。社会实践活动一般包括三种类型:(1)组织学生参加劳动,如生产劳动、社会公益劳动、自我服务性劳动;(2)开展勤工俭学活动;(3)组织学生参加社会政治活动。

3. 课外、校外活动

课外、校外活动是整个教育体系中必不可少的组成部分,它不受教学计划的限制,是向学生进行德育的重要途径。

4. 共青团、少先队组织的活动

共青团、少先队是青少年学生自己的集体组织。通过自己的组织进行德育,有利于调动学生的积极性和创造性,培养他们的主人翁意识以及自我教育和管理的能力,自觉提高思想认识,培养优良品德。

5. 校会、班会、周会、晨会、时事政策的学习

校会和班会是全校师生或全班同学参加的活动,能持久地、潜移默化地影响学生,及时地、有针对性地解决学生的思想问题。周会主要对学生进行社会主义道德教育和时事政策教育。每天的晨会可以对随时出现的问题予以及时解决。时事政策学习是国情教育的重要途径,一般采用做政策报告,学生自己阅读报纸或收听广播,收看电视等形式。

6. 班主任工作

班级是学校教育工作的基本单位,班主任是班级教育系统的主导力量。班主任工作是学校对学生进行德育的一个重要而又特殊的途径。通过班主任,学校可以强有力地管理基层学生集体,更好地发挥上述各个德育途径的作用。

> **真题面对面**
>
> [2019,论述,10分]请结合新时代立德树人的要求,论述学校德育的主要途径。
>
> 答案:详见内文

二、德育方法

考点1　德育方法的概念

德育方法是为了达到既定德育目的,在德育过程中所采用的教育者和受教育者相互作用的活动方式的总和。它包括教育者的教学方式和受教育者的学习方式。

考点2　常用的德育方法 【单选、论述】 必背

1. 说服教育法

(1)说服教育法的概念

说服教育法又叫说理教育法,是通过语言说理,使学生明晓道理,分清是非,提高品德认识的德育方法。这是一种坚持正面理论教育和正面思想引导,增强辨别是非能力,促进道德发展的重要方法。

说服教育法的方式:第一类是运用语言文字进行说服的方式,如讲解、报告、谈话、讨论、辩论、读书指导等;第二类是运用事实进行说理教育的方式,主要包括参观、访问和调查。

(2)运用说服教育法的要求

①明确目的性和针对性;②富有知识性、趣味性;③注意时机;④以诚待人。

> **真题面对面**
>
> [2020,判断,1分]某中学组织学生赴大别山革命老区接受红色教育的方法属于实践锻炼法。(　　)
>
> 答案:×

2. 榜样示范法

(1)榜样示范法的概念

榜样示范法是用榜样人物的优秀品德来影响学生的思想、情感和行为的德育方法。由于榜样能把社会真实的思想、政治和法纪、道德关系表现得更直接、更亲切、更典型,因而能给人以极大的影响、感染和激励,教育、带动和鼓舞人们前进;运用榜样示范法符合青少年学生爱好学习、善于模仿、崇拜英雄、追求上进的年龄特点,也符合人的认识由生动直观到抽象的发展规律。

榜样包括伟人的典范、教育者的示范、学生中的好榜样等。

(2)运用榜样示范法的要求

①选好学习的榜样;②激起学生对榜样的敬慕之情;③狠抓落实,引导学生用榜样来调节行为,提高修养。

> **真题面对面**
> [2020,论述,10分]请结合实际,论述运用榜样示范法的基本要求。
> 答案:详见内文。

3. 陶冶教育法

(1)陶冶教育法的概念

陶冶教育法是教师利用环境和自身的教育因素,对学生进行潜移默化的熏陶和感染,使其在耳濡目染中受到感化的德育方法。陶冶教育法的方式主要有环境陶冶、情感陶冶、人格陶冶、艺术陶冶、科学知识陶冶、各种活动和交往情境陶冶等。

(2)运用陶冶教育法的要求

①创设良好的情境;②与启发、说服相结合;③引导学生参与情境的创设。

4. 实际锻炼法

(1)实际锻炼法的概念

实际锻炼法是有目的地组织学生参加各种实际活动,使其在活动中锻炼思想,增长才干,培养优良的思想和行为习惯的德育方法。锻炼的方式主要是学习活动、社会活动、生产劳动和课外文体科技活动。

(2)运用实际锻炼法的要求

①目的明确,计划周密,加强指导,坚持严格要求;②生动活泼,灵活多样,调动学生的主动性;③注意检查和持之以恒,随时总结。

> **真题面对面**
> [2022,单,2分]学校通过组织"我为父母洗脚"的活动,培养学生的感恩之心。这种德育方法属于( )
> A. 说服法　　　　　B. 榜样法　　　　　C. 锻炼法　　　　　D. 陶冶法
> 答案:C

5. 品德修养指导法

品德修养指导法是教师指导学生自觉主动地进行学习、自我品德反省,以实现思想转化及行为控制的德育方法。品德修养建立在自我意识、自我评价能力发展的基础上,是人的自觉能动性的表现。品德修养指导法主要包括学习、自我批评、座右铭、自我实践体验与锻炼等。这种方法可以增强学生的主体意识,促进其自我意识及其自我修养能力的提高,调动他们自觉主动地接受教育的积极性,增强他们抵制不良思想道德影响的免疫能力,推动学校德育工作的开展以及学校德育目标、内容的实现。

6. 品德评价法

(1)品德评价法的概念

品德评价法是通过对学生品德进行肯定或否定的评价而予以激励或抑制,促使其品德健康形成和发展的德育方法。包括奖励、惩罚、评比和操行评定等。

(2)运用品德评价法的要求

①公平、正确、合情合理;②发扬民主,获得群众支持;③注重宣传与教育;④奖励为主,抑中带扬。

此外,常用的德育方法还有角色扮演法、合作学习法等。

考点3 选择德育方法的依据

(1)德育目标;(2)德育内容;(3)学生的年龄特点和个性差异。此外,选择德育方法还要考虑到所面对的时代特征、学生的思想实际、学校和教师的实际情况,以及文化传统的作用。

三、德育模式

德育模式实际上是在德育实施过程中德育理念、德育内容、德育手段、德育方法、德育途径等的有机组合方式。

考点1 认知模式

1. 认知模式的主要观点

道德教育的认知模式是当代德育理论中流行**最为广泛**、**占据主导地位**的德育学说,它是由瑞士学者**皮亚杰**提出,而后由美国学者**科尔伯格**进一步深化的。该模式假定人的道德判断力按照一定的阶段和顺序从低到高不断发展,道德教育的目的就在于促进儿童道德判断力的发展及其行为的发生。

这一学说的特征有:(1)人的本质是理性的;(2)必须注重个体认知发展与社会客体的相互作用;(3)注重研究个体道德认知能力的发展过程。

2. 认知模式的特色

(1)提出了以公正观发展为主线的德育发展阶段理论;

(2)建构了较为科学的道德发展观,提出了智力与道德判断力关系的一般观点;

(3)通过实验建立了崭新的学校德育模式。

考点2 体谅模式

1. 体谅模式的主要观点

体谅或学会关心的道德教育模式形成于20世纪70年代,为英国学校德育学家**彼得·麦克费尔**和他的同事所创。与认知性道德发展模式强调道德认知发展不同,体谅模式把道德情感的培养置于中心地位。

该理论的特征有:(1)坚持性善论;(2)坚持人具有一种天赋的自我实现趋向;(3)把培养健全人格作为德育目标;(4)大力倡导民主的德育观。

2. 体谅模式的特色

(1)有助于教师较全面地认识学生在解决特定的人际—社会问题时的各种可能反应;

(2)有助于教师较全面地认识学生在解决特定的人际—社会问题时可能遇到的种种困难,以便更好地帮助学生学会关心;

(3)体谅模式提供了一系列可能的反应,教师能够根据它们指导学生围绕大家提出的行动方针进行讲座或角色扮演。

考点3 社会模仿模式

1. 社会模仿模式的主要观点

社会模仿模式主要是由美国的**班杜拉**创立的,该模式认为人与环境是一个互动体,人既能对刺激做出反应,也能主动地解释并作用于情境。

2. 社会模仿模式的特色

(1) 在吸收其他学派观点的基础上,发展了行为主义,使之对人的道德行为做出更合理的阐释,对德育工作有很大意义;

(2) 在文化环境与人的道德发展相互作用方面有重要的成果,系统论述了示范榜样对道德发展的内在作用机制以及影响道德行为的各种形式和途径;

(3) 自我评价和自我效能的理论给学校德育研究开辟了新的领域,具体阐述培养学生自我评价能力,建立认知调节机制的基本过程,把环境的示范和个体的发展与认知调节机制的互动表达出来,从中可以看到学生是如何内化外部作用,从而逐渐发展起自我评价能力的;

(4) 注重理论与实践相结合。

考点4 价值澄清模式

价值澄清模式的代表人物是美国的拉斯、哈明、西蒙等人。这种模式着眼于价值观教育,试图帮助人们减少价值混乱并通过评价过程促进统一的价值观的形成。其目的是通过选择、赞扬和实践过程来增进富于理智的价值选择。

1. 价值澄清模式的理论观点

价值澄清的目标之一就是使人们获得一种价值观念,这种价值观念使他们能以一种令人满意与明智的方式适应他们所处的不断变化的世界。因此,价值观并不是一种固定的观点或永恒不变的真理,而是建立在个体亲身经历的社会经验基础上的一种指南。

2. 价值澄清模式的评价过程

要了解自己的价值观,必须经过选择、评价和按这些价值观行动的过程。全部的价值澄清过程实际上包括七个分过程:(1) 自由地选择;(2) 从各种可供选择的项目中进行选择;(3) 在仔细考虑后果之后进行选择;(4) 赞同与珍视所做的选择;(5) 确认自己的选择;(6) 依据选择行动;(7) 重复。

★ 考点大默写 ★

1. _____是学校有目的、有计划、系统地对学生进行德育的基本途径。

2. _____是学校对学生进行德育的一个重要而又特殊的途径。

3. "让学校的每一面墙壁都开口说话。"这充分运用了德育方法中的_____。

4. 白老师用"时代楷模"黄文秀的事迹教导学生,引导学生学习黄文秀勇于担当、甘于奉献的精神。白老师使用的德育方法是_____。

5. 为培养学生艰苦奋斗、刻苦耐劳的坚强毅力和集体主义精神,增强学生的国防观念和组织纪律性,养成良好的学风和生活作风。我国各级学校纷纷组织新生军训,从德育方法看军训属于_____。

6. 某班每月都评选"学习之星""进步之星",并颁发荣誉小奖状,从而促进学生健康品德和优良行为的培养。教师运用的德育方法是_____。

7. 德育模式中的_____把道德情感的培养置于中心地位。

8. 道德教育的_____是当代德育理论中流行最为广泛、占据主导地位的德育学说,它是由瑞士学者皮亚杰提出,而后由美国学者科尔伯格进一步深化的。

9. 德育模式中的_____认为人与环境是一个互动体,人既能对刺激做出反应,也能主动地解释并作用于情境。

10. 德育模式中的_____着眼于价值观教育,试图帮助人们减少价值混乱并通过评价过程促进统一的价值观的形成。

【参考答案】

1. 思想品德课(思想政治课)与其他学科教学 2. 班主任工作 3. 陶冶教育法 4. 榜样示范法 5. 实际锻炼法 6. 品德评价法 7. 体谅模式 8. 认知模式 9. 社会模仿模式 10. 价值澄清模式

即时反思与复盘总结

我于_____年___月___日完成了对本章的学习。

复盘一下,我对自己较肯定的地方是_____

(足够努力/心态积极/方法得当……)

我觉得自己需要改进的地方是_____

(懒惰懈怠/心情浮躁/方法不当……)

休息片刻,开启下一站征程!

第八章 班级管理与班主任工作

思维导图

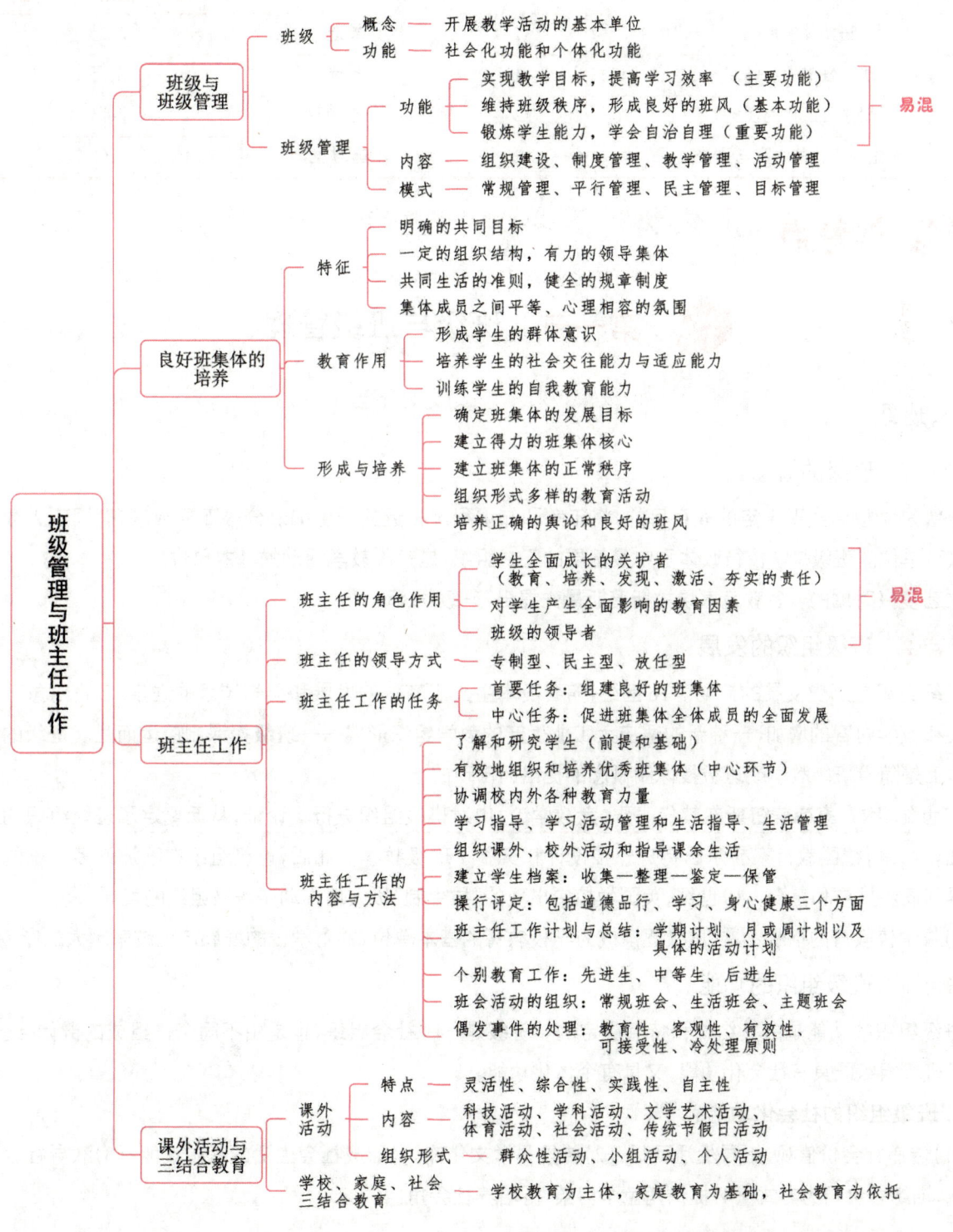

- 班级管理与班主任工作
  - 班级与班级管理
    - 班级
      - 概念——开展教学活动的基本单位
      - 功能——社会化功能和个体化功能
    - 班级管理
      - 功能
        - 实现教学目标，提高学习效率（主要功能）｝易混
        - 维持班级秩序，形成良好的班风（基本功能）
        - 锻炼学生能力，学会自治自理（重要功能）
      - 内容——组织建设、制度管理、教学管理、活动管理
      - 模式——常规管理、平行管理、民主管理、目标管理
  - 良好班集体的培养
    - 特征
      - 明确的共同目标
      - 一定的组织结构，有力的领导集体
      - 共同生活的准则，健全的规章制度
      - 集体成员之间平等、心理相容的氛围
    - 教育作用
      - 形成学生的群体意识
      - 培养学生的社会交往能力与适应能力
      - 训练学生的自我教育能力
    - 形成与培养
      - 确定班集体的发展目标
      - 建立得力的班集体核心
      - 建立班集体的正常秩序
      - 组织形式多样的教育活动
      - 培养正确的舆论和良好的班风
  - 班主任工作
    - 班主任的角色作用
      - 学生全面成长的关护者（教育、培养、发现、激活、夯实的责任）｝易混
      - 对学生产生全面影响的教育因素
      - 班级的领导者
    - 班主任的领导方式——专制型、民主型、放任型
    - 班主任工作的任务
      - 首要任务：组建良好的班集体
      - 中心任务：促进班集体全体成员的全面发展
    - 班主任工作的内容与方法
      - 了解和研究学生（前提和基础）
      - 有效地组织和培养优秀班集体（中心环节）
      - 协调校内外各种教育力量
      - 学习指导、学习活动管理和生活指导、生活管理
      - 组织课外、校外活动和指导课余生活
      - 建立学生档案：收集—整理—鉴定—保管
      - 操行评定：包括道德品行、学习、身心健康三个方面
      - 班主任工作计划与总结：学期计划、月或周计划以及具体的活动计划
      - 个别教育工作：先进生、中等生、后进生
      - 班会活动的组织：常规班会、生活班会、主题班会
      - 偶发事件的处理：教育性、客观性、有效性、可接受性、冷处理原则
  - 课外活动与三结合教育
    - 课外活动
      - 特点——灵活性、综合性、实践性、自主性
      - 内容——科技活动、学科活动、文学艺术活动、体育活动、社会活动、传统节假日活动
      - 组织形式——群众性活动、小组活动、个人活动
    - 学校、家庭、社会三结合教育——学校教育为主体，家庭教育为基础，社会教育为依托

河南特岗考向

本章属于教育学的基础章节,考点较分散,多为基础知识的识记。现对2014～2023年本章河南特岗考向分析如下:

考点	考频	题型	能力层级
班级管理的内容	1	单选	区分
班级管理的模式	1	单选	理解
班集体的特征	1	单选	识记
班主任的角色作用	1	多选	识记
班主任工作的任务	2	单选、判断	识记
班主任工作的内容与方法	2	单选、判断	区分

核心考点

第一节 班级与班级管理

一、班级

考点1 班级的概念

班级是学校为实现一定的教育目的,将年龄和知识程度相近的学生编班分级而形成的,有固定人数的基本教育单位。班级是学校行政体系中**最基层**的正式组织,是开展教学活动的**基本单位**。

文艺复兴时期的著名教育家**埃拉斯莫斯**最先提出"班级"一词。

考点2 班级组织的发展

班级组织是历史发展的产物。16世纪,随着资本主义工商业的发展和科学技术的进步,教育对象范围的扩大和教学内容的增加,一种新的适应大工业生产的教学组织形式——班级授课制应运而生。班级的概念基本上是随着班级教学或班级授课制概念的提出而出现的。

17世纪,教育家夸美纽斯在其代表作《大教学论》中对班级组织进行了论证,从而奠定了班级组织的理论基础。后来,德国教育家赫尔巴特进一步设计和实施了班级教学。此后,班级组织在欧洲许多国家的学校中得到逐步推广和普及。19世纪,英国学校中出现的"导生制"极大地推动了班级组织的发展。

随着学校教育的不断发展,班级逐渐成为学校教育的基本单位,并对学生的发展产生越来越大的影响。

考点3 班级组织的功能

班级组织的功能是由其结构和特点决定的。班级是一种社会组织,也是由不同个体组成的群体,这就决定了班级组织既具有社会化功能,又具有个体化功能。

1. 班级组织的社会化功能

(1)传递社会价值观,指导生活目标;(2)传授科学文化知识,形成社会生活的基本技能;(3)教导社会生活规范,训练社会行为方式;(4)提供角色学习条件,培养社会角色。

2. 班级组织的个体化功能

(1)促进发展的功能;(2)满足需求的功能;(3)诊断功能;(4)矫正功能。

二、班级管理

考点1　班级管理的概念

班级管理是一种有目的、有计划、有步骤的社会活动,这一活动的根本目的是实现教育目的,使学生得到充分的、全面的发展。班级管理的对象是班级中的各种管理资源,而主要对象是学生,班级管理主要是对学生的管理;班级管理的主要手段有计划、组织、协调和控制;班级管理是一种组织活动过程,它体现了教师与学生之间的双向活动,是一种互动的关系。

总之,**班级管理**是一个动态的过程,它是班主任和教师根据一定的目的和要求,采用一定的手段和措施,带领全班学生对班级中的各种资源进行计划、组织、协调、控制,以实现教育目标的组织活动过程。

考点2　班级管理的功能

(1)有助于实现教学目标,提高学习效率——**主要功能**;

(2)有助于维持班级秩序,形成良好的班风——**基本功能**;

(3)有助于锻炼学生能力,学会自治自理——**重要功能**。

记忆有妙招

> 为方便考生记忆,我们将班级管理的功能总结为:主要抓教学、基本是秩序、重要在学生。

考点3　班级管理的内容　【单选】

1. 班级组织建设

(1)班级组织的结构

班级组织机构是班级组织结构形成的基础与前提。

班级组织机构的微观建制有三种形式:①直线式;②职能式;③直线职能式。

班级组织的结构包括:①职权结构;②角色结构;③师生关系结构;④生生关系结构。

(2)班级组织建设的内容

班级组织建设要做的主要工作有两个方面:①建立良好的班集体;②指导班级建设。

(3)班级组织建构的原则

①有利于教育的原则。有利于教育的原则是班级组织建立的一条首要的原则。当其他的原则与其发生冲突的时候,都必须无条件地服从这一原则。②目标一致的原则。③有利于身心发展的原则。

2. 班级制度管理

制度是调节人与人之间的行为规范,对于班级管理来说,制度是管理的具体体现。按制度的形成可分为成文制度和非成文制度。

3. 班级教学管理

对一个"教学班"的教学管理,是班主任最重要的管理职能之一。教学是学校的中心工作,教学质量管理是班级教学管理的核心。班级教学管理的内容包括以下几个方面:

(1)明确教学管理的目标和任务。(2)建立行之有效的班级教学秩序。(3)建立班级管理指挥系统。主要包括三个方面：①以班主任为核心的班级任课教师群体；②以班长为骨干力量，以班干部成员为辅助力量；③以各学习小组为中心。(4)指导学生学会学习。

4.班级活动管理

班级活动是班级在班主任指导下，根据学校整体安排或班级学生发展需要而进行的全员性活动的总称。它既可以是弥补课程教学不足的教学活动，也可以是开发智力或发展能力的课外、校外活动，是学校教育活动的有机组成部分。

也有人把班级管理的内容划分为：班级德育管理、班级学习管理、班级文体活动管理以及班级常规管理等。

知识再拔高

班级文化建设

按照文化的基本结构来划分，我们可以把班级文化分为由表及里的三个基本层次，即班级物质文化、班级制度文化和班级精神文化。

1.班级物质文化

班级物质文化主要是指班级环境的建设，它是由班级成员所创造或使用的，能体现班级成员的共同价值、信念，并为班级成员感官所直接触及的客观存在物，是表现在视觉层面的班级文化要素。

2.班级制度文化

班级制度文化是指以班规、班纪为内容的，由师生共同制定，全体成员认同和遵守的行为准则和道德规范所表现出的文化形态。

3.班级精神文化

班级精神文化是以集体舆论和班级风气的形成、发展为主要内容的文化形态。班级精神文化是班级文化的核心和灵魂，班风是班级精神文化的主体。

良好的班风建设策略包括：(1)把握时机，早抓早管。(2)全员参与，达成共识。(3)发挥榜样力量。(4)充分利用舆论阵地。班级的墙报、黑板报、班级标语、班会、少先队活动或团队活动等是班级舆论形成的重要阵地。其中，黑板报或墙报是教室布置的主要内容，是班级文化建设的一个重要窗口，是班级的"眼睛"。它既是班级物质文化建设，又是班级精神文化建设。

真题面对面

[2018,单,2分]班级文化建设里，教室板报、名言、班级舆论等属于(　　)

A.物质文化　　　　B.精神文化　　　　C.组织文化　　　　D.制度文化

答案：B

考点4　班级管理的模式　【单选】

1.班级常规管理

(1)班级常规管理的内涵

班级常规管理是指通过制定和执行规章制度来管理班级的经常性活动。班级常规管理是建立良好班集体的基本要素。遵守班级规章制度是对每个学生的基本要求，也是每个学生必须履行的基本义务和职责。

(2)班级常规管理的内容

开展以班级规章制度为**核心**的常规管理,是班主任工作的重要内容之一。一般来说,班级的规章制度主要由三部分组成:

①教育行政部门统一规定的有关班集体与学生管理的制度,如学生守则、日常行为规范等;

②学校根据教育目标、上级有关指示制定的学校常规制度,如考勤制度、奖惩制度、作业要求等;

③班集体根据学校要求和班级实际情况讨论制定的班级规范,如班规、值日生制度、考勤制度等。

真题面对面

[2016,单,2分]通过制定和执行规章制度去管理班级的模式是(　　)
A.常规管理　　　　B.平行管理　　　　C.民主管理　　　　D.目标管理

答案:A

2. 班级平行管理

(1)班级平行管理的内涵

班级平行管理是指班主任既通过对集体的管理去间接影响个人,又通过对个人的直接管理去影响集体,从而把对集体和个人的管理结合起来的管理方式。

班级平行管理的理论源于**马卡连柯**的"**平行影响**"的教育思想。马卡连柯认为,教师要影响个别学生,首先要影响学生所在的这个班级,然后通过学生集体与教师一起去影响这个学生,这样就会产生巨大的教育力量。

(2)实行班级平行管理的要求

班主任实施班级平行管理时,要实施对班集体与个别学生双管齐下、互相渗透的管理,既要充分发挥班集体的教育功能,使其真正成为教育的力量,又要通过转化个别学生来促进班集体的管理与发展。

3. 班级民主管理

(1)班级民主管理的内涵

班级民主管理是指班级成员在服从班集体的正确决定和承担责任的前提下参与班级全程管理的一种管理方式。班级民主管理的实质是在班级管理的全过程中,调动学生自我教育的力量,使人人都积极主动地参与班级事务。

(2)实行班级民主管理的要求

①组织全体学生参与班级全程管理,即在班级管理的计划、实行、检查、总结的各个阶段,都让学生参与进来;②建立班级民主管理制度,如班干部轮换制度、定期评议制度、值日生制度、值周生制度、民主教育活动制度。

4. 班级目标管理

(1)班级目标管理的内涵

班级目标管理是指班主任与学生共同确定班级总体目标,然后转化为小组目标和个人目标,使其与班级总体目标融为一体,形成目标体系,以此推动班级管理活动,实现班级目标的管理方法。目标管理是由美国管理学家**德鲁克**提出来的。

(2)实行班级目标管理的要求

在班级中实施目标管理,就是要围绕全体成员共同确立的班级奋斗目标,将学生的个体发展与班级进步紧密地联系在一起,并在目标的引导下,实施学生的自我管理。

第一部分　教育学　　167

考点 5　当前我国学校班级管理中存在的问题及解决策略

1. 当前班级管理中存在的问题

(1)班主任的班级管理方式偏重于专断型；

(2)班级管理制度缺乏活力,学生参与班级管理的程度较低。

2. 建立以学生为本的班级管理的机制

(1)以满足学生的发展为目的

学生的发展是班级管理的核心。班级管理的实质就是让学生的潜能得到尽可能地开发。在现代学校教育中,班级活动完全是一种培养人的实践活动,满足学生发展的需要既是班级活动的出发点,又是班级活动的最终归宿。

(2)确立学生在班级中的主体地位

发展学生的主体性是学校管理的宗旨。在传统的班级管理模式下,学生在某种程度上是教师的"附属物",学生的主体地位根本无法保障。现代班级管理强调以学生为核心,建立一套能够持久地激发学生主动性、积极性的管理机制,确保学生的持久发展。

(3)有目的地训练学生自我管理班级的能力

以训练学生自我管理能力为主的班级管理制度改革的重点是：以教师为中心的班级教育活动转变为学生自我教育的过程,即把班集体作为学生自我教育的主体。要实行班级干部的轮流执政制,让每个学生都有锻炼机会,并学会与人合作。

★ 考点大默写 ★

1. _____是学校行政体系中最基层的正式组织,是开展教学活动的基本单位。
2. 教育者通过班级组织向学生传授科学文化知识,使之形成社会生活的基本技能,这是班级组织_____功能的体现。
3. 班级组织的个体化功能包括：促进发展的功能、满足需求的功能、_____功能和矫正功能。
4. 有助于实现教学目标,提高学习效率是班级管理的_____功能。
5. 张老师通过制定和执行班规来管理班级活动,使班级各项活动有条不紊的进行,这种做法属于班级管理模式中的_____管理。
6. 把对集体的管理和对个人的管理结合起来的班级管理模式属于班级_____管理。
7. 能够调动学生自我教育的力量,让每个学生都成为班级主人的班级管理模式是班级_____管理。
8. 班级管理模式中的_____管理是由美国管理学家德鲁克提出来的。
9. 按照文化的基本结构来划分,班级文化分为：_____、班级制度文化和_____三个层次。

【参考答案】

1.班级　2.社会化　3.诊断　4.主要　5.常规　6.平行　7.民主　8.目标　9.班级物质文化；班级精神文化

第二节 良好班集体的培养

一、班集体的概念

班集体是按照班级授课制的培养目标和教育规范组织起来的,以共同学习活动和直接性人际交往为特征的社会心理共同体。

班级成立以后,从其初步形成到巩固成熟是一个连续的动态的发展过程,通常把班集体的发展分为三个阶段:(1)班集体初建期的松散群体阶段(雏形期);(2)班集体巩固期的合作群体阶段;(3)班集体成熟期的集体阶段。

二、班集体的特征 【单选】

班级是学校中开展各类活动的最基本的组织形式,是按照一定的教育目的、教学计划和教育要求组织起来的学生群体。但一个班的学生群体还不能称为班集体,学生群体和班集体之间有着本质差别。班集体必须具备以下四个基本特征:

(1)明确的共同目标。这是班集体形成的基础。(2)一定的组织结构,有力的领导集体。(3)共同生活的准则,健全的规章制度。(4)集体成员之间相互平等、心理相容的氛围。

> **真题面对面**
>
> [2014,单,2分]良好班集体形成的基础是( )
> A.明确的共同目标　　　　　　B.一定的组织结构
> C.共同生活的准则　　　　　　D.成员间平等、心理相容的气氛
> 答案:A

三、班集体的教育作用

在学校教育中,良好的班集体对学生的健康成长是非常重要的,具体表现在以下三个方面:

(1)有利于形成学生的群体意识;

(2)有利于培养学生的社会交往能力与适应能力;

(3)有利于训练学生的自我教育能力。班集体是训练班级成员自己管理自己、自己教育自己、自主开展活动的最好载体。

四、班集体的形成与培养

班集体不是自然形成的,任何一个班集体的形成,都会经历组建、形成、发展的过程,这实际上也是教育培养与社会化的过程。

1.确定班集体的发展目标

目标是集体发展的方向和动力,一个班集体只有具有共同的目标,才能使班级成员在认识上和行动上保持统一,才能推动班集体的发展。班集体的发展目标一般可分为近期、中期、远期三种目标,目标的提出应由易到难,由近到远,逐步提高。

在实现班集体目标的过程中,教师要充分调动班级成员的积极性,使实现目标的过程成为教育与自我教育的过程。

2. 建立得力的班集体核心

一个得力的班集体核心非常重要,它是维护和推动班级工作的有力助手,是带动全班同学实现集体发展目标的核心。因此,建立一支核心队伍是培养班集体的一项重要工作。

3. 建立班集体的正常秩序

班集体的正常秩序是维持和控制学生在校生活的基本条件,是教师开展工作的重要保证。班集体的正常秩序包括必要的规章制度、共同的生活准则以及一定的生活规律。教师在班集体的组建阶段,就应着手正常秩序的建立工作,特别是当接到一个教育基础较差的班级时,首先就要做好这项工作。

4. 组织形式多样的教育活动

班集体是在全班同学参加各种教育活动的过程中逐步成长起来的,而各种教育活动又可以使每个人都有机会为集体出力并展示自己的才能。班级教育活动主要由日常性的教育活动与阶段性的教育活动两大部分组成。

教师在组织各种教育活动时,要有明确的目的和要求,精心设计活动内容,注意形式的适龄化,力争把活动的开展过程变成教育过程。

5. 培养正确的舆论和良好的班风

班集体舆论是班集体生活与成员意愿的反映。正确的班集体舆论是一种巨大的教育力量,对班集体每个成员都有约束、激励的作用,是教育集体成员的重要手段。良好的班风是班集体大多数成员精神状态的共同倾向与表现。正确的舆论和良好的班风是班集体形成的重要标志。

记忆有妙招

为方便考生记忆,我们将班集体的形成与培养总结成以下口诀:
定目标、建核心、建秩序、搞活动、树班风。

★ 考点大默写 ★

1. _____是按照班级授课制的培养目标和教育规范组织起来的,以共同学习活动和直接性人际交往为特征的社会心理共同体。
2. _____是训练班级成员自己管理自己、自己教育自己、自主开展活动的最好载体。
3. 当班主任接到一个教育基础较差的班级时,首先要做好的工作是_____。
4. _____和_____是班集体形成的重要标志。

【参考答案】
1. 班集体 2. 班集体 3. 建立班集体的正常秩序 4. 正确的舆论;良好的班风

第三节 班主任工作

一、班主任的概念

班主任是班集体的组织者和领导者,是学校贯彻国家教育方针、促进学生健康成长的骨干力量。教育部印发的《中小学班主任工作规定》指出:"班主任是中小学日常思想道德教育和学生管理工作的主要实施者,是中小学生健康成长的引领者,班主任要努力成为中小学生的人生导师。"

二、班主任的角色作用 【多选】

1. 班主任是学生成长的关护者

班主任可以对学生各科学习的情况作深入细致的了解,并给学生更细致、更有针对性的指导或辅导,关照集体教学未曾关照到的方面。(1)班主任能够与任课教师进行有效的沟通;(2)班主任关心班级成员在品德、能力、身体和心理等方面的发展;(3)班主任能更敏锐、更有效地使班级工作按正常轨道运行,防患于未然;(4)班主任是学生在学习期间宝贵时光的见证人。

班主任的角色特点决定着他对学生的全面发展负有以下责任:

(1)**教育的责任**,即教育学生学会做人,学会做事;

(2)**培养的责任**,即利用和创造条件,使学生的整体素质得到提高,健康和谐地发展;

(3)**发现的责任**,即发现学生的个性特点、兴趣爱好、特殊才能、发展的内驱力等,挖掘他们的潜力,使他们得到充分的发展;

(4)**激活的责任**,即启动学生的积极意识和进取心,给予他们成功的体验,引发他们产生健康的积极的欲望和需求,使他们形成自我教育的要求和能力;

(5)**夯实的责任**,即为学生的发展打下坚实的基础,使学生在德、智、体、美、劳各个方面具有可持续发展的能力。

2. 班主任是学生发展的指导者

(1)教学生学习做人、做事;(2)靠自身的威望激发学生接受教育,形成自我教育的能力。

3. 班主任是班级的领导者

在班级活动中,班主任切忌做直接的指挥者,而应该是班级活动的参与者、指导者和鼓舞者。

> **真题面对面**
>
> [2023,多,2分]从角色特点来看,班主任对于学生全面发展负有的责任包括(　　)
>
> A. 教育的责任　　　　　　　　B. 培养的责任
>
> C. 发现的责任　　　　　　　　D. 宣传的责任
>
> E. 激活的责任
>
> 答案:ABCE

三、班主任的领导方式

表1-30　班主任的领导方式

领导方式	特点	学生的反应
专制型	属于支配性指导。无视学生的个别差异,以僵硬的对策为基础,只给予统一强制的指导,或一味地斥责、威胁	学生的自主性、能动性行为显著减少,消极性、依存性行为增多
民主型	属于综合性的指导。比较善于倾听学生的意见,能够灵活地适应学生的个别差异,以此为基础引出学生的自发行为,促进学生在合作中进行思想交流	学生的行为较稳定,自主积极的行为较多
放任型	属于不干预性指导。容忍班级生活的种种冲突,更无意组织班级活动,回避学生的主动精神	学生有目的的活动水平低下,违背团体原则的自发行为增多

第一部分　教育学　　171

四、班主任工作的任务 【单选、判断】

班主任工作的**基本任务**是带好班级、教好学生。对学生进行思想品德教育,是班主任的工作重点和经常性的工作。班主任的具体职责与任务参见附赠"教师招聘考试·教育政策法规"中《中小学班主任工作规定》的相关内容。

(1)班主任工作的首要任务是组织建立良好的班集体。

(2)班主任工作的中心任务是促进班集体全体成员的全面发展。为了使每个学生都能在原有基础上获得进步与提高,班主任除了组建一个良好的班集体外,还特别需要关注:①培养学生自立、自策、自勉的精神和民主作风;②在学生中树立热爱科学、勤奋学习的良好风气;③指导本班班委会、共青团、少年先锋队组织的工作等。

真题面对面

[2017,单,2分]班主任工作的首要任务是(　　)

A. 提高学生学业成绩　　　　　　B. 组织建立良好的班集体

C. 促进后进生转化　　　　　　　D. 协同任课教师做好教学工作

答案:B

五、班主任工作的内容与方法 【单选、判断】

考点1　了解和研究学生

1. 了解和研究学生的意义

了解和研究学生是班主任工作的前提和基础,包括对班级群体和班级个体的了解和研究,是做好各项班级教育工作的前提,也是班级教育过程中有效开展各项工作必不可少的基本环节。

2. 了解和研究学生的主要内容

(1)了解和研究班级群体的主要内容

①班级成员的基本构成,如生源状况、年龄层次、性别比例等;

②班级群体的学业状况,包括不同学生学业程度的具体情况和不同学科学业程度的具体情况;

③班级群体的发展状况,如班级组织、班级规范、人际关系、班级舆论、班风、班级传统等;

④班级日常行为表现,如学习习惯、课堂内外的纪律等。

(2)了解和研究班级个体的主要内容

①学生的基本情况,如性别、年龄、身体状况、兴趣爱好、个性倾向等;

②学生的社会关系,如家长职业、家庭经济状况、家庭结构、家庭关系、家庭所在的社区环境等;

③学生的学业和品德状况,如学习态度、学习习惯、学习性向、智能发展水平等;

④学生的品德形成与社会性发展状况,如行为习惯、人际关系、人际交往方式、思想道德面貌等。

3. 班主任了解学生的方法

班主任了解和研究学生的要求是全面、经常和及时。其具体方法如下:

(1)观察法,即在自然条件下,有目的、有计划地对学生的各种行为表现进行观察。这是班主任了解、研究学生的**最基本方法**。

(2)**谈话法**,指班主任通过与学生面对面谈话来深入了解学生情况的基本方法。具有灵活、方便、容易了解事情细节、有利于感情沟通等特点。

(3)**调查法**,即通过对学生本人或知情者的调查访问,从侧面间接地了解学生,包括问卷、座谈等。通过这种方法可获得大量第一手材料,反映的问题比较深刻全面。

(4)**书面材料分析法**,即借助学生的成绩表、作业、日记等书面材料对学生进行了解的方法。这是了解学生基本情况的最简易的方法。

考点2　有效地组织和培养优秀班集体

组织和培养班集体是班主任工作的中心环节。班主任应有计划、有组织地在短时间内有效地组建班集体,具体内容参见本章第二节中的"班集体的形成与培养"。

真题面对面

[2019,判断,1分]班主任工作的中心环节是做好"后进生"的转化教育工作。(　　)

答案:×

考点3　协调校内外各种教育力量

班主任要对班级实施有效的教育与管理,必须要争取校内外各种教育力量的配合,调动各种积极因素。具体内容包括:

(1)协调本班各任课教师的工作,充分发挥本班任课教师的作用;

(2)协助和指导班级团队活动;

(3)争取运用家庭和社会教育力量。班主任要与学生家庭和社会有关方面取得联系,加强学生的思想政治工作。具体包括:①借助社会力量到学校来影响学生;②把学生有组织、有目的地放到社会上去接受积极影响;③学校与社会合作,形成有组织的来往,使其成为班级活动的一部分。

考点4　学习指导、学习活动管理和生活指导、生活管理

1. 学习指导、学习活动管理

学习指导包括:(1)指导学生掌握科学的学习方法;(2)指导学生养成良好的学习习惯;(3)指导学生制订学习计划。学习活动管理包括上课、课外作业、考试、学生的集体自修等。

2. 生活指导、生活管理

生活指导包括:(1)对学生进行礼仪常规教育;(2)指导学生的日常交往;(3)指导学生搞好生理卫生;(4)指导学生遵纪守法;(5)对学生进行劳动教育。

生活管理包括考勤、日常作息安排、维持各种活动纪律、清洁卫生、执行守则、保持学校正常秩序等。

考点5　组织课外、校外活动和指导课余生活

学校的课外活动和课余生活一般都以班为单位来组织与安排,所以,组织与指导这些活动也是班主任一项经常性的重要工作。班主任还应经常关心和了解学生的课余生活,并给予必要的指导。

考点6　建立学生档案

班主任在全面了解学生的基础上,对掌握的材料进行分析处理,并将整理结果分类存放起来,即建立学生的档案。建立学生档案一般分四个环节:收集—整理—鉴定—保管。

考点 7　操行评定

1. 操行评定的概念

操行评定是以教育目的为指导思想,以"学生守则"为基本依据,对学生一个学期内在学习、劳动、生活、品行等方面的小结与评价。操行评定的主要内容有道德品行、学习、身心健康三个方面。

2. 操行评定的一般步骤

(1)学生自评;(2)小组评议;(3)班主任评价;(4)信息反馈。

3. 班主任做好操行评定应注意的几个方面

(1)要实事求是,抓主要问题,评定要准确反映学生思想品德的全面表现和发展趋向;(2)要充分肯定学生的进步,并适当指出他们的不足;(3)评语要简明、具体、贴切,严防用词不当伤害学生的情感。

考点 8　班主任工作计划与总结

班主任工作计划一般分为学期计划、月或周计划以及具体的活动计划。其中,学期计划比较完整,一般包括三大部分:(1)基本情况;(2)班级工作的内容、要求和措施;(3)本学期中的主要活动与安排。

班主任工作总结一般分为两类:全面总结和专题总结,一般在学期或学年末进行。做好总结应注意两点:(1)平时注意对班主任工作资料的积累;(2)注意做阶段小结。

考点 9　个别教育工作

班主任必须根据学生的个别差异,做好学生的个别教育工作。只有使每个学生都得到发展,班集体才能健康地发展。班主任做好个别教育工作,包括做好**先进生**的教育工作、**中等生**的教育工作和**后进生**的教育工作。这里着重谈谈先进生和后进生的教育工作:

1. 先进生工作

先进生的心理特征:(1)自尊心强,充满自信;(2)强烈的荣誉感;(3)较强的超群愿望与竞争意识。

对于先进生的教育,班主任要注意:(1)严格要求,防止自满;(2)不断激励,弥补挫折;(3)消除嫉妒,公平竞争;(4)发挥优势,全班进步。

2. 后进生工作

后进生通常指那些学习积极性不高、学习成绩暂时落后、不太守纪律的学生。后进生是一个相对概念,运用时应谨慎。

后进生一般具有如下心理特征:(1)不适度的自尊心;(2)学习动机不强;(3)意志力薄弱。

对于后进生的教育,班主任应注意:(1)关心爱护后进生,尊重他们的人格;(2)培养和激发学习动机。

考点 10　班会活动的组织

1. 班会的概念

班会是以班级为单位,在班主任的指导下,一般由学生干部主持进行的全班性会务活动。

2. 班会的类型

班会一般有三类,即常规班会、生活班会和主题班会。这里主要介绍主题班会:

主题班会是班主任依据教育目标,指导学生围绕一定主题,由学生自己主持、组织进行的班会活动。主题班会是班级活动的主要形式。

主题班会的形式:(1)主题报告会;(2)主题汇报会;(3)主题讨论会;(4)科技小制作成果展评会;(5)主题竞赛;(6)主题晚会。

组织主题班会的阶段:(1)确定主题;(2)精心准备;(3)具体实施;(4)总结深化。

考点11　偶发事件的处理

偶发事件是指在教育的过程中发生的事先难以预料、出现频率较低,但必须迅速做出反应、加以特殊处理的事件。

偶发事件的特点:突发性、紧迫性、冲击性和多样性。

偶发事件处理的原则:(1)教育性原则;(2)客观性原则;(3)有效性原则;(4)可接受性原则;(5)冷处理原则。

偶发事件处理的办法:(1)沉着冷静面对;(2)机智果断应对;(3)公平民主处理;(4)善于总结引导。

记忆有妙招

> 为方便考生记忆,我们将班主任工作的内容与方法总结成以下口诀:
> 了解组织多协调,指导课外建档案,操行评定需总结,个别班会偶处理。

★ 考点大默写 ★

1. _____是班集体的组织者和领导者,是学校贯彻国家教育方针、促进学生健康成长的骨干力量。

2. 班主任的领导方式一般包括:_____、_____和_____三种类型。

3. 班主任无视学生的个别差异,以僵硬的对策为基础,只给予统一强制的指导,或一味地斥责、威胁,这种领导方式是_____。

4. 班主任工作的首要任务是_____。

5. 班主任的角色特点决定着他对学生的全面发展负有的责任包括_____、_____、_____和夯实的责任。

6. _____是班主任了解、研究学生的最基本方法。

7. _____是班主任工作的中心环节。

8. _____是以教育目的为指导思想,以"学生守则"为基本依据,对学生一个学期内学习、劳动、生活、品行等方面的小结与评价。

9. 班主任工作总结一般分为两类:_____总结和_____总结,一般在学期或学年末进行。

10. 班级活动的主要形式是_____。

11. 对于有些偶发事件,教师不应急于表态、急于下结论,而应冷静地观察,待把问题的来龙去脉弄清楚后再去处理。这体现了对偶发事件的_____原则。

【参考答案】

1. 班主任　2. 专制型;民主型;放任型　3. 专制型　4. 组织建立良好的班集体　5. 教育的责任;培养的责任;发现的责任;激活的责任　6. 观察法　7. 组织和培养班集体　8. 操行评定　9. 全面;专题　10. 主题班会　11. 冷处理

第四节　课外活动与三结合教育

一、课外活动

考点1　课外活动的含义与特点

1. 课外活动的含义

课外活动是指学校在学科教学活动之外有目的、有计划、有组织地对学生进行的多种多样的教育实践活动。课外活动在教育内容及结构方式上区别于以学科教学为中心的教学活动，它不以课程中的学科为单位，内容不受教学计划、教学大纲的限制，有其独特的范围和性质。这里的学科教学活动包括课程计划中计入总课时的必修课和选修课。因此，选修课、自习课不属于课外教育。

2. 课外活动的特点

(1)灵活性。课外活动的项目、形式、方式、参加人数等不受学校教育计划、课程标准的限制，内容丰富多彩，活动项目广泛，形式灵活生动，为学生提供了一个自由的、生动活泼的学习和发展环境。

(2)综合性。课外活动是以活动为中心展开的，从而为学生提供了综合运用多种学科知识来分析和解决问题的机会。

(3)实践性。课外活动是通过活动进行学习的，不论阅读、研讨、实验、制作或调查、参观、访问，都应注意培养学生通过自己的实践活动获得直接经验、把书本知识运用到实践中去的能力，使理论与实际结合起来。

(4)自主性。课外活动是学生自己的活动，学生是活动的主体。在教师的指导帮助下，由学生根据自己的兴趣爱好自愿选择参加，由学生自己制订安排活动计划、选择活动内容和方式，由学生自己来进行活动的组织管理。在课外活动中教师起指导、辅导作用，更充分体现了学生的独立自主性。

考点2　课外活动的基本内容

(1)科技活动。科技活动内容很广泛，既有科技新知识、新技术，也有科技的基本技术。科技活动能扩大学生的知识眼界，激发他们学科学、爱科学的兴趣，培养其科学的思想、方法和态度。

(2)学科活动。学科活动是多种多样的科学文化学习活动，包括哲学、社会科学和自然科学。它是学科中某一领域的拓展，是学科的一些新理论、新知识或学科的专题等。

(3)文学艺术活动。文艺活动种类多种多样，通过文艺活动可以培养学生的兴趣爱好和发展他们鉴赏美、表现美、创造美的能力。

(4)体育活动。体育活动以发展学生健康体魄及体育文化修养为目标，根据学生年龄特点，因地制宜地组织起来的丰富多样的活动。

(5)社会活动。它包括社会调查、专题社会考察、军训以及各种无偿的社会服务和公益劳动，使学生了解社会、了解民情国情，培养热爱祖国、热爱人民的思想情感，树立社会责任感，提高实际工作的能力。

(6)传统的节假日活动。

考点3　课外活动的组织形式

(1)**群众性活动**。群众性课外活动带有普及性质，可以吸收大批学生参加，有一定声势，适合青少年特点，能激发学生的学习热情，有利于活动的开展。群众性活动包括：报告和讲座，各种集会，各种比赛，参观、访问、调查、旅行，社会公益活动，等等。

(2)小组活动。小组活动是学校课外活动的**基本组织形式**。课外活动小组以自愿结合为主,根据学生的兴趣、爱好和学校的具体条件而组成,进行有目的、有计划的经常性活动。小组活动主要包括学科小组、技术小组、艺术小组、体育小组等。

(3)个别活动(个人活动)。个别活动是学生在教师指导下,根据个人的兴趣、特长,以个人为单位进行课余的独立作业的活动。

二、学校、家庭、社会三结合教育

考点1　家庭教育

狭义的家庭教育是指在家庭生活中,由父母或其他年长者对其子女与年幼者实施的教育和影响。

广义的家庭教育是指家庭成员之间的一种影响。

我们一般所说的家庭教育,是狭义的家庭教育。家庭教育是学校教育的基础和补充,有不可替代的教育作用。

考点2　社会教育

社会教育主要是指学校、家庭环境以外的社区、文化团体和组织等给予儿童和青少年的影响。它主要通过以下途径和形式来影响儿童和青少年的身心发展:

(1)社区对学生的影响;

(2)各种校外机构的影响;

(3)报刊、广播、电影、电视、戏剧等大众传播媒介的影响。

考点3　学校、家庭、社会三结合,形成教育合力

教育合力是指学校、家庭、社会三种教育力量相互联系、相互协调、相互沟通,统一教育方向,形成以学校教育为主体,以家庭教育为基础,以社会教育为依托的共同育人的力量,使学校、家庭、社会教育一体化,以提高教育活动实效。

1. 学校教育占主导地位

学校作为专职教育机构,有着明确的目的、周密的计划、科学的组织,有经验丰富、掌握青少年学生身心发展规律的专门教育工作者。同时,学校具有青少年学生集中、学习环境好、规章制度健全、育人周期长等明显教育优势,并在社会上具有广泛的凝聚力、号召力,容易得到包括党政机关在内的社会各界的支持与协助。

2. 家庭、社会和学校三者协调一致,互相配合

三者协调一致有利于保证整个教育在方向上的高度一致,实现各种教育间的互补作用,从而加强整体教育效果。

3. 加强学校与家庭之间的相互联系

学校可以通过与家庭相互访问、建立通讯联系、定时举行家长会、组织家长委员会、举办家长学校等途径加强与家庭之间的联系。

4. 加强学校与社会教育机构之间的相互联系

(1)建立学校、家庭和社会三结合的校外教育组织;

(2)学校与校外教育机构建立经常性的联系;

(3)采取走出去、请进来的方法与社会各界保持密切联系。

考点大默写

1. _____是指学校在学科教学活动之外有目的、有计划、有组织地对学生进行的多种多样的教育实践活动。
2. 在课外活动中,学生摄影小组举办的摄影作品大赛属于_____。
3. 课外活动的组织形式包括_____、_____和个别活动。
4. _____是学校课外活动的基本组织形式。
5. _____主要是指学校、家庭环境以外的社区、文化团体和组织等给予儿童和青少年的影响。
6. 在学校、家庭、社会三结合教育中,占主导地位的是_____。

【参考答案】
1.课外活动 2.文学艺术活动 3.群众性活动;小组活动 4.小组活动 5.社会教育 6.学校教育

即时反思与复盘总结

我于_____年___月___日完成了对本章的学习。

复盘一下,我对自己较肯定的地方是_____

(足够努力/心态积极/方法得当……)

我觉得自己需要改进的地方是_____

(懒惰懈怠/心情浮躁/方法不当……)

休息片刻,开启下一站征程!

附录　习近平总书记关于教育的重要论述

1. 弘扬教育家精神

新征程上，希望全国广大教师以教育家为榜样，大力弘扬教育家精神，牢记为党育人、为国育才的初心使命，树立"躬耕教坛、强国有我"的志向和抱负，自信自强、踔厉奋发，为强国建设、民族复兴伟业作出新的更大贡献。

——习近平2023年9月9日在全国优秀教师代表座谈会上的讲话

2. 教育强国

教育兴则国家兴，教育强则国家强。建设教育强国，是全面建成社会主义现代化强国的战略先导，是实现高水平科技自立自强的重要支撑，是促进全体人民共同富裕的有效途径，是以中国式现代化全面推进中华民族伟大复兴的基础工程。

培养什么人、怎样培养人、为谁培养人是教育的根本问题，也是建设教育强国的核心课题。

要坚持把高质量发展作为各级各类教育的生命线，加快建设高质量教育体系。建设教育强国，基点在基础教育。基础教育搞得越扎实，教育强国步伐就越稳、后劲就越足。基础教育既要夯实学生的知识基础，也要激发学生崇尚科学、探索未知的兴趣，培养其探索性、创新性思维品质。

——习近平2023年5月29日在中共中央政治局第五次集体学习时的讲话

3. 开辟马克思主义中国化时代化新境界

不断谱写马克思主义中国化时代化新篇章，是当代中国共产党人的庄严历史责任。

——必须坚持人民至上。人民性是马克思主义的本质属性，党的理论是来自人民、为了人民、造福人民的理论，人民的创造性实践是理论创新的不竭源泉。

——必须坚持自信自立。党的百年奋斗成功道路是党领导人民独立自主探索开辟出来的，马克思主义的中国篇章是中国共产党人依靠自身力量实践出来的，贯穿其中的一个基本点就是中国的问题必须从中国基本国情出发，由中国人自己来解答。

——必须坚持守正创新。紧跟时代步伐，顺应实践发展，以满腔热忱对待一切新生事物，不断拓展认识的广度和深度，敢于说前人没有说过的新话，敢于干前人没有干过的事情，以新的理论指导新的实践。

——必须坚持问题导向。增强问题意识，聚焦实践遇到的新问题、改革发展稳定存在的深层次问题、人民群众急难愁盼问题、国际变局中的重大问题、党的建设面临的突出问题，不断提出真正解决问题的新理念新思路新办法。

——必须坚持系统观念。善于通过历史看现实、透过现象看本质，把握好全局和局部、当前和长远、宏观和微观、主要矛盾和次要矛盾、特殊和一般的关系，不断提高战略思维、历史思维、辩证思维、系统思维、创新思维、法治思维、底线思维能力，为前瞻性思考、全局性谋划、整体性推进党和国家各项事业提供科学思想方法。

——必须坚持胸怀天下。中国共产党是为中国人民谋幸福、为中华民族谋复兴的党，也是为人类谋进步、为世界谋大同的党。

——习近平2022年10月16日在中国共产党第二十次全国代表大会上的报告

> **真题面对面**
>
> [2023,单,1分]党的二十大报告指出,中国的问题必须从中国基本国情出发,由中国人自己来解答。这体现出开辟马克思主义中国化时代化新境界(　　)
>
> A.必须坚持人民至上　　　　　　B.必须坚持自信自立
>
> C.必须坚持守正创新　　　　　　D.必须坚持问题导向
>
> 答案:B

4.教育的根本问题

"为谁培养人、培养什么人、怎样培养人"始终是教育的根本问题。要坚持党的领导,坚持马克思主义指导地位,坚持为党和人民事业服务,落实立德树人根本任务,传承红色基因,扎根中国大地办大学,走出一条建设中国特色、世界一流大学的新路。

——习近平2022年4月25日在中国人民大学考察时的讲话

5.实现中华民族伟大复兴

中国共产党一经诞生,就把为中国人民谋幸福、为中华民族谋复兴确立为自己的初心使命。一百年来,中国共产党团结带领中国人民进行的一切奋斗、一切牺牲、一切创造,归结起来就是一个主题:实现中华民族伟大复兴。

——习近平2021年7月1日在庆祝中国共产党成立100周年大会上的讲话

> **真题面对面**
>
> [2021,单,2分]习近平总书记在庆祝中国共产党成立100周年大会上指出,一百年来,中国共产党团结带领中国人民进行的一切奋斗、一切牺牲、一切创造,归结起来的一个主题是(　　)
>
> A.实现中华民族伟大复兴　　　　B.全面建成小康社会
>
> C.带领人民创造美好生活　　　　D.构建人类命运共同体
>
> 答案:A

6.大先生

教师要成为大先生,做学生为学、为事、为人的示范,促进学生成长为全面发展的人。要研究真问题,着眼世界学术前沿和国家重大需求,致力于解决实际问题,善于学习新知识、新技术、新理论。要坚定信念,始终同党和人民站在一起,自觉做中国特色社会主义的坚定信仰者和忠实实践者。

——习近平2021年4月19日在清华大学考察时的讲话

7.全国教育大会

"两个大计"。党的十九大从新时代坚持和发展中国特色社会主义的战略高度,作出了优先发展教育事业、加快教育现代化、建设教育强国的重大部署。教育是民族振兴、社会进步的重要基石,是功在当代、利在千秋的德政工程,对提高人民综合素质、促进人的全面发展、增强中华民族创新创造活力、实现中华民族伟大复兴具有决定性意义。教育是国之大计、党之大计。

6个方面"下功夫"。要在坚定理想信念上下功夫;要在厚植爱国主义情怀上下功夫;要在加强品德修养上下功夫;要在增长知识见识上下功夫;要在培养奋斗精神上下功夫;要在增强综合素质上下功夫。

家庭要做好4个"一"。 办好教育事业,家庭、学校、政府、社会都有责任。家庭是人生的第一所学校,家长是孩子的第一任老师,要给孩子讲好"人生第一课",帮助扣好人生第一粒扣子。教育、妇联等部门要统筹协调社会资源支持服务家庭教育。全社会要担负起青少年成长成才的责任。各级党委和政府要为学校办学安全托底,解决学校后顾之忧,维护老师和学校应有的尊严,保护学生生命安全。

——习近平2018年9月10日在全国教育大会上的讲话

真题面对面

[2019,单,2分]在2018年召开的全国教育大会上,习近平总书记对教育的地位和作用作出全新判断,首次提出(　　)

A.教育事关社会稳定、家庭幸福　　B.教育是十年树木、百年树人的事业
C.教育为学生终身发展奠定基础　　D.教育是国之大计、党之大计

答案:D

8.建设高素质教师队伍

评价教师队伍素质的第一标准应该是师德师风。师德师风建设应该是每一所学校常抓不懈的工作,既要有严格制度规定,也要有日常教育督导。我们的教师队伍师德师风总体是好的,绝大多数老师都敬重学问、关爱学生、严于律己、为人师表,受到学生尊敬和爱戴。同时,也要看到教师队伍中存在的一些问题。对出现的问题,我们要高度重视,认真解决。要引导教师把教书育人和自我修养结合起来,做到以德立身、以德立学、以德施教。

——习近平2018年5月2日在北京大学师生座谈会上的讲话

9.4个引路人

广大教师要做学生锤炼品格的引路人,做学生学习知识的引路人,做学生创新思维的引路人,做学生奉献祖国的引路人。

——习近平2016年9月9日在北京市八一学校考察时的讲话

10.4有好老师

第一,做好老师,要有理想信念。陶行知先生说,教师是"千教万教,教人求真",学生是"千学万学,学做真人"。老师肩负着培养下一代的重要责任。正确理想信念是教书育人、播种未来的指路明灯。

第二,做好老师,要有道德情操。好老师的道德情操最终要体现到对所从事职业的忠诚和热爱上来。好老师应该执著于教书育人。

第三,做好老师,要有扎实学识。扎实的知识功底、过硬的教学能力、勤勉的教学态度、科学的教学方法是老师的基本素质,其中知识是根本基础。学生往往可以原谅老师严厉刻板,但不能原谅老师学识浅薄。

第四,做好老师,要有仁爱之心。教育是一门"仁而爱人"的事业,爱是教育的灵魂,没有爱就没有教育。好老师应该是仁师,没有爱心的人不可能成为好老师。高尔基说:"谁爱孩子,孩子就爱谁。只有爱孩子的人,他才可以教育孩子。"

——习近平2014年9月9日同北京师范大学师生代表座谈时的讲话

> **真题面对面**
>
> [2015,单,2分]2014年9月9日,习近平总书记在北京师范大学考察时强调,全国广大教师要做( )
> A.有理想信念、有高尚道德、有扎实知识、有仁爱之心的好老师
> B.有理想信念、有道德情操、有专业知识、有仁爱之心的好老师
> C.有理想信念、有高尚道德、有专业知识、有仁爱之心的好老师
> D.有理想信念、有道德情操、有扎实知识、有仁爱之心的好老师
> 答案:D

11.人生的扣子从一开始就要扣好

青年的价值取向决定了未来整个社会的价值取向,而青年又处在价值观形成和确立的时期,抓好这一时期的**价值观**养成十分重要。这就像穿衣服扣扣子一样,如果第一粒扣子扣错了,剩余的扣子都会扣错。人生的扣子从一开始就要扣好。

——习近平2014年5月4日在北京大学师生座谈会上的讲话

> **真题面对面**
>
> [2022,判断,1分]"人生的扣子从一开始就要扣好",强调的是价值观教育。( )
> 答案:√

第二部分

心理学

SHAN XIANG

内容导学

- 河南省特岗教师招聘考试心理学部分，共四章。

- 第一章主要是对心理学的研究对象、心理的实质以及心理学的产生与发展的阐述，考查题型以选择、判断等客观题为主。

- 第二章主要介绍了注意、感觉与知觉、记忆、表象与想象、思维等内容，考查题型以选择、判断等客观题为主。

- 第三章是对情绪情感和意志过程的阐述，考查题型以选择、判断等客观题为主，偶尔也会考查论述、案例分析等主观题。

- 第四章主要阐述了个性心理倾向性和个性心理特征的内容，考查题型以选择、判断等客观题为主。

- 考生要重点掌握第二章、第三章和第四章的内容，并结合历年真题和每章的栏目有重点地复习。对于以客观题为主要考查形式的知识点，应注重识记与理解；对于以主观题为主要考查形式的知识点，不仅要做到识记和理解，更要能灵活运用。

第一章 心理学概述

思维导图

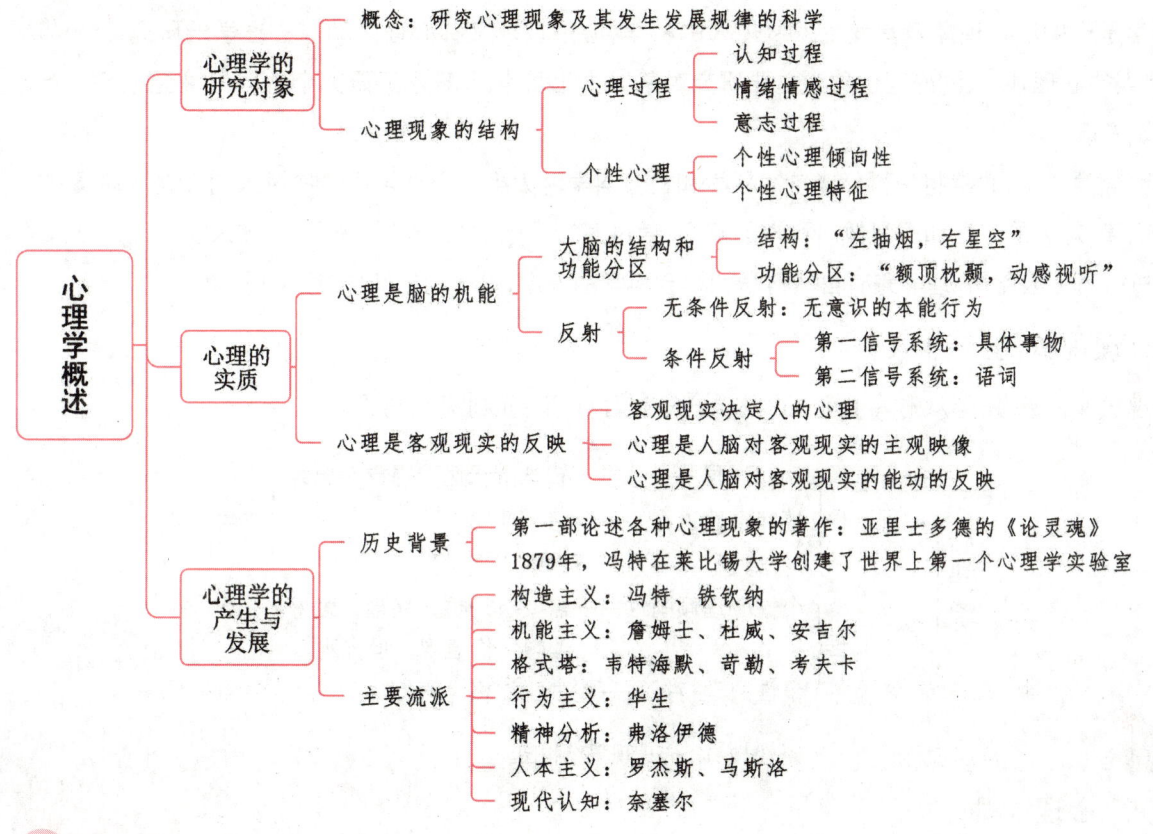

- 心理学概述
  - 心理学的研究对象
    - 概念：研究心理现象及其发生发展规律的科学
    - 心理现象的结构
      - 心理过程
        - 认知过程
        - 情绪情感过程
        - 意志过程
      - 个性心理
        - 个性心理倾向性
        - 个性心理特征
  - 心理的实质
    - 心理是脑的机能
      - 大脑的结构和功能分区
        - 结构："左抽烟，右星空"
        - 功能分区："额顶枕颞，动感视听"
      - 反射
        - 无条件反射：无意识的本能行为
        - 条件反射
          - 第一信号系统：具体事物
          - 第二信号系统：语词
    - 心理是客观现实的反映
      - 客观现实决定人的心理
      - 心理是人脑对客观现实的主观映像
      - 心理是人脑对客观现实的能动的反映
  - 心理学的产生与发展
    - 历史背景
      - 第一部论述各种心理现象的著作：亚里士多德的《论灵魂》
      - 1879年，冯特在莱比锡大学创建了世界上第一个心理学实验室
    - 主要流派
      - 构造主义：冯特、铁钦纳
      - 机能主义：詹姆士、杜威、安吉尔
      - 格式塔：韦特海默、苛勒、考夫卡
      - 行为主义：华生
      - 精神分析：弗洛伊德
      - 人本主义：罗杰斯、马斯洛
      - 现代认知：奈塞尔

河南特岗考向

本章属于心理学的基础章节，考查频次较低，内容较为琐碎，需要考生识记的知识较多。在考试中常以选择题、判断题等客观题的形式考查。现对2014~2023年本章河南特岗考向分析如下：

考点	考频	题型	能力层级
心理现象的结构	1	多选	识记
心理是客观现实的反映	1	判断	识记
西方主要的心理学流派	1	单选	区分

第二部分 心理学

核心考点

第一节 心理学的研究对象

一、心理学的概念

心理学是研究心理现象及其发生发展规律的科学,心理现象又称心理活动。心理学既研究动物的心理,也研究人的心理,以人的心理现象为主要研究对象。除此之外,心理学还研究个体行为、社会心理、个体意识与个体无意识。

在学科分类学中,通常将学科分成自然科学和社会科学两大类。心理学通过探讨人的心理活动及其行为变化的规律,对人的心理和行为做出科学的解释;通过对行为的观察、分析、揭示、预测来调节与控制人的心理活动与行为。因此,心理学兼有自然科学和社会科学的性质,是一门中间(或边缘)科学。

二、心理现象的结构【多选】

心理现象非常复杂,但从形式上可以归纳为心理过程和个性心理两个方面。

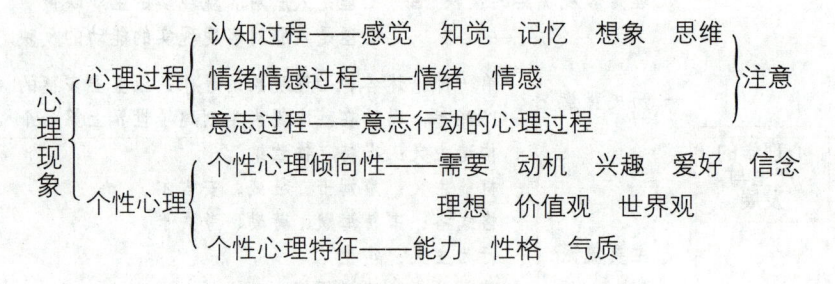

$$
\text{心理现象}\begin{cases}\text{心理过程}\begin{cases}\text{认知过程——感觉 知觉 记忆 想象 思维}\\\text{情绪情感过程——情绪 情感}\\\text{意志过程——意志行动的心理过程}\end{cases}\text{注意}\\\text{个性心理}\begin{cases}\text{个性心理倾向性——需要 动机 兴趣 爱好 信念}\\\qquad\qquad\qquad\qquad\quad\text{理想 价值观 世界观}\\\text{个性心理特征——能力 性格 气质}\end{cases}\end{cases}
$$

图 2-1 心理现象结构图

考点1 心理过程

心理过程是心理活动的一种动态过程,是人脑对客观现实的反映过程。心理过程可分为认知过程、情绪情感过程和意志过程三个方面。人的各种心理活动中,都伴随着注意这种心理状态。(1)认知过程,包括感觉、知觉、记忆、想象、思维等;(2)情绪情感过程;(3)意志过程。

> **小香课堂**
>
> 考生应牢记:注意不是一种独立的心理过程,也不属于某一种心理过程,而是伴随各种心理过程存在的特殊心理状态。

考点2 个性心理

个性心理是指表现在一个人身上比较稳定的心理特性的综合,是一个人总的精神面貌,反映了人与人之间稳定的差异特征。由于每个人的遗传素质、所处社会环境不同,形成了人的个性心理的差异。个性心理的差异主要表现在个性心理倾向性和个性心理特征两个方面。(1)个性心理倾向性,包括需要、动机、兴趣、爱好、信念、理想、价值观、世界观等;(2)个性心理特征,包括个体的能力、气质和性格等。

考点3 心理过程和个性心理的关系

心理过程和个性心理是心理学研究的两大方面,二者是相互联系、相互渗透、相互制约的。(1)个性心理是在心理过程中形成的,如果没有对主观和客观世界的认识,没有情绪情感的体验,没有积极地与困难做斗争的意志活动,心理的个性差异就无从形成和表现;(2)已经形成的个性心理倾向性和个性心理特征又制约着心理过程的进行。

> **真题面对面**
>
> [2023,多,2分]心理现象包括心理过程和个性心理两个方面。下列选项中,属于心理过程的有( )
>
> A.认知过程　　　　B.行动过程　　　　C.学习过程　　　　D.意志过程
>
> E.情感过程
>
> 答案:ADE

★ 考点大默写 ★

1. 心理学是研究_____及其发生发展规律的科学。
2. 心理现象从形式上可以归纳为_____和_____两个方面。
3. 心理过程是心理活动的一种动态过程,是人脑对客观现实的反映过程。心理过程可分为_____、_____、_____三个方面。
4. 个性心理是指表现在一个人身上比较稳定的心理特性的综合,其差异主要表现在_____、_____两个方面。其中,需要、动机、兴趣等属于_____;能力、气质、性格等属于_____。

【参考答案】

1. 心理现象　2. 心理过程;个性心理　3. 认知过程;情绪情感过程;意志过程　4. 个性心理倾向性;个性心理特征;个性心理倾向性;个性心理特征

第二节　心理的实质

一、心理是脑的机能

心理是脑的机能,脑是心理的器官。

考点1　神经系统

神经系统是心理活动的主要物质基础。人的心理活动,都要通过它的活动来实现。

1. 神经元

神经元(又称神经细胞)是神经系统结构和机能的单位,它具有接受刺激、传递信息和整合信息的功能。

神经元一般由细胞体(或称胞体)、树突和轴突三部分组成。通过生化反应,细胞体为神经活动提供能量。树突接受其他神经元传来的信息并传至细胞体;轴突将神经冲动由细胞体传给另一个神经元、肌肉或腺体。

2. 神经系统的结构

(1) 中枢神经系统

大脑两半球是中枢神经系统的最高部位,是整个神经系统的最高司令部。其中,大脑的结构和主要功能分区如下表所示。

表2-1 大脑的结构和功能分区

结构	大脑左半球	负责身体的右边,是抽象逻辑思维和言语中枢的优势半球,它主要负责言语、阅读、书写、运算和推理等
	大脑右半球	负责身体的左边,是形象思维和高度空间知觉的优势半球,它主要处理的信息是知觉物体的空间关系、情绪情感、欣赏音乐和艺术等
功能分区	额叶	在组织有目的、有方向的活动中,有使活动服从于坚定意图和动机的作用
	顶叶	主要是调节机体的触压觉、温度觉、痛觉和内脏感觉等
	枕叶	视觉中枢
	颞叶	听觉中枢

记忆有妙招

关于大脑的结构和功能分区,考生可结合以下口诀进行记忆:
(1) 左右脑的功能:**左抽烟,右星空**。抽:抽象逻辑。烟:言语。星:形象思维。空:空间知觉。
(2) 大脑的功能分区:**额顶枕颞,动感视听**。

脊髓是中枢神经系统的最低级部位,同时脊髓也是脑和周围神经系统的桥梁,可以完成一些简单的反射活动。

(2) 周围神经系统

周围神经系统由12对脑神经和31对脊神经组成,其功能是把各感觉器官的神经冲动(信息)传给中枢,再把中枢的神经冲动(信息)传给有关的器官。如果说中枢神经系统是人体的"司令部",那么周围神经系统就是人体的"通讯网络"。

考点2 神经系统的活动方式

1. 反射与反射弧

脑的反射活动是人的心理活动的基础,人的行为是由反射组成的。**反射**是神经系统活动的基本形式,是有机体通过神经系统对体内外刺激产生有规律的应答活动。例如,手碰到强烈刺激就立即缩回。实现反射活动的生理结构是**反射弧**,它由感受器、传入神经、神经中枢、传出神经、效应器五个部分组成。

反射分为无条件反射和条件反射,具体内容如下表所示:

表2-2 反射的分类

分类		含义	特点	典例
无条件反射		无意识的本能行为	先天的,与生俱来的	吮吸反射、觅食反射
条件反射 (信号反射)	第一信号系统	用**具体事物**作为条件刺激而建立的条件反射系统	后天学习的; 人和动物共有的	望梅生津
	第二信号系统	用**语词**作为条件刺激而建立的条件反射系统	后天学习的; 人类特有的	成语"谈虎色变"

| 无条件反射 | 第一信号系统 | 第二信号系统 |

小香课堂

第一信号系统与第二信号系统易混淆,考生可抓住两者的关键词进行区分:"具体事物"和"语词"。"具体事物"是我们能够看得见、摸得着的,对应第一信号系统;"语词"包括文字、观念等,对应第二信号系统。

2. 神经活动的基本过程与规律

(1)神经活动的基本过程

神经活动主要是指大脑皮层活动。它的基本过程是**兴奋**和**抑制**,前者是指神经细胞的活动状态;后者是指神经细胞处于暂时性的减弱或停止的状态。例如,学习时大脑神经就处于兴奋状态,而睡眠时大脑神经细胞则处于抑制状态。机体的活动是神经系统兴奋和抑制互相对立、互相转化的结果。

(2)神经活动的基本规律

①兴奋和抑制的**扩散**与**集中**。扩散是兴奋或抑制从原发点向四周扩散开来,集中是兴奋或抑制从四周向原发点集中(集合)过来。

②兴奋和抑制的**相互诱导**。诱导是由兴奋过程引起或加强抑制过程,以及由抑制过程引起或加强兴奋过程。前者是负诱导,后者是正诱导。互相诱导可能是同时性的,也可能是相继的。例如,我们专心致志地学习,大脑皮层某些神经元的兴奋加强了相邻脑区的抑制,产生了良好的学习效果,这是同时性负诱导。相继性诱导是在大脑皮层的相同位置上以兴奋与抑制发生的先后来分的。例如:由睡眠到醒来,就是大脑皮层上先抑制而后诱导为兴奋,这是相继正诱导;由于晚上"开夜车"学习,大脑皮层上的兴奋导致第二天无精打采、昏昏欲睡的大脑抑制,是相继负诱导。人的生活和工作,都是在大脑神经的兴奋和抑制相互交替、扩散和集中相互诱导的规律中进行的。

二、心理是客观现实的反映 【判断】

1. 客观现实决定人的心理

人的心理活动,就其产生方式来说,是客观事物引起人脑反射的活动;就其内容来说,是作用于人脑的客观现实的反映。物质是第一性的,心理是第二性的,人的心理是客观现实的反映。必须强调的是,人的社会生活实践对人的心理起着决定性的作用。因为社会生活条件才是人的心理源泉,是心理内容的决定性组成部分。"印度狼孩"卡玛拉的事例表明,社会存在是人的心理内容的决定部分。总之,人的心理是客观现实的反映,而社会环境和社会生活条件对人的心理起着决定的作用。

2. 心理是人脑对客观现实的主观映像

人的心理是客观的又是主观的,它是由具体的个体在头脑中进行的。人的心理对客观现实的反映,并不是死板、机械地如同镜子照映物体一般。人对当前现实的每一反映,都是同他在长期实践中所形成的个性特点、知识经验、世界观及其当时的心理状态等相联系的。因而,不同的人(或同一人在不同的时间)对同一外界影响的反映不尽相同,可谓"仁者见仁,智者见智"。比如同一班学生,听同一教师讲同一节课或看同一部电影,每个人对教材的掌握和对电影的理解都是不完全相同的。现实是不依赖于人而客观存在的,人们对同一客观现实的反映却依个人的知识经验、个性特点、世界观的不同而不同,这就是人的心理的主观性。也可以说心理是客观世界的主观反映。

3. 心理是人脑对客观现实的能动的反映

人的心理不是消极被动地、录像式地对客观现实进行反映,而是能动地去反映客观世界。人们不仅反映客观事物具体的表面现象,而且还会通过脑的分析综合,把握客观事物的本质和规律,预测客观事物发展变化的过程,从而有效地认识和改造客观世界。这些都是在实践过程中通过主客观的相互作用而实现的。

真题面对面

[2022,判断,1分]"仁者见仁,智者见智"是人的心理主观性的体现。(　　)
答案:√

★ 考点大默写 ★

1. 在大脑的功能分区中,_____主要调节机体的触压觉、温度觉、痛觉和内脏感觉等。

2. 反射可分为_____反射和_____反射。其中,_____反射是先天的,即无意识的本能行为。

3. 第一信号系统是用_____作为条件刺激而建立的条件反射系统;第二信号系统是用_____作为条件刺激而建立的条件反射系统。

4. 心理是人脑对客观现实的主观映像。现实是不依赖于人而客观存在的,人们对同一客观现实的反映却依个人的知识经验、个性特点、世界观的不同而不同,这就是人的心理的_____。

【参考答案】
1. 顶叶 2. 无条件;条件;无条件 3. 具体事物;语词 4. 主观性

第三节 心理学的产生与发展

一、心理学产生的历史背景

心理学是一门古老而又年轻的科学。在欧洲,心理学的历史可以追溯到古希腊柏拉图、亚里士多德的时代。亚里士多德的《论灵魂》是历史上第一部论述各种心理现象的著作。

1879年,德国著名心理学家冯特在德国莱比锡大学创建了世界上第一个心理学实验室,开始对心理现象进行系统的实验研究。在心理学史上,人们把这一事件看作是心理学脱离哲学,走上独立发展道路的标志,也意味着科学心理学的诞生。冯特因此被称为"心理学之父"和"科学心理学诞生的旗手"。他的代表作有《生理心理学原理》《民族心理学》《心理学大纲》等。

二、西方主要的心理学流派 【单选】

表2-3 西方主要的心理学流派

心理学流派	代表人物	主要观点
构造主义心理学	冯特、铁钦纳	(1)主张心理学研究人们的直接经验即意识,并把人的经验分为感觉、意象和激情状态三种元素; (2)主张采用**实验内省法**
机能主义心理学	詹姆士、杜威和安吉尔	(1)主张研究意识,但是他们不把意识看成是个别心理元素的集合,而是看成一种持续不断、川流不息的过程,提出了"意识流"; (2)强调对意识作用与功能的研究,不赞成构造主义对心理结构进行分析; (3)主张心理学的研究对象是具有适应性的心理活动,强调意识活动在人类有机体的需要与环境之间起重要的中介作用
格式塔心理学（完形心理学）	韦特海默、苛勒和考夫卡	反对把意识分析为元素,而强调心理作为一个整体、一个组织的意义,认为: (1)整体不能还原为各个部分、各种元素的总和; (2)部分相加不等于整体; (3)整体先于部分而存在,并且制约着部分的性质和意义; (4)整体大于部分之和
行为主义心理学（西方心理学的"第一势力"）	华生	(1)反对研究意识,主张研究行为; (2)反对内省,主张采用实验方法
精神分析心理学（西方心理学的"第二势力"）	弗洛伊德	(1)研究异常行为和无意识; (2)行为根源于欲望
人本主义心理学（西方心理学的"第三势力"）	罗杰斯、马斯洛	(1)心理学研究应关心人的价值和尊严,应以研究个性的积极面代替研究个性的消极面,使心理学成为健康个性的心理学; (2)强调人所具有的现实潜在能力,帮助人认识自身价值,发现真正的自我,对自己的成长负责,使他们向着自我实现的目标前进
现代认知心理学（信息加工心理学）	奈塞尔	(1)诞生标志:1967年,奈塞尔出版了《认知心理学》; (2)把心理活动看作信息加工系统,由感官搜集信息,经过分析、存储、转换,然后加以利用

记忆有妙招

关于西方主要的心理学流派的代表人物及观点,考生可结合以下口诀进行记忆:
铁粉内省造元素;危机适应意识流;完形整体为科考;华生行为双第一。

(1)铁粉内省造元素。**铁**:铁钦纳。**粉**:冯特。**内省**:实验内省法。**造**:构造主义。**元素**:把人的经验分为感觉、意象和激情状态三种元素。

(2)危机适应意识流。**危**:杜威。**机**:安吉尔。**适**:詹姆士。**意识流**:把意识看成一种持续不断、川流不息的过程,提出了"意识流"。

(3)完形整体为科考。**完形**:完形心理学。**整体**:强调心理作为一个整体、一个组织的意义。**为**:韦特海默。**科**:苛勒。**考**:考夫卡。

(4)华生行为双第一。**行为**:行为主义。**双第一**:华生是行为主义第一人、行为主义是西方心理学的"第一势力"。

真题面对面

[2021,单,2分]主张心理学研究应关心人的价值和尊严,促进人潜能发挥的心理学流派是( )
A.行为主义心理学　　　　　　　B.机能主义心理学
C.精神分析心理学　　　　　　　D.人本主义心理学
答案:D

考点大默写

1. 亚里士多德的《_____》是历史上第一部论述各种心理现象的著作。
2. 1879年,德国著名心理学家_____在德国莱比锡大学创建了世界上第一个心理学实验室,开始对心理现象进行系统的实验研究,人们把这一事件看作是心理学脱离哲学,走上独立发展道路的标志,也意味着科学心理学的诞生。
3. 行为主义心理学反对研究_____,主张研究行为;反对内省,主张采用_____方法。
4. _____强调人所具有的现实潜在能力,被称为西方心理学的"第三势力"。
5. 韦特海默、苛勒和考夫卡是_____心理学的代表人物。

【参考答案】
1. 论灵魂　2. 冯特　3. 意识;实验　4. 人本主义心理学　5. 格式塔(完形)

即时反思与复盘总结

我于_____年____月____日完成了对本章的学习。

复盘一下,我对自己较肯定的地方是_____

(足够努力/心态积极/方法得当……)

我觉得自己需要改进的地方是_____

(懒惰懈怠/心情浮躁/方法不当……)

休息片刻,开启下一站征程!

第二章 认知过程

思维导图

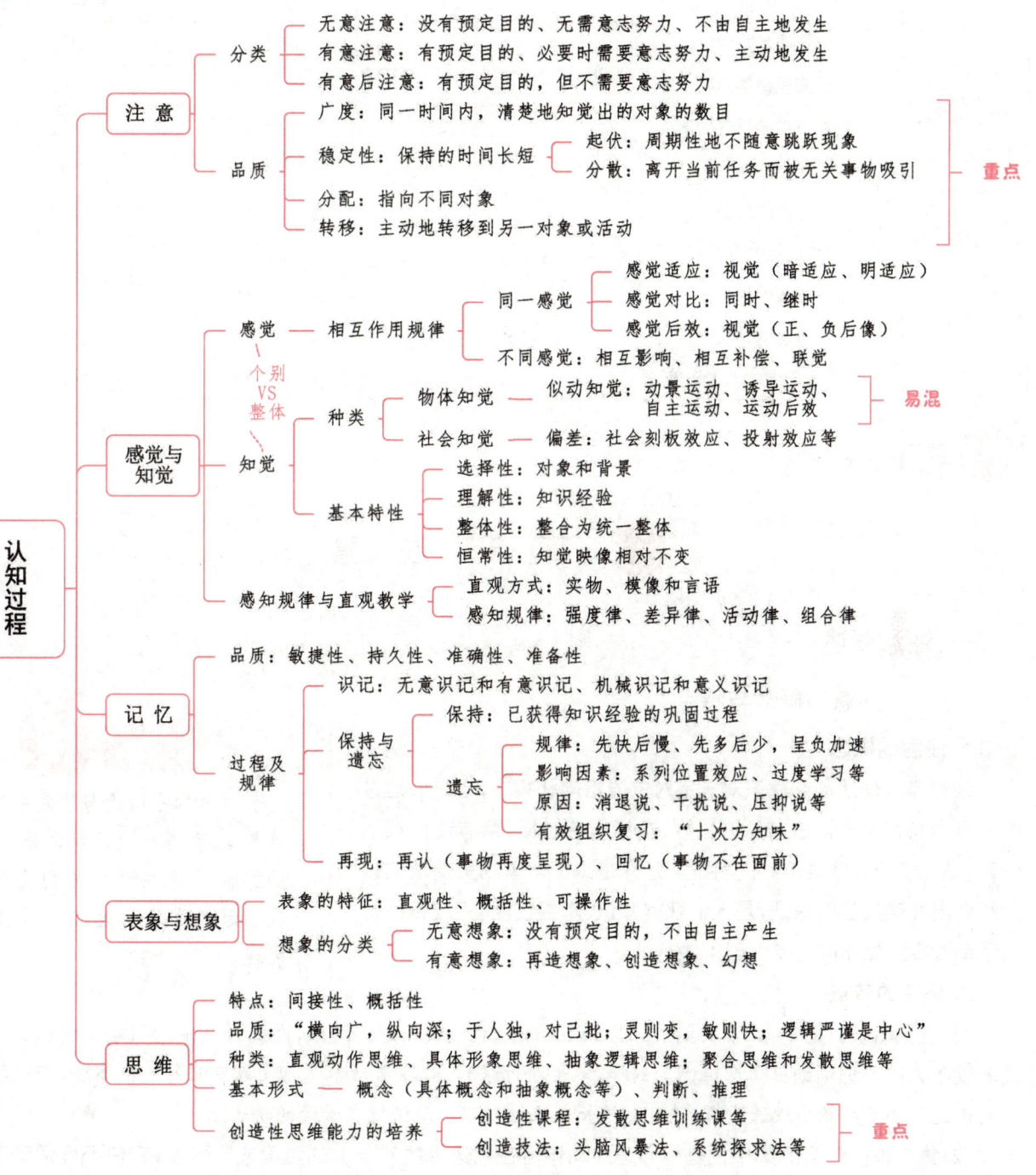

- 认知过程
  - 注意
    - 分类
      - 无意注意：没有预定目的、无需意志努力、不由自主地发生
      - 有意注意：有预定目的、必要时需要意志努力、主动地发生
      - 有意后注意：有预定目的，但不需要意志努力
    - 品质
      - 广度：同一时间内，清楚地知觉出的对象的数目
      - 稳定性：保持的时间长短
        - 起伏：周期性地不随意跳跃现象
        - 分散：离开当前任务而被无关事物吸引 【重点】
      - 分配：指向不同对象
      - 转移：主动地转移到另一对象或活动
  - 感觉与知觉（个别 VS 整体）
    - 感觉——相互作用规律
      - 同一感觉
        - 感觉适应：视觉（暗适应、明适应）
        - 感觉对比：同时、继时
        - 感觉后效：视觉（正、负后像）
      - 不同感觉：相互影响、相互补偿、联觉
    - 知觉
      - 种类
        - 物体知觉——似动知觉：动景运动、诱导运动、自主运动、运动后效 【易混】
        - 社会知觉——偏差：社会刻板效应、投射效应等
      - 基本特性
        - 选择性：对象和背景
        - 理解性：知识经验
        - 整体性：整合为统一整体
        - 恒常性：知觉映像相对不变
    - 感知规律与直观教学
      - 直观方式：实物、模像和言语
      - 感知规律：强度律、差异律、活动律、组合律
  - 记忆
    - 品质：敏捷性、持久性、准确性、准备性
    - 过程及规律
      - 识记：无意识记和有意识记、机械识记和意义识记
      - 保持与遗忘
        - 保持：已获得知识经验的巩固过程
        - 遗忘
          - 规律：先快后慢、先多后少，呈负加速
          - 影响因素：系列位置效应、过度学习等
          - 原因：消退说、干扰说、压抑说等
          - 有效组织复习："十次方知味"
      - 再现：再认（事物再度呈现）、回忆（事物不在面前）
  - 表象与想象
    - 表象的特征：直观性、概括性、可操作性
    - 想象的分类
      - 无意想象：没有预定目的，不由自主产生
      - 有意想象：再造想象、创造想象、幻想
  - 思维
    - 特点：间接性、概括性
    - 品质："横向广，纵向深；于人独，对己批；灵则变，敏则快；逻辑严谨是中心"
    - 种类：直观动作思维、具体形象思维、抽象逻辑思维；聚合思维和发散思维等
    - 基本形式——概念（具体概念和抽象概念等）、判断、推理
    - 创造性思维能力的培养
      - 创造性课程：发散思维训练课等
      - 创造技法：头脑风暴法、系统探求法等 【重点】

第二部分 心理学

河南特岗考向

本章属于心理学的重要章节,考查频次较高,内容较为琐碎,需要考生理解和识记的知识较多。在考试中常以选择题、判断题等客观题的形式考查。现对2014～2023年本章河南特岗考向分析如下:

考点	考频	题型	能力层级
注意的品质	4	单选、判断	理解
感觉的相互作用规律	1	单选	理解
知觉的基本特性	1	单选	识记
感知规律的内容	2	单选、判断	应用
影响遗忘进程的因素	2	单选、判断	识记
遗忘的原因	2	单选、判断	理解
想象的分类	2	单选、判断	区分
思维的概念及特点	1	判断	识记
思维的种类	2	单选、判断	区分
概念的种类	1	单选	理解
创造性思维能力的培养	5	单选、判断	识记

核心考点

第一节 注 意

一、注意概述

考点1 注意的概念与特点

1. 注意的概念

注意是心理活动或意识对一定对象的指向和集中,它是心理过程的动力特征之一。它与认知过程、情绪情感过程、意志过程难以分开,是一切心理活动的共同特征。注意是人们对事物更清晰的认识和做出准确反应的保证,是人们获得知识、掌握技能、完成各种智力活动和实际操作的重要心理条件。

2. 注意的特点

(1)指向性。注意的指向性是指心理活动有选择地反映一定的对象,而离开其余的对象。注意的指向性表现出人的心理活动具有选择性。例如,学生在听课时,心理活动不是指向教室里的一切事物,而是把教师的讲述从许多事物中挑选出来,并且比较长久地把心理活动保持在教师的讲述上。

(2)集中性。注意的集中性是指心理活动停留在被选择的对象上的强度或紧张度,它使心理活动离开一切无关的事物,并且抑制多余的活动,以保证注意的对象能得到比较鲜明和清晰的反映。人在注意力高度集中时,除了对目标物之外,对自己周围的其他事物就会"视而不见、听而不闻"了。

> **小香课堂**
>
> 注意的指向性与注意的集中性易混淆,考生应注意区分:注意的指向性是注意在方向上的表现,集中性是注意在强度上的表现。

考点2　注意的功能

1.选择功能
即选择有意义的、符合需要的和与当前活动相一致的刺激,避开与之无关的、干扰当前活动的各种刺激并抑制对它们的反应。

2.保持功能
即使注意对象的映像或内容保持在意识中,得到清晰、准确的反映。

3.调节和监督功能
即控制心理活动向着一定的方向或目标进行。

考点3　注意的分类

根据有无目的和意志努力,注意可以分为无意注意、有意注意和有意后注意三种。

1.无意注意

(1)无意注意的概念

无意注意也称**不随意注意**,是没有预定目的、无需意志努力、不由自主地对一定事物所发生的注意。无意注意更多地被认为是由外部刺激物引起的一种消极被动的注意,是注意的初级形式。人和动物都存在无意注意。虽然无意注意缺乏目的性,但因为不需要意志努力,所以,个体在注意过程中不易产生疲劳。

(2)引起无意注意的条件

表2-4　引起无意注意的条件

引起无意注意的条件		典例
客观条件	刺激物的强度(强度律)	一道强烈的光线
	刺激物之间显著的对比关系(差异律)	万绿丛中一点红
	刺激物的活动和变化(活动律)	多媒体课件中的动画
	刺激物的新异性	新张贴的广告
主观条件	①当时的需要;②当时的特殊情绪状态;③当时的直接兴趣;④个体的知识经验	球迷容易察觉到犯规动作

记忆有妙招

> 关于引起无意注意的客观条件,考生可结合以下口诀进行记忆:
> **强行壁咚**。强:强度。行:新异性。壁:对比。咚:活动和变化。

2.有意注意

(1)有意注意的概念

有意注意也称**随意注意**,是有预定目的、必要时需要意志努力、主动地对一定事物所发生的注意。有意注意是一种积极主动、服从于当前活动任务需要的注意,属于注意的高级形式。它受人的意识的调节和控制,是人类所特有的一种注意。有意注意虽然目的性明确,但在实现过程中需要有持久的意志努力,这容易使个体产生疲劳。

(2)维持有意注意的条件

①加深对目的任务的理解;②合理组织活动;③对兴趣的依从性;④排除内外因素的干扰。

3. 有意后注意

(1)有意后注意的概念

有意后注意也称随意后注意，是注意的一种特殊形式，是指有预定目的，但不需要意志努力的注意。它是在有意注意的基础上，经过学习、训练或培养个人对事物的直接兴趣达到的。在有意注意阶段，主体从事一项活动需要意志努力，但随着活动的深入，个体由于兴趣的提高或操作的熟练，不用意志努力就能够在这项活动上保持注意。

有意后注意是一种更高级的注意，在活动进行中不容易感到疲倦，这对完成长期性和连续性的工作有重要意义，但有意后注意的形成需要付出一定的时间和精力。培养学生的有意后注意关键在于发展其对活动的兴趣。

(2)有意后注意形成的条件

①对活动浓厚的兴趣；②活动的自动化。

二、注意的品质 【单选、判断】 必背

考点1 注意的广度

1. 注意的广度的概念

注意的广度，也称注意的范围，是指在同一时间内，人们能够清楚地知觉出的对象的数目。"一目十行"指的就是注意的范围。注意的紧张度与注意的范围有着密切的联系：注意的紧张度越高，注意的范围越小；注意的范围越大，要保持高紧张度的注意就越困难。已有研究表明，在简单的任务下，注意的广度大约是7±2个组块，即5~9个项目；而互不关联的外文字母的注意的广度则约为4~6个。

2. 影响注意的广度的条件

(1)知觉对象的特点；(2)当时的知觉任务；(3)已有的知识经验和水平。

考点2 注意的稳定性

1. 注意的稳定性的概念

注意的稳定性，是指注意保持在某一对象或某一活动上的时间长短特性。持续时间愈长，注意就愈稳定。

在注意的稳定性中可以区分出狭义的注意稳定性和广义的注意稳定性。狭义的注意稳定性是指注意保持在同一对象上的时间；广义的注意稳定性是指注意保持在同一活动上的时间。广义的注意稳定性并不意味着注意总是指向同一对象，而是指注意的对象和行动虽然有所变化，但注意的总方向和总任务不变。例如，上课时学生既要听教师讲课，又要记笔记，还要看实验演示或幻灯片等。但所有这些行为都服从于听课这一总任务，因此，他们的注意是稳定的。

2. 注意的起伏和注意的分散

(1)注意的起伏

短时间内注意周期性地不随意跳跃现象称为**注意的起伏**（或注意的动摇），它是由于人的感受性不能长时间地保持固定的状态，而是间歇性地加强和减弱造成的。注意的起伏周期一般为2、3秒至12秒。这种现象在复杂的认知活动中是经常发生的，但只要我们的注意没有离开当前的对象，注意的起伏就不会产生消极的作用。但是，在某些要求对信号做出迅速反应的日常活动和实验作业中，注意的起伏有必要引起注意。例如，在百米竞赛的预备信号之后，相隔太长时间才发出起跑信号，那么由于运动员发生注意的起伏，就可

能使其成绩受到明显的影响。如果预备信号与起跑信号间只相隔2~3秒,注意起伏的不良后果就可以消除。

(2)注意的分散

注意不稳定表现为注意的分散,也叫分心。注意的分散是指注意离开了当前应当完成的任务而被无关的事物所吸引。它使我们不能清晰地认识事物,所以我们必须和它做斗争。

3. 影响注意稳定性的因素

(1)注意对象的特点;(2)有无坚定目的;(3)个人的主观状态。

考点3　注意的分配

1. 注意的分配的概念

注意的分配是指人在进行两种或多种活动时能把注意指向不同对象的现象。例如,司机需要一边驾车,一边观察路况;学生在课堂上一边听课,一边记笔记。事实证明,注意的分配是可行的,人们在生活中可以做到"一心二用",甚至"一心多用"。

2. 影响注意的分配的条件

(1)在同时进行的两种活动中,必须有一种活动是已经熟练的;(2)同时进行的几种活动都已熟练;(3)几种不同的活动已成为一套统一的组织。

注意分配的能力因人而异,有人能够毫不紊乱地同时进行几种活动,有人则感到很困难。其关键在于是否通过艰苦练习,形成大脑皮层上各种各样牢固的暂时神经联系。

考点4　注意的转移

1. 注意的转移的概念

注意的转移是根据新的任务,主动地把注意从一个对象转移到另一个对象或由一种活动转移到另一种活动的现象。

2. 影响注意转移的条件

(1)原来注意的强度。原来注意的强度越小,转移就越容易、越迅速;反之,就越困难、越缓慢。

(2)新的注意对象的特点。新的注意对象越符合人的需要和兴趣,注意转移就越容易、越迅速;反之,就越困难、越缓慢。

(3)大脑皮层神经兴奋过程和抑制过程相互转换的灵活性。灵活性强的人,注意转移比较容易。

(4)各项活动的目的性或第二信号系统的调节作用。目的性不明确,语言的调节能力太弱,既不能很快地抑制那些不该兴奋的区域,也不能很快地解除大脑皮层上应该解除的抑制,这样就使注意的转移表现得不灵活。

注意转移的速度和质量取决于前后两种活动的性质和个体对这两种活动的态度,同时也受个性特点的影响。

小香课堂

考生区分注意的起伏、分散与转移,必须先理解三者的内涵,抓住三者的关键特征:

(1)注意的起伏中注意没有离开当前事物;

(2)注意的分散中注意离开了当前事物,被无关事物吸引;

第二部分　心理学　　197

(3)注意的转移中,根据任务要求,注意离开当前任务,转移到另一个任务。注意的转移不同于注意的分散,注意的转移是主动、积极的。

真题面对面

1.[2023,单,1分]"一手画方,一手画圆"体现的注意品质是(　　)

A.注意广度　　　　B.注意分配　　　　C.注意分散　　　　D.注意转移

2.[2018,单,2分]刚上完一节饶有兴趣的课,但学生不受该节课的影响,并自觉进入下节课的学习。这种现象属于(　　)

A.注意的分散　　　B.注意的起伏　　　C.注意的分配　　　D.注意的转移

3.[2021,判断,1分]百米竞赛的预备信号与起跑信号相隔太长时间,会影响运动员的成绩,是由于注意起伏的影响。(　　)

答案:1.B　2.D　3.√

三、注意规律在教学中的应用

考点1　运用注意规律组织教学

1.根据注意的外部表现了解学生的听课状态

在课堂教学中,学生如果是认真听讲,注意教师的教学活动,也会有相应的外部表现。教师通过观察学生的外部表现,既能够判断学生是否在专心听讲,又能够了解自己的教学效果,从而保证课堂教学的最优化。

课堂上,学生表现出积极的神情和适应性的动作说明他在全身心地关注教学,教师可以利用这种积极的学习状态深化知识教学,启发思考,培养创造性。相反,学生若是做小动作,或漫不经心,或心浮气躁,就说明注意力有所分散,教师应该及时提醒,同时也要灵活地组织教学,帮助学生把注意力集中到课堂教学中来。

2.运用无意注意的规律组织教学

无意注意可以由刺激物本身的特点引起,刺激物本身的特点既可以成为顺利完成教学任务的因素,又可以成为造成学生学习分心的因素。因此,在教学过程中,教师要善于利用有关刺激物的特点组织学生的注意。

(1)创造良好的教学环境

为了使学生在学习过程中不受外部无关刺激的干扰,应该创造一个安静、整洁的教学环境。①教师应该注意教室外环境对课堂的干扰。②还应注意教室内的环境,如地面是否干净;桌椅排列是否整齐;教室的布置和装饰是否简洁朴素等。

(2)注重讲演、板书技巧和教具的使用

①在讲课过程中,教师应该音量适中,语音、语调做到抑扬顿挫,遇到重点、难点时还要加强语气,并伴以适当的手势和表情。声音太大、语调平淡,容易使学生产生疲劳;声音过小,学生听不到或听不清,就很容易分心。

②在板书时,应该做到运用有度、重点突出、清晰醒目,必要时还要用彩色粉笔和图、表格加以强调。

③使用的教具应该新颖直观,能够很好地说明问题。教师在使用教具时还要给予言语讲解,引导学生正确观察,避免学生只关注表面现象,忽略实际问题。

(3)注重教学内容的组织和教学形式的多样化

①个体的知识经验是影响无意注意产生的因素,学生更愿意关注与自己知识经验有联系的事物。这就需要教师找出教学内容与学生知识结构的结合点,提供具体的实例,引起学生的直接兴趣,维持学生的注意。

②教师应该运用多种教学方法和灵活、多样的教学手段,调动学生饱满的情绪状态和学习积极性,如教师在讲解和板书之外,还应穿插使用教具演示、个别提问、角色扮演、集体讨论以及动手操作等教学形式。

3. 运用有意注意的规律组织教学

学习是经验获得和行为改变的过程,是一种复杂的活动。学习过程中会遇到很多困难和干扰,如果学生只凭借无意注意是难以完成学习任务的,必须培养学生的有意注意。具体措施如下:

(1)明确学习的目的和任务;(2)培养间接兴趣;(3)合理组织课堂教学,防止学生分心;(4)运用多种教学手段。

4. 运用两种注意相互转换的规律组织教学

在教学过程中如果过分地要求学生使用有意注意,则容易引起疲劳;而如果只让学生凭借无意注意来学习,则不利于他们克服学习过程中的困难。所以,无论是在整个教学活动过程中,还是在一堂课上,教师都应充分利用两种注意转换的规律来组织教学。例如,在讲授新的教学内容时,要求学生对教学内容产生无意注意,但当讲到重点、难点时,则必须设法让学生保持有意注意,以充分理解和思考问题。此外,教师还应有意识地培养学生的有意后注意,如培养学生边听课边记笔记的习惯等,这对提高学习效率有很大帮助。

考点2　在教学过程中培养学生良好的注意品质

(1)要增强注意的稳定性,就要防止注意的分散。①要保证整洁、安静的教学环境,防止外部无关刺激的干扰;②要注重学生良好学习习惯的形成和意志力的锻炼,克服内部干扰。此外,加强学习目的性教育,端正学习态度,组织内容丰富、形式多样的教学活动,也是提高注意稳定性的重要手段。

(2)要扩大注意的广度,需要学生积累相应的知识经验和具备一定的素养。教师应该指导学生迅速增加知识储备,勤学多练。此外,使学生了解当前活动的性质和要求,适当安排教学任务,也可以扩大注意范围。注意的广度还受注意对象特点的影响,如果需要学生注意较大范围内的教学对象,就应该使它们在排列组合上集中有序,或能成为相互联系的整体。

(3)注意的分配在教学中有实践意义。为了提高课堂效率,教师需要学生边听课边记笔记,有时需要学生一边动手操作,一边观察教师的演示。根据注意的分配的条件,需要增强学生的听讲、书写、表达等基本学习能力的训练,当它们达到高度熟练的程度时,就可以在课堂上做到"一心二用"。另外,对于一些特殊技能的分配,需要特别的训练,增强技能间的协调性。

(4)注意的转移同人的先天的神经活动类型有关,但也可以通过对外在因素的控制和后天的训练加以改善和提高。

★ 考点大默写 ★

1. 从注意有无目的和意志努力来看，一个学习外语的人在初学阶段去阅读外文报纸，这时他的注意是＿＿＿＿＿＿，他很容易感到疲倦；随着他学习的深入、外语水平的不断提高，当他能够毫不费力地阅读外文报刊时，他的注意属于＿＿＿＿＿＿。
2. 从注意有无目的和意志努力来看，教师在课堂上讲课，碰到少数学生在窃窃私语，这时教师突然停止讲课，或突然放慢讲话的速度，就会引起学生的＿＿＿＿＿＿。
3. 注意的＿＿＿＿＿＿是指在同一时间内，人们能够清楚地知觉出的对象的数目。
4. 注意的＿＿＿＿＿＿是指注意离开了当前应当完成的任务而被无关的事物所吸引；短时间内注意周期性地不随意跳跃现象称为注意的＿＿＿＿＿＿。
5. 从注意的品质来看，学生在课堂上一边听课，一边记笔记，体现的是注意的＿＿＿＿＿＿；上课铃声响起，同学们从热闹的操场进入安静的教室进行学习，这体现了注意的＿＿＿＿＿＿。
6. 从注意的品质来看，"上课走神"体现了注意的＿＿＿＿＿＿；"一目十行"指的是注意的＿＿＿＿＿＿。

【参考答案】
1. 有意注意（随意注意）；有意后注意（随意后注意） 2. 无意注意（不随意注意） 3. 广度（范围） 4. 分散；起伏（动摇） 5. 分配；转移 6. 分散；广度（范围）

第二节　感觉与知觉

一、感觉

考点1　感觉的概念和种类

1. 感觉的概念

感觉是人脑对直接作用于感觉器官的客观事物的**个别属性**的反映，它是一种最简单的心理现象，是认识的起点。可以说感觉是一切知识和经验的基础，是人正常心理活动的必要条件。

2. 感觉的种类

比较常见的感觉分类，是从感觉器官的角度来划分，即外部感觉和内部感觉。外部感觉是指感受外部刺激，反映外部事物个别属性的感觉，主要分为视觉、听觉、嗅觉、味觉和肤觉五大类；内部感觉是指感受内部刺激，反映机体内部变化的感觉，主要分为机体觉、平衡觉和运动觉。

考点2　感觉的相互作用规律　【单选】

1. 同一感觉中的相互作用

(1) 感觉适应

由于刺激对感受器的持续作用而使感受性发生变化的现象，叫**感觉适应**。适应现象表现在所有感觉中，但是在各种感觉中的表现是不同的。

视觉的适应可分为暗适应和明适应。**暗适应**是指照明停止或由亮处转入暗处时视觉感受性提高的过程。与暗适应相反，**明适应**是指照明开始或由暗处转入亮处时视觉感受性下降的过程。

"入芝兰之室,久而不闻其香;入鲍鱼之肆,久而不闻其臭"是嗅觉的适应。

痛觉的适应很难发生,因此痛觉作为伤害性刺激的信号而具有生物学意义。此外,过于强烈的刺激,如强烈的气味、特别热的水、苦味等,都很难产生感觉适应。

(2)感觉对比

感觉对比是同一感受器接受不同的刺激,而使感受性发生变化的现象。感觉对比分为两种:

①同时对比。几个刺激物同时作用于同一感受器会产生同时对比现象。例如:把一个灰色的小方块放在白色的背景上,小方块看起来就显得暗些;把相同的小方块放在黑色的背景上,小方块就显得亮些。

②继时对比。刺激物先后作用于同一感受器会产生继时对比。例如:吃过糖之后吃橘子,会觉得橘子特别酸;手放进热水之后,再放到温水中,会觉得温水很凉。

(3)感觉后效

在刺激作用停止后感觉暂时保留的现象称为**感觉后效**,即**感觉后像**。在各种感觉中,视觉的后效最显著,又称视觉后像。我们看电影、电视就是依靠视觉后像的作用。

视觉后像有两种:正后像和负后像。**正后像**是指后像与刺激在品质上相同,例如:注视发光的灯泡几秒钟,再闭上眼睛,就会感到眼前有一个同灯泡差不多的光源出现在黑暗的背景里,这时出现的就是正后像。正后像出现以后,如果我们把视线转向白色的背景,就会感到在明亮的背景上有黑色的斑点,因为此时出现的后像和刺激在品质上是相反的,所以是**负后像**。彩色视觉也有后像,但一般都是负后像。彩色的负后像在颜色上与原颜色互补,而在明度上则与原颜色相反。视觉后像残留的时间,与刺激的强度和作用的时间有关。一般来讲,刺激强度越大、作用的时间越长,后像的持续时间也越长。

> **真题面对面**
>
> [2023,单,1分]快速播放静止的图片,让人看到连续运动的场景,这是利用了( )
> A.视觉后像   B.感觉对比   C.视觉适应   D.感觉补偿
> 答案:A

2.不同感觉间的相互作用

(1)不同感觉的相互影响

任何一种感受器的感受性,都会因受到同时或继时发生作用的其他感受器的影响而发生变化。对某一感受器的微弱刺激,能提高其他感受器的感受性,而强烈刺激则会降低其他感受器的感受性。例如:在噪音影响下,黄昏视觉的感受性会降低到受刺激前的20%;而轻微的肌肉动作或用凉水擦脸,可以使黄昏视觉的感受性提高。

(2)不同感觉的相互补偿

感觉的补偿是指某种感觉系统的机能丧失后而由其他感觉系统的机能来弥补。例如,盲人失去视觉,通过实践活动使听觉更加敏锐。

(3)联觉

一种感觉兼有另一种感觉的心理现象叫**联觉**。在日常生活中各种感觉现象经常联系在一起,由此产生了联觉,如红色给人以热烈、紫色给人以高贵、蓝色给人以安静、黑色给人以沉重的感觉等。不同的声音也会产生不同的联觉,如欢快的歌曲、沉重的乐曲等。

二、知觉

考点1　知觉的概念

知觉是在感觉的基础上产生的,它是人脑对直接作用于感觉器官的客观事物**整体属性**的反映。例如:某物体用眼看,有一定大小,呈椭圆状,绿中透红;用手摸,表皮光滑,有一定硬度;用鼻子嗅,有清香的水果气味;用舌头尝,有酸甜味。人脑把这些属性综合起来,便形成对该物体的整体印象,并知道它是"苹果"。这就是对苹果的知觉过程。

考点2　知觉的种类

根据知觉过程中起主导作用的分析器的不同,可以把知觉分为视知觉、听知觉、嗅知觉、触知觉等;根据人脑反映的对象的不同,可以把知觉分为物体知觉和社会知觉;根据知觉对象是否符合客观实际和反映现实的精确程度,可以把知觉分为精细知觉、模糊知觉、错觉和幻觉。这里主要讲物体知觉、社会知觉和错觉。

1. 物体知觉

物体知觉可分为空间知觉、时间知觉、运动知觉等。

(1) 空间知觉

空间知觉是指物体的空间特性在人脑中的反映,包括形状知觉、大小知觉、深度知觉、方位知觉等。

(2) 时间知觉

时间知觉是对客观事物时间关系(即事物运动的速度、延续性和顺序性)的反映。

(3) 运动知觉

运动知觉是对物体在空间位置移动的知觉,直接依赖于对象运动的速度。物体运动的速度太慢,或单位时间内物体位移的距离太小,都不能使人产生运动知觉。运动知觉对人和动物的适应性行为有重要意义。

运动知觉分为真正运动的知觉和似动知觉。物体按特定速度或加速度,从一处向另一处做连续位移,由此引发的知觉就是真正运动的知觉。**似动知觉**是指在一定的时间和空间条件下,人们在静止的物体间看到了运动,或者在没有连续位移的地方看到了连续的运动。似动知觉的主要形式有:

表2-5　似动知觉的主要形式

分类	定义	举例
动景运动	当两个刺激(如光点、直线、图形等)按一定空间间隔和时距相继呈现时,我们就会看到从一个刺激物向另一个刺激物的连续运动	我们看到的电影、电视、霓虹灯、活动广告都是按照动景运动发生的原理制成的
诱导运动(诱发运动)	由于一个物体的运动使其相邻的静止的物体产生运动的现象	夜空中的月亮是相对静止的,而浮云是运动的。可是,由于浮云的运动,人们看到月亮在动,而云是静止的
自主运动(游动效应)	人在暗环境中注视一个微弱的、静止的光点,片刻后感觉到光点在来回移动的现象	在暗室里,如果你点燃一支熏香或烟头,并注视着这个光点,你会看到这个光点似乎在运动
运动后效	在注视向一个方向运动的物体之后,如果将注视点转向静止的物体,那么会看到静止的物体似乎向相反的方向运动	如果你注视瀑布的某一处,然后看周围静止的田野,会觉得田野上的一切在向上飞升

小香课堂

似动知觉的四种主要形式是易混点,考生可以抓住关键词来进行理解和区分:

动景运动:两静相继呈现,看起来是连续运动。

诱导运动:一动一静同时呈现,看起来像是静的在运动。

自主运动:一个静止的物体,看久了像是在运动。

运动后效:一动一静相继呈现,看起来像静的向相反的方向运动。

2. 社会知觉

社会知觉是个体在生活实践中,对别人、对群体以及对自己的知觉,也叫社会认知。它包括对别人的知觉、自我知觉、人际知觉三部分。常见的社会知觉偏差有以下几种。

表2-6 常见的社会知觉偏差

类别	定义	典例
社会刻板效应	对一群人的特征或动机加以概括,把概括得出的群体的特征归属于团体中的每一个人,认为他们每个人都具有这种特征,而无视团体中成员的个体差异	山东人性格豪爽,江南人性格细腻;胖人心胸开阔,瘦人多愁善感
晕轮效应（光环效应）	当我们认为某人具有某种特征时,就会对他的其他特征做相似判断	学生认为外表有魅力的老师教学能力强
首因效应（最初效应）	在总体印象形成上,最初获得的信息比后来获得的信息影响更大的现象	人们交往时很注重第一印象
近因效应（最近效应）	在总体印象形成上,新近获得的信息比原来获得的信息影响更大的现象	平时表现不好的学生,刚做了一件好事,使得大家改变了对他的印象
投射效应	由于个体具有某种特性,因而推断他人也有与自己相同特性的心理现象	"以小人之心,度君子之腹"

小香课堂

考生应注意对社会刻板效应和晕轮效应进行区分:

社会刻板效应是把群体特征推及个体,认为每个个体都具有这种特征。

晕轮效应即"一好百好""一坏百坏""爱屋及乌",从个体的某种特征推及他的其他特征,并往往带有夸大的成分。

3. 错觉

错觉是指在特定条件下对事物必然会产生的某种固有倾向的歪曲知觉,是对客观事物不正确的知觉,是知觉的一种特殊情况。错觉的种类有大小错觉、形状和方向错觉、时间错觉、倾斜错觉等。产生错觉的原因是多种多样的:既有客观的原因,也有主观的原因;既有生理的原因,也有心理的原因。研究错觉的成因有助于揭示人们正常知觉客观世界的规律。

考点3　知觉的基本特性　【单选】

1. 知觉的选择性

知觉的选择性是指当面对众多的客体时,知觉系统会自动地将刺激分为对象和背景,并把知觉对象优先地从背景中区分出来。被清晰反映的刺激物叫知觉的对象,被模糊反映的刺激物叫知觉的背景。例如:学生听教师讲课,教师的语言就成为学生知觉的对象,听得很清楚;而其余事物,如室外的声音、室内同学的私语,就成为背景,听不清楚。

知觉的对象与背景是相对的,可以互相转换。在一种情况下,某一事物是对象,其余事物是背景;在另一种情况下,原背景中的事物转换成对象,而原来是对象的事物则转换成背景。

图2-2　花瓶与人脸侧影

知觉的选择性受主、客观两方面因素的影响。

(1)客观因素:

①刺激物的绝对强度。阈限范围内越强烈的刺激,越容易被选择知觉。

②对象和背景的差别性,也即差异律。差别越大,越容易被优先选择。例如,教师批改作业,用红笔最明显。

③对象的活动性,也即活动律。夜空中的流星、霓虹灯广告、音响、幻灯等都容易吸引人们的知觉。

④刺激物的新颖性、奇特性,也容易引起人们优先知觉。此外,还有组合律,即知觉对图形的组织原则。

(2)主观因素:

①知觉有无目的和任务;

②个体已有知识经验的丰富程度;

③个人的需要、动机、兴趣、爱好、定势与情绪状态。

2. 知觉的理解性

知觉的理解性是指人以知识经验为基础对感知的事物加工处理,并用语词加以概括赋予说明的加工过程。例如:一张新产品设计图纸,专业人员既能知觉到图纸的每一个细节,又能理解整张图纸的内容和意义;而没有这方面专业知识的人,只能说出图纸的构成部分,不能理解图纸的内容和意义。因此,知觉与记忆、经验有深刻的联系。

在知觉时,对事物的理解是通过知觉过程中的思维活动达到的,而思维与语言有密切关系,因此,语言的指导能使人对知觉对象的理解更迅速、更完整。

人在知觉的过程中,不是被动地把知觉对象的特点登记下来,而是以过去的知识经验为依据,力求对知觉对象做出某种解释,使它具有一定的意义。因此,知觉的理解性与人已有的知识经验有密切关系。知识经验越丰富,理解就越深刻,知觉也就越完整、精确。

知觉的理解性对人的知觉既有积极的一面,又有消极的一面。教师在从事教学活动时,一方面要联系学生已有的知识经验,增进知觉的理解性,提高教学的效果;另一方面又要注意已有的知识经验对当前知觉活动所产生的消极定势作用。

3. 知觉的整体性

知觉的整体性是指人根据自己的知识经验把直接作用于感官的客观事物的多种属性整合为统一整体的过程。知觉的整体性既有助于人的知觉能力与速度的提高,也可能妨碍和干扰对部分与细节特征的反映。

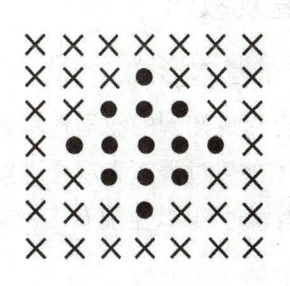

图2-3 主观轮廓

知觉的整体性往往取决于这几种因素：(1)知觉对象的特点，如接近(时间或空间上接近的刺激物容易被知觉为一个整体)、相似(彼此相似的刺激物容易被知觉为一个整体)、闭合、连续等因素；(2)对象各组成部分的强度关系；(3)知觉对象各部分之间的结构关系也影响知觉的整体性；(4)知觉的整体性主要依赖于知觉者本身的主观状态，其中最主要的是知识与经验。

4. 知觉的恒常性

知觉的恒常性是指客观事物本身不变，但知觉条件在一定范围内发生变化时，人的知觉映像仍相对不变。例如，平视桌面上的一本书与斜视桌面上同一位置的同一本书，在视网膜上成像的形状虽有不同，但人对书的形状知觉却仍然保持不变。知觉恒常性使人能在不同的情况下，按照事物的本来面貌反映它们。知觉恒常性包括颜色恒常性、亮度恒常性、形状恒常性、大小恒常性和声音恒常性。

知觉的恒常性受各种因素的影响，其中视觉线索有重要的作用。所谓视觉线索是指环境中的各种参照物给人们提供的物体距离、方位和照明条件的信息。人们在实际生活中，建立了大小与距离、形状与观察角度、明度与物体表面反射系数的联系。当客观条件改变时，人们利用生活中已经建立的这种联系，能够保持对客观世界较稳定的知觉。

小香课堂

知觉的四个基本特性是易混点，考生对其进行区分时应注意以下几个要点：选择性强调对象与背景；理解性强调知识经验；整体性强调整体把握；恒常性强调不变性。

图2-4 视觉线索的作用

真题面对面

[2019,单,2分]教师在教生字的时候，把容易写错的笔画用彩笔标出来，这是利用知觉的( )

A. 理解性　　　B. 选择性　　　C. 整体性　　　D. 恒常性

答案：B

第二部分 心理学 205

三、感知规律与直观教学

考点1　直观教学的基本形式

直观是主体通过对直接感知到的教学材料的表层意义、表面特征进行加工，从而形成对有关事物具体的、特殊的、感性的认识的加工过程。直观是理解科学知识的起点，是学生由不知到知的开端，是知识获得的首要环节。在实际的教学过程中，主要有三种直观方式，即实物直观、模像直观和言语直观。

1. 实物直观

实物直观指在感知实际事物的基础上提供感性材料的直观教学方式。例如，观察标本、演示实验、到工厂或农村进行实地参观访问等。

(1)优点：实物直观富有真实性，因而有利于提高学生对教材内容的正确理解，也有助于激发学生的学习兴趣。

(2)局限性：①它往往不易突出事物的本质因素。在实际事物中，本质因素与非本质因素往往结合在一起，而且非本质因素一般表现得比较强烈。②由于受时间、空间的限制，它无法提供某些重要的感性材料，如动植物的生长过程、化学反应的过程、原子的结构等都难于通过实物直接观察。

2. 模像直观

模像直观指观察与教材相关的模型与图像(如图片、图表、幻灯片、电影、录像、电视等)，形成感知表象。

(1)优点：模型、图像都是对客观事物的简化、抽象或夸张。它通过这些人为的手段消除或减弱实物直观的缺点，扩大直观的范围，提高直观的效果。在图像直观中，可以通过着色、放大、变静为动等手段突出所需要概括的本质因素。例如，用动画形式表现植物生长、原子与电子结构等。正因为模像直观具有这些独特的优点，因此它已成为现代化教学的重要手段，是现代教育技术学研究的重要内容。

(2)缺点：由于模像只是事物的模拟形象，而非实际事物本身，因此，模像与实际事物之间有一定距离。

为了使通过模像直观而获得的知识在学生的生活实践中发挥更好的定向作用，一方面应注意将模像与学生熟悉的事物相比较；另一方面，在可能的情况下，应使模像直观与实物直观结合进行。

3. 言语直观

言语直观指在生动形象的言语作用下唤起学生头脑中的表象，以提供感性材料的直观方式。言语直观不受时间、空间和设备的限制，感性材料来源更丰富，是教学中大量采用的直观方式。此外，由于表象具有概括性，这就有利于向抽象概括过渡。它对培养学生的想象力也有独特的作用。一般情况下，由言语唤起的表象不如通过观察实物和模型所获得的映像完整、稳定、鲜明和准确，故应将三者结合使用。

考点2　遵循感知规律，促进直观教学　【单选、判断】

1. 灵活选用实物直观和模像直观

实物直观虽然真切，但是难以突出本质要素和关键特征；而模像直观虽然与实际事物之间有一定距离，却有利于突出本质要素和关键特征。因此，一般而言，模像直观的教学效果优于实物直观。但是，这一结论只限于知识的初级学习阶段。我们强调的是先进行模像直观，在获得基本的概念和原理后再进行实物直观，比一开始就进行实物直观的学习效果要好。当学习有了一定的基础后，由简化的情境进入实际的复杂情境，即更多地运用实物直观，自然是必要的。

2. 加强词和形象的配合

为了增强直观的效果，不仅要注意实物直观和模像直观的合理选用，而且必须加强词与形象的结合。在形象的直观过程中，教师首先应提供明确的观察目标，提出确切的观察指导，提示合理的观察程序；其次，形象的直观结果应以确切的词加以表述,以检验直观效果并使对象的各组成要素进行分化;再次,应依据教学任务,选择合理的词语与形象的结合方式。如果教学任务在于使学生获得精确的感性知识,则词与形象的结合应以直观的形象为主,词起辅助作用;如果教学任务在于使学生获得一般的、不要求十分精确的感性知识,则词与形象的结合方式可采取词语的描述为主,直观形象起证实、辅助作用。

3. 运用感知规律,突出直观对象的特点

直观过程中有关知识的获得,有赖于学生对直观对象的注意和观察。为促进学生有效地观察直观对象,必须运用感知规律,突出直观对象的特点。

感知规律的内容包括:

(1)**强度律**。指作为知识的物质载体的直观对象(实物、模像或言语)必须达到一定强度,才能被学习者清晰地感知。因此,在直观过程中,教师应突出那些强度低但较重要的要素,使它们充分地展示在学生面前。

(2)**差异律**。指对象和背景的差异越大,对象从背景中区分开来就越容易。在物质载体层次上,应通过合理的板书设计、教材编排等方面适当地加大对象和背景的差异。比如:凡是题目、标题、重要定律、结论等,应用粗体字,使它特别醒目,容易被学生感知;教师应该用红笔批改学生的作业,学生能够迅速地、清楚地感知到自己的作业正确与否;教师讲到重要的地方声音要放大一些,这也会提高感知的效果。总之,扩大对象与背景的差距,可以增强感知部分的强度,提高感知效果。

(3)**活动律**。指活动的对象较静止的对象容易被感知。为此,应注意在活动中进行直观、在变化中呈现对象,要善于利用现代科学技术作为知识的物质载体,使知识以活动的形象呈现在学生面前。

(4)**组合律**。指空间上接近、时间上连续、形状上相同、颜色上一致的事物,易于构成一个能被人们清晰地感知的整体。因此,教材编排应分段分节,教师讲课应有间隔和停顿。

> **真题面对面**
>
> 1.[2022,单,2分]为了帮助学生区分"燥""躁"二字,教师把偏旁部分标成红色,这符合知识感知的( )
>
> A.强度律　　　　　B.差异律　　　　　C.活动律　　　　　D.组合律
>
> 2.[2021,判断,1分]教师在讲课时利用手势以增强学生感知的效果,其所依据的感知规律是强度律。( )
>
> 答案:1.B　2.×

4. 培养学生的观察能力

在直观过程中,教师主要对一定直观教材的操纵起引导作用,直观的效果最终如何,主要取决于学生的观察能力。观察能力是指人迅速、敏锐地发现事物细节和特征等方面的知觉能力。在学校教育教学中,培养学生的观察能力可以从以下几个方面入手:

(1)引导学生明确观察的目的与任务,是良好观察的重要条件;

(2)充分的准备、周密的计划、提出观察的具体方法,是引导学生完成观察的重要条件;

(3)在实际观察中应加强对学生的个别指导,有针对性地培养学生的良好观察习惯;

(4)引导学生学会记录、整理观察结果,在分析研究的基础上,写出观察报告、日记或作文;

(5)引导学生开展讨论、交流并汇报观察成果,不断提高学生的观察能力,培养良好的观察品质。

记忆有妙招

关于培养学生观察能力的措施,考生可结合以下口诀进行记忆:

明确目的与任务,做好准备与计划,个别指导要跟上,引导记录与汇报。

5.让学生充分参与直观过程

由于知识归根到底要通过学生头脑中的加工改造后才能掌握,因此在直观过程中,应激发学生积极参与的热情。在可能的情况下,应让学生自己动手进行操作,改变"教师演,学生看"的消极被动的直观方式。

✦ 考点大默写 ✦

1. _____是人脑对直接作用于感觉器官的客观事物的个别属性的反映。

2. 吃过糖之后吃橘子,会觉得橘子特别酸,体现的是感觉对比中的_____现象。

3. 在不同感觉的相互作用中,红色给人以热烈的感觉、紫色给人以高贵的感觉、蓝色给人以安静的感觉,这属于_____现象。

4. _____是人脑对直接作用于感觉器官的客观事物整体属性的反映。

5. 从似动知觉的主要形式来看,如果你注视瀑布的某一处,然后再看周围静止的田野,会觉得田野上的一切在向上飞升的现象属于_____。

6. 学生认为外表有魅力的老师教学能力强,体现的是社会知觉偏差中的_____。

7. 从知觉的基本特性来看,教师用红笔批改作业的做法是利用了知觉的_____;平视桌面上的一本书与斜视桌面上同一位置的同一本书,在视网膜上成像的形状虽有不同,但人对书的形状知觉却仍然保持不变,这体现了知觉的_____。

8. 观察标本、演示实验、到工厂或农村进行实地参观访问等,运用的直观方式是_____。

9. 教师讲到重点内容时声音突然变大,这运用的感知规律是_____。

【参考答案】

1.感觉 2.继时对比 3.联觉 4.知觉 5.运动后效 6.晕轮效应(光环效应) 7.选择性;恒常性 8.实物直观 9.差异律

第三节 记 忆

一、记忆的概念及其品质

考点1 记忆的概念

记忆是人脑对过去经验的保持和再现。它是比感知觉更为复杂的心理现象。人脑感知过的事物、思考过的问题和理论、体验过的情感和情绪、练习过的动作等,都可以成为记忆的内容。记忆是人的心理过程在时间上的持续。因为记忆的存在,人们的先后反映才能联系起来,人的心理活动的过去和现在才得以联结,人的心理活动才可能成为一个延续的、发展的、统一的整体。

考点 2　记忆的品质

表 2-7　记忆的品质

品质	内涵	培养注意事项
敏捷性	记忆的速度和效率特征。能够在较短的时间内记住较多的东西,就是记忆敏捷性良好的表现	(1)要明确识记的目的; (2)要集中注意力
持久性	记忆的保持特征。能够把知识经验长时间地保留在头脑中,甚至终身不忘,就是记忆持久性良好的表现	(1)要善于把识记的材料纳入已有的知识体系中; (2)进行及时和经常性的复习
准确性	记忆的正确和精确特征。对于所识记的材料,在再认和回忆时,没有歪曲、遗漏、增补和臆测	(1)必须进行认真的识记,在大脑皮层上建立精确的暂时神经联系; (2)在复习时要经常把相似的材料加以比较,防止混淆; (3)要把正确识记的事物同仿佛记住的东西区别开,把所见所闻的真实材料与主观的增补、臆测区别开来
准备性	记忆的提取和应用特征。使人能及时、迅速、灵活地从记忆信息的储存库中提取所需要的知识经验,以解决当前的实际问题。具体表现为出口成章、对答如流、一挥而就等	要使掌握的知识系统化,这样才能做到有条不紊地从记忆仓库中随时迅速地提取所需要的材料

记忆有妙招

关于记忆的品质,考生可结合以下口诀进行记忆:
准备劫持。准:准确性。备:准备性。劫:敏捷性。持:持久性。

二、记忆过程及其规律

记忆过程包括识记、保持、再现(再认或回忆)三个环节。从信息加工的角度来看,记忆过程是对输入信息的编码、储存和提取的过程。信息的输入编码相当于识记过程,信息的储存相当于保持过程,信息的提取相当于再认或回忆过程。

考点 1　识记

识记是记忆过程的第一个基本环节,是指个体获得知识经验的过程。

1. 识记的分类

(1)无意识记和有意识记

根据识记有无目的性,可将识记分为无意识记和有意识记。

无意识记是事先没有预定目的,也不需要运用任何有助于识记的方法和意志努力,自然而然地识记。无意识记的内容往往带有偶然性和片断性,缺乏系统性。

有意识记是有明确的目的,并运用一定方法的识记,在识记过程中需要一定的意志努力。有意识记的态度积极主动,识记的对象明确,内容系统,识记的效果牢固持久。它是人们获取并积累系统知识、掌握科学技术的主要途径。学生的学习活动主要依靠有意识记。

(2)机械识记和意义识记

根据识记材料的性质和识记方法的不同,可将识记分为机械识记和意义识记。

机械识记是根据材料的外在联系,采取多次重复的方式所进行的识记,即平时所说的死记硬背。

意义识记是在理解的基础上,依据材料的内在联系,并运用已有的知识经验而进行的识记,有人也称之为理解记忆或逻辑记忆。

2. 影响识记效果的因素

(1)识记的目的与任务;(2)识记的态度和情绪状态;(3)活动任务的性质;(4)材料的数量和性质;(5)识记的方法。

考点2 保持与遗忘

1. 保持及其规律

保持是指已获得的知识经验在人脑中的巩固过程,是记忆过程的第二个环节。保持并非原封不动地保存头脑中识记过的材料的静态过程,而是一个富于变化的动态过程。这种变化表现在量和质两个方面:

(1)保持在数量上的变化,一般表现为识记的内容随着时间的进程呈减少的趋势,最后甚至遗忘。还可表现为记忆恢复。记忆恢复也称记忆回涨,指识记某种材料经过一段时间后测得的保持量大于识记后立即测得的保持量。

(2)保持在质量上的变化。一方面,记忆内容中不重要的细节部分趋于消失,而主要内容及显著特征能较好地保持,从而使记忆内容简略、概括和合理。另一方面,记忆内容中的某些特点和线索有选择地被保留下来,同时增添某些特征,使记忆内容成为较易理解的"事物"。

2. 遗忘及其规律

(1)遗忘的概念

遗忘是与保持相反的心理过程,是指对识记过的材料不能回忆或再认,或者表现为错误的回忆或再认。按照信息加工的观点,遗忘是信息提取不出或错误提取。

(2)遗忘的规律

最早对遗忘进行实验研究的是德国心理学家艾宾浩斯,他以无意义音节为材料,对遗忘进行研究,依据保持效果,提出了著名的"遗忘曲线"。

这条曲线表明,遗忘在学习之后立即开始,而且在最初的时间里遗忘速度很快,随着时间的推移,遗忘的速度逐渐缓慢下来,过了相当长的时间后,几乎不再发生遗忘。由此可以看出,遗忘是有规律的,即遗忘的进程是不均衡的,其趋势是先快后慢、先多后少,呈负加速,且到一定的程度就几乎不再遗忘了。

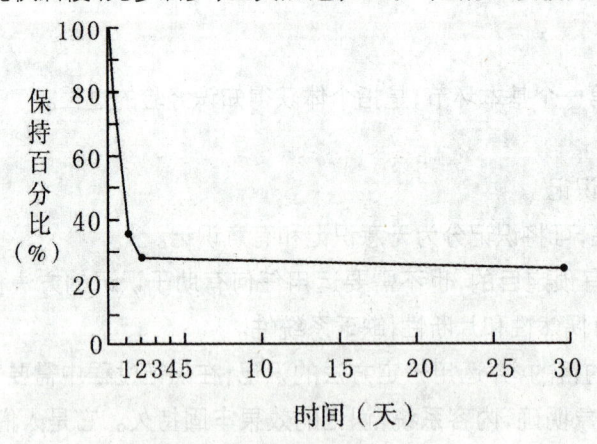

图2-5 艾宾浩斯遗忘曲线

3. 影响遗忘进程的因素 【单选、判断】

(1)学习材料的性质。学习材料的性质指材料的种类、长度、难度以及意义性。有意义的材料比无意义的材料遗忘得慢;形象、直观的材料比抽象的材料遗忘得慢;比较长的、难度较大的材料遗忘快;凡是能引起主体兴趣,符合主体需要、动机,激起主体强烈情绪体验,在主体的工作、学习、生活上具有重要意义的材料,一般不易遗忘;反之,则遗忘得快。

(2)系列位置效应。所谓系列位置,是指在系列学习中,学习材料处于系列记忆的不同位置。位置不同,回忆效果也不同。**系列位置效应就是指接近开头和末尾的记忆材料的记忆效果好于中间部分的记忆效果的趋势**。开头部分和结尾部分的记忆效果较好,分别称为**首因效应**和**近因效应**,而效果较差的中间部分被称为渐近部分。例如,学习一篇课文,一般总是开头和结尾部分容易记住,而中间部分则容易忘记。其原因是:课文的开始部分只受倒摄抑制的影响,不受前摄抑制的影响;结尾部分只受前摄抑制的影响,不受倒摄抑制的影响;中间部分则受两种抑制的影响,因而最容易遗忘。

(3)识记材料的数量和学习程度。一般来说,材料越多,越容易遗忘。例如,采取"漏一补十""错一罚十"的做法不仅易引起学生的过度疲劳,降低记忆的效果,还会使学生丧失学习兴趣,以及记忆的信心和主动性,影响学生的进一步学习。学习程度太小或太大,都不利于对知识的记忆。实验证明,过度学习达到50%,即学习的熟练程度达到150%时,学习的效果最好;超过150%时,效果并不递增,很可能引起厌倦、疲劳而成为无效劳动。过度学习是指学习达到恰能背诵之后再继续学习。例如,读一篇外语课文,学习30分钟就刚好背诵并正确回忆,为了巩固记忆,又增加了15分钟的学习时间,这就是过度学习,其过度量为50%。

(4)记忆任务的长久性与重要性。一般来说,长久的识记任务有利于材料在头脑中保持时间的延长,不重要和未经复习的内容则容易遗忘。

(5)识记的方法。研究表明,以理解为基础的意义识记比机械识记的效果好得多。

(6)时间因素。根据遗忘规律,记忆的最初阶段遗忘的速度快,随后逐渐变慢。学习内容的保存量随着时间的变化而减少。

(7)情绪和动机。学习者的情绪和动机等也影响遗忘进程。学习者情绪差、动机弱、目的不明确都不利于记忆。

真题面对面

[2020,判断,1分]教师对学生的作业采用"错一罚十"的做法是违背记忆规律的。(　　)
答案:√

4. 遗忘的原因【单选、判断】

(1)消退说

消退说,又叫痕迹衰退说,是一种对遗忘原因的最古老的解释。按照这种理论,遗忘是记忆痕迹得不到强化而逐渐衰弱,以致最后消退的结果。它起源于亚里士多德,由桑代克和巴甫洛夫进一步发展。它适用于解释感觉记忆和短时记忆,但很难用实验证实。因为识记后一段时间内保持量的下降,既可能是记忆痕迹消退的结果,也可能是受到其他材料的干扰所致。

(2)干扰说

干扰说认为,遗忘是由于在学习和回忆之间受到其他刺激的干扰。一旦干扰被排除,记忆就能恢复,而记忆痕迹不会消退。干扰说可用前摄抑制和倒摄抑制来说明。**前摄抑制**是先学习的材料对识记和回忆后学习材料的干扰作用。后学习的材料对保持和回忆先学习材料的干扰作用称为**倒摄抑制**。

(3)压抑说(动机说)

压抑说认为,遗忘是由于情绪或动机的压抑作用引起的,如果压抑被解除,记忆就能恢复。该理论是弗洛伊德在给病人催眠时发现的。他认为个体之所以无法回忆,是因为该记忆使病人感到痛苦而被人为地压抑在无意识之中。由于情绪紧张而引起的遗忘(考试时常发生)就属于这种类型。

(4)提取失败说

我们都有这样的经验:不能回忆起某件事,但又确定这件事是知道的。这种明明知道某件事,但就是不能回忆出来的现象称为"舌尖现象"或"话到嘴边现象"。从信息加工的观点看,遗忘之所以发生,不是因为存储在长时记忆中的信息消失了,而是因为编码不准确,失去了检索线索或线索错误。一旦有了正确的线索,经过搜寻,所需要的信息就能提取出来,这就是遗忘的提取失败理论。

(5)同化说(认知结构说)

奥苏贝尔认为,遗忘是知识的组织和认知结构简化的过程。当人们学到了更高级的概念与规律之后,就可以以此来代替低级的观念,使低级观念简化,从而减轻记忆负担。这是一种积极的遗忘。当然,在有意义学习中,或者由于原有知识结构不巩固,或者由于新旧知识辨析不清楚,也有可能以原有的观念来代替表面相同而实质不同的新观念,从而出现记忆错误。这是一种消极的遗忘,教学中必须努力避免。

真题面对面

[2016,单,2分]学习新信息对回忆已有旧信息的抑制作用是(   )

A.倒摄抑制　　　　B.前摄抑制　　　　C.消退抑制　　　　D.超限抑制

答案:A

5.依据记忆规律有效地组织复习

学过的知识,如果不经过复习,是不可能长久、完全地保持在记忆中的。克服遗忘最好的方法是加强复习。因此,为了防止遗忘,我们组织有效的复习是很有必要的。有效组织复习的方法有:

(1)复习时机要得当

①及时复习

遗忘发展的规律表明,识记后遗忘很快就会发生。因此,对于新学习的材料,为了防止遗忘,必须"趁热打铁",及时进行复习。所谓及时复习就是在初期大量遗忘开始之前就进行复习。

②合理安排复习时间

要制订复习计划,合理安排复习内容和时间,提高复习效率。每天复习的内容要适当,不要过于紧张和疲劳,以免产生干扰。有效的复习时间最好做如下安排:第一次复习,学习结束后的5~10分钟;第二次复习,学习当天的晚些时候或学习结束后的第二天;第三次复习,一星期后;第四次复习,一个月后;第五次复习,半年后。

③间隔复习

由于遗忘存在着"先快后慢"的趋势,因此,在教学上还必须遵守"间隔复习"的原则。一般来说,刚学过的新知识应该多复习,每次复习所用的时间应长些,而间隔的时间要短些。随着记忆巩固程度的提高,每次复习的时间可以短些,而间隔的时间可以长些。

④循环复习

教学上应该遵守"循环复习"的原则,对于所学的重要的、基本的材料应经常进行复习,做到"温故而知新"。

(2)复习方法要合理

①分散复习与集中复习相结合

根据复习在时间分配上的不同,复习方式有两种:一是集中复习,把复习的材料集中在一段时间内进行复习;二是分散复习,即把复习的材料分配到几段相隔的时间内进行复习。复习难度小的材料可适当集中,难度大的材料可采取分散复习的方式,做到分散复习与集中复习相结合。相对于大多数学习而言,分散复习的效果优于集中复习,因为分散复习可以降低疲劳感,可以减少前摄抑制和倒摄抑制的影响。

②复习方法多样化

单调的复习方法容易使人产生疲劳和厌倦情绪,会降低复习效果。因此,教师在组织学生复习时,方法要灵活多样。例如,在数学课中,对所学的计算方法、公式、定理等内容的复习,就可采用解题、作业评讲、相互订正、自编应用题等方式进行复习。

③运用多种感官参与复习

多种感官参与复习可以更好地提高记忆效果。因此,在复习时应尽量运用多种感官参与,要眼看、耳听、口读、手写相互配合,在头脑中构成它们之间的神经联系,形成记忆痕迹,以后遇到其中的一种刺激信息,就可以激活多种相关的记忆痕迹,提高记忆效果。有心理学家证明,人的学习83%通过视觉,11%通过听觉,3.5%通过嗅觉,1.5%通过触觉,1%通过味觉。

④尝试回忆与反复识记相结合

反复阅读与尝试回忆相结合的方法,能使学习者及时了解到识记的成绩,从而提高学习的兴趣,激起进一步学习的动机。同时,在每次回忆后,学习者可以及时检查记忆效果,在重新阅读时就会有针对性地集中精力攻克难点,纠正错误,不至于平均用力。

(3)复习次数要适宜

要掌握复习的量。①复习内容的数量要适当,就是说一次复习内容的数量不宜过多,因为学习内容的数量与复习的次数及所用的时间是成正比增长的;②提倡适当的过度学习,即达到150%的学习,从而提高记忆效果。

(4)重视对记忆品质的培养

具体内容参见本节中的"记忆的品质"。

(5)注意用脑卫生

脑的健康状况是影响记忆好坏的重要生理条件,它与学习和记忆有密切的关系。因此,在学习过程中,要特别重视脑的营养与适当的休息。严重营养不良,缺乏蛋白质,以及吸毒、酒精中毒、脑外伤等都会给记忆带来不良影响,使记忆力下降。

记忆有妙招

关于有效组织复习的方法,考生可结合以下口诀进行记忆:

十次方知味。十:时机。次:次数。方:方法。知:记忆品质。味:用脑卫生。

考点3 再认或回忆

1. 再认

再认是指人们对感知过、思考过或体验过的事物,当它再度呈现时,仍能认识的心理过程。例如:好友重逢,一眼就认出了对方;故地重游,处处有熟悉之感,就是再认的现象。

2. 回忆

(1)回忆的概念

回忆是过去经历过的事物不在面前,人们在头脑中把它重新呈现出来的过程。回忆是记忆的最高表现,是比再认更为复杂的一种恢复经验的形式。再认与回忆二者之间没有本质的区别,只有保持程度上的不同。

(2)回忆的种类

表2-8 回忆的种类

分类依据	类别	概念	典例
是否有预定的目的、任务和意志努力的程度	无意回忆	没有预定目的,也不需要任何意志努力的回忆	触景生情或偶然想起了一件往事
	有意回忆	有回忆任务、并做一定的意志努力、自觉追忆以往经验的回忆	课堂上学生回答老师的提问
回忆时的条件和方式的不同	直接回忆	由当前事物直接唤起旧经验的重现	对熟记的外语单词的回忆
	间接回忆	通过一系列中间环节或中介性的联想才能达到要回忆的旧经验	根据一些提示和推断回想起钥匙所遗落的地方

在有意回忆特别是间接回忆遇到困难时,就必须做出一定的努力,克服一定的困难,才有可能回忆起旧经验。这种需要一定努力,克服一定困难的有意回忆称为追忆。

★ 考点大默写 ★

1. 从记忆的品质来看,能够在较短的时间内记住较多的东西是记忆的_____良好的表现;记忆的_____是记忆的正确和精确特征。

2. 记忆过程包括识记、_____、再现(再认或回忆)三个环节。从信息加工的角度来看,记忆过程是对输入信息的_____、储存和_____的过程。

3. 最早对遗忘进行实验研究的是德国心理学家_____,他以无意义音节为材料,对遗忘进行研究,依据保持效果,提出了著名的"_____"。

4. 遗忘是有规律的,即遗忘的进程是不均衡的,其趋势是_____、_____,呈负加速,且到一定的程度几乎就不再遗忘了。

5. _____是先学习的材料对识记和回忆后学习材料的干扰作用。_____是后学习的材料对保持和回忆先学习材料的干扰作用。

6. 读一篇外语课文,学习30分钟就刚好能背诵并正确回忆,为了巩固记忆,再增加_____分钟的学习时间,过度学习的效果最佳。

7. 遗忘的_____理论可以解释明明知道某件事,但就是不能回忆出来的"舌尖现象"或"话到嘴边现象"。

8. _____是指人们对感知过、思考过或体验过的事物,当它再度呈现时,仍能认识的心理过程。

【参考答案】

1. 敏捷性;准确性 2. 保持;编码;提取 3. 艾宾浩斯;遗忘曲线 4. 先快后慢;先多后少 5. 前摄抑制;倒摄抑制 6. 15 7. 提取失败 8. 再认

第四节　表象与想象

一、表象及其特征

表象是事物不在面前时，人们在头脑中出现的关于事物的形象。表象的特征表现为：

(1)直观性。表象是以生动具体的形象在头脑中出现的。人头脑中产生某种事物的表象，就好像直接看到或者听到这种事物的某些特征一样。

(2)概括性。表象是人们多次知觉的结果，它不表征事物的个别特征，而是表征事物的大体轮廓和主要特征，因此，表象具有概括性。

(3)可操作性。人们可以在头脑中对表象进行操作，这种操作就像人们通过外部动作控制和操作客观事物一样。这说明，人们在完成某种作业时可以借助于表象进行形象思维。心理学家通过"心理旋转实验"证明了表象的可操作性。

二、想象概述

考点1　想象的概念

想象是人脑对已储存的表象进行加工改造，形成新形象的心理过程。例如，作家创造人物形象，工程师根据建筑方面的知识经验设计出建筑物的形象，都是运用已有表象建立新形象的过程，都是通过想象来实现的。

考点2　想象的加工方式

表2-9　想象的加工方式

种类	概念	典例
黏合	把两种或两种以上客观事物的属性、元素、特征或部分结合在一起而形成新形象的过程	孙悟空的形象
夸张	改变客观事物的正常特点，对某些特点加以夸大和强调，使其增大、缩小、数量加多、色彩加浓等	"千手观音"的形象
拟人化	把人类的特性、特点加在外界事物上，使之人格化的过程	"雷公""电母"等形象
典型化	根据一类事物共同的、典型的特征创造新形象的过程	鲁迅小说中的人物模特，往往嘴在浙江，脸在北京，衣服在山西，是一个拼凑起来的角色

考点3　想象的功能

(1)预见功能

想象的预见功能是指它能预见活动的结果，指导活动进行的方向。

(2)补充功能

借助想象可以弥补人们认识活动的时空局限，超越个体狭隘的经验范围，获得更多的知识。

(3)替代功能

在现实生活中，当人们的某种需要不能得到满足时，可以借助想象从心理上得到一定的补偿和满足。

(4)调节功能

想象对机体的生理活动过程有调节作用，它能改变人体外周部分的机能活动过程。

第二部分　心理学　215

考点4 想象的分类 【单选、判断】

根据想象的目的和计划性,可将想象分为**无意想象**和**有意想象**。

1. 无意想象

无意想象又称不随意想象,是没有预定目的,不由自主产生的想象。例如,学生常常出现的"白日梦"现象,就是无意想象的表现。梦是无意想象的极端表现。

2. 有意想象

有意想象又称随意想象,是指有预定目的、自觉进行的想象,是意识活动的一种形式。这种想象活动具有一定的预见性、方向性,人们在想象过程中一直控制着想象的方向和内容。

根据创造程度的不同,有意想象又可以分为再造想象和创造想象。幻想是创造想象的一种特殊形式。

(1) 再造想象

再造想象是依据词语或符号的描述、示意在头脑中形成与之相应的新形象的过程。人在阅读文艺作品、历史文献,工人看建筑或机械图纸,学生听教师对课文生动形象的描述时,头脑中出现的有关事物的形象,都属于再造想象。

再造想象产生的条件:①必须具有丰富的表象储备;②为再造想象提供的词语及实物标志要准确、鲜明、生动;③正确理解词语与实物标志的意义。

(2) 创造想象

创造想象是按照一定目的、任务,使用自己以往积累的表象,在头脑中独立地创造出新形象的过程。例如,科学家对于科学研究的设计和研究成果的预见,革新家对生产工具和产品的改革与发明等,都是创造想象的过程。它是一切创造性活动的重要组成部分。

创造想象产生的条件:①强烈的创造愿望;②丰富的表象储备;③积累必要的知识经验;④原型启发;⑤积极的思维活动;⑥灵感的作用。此外,创造性思维能力、高水平的表象改造能力、丰富的情绪生活、正确的理想和世界观也是创造想象产生的条件。

(3) 幻想

幻想是一种与生活愿望相结合并指向于未来的想象。幻想与一般的创造想象相比具有下述两个特征:①幻想体现了个人的愿望,是向往的形象;②幻想常是创造性活动的准备阶段。

幻想可分为科学幻想、理想、空想三种形式。

表2-10 幻想的形式

分类	概念	典例
科学幻想	是科学预见的一种形式,是创造想象的准备阶段和发展的推动力,是具有进步意义和有实现可能的积极幻想	太空移民
理想	是符合事物发展规律、有实现可能的积极幻想	想成为科学家
空想	是与客观现实相违背的消极幻想,根本不可能实现。空想往往使人脱离现实,长期陷入空想的人往往碌碌无为,一事无成	黄粱一梦

> **真题面对面**
>
> [2022,判断,1分]萌萌听老师讲《猴子捞月》的故事,头脑中就产生了小猴子调皮、淘气的形象,这属于创造想象。( )
>
> 答案:×

★★ 考点大默写 ★★

1. 心理学家通过"心理旋转实验"证明了表象的_____。
2. _____是人脑对已储存的表象进行加工改造,形成新形象的心理过程。
3. 从想象的加工方式来看,创造出"孙悟空"的形象属于_____;创造出"千手观音"的形象属于_____;创造出"雷公""电母"的形象属于_____。
4. _____是没有预定目的,不由自主产生的想象。例如,学生常常出现的"白日梦"现象。
5. 根据创造程度的不同,有意想象可以分为_____和_____。其中,学生听教师对课文生动形象的描述时,头脑中出现的有关事物的形象,属于_____;革新家对生产工具和产品的改革与发明属于_____。
6. 幻想可分为科学幻想、_____、_____三种形式。

【参考答案】
1. 可操作性　2. 想象　3. 黏合;夸张;拟人化　4. 无意想象(不随意想象)　5. 再造想象;创造想象;再造想象;创造想象　6. 理想;空想

第五节　思　维

一、思维及其品质

考点1　思维的概念及特点　【判断】

1. 思维的概念

思维是人脑对客观事物的本质属性与内在联系的概括的、间接的反映。它是借助语言实现的、能揭示事物本质特征及内部规律的理性认知过程。

2. 思维的特点

(1)间接性

所谓间接性,是指思维能对感官所不能直接把握的或不在眼前的事物,借助于某些媒介物与头脑加工来进行反映。由于人类感觉器官结构和机能、时间和空间的限制,由于事物本身具有蕴含或内隐的特点,人们对世界上的许许多多的事物,如果单凭感官或仅仅停留在感知觉上,则是认识不到或无法认识的,那么就要借助于某些媒介物与头脑的加工来进行反映。例如:内科医生不能直接看到病人内脏的病变,却能以听诊、化验、量体温、量血压、B超、CT检验等手段为中介,经过思维加工间接判断出病人的病情;地震工作者可以根据仪表的数据来分析与预报震情;教师根据学生的行为表现可以推断学生的内心世界;等等。

(2)概括性

所谓概括性,包含两层意思:①把同一类事物的共同特征和本质特征抽取出来加以概括。例如:人们把形状、大小各不相同但都能结出枣的树木称之为"枣树";把枣树、苹果树、梨树等树木依据其根、茎、叶、果等共性称为"果树"。②将多次感知到的事物之间的联系和关系加以概括,得出有关事物之间的内在联系的结论。例如,每次看到"月晕"就要"刮风","础石潮湿"就要"下雨",就能得出"月晕而风,础润而雨"的结论。

小香课堂

区分思维的间接性和概括性：
(1)把握题干中的关键词。间接性："根据""推断"；概括性："对……的认识""得出……结论"。
(2)题目强调"间接地推测事物"，选间接性；题目强调人们通过自身多年劳动积累的生活经验，总结归纳出一定规律，选概括性。

考点2　思维的品质

1. 思维的广阔性与深刻性

思维的广阔性是指思路开阔，能从各个角度、多个方面揭露事物之间的联系，全面地思考问题。

思维的深刻性是指能深入地思考问题，善于透过事物的表面现象，抓住事物的实质，揭露事物之间的内在联系。牛顿从苹果落地，想到宏观物体之间都存在引力，经过测量和计算，推导出万有引力定律。这就是思维深刻性的具体表现。

2. 思维的独立性(独创性)与批判性

思维的独立性(独创性)是指既能不受他人暗示、不人云亦云、不盲从别人的见解、不依赖现成的方法和结论，又能不武断、不一意孤行、不固执己见、不唯我是从，充分地发挥个人的主观能动性，独立地发现、思考、处理和解决问题。思维的独创性人人都有，只是在表现程度和早晚上存在差异。思维的独创性是智力的高级表现。思维的灵活性是思维独创性的条件和基础。

思维的批判性是指既善于批判地评价他人的思想和成果，吸取别人的长处、优点和思想的精华，摒弃别人的短处、缺点和思想的糟粕，也善于严格而精细地思考问题，冷静而客观地评价和自觉地控制自己的思维活动，不易受自己的情绪和偏爱的影响。

3. 思维的灵活性与敏捷性

思维的灵活性是指能灵活地思考问题。它表现为能从不同的角度、运用不同的方法思考问题，在条件发生变化时，能随机应变，及时地改变原有计划、方案，寻找新的解决问题的途径。

思维的敏捷性是指思维活动迅速、正确，能当机立断。思维的敏捷性与轻率迥然不同，它不仅要求思维速度快，而且要求思维的正确性高。

小香课堂

考生易混淆思维的灵活性与敏捷性的特征，区分二者时需要注意：灵活性强调从不同角度，运用不同方法；敏捷性强调迅速正确，当机立断。

4. 思维的逻辑性和严谨性

思维的逻辑性和严谨性是指考虑和解决问题时思路鲜明，条理清楚，严格遵循逻辑规律。即提问明确，推理严密，主次分明，论证充分，有的放矢，有说服力，结论证据确凿。思维的逻辑性和严谨性是思维品质的中心环节，是所有思维品质的集中体现。

记忆有妙招

关于思维的品质，考生可结合以下口诀进行记忆：
横向**广**，纵向**深**；于人**独**，对己**批**；**灵**则变，**敏**则快。**逻辑**严谨是中心。**广**：广阔性。**深**：深刻性。**独**：独立性。**批**：批判性。**灵**：灵活性。**敏**：敏捷性。**逻辑**：逻辑性。**严谨**：严谨性。

考点3　良好思维品质的培养

教师在教育教学过程中培养学生良好的思维品质可以从以下几个方面着手：(1)加强科学思维方法的训练；(2)运用启发式方法调动学生思维的积极性、主动性；(3)加强言语交流训练；(4)发挥定势的积极作用；(5)培养学生解决实际问题的思维品质。

二、思维的种类 【单选、判断】

考点1　直观动作思维、具体形象思维和抽象逻辑思维

根据思维的内容凭借物、任务的性质、发展水平以及解决问题的方式，可将思维分为直观动作思维、具体形象思维和抽象逻辑思维。

直观动作思维是以实际动作为支柱的思维过程。例如，3岁前的幼儿的思维就属于直观动作思维，他们的思维离不开触摸、摆弄物体的活动。

具体形象思维是以直观形象和表象为支柱的思维过程。表象是思维的材料，思维过程往往表现为对表象的概括、加工和操作。具体形象思维具有形象性、整体性、可操作性等特点。儿童在发展语言之前就是依赖表象进行思维的，如他们能够通过对各种不同年龄的人的形象特征的概括，区分"叔叔""阿姨""爷爷""奶奶"等。作家、画家等的文艺创作则更多地运用具体形象思维。例如，雕塑家创作雕塑作品时总是会在头脑中先思考所要创作的作品形象是怎样的，然后根据头脑中的这一形象再完成作品。

抽象逻辑思维是以词为中介来反映现实的思维过程，也叫词的思维或逻辑思维。抽象逻辑思维是人类思维的典型形式，是人类思维区别于动物思维的最本质特征。例如，学生证明某一命题、定理时，要运用数字符号和概念来进行推导和求证。

从个体思维发展的经历来看，儿童总是先发展直观动作思维和具体形象思维，在此基础上才能逐步发展抽象逻辑思维。人到了成年以后，无论哪种思维形式占优势，都并不表明个人思维水平的高低。

| 直观动作思维 | 具体形象思维 | 抽象逻辑思维 |

小香课堂

考生易将直观动作思维与幼儿的思维联系在一起。需要注意：成人同样具有直观动作思维，但成人的直观动作思维是以丰富的知识经验为中介，并在第二信号系统的调节下实现的；而幼儿由于没有完全掌握语言，只能在动作中思考。

考点2　分析思维和直觉思维

根据结论是否有明确的思考步骤和思维过程中意识的清晰程度和逻辑性,可将思维分为分析思维和直觉思维。

分析思维是遵循严密的逻辑程序和规律,逐步推导,然后得出合乎逻辑的正确答案或做出合理的结论的思维。例如,学生在解数学题时,通过多步的推理和论证,得出答案的过程。分析思维具有程序性的特点。

直觉思维是未经逐步分析就迅速对问题答案做出合理的猜测、设想或突然领悟的思维。直觉思维具有敏捷性、直接性、简缩性、突然性(突发性)、猜测性的特点。例如,足球运动员在一瞬间把握球场上对方球员的布局漏洞,不失时机地把球踢进球门,就是直觉思维的表现。灵感现象就是直觉思维的结果。

考点3　聚合思维和发散思维

根据思维的指向性,可将思维分为聚合思维和发散思维。

聚合思维,也叫求同思维、集中思维、辐合思维、会聚思维,是指人们解决问题时,思路集中到一个方向,从而形成唯一的、确定的答案。聚合思维的过程是人们根据已知的信息和利用熟悉的规则,产生逻辑的结论从而解决问题的过程。这是一种有方向、有条理、有范围的思维方式。例如,由A>B,B>C,C>D,得出结论:A>D。

发散思维,也叫求异思维、分散思维、辐射思维,是指人们解决问题时,思路朝各种可能的方向扩散,从而求得多种答案。发散思维的过程是从给予的信息中产生多种信息的过程。例如,教师发现一名学生缺课,就会想出这个学生缺课的可能性。

考点4　再造性思维和创造性思维

根据思维的创造程度,可将思维分为再造性思维和创造性思维。

再造性思维也称常规性思维,是指人们运用已获得的知识经验,按现成的方案和程序,用惯常的方法、固定的模式解决问题的思维方式。例如,学生运用已学会的公式解决同一类型的问题。这种思维创造性水平较低。

创造性思维是指以新颖、独特的方式来解决问题的思维方式。它是人类思维的高级形态,是智力的高级表现。例如,新的大型工具软件的开发,新的科学理论的提出都需要创造性思维。

考点5　经验思维和理论思维

根据思维过程中是以日常经验还是以理论为指导来划分,可将思维分为经验思维和理论思维。

经验思维是以日常经验为依据,判断生产、生活中的问题的思维。例如,学前儿童根据自己的经验,认为"鸟是会飞的动物",这就属于经验思维。由于知识经验的不足,这种思维容易产生片面性,甚至得出曲解或错误的结论。

理论思维是以科学的原理、定理、定律等理论为依据,对问题进行分析、判断的思维。例如,人们说"心理是客观现实在人脑中的主观映像",就是理论思维的结果。这种思维往往能抓住事物的本质,使问题得到正确的解决。教师利用理论思维传授科学理论,学生运用理论思维学习理性知识。

> **真题面对面**
>
> 1.[2020,单,2分]下列选项中,不属于发散思维的是(　　)
>
> A.研究人员提出多种解决问题的设想

B. 学生从多种解题方法中筛选出一种最佳解法

C. 教师设想多种教学改革方案

D. 作家为了提高写作水平进行一事多写

2.[2023,判断,1分]根据A>B、B>C,推出A>C,这种思维是发散思维。( )

答案:1. B 2. ×

三、思维的基本形式 【单选】

思维的基本形式有:概念、判断、推理。

考点1 概念

1. 概念的定义

概念是人脑反映事物本质属性的思维形式,是在分析与综合、比较与分类、抽象与概括过程中形成的。概念有其内涵和外延,内涵是指概念所包含的事物的本质属性,外延是指概念所包含的一切事物。概念是思维的最基本的单位。

2. 概念的种类

(1)具体概念和抽象概念

根据概念所包含属性的抽象与概括的程度,可以把概念分为具体概念与抽象概念。

按事物的指认属性形成的概念称为具体概念,按事物的内在的、本质的属性形成的概念称为抽象概念。例如,给幼儿呈现香蕉、球、苹果、口琴等物品,要求他们分类,如果幼儿将苹果、球归为一类,香蕉、口琴归为另一类,这说明他们是根据物体的形状分类的,由此形成的概念称为具体概念。如果他们将香蕉与苹果归为一类,将口琴与球归为另一类,说明他们是根据事物的内在特征进行分类的,由此形成的概念称为抽象概念。

(2)前科学概念和科学概念

根据概念形成的途径,可以把概念分为前科学概念和科学概念。

前科学概念又称**日常概念**,它是人们在日常交际过程中形成的,这种概念受狭窄的知识范围的限制,其内涵中有非本质属性,有片面性,甚至有错误。如人们把"会飞"作为鸟这个概念的内涵,一方面扩大了概念的内涵,会把蝴蝶、蝙蝠等误认为是鸟,另一方面又会缩小概念的外延,认为不会飞的鸡不是鸟。

科学概念是在教学过程中形成的,教师直接以定义、定理、原理的方法向学生揭示概念的本质属性。科学概念形成的标志是把握概念的本质属性,并能在实际中运用。

(3)自然概念和人工概念

根据概念形成的自然性,概念可分为自然概念和人工概念。

自然概念是指在人类历史发展过程中自然形成的概念。自然概念的内涵与外延是由事物自身的特征决定的。例如,在自然科学中,声、光、电、分子、原子等概念,在社会科学中,国家、民族、文化等概念都属于自然概念。

人工概念是在实验室的条件下,为模拟自然概念的形成过程而人为地制造出的一种概念,它的内涵与外延常常可以人为确定。

> **真题面对面**
>
> [2023,单,1分]学生掌握了哺乳动物的特征是"哺乳"和"胎生",与生活在水里、陆地没有关系,对于学生来说这个概念是(　　)
>
> A.具体概念　　　　B.人工概念　　　　C.抽象概念　　　　D.日常概念
>
> 答案:C

考点2　判断和推理

1. 判断

判断是肯定或否定某种东西的存在或指明某物具有某种属性的思维形式。判断是人们对事物的认识,它反映事物之间的关系。

2. 推理

推理是从已知的判断(前提)推出新的判断(结论)的思维形式。推理的主要形式有归纳推理和演绎推理两种。**归纳推理**是从特殊事物推出一般原理的推理。归纳推理是以观察到的许多事例为根据,而推演出某个新的原理、定理等。**演绎推理**是从一般原理到特殊事物的推理。演绎推理是以一般原理为根据而推演到特殊事例,并得出肯定的结论。例如三段论推理。

四、思维的一般过程

思维的一般过程包括分析与综合、比较与分类、抽象与概括、系统化与具体化。其中,分析与综合是思维的基本过程,其他过程都是由此派生出来的。

1. 分析与综合

分析是指在头脑中把事物或对象分解成各个部分或各个属性。例如,把一棵树分解为根、茎、叶、花等。

综合是在人脑中把事物或对象的各个部分或属性联合为一体。例如,把一个人过去与现在的经历联系起来编成一个短剧。

2. 比较与分类

比较是指在人脑中把各种事物和现象加以对比,来确定它们之间的异同点和关系的思维过程。没有比较就没有鉴别,只有通过比较,人们才能区分事物间的异同点,鉴别事物的优劣,才能识别事物,把它们归到一定的类别中去。

分类是人脑中按照事物的异同,把它们区分为不同种类的思维过程。比较是分类的基础。根据事物的共同点,可以把事物归并为较大的类;根据差异可以把事物划分为较小的类。分类在教学中具有重要作用,这是因为通过分类可使学生掌握的知识更加系统化。

3. 抽象与概括

抽象是在人脑中提炼各种事物与现象的共同的、本质的特征,舍弃其个别的、非本质的特征的过程。总结鸽子、老鹰、鸡、鸭等的共同的、本质的特征,即"有羽毛""是动物";舍弃那些"会不会飞""颜色""大小"等的非本质特征,这就是抽象的过程。

概括是人脑把事物间共同的、本质的特征抽象出来加以综合的过程。例如,人们把那些"有羽毛的动物"统称为鸟类,这是概括的过程。概括有不同的等级或水平,经验概括是初级水平的概括,科学概括是高级水平的概括。

4. 系统化与具体化

系统化是指人脑把具有相同本质特征的事物归纳到一定类别系统中去的思维过程。例如,把犬科、猫科动物归为哺乳类的过程就是系统化的过程。

具体化是指人脑把经过抽象概括后的一般特征和规律推广到同类的具体事物中去的过程。例如,用数学公式解一道具体应用题的过程就是具体化的过程。

五、创造性思维

考点1　创造性思维的特征

1. 新颖独特性

创造性思维不同于一般的思维活动,它要求打破惯常的解决问题的方法,将已有的知识经验进行改组或重建,创造出个体前所未知的或社会前所未有的思维成果。因此,新颖独特性是创造性思维最本质的特征。

2. 创造性思维是多种思维的结晶(创造性思维的结构)

创造性思维既是发散思维和聚合思维的统一,也是形象思维和抽象思维的统一,但更多地表现在发散思维上。创造性思维以发散思维为核心。发散思维具有流畅性、灵活性(变通性)和独创性(独特性)等特点。当然,创造性思维者还要对新颖独特的观念具有高度的敏感性,具有及时把握它们的能力。因此,目前也有人以发散思维的特点来代表创造性思维的特点。

3. 创造性想象的积极参与

创造性想象的积极参与是创造性思维的重要环节。因为创造性想象提供的是事物的新形象,并使创造性思维成果具体化。所以文艺作品中新形象的创造,科学研究中新假说的提出,新机器的发明等都离不开创造性想象。

4. 灵感状态

灵感状态是创造性思维活动的又一典型特征。所谓灵感,是指人在创造性思维过程中,某种新形象、新概念和新思想突然产生的心理状态。它是人在集中全部精力去解决思考中的问题时,由于偶然因素的触发而突然出现的顿悟现象。任何创造性思维,都离不开灵感。

考点2　创造性思维能力的培养　【单选、判断】　必背

1. 运用启发式教学,保护学生的好奇心,激发学生的求知欲,培养创造性动机,调动学生学习的积极性和主动性

好奇心是人对新异事物产生好奇并进行探究的一种心理倾向。求知欲又称认识兴趣,它是好奇心的升华,是人渴望获得知识的一种心理状态。好奇心和求知欲是学生主动观察事物、进行创造性思维的内部动因。教师在教学过程中要创造条件,积极促进学生的好奇心、求知欲的发展。学习动机等非智力因素对创造性思维能力的培养起着重要作用。发展学生的创造性思维首先要调动学生的积极性和主动性。

2. 培养学生的发散思维,并将发散思维和集中思维相结合

发散思维训练应该有意识地从培养思维的独创性、灵活性和流畅性入手。在教学中尽量提供给学生创造性思维发展的机会。

3. 发展学生的创造性想象能力

思维的基础是表象和想象。想象与创造性思维有着密切的联系,它是人类创造活动所不可缺少的心理

因素。具有丰富的创造性想象是产生创造性成果的必要条件。因此,教师要注意发展学生的想象力。

4. 组织创造性活动,正确评价学生的创造性

创造性思维的培养依托于创造性活动的开展。教师应多组织合作教学、情景教学等有利于创造性思维发展的教学形式。

5. 开设具体创造性课程,教授学生创造性思维策略和创造技法

(1)常见的创造性课程

①创造发明课。该课程一般分为三个阶段:第一阶段是学习科学发明的历史,从丰富多彩、引人入胜的历史故事中,鼓励学生进行发明创造;第二阶段,让学生学习科学家、发明家的个性,把自己当作一个发明家;第三阶段,在发明课中让学生真正像一个发明家那样去动手从事发明创造活动。

②直觉思维训练课。直觉思维是创造性思维的一种,是一种跳跃式的思维,是不经过明显的推理过程就得出结论的一种思维方法。

③发散思维训练课。训练发散思维的方法有多种,如用途扩散、结构扩散、方法扩散、形态扩散等。

用途扩散,即让学生以某件物品的用途为扩散点,尽可能多地设想它的用途。比如,尽可能多地说出曲别针的用途。

结构扩散,即以某种事物的结构为扩散点,设想出利用该结构的各种可能性。比如,尽可能多地画出包含A结构的东西,并写出或说出它们的名字。

方法扩散,即以解决某一问题或制造某种事物的方法为扩散点,设想出利用该种方法的各种可能性。比如,尽可能多地列举出用"吹"的方法可以完成的事情。

形态扩散,即以事物的形态(如颜色、味道、形状等)为扩散点,设想出利用某种形态的各种可能性。比如,利用红色可以做什么,办什么事。

④推测与假设训练课。这类训练的主要目的是发展学生的想象力和对事物的敏感性,并促使学生深入思考,灵活应对。比如,让学生听一段无结局的故事,鼓励他们去猜测可能的结局;或读文章的标题,去猜测文中的具体内容。还可以让学生进行各种假设、想象。比如,假设你当校长,你如何管理这个学校。

⑤自我设计训练课。这是一种灵活性较强的训练课程。教师为学生提供必要的材料与工具,让学生利用这些材料,实际动手去制作某种物品,如贺卡、图画、各种小模型等。学生通过实际的操作活动,完成自己的设计。此项训练通常需要教师协助学生确定设计的课题,并提供各种形式的帮助。

⑥假设课。即创设一种设身处地的问题情境,然后提出解决问题的办法。

⑦侧向思维训练课。侧向思维是指从其他事物中得到启示而产生新设想的思维方式。侧向思维是创造性思维的重要形式,历史上许多发明创造都是侧向思维的产物。培养侧向思维的重要途径是对学生进行联想和类比推理的训练。教师应鼓励和引导学生根据联想法则(如相似、对比、接近等)进行积极联想。联想能够克服两个概念在意义上的差距而把它们联结起来,因而,借助联想往往能够发现某些事物的相同因素或某种联系,揭示出事物的本质。通过联想训练可以触类旁通,开阔学生解决问题的思路,活化所学的知识。

(2)促进创造性思维发展的创造技法

促进创造性思维发展的创造技法有头脑风暴法、系统探求法、联想类比法、组合创新法、对立思考法、转换思考法、检查单法等。接下来主要讲一下头脑风暴法。心理学家奥斯本提出,为产生更多新颖、独创的问题解决方案,可使用脑力激励法,即在集体之中群策群力,互相启发,尽可能多地提出解决问题的方法。头脑风暴法通常以集体讨论的方式进行,鼓励参与者尽可能快地提出各种各样异想天开的设想或观点,相互启迪,激发灵感,从而引发创造性思维的连锁反应,形成解决问题的新思路。具体应用此方法时,应遵循四条基本原则:一是让参与者畅所欲言,对提出的所有方案暂不做评价或判断,评价必须在所有的想法提出后再进行;二是鼓励标新立异、与众不同的观点,提倡自由奔放的思考,充分发表自己的看法;三是以获得方案的数量而非质量为目的,即鼓励多种想法,多多益善;四是鼓励提出改进意见或补充意见,提倡对他人的设想进行组合和重建以求改善。

6.结合各学科特点进行创造性思维训练

虽然各种直接的、专门的创造性训练是有效可行的,但不应取代或脱离课堂教学。许多研究证明,结合各个学科特点进行创造性思维训练,既可以发挥教师的创造性,也可以有效地提高学生的创造性。排斥或脱离学科而孤立地训练创造性,这实际上是舍本逐末的做法,也不可能真正提高学生的创造性。

> **真题面对面**
>
> 1.[2021,单,2分]教师让学生尽可能多地写出曲别针的用途来训练学生的创造力。这种方法属于( )
>
> A. 头脑风暴训练　　　　　　B. 发散思维训练
>
> C. 推测与假设训练　　　　　　D. 自我设计训练
>
> 2.[2015,单,2分]通过集体讨论,使思维相互撞击迸发出火花,达到集思广益效果的创造性训练方法是( )
>
> A. 发散思维训练　　　　　　B. 头脑风暴训练
>
> C. 推测与假设训练　　　　　　D. 自我设计训练
>
> 3.[2020,判断,1分]教师让学生根据文章标题猜测文中内容的创造性训练方法是自我设计训练。( )
>
> 答案:1. B　2. B　3. ×

六、学生思维的发展

1.小学生思维的发展

小学生思维发展的基本特征——从具体形象思维为主逐步向抽象逻辑思维为主过渡。主要表现在:

(1)小学生的抽象逻辑思维逐步发展,但仍带有较大的具体性。

(2)小学生的抽象逻辑思维的自觉性开始发展,但仍带有很大的不自觉性。

(3)在从具体形象性向抽象逻辑性的过渡中,存在着不平衡性(不平衡性既表现为个体发展的差异,也表现为思维对象的差异,如不同学科或不同教材)。

(4)在从具体形象思维为主逐渐向抽象逻辑思维为主的过渡中出现"飞跃"或"质变"。一般认为,这个关键年龄出现在小学四年级(约10~11岁)。如果教育条件适当,这个关键年龄可以提前到三年级。

2.中学生思维的发展

(1)抽象逻辑思维逐渐占据主导地位,并随着年龄的增长日益成熟。

(2)形式逻辑思维逐渐发展,在高中阶段处于优势。

(3)辩证逻辑思维迅速发展。

考点大默写

1. 从思维的特点来看,每次看到"月晕"就要"刮风","础石潮湿"就要"下雨",就能得出"月晕而风,础润而雨"的结论,这体现了思维的_____;地震工作者可以根据动物的反常现象或其他仪表的数据来分析与预报震情,这体现了思维的_____。

2. 在思维的品质中,思维的_____是指能深入地思考问题,善于透过事物的表面现象,抓住事物的实质,揭露事物之间的内在联系。

3. 从思维的指向性来看,_____是指人们解决问题时,思路朝各种可能的方向扩散,从而求得多种答案。

4. 从概念所包含属性的抽象与概括的程度来看,按事物的内在的、本质的属性形成的概念称为_____。

5. 在思维的一般过程中,_____是思维的基本过程,其他过程都是由此派生出来的。

6. _____是指人在创造性思维过程中,某种新形象、新概念和新思想突然产生的心理状态。

7. 促进创造性思维发展的创造技法中,_____通常以集体讨论的方式进行,鼓励参加者尽可能快地提出各种各样异想天开的设想或观点,相互启迪,激发灵感,从而引发创造性思维的连锁反应,形成解决问题的新思路。

【参考答案】

1. 概括性;间接性　2. 深刻性　3. 发散思维(求异思维/分散思维/辐射思维)　4. 抽象概念　5. 分析与综合　6. 灵感　7. 头脑风暴法

即时反思与复盘总结

我于_____年____月____日完成了对本章的学习。

复盘一下,我对自己较肯定的地方是_____

(足够努力/心态积极/方法得当……)

我觉得自己需要改进的地方是_____

(懒惰懈怠/心情浮躁/方法不当……)

休息片刻,开启下一站征程!

第三章 情绪情感和意志过程

思维导图

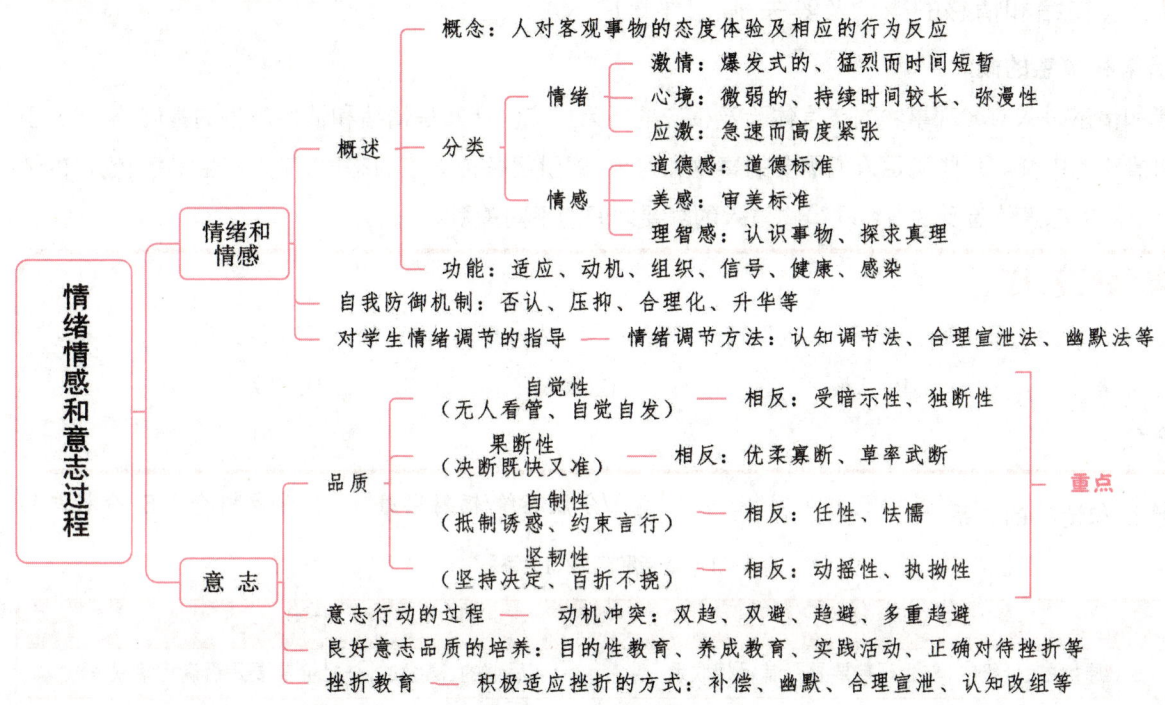

- 情绪情感和意志过程
  - 情绪和情感
    - 概述
      - 概念：人对客观事物的态度体验及相应的行为反应
      - 分类
        - 情绪
          - 激情：爆发式的、猛烈而时间短暂
          - 心境：微弱的、持续时间较长、弥漫性
          - 应激：急速而高度紧张
        - 情感
          - 道德感：道德标准
          - 美感：审美标准
          - 理智感：认识事物、探求真理
      - 功能：适应、动机、组织、信号、健康、感染
    - 自我防御机制：否认、压抑、合理化、升华等
    - 对学生情绪调节的指导 —— 情绪调节方法：认知调节法、合理宣泄法、幽默法等
  - 意志
    - 品质【重点】
      - 自觉性（无人看管、自觉自发）—— 相反：受暗示性、独断性
      - 果断性（决断既快又准）—— 相反：优柔寡断、草率武断
      - 自制性（抵制诱惑、约束言行）—— 相反：任性、怯懦
      - 坚韧性（坚持决定、百折不挠）—— 相反：动摇性、执拗性
    - 意志行动的过程 —— 动机冲突：双趋、双避、趋避、多重趋避
    - 良好意志品质的培养：目的性教育、养成教育、实践活动、正确对待挫折等
    - 挫折教育 —— 积极适应挫折的方式：补偿、幽默、合理宣泄、认知改组等

河南特岗考向

本章属于心理学的基础章节，也是河南特岗经常考查的章节，内容较为琐碎，需要考生区分的知识较多。在考试中常以选择题等客观题的形式考查，偶尔也会涉及论述题、案例分析题等主观题。现对2014～2023年本章河南特岗考向分析如下：

考点	考频	题型	能力层级
情绪和情感的概念	1	单选	识记
情绪和情感的分类	2	单选	区分
情绪和情感的功能	1	判断	区分
自我防御机制	2	单选	区分
对学生情绪调节的指导	2	单选	识记
意志的品质	4	单选、多选、判断	区分
意志行动的过程	1	单选	区分
意志品质的培养	1	论述	应用
挫折教育	2	单选、案例	应用

第二部分　心理学　227

核心考点

第一节 情绪和情感

一、情绪和情感概述

考点1　情绪和情感的概念及其关系　【单选】

1. 情绪和情感的概念

情绪和情感是人对客观事物的态度体验及相应的行为反应。认知是情绪和情感产生的基础,需要是引发情绪和情感的中介。那些满足人们需要的事物和对象,能引起各种肯定的态度,使人产生满意、愉快的情绪体验。不同的态度体验反映着客观事物与人的需要之间的不同关系。

> **真题面对面**
>
> [2016,单,2分]"心晴的时候,雨也是晴;心雨的时候,晴也是雨"描写的心理现象是(　　)
> A. 情绪　　　　B. 性格　　　　C. 认知　　　　D. 思维
> 答案:A

2. 情绪和情感的关系

表2-11　情绪和情感的关系

关系	情绪	情感
区别	原始的、低级的,与生理需要是否满足相联系	后继的、高级的,与社会需要是否满足相联系
	具有情境性和易变性	具有稳定性和持久性
	带有冲动性,伴随明显的外部表现	比较内隐,较为深沉
联系	(1)情绪是情感的基础,情感离不开情绪。人的情感是在大量情绪体验的基础上形成和发展起来的,也是通过情绪表达出来的。 (2)对人类而言,情绪离不开情感,是情感的具体表现。情绪是情感的外在表现,情感是情绪的本质内容	

考点2　情绪和情感的组成成分

情绪和情感是由独特的主观体验、外部表现和生理唤醒三种成分组成的。

1. 主观体验

主观体验是个体对不同情绪和情感状态的自我感受。

2. 外部表现

情绪和情感的外部表现,通常称为表情,它是在情绪和情感状态发生时身体各部分的动作量化形式,包括面部表情、姿态表情和语调表情。其中,面部表情是鉴别情绪的主要标志。

3. 生理唤醒

一定的情绪和情感状态总伴有内脏器官、内分泌腺或神经系统的生理变化。情绪和情感状态产生时的生理反应称为生理唤醒。

考点3　情绪和情感的分类　【单选】

1. 情绪的分类

根据主体与客体之间关系的不同,心理学家把人的基本情绪分为快乐、悲哀、愤怒、恐惧四种类型。依据情绪发生的强度、持续性和紧张度的不同,可以把情绪状态划分为激情、心境和应激三种。

（1）激情

激情是一种爆发式的、猛烈而时间短暂的情绪状态。例如,狂喜、暴怒、恐惧、绝望、剧烈的悲痛等,都是激情的表现。它往往带有特定的指向性和较明显的外部行为表现,如暴跳如雷、浑身战栗、手舞足蹈等。

激情发生时,意识范围缩小,意识对行为的控制作用明显降低,理解力降低,判断力减弱,自控能力减弱,易感情用事,不考虑后果。有人用激情爆发来原谅自己的错误,认为"激情时完全失去理智,自己无法控制",这种说法是不对的,人能够意识到自己的激情状态,也能够有意识地调节和控制它。

（2）心境

心境是一种微弱的、持续时间较长的、带有弥漫性的情绪状态。心境一经产生就不只表现在某一特定对象上,而是在相当长的一段时间内,使人的整个心理活动都染上某种情绪色彩,影响人的整个行为表现,成为情绪生活的背景。"忧者见之则忧,喜者见之则喜"说的就是心境。良好的心境,有助于积极性的发挥,克服困难,从而提高工作与学习的效率,并促进坚强意志品质的培养。

（3）应激

应激是出乎意料的紧迫情况所引起的急速而高度紧张的情绪状态。当人们遇到突发事件或意外发生危险时,为了应付瞬息万变的紧急情况,就得果断地采取决定,迅速地做出反应。应激正是在这种情境中产生的内心体验。应激状态既有积极的作用,也有消极的作用。一般的应激状态是一种行为保护机制,使人更加机智勇敢,集中全身精力以应付危急局面,急中生智,摆脱困境。应激状态持续的时间不可过长,否则会有害健康。

2. 情感的分类

情感是同人的社会性需要相联系的态度体验。从情感的社会内容角度来看,人类的情感有道德感、美感和理智感三种形式。

（1）道德感

道德感是根据一定的道德标准评价人的思想、意图和言行时所产生的主观体验。它表现在对待国家、集体、工作、事业、学习以及人与人之间的关系等各个方面,如爱国主义情感、集体主义情感、责任感、义务感、事业心、荣誉感、自尊心等。道德感属于社会历史范畴,不同民族、不同时代、不同阶级有着不同的道德评价标准。

(2)美感

美感是人们根据一定的审美标准对自然或社会现象及其在艺术上的表现予以评价时所产生的情感体验。同道德感一样,美感也具有社会历史制约性。

(3)理智感

理智感是人认识事物和探求真理的需要是否得到满足而产生的主观体验。例如,人们在探求未知的事物时所表现出的求知欲、兴趣和好奇心、发现问题的惊奇感、问题解决的喜悦感、为真理献身的自豪感、问题不解的苦闷感等。理智感对人们学习知识、认识事物、发现规律和探求真理的活动都有积极的推动作用。

> **真题面对面**
>
> 1.[2022,单,2分]"先天下之忧而忧,后天下之乐而乐"体现的情感是( )
> A.道德感   B.理智感   C.愉悦感   D.热爱感
>
> 2.[2019,单,2分]小明解答出一道困惑自己许久的难题时,无比兴奋、激动的情感体验称为( )
> A.理智感   B.道德感   C.美感   D.责任感
>
> 答案:1. A   2. A

考点4 情绪和情感的功能 【判断】

1. 适应功能

情绪和情感是有机体适应生存和发展的一种重要方式。例如,动物遇到危险时,产生怕的呼救,就是动物求生的一种手段。

2. 动机功能

情绪和情感是动机的源泉之一,是动机系统的一个基本成分。它能够激励人的活动,提高人的活动效率。适度的情绪兴奋,可以使人的身心处于活动的最佳状态,推动人们有效地完成任务。研究表明,适度的紧张和焦虑能促使人积极地思考和解决问题。同时,情绪对于生理内驱力也具有放大信号的作用,成为驱使人们行为的强大动力。

小香课堂

考生易混淆情绪情感的组织功能和动机功能。组织功能针对现有的情绪状态,是指良好的情绪起推动作用,不良的情绪起阻碍作用。动机功能可以从无到有引发人们的行动,强调引发、驱动作用。

3. 组织功能

这种功能表现为积极情绪的协调作用和消极情绪的破坏、瓦解作用。中等强度的愉快情绪,有利于提高认知活动的效果;而消极情绪的激活水平越高,操作效果越差。情绪的组织功能还表现在人的行为上,当人们处在积极、乐观的情绪状态时,易注意事物美好的一方面,其行为比较开放,愿意接纳外界的事物。而当人们处于消极的情绪状态时,容易失望、悲观,容易封闭自己,有时甚至会产生攻击性行为。

4. 信号功能

情绪和情感在人际间具有传递信息、沟通思想的功能。情绪的信号功能体现在个体将自己的愿望、要求、观点、态度通过一定的情感表达方式传递给别人并加以影响。这种功能是通过表情实现的。它是非言语沟通的重要组成部分,在人与人之间的信息交流中具有信号意义。例如:点头微笑表示赞赏;摇头皱眉表示否定。这些信号常常起激励或抑制作用,使人们对事物的认识或态度更加鲜明、生动、外显,更容易被感知和接受。在社会交往方面,情感的这种功能也常常得到应用和体现。

5. 健康功能

人对社会的适应是通过调节情绪来进行的,情绪调控的好坏会直接影响到身心健康。情绪和情感的健康功能表现为积极的情绪有助于身心健康,消极的情绪会引起人的各种疾病。积极而正常的情绪体验是保持心理平衡与身体健康的条件。曾有人说过:"一个小丑进城胜过一打医生。"这就非常形象地说明了情绪对人身体健康的影响。

6. 感染功能

人类的情绪和情感可以互相传递和感受,具有感染性。人们之间的感情沟通正是通过情绪和情感的易感性功能才得以实现的。这种易感性,具体体现为"共鸣"和"移情"作用。共鸣是指某人已经发生的情绪和情感引起他人相同或相似的情绪和情感,是指情绪和情感的互通现象,如所谓"掬一把同情泪"。移情是个人将自己的内心感受赋予他人或物,如杜甫《春望》中的"感时花溅泪,恨别鸟惊心",就是移情的表现。个体对各种信息意义的鉴别与认定,通常通过共鸣和移情来进行。

艺术作品的教育价值,正是通过情绪和情感的感染功能来实现的。情节内容越生动感人的作品,教育价值越大。在教师的教育和教学工作中,也要注意运用情绪和情感的感染功能,去帮助和教育学生。

此外,情绪情感还具有强化功能、迁移功能、疏导功能和协调功能。

> **真题面对面**
>
> [2020,判断,1分]"感时花溅泪,恨别鸟惊心"说明人的情绪和情感具有感染性。( )
>
> 答案:√

二、自我防御机制 【单选】

自我防御机制最早由精神分析学派系统地加以论述。所谓自我防御机制就是自我在精神受干扰时用以避开干扰、保持心理平衡的心理机制。自我防御机制常在无意识状态下使用,常见的自我防御机制有:

表2-12 常见的自我防御机制

常见类别	内涵	典例
否认	对某种痛苦的现实无意识地加以否定	"掩耳盗铃""眼不见为净"
压抑	把意识所不能接受的观念、情感或冲动抑制到无意识中去	对痛苦体验或创伤性事件的选择性遗忘

续表

常见类别	内涵	典例
合理化 (文饰作用)	通过无意识地用一种似乎有理的解释或实际上站不住脚的理由来为其难以接受的情感、行为或动机辩护以使其可以接受。合理化有两种表现：(1)酸葡萄心理，即把得不到的东西说成是不好的；(2)甜柠檬心理，即当得不到葡萄而只有柠檬时，就说柠檬是甜的。两者均是在掩盖其错误或失败，以保持内心的安宁	把对儿童的躯体虐待说成是"玉不琢不成器,树不伐不成材"
移置 (转移)	无意识地将指向某一对象的情绪、意图或幻想转移到另一个对象或替代的象征物上,以减轻精神负担取得心理安宁	一个孩子被妈妈打后，满腔愤怒，难以回敬，转而踢倒身边的板凳，把对妈妈的怒气转移到身边的物体上
投射	自我将不能接受的冲动、欲望或观念归因(投射)于客观或别人	"以小人之心,度君子之腹"
退行	退回到前面的发展阶段是退行,是指一个人遇到困难的时候放弃已学到的比较成熟的应对技巧和方式,而使用原先比较幼稚的方式去应付困难和满足自己的欲望	老人做出幼稚的表现,童心未泯,像个"老小孩"或"老顽童"，很可能是内心孤独,渴望得到子女的关爱
升华	把社会所不能接受的性欲或攻击性冲动伴有的力比多能量转向更高级的、社会所能接受的目标或渠道,进行各种创造性的活动	文学家的一些著名创作，如歌德的《少年维特之烦恼》等，均可见到升华机制的作用
认同	无意识中取他人(一般是自己敬爱和尊崇的人)之长归为己有，作为自己行为的一部分去表达,借以排解焦虑与适应的一种防御手段	儿童在做作业遇到困难时，常说"我要学习解放军叔叔"，从而有力量和信心坚持做作业，直到完成作业
抵消	将一个不能接受的行为象征性地、反复地用相反的行为加以显示,以图解除焦虑	除夕打碎了碗，习俗上说句"岁岁平安"
过度代偿	又称过度补偿,是指一个真正的或幻想的躯体或心理缺陷可通过代偿而得到超乎寻常的纠正	有些残疾人可通过惊人的努力而变成世界著名的运动员；有些口吃者可成功地变成一位说话流利的演说家
幽默	对于困境以幽默的方式处理	被嘲笑个子矮，一句"浓缩就是精华"就化解了尴尬

真题面对面

1. [2021,单,2分]个体在追求的目标失败时，以"失败乃成功之母"来达到心理平衡的心理效应是( )

A. 酸葡萄效应　　B. 首因效应　　C. 甜柠檬效应　　D. 近因效应

2. [2016,单,2分]吃不着葡萄说葡萄酸，得不到的东西是不好的。这种心理防御机制是( )

A. 否认　　B. 文饰　　C. 投射　　D. 幻想

答案：1. C　2. B

三、对学生情绪调节的指导 【单选】

1. 教会学生形成适宜的情绪状态

教会学生调节情绪的紧张度，就要使他们学会按自己的意愿形成适宜的情绪状态。比如：有人用座右铭"忍"字来时刻告诫自己不要感情用事,以防止或缓和激动的情绪;沮丧时,想一想过去愉快的情境,消极的情绪也能得到一些缓解。

2. 丰富学生的情绪体验

学生不适宜情绪的产生,往往是由于缺乏一定的情绪体验。学生考试、公开发言都容易引起情绪波动,这是临场经验不足造成的。教师应给学生创造一种过渡性情境,即从不紧张到较为紧张,最后再到更高一级的紧张环境,使学生积累各种情境下的情绪体验。

3. 引导学生正确看待问题(调整认知)

由于学生分析问题的能力还不完善,对一个问题往往只从一个角度解释,所以容易遭受挫折。教师应该指导学生从多个角度看待问题,以发现问题的积极意义,从而产生健康的情绪。多角度、多侧面地帮助学生提高认识,有助于学生的情绪情感向正确的方向发展。

4. 教会学生情绪调节的方法

教师的教最终是为了学生能够学会调节自己的情绪,因此传授学生一些调节情绪的方法,是必不可少的。常见的情绪调节的方法有:

(1)认知调节法。学生不良情绪的产生主要是自我意识的发展不够成熟。当学生发现自己有负性情绪时,可以通过两种方式来认识自己:第一,思考自己的感觉是怎么产生的;第二,分析这种感觉是否是由于自己的想法或解释造成的,和自己的个性、习惯又有哪些联系。美国心理学家艾利斯提出的"情绪ABC"理论认为,一个人情绪的好坏主要是由自己的认知和想法决定的。如果能改变一个人非理性的思想、观念和评价,就能改变他的情绪和行为。

(2)合理宣泄法(自我排解)。当人受到不良刺激而产生消极情绪时,应让不良情绪充分得以宣泄,通过合理的宣泄来减轻心理负担,恢复心理平静。宣泄可以采用适当的方式,如找亲朋好友倾吐不愉快的事;大哭一场或自言自语,以发泄心中的委屈和不满等。宣泄必须合理、适当,否则,可能导致消极后果。

(3)意志调节法。意志调节法也称升华作用。具体内容参见本节中"自我防御机制"。

(4)转移注意法。当人受到刺激产生不良情绪时,应尽可能离开不良刺激的环境,把注意力转移到新环境和新事物上去,避免不良情绪的蔓延和加重。

(5)幽默法。具体内容参见本节中"自我防御机制"。

5. 通过实际锻炼提高学生的情绪调节能力

在日常生活学习中,教师要不断鼓励学生克服不良情绪状态,养成积极乐观的心理品质。同时注意创设情境,让学生体验不良情绪的困扰,从而找到合理宣泄的渠道,这也有助于增强其心理抗压力。

知识再拔高

心理置换

心理置换,也就是将心比心。在争议和冲突中,我们往往习惯于站在维护自己利益的角度上看问题,当利益受损,需要无法满足时,情绪也就急转直下。心理置换要求我们站在对方的立场和角度看问题,设身处地地体会对方的处境,这样就容易克制不良情绪,达成彼此的谅解。

第二部分 心理学 233

真题面对面

1.[2022,单,2分]通过写诗作画让自己摆脱失去亲人的痛苦,这种情绪调节的方法是( )

A.系统脱敏法　　　　B.强化法　　　　C.幽默法　　　　D.升华法

2.[2015,单,2分]采取跑步、大声喊叫甚至痛哭一场来缓解心理压力的方式属于( )

A.放松训练　　　　B.心理置换　　　　C.合理宣泄法　　　　D.理性情绪疗法

答案:1. D　2. C

四、中小学生情绪、情感的发展

考点1　小学生情绪、情感发展的特点

1. 情绪的调节控制能力增强,冲动性减弱

情绪调控能力的发展保证了小学生情绪的稳定性,使他们能够较好地适应学校生活。然而,小学生的自制力毕竟有限,需要教师和家长给予耐心地指导和帮助。

2. 情绪和情感的内容不断丰富,社会性成分不断增加

小学生情绪和情感的发展由对个别事物产生的情绪和情感逐渐转化为对社会、集体和同伴的情感;由事物的外部特征引起情绪和情感转化为由事物的本质特征引起情感体验。

3. 高级情感进一步发展

小学低年级学生主要以社会反应作为自己道德感体验的依据,小学高年级学生则以一定的道德行为规范为依据;小学生的理智感着重体现在学习过程中,表现为求知欲的不断扩展和加深;小学生对美的体验受制于对客观事物外部特点和内部特征的领会和理解,受制于在一定社会生活下对美的需要。

考点2　中学生情绪、情感发展的特点

1. 情绪和情感的易感性、冲动性、两极性明显

中学生的情感容易受到外界环境的影响,常随情境的变化而变化,有很大的易感性。又因为他们自控力不强,会有冲动性、两极性的表现。

2. 反抗情绪与逆反心理

逆反心理是指中学生由于自身成熟而产生的独立或自重的要求与对长辈的不满、反抗情绪相矛盾的心理。中学生的逆反心理往往发生在父母或教师等成人遇事"爱唠叨",说话过头,限制了他们的求知欲、好奇心、交友结伴的时候。因此,成人在教育他们时,要注意尊重他们、讲究方法,同时要提倡他们孝敬、体谅长者,设法使他们加强修养,鼓励他们学会控制自己的情感,这样,"逆反心理"还是可以克服的。

3. 对异性的情感

随着性意识的萌芽,中学生开始感受到来自异性的吸引,并产生接近异性的倾向和愿望。但由于认识水平不高,容易形成表面疏远而内心"爱慕"的矛盾心理与行为。这应该引起教师和家长的注意,并采取相应的教育引导措施。

★ 考点大默写 ★

1. 情绪和情感是人对客观事物的态度体验及相应的行为反应。认知是情绪和情感产生的基础，_____是引发情绪和情感的中介。

2. 依据情绪发生的强度、持续性和紧张度的不同，可以把情绪状态划分为_____、_____、_____三种。其中，"忧者见之则忧，喜者见之则喜"说的是_____。

3. _____是一种爆发式的、猛烈而时间短暂的情绪状态，往往带有特定的指向性和较明显的外部行为表现。

4. 从情感的社会内容角度来看，人类的情感有_____、_____和_____三种形式。其中，爱国主义情感、集体主义情感等属于_____；人们在探求未知的事物时所表现出的求知欲、兴趣和好奇心属于_____。

5. 从情绪和情感的功能来看，杜甫《春望》中的"感时花溅泪，恨别鸟惊心"说明情绪和情感具有_____；_____表现为积极情绪的协调作用和消极情绪的破坏、瓦解作用。

6. 合理化的两种表现中，_____心理指把得不到的东西说成是不好的。

7. _____是把社会所不能接受的性欲或攻击性冲动伴有的力比多能量转向更高级、社会所能接受的目标或渠道，进行各种创造性的活动。

8. 大哭一场或自言自语，以发泄心中的委屈和不满，这运用的情绪调节方法是_____。

【参考答案】

1. 需要 2. 激情；心境；应激；心境 3. 激情 4. 道德感；美感；理智感；道德感；理智感 5. 感染功能；组织功能 6. 酸葡萄 7. 升华 8. 合理宣泄法（自我排解）

第二节 意 志

一、意志及意志行动的特征

意志是指人自觉地确定目的，有意识地根据目的、动机调节支配行动，努力克服困难，实现目标的心理过程。意志是人的心理的主观能动性、积极性的集中体现。

由意志支配的行动称为意志行动。意志行动的特征表现为：

(1) 意志行动是人特有的自觉确定目的的行动；

(2) 意志对活动有调节支配作用，使人的行动能按自觉的目的去改造世界；

(3) 克服内部和外部的困难是意志行动最重要的特征；

(4) 意志行动以随意动作为基础。

第二部分　心理学　235

二、意志的品质【单选、多选、判断】 必背

表2-13 意志的品质

品质	含义	相反的意志品质及其表现
自觉性	一个人清晰地意识到自己行动的目的和意义,并且能够主动地支配自己的行动,使之符合既定目的的意志品质	受暗示性(盲从):不了解自己行动的意义,极易在别人的怂恿下从事不符合个人意愿或社会需要的行动
		独断性:对自己的决定深信不疑,一概拒绝他人的意见或建议
果断性	一种善于辨明是非、抓住时机、迅速而合理地采取决定并执行决定的意志品质	**优柔寡断**:犹豫不决,疑虑重重,该断不断,其结果常常是错失良机
		草率武断:懒于思考,滥下结论,行动鲁莽,轻举妄动
自制性	一个人善于控制和支配自己的情绪,约束自己言行的品质	任性:更多以自我为中心,易冲动,意气用事,自我约束能力较差,不能有效地调节自己的言论和行动,行为更多地由情绪所控制,更不容易控制自己的情绪
		怯懦:胆小怕事,缺乏自制力,不能有效调节自己的行为,特别是在遇到困难或情况突变时惊慌失措、畏缩不前,不能有效实施意志行为
坚韧性(坚持性)	一个人在行动中坚持决定,百折不挠地克服重重困难去达到行动目的的品质。坚持是对行动目的的坚持	**动摇性**:或缺乏坚定的行动目的,对既定目的持怀疑态度,或对实现目的缺乏信心和决心
		执拗性:不能根据形势的变化而灵活调整自己的思想行为,他们常常在明知自己的主张和观点错误时,仍然固执己见,违背客观规律而一意孤行

小香课堂

考生在判断不同的意志品质时,可抓住以下关键点:

(1)自觉性指对自己行动的动机和目的非常明确,能主动支配自己的行动,即无人看管、自觉自发。

(2)果断性是善于审时度势和对问题情境做出正确的分析和判断,决断既快又准。

(3)自制性是善于控制、约束自己的言行,即抵制诱惑、约束言行。

(4)坚韧性则强调坚持决定、百折不挠。

真题面对面

1.[2022,单,2分]学生的学习目的不明确,在家长的督促下才能完成作业,应着重培养其意志品质的(　　)

A.自制性　　　B.自觉性　　　C.果断性　　　D.坚持性

2.[2017,单,2分]教师对遇事总是举棋不定、犹豫不决的学生,应着重培养其意志品质的(　　)

A.自觉性　　　B.坚持性　　　C.自制性　　　D.果断性

3.[2023,多,2分]下列选项中,与意志坚持性相反的意志品质有(　　)

A.独立性　　　B.独断性　　　C.盲从　　　D.执拗性

E.动摇性

4.［2020，判断，1分］教师对做事总是虎头蛇尾的学生应着重培养其意志品质的自制性。（　　）

答案：1. B　2. D　3. DE　4. ×

三、意志行动的过程　【单选】

考点1　准备阶段（采取决定阶段/确定决定阶段）

准备阶段包括动机冲突、确定目标、选择行动方法和制订行动计划等环节。

1. 动机冲突

人的行为动机往往以愿望的形式表现出来。由于人的需要多种多样并且是不断发展的，所以个体在同一时间内往往存在多种动机。几种动机相互矛盾，就形成了动机冲突。从形式上看，可将动机冲突分为以下四类：

表2-14　动机冲突的类型

分类	概念	典例
双趋冲突	从自己同时都很喜爱的两个事物中仅择其一的心理状态	鱼与熊掌不可兼得
双避冲突	从希望回避的两种事物中必取其一的心理状态	既不想迟到，又不想早起
趋避冲突	对同一目的兼具好恶的矛盾心理	既想当班干部又怕耽误时间影响学习
多重趋避冲突	对含有吸引与排斥两种力量的多种目标予以选择时所发生的冲突	大学毕业生就业中的选择困难

小香课堂

动机冲突常结合实例进行考查，通常可以根据题意，运用以下关键词组进行区分：

(1)双趋冲突：表述中含有"既想……又想……，但不可兼得"的含义；

(2)双避冲突：表述中含有"既怕……又怕……"的含义；

(3)趋避冲突：表述中含有"既想……又怕……"的含义；

(4)多重趋避冲突：表述中的冲突因素为两个以上。

> **真题面对面**
>
> [2015,单,2分]学生既期望得到老师的帮助,又不愿老师管得太死,这种心理冲突是( )
>
> A. 双趋冲突　　　　B. 趋避冲突　　　　C. 双避冲突　　　　D. 多重趋避冲突
>
> 答案:B

2. 确定目标

目标的确定与动机的取舍是相随而行的。目标越明确,人的行动就会越自觉;目标越远大,它对行动的动力作用越大;目标越深刻,被这一目标所唤起的意志力也越大。

3. 选择行动方法和制订行动计划

目标确定之后,必须考虑如何实现这个目标。为了实现目标,必须选择正确的行动方法和合适的行动计划。

考点 2　执行决定阶段

行动计划制订后,执行计划,采取有效的行动,是达到目的的关键步骤。执行决定阶段是意志行动的中心环节,是意志努力的集中表现。在执行决定的过程中,必然会碰到许多困难。因此,执行决定,克服困难与障碍,需要更大的意志努力。

克服困难必须依赖以下几个心理条件:(1)坚定的信念和崇高的世界观是动机的基础,也是克服困难最基本的条件。(2)行动目的的性质对克服困难有重要意义。(3)对行动胜利的美好前景的憧憬,对行动失败可能招致后果的认识也会激励人们去战胜困难。(4)执行计划的坚定性。

四、良好意志品质的培养　【论述】

1. 加强生活目的性教育,树立科学的世界观、远大的理想和信念,培养学生行为的目的性,减少其行动的盲目性

树立远大的理想和信念,是培养小学生形成良好意志品质的首要条件。对道德信念和远大理想的培养,必须从小开始。切不可认为小学生年龄尚小,还不能确立生活的正确目的,而忽略对其正确信念、理想的培养。教师可以通过组织学生参观访问、听战斗英雄故事,特别是听一些和他们年龄相仿的小学生顽强斗争的英雄事迹,还可以将小学生的学习、活动的具体目的与国家的长远目的结合起来,进行教育。在教育过程中,还应该注意不要空洞说教,要根据学生的心理特点,生动形象地进行教育。

教师要逐步提高小学生的自觉性,培养小学生按照行为目的来自觉调节行动的能力。在教学过程中每一项任务、每一个要求都要对学生讲清目的和重要性,帮助学生制订切实可行的行动计划,指导学生按照预定的目的和计划,采取适当的措施以完成任务。对完成任务的小学生要给予鼓励,以强化其积极性。

用科学的世界观武装学生,是培养他们具有良好意志品质的基本条件。只有树立起科学的世界观,才能使学生确立正确的行动目的;只有树立科学的世界观,才能使学生具有高度的责任感,明确生活的目的,追求崇高的理想。

2. 加强养成教育,培养学生的自制能力

养成教育就是通过培养学生自觉遵守纪律和生活制度的常规训练,使学生形成自动控制的良好的行为

习惯。严格要求学生遵守纪律,是培养他们意志力的重要途径。学生为了遵守规定的纪律,必须约束自己,不做违背纪律和制度的行为。

在养成教育这个方面,有经验的教师通常采取以下做法:(1)从生活小事上进行训练;(2)耐心指导,反复训练;(3)教师注意以身作则。

3. 组织实践活动,在困难环境中锻炼学生的意志,让学生取得意志锻炼的直接经验

坚强的意志是在克服困难的实践活动中形成和发展起来的。教师除了结合教学内容或通过主题班会等向学生讲述意志锻炼的意义外,更要让学生在各种活动中,通过克服困难来磨炼意志。

在组织活动中,教师应当注意以下几点:

(1)行为练习要有目的性、计划性,即教师必须遵守循序渐进的原则,从简单到复杂,使学生获得锻炼的信心和成功感,向学生提出的任务要有一定的难度,同时又是他们力所能及的。

(2)提供行为练习的示范与榜样,供学生学习效仿。当学生在活动中遇到困难时,要给予鼓励和必要的指导,但不要代替他们去解决问题。

(3)有意创设困难情境与艰巨条件,以激发学生克服困难的主动性和自制力。

(4)对行为练习的结果,及时予以评价和强化,以增强行为练习的自觉性与积极性。

4. 教育学生正确地对待挫折

教师要帮助学生正确地对待挫折。通常的一些做法是:

(1)帮助学生分析产生挫折的原因,找出避免挫折的方法;

(2)面对挫折,鼓励学生充满信心地战胜挫折,有时候也可以用限制、批评、惩罚的方法来制止那些不良的表现;

(3)在教育教学中,注意培养学生调节和控制自己心理活动的能力,提高学生的挫折耐受力。

5. 根据学生意志品质上的差异,采取不同的锻炼措施

根据学生意志品质上的差异,注意采取不同的锻炼措施,做到因人、因不同发展时期锻炼。例如:对于容易盲从、轻率行事的学生,应多多启发他们的自觉性,培养他们对社会、集体和劳动的责任感和义务感;对于怯懦的学生,则应多多鼓励他们增强克服困难的信心和勇气;对于任性和固执的学生,则应该从目的性和原则性方面着手,使他们理解固执与顽强的区别。

6. 发挥教师、班集体和榜样的模范作用,给予必要的纪律约束

在学生意志品质的形成过程中,离不开周围的人和环境的影响。特别是在学校教育中,教师发挥着不可忽视的作用。除了父母之外,学生对在学校生活中与自己朝夕相处的教师有一种特别的信任和尊重,并不自觉地去模仿其言行。

学生所在的班集体是其成长的重要环境,在具有良好班风的集体里,同学们团结互助,每个人都珍惜自己所属的集体,尊重集体的意见,执行班委委派的任务,努力为集体争光而不损害集体的荣誉。在具有良好班风的集体里,执行着严格的纪律。学会严守纪律,坚决不做违反纪律的事,这本身就是最好的意志锻炼。因此,教师应当努力使自己的班级形成良好班风,充分发挥集体的作用,帮助学生养成良好的意志品质。

在培养学生良好意志品质的过程中,榜样的作用始终占着特殊重要的地位。教师除了用科学家、发明

家、劳动模范、革命先烈以及文艺作品中的优秀人物来陶冶学生的意志外,还要善于从学生周围的生活中,从学生熟悉的人中,特别是从他们的同龄人中选取典型,为他们树立坚强意志的榜样。在这样的榜样面前,可因为心理距离小,学生感到亲切,而更容易接受。

7. 加强自我锻炼,从点滴小事做起

在培养良好意志品质的过程中,周围人的影响、集体的委派任务、榜样的教育等都必须通过学生的自我锻炼才能真正起作用。在学习自觉性、坚韧性方面的自我锻炼可以采用下列方法:

(1)经常用榜样、名言、格言对照自己、检查自己、督促自己;

(2)经常与周围学习好的同学做比较,找出自己的差距,奋力追赶,直到赶上或超过为止;

(3)坚持制订学习计划,包括学期、月、周的计划及每天的安排等,严格执行计划,无论遇到什么情况都坚持去完成;

(4)每天坚持写日记,检查自己当天的活动,发现缺点立即改正等。

> **真题面对面**
>
> [2018,论述,15分]请结合实际论述如何培养学生良好的意志品质。
>
> 答案:详见内文

五、挫折教育 【单选、案例分析】

考点1 挫折、挫折感、挫折承受力

挫折是个体在从事有目的活动的过程中,遇到障碍或干扰,致使个人动机不能实现、需要不能满足时的情绪状态。

挫折感指人对挫折的感觉能力。在现实生活中,人们面对同一挫折情境所产生的挫折感并不完全相同,挫折感的强弱与每个人的动机水平的强弱以及挫折容忍力的大小有关。

挫折承受力(挫折容忍力)是指人在遭受挫折时,控制自己、使自己免于行为失常的能力。挫折承受力的大小与挫折感成反向关系。

考点2 挫折适应与辅导

挫折适应是指人在碰到挫折情景时,对引起挫折的种种因素,采取有效的策略。对挫折的反应方式,存在着积极型与消极型两大类。学校心理辅导要引导学生在遭受挫折时采取积极的反应,避免消极的反应,并帮助学生找出产生挫折的真正原因,予以克服,达到真正战胜挫折、取得成功的目的。即使不能如此,也要想办法避免挫折对学生身心健康造成损害。要做到这一点,学校心理辅导在进行挫折教育时重点可放在两方面:(1)提高学生的挫折承受力;(2)教会学生积极适应挫折的方法和技术。

1. 提高学生挫折承受力的方法

(1)帮助学生树立正确的挫折观。挫折是客观存在、不可避免的。帮助学生树立正确的挫折观,教会学生对挫折有正确认识与思想准备,使其对在学习、生活中可能出现的挫折与困难事先有充分的估计,心理有所准备,就会减轻挫折感,增强战胜挫折的信心与勇气。

(2)帮助学生确定适当的抱负水平。青少年关于自己的理想或抱负有不同的水平,过高的抱负水平是产生挫折感的一个重要因素。

(3)适度感受挫折,锻炼挫折承受力。青少年正处于身心急速发展时期,心理脆弱、敏感,如果经常遭受重大的精神打击和接连不断的挫折,就会严重影响其心理健康,因此学校和家庭要尽可能预测和改变重大挫折的情境和条件,以避免学生受到更大的心理伤害。但这不等于说要对学生过分保护,不让他们经历任何挫折。事实证明,适度的挫折经历,对于个人挫折承受力的锻炼和培养是十分重要的。也就是说,对挫折的承受也是要通过学习而获得的。所以,教师和家长可以有意识地提供或利用一些挫折情境,鼓励学生主动地在学习、生活实践中克服困难,战胜挫折,积累经验,不断成熟。

2.教会学生积极适应挫折的方法和技术

通过训练和有意识的辅导,帮助学生掌握积极适应挫折的方法和技术,使他们学会如何对挫折做出积极主动的适应也是挫折教育不可忽视的内容。适应可分为消极适应和积极适应两方面。常见的积极适应方式有:理智的压抑、补偿、升华、幽默、合理宣泄、认知改组等。

(1)理智的压抑。这是一种成熟的适应方式,指当一个人的欲望、冲动或本能因不符合社会规范或要求而无法达到、满足或表现时,有意识地去压抑、控制、想办法延缓其满足需要。比如,一个学生在家做作业,听到电视里正在播放自己最爱看的节目就特别想看电视,可是一想,作业还没有做完,于是,强迫自己集中注意做完作业,然后再看电视,得到满足。

(2)补偿。指个人所追求的目标、理想受到挫折,或由于本身的某种缺陷而达不到既定目标时,用另一种目标或活动来弥补,从而减轻心理上的不适感。

(3)升华。具体内容参见本章第一节中"自我防御机制"。

(4)幽默。具体内容参见本章第一节中"自我防御机制"。

(5)合理宣泄。具体内容参见本章第一节中"教会学生情绪调节的方法"。

(6)**认知改组(认知重组)**。主体对挫折情境的认识评价如何,直接影响到挫折感的产生。比如高考落榜是考生产生挫折的情境,如果考生改变对高考落榜严重性的认识,看到上大学并非唯一的成才之路,通过自修下一年再考也不迟,这样就可以减轻挫折感。这种对挫折情境的重新认识与评价,称为认知改组。

> **真题面对面**
>
> [2018,单,2分]考试失利时不是垂头丧气,而是认真分析失败的原因,确定努力的方向。这种对待挫折的方式是(　　)
>
> A.宣泄　　　　　B.放松　　　　　C.心理补偿　　　　　D.认知重组
>
> 答案:D

★ 考点大默写 ★

1.学生在没人督促的情况下,能够独立完成课后作业,这反映其具有的意志品质是_____;"三天打鱼,两天晒网"描述的是个体意志品质缺乏_____。

2. 一种善于辨明是非、抓住时机、迅速而合理地采取决定并执行决定的意志品质是_____。
3. 与坚韧性相反的意志品质是_____和_____。
4. 对含有吸引与排斥两种力量的多种目标予以选择时所发生的冲突是_____。
5. 小张既想当班干部又怕耽误时间影响学习,这种动机冲突属于_____;小李既不想上学迟到,又不想早起,这种动机冲突属于_____。
6. 在积极适应挫折的方式中,对挫折情境的重新认识与评价,称为_____。

【参考答案】
1. 自觉性;坚韧性(坚持性)　2. 果断性　3. 动摇性;执拗性　4. 多重趋避冲突　5. 趋避冲突;双避冲突
6. 认知改组(认知重组)

第四章 个性心理

思维导图

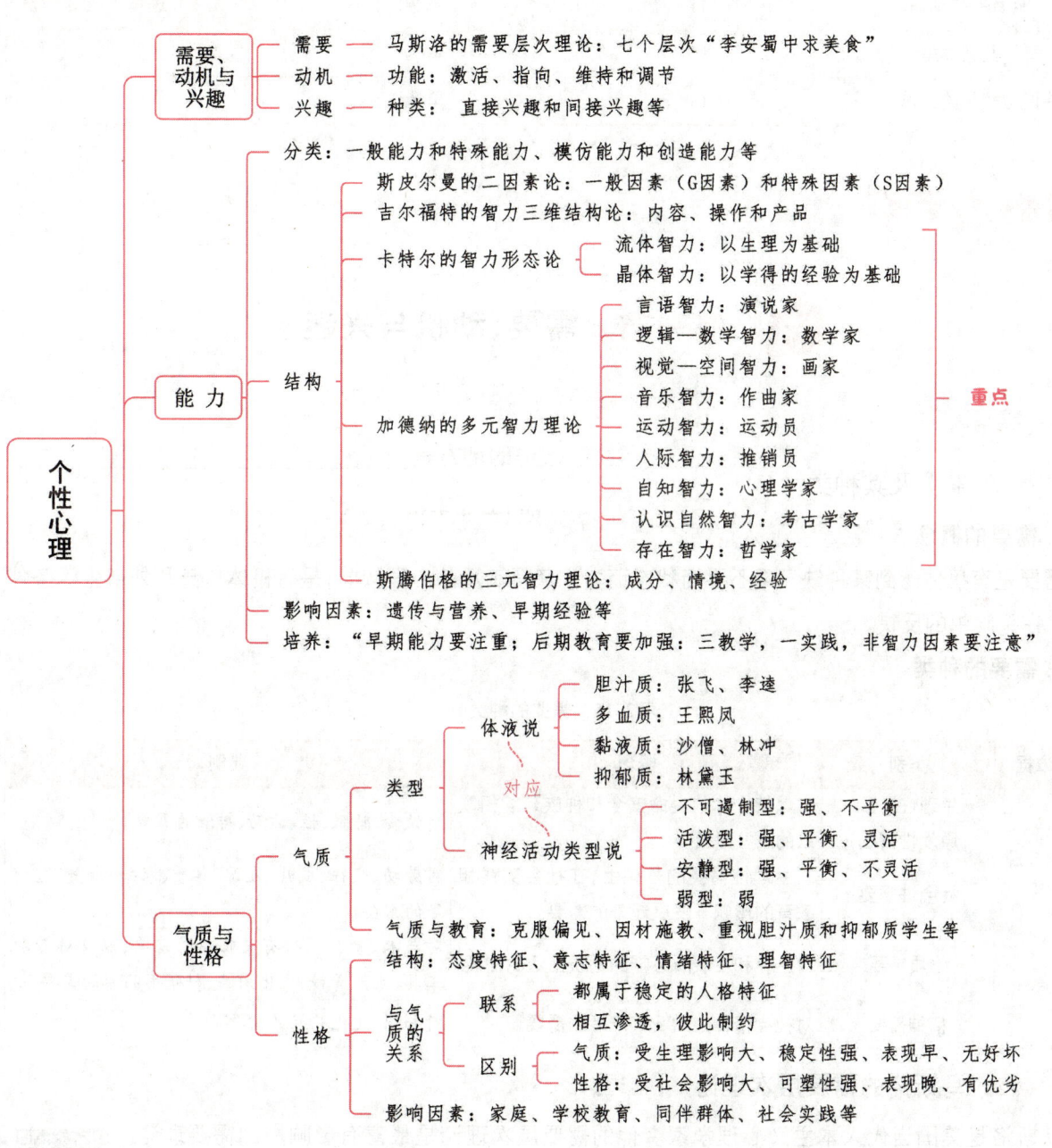

- 个性心理
  - 需要、动机与兴趣
    - 需要 —— 马斯洛的需要层次理论：七个层次"李安蜀中求美食"
    - 动机 —— 功能：激活、指向、维持和调节
    - 兴趣 —— 种类：直接兴趣和间接兴趣等
  - 能力
    - 分类：一般能力和特殊能力、模仿能力和创造能力等
    - 结构
      - 斯皮尔曼的二因素论：一般因素（G因素）和特殊因素（S因素）
      - 吉尔福特的智力三维结构论：内容、操作和产品
      - 卡特尔的智力形态论
        - 流体智力：以生理为基础
        - 晶体智力：以学得的经验为基础
      - 加德纳的多元智力理论【重点】
        - 言语智力：演说家
        - 逻辑—数学智力：数学家
        - 视觉—空间智力：画家
        - 音乐智力：作曲家
        - 运动智力：运动员
        - 人际智力：推销员
        - 自知智力：心理学家
        - 认识自然智力：考古学家
        - 存在智力：哲学家
      - 斯腾伯格的三元智力理论：成分、情境、经验
    - 影响因素：遗传与营养、早期经验等
    - 培养："早期能力要注重；后期教育要加强：三教学，一实践，非智力因素要注意"
  - 气质与性格
    - 气质
      - 类型（对应）
        - 体液说
          - 胆汁质：张飞、李逵
          - 多血质：王熙凤
          - 黏液质：沙僧、林冲
          - 抑郁质：林黛玉
        - 神经活动类型说
          - 不可遏制型：强、不平衡
          - 活泼型：强、平衡、灵活
          - 安静型：强、平衡、不灵活
          - 弱型：弱
      - 气质与教育：克服偏见、因材施教、重视胆汁质和抑郁质学生等
    - 性格
      - 结构：态度特征、意志特征、情绪特征、理智特征
      - 与气质的关系
        - 联系
          - 都属于稳定的人格特征
          - 相互渗透，彼此制约
        - 区别
          - 气质：受生理影响大、稳定性强、表现早、无好坏
          - 性格：受社会影响大、可塑性强、表现晚、有优劣
      - 影响因素：家庭、学校教育、同伴群体、社会实践等

河南特岗考向

本章属于心理学的重要章节,也是河南特岗经常考查的章节,内容较为琐碎,需要考生识记的知识较多。在考试中常以选择题等客观题的形式考查。现对2014～2023年本章河南特岗考向分析如下:

考点	考频	题型	能力层级
马斯洛的需要层次理论	2	单选	识记
能力的结构	4	单选	理解
气质及其类型	1	单选	区分
性格与气质的关系	1	单选	识记

核心考点

第一节　需要、动机与兴趣

一、需要

考点1　需要及其种类

1. 需要的概念

需要是有机体感到某种缺乏或不平衡状态而力求获得满足的心理倾向,是有机体自身和外部生活条件的要求在头脑中的反映。

2. 需要的种类

表2-15　需要的种类

分类依据	类别	概念	典例
需要的起源	生理性需要(原发性需要)	与保持个体的生命安全和种族延续相联系的一些需要	对饮食、睡眠、性、运动、排泄的需要
	社会性需要	在生理性需要的基础上,在社会实践和教育的影响下发展起来的需要	对劳动、交往、成就、友谊、尊严、求知、审美、道德等的需要
需要的对象	物质需要	对生存和发展所必需的物质生活的需要	对与衣、食、住、行有关物品的需要,以及对劳动工具、生产资料、文化用品、科研用品等的需要
	精神需要	对社会精神生活及其产品的需要	对知识、文化艺术的需要

考点2　马斯洛的需要层次理论　【单选】

马斯洛是美国当代人本主义心理学家。他的需要层次理论是最富有影响力的需要理论。早期,他根据需要出现的先后及强弱顺序,把需要分成了五个层次,即生理需要、安全需要、归属与爱的需要、尊重需要和自我实现的需要。后来他又补充了求知需要和审美需要,即需要由五个层次扩充为七个层次。

1. 生理需要

生理需要是人对食物、水分、空气、睡眠、性等的需要。它是人的所有需要中最基本、最原始,也是最强有力的需要,是其他一切需要产生的基础。

2. 安全需要

安全需要是指希求受到保护与免遭威胁从而获得安全感的需要。人在生理需要相对满足的情况下,就会出现安全需要。人们希望得到较稳定的职位,愿意参加各种保险,都表现了他们的安全需要。

3. 归属与爱的需要

归属与爱的需要,也称社交需要,是指每个人都有被他人或群体接纳、爱护、关注、鼓励及支持的需要。它是更高一级的需要,包括被人爱与爱他人、保持友谊、被团体接纳等。

4. 尊重需要

尊重需要是在生理、安全、归属与爱的需要得到基本满足后产生的对自己社会价值追求的需要,包括自尊和受到别人的尊重两个方面。这种需要得到满足,就会感受到自信、价值和能力,否则就会产生自卑或保护性反抗。

5. 求知需要

求知需要,又称认知与理解的需要,是指个人对自身和周围世界的探索、理解及解决疑难问题的需要。马斯洛将其看成克服障碍的工具,当认知需要受挫时,其他需要的满足也会受到威胁。

6. 审美需要

审美需要是指对对称、秩序、完整结构以及对行为完美的需要。审美需要与其他需要是相互关联,不可截然分开的,如对秩序的需要既是审美需要,也是安全需要、求知需要(如数学、数量方面)。

7. 自我实现的需要

自我实现的需要是最高层次的需要,是在上述需要得到满足后产生的。所谓"自我实现的需要",即追求自我理想的实现,是充分发挥个人潜能、才能的心理需要,也是一种创造和自我价值得到体现的需要。艺术家要创作,科学家要发明创造,每个人都想把自己的工作做到尽善尽美,这些都是自我实现需要的体现。马斯洛认为自我实现的人具有以下共同特征:(1)每个人都在这个方面或那个方面显示出具有某些独到之处的创造力或独创性;(2)个人特有的潜能的极度发挥;(3)个人的价值的完满实现;(4)愿意做自己认为有意义和有价值的事情。

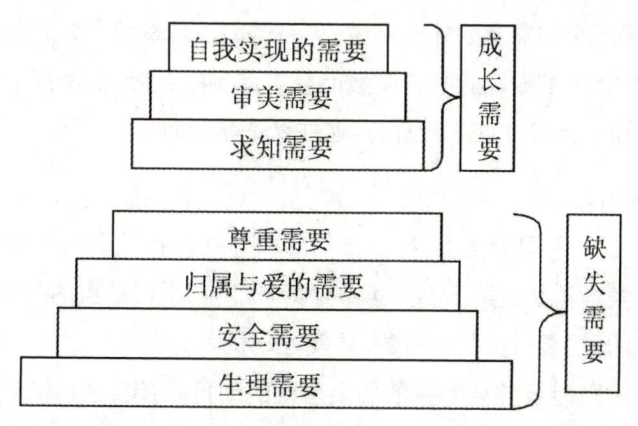

图2-6 马斯洛的需要层次理论

马斯洛对以上七种需要进行了进一步的区分:位于需要层次底部的四种需要被称为**缺失需要**,它们是个体生存所必需的。后三种需要是**成长需要**,它们虽不是我们生存所必需的,但对于我们适应社会来说却有很重要的积极意义。较低级的需要至少必须部分满足之后才会出现对较高级需要的追求。例如,在一个非常饥饿的孩子面前同时摆上一堆书和一堆食物,让其选择其一,孩子肯定先选食物,吃饱以后再去选书读。最占优势的需要将支配一个人的意识和行为,高级需要出现之后,低级需要仍然存在,但对行为的影响减弱了。与缺失需要相反,成长需要是永远得不到完全满足的需要,因为无论是求知,还是审美,都是永无止境的。

记忆有妙招

关于马斯洛提出的七个层次的需要,考生可结合以下口诀进行记忆:
李安蜀中求美食。李:生理需要。**安**:安全需要。**蜀**:归属与爱的需要。**中**:尊重需要。**求**:求知需要。**美**:审美需要。**食**:自我实现的需要。

真题面对面

[2016,单,2分]追求个人特有潜能的充分发挥和个人价值的实现的需要是(　　)
A. 安全需要　　　　　　　　　　　B. 尊重需要
C. 归属与爱的需要　　　　　　　　D. 自我实现的需要
答案:D

二、动机

动机是激发和维持有机体的行动,并使该行动朝向一定目标的心理倾向或内部驱力。它在需要的基础上产生,可以激起或抑制人行动的愿望和意图,是推动人行动的内在原因。

考点1　动机产生的条件

1. 内在条件是需要

动机是在需要的基础上产生的,与需要联系紧密,但它又不同于需要。只有当需要达到一定程度,才能成为推动或阻止某种活动的内部动力。

2. 外在条件是诱因

能够引起个体动机并满足个体需要的外在刺激,称为诱因。凡是使个体趋向或接受某种刺激而获得满足的,称为**正诱因**;凡是使个体逃离或躲避某种刺激而获得满足的,称为**负诱因**。例如,对饥饿的人来说,食物是正诱因,电击是负诱因。诱因可以是物质的,也可以是精神的。

考点2　动机的种类

人的动机复杂多样,可以从不同的角度、标准进行分类。在此仅从动机起源的角度对生理性动机和社会性动机加以阐述,其他分类具体参见第三部分第四章第一节中"学习动机的分类"。

生理性动机是与人的生理需要有关的初级的、原发性动机。

社会性动机是与人的心理、社会需要有关的后天习得的动机。社会性动机包括两个层次:(1)比较原始的三种驱动力,即好奇心、探索与操作;(2)人类特有的成就动机和社会交往动机,如被社会承认、尊重、赞许、群体感、友谊感、归属感等。

考点3　动机的功能

1. 激活功能
动机是个体能动性的一个主要方面,它具有发动行为的作用,能推动个体产生某种活动,使个体由静止状态转向活动状态。

2. 指向功能
动机不仅能激发行为,而且能将行为指向一定的对象或目标。例如,在学习动机的支配下,学生的活动指向的是书本;而在娱乐动机的支配下,其活动则指向娱乐设施。

3. 维持和调节功能(强化功能)
动机具有维持功能,它表现为行为的坚持性。当动机激发个体的某种活动后,这种活动能否坚持下去,同样受动机的调节和支配。

> **小香课堂**
> 动机的激活功能和指向功能易混淆,考生应注意区分。(1)激活:行为从无到有;(2)指向:行为指向具体对象。

三、兴趣

考点1　兴趣的概念
兴趣是人对事物的一种认识倾向,伴随着积极的情绪体验,对个体活动,特别是对个体的认知活动有巨大的推动作用。兴趣具有定向和动力功能。

考点2　兴趣的种类

1. 直接兴趣和间接兴趣
兴趣可以分为直接兴趣和间接兴趣两种。**直接兴趣**是由认识事物本身的需要引起的,如对看电视、小说的兴趣;**间接兴趣**是由认识事物的目的和结果引起的,如科学家可能对繁杂的数据处理没有兴趣,只对研究结果有兴趣,这种兴趣就是间接兴趣。

2. 中心兴趣和广阔兴趣
从兴趣的广度来看,兴趣可以分为中心兴趣和广阔兴趣两种。**中心兴趣**是对某一方面的事物或活动有极浓厚而稳定的兴趣;**广阔兴趣**是对多方面的事物或活动表现出兴趣。中心兴趣和广阔兴趣是相互联系、相互促进的。

3. 个体兴趣和情境兴趣
兴趣还可以分为个体兴趣和情境兴趣。**个体兴趣**是指个体长期指向一定客体、活动和知识领域的一种相对稳定的兴趣。例如,美术是某人一生的爱好。情境兴趣是指由环境中的某一事物突然激发的兴趣,持续时间较短,是一种唤醒状态的兴趣。例如,某人最近突然对游泳感兴趣。

考点3　兴趣的品质
(1)兴趣的广度,是指兴趣的范围大小,即兴趣广泛与否;(2)兴趣的中心(兴趣的倾向性或兴趣的针对性),指对某个特定领域的事物形成更浓厚、更强烈的兴趣;(3)兴趣的稳定性,指对事物具有持续、稳定的兴趣;(4)兴趣的效能,指兴趣能积极推动人的活动,提高活动的效能,即兴趣对认知的推动作用。

考点4　学习兴趣的培养和激发
(1)通过各种活动发展学生的兴趣;(2)通过提高教学水平,引发学生兴趣;(3)引导学生将广泛兴趣与中心兴趣结合起来;(4)要根据学生的年龄特征来提高学生的学习兴趣;(5)要根据学生的知识基础培养学生的学习兴趣;(6)通过积极的评价使学生的兴趣得以强化;(7)充分利用原有兴趣的迁移。

✦★ 考点大默写 ★✦

1. 根据马斯洛的需要层次理论,人对食物、水分、空气、睡眠、性等的需要属于_____;_____是指每个人都有被他人或群体接纳、爱护、关注、鼓励及支持的需要;最高层次的需要被称为_____。
2. 根据马斯洛的需要层次理论,位于需要层次底部的、个体生存所必需的需要是_____。
3. _____是激发和维持有机体的行动,并使该行动朝向一定目标的心理倾向或内部驱力。
4. 根据动机的功能,在学习动机的支配下,学生的活动指向的是书本;而在娱乐动机的支配下,其活动则指向娱乐设施。这属于动机的_____。
5. _____是人对事物的一种认识倾向,伴随着积极的情绪体验,对个体活动,特别是对个体的认知活动有巨大的推动作用。

【参考答案】
1. 生理需要;归属与爱的需要(社交需要);自我实现的需要　2. 缺失需要　3. 动机　4. 指向功能
5. 兴趣

第二节　能　力

一、能力概述

考点1　能力、才能和天才

能力是直接影响人的活动效率,促使活动顺利完成的个性心理特征。它是人顺利完成某项活动的必要的心理条件和直接有效的可能性心理特征,但不是全部心理条件。从事某种活动必须以一定的能力为前提。能力是保证活动取得成功的基本条件,但不是唯一条件。

人的活动比较复杂,不是单独一种能力所能胜任的,常常需要几种相关能力配合在一起,才能保证活动顺利进行。几种相关的、结合在一起的能力统称才能。才能的高度发展是天才。

考点2　能力与知识、技能的关系

1. 能力与知识、技能的联系

(1)能力是掌握知识与技能的前提。能力的高低会影响到知识掌握的深浅、难易和技能水平的高低。从一个人掌握知识和技能的速度和质量上可以看出这个人的能力高低。

(2)能力是在掌握知识和技能的过程中形成和发展起来的,掌握系统的知识和技能有利于能力的增长和发挥。

(3)从一个人掌握知识、技能的速度与质量上,可以看出其能力的大小。

2. 能力与知识、技能的区别

(1)能力与知识、技能具有不同的概括水平。知识是对人类社会历史经验的概括和总结,技能是对一系列活动方式的概括,能力是人在从事某种活动时表现出来的多种心理品质的概括。

(2)在一个人身上,知识和技能的发展是无止境的,它随着学习进程的不断增多而不断丰富;而能力的发展则有一定的限度。

(3)知识、技能的掌握和能力的发展是不同步的。知识多了,能力并不一定就高。教师在教学中不仅要向学生传授知识,更要注重培养和发展学生的能力。

考点3 能力的分类

表2-16 能力的分类

分类依据	类别	概念	典例
能力适应活动范围的大小	一般能力	从事各种活动所必须具备的基本能力	观察力、记忆力、抽象概括能力等,其中抽象概括能力是一般能力的核心
	特殊能力	从事某项专业活动所必备的能力	音乐能力、绘画能力等
从事活动时创造性程度的高低	模仿能力	通过观察别人的行为和活动,以相同的方式做出反应的能力	观察学习
	创造能力	按照预先设定的目标,利用一切已有的信息,创造出新颖、独特、具有个人或社会价值的产品的能力	发明、创造
能力功能的不同	认知能力	人脑存储、加工和提取信息的能力	观察力、记忆力、想象力等
	操作能力	人们操纵自己的肢体去完成各项活动的能力	劳动能力、实验操作能力等
	社交能力	人们在社会交往活动中所表现出来的能力	沟通能力、解决纠纷能力等

注:还有一种分类把能力分为认知能力与元认知能力。

二、能力的结构(智力结构)【单选】 必背

目前大家一致认可的智力的定义是:智力是使人能顺利完成某种活动所必需的各种认知能力的有机结合,它包括观察力、记忆力、注意力、想象力和思维力等成分,并以思维力为核心。智力结构是指智力包含的因素以及各因素之间是怎样结合起来的。研究智力结构,有利于我们认清和把握能力的实质,合理设计能力测量工具,科学地拟订培养学生能力的具体措施。关于智力结构问题,心理学家提出了各自不同的理论观点。

考点1 斯皮尔曼的二因素论

英国心理学家斯皮尔曼首先提出了智力的二因素论。他认为,智力包括两种因素:一般因素(即G因素)和特殊因素(即S因素)。G因素代表一个人普遍而概括化的能力,参与所有的智力活动。一个人智力水平的高低取决于G因素的数量。S因素代表一个人的特殊能力,只在某些特殊方面(如绘画、唱歌等)表现出来。S因素参与不同的智力活动,但每种智力活动中主要有一种特定的S因素存在。人在从事任何一项智力活动时都需要有G因素和S因素的共同参与。一般智力测验所测量的只是普通能力(G因素)。

考点2 吉尔福特的智力三维结构论

美国心理学家吉尔福特提出了智力的三维结构论。他认为,智力是一个由不同方式对不同信息进行加工的各种能力的综合系统,是一个包括内容、操作和产品(成果)的三维结构。内容是指思维的对象,包括视觉、听觉、符号、语义和行为五种。操作是指智力活动的反应方式,包括认知、记忆、发散思维、辐合思维和评价五种。成果是指智力活动的产物,包括单元、类别、关系、系统、转换、寓意六种。每个维度中的任何一项,都可以与其他两个维度中的一项结合构成一种智力因素。因此,形成的智力因素总共有150(5×5×6)种,其中每一种智力因素都是一个特殊的能力。该理论中,操作代表智力的高低。个人针对引起思考的情境,在行为上表现出思考结果之前,所经过的内在操作历程,即代表个人的智力。操作中的发散思维和辐合思维两个概念已引起了心理学家们广泛的注意。

考点 3　卡特尔的智力形态论

美国心理学家卡特尔根据因素分析的结果,按心智能力功能上的差异,将人的智力分为流体智力和晶体智力两种不同的形态。

表2-17　流体智力与晶体智力

对比角度	流体智力	晶体智力
影响因素	以生理为基础,受先天遗传因素的影响较大	以学得的经验为基础,受后天经验的影响较大
主要表现	(1)主要表现为对新奇事物的快速辨认、记忆、理解等; (2)需要较少的专业知识,是个体通过遗传获得的在信息加工和问题解决过程中所表现出来的能力	主要表现为运用已有知识和技能去吸收新知识和解决新问题的能力
与年龄的关系	与年龄有密切的关系:一般人在20岁以后,流体智力的发展达到顶峰,30岁以后随着年龄的增长而降低	与年龄没有密切的关系:随着年龄的增长而升高
与教育文化的关系	受教育文化的影响较少,可用于文化公平测验	与教育、文化有关

真题面对面

[2020,单,2分]下列选项中,关于流体智力和晶体智力说法正确的是(　　)
A.流体智力与个体的天赋有关
B.晶体智力较少依赖文化和知识的内容
C.流体智力在人的一生中一直在发展
D.晶体智力是在信息加工和问题解决过程中表现出的能力
答案:A

考点 4　加德纳的多元智力理论

1.多元智力理论的主要内容

多元智力理论是由美国心理学家加德纳提出的。这一理论认为,智力是在某种文化环境的价值标准之下,个体用以解决问题与生产创造所需的能力。加德纳认为,人的智力结构中存在着七种相对独立的智力(后发展为九种),这几种智力在每个人身上的组合方式是多种多样的,每个人在不同领域的智力发展水平是不同步的。有人可能在某一两个方面是天才,而在其余方面却是蠢材;有人可能每种智力都很一般,但如果他所拥有的各种智力被巧妙地结合在一起,则可能在解决某些问题时会显得很出色。

加德纳

表2-18　加德纳的多元智力理论

智力维度	界定	典型人群
言语智力	说话、阅读、书写的能力。表现为个人能够顺利而高效地利用语言描述事件、表达思想并与人交流的能力,以及对声音、韵律、单词的意义和语言不同功用的敏感能力	作家、演说家
逻辑—数学智力	数学运算与逻辑思考的能力以及科学分析的能力	数学家
视觉—空间智力	认识环境、辨别方向的能力	画家、雕塑家、建筑师
音乐智力	对声音的辨识与韵律表达的能力	作曲家、乐师、乐评人、歌手

续表

智力维度	界定	典型人群
运动智力	支配肢体以完成精密作业的能力	出色的舞蹈家、运动员、外科医生
人际智力（社交智力）	与人交往并和睦相处的能力。人际智力高者善于处理人际关系，善于与人交往	推销员、教师、心理咨询医生、政治家
自知智力（内省智力）	认识自己并选择自己生活方向的能力	神学家、哲学家和心理学家
认识自然智力（自然观察智力）	认识自然，并对周围环境中的各种事物进行分类的能力	考古学家、收藏家、农夫及宝石鉴赏家
存在智力	陈述、思考有关生与死、身体与心理等问题的倾向性	可能存在于哲学家和宗教人士身上

记忆有妙招

关于加德纳提出的九种智力，考生可结合以下口诀进行记忆：

语数音体多社交，认识自然看空间，常常内省思存在。语：言语智力。**数**：逻辑—数学智力。**音**：音乐智力。**体**：运动智力。**社交**：社交智力。**认识自然**：认识自然智力。**空间**：视觉—空间智力。**内省**：内省智力。**存在**：存在智力。

真题面对面

[2018，单，2分]小强不善于结交朋友，语文、英语成绩一般，但擅长绘画。根据加德纳的多元智力理论，小强具备较高的（　　）

A. 视觉—空间智力　　　　　　　　B. 言语智力

C. 逻辑—数学智力　　　　　　　　D. 音乐智力

答案：A

2. 多元智力理论与新课程改革

加德纳的多元智力理论对传统的智力观念提出了新的诠释，也为我国新课程改革"建立促进学生全面发展的评价体系"提供了有力的理论依据与支持。所以加德纳的多元智力理论一经提出，就对我国当前教学改革产生了重大的影响：

（1）积极乐观的学生观。加德纳认为，每个学生的智力都有自己独特的表现形式，有自己的智力强项和学习风格。因此，我们应对所有的学生都抱有热切的成长希望，充分尊重每一个学生的智力特点，使教学真正成为愉快教学、成功教学，而不是把学生区分为三六九等。

（2）科学的智力观。根据多元智力理论，我们必须认识到学生智力的多样性、广泛性和差异性，把培养学生的多种能力放在同等重要的地位。

（3）因材施教的教学观。由于每个学生的智力都是多元的，其作用方式也是有差异的，因此，教师应该根据学生的智力特点进行教学，要善于针对不同智力特点的学生，尤其是要根据学生智力结构中的优势智力，采用多元化的教学模式和教学方式，使不同的学生都能得到最好的发展。

（4）多样化人才观和成才观。根据多元智力理论，每个学生都有自己的智力优势，只要这一优势智力得到了合理的发展，就有可能成为优秀人才，成才的道路也应该是多样化的。

考点5　斯腾伯格的三元智力理论

美国耶鲁大学的心理学家斯腾伯格提出了智力的三元理论。该理论包括智力成分亚理论、智力情境亚理论和智力经验亚理论。

智力成分亚理论认为,智力包括三种成分及相应的三种过程,即元成分、操作成分和知识获得成分。元成分是用于计划、控制和决策的高级执行过程,如确定问题的性质,选择解题步骤等;操作成分表现在任务的执行过程,是指接收刺激,将信息保持在短时记忆中,并进行比较,它负责执行元成分的决策;知识获得成分是指获取和保存新信息的过程,负责接收新刺激,做出判断与反应,以及对新信息的编码与存储。在智力成分中,元成分起着核心作用,它决定人们解决问题时所使用的策略。

智力情境亚理论认为,智力是指获得与情境拟合的心理活动。在日常生活中,智力表现为有目的地适应环境、塑造环境和选择新环境的能力,这些能力统称为情境智力。

智力经验亚理论认为,智力包括两种能力:一种是处理新任务和新环境时所要求的能力;另一种是信息加工过程自动化的能力。

三、影响能力(智力)形成与发展的因素

1. 遗传与营养

遗传素质是智力发展的基础和自然条件,也是其生物前提。有研究发现:遗传关系越密切,个体之间的智力越相似。但是,遗传只为智力发展提供了可能性,要使智力发展的可能性变成现实性,还需要社会、家庭与学校教育多方面的共同作用。胎儿及婴幼儿的营养状况也会影响智力的发展。

2. 早期经验

人的智力发展的速度是不均衡的。研究表明,早期阶段获得的经验越多,智力发展得就越迅速,不少人把学龄前期称为智力发展的一个关键期。美国学者布卢姆提出了一个重要假设,把5岁前视为智力发展最迅速的时期,如果17岁的智力水平为100%,那么从出生到4岁就获得了50%的智力,其余30%是4~7岁获得的,另外20%是8~17岁获得的。

3. 教育与教学

智力不是天生的,教育和教学对智力的发展起着主导作用。教育和教学不仅可以使儿童获得前人的知识经验,而且可以促进儿童心理能力的发展。

4. 社会实践

人的智力是人在认识和改造客观世界的实践中逐渐发展起来的。社会实践不仅是学习知识的重要途径,也是智力发展的重要基础。

5. 主观努力

环境和教育的作用,只能机械、被动地影响能力的发展。如果没有主观努力和个人的勤奋,要想获得事业的成功和能力的发展是根本不可能的。

四、学生能力的培养

(1)注重对学生早期能力的培养。要培养能力就要抓紧早期教育。如果没有早期教育,即使有最优的先天素质也无济于事。推孟和其他心理学家的研究都表明,早期能力的发展与儿童以后能力的发展和事业的成就有较大的关系。

(2)在教学中要加强学生知识与技能的学习与训练。①在教学中教师必须注重基础知识的教学。②要

注意开阔学生的视野,拓宽知识面。③在教学中重视对学生智力技能的训练,这对学生学习能力的提高也是必不可少的。

(3)在教学中要针对学生的能力差异因材施教。教师可以通过观察、测验等方法了解并掌握学生能力的差异,从而对学生采取不同的教育教学措施、方法,进行个别指导。

(4)在教学中要积极培养学生的元认知能力和创造能力。培养学生的元认知能力,主要就是教会学生如何去学习和如何正确评价自己的学习能力,使学生由被动学习变为主动学习。创造能力是一种综合的心理品质,与创造者的思维、情感、意志、个性特征乃至社会环境都有密切的关系。每个学生都有创造的潜能,学校的教育教学应为学生营造良好的创造性学习的环境,使其创造性潜能得以发挥。

(5)社会实践活动是培养学生能力的基本途径。只有参与实践活动才能发展能力,它是能力的表现方式。教师组织和引导学生参与各种活动,像文艺、体育、社团、科学考察、发现发明等,都能使学生在读书、听讲之余,实际运用书本知识,亲身体验有关理论,并在成功和失败中积累经验,从而发展成为知而多能的人。

(6)要注意培养学生的非智力因素。在实际教学中,培养非智力因素可按三个阶段进行:①用个别教育的方法,分别培养每个学生的兴趣、意志、情感等。②采用整体教育的方法,使整个班级甚至全校都形成良好的学习风气,让学生在其中受到熏陶,逐步培养自己良好的个性品质。教师在此阶段要为学生树立身边的、好的学习榜样,使学生从榜样身上汲取力量。③教师要采取个别化教育的方法,有针对性地、逐个纠正学生自身的一些不良习惯,使之在原有的水平上得到不同程度的提高和进步。总之,对学生非智力因素的培养,其目的就是调动学生学习的积极性。具体来讲,就是使学生形成正确的学习需要,激发他们的学习兴趣和热情,培养他们坚强的学习意志和良好的学习习惯,形成良好的性格特征。

记忆有妙招

关于学生能力的培养措施,考生可结合以下口诀进行记忆:
早期能力要注重;后期教育要加强;三教学,一实践,非智力因素要注意。

★ 考点大默写 ★

1. 根据能力适应活动范围的大小,能力可分为_____和_____。从事各种活动所必须具备的基本能力是_____。

2. 智力包括观察力、记忆力、注意力、想象力和思维力等成分,它以_____为核心。

3. 根据卡特尔的智力形态论,以生理为基础,受先天遗传因素的影响较大的智力是_____;以学得的经验为基础,受后天经验的影响较大的智力是_____。

4. 根据加德纳的多元智力理论,作家、演说家的_____较强;认识环境、辨别方向的能力称为_____;与人交往并和睦相处的能力称为_____。

5. 影响能力形成与发展的因素中,_____是智力发展的基础和自然条件,也是其生物前提。

【参考答案】
1. 一般能力;特殊能力;一般能力 2. 思维力 3. 流体智力;晶体智力 4. 言语智力;视觉—空间智力;人际智力(社交智力) 5. 遗传素质

第二部分 心理学 253

第三节 气质与性格

一、气质

考点1 气质及其类型 【单选】

1. 气质的概念

气质是依赖于人的生理素质或身体特点的人格特征。气质是表现在心理活动的强度、速度、灵活性与指向性等方面的一种稳定的心理特征,即我们平时说的脾气、禀性。现代心理学一般认为,气质是不以活动目的和内容为转移的典型的、稳定的心理活动的动力特点。

2. 气质的类型

气质类型是指在一类人身上共有或相似的心理活动特征的有规律的结合。

(1)气质的体液说

古希腊著名医生**希波克拉底**提出,人体内有四种性质不同的体液:血液、黄胆汁、黑胆汁和黏液。这四种体液的配合比率不同,形成了不同类型的人。后来,罗马医生盖伦进一步确定了气质类型,提出了人的四种气质类型:胆汁质、多血质、黏液质、抑郁质。

表2-19　气质的类型及其特征

气质类型	特征	代表人物
胆汁质	精力旺盛、粗枝大叶、表里如一、刚强、易感情用事	张飞、李逵
多血质	反应迅速、有朝气、活泼好动、动作敏捷、情绪不稳定	王熙凤
黏液质	稳重,但灵活性不足;踏实,但有些死板;沉着冷静,但缺乏生气	沙僧、林冲
抑郁质	敏锐、稳重、体验深刻、外表温柔、怯懦、孤独、行动缓慢	林黛玉

(2)气质的神经活动类型说

巴甫洛夫在研究高等动物的条件反射时发现,动物高级神经系统活动的兴奋和抑制有强度、平衡性、灵活性三种特性。**神经活动的强度**,是大脑皮层神经细胞工作能力和耐力的标志,强的神经系统能够承受强烈而持久的刺激。**平衡性**是兴奋过程和抑制过程的相对力量,二者力量大体相同是平衡,否则是不平衡。**灵活性**是兴奋过程和抑制过程相互转换的速度,能迅速转化是灵活的,不能迅速转化则是不灵活的。根据这三种特性的结合,巴甫洛夫将动物的高级神经活动分为四种类型:强、不平衡(不可遏制型);强、平衡、灵活(活泼型);强、平衡、不灵活(安静型);弱(弱型)。

四种不同类型动物的活动特点是:强而不平衡型的动物易激动,不易约束;强而平衡且灵活型的动物容易兴奋,较灵活;强而平衡且不灵活型的动物难于兴奋,迟钝而不灵活;弱型的动物难以形成条件反射,容易疲劳。

表2-20　高级神经活动类型与气质类型对照表

高级神经活动类型	高级神经活动过程	气质类型
不可遏制型(兴奋型)	强、不平衡	胆汁质
活泼型(灵活型)	强、平衡、灵活	多血质

续表

高级神经活动类型	高级神经活动过程	气质类型
安静型(不灵活型)	强、平衡、不灵活	黏液质
弱型(抑制型)	弱	抑郁质

巴甫洛夫用高级神经活动类型学说解释气质的生理基础，但是从现在生理学的发展来看，这四种气质类型的生理根据是不科学的。

考点2 气质与教育

在教育教学中，根据学生的不同气质类型，可以从以下几方面做好教育工作：

1. 对待学生应克服气质偏见

气质仅使人的行为带有某种动力特征，无所谓好坏；同时，每一种气质类型都有其积极的方面，也都有其消极的方面，无法比较好坏。

2. 针对学生的气质差异因材施教

针对学生的气质差异，在教育过程中，教师应深入了解学生的气质特点，针对不同气质类型的学生进行因材施教，促进其顺利发展。

(1)对胆汁质的学生，教师应采取直截了当的方式，但这些学生不宜轻易激怒，对其严厉批评要有说服力，培养其自制力、坚持到底的精神和豪放、勇于进取的个性品质。

(2)对多血质的学生，可以采取多种教育方式，但要定期提醒，对其缺点严厉批评。教师应鼓励他们勇于克服困难，培养扎实专一的精神，防止其见异思迁；创造条件，多给他们活动的机会，培养他们朝气蓬勃，足智多谋的优点。

(3)对黏液质的学生，教师要采取耐心教育的方式，让他们有考虑和做出反应的足够时间，培养其生气勃勃的精神，热情开朗的个性和以诚待人、工作踏实、顽强的优点。

(4)对抑郁质的学生，则应采取委婉暗示的方式，对其多关心、爱护，不宜在公开场合下指责，不宜过于严厉地批评。教师应培养他们亲切、友好、善于交往、富有自信的精神，培养其敏感、机智、认真、细致、高自尊的优点。

3. 帮助学生进行气质的自我分析、自我教育，培养良好的气质品质

随着学生年龄的增长，他们对自身气质特征的认识能力和控制能力将大大提高。因此，教师应帮助学生对自己的气质特点进行分析，让他们主动用自己坚强的意志力去克服气质的消极面，或以气质的积极面去掩盖其消极面。

4. 特别重视胆汁质和抑郁质学生

胆汁质和抑郁质的学生由于兴奋性太强或太弱而容易影响其心理健康。因此，在教育中，对这两种极端类型的学生应该给予特别的照顾，采取一些特殊的措施，尽量避免强烈的刺激和大起大落的情绪变化。

5. 组建学生干部队伍时，应考虑学生的气质类型

在任命班干部时应考虑学生的气质类型，使班干部的气质类型与每种职务的工作要求相符合，充分发挥学生干部的潜力和优势。

二、性格

考点1　性格及其结构

1. 性格的概念

性格是指人的较稳定的态度与习惯化了的行为方式相结合而形成的人格特征。它是一种与社会相关最密切的人格特征。

2. 理解性格的概念

(1)性格是人对现实的态度和行为方式概括化与定型化的结果。

(2)性格是指一个人独特的、稳定的个性心理。性格的稳定性不是绝对的,性格有可塑的一面,除了重大事件的影响外,性格的改变一般都要经过较长时间的环境影响和主体实践。

(3)性格是个性特征中最具核心意义的心理特征。

3. 性格的结构

性格的态度特征。它是指个体对自己、他人、集体、社会以及对工作、劳动、学习的态度特征。例如,谦虚或自负、利他或利己、粗心或细心、创造或墨守成规等。性格的态度特征在性格结构中具有核心意义。

性格的意志特征。它是指个体自觉地确定目标,调节支配行为,从而达到目标的性格特征。例如,顽强拼搏、当机立断。

性格的情绪特征。它是指个体稳定而独特的情绪活动方式。例如,情绪活动的强度、稳定性、持久性和主导心境等方面的特征。

性格的理智特征。它是指个体在感知、记忆、想象、思维等认知过程中表现出来的认知特点和风格。例如,主动感知或被动感知,习惯于看到细节还是看到轮廓等。

考点2　性格与气质的关系　【单选】

1. 联系

(1)性格与气质都属于稳定的人格特征。

(2)性格与气质相互渗透,彼此制约,二者相互影响。这表现在:①气质影响到一个人对事物的态度和行为方式,因而使性格带上某种气质的色彩和具有某种特殊的形式;②气质影响性格形成和发展的速度;③性格可以掩蔽和改造气质,指导气质的发展,使它服从于生活实践的要求。

2. 区别

(1)气质受生理影响大,性格受社会影响大。气质是由人的神经系统的某些生物学特点,特别是脑的特点决定的。性格是人对现实的态度和他的行为方式所表现出来的个性心理特征。在不同的社会生活条件下,人们的性格有明显的区别。

(2)气质的稳定性强,性格的可塑性强。由于气质较多地受生物因素的制约,因此,气质变化较难、较慢。性格是后天形成的,由生活实践决定,它虽然也具有一定的稳定性,但在社会生活条件的影响下,比气质的变化要快得多,它的可塑性更强。

(3)气质特征表现较早,性格特征表现较晚。人的气质差异是先天形成的,受神经系统活动过程的特性所制约,因此,气质形成得早,表现在先。性格是后天形成的,受社会影响大,因此,性格特征出现的比较晚。

(4)气质无所谓好坏,性格有优劣之分。气质是人的天性,无好坏之分。气质不能决定人的社会价值与成就的高低,也不直接具有社会道德评价含义,但气质对人在不同性质的活动中的适应性,甚至活动的效率却有一定的影响。也就是说,气质特征是职业选择的依据之一。气质与职业活动的关系表现在两个方面:①要使个人的气质特征适应于职业活动的客观要求;②在选拔人才和安排工作时应考虑个人的气质特点。

性格表现了一个人的品德,受人的世界观、人生观、价值观的影响,具有道德评价含义。性格是在后天社会环境中逐渐形成的,有好坏、优劣之分,能最直接地反映出一个人的道德风貌。

> **真题面对面**
>
> [2018,单,2分]下列选项中有关气质与性格关系的描述,错误的是(　　)
> A. 气质是先天的,性格是后天的　　　B. 气质无好坏之分,性格有好坏之分
> C. 气质表现得早,性格表现得晚　　　D. 气质可塑性大,性格可塑性小
> 答案:D

考点3　影响性格形成与发展的因素

1. 家庭

在家庭环境中,亲子关系、家庭气氛、父母的教养方式、家庭结构以及孩子的出生顺序、儿童在家庭中扮演的角色和所处的地位等都对儿童的性格发展有着重要的影响。

2. 学校教育

学校通过各种有组织的活动使儿童和教师、同学发生相互作用,从而促进儿童的性格发展。良好的班风能促使学生形成积极性、主动性、独立性和自觉纪律性的优良性格特征;共青团与少先队活动的生动性、趣味性与灵活性,则容易使学生形成好奇、探究、活泼、开朗的性格;另外,教师的不同管教方式对儿童的性格发展具有显著的影响作用。

3. 同伴群体

具体参见第三部分第二章第三节中的"影响人格形成与发展的因素"中"同伴群体"的内容。

4. 社会实践

学生接触社会的各种工作岗位后,各职业的要求对性格发展也有重要作用。他们必须进行与其职业相应的活动,扮演相应的社会角色,体验自身性格特征与职业的相宜性,从而影响性格的自我教育。

5. 自我教育

许多研究结果都表明,良好性格的形成,是将接受与领会的外部要求逐渐转变为对自己内部要求的过程。理解与接受了外部的社会要求,并不是立刻就能调节自身的行为。如果外部的要求与个人的世界观、需要与动机相冲突,不符合原来形成的比较稳定的态度,那么,就难以理解外部社会的要求,自然也就不能形成这方面的性格。

6. 社会文化因素

文化背景、社会制度、社会传媒和经济地位等都对儿童的性格产生深刻的影响。

考点4　学生优良性格的培养

(1)加强人生观、世界观和价值观的教育;(2)及时强化学生的积极行为;(3)充分利用榜样人物的示范作用;(4)利用集体的教育力量;(5)提供实际锻炼的机会;(6)及时进行个别指导;(7)提高学生的自我教育能力。

记忆有妙招

关于学生优良性格的培养措施,考生可结合以下口诀进行记忆:

强三观,强良行,利用榜样和集体,自我教育要提高,个别指导要及时,实际锻炼少不了。 三观:人生观、世界观和价值观。强良行:强化学生的积极行为。

★ 考点大默写 ★

1. 根据气质的体液说,精力旺盛、粗枝大叶的气质类型是_____;活泼好动、动作敏捷、情绪不稳定的气质类型是_____;林黛玉的气质类型是_____。
2. 根据气质的神经活动类型说,_____的高级神经活动过程是强、不平衡。
3. _____是指人的较稳定的态度与习惯化了的行为方式相结合而形成的人格特征。
4. 对比性格与气质的关系,_____受生理影响大,_____受社会影响大;_____无所谓好坏。

【参考答案】
1. 胆汁质;多血质;抑郁质 2. 不可遏制型(兴奋型) 3. 性格 4. 气质;性格;气质

即时反思与复盘总结

我于_____年____月____日完成了对本章的学习。

复盘一下,我对自己较肯定的地方是_____

(足够努力/心态积极/方法得当……)

我觉得自己需要改进的地方是_____

(懒惰懈怠/心情浮躁/方法不当……)

休息片刻,开启下一站征程!

第三部分

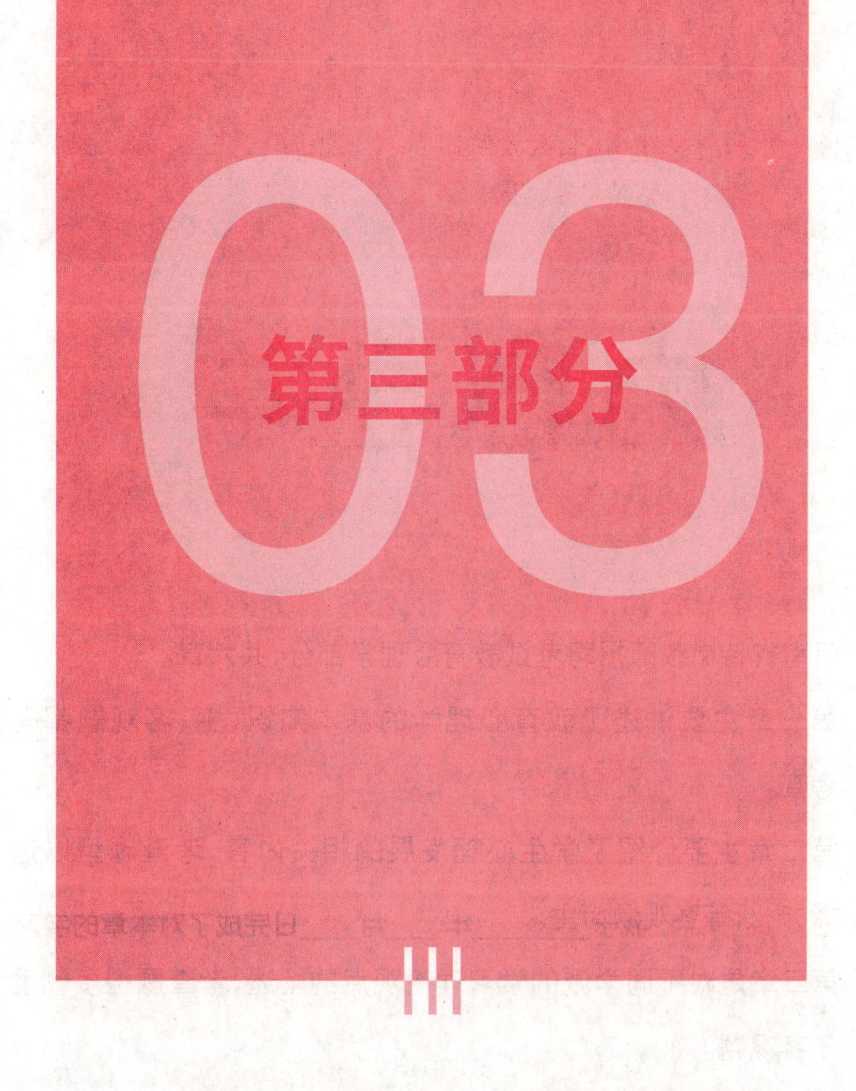

教育心理学

内容导学

- 河南省特岗教师招聘考试教育心理学部分,共六章。

- 第一章主要讲述了教育心理学的基本知识,主、客观题都有考查。

- 第二章主要介绍了学生心理发展的相关内容,考查题型以选择、判断等客观题为主。

- 第三章是对不同学派的学习理论观点的阐述,考查题型多侧重于客观题。

- 第四章是对学习心理的阐述,考查题型以客观题为主,也会考查论述、案例分析等主观题。

- 第五章至第六章主要讲述了教学心理、心理健康与教师职业心理的内容,考查题型以选择、判断等客观题为主,也会考查论述、案例分析等主观题。

- 考生要重点掌握第二章至第四章的内容,并结合历年真题和每章的栏目有重点地复习。对于以客观题为主要考查形式的知识点,应注重识记与理解;对于以主观题为主要考查形式的知识点,不仅要做到识记和理解,更要能灵活运用。

第一章 教育心理学概述

思维导图

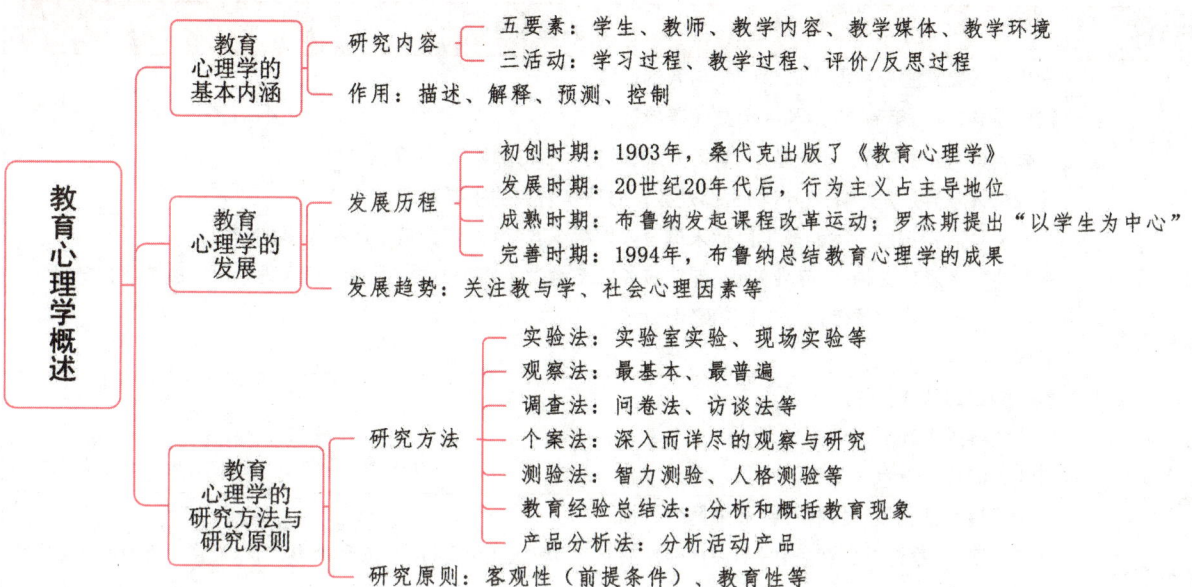

- 教育心理学概述
  - 教育心理学的基本内涵
    - 研究内容
      - 五要素：学生、教师、教学内容、教学媒体、教学环境
      - 三活动：学习过程、教学过程、评价/反思过程
    - 作用：描述、解释、预测、控制
  - 教育心理学的发展
    - 发展历程
      - 初创时期：1903年，桑代克出版了《教育心理学》
      - 发展时期：20世纪20年代后，行为主义占主导地位
      - 成熟时期：布鲁纳发起课程改革运动；罗杰斯提出"以学生为中心"
      - 完善时期：1994年，布鲁纳总结教育心理学的成果
    - 发展趋势：关注教与学、社会心理因素等
  - 教育心理学的研究方法与研究原则
    - 研究方法
      - 实验法：实验室实验、现场实验等
      - 观察法：最基本、最普遍
      - 调查法：问卷法、访谈法等
      - 个案法：深入而详尽的观察与研究
      - 测验法：智力测验、人格测验等
      - 教育经验总结法：分析和概括教育现象
      - 产品分析法：分析活动产品
    - 研究原则：客观性（前提条件）、教育性等

河南特岗考向

本章属于教育心理学的基础章节，考查频次较低，内容较为烦琐，需要考生识记的知识较多。在考试中常以选择题等客观题的形式考查，也会以论述题等主观题形式考查。现对2014~2023年本章河南特岗考向分析如下：

名称	考频	题型	能力层级
教育心理学的作用	1	论述	掌握
教育心理学的研究方法	1	单选	识记

核心考点

第一节 教育心理学的基本内涵

一、教育心理学的概念及研究对象

教育心理学是研究教育教学情境中学与教的基本心理规律的科学。它拥有自身独特的研究课题，即如何学、如何教以及学与教之间的相互作用。教育心理学是应用心理学的一种，同时又是教育学和心理学的交叉学科。教育心理学的研究对象是学校教育、教学情境中人（主体）的心理。

第三部分　教育心理学　261

二、教育心理学的研究内容

教育心理学的具体研究范畴是围绕学与教相互作用的过程展开的。学与教相互作用的过程是一个系统过程,该系统包含学生、教师、教学内容、教学媒体和教学环境五种要素,由学习过程、教学过程和评价/反思过程这三种活动过程交织在一起组成。

(1)学习与教学的要素

表3-1 学习与教学的要素

五要素	相关内容
学生	学生这一要素主要从两方面影响学与教的过程: 群体差异,包括年龄、性别和社会文化差异等; 个体差异,包括先前的知识基础、学习方式、智力水平、兴趣和需要等差异; 无论群体差异还是个体差异,学生都是教育心理学研究的主要对象
教师	学校教育需要按照特定的教学目标来最有效地组织教学,教师在其中起着关键的作用; 教师主要涉及敬业精神、专业知识、专业技能以及教学风格等方面,也是教育心理学研究的内容之一
教学内容	学与教的过程中有意传递的主要信息部分; 教学中的客体
教学媒体	教学内容的载体; 教学内容的表现形式; 师生之间传递信息的工具
教学环境	教学环境包括物质环境和社会环境两个方面: 物质环境,包括课堂自然条件(如温度和照明)、教学设施(如桌椅、黑板和投影仪)以及空间布置(如座位的排列)等; 社会环境,包括课堂纪律、课堂气氛、师生关系、同学关系、校风以及社会文化背景等

(2)学习与教学的过程

表3-2 学习与教学的过程

三过程	内涵
学习过程	学生在教学情境中通过与教师、同学以及教学信息的相互作用获得知识、技能和态度的过程; 学习过程是教育心理学研究的核心内容,如学习的实质、条件、动机、迁移以及不同种类学习的特点等
教学过程	教师把知识技能以有效的方法传授给学生并引导学生建构自己的知识的过程; 学习过程侧重于学生的学,而教学过程则侧重于教师的教。要知道教师该如何教,首先就要理解学生该怎样学。因此,学习心理是教育心理学的核心
评价/反思过程	包括教学前对教学设计效果的预测和评判,教学过程中对教学的监视和分析以及教学后效果的检验和反思; 始终贯穿在整个教学过程当中

三、教育心理学的作用 【论述】

教育心理学对教育实践具有描述、解释、预测和控制的作用。在实际应用中,这些作用往往相互交织在一起。下面所列举的只反映了这些作用在实际应用中的几个方面。

(1)帮助教师准确地了解问题

教育心理学研究的一个最基本的任务是对学与教过程中的心理现象在质和量上进行描述和测量并揭示其存在的内在联系和规律,即解决"是什么"和"为什么"的问题。例如,在研究学生的成就动机时,就要确定成就动机具有哪些质的和量的特点。另外,学生的情况是千差万别的,一旦出现了学习困难,教育心理学可提供多种方法帮助教师了解原因。教育心理学有助于教师对教育现象形成新的科学认识,尤其是对传统的、常规的教学方法、教学行为的分析和研究提出更为科学的观点。

(2)为实际教学提供科学的理论指导

教育心理学为实际教学提供了一般性的原则或技术,教师可结合实际的教学内容、教学对象、教学材料、教学环境等,将这些原则转变为具体的教学程序或活动。

(3)帮助教师预测并干预学生

利用教育心理学原理,教师不仅可以正确分析、了解学生,而且可以预测学生将要发生的行为或发展的方向,并采取相应的干预或预防措施,达到预期的效果。也就是解决"怎么做"的问题。心理学家们往往根据教育心理学的理论和规律以及学生现在或过去的行为,来预测他将做什么。比如,一个心理学家如果知道一个学生的一般智力、学习策略和学习动机,就能更准确地预测这个学生在学校里的学业成绩。行为预测必然伴随着行为的干预。例如:根据学生的智力发展水平,为智力超常或有特殊才能的儿童提供更为充实、更有利于其潜能充分发展的环境和教学内容;为智力落后或学习困难的学生提供额外的帮助或行之有效的具体的矫正措施,使其达到最大限度的发展。

(4)帮助教师结合实际教学进行研究

教育心理学不仅为实际教育活动提供一般性的理论指导,也为教师参与教学研究提供了可参照的丰富的例证。有效的教学需要教师因人、因事、因时、因地灵活地进行,因为学生、班级、学校以及相应的社会环境各有不同,教学内容、教学时段、教学方法等也各有不同,普遍适用的教学模式是不存在的,需要教师结合教学实际,创造性地、灵活地将教育心理学的基本规律应用于教学之中,否则,生搬硬套某些原理不仅无助于教学效率的提高,甚至适得其反。教育心理学并非给教师提供解决一切特定的问题的具体模式,相反它给教师提供进行科学研究的思路和方法,使教师不仅能够理解、应用某些基本的原理和方法,而且还可以结合自己的教学实际进行创造性的研究,去验证这些原理并解决特定的问题。

真题面对面

[2017,论述,15分]请结合实际论述教育心理学对教师在教育实践中的作用。

答案:详见内文

★ 考点大默写 ★

1. 学与教的相互作用过程是一个系统过程,该系统包含_____、_____、教学内容、教学媒体和_____五种要素。

2. 学与教的相互作用过程由学习过程、_____和评价/反思过程这三种活动过程交织在一起组成。

3. 从学习与教学的要素来看,温度和照明、桌椅、黑板和投影机等属于教学环境中的_____。

4. 在学习与教学的过程中,学习过程侧重于_____,而教学过程则侧重于_____。要知道教师该如何教,首先就要理解学生该怎样学。因此,_____是教育心理学的核心。

5. 教育心理学对教育实践具有_____、解释、_____和_____的作用。

第三部分　教育心理学　263

【参考答案】

1.学生;教师;教学环境 2.教学过程 3.物质环境 4.学生的学;教师的教;学习心理 5.描述;预测;控制

第二节 教育心理学的发展

一、教育心理学的发展历程

教育心理学的发展史,就是心理学与教育学相结合并逐步形成一门独立的心理学分支的历史,大致经历了以下四个时期:

表3-3 教育心理学的发展阶段

发展阶段	主要人物及成就
初创时期 (20世纪20年代以前)	瑞士教育家**裴斯泰洛齐**第一次提出"教育教学的心理学化"的思想; 德国教育家与心理学家**赫尔巴特**首次提出把教学理论的研究建立在心理学这个科学基础之上; 1868年俄国教育家乌申斯基出版了《人是教育的对象》一书,对当时的心理学发展成果进行了总结,他因此被誉为"**俄罗斯教育心理学的奠基人**"; 1877年,俄国教育学和心理学家卡普捷列夫发表了《教育心理学》一书,这是最早正式以"教育心理学"命名的著作; 1903年,美国心理学家**桑代克**出版了《教育心理学》,这是西方第一本以"教育心理学"命名的著作。1913~1914年,该书又扩充为三卷本的《教育心理大纲》,奠定了教育心理学发展的基础,西方教育心理学的名称和体系由此确立,桑代克也因此被称为"**教育心理学之父**"
发展时期 (20世纪20年代至50年代末)	20世纪20年代后,行为主义占主导地位,强调心理学的客观性,重视实验研究。这一时期形成了许多派别
成熟时期 (20世纪60年代至70年代末)	**布鲁纳**发起的课程改革运动促使美国教育心理学转向对教育过程、学生心理、教材、教法和教学手段改进的探讨; 罗杰斯提出"以学生为中心"的主张
完善时期 (20世纪80年代以后)	1994年,美国心理学家布鲁纳总结了教育心理学20世纪80年代以来的成果:主动性研究;反思性研究;合作性研究;社会文化研究

知识再拔高

我国教育心理学的发展

我国出版的第一本教育心理学著作是1908年房东岳翻译的日本小原又一著作的《教育实用心理学》。1924年,**廖世承**编写了我国第一本《教育心理学》教科书。建国前,我国主要是翻译西方的著作,介绍西方有关的学说和研究方法,没有自己完整的理论体系。到50年代,我国的教育心理学家开始学习和介绍苏联的教育心理学理论和研究成果,开展了一些有关教学改革和儿童入学年龄的实验研究,这些都对我国教育心理学和教育事业的发展起了一定作用。

记忆有妙招

关于教育心理学初创时期的主要人物及成就,考生可结合以下口诀进行记忆:

裴赫首提出,乌申俄奠基;西方第一桑代克,世界第一卡普捷。裴:裴斯泰洛齐。**赫**:赫尔巴特。**乌申**:乌申斯基。**俄**:俄国。**卡普捷**:卡普捷列夫。

二、教育心理学的发展趋势

教育心理学经过百年的发展,目前正处于快速发展时期,除学习心理等传统领域受到重视外,还呈现出如下新的发展趋势。

(1)关注教与学两方面的心理问题,教学心理学兴起。教育心理学不再单纯关注学习的实质问题,而是关注学生如何学、教师如何教的问题,关注学生学习中的认知过程,关注教师如何促进这些认知过程的发展。对教学问题的关注,最直接的成果就是促成了教育心理学的发展,从1969年加涅等人提出教学心理学概念以来,教学心理学发展至今已成为教育心理学的一个重要分支和最具活力的研究领域。

(2)关注影响教学的社会心理因素。

(3)注重实际教学中各种策略和元认知的研究。教育心理学研究从实验室转向教学实际,更加关注教与学的有效性,尤其是学生学习中的各种策略与元认知问题已成为教育心理学研究的另一个热点与方向。

(4)年龄特点、个别差异、测量以及个别化教学研究继续受到重视。

★★ 考点大默写 ★★

1. 俄国教育家_____出版了《人是教育的对象》一书,被誉为"俄罗斯教育心理学的奠基人"。

2. 美国心理学家_____出版的_____是西方第一本以"教育心理学"命名的著作。

3. 在教育心理学的发展史中,20世纪20年代后,_____占主导地位,强调心理学的客观性,重视实验研究。

4. 在教育心理学的成熟时期,_____发起的课程改革运动促使美国教育心理学转向对教育过程、学生心理、教材、教法和教学手段改进的探讨。

5. 1924年,_____编写了我国第一本《教育心理学》教科书。

【参考答案】

1.乌申斯基　2.桑代克;《教育心理学》　3.行为主义　4.布鲁纳　5.廖世承

第三部分　教育心理学　265

第三节 教育心理学的研究方法与研究原则

一、教育心理学的研究方法 【单选】

考点1 实验法

实验法是指根据研究目的,改变或控制某些条件,以引起被试某种心理活动的变化,从而揭示特定条件与这种心理活动之间关系的方法。它主要包括实验室实验和现场实验。

实验室实验是在实验室内借助各种专门仪器设备进行教育心理实验的方法。

现场实验,也叫自然实验,是在自然情境下,由实验者创设或改变一些条件,以引起学生某些心理活动的变化从而进行研究的方法。从现场实验的基本设计形式来看,可分为单组实验设计、等组实验设计和循环实验设计。现场实验的不足之处在于实验情境不易控制,因而难以得到精密的实验结果。

考点2 观察法

观察法是指在教育过程中,研究者通过感官或借助于一定的科学仪器,有目的、有计划地考察和描述个体某种心理活动的表现或行为变化,从而收集相关的研究资料的方法。观察法是教育心理学研究中采用的最基本、最普遍的方法。

观察法的主要优点是保持了人的心理活动的自然性和客观性,获得的资料比较真实。不足之处就是观察法得到的结果有时可能只是一种表面现象,不能据此很好地确定心理活动产生和变化的原因。但它仍是掌握原始资料的必要方法,通过观察发现问题,可以为进一步的研究开路,因此有人把观察法比喻为"科学研究的前门"。

考点3 调查法

调查法是通过各种途径间接了解被试心理活动的一种研究方法。调查法总体上易于进行,但在调查的过程中往往会因为被调查者记忆不够准确等原因使调查结果的可靠性受到影响。在教育心理学研究中,常用的调查方法有问卷法、访谈法等。问卷法是采用书面问答的方式,要求被试回答研究者提出的问题,以获得被试心理和行为表现资料的方法;访谈法是通过与研究对象或与研究对象有关的人进行口头交谈的方式来收集研究资料的一种方法。

考点4 个案法

个案法要求对某个人进行深入而详尽的观察与研究,收集相关资料,分析其心理特征,以便发现影响其某种行为和心理的原因。收集的个案资料通常包括个人的背景资料、生活史、家庭关系、生活环境、人际关系以及心理特征等。个案法能够加深对特定个体的了解,但所收集的资料往往缺乏可靠性。

考点5 测验法

测验法即心理测验法,是运用测量工具衡量心理和行为特征的方法。心理测验是个体行为量化的工具之一,它们是经过一系列严格的选择和加工的科学程序即标准化过程编制而成的。心理测验主要有智力测验、成就测验、人格测验等多种。由于测验法是个体行为量化研究的工具,因此,这种方法的应用日益扩大。心理测验法的主要优点是能对心理进行定量化的分析,可以同时分析多个变量之间的相关程度;缺点是难以从中推出因果性的结论。

考点 6　教育经验总结法

教育经验总结法是教育心理学一个重要的研究方法,它是依据教育实践所提供的事实,按照科学研究的程序,分析和概括教育现象,揭示其内在联系和规律,使之上升为教育理论的一种教育科研方法。

考点 7　产品分析法

产品分析法也是教育心理学的研究方法之一,又称活动产品分析或作品分析法,是指通过分析学生的活动产品,以了解学生的能力、倾向、技能熟练程度、情感状态和知识范围。

> **真题面对面**
> [2014,单,2分]采用问卷、访谈等方式搜集有关资料,进行分析研究的科研方法是（　　）
> A.调查法　　　　　B.行动研究法　　　　　C.观察法　　　　　D.实验法
> 答案:A

二、教育心理学的研究原则

1. 客观性原则

客观性原则是指教育心理学研究要贯彻**实事求是**的精神,即根据教育心理现象的本来面貌来研究其本质、规律与机制,采取实事求是的态度。遵循客观性原则是进行科学研究的前提条件。

2. 教育性原则（道德性原则）

教育性原则是指在教育心理学的研究过程中,所采用的研究手段与方法应能促进被试心理的良性发展,这是所有关于人的心理学研究中都应遵从的一个基本伦理道德原则。

3. 发展性原则

发展性原则是指教育心理学研究要求研究者牢记被试的心理是不断发展变化的,应该采用动态、变化的指标进行衡量。它还要求研究者在发挥其主导作用的同时,充分考虑被试已有的知识经验和态度对其心理发展的影响。

4. 理论联系实际原则（实践性原则）

理论联系实际原则是由教育心理学的应用科学性质决定的。这一原则要求教育心理学的研究应从教育情境,尤其是主体的实际需要出发,解决教育教学中的实际心理问题。

5. 系统性原则

系统性原则要求在教育心理学的研究中,坚持以全面的、发展的和整体的观点去观察、分析和解决问题。

★★　考点大默写　★★

1. 教育心理学的研究方法中,_____是通过各种途径间接了解被试心理活动的一种研究方法。
_____是教育心理学研究中采用的最基本、最普遍的方法。

2. 教育心理学的研究方法中,实验法主要包括_____和_____。

3. 在教育心理学研究中,常用的调查方法有问卷法、访谈法等。采用书面问答的方式,要求被试回答研究者提出的问题,以获得被试心理和行为表现资料的方法是_____。

4. 教育心理学的研究方法中,_____要求对某个人进行深入而详尽的观察与研究,收集相关资料,分析其心理特征,以便发现影响其某种行为和心理的原因。

5. 在教育心理学的研究原则中,遵循_____是进行科学研究的前提条件。

【参考答案】

1. 调查法;观察法 2. 实验室实验;现场实验 3. 问卷法 4. 个案法 5. 客观性原则

即时反思与复盘总结

我于_____年____月____日完成了对本章的学习。

复盘一下,我对自己较肯定的地方是_____

(足够努力/心态积极/方法得当……)

我觉得自己需要改进的地方是_____

(懒惰懈怠/心情浮躁/方法不当……)

休息片刻,开启下一站征程!

第二章 心理发展及个别差异

思维导图

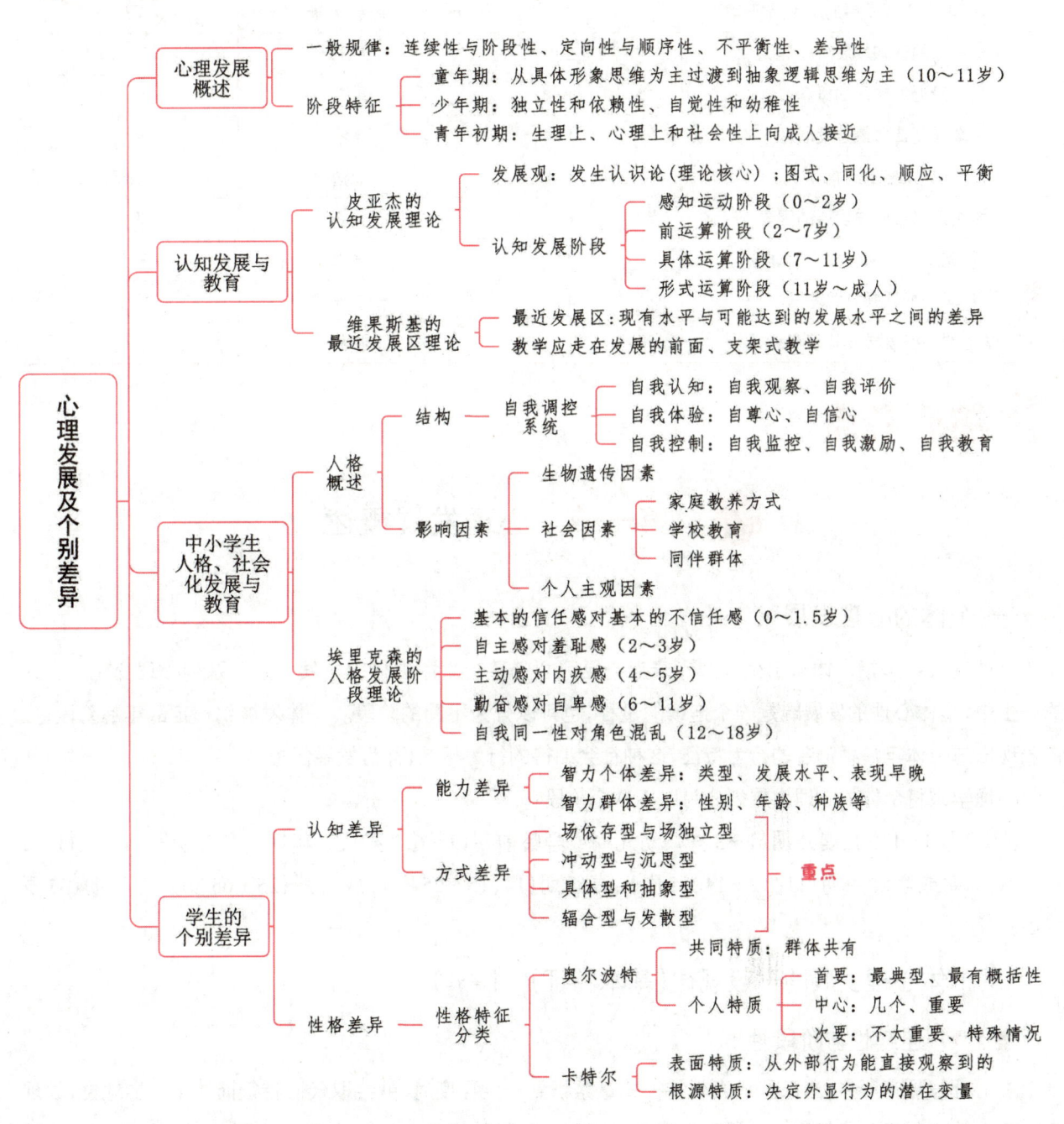

- 心理发展及个别差异
  - 心理发展概述
    - 一般规律：连续性与阶段性、定向性与顺序性、不平衡性、差异性
    - 阶段特征
      - 童年期：从具体形象思维为主过渡到抽象逻辑思维为主（10~11岁）
      - 少年期：独立性和依赖性、自觉性和幼稚性
      - 青年初期：生理上、心理上和社会性上向成人接近
  - 认知发展与教育
    - 皮亚杰的认知发展理论
      - 发展观：发生认识论(理论核心)；图式、同化、顺应、平衡
      - 认知发展阶段
        - 感知运动阶段（0~2岁）
        - 前运算阶段（2~7岁）
        - 具体运算阶段（7~11岁）
        - 形式运算阶段（11岁~成人）
    - 维果斯基的最近发展区理论
      - 最近发展区：现有水平与可能达到的发展水平之间的差异
      - 教学应走在发展的前面、支架式教学
  - 中小学生人格、社会化发展与教育
    - 人格概述
      - 结构——自我调控系统
        - 自我认知：自我观察、自我评价
        - 自我体验：自尊心、自信心
        - 自我控制：自我监控、自我激励、自我教育
      - 影响因素
        - 生物遗传因素
        - 社会因素
          - 家庭教养方式
          - 学校教育
          - 同伴群体
        - 个人主观因素
    - 埃里克森的人格发展阶段理论
      - 基本的信任感对基本的不信任感（0~1.5岁）
      - 自主感对羞耻感（2~3岁）
      - 主动感对内疚感（4~5岁）
      - 勤奋感对自卑感（6~11岁）
      - 自我同一性对角色混乱（12~18岁）
  - 学生的个别差异
    - 认知差异
      - 能力差异
        - 智力个体差异：类型、发展水平、表现早晚
        - 智力群体差异：性别、年龄、种族等
      - 方式差异 **重点**
        - 场依存型与场独立型
        - 冲动型与沉思型
        - 具体型和抽象型
        - 辐合型与发散型
    - 性格差异
      - 性格特征分类
        - 奥尔波特
          - 共同特质：群体共有
          - 个人特质
            - 首要：最典型、最有概括性
            - 中心：几个、重要
            - 次要：不太重要、特殊情况
        - 卡特尔
          - 表面特质：从外部行为能直接观察到的
          - 根源特质：决定外显行为的潜在变量

河南特岗考向

本章属于教育心理学的重要章节,也是河南特岗经常考查的章节,知识理论性较强,需要考生识记和理解的知识较多。在考试中常以选择题、判断题等客观题的形式考查。现对2014~2023年本章河南特岗考向分析如下:

考点	考频	题型	能力层级
个体心理发展的一般规律	1	单选	理解
中小学生心理发展的阶段特征	2	单选、判断	识记
皮亚杰的认知发展阶段理论	2	单选、多选	理解
最近发展区的概念	1	单选	识记
教学创造着最近发展区	1	判断	识记
人格的结构	1	单选	识记
影响人格形成与发展的因素	1	判断	识记
埃里克森的人格发展阶段理论	3	单选	理解
学生的认知方式差异	4	单选、判断	理解
学生的性格差异及其教育意义	1	判断	识记

核心考点

第一节 心理发展概述

一、个体的心理发展

心理发展就是指个体从出生、成熟、衰老直至死亡的整个生命进程中所发生的一系列心理变化。在人的一生中,个体心理的发展既是一个连续的过程,也可以分为不同的阶段。个体发展到一定的年龄阶段,应该表现出与个体年龄相符合的行为特征,这种社会期待的行为标准,称为发展任务。

心理学家将个体的心理发展划分为以下八个阶段:

乳儿期(0~1岁)、婴儿期(1~3岁)、幼儿期或学龄前期(3~6,7岁)、童年期或学龄初期(6,7~11、12岁)、少年期或学龄中期(11、12~14、15岁)、青年期(14、15~25岁)、成年期(25~65岁)、老年期(65岁以后)。

二、个体心理发展的一般规律(基本特征) 【单选】

考点1 连续性与阶段性

在心理发展过程中,当某些代表新特征的量累积到一定程度时,就会取代旧特征而处于主导地位,表现为阶段性的间断现象。但后一阶段的发展总是在前一阶段的基础上发生的,而且又萌发着下一阶段的新特征,表现出心理发展的连续性。

考点 2　定向性与顺序性

在正常条件下,心理的发展总是具有一定的方向性和先后顺序。尽管发展的速度有个别差异,会加速或延缓,但发展是不可逆的,也不可逾越。

考点 3　不平衡性

心理的发展可以因进行的速度、到达的时间和最终达到的高度而表现出多样化的发展模式。一方面表现出个体不同系统在发展的速度、发展的起止时间与到达成熟时期的不同进程;另一方面也表现出同一机能特性在发展的不同时期有不同的发展速率。

奥地利生态学家劳伦兹在发现幼禽的印刻现象时提出"关键期"的概念。所谓**关键期**,就是指人的某种身心潜能在人的某一年龄段有一个最好的发展时期。已有研究指出,2岁是口头言语发展的关键期;2~3岁是计数能力(口头数数、按物点数、按数点物、说出总数)发展的关键期;2.5~3.5岁是教育孩子遵守行为规范的关键期;3岁左右是培养儿童独立生活能力的关键期;4岁是形状知觉形成的关键期;4~5岁是学习书面语言的关键期。当然,关键期也并非绝对,错过关键期之后,经过补偿性学习仍有可能得到发展,只是难度要大些。所以,抓住关键期的有利时机,进行及时、适当的教育,能收到事半功倍的效果。

考点 4　差异性

任何一个正常学生的心理发展总要经历一些共同的基本阶段,但发展的速度、最终达到的水平,以及发展的优势领域等方面往往又千差万别。学生心理发展的个别差异是教师要面对的一个重要问题,只有了解学生的个体差异,才能通过因材施教满足具有不同智力结构和学习风格的学生的不同需求,促使每个学生得到全面的和个性的发展。

三、影响个体心理发展的因素

(1)遗传。遗传是个体心理发展的生物前提和物质基础。

(2)环境。环境对个体的心理发展有着十分巨大的影响。

(3)教育。教育制约着学生心理发展的过程、方向、趋势、速度和程度。

(4)主观能动性。个体的主观能动性,是指人的主观意识和活动对于客观世界的积极作用,包括能动地认识客观世界和能动地改造客观世界,并统一于人们的社会实践活动中。个体的主观能动性是个体心理发展的内在动力。

四、中小学生心理发展的阶段特征　【单选、判断】

考点 1　童年期

童年期又称学龄初期,是个体一生发展的基础时期,也是生长发育最旺盛、变化最快、可塑性最强、接受教育最佳的时期。学习开始成为儿童的主导活动,通过识字、阅读和写作,小学生的口头言语逐步过渡到书面言语。四年级(10~11岁)儿童的思维开始从具体形象思维为主过渡到抽象逻辑思维为主,但其抽象逻辑思维仍需以具体形象为支柱。儿童的自我意识增强,对自我有了一定的评价。道德概念也已从直观具体的、比较肤浅的认识逐步过渡到比较抽象的、本质的认识,并开始从动机与效果的统一来评价道德行为。小学生与父母在总体上仍保持着亲密关系,小学低年级学生对教师绝对崇拜和服从,高年级学生的独立性和评价能力不断增长,开始对老师做出评价。

考点2　少年期

少年期又称学龄中期，大致相当于初中阶段，是个体从童年期向青年期过渡的时期，具有半成熟、半幼稚的特点。身体状态的剧变、内心世界的发现、自我意识的觉醒、独立精神的加强是少年期表现出的总体性的阶段特征。在这一时期，学生处于生理发育的第二个高峰期。整个少年期充满独立性和依赖性、自觉性和幼稚性错综的矛盾。这一时期也被称为"心理断乳期"或"危险期"。

在这一时期，抽象思维已占主导地位，并出现反省思维，但抽象思维在一定程度上仍要以具体形象为支柱。思维的独立性和批判性也有所发展，但仍带有不少片面性和主观性。初中生心理活动的随意性显著增长，可长时间集中精力学习，能随意调节自己的行动。他们也开始关心自己和别人的内心世界，同龄人之间的交往和认同大大增强，社会高级情感迅速发展。初中生的道德行为更加自觉，能通过具体的事实概括出一般伦理性原则，并以此来指导自己的行动，但因自我控制力不强，常出现前后矛盾的行为。

考点3　青年初期

青年初期又称学龄晚期，相当于高中时期，是个体在生理上、心理上和社会性上向成人接近的时期。这一时期的青年，智力接近成熟，抽象逻辑思维由"经验型"向"理论型"转化，开始出现辩证思维，与人生观相联系的情感占主要地位，道德感、理智感和美感有了深刻的发展。他们不仅能比较客观地看待自我，而且能明确地表达自我，敏感地防卫自我并珍重自我，形成了理智的自我意识。然而，理想自我与现实自我仍面临分裂的危机，自我肯定与自我否定常发生冲突。他们对未来充满理想，意志的坚强性与行动的自觉性有了较大发展，但有时也会出现与生活相脱节的幻想。

> **真题面对面**
>
> [2015，单，2分]在个体心理发展中，充满着独立性和依赖性、自觉性和幼稚性矛盾的阶段是（　　）
>
> A.童年期　　　　B.少年期　　　　C.青年初期　　　　D.青年期
>
> 答案：B

五、中小学生心理发展的教育含义

1. 教育必须以一定的心理发展特点为依据

(1)结合学生的心理发展特点，注意学生心理发展的个体差异。

(2)注意学生的学习准备。学习准备，又可称为学习的"准备状态"或学习的"准备性"，指的是学习者在从事新的学习时，其身心发展水平对新的学习的适合性，即学生在学习新知识时，那些促进或妨碍学习的个人生理、心理发展的水平和特点。学习准备不仅会影响新学习的成功，而且也会影响学习的效率。同时，学习也会促进学生的心理发展，新的发展又为进一步的新学习做好准备。为此，要遵循学习的准备性原则（又称为"量力性原则"或"可接受性原则"），指要根据学生原有的准备状态进行新的教学。

(3)注意关键期对儿童心理发展的作用，抓住关键期。

2. 教育对心理发展起主导作用

有研究者指出，教育对心理发展具有主导作用，具体表现在：(1)学生心理的发展依赖于教育提出的要求和方向；(2)教育能够促进学生的心理发展；(3)教育可以加速或延缓学生心理发展的进程；(4)教育能够使心理发展的可能性转化为现实性。

★ 考点大默写 ★

1. 个体心理发展的一般规律包括连续性与_____、定向性与_____、不平衡性、差异性。
2. 根据个体心理发展的一般规律，个体心理发展存在关键期说明个体心理发展具有_____。
3. 已有研究指出，2岁是_____发展的关键期；_____岁是形状知觉形成的关键期；4~5岁是学习_____的关键期。
4. 四年级(10~11岁)儿童的思维开始从_____为主过渡到_____为主。
5. 少年期(学龄中期)也被称为"心理断乳期"或"_____"，处于该时期的个体具有半成熟、半幼稚的特点。

【参考答案】

1. 阶段性；顺序性 2. 不平衡性 3. 口头言语；4；书面语言 4. 具体形象思维；抽象逻辑思维 5. 危险期

第二节 认知发展与教育

一、皮亚杰的认知发展理论

考点1 建构主义的发展观

1. 心理发展的实质

皮亚杰的理论核心是"发生认识论"。皮亚杰认为，人的知识来源于动作，动作是感知的源泉和思维的基础。儿童心理发展的实质和原因就是主体通过动作完成对客体的适应。适应的本质在于取得机体与环境的平衡。适应分为两种不同的类型：同化和顺应。儿童对环境做出的适应性变化并不是消极被动的过程，而是一种内部结构的积极建构过程，即儿童的认知是在已有图式的基础上，通过同化、顺应和平衡，不断从低级向高级发展。

皮亚杰

2. 图式、同化、顺应与平衡

(1)图式。图式是指人在认识周围世界的过程中，形成自己独特的认知结构。从发展的角度来看，儿童最初的图式是遗传所带来的一些本能反射行为，如吮吸反射、定向反射等。

(2)同化。同化是指在有机体面对一个新的刺激情境时，把刺激整合到已有的图式或认知结构中。通过这一过程，主体才能对新刺激做出反应，动作也得以加强和丰富。

(3)顺应。顺应是指当有机体不能利用原有图式接受和解释新刺激时，其认知结构发生改变来适应刺激的影响。

(4)平衡。平衡是指同化和顺应之间的"均衡"。皮亚杰认为，同化和顺应过程对于认知能力的发展变化是非常重要的。

儿童通过同化和顺应达到机体与环境的平衡，如果失去平衡，

小香课堂

"同化"和"顺应"易混淆，考生在做题时应注意题干中认知结构的变化情况：补充、完善认知结构(量变)为"同化"；改变认知结构(质变)为"顺应"。

第三部分 教育心理学 273

就需要改变行为以重建平衡。但平衡是相对的,不是绝对的。儿童在平衡与不平衡的交替中不断建构和完善认知结构,实现认知发展。影响认知发展的因素有成熟、练习和经验(自然经验)、社会性经验和平衡。

① 小孩天生有吸吮的图式。
② 原有的图式"吸吮"接纳新的刺激"奶瓶",认知结构没有发生根本变化,这是同化。
③ 小孩改变原有的图式"吸吮",学会用"咀嚼"的动作来接纳新的刺激,比如米饭、菜等,认知结构发生了根本变化,这是顺应。
④ 我们时而需要同化,时而需要顺应,以达到身体与环境的平衡,这就是平衡。

考点2　皮亚杰的认知发展阶段理论　【单选、多选】

皮亚杰认为认知发展是一个构建的过程,是个体在与环境的相互作用中实现的。他提出了认知发展的阶段理论,将个体的认知发展分为四个阶段。

1. 感知运动阶段(0~2岁)

感知运动阶段的婴儿主要有以下几个方面的特点:

(1)感觉和动作的分化。儿童只能依靠自己的肌肉动作和感觉应付环境中的刺激。

(2)"客体永久性"(即知道某人或某物虽然现在看不见,但仍然是存在的)的形成。在感知运动阶段的后期,完整清晰的客体永久性已经形成。此时,尽管儿童并没有看见这些物体放在某个特定的地方,但也能积极地寻找他们认为被藏起来的东西。

(3)问题解决能力开始得到发展。起初,个体的行为更多是以尝试—错误为基础,后期则能够计划解决问题的方法。例如:想要东西的婴儿可能会伸手够几次但最终放弃;几个月之后,他们可能会用其他物体来帮助其得到原来的物体;到2岁时,他们可能会非常善于利用工具来帮助自己获得所向往的东西。

(4)延迟模仿的产生。皮亚杰研究发现,12~18个月的婴儿能够比较精确地进行模仿,到18个月左右就出现了延迟模仿,即榜样已经离开了现场,婴儿也能够表现出榜样的行为。

2. 前运算阶段(2~7岁)

(1)早期的信号功能。儿童能将各种感知信息以心理符号的形式储存下来,积累了表象素材,从而促进表象性思维的发展。随着年龄的增长,儿童越来越多地使用符号来表示外部世界,如用"牛""羊"来代表真正的牛和羊等。

(2)自我中心性(中心化)。所谓自我中心就是指儿童往往只注意主观的观点,不能向客观事物集中,只能考虑自己的观点,无法接受别人的观点,也不能将自己的观点与别人的观点协调。儿童还不能设想他人所处的情境,常以自己的经验为中心,从自己的角度出发来观察和理解世界。

(3)不可逆运算。前运算阶段的儿童还没有"守恒"能力或没有形成"守恒"的概念,思维缺乏观念的传递性。儿童观察事物时往往只能注意表面的、显著的特征,倾向于注意事物的静止状态。思维活动表现的关系单一,不能进行可逆运算。例如,问一名4岁儿童:"你有兄弟吗?"他回答:"有。""兄弟叫什么名字?"他回答:"吉姆。"但反过来问:"吉姆有兄弟吗?"他回答:"没有。"

(4)不能够推断事实。前运算阶段的儿童往往是根据知觉到的表面现象做出反应,不能够推断事实。

例如,给3岁的幼儿一辆红色的玩具小汽车,当着他的面盖上一块罩子,小汽车看起来是黑色的,问他小汽车是什么颜色的,他会说是黑色的。

(5)泛灵论。前运算阶段儿童的思维具有泛灵论的特点,即将人类的特征赋予无生命的物体。前运算阶段的儿童会认为任何物体都是有生命的。例如,前运算阶段的儿童画画,会在太阳或月亮上各画一张笑脸。又如,如果让前运算阶段的儿童把洋娃娃扔到地上去,他会说不能扔到地上,会摔疼洋娃娃的。

(6)不合逻辑的推理。前运算阶段儿童思维的另一个局限是不合逻辑的推理,这种推理既不是演绎推理也不是归纳推理。根据皮亚杰的观点,前运算阶段儿童的思维是在这两者之间,即从特殊到特殊而不涉及一般。例如,皮亚杰两岁女儿的一个小朋友是驼背,她说这个小朋友很可怜,他病了。几天后她听说这个小朋友得了流感,睡在床上。后来又听说这个小朋友的流感好了。于是,她说:"现在他的驼背没有了。"这种推理不是从个别到一般或从一般到个别,而是从个别到个别的推理,从一种病到另一种病的推理,视二者为同一,以为一种病好了,另一种病也好了。这种思维被皮亚杰称为传导思维(又称传导推理)。

(7)不能理顺整体和部分的关系。皮亚杰称之为缺乏层级类概念(类包含关系)。

(8)认知活动具有具体性,还不能进行抽象的思维运算。

知识再拔高

三山实验

皮亚杰曾设计了著名的"三山实验"来测验儿童"自我中心"的思维特征。在"三山实验"中,实验材料是一个包括三座高低、大小和颜色不同的假山模型(如下图所示)。实验首先要求儿童从模型的四个角度观察这"三座山",然后要求儿童面对模型而坐,并且放一个玩具娃娃在山的另一边。实验任务是要求儿童从四张图片中指出哪一张是玩具娃娃看到的"山"。结果发现幼童无法完成这个任务,他们只能从自己的角度来描述"三山"的形状。皮亚杰以此证明幼童无法想象他人的观点,他们的思维具有"自我中心"的特点。

3. 具体运算阶段(7~11岁)

具体运算是一种与真实、具体的物体相关的可逆的心理活动。与前运算阶段相比,具体运算阶段的儿童能够运用逻辑思维解决具体问题,但必须依赖于实物和直观形象的支持才能进行逻辑推理和运用逻辑思维解决问题,不能够进行纯符号运算。这一阶段儿童的思维具有以下特征:

(1)去自我中心性(去中心化)。具体运算阶段的儿童不能想象独立于他们直接经验之外的事物,但能够考虑多个感知特征,即去自我中心,得出具体问题的解决方法。在皮亚杰和英海尔德的"三山实验"任务中,7~9岁的儿童就能够注意到一种情境的多个方面,从他人的角度理解问题。在这一时期,儿童区别现实与想象的能力得到提高。

(2)可逆性。皮亚杰提出,在儿童思维发展的所有特征中最重要的是可逆性。一个具体运算阶段的儿童能理解先前曾是一团泥土的飞机模型能够再变成一团泥土;他同样明白8个珠子加6个珠子等于14个珠子,而从14个珠子中拿走6个珠子还剩8个珠子。

(3)守恒(即儿童认识到客体在外形上发生了变化,但特有的属性不变)。在发展中处于具体运算阶段的儿童能够去中心化并能逆向运算,因此,守恒能力迅速发展。另外,儿童开始进行一些运用符号的逻辑思维活动,可以形成一系列的行动心理表象。比如,8岁左右的儿童去过几次小朋友的家,就能够画出具体的路线图来,而5、6岁的儿童则无法做到。

(4)分类。具体运算阶段的儿童,他们在对物体进行分类时,不再像前运算阶段的儿童,只能进行单维度的分类,而是能根据物体的多个维度进行分类。例如,前运算阶段的儿童,常根据物体的颜色或形状分类,不能根据主题(即事物的逻辑关系)进行分类。而具体运算阶段的儿童,既能按颜色、形状分类,又能按主题进行分类。

(5)序列化。序列化是指能够根据大小、体积、重量或其他的一些特性对一系列要素进行心理上的排序。排序的能力在4岁或更小的儿童中就已经出现,但他们的排序比较粗糙,并且要经过尝试—错误这一过程。具体运算阶段的儿童能够顺利完成排列大小的任务,比如给他们长短不等的小木棒,他们能够按照从长到短或从短到长的顺序进行排序。

4. 形式运算阶段(11岁~成人)

形式运算阶段,是儿童思维发展趋于成熟的阶段。本阶段儿童思维的特征如下:

(1)**命题之间的关系**。本阶段的儿童的思维是以命题形式进行的。他们不仅能考虑命题与经验之间的真实性关系,而且能看到命题与现实之间的关系,并能推论两个或多个命题之间的逻辑关系。

(2)**假设—演绎推理**。本阶段的儿童不仅能够运用经验—归纳的方式进行逻辑推理,而且能够运用假设—演绎推理的方式来解决问题。

(3)**类比推理**。形式运算阶段的儿童能够很好地进行类比推理,能够理解类比关系。例如,"皮毛对狗就像羽毛对鸟一样",这个类比的核心是"狗—皮毛"与"鸟—羽毛"之间的关系。只有通过反省性思维,而不是观察,才可能理解这种关系。

(4)**抽象逻辑思维**。本阶段的儿童能理解符号的意义、隐喻和直喻,能对事物做一定的概括,其思维发展水平已接近成人的水平。

(5)**可逆与补偿**。本阶段的儿童不仅具备了逆向性的可逆思维,而且具备了补偿性的可逆思维。例如,对于"在天平的一边加一点东西,天平就失去平衡,怎样使天平重新平衡"的问题,他们不仅能考虑把所加的重量拿走(逆向性),而且能考虑移动天平加重一方的盘子使它靠近支点,即使力臂缩短(补偿性)。

(6)**反思能力**。形式运算阶段的儿童具备了反思能力,即系统地检验假设的能力,能够系统地概括出解决某一问题的所有可能方法或能进行组合推理。

(7)**思维的灵活性**。本阶段的儿童不再刻板地恪守规则,反而常常由于规则与事实的不符而违反规则。对这一年龄阶段的儿童,教师和家长不宜采用过多的命令和强制性的教育,而应鼓励和指导他们自己做决定,同时对他们考虑不全面的地方提出建议和改进的办法。

(8)**形式运算思维的逐渐发展**。形式运算思维是逐渐出现的,而不是一次全部出现。

小香课堂

由于皮亚杰的认知发展阶段理论体系庞大,现将该理论的内容进行汇总,供考生学习:

阶段	年龄	思维特征
感知运动阶段	0~2岁	(1)感觉和动作的分化;(2)"客体永久性"的形成;(3)问题解决能力开始得到发展;(4)延迟模仿的产生
前运算阶段	2~7岁	(1)早期的信号功能;(2)自我中心性(中心化);(3)不可逆运算;(4)不能够推断事实;(5)泛灵论;(6)不合逻辑的推理;(7)不能理顺整体和部分的关系;(8)认知活动具有具体性,还不能进行抽象的思维运算
具体运算阶段	7~11岁	(1)去自我中心性(去中心化);(2)可逆性;(3)守恒;(4)分类;(5)序列化
形式运算阶段	11岁~成人	(1)命题之间的关系;(2)假设—演绎推理;(3)类比推理;(4)抽象逻辑思维;(5)可逆与补偿;(6)反思能力;(7)思维的灵活性;(8)形式运算思维的逐渐发展

真题面对面

1.[2014,单,2分]皮亚杰的认知发展阶段理论认为,7~11岁儿童的认知发展处于( )
A.感知运动阶段　　B.前运算阶段　　C.具体运算阶段　　D.形式运算阶段

2.[2023,多,2分]根据皮亚杰的认知发展阶段理论,学生在具体运算阶段思维的主要特点有( )
A.可逆性　　B.守恒　　C.自我中心性　　D.不可逆性
E.去自我中心性

答案:1.C　2.ABE

二、维果斯基的最近发展区理论

考点1 "文化—历史"发展理论的基本观点

维果斯基强调社会文化在认知发展中的作用。为此,维果斯基创立了"文化—历史"发展理论。维果斯基根据恩格斯关于劳动在人类适应自然和在生产过程中借助于工具改造自然的思想,详细地阐述了高级心理机能的社会起源的观点。

1. 两种工具的理论

维果斯基认为,人有两种工具。一种是物质工具,如原始人所使用的石刀、石斧,现代人所使用的机器。另一种是精神工具,主要指人类所特有的语言、符号等。人因使用精神工具,从而使人类的心理发生质的变化,上升到高级阶段。精神工具与物质工具一样,受人类文化历史发展的影响,是不断发展变化的。

2. 两种心理机能

(1)作为动物进化结果的低级心理机能,如简单的感觉和无意注意等;(2)作为历史发展结果的高级心理机能,即以符号系统为中介的心理机能,如抽象逻辑思维。高级心理机能是人类所特有的,它使得人类心理在本质上区别于动物。

由低级机能向高级机能转化的发展有四个表现：(1)随意机能不断发展。随意性越强,心理水平越高。(2)抽象—概括机能的提高。(3)各种心理机能之间的关系不断变化、重组,形成间接的、以符号为中介的心理结构。(4)心理活动的个性化。维果斯基指出,儿童在与成人交往的过程中,通过掌握高级心理机能的工具——语言符号这一中介环节,使其在低级的心理机能基础上形成各种新的心理机能。

考点2　维果斯基提出的心理发展的实质与"内化说"

维果斯基强调环境和社会因素在儿童发展中的重要作用。他提出心理发展的实质是在环境和教育的影响下,个体在低级心理机能的基础上逐渐向高级心理机能转化的过程。他认为,发展大部分得益于由外向内,即个体通过内化,从情境中汲取知识,获得发展。儿童的许多学习发生在与环境的相互作用中,这个环境决定了大部分儿童内化的内容。在儿童环境中的父母和其他人,可以通过他们与儿童的相互作用来扩大儿童的知识视野,促进儿童的学习。内化说是维果斯基心理发展观的核心思想。

考点3　最近发展区的概念　【单选】

维果斯基认为,儿童有两种发展水平:一是儿童的现有水平,即由一定的已经完成的发展系统所形成的儿童心理机能的发展水平;二是可能达到(即将达到)的发展水平,也就是通过教学所获得的潜力。这两种水平之间的差异,就是最近发展区。也就是说,最近发展区是儿童在有指导的情况下,借助成人的帮助所能达到的解决问题的水平与独自解决问题所达到的水平之间的差异,实际上是两个邻近发展阶段间的过渡状态。由于儿童独立解决问题的水平与在有指导的情况下达到的水平之间的差异是不断变化的,因此,需要在一个动态评估环境中测查最近发展区。

> **真题面对面**
>
> [2018,单,2分]儿童的现有水平和即将达到的发展水平之间的差距,维果斯基称之为(　　)
> A.先行组织者　　　B.最近发展区　　　C.学习准备　　　D.教学支架
> 答案:B

考点4　"教学应走在发展的前面"包含的两层含义　【判断】

在维果斯基看来,教学的可能性由学生的最近发展区决定,"教学应走在发展的前面"在这里有两层含义:

(1)教学在发展中起主导作用。它决定着儿童的发展,决定着发展的内容、水平、速度及智力活动的特点。

(2)教学创造着最近发展区。教学应适应学生的现有水平,但更重要的是要发挥教学对发展的主导作用。

它的提出说明了儿童发展的可能性,其意义在于:指导教育者不应只看到儿童今天已达到的发展水平,还应看到仍处于形成的状态,正在发展的过程。所以,维果斯基强调教学不能只适应发展的现有水平,还应适应最近发展区,从而走在发展的前面,最终跨越"最近发展区"而达到新的发展水平。因此,教学的最佳效果产生于"最近发展区"。

考点5　适时辅导学生是教学的必由之路——教学支架的应用

为促进教学发展,维果斯基认为教师可采用教学支架,进行支架式教学,即在学生试图解决超出当前知识水平的问题时给予支持和指导,帮助其顺利通过最近发展区,使之最终能够独立完成任务。

支架式教学可采用的方式有:(1)把学生要学习的内容分割成许多便于掌握的片段;(2)向学生示范要掌握的技能;(3)提供有提示的练习。需要注意的是,教师提供的支持和帮助要适当。帮助过多,学生独立解决问题的能力就不能充分发展;帮助不够,学生亦可能因失败而泄气,久而久之,可能会形成习得性无助感。

★ 考点大默写 ★

1. 皮亚杰的理论核心是"_____"。
2. 在皮亚杰的认知发展理论中,_____是指人在认识周围世界的过程中,形成自己独特的认知结构。
3. _____是指有机体在面对一个新的刺激情境时,把刺激整合到已有的图式或认知结构中。
4. 根据皮亚杰的认知发展阶段理论,"客体永久性"的形成是在_____阶段;_____阶段儿童的思维具有自我中心性、不可逆运算等特征。
5. 根据皮亚杰的认知发展阶段理论,若个体能够运用假设—演绎推理的方式来解决问题,这说明其处于_____阶段。
6. 维果斯基认为,儿童有两种发展水平:一是儿童的_____;二是_____的发展水平。这两种水平之间的差异,就是_____。
7. 在维果斯基看来,教学的可能性由学生的最近发展区决定,教学应该走在发展的_____。在学生试图解决超出当前知识水平的问题时给予支持和指导,帮助其顺利通过最近发展区,使之最终能够独立完成任务的教学方式为_____教学。

【参考答案】
1. 发生认识论　2. 图式　3. 同化　4. 感知运动;前运算　5. 形式运算　6. 现有水平;可能达到(即将达到);最近发展区　7. 前面;支架式

第三节　中小学生人格、社会化发展与教育

一、人格概述

考点1　人格的概念

人格是构成一个人思想、情感及行为的特有模式,这个独特模式包含了一个人区别于他人的稳定而统一的心理品质,即人格是决定个体的外显行为和内隐行为,并使其与他人行为有稳定区别的综合心理特征。

考点2　人格的结构 【单选】

人格是一个复杂的结构系统,它包括许多成分,其中主要包括性格、气质、认知风格和自我调控系统等方面。这里主要介绍自我调控系统。

自我调控系统是以自我意识为核心的人格调控系统,它属于人格的内控系统或自控系统,具有自我认

第三部分　教育心理学　279

知、自我体验、自我控制三个子系统,其主要作用是对人格的各种成分进行调控,保证人格的完整、统一、和谐。

自我认知是对自己的洞察和理解,包括自我观察和自我评价。自我观察是指对自己的感知、思维和意向等方面的觉察;自我评价是指对自己的想法、期望、行为及人格特征的判断与评估。

自我体验是自我意识在情感上的表现,是伴随自我认知而产生的内心体验。自尊心、自信心是自我体验的具体内容。自尊心是指个体在社会比较过程中所获得的有关自我价值的积极的评价与体验。自信心是对自己的能力是否适合所承担的任务而产生的自我体验。自信心与自尊心都是和自我评价紧密联系在一起的。

自我控制是自我意识在行为上的表现,是实现自我意识调节的最终环节。例如,一个学生意识到学习对自己发展的重要意义,会激发他努力学习的动机,在行为上表现出刻苦学习、不怕困难的精神。自我控制包括自我监控、自我激励、自我教育等成分。

> **真题面对面**
>
> [2019,单,2分]"我好开心,今天我当值日生,老师表扬了我。"这句话反映的是学生自我意识中的( )
>
> A. 自我认识　　　　B. 自我监控　　　　C. 自我调节　　　　D. 自我体验
>
> 答案:D

考点3　人格的特征

1. 独特性

"人心不同,各如其面。"这句俗语为人格的独特性做了最好的诠释。一个人的人格是在遗传、成熟、环境、教育等先后天因素的交互作用下形成的。不同的遗传、生存及教育环境,形成了各自独特的心理特点。

2. 稳定性

俗话说:"江山易改,禀性难移。"这里的"禀性"就是针对人格而言的。一个人的某种人格特征一旦形成,就相对稳定下来了,要想改变它是比较困难的事情。这种稳定性还表现在人格特征在不同时空下表现出一致性的特征。

3. 整合性

人格是由多种成分构成的有机体,具有内在的一致性,受自我意识的调控。人格的各种结构的组合千变万化,表现千姿百态,因而使个体的行为呈现出多元化、多层面的特征。每个人的人格世界并不是各种特征的简单堆积,而是依照一定的内容、秩序、规则有机结合起来的系统。当人格结构的各方面彼此和谐一致时,就会呈现出健康的人格特征,否则,就会产生心理冲突,出现适应困难,甚至"分裂人格"。

4. 功能性

人格是一个人生活成败、喜怒哀乐的根源。人格决定一个人的生活方式,有时甚至会决定一个人的命运。人们经常使用人格特征来解释某人的言行及事件的原因。

5. 社会性

人格的社会性是指社会化把人这样的动物变成社会的成员。人格是社会的人所特有的。人格是在个体的遗传和生物基础上形成的,受个体生物特性的制约。构成人的本质的东西,是那种为人所特有的,失去了它,人就不能称其为人的因素,这种因素就是人的社会性。其实,即使是人的生物性需要和本能,也是受人的社会性制约的。例如,人满足食物需要的内容和方式是受具体的社会历史条件制约的。

考点4 影响人格形成与发展的因素 【判断】

人格是在遗传与环境交互作用下逐渐形成与发展的。遗传决定了人格发展的可能性,环境决定了人格发展的现实性。

1. 生物遗传因素

总结以往研究,遗传对人格的作用主要体现在以下几个方面:

(1)遗传是人格不可缺少的影响因素。

(2)遗传因素对人格的作用程度因人格特征的不同而异。通常在智力、气质这些与生物因素相关较大的特征上,遗传因素较为重要;而在价值观、信念、性格等与社会因素关系紧密的特征上,后天环境因素更重要。

(3)人格发展过程是遗传与环境交互作用的结果,遗传因素影响人格的发展方向及改变。

2. 社会因素

人格的发展是个体社会化的结果。不管什么社会,影响个体人格发展的社会因素基本上都是家庭、学校、同伴以及电视、电影、文艺作品等社会宣传媒体。

(1)家庭教养方式

鲍姆宁曾根据控制、成熟的要求、父母与儿童的交往、父母的教养水平等四个指标,将父母的教养行为分成专制型、放纵型和民主型三种方式,具体内容见下表:

表3-4 家庭教养方式

类型	父母表现	孩子表现
专制型	过于支配	消极、被动、依赖、服从、懦弱,做事缺乏主动性,甚至会形成不诚实的性格特征
民主型	平等和谐,尊重孩子	活泼、自立、彬彬有礼、善于交往、富于合作精神、思想活跃等,表现最成熟
放纵型	溺爱、任孩子随心所欲,对孩子的教育有时会处于失控状态	任性、幼稚、自私、野蛮、无礼、独立性差、蛮横无理、胡闹,表现最不成熟

(2)学校教育

学校教育按一定社会的教育目标,有计划、有步骤地对学生施加影响,因而直接制约着学生人格发展的方向和基本质量。学校教育在学生社会化中的作用主要是通过教师与学生的相互影响来实现的。教师对学生人格的发展具有指导定向的作用。教师的品德修养、知识经验、教育和教学技巧、对学生的态度等,对学生社会化与人格的发展都有举足轻重的意义。

(3)同伴群体

与同父母的关系相比,中学生与同龄伙伴的交往更加自由和平等。与同伴群体的交往使儿童能够进行人际关系和交流的探索,并发展人际敏感性,奠定儿童今后社会交往的基础,促进儿童的社会化和人格的发展。一方面,同伴群体是儿童学习社会行为的强化物。另一方面,同伴群体又为儿童的社会化和人格发展提供社会模式或榜样。随着年龄的增长,同伴的影响越来越强,在某种程度上甚至超过父母的影响。但应该注意的是,不良同伴群体对中学生人格发展的影响极坏。教师要让学生远离这种不良同伴群体,防止它对学生的成长带来危害,同时,对于已存在的不良群体,应采取教育手段,对其成员进行分化和引导。

3. 个人主观因素

社会上各种影响因素,首先要为个人接受和理解,才能转化为个体的需要、动机和兴趣,才能推动他去思考与行动。另外,个体已有的心理发展水平对人格特征形成的作用会随着年龄的增加而日益增强。

> **真题面对面**
>
> [2014,判断,1分]中学阶段同辈群体对个体的人格发展的影响在某种程度上甚至超过父母。(　　)
>
> 答案:√

二、埃里克森的人格发展阶段理论 【单选】

美国精神分析学家埃里克森认为,人格发展是一个逐渐形成的过程,必须经历八个顺序不变的阶段,其中前五个阶段属于儿童成长和接受教育的时期。每一个阶段都有一个由生物学的成熟与社会文化环境、社会期望之间的冲突和矛盾所决定的发展危机。成功而合理地解决每个阶段的危机或冲突将使个体形成积极的人格特征和健全的人格。

1. 基本的信任感对基本的不信任感(0~1.5岁)

本阶段的发展任务是发展对周围世界,尤其是对社会环境的基本态度,培养信任感。如果父母或照料者给予婴儿适当的、稳定的与不间断的关切、照顾、哺育和抚摸,婴儿就会对父母产生一种信任感,认为这个世界是安全、可信赖的地方。这种对人、对环境的基本信任感是形成健康个性品质的基础,是以后各个时期发展的基础,尤其是青年时期发展起来的同一性的基础。

2. 自主感对羞耻感(2~3岁)

本阶段的发展任务是培养**自主性**。儿童初步尝试独立处理事情,如果父母允许幼儿去做他们力所能及的事,鼓励幼儿独立探索的欲望,幼儿就会逐渐认识到自己的能力,养成主动、自主的性格;反之,如果父母过分溺爱和保护或过分批评指责,就可能使儿童怀疑自己对自我和环境的控制能力,产生羞耻感。

3. 主动感对内疚感(4~5岁)

本阶段的发展任务是培养**主动性**。由于身体活动能力和语言的发展,儿童有可能把活动范围扩展到家庭之外。儿童喜欢尝试探索环境,承担并学习掌握新的任务。此时,如果父母或教师对儿童的建议给予适当鼓励或妥善处理,则儿童不仅发展了主动性,还能培养明辨是非的道德感;反之,如果父母对儿童的问题感到不耐烦或嘲笑儿童的活动,儿童就会产生内疚感。

4. 勤奋感对自卑感(6~11岁)

<u>本阶段的发展任务是培养勤奋感。</u>在这个时期,多数儿童已进入学校,第一次接受社会赋予他们并期望他们完成的任务。他们追求任务完成时获得的成就感及由此带来的长辈的认可和赞许。如果儿童在学习、游戏等活动中不断取得成就并受到成人的奖励,儿童将以成功、嘉奖为荣,养成乐观、进取和勤奋的性格;反之,如果由于学习方法不当或努力不够而多次遭受挫折或其成就受到漠视,儿童则容易形成自卑感。

本阶段影响儿童活动的主要因素已由父母转向同伴、学校和其他社会机构,教师在培养儿童的勤奋感方面具有特殊作用。敏感、耐心、富于指导经验的教师有可能使具有自卑感的学生重新获得勤奋感。

5. 自我同一性对角色混乱(12~18岁)

本阶段的发展任务是培养自我同一性。自我同一性是指个体组织自己的动机、能力、信仰及活动经验而形成的有关自我的一致性形象。自我同一性的形成要求谨慎的选择和决策,尤其体现在职业定向、性别角色分化等方面。如果青少年不能整合这些方面和各种选择,或者根本无法在其中进行选择,就会导致角色混乱。

其他三个阶段分别为：亲密感对孤独感(成年早期)、繁殖感对停滞感(成年中期)、自我整合对绝望感(成年晚期)。

> **真题面对面**
>
> 1.[2023,单,1分]根据埃里克森的心理发展理论,小学阶段学生的主要发展任务是( )
>   A. 获得勤奋感、克服自卑感　　　　B. 获得主动感、克服内疚感
>   C. 获得亲密感、避免孤独感　　　　D. 获得完善感、避免失望
>
> 2.[2020,单,2分]初中生常常被"我到底是谁?""我将成为什么样的人?"之类的问题困扰。根据埃里克森的理论,其面临的主要冲突是( )
>   A. 亲密感对孤独感　　　　　　　　B. 勤奋感对自卑感
>   C. 信任感对不信任感　　　　　　　D. 同一性对角色混乱
>
> 答案:1. A　2. D

★ 考点大默写 ★

1. ＿＿＿＿＿＿是自我意识在情感上的表现,是伴随自我认知而产生的内心体验。

2. "人心不同,各如其面"体现了人格的＿＿＿＿＿＿特征;"江山易改,禀性难移"体现了人格的＿＿＿＿＿＿特征。

3. 鲍姆宁将父母的教养行为分成专制型、放纵型和民主型三种方式,其中采用＿＿＿＿＿＿教养方式的孩子表现最成熟。

4. 根据埃里克森的人格发展阶段理论,6~11岁个体的发展任务是培养＿＿＿＿＿＿;12~18岁个体的发展任务是培养＿＿＿＿＿＿。

5. ＿＿＿＿＿＿是指个体组织自己的动机、能力、信仰及活动经验而形成的有关自我的一致性形象。

【参考答案】
1. 自我体验　2. 独特性;稳定性　3. 民主型　4. 勤奋感;自我同一性　5. 自我同一性

第三部分　教育心理学　283

第四节 学生的个别差异

学生的个别差异,从心理角度来看,包括认知差异与性格差异。其中认知差异包括认知能力差异和认知方式差异。

一、学生的认知差异及其教育意义

考点1 学生的认知能力差异

认知能力涉及感知、记忆、想象和思维等方面的信息加工能力,因而也可以视为智力。研究表明,个体的智力在13岁以前是直线上升发展的,以后缓慢发展,到25岁时达到最高峰,26~35岁保持高原水平,35岁开始有下降趋势。

学生的智力发展也存在一定的差异,包括个体差异和群体差异。

1.智力的个体差异

(1)智力类型差异

智力类型差异是指构成智力的各种因素存在质的差异,主要表现在知觉、记忆、想象、思维的类型和品质方面。例如,有的人长于想象,有的人长于记忆,有的人长于思维等。

智力类型差异一般不代表智力水平的高低,只影响人们学习的过程和获取知识经验的方式。

(2)智力发展水平的差异

智力发展水平的差异(即一般能力的差异),指的是个体之间或个体内部智力水平高低的不同程度。它表明人的智力发展有高有低。研究表明,人们的智力水平呈**正态分布**,又称**常态分布**,大多数人的智力属于中等水平。正态分布函数曲线呈钟形,因此,人们又经常称之为钟形曲线。

心理学家根据智力发展水平把儿童分成三个等级,即超常儿童、常态儿童、低常儿童。超常儿童是指智力发展或某种才能显著超过同龄儿童平均水平的儿童。一般认为,IQ超过140的人属于天才,他们在人口中大约占1.3%;IQ超过130为智力超常,他们在人口中大约占4.4%。低常儿童是指智力发展明显低于同龄儿童平均水平并有适应性行为障碍的儿童,又称智力落后儿童。IQ低于70为智力落后,他们在人口中大约占2.7%。

另外,根据推孟对智力百分比的统计,IQ在110~119的人为优秀(中上或聪明),IQ在90~109的人为中等智商,IQ在80~89的人为中下(迟钝)智商。

> **小香课堂**
> "天才""智力超常"和"智力落后"的划分界限易混淆,考生做题时应注意题干中提问的范围,天才>140;智力超常>130;智力落后<70。

(3)智力表现早晚的差异

各种智力不仅在质或量的方面表现出明显的差异,而且智力表现的早晚也存在着明显的差异。有的人在儿童时期就显露出非凡的智力或特殊能力,这叫"早慧"或"早熟"。例如,我国唐初的诗人王勃6岁善文辞,10岁能赋,少年时写了《滕王阁序》,留下了千古名句。在人的智力发展中,也有不少人的能力表现较晚,这叫"大器晚成"。例如,我国著名画家齐白石,近30岁开始学画,40岁才表现出卓越的绘画才能。

2. 智力的群体差异

智力的群体差异是指不同群体之间的智力差异，包括智力的性别差异、年龄差异、种族差异等。智力的性别差异表现在：(1)男女智力的总体水平大致相等，但男性智力分布的离散程度比女性大；(2)男女的智力结构存在差异，各自具有自己的优势领域。男女在一般智力因素上没有显著差异，其性别差异主要反映在特殊智力因素中，主要包括数学能力、言语能力和空间能力。

考点2　学生的认知方式差异 【单选、判断】 必背

认知风格，也称认知方式，是指人们在认知活动中所偏爱的信息加工方式。它是一种比较稳定的心理特征，存在着很大的个体差异。认知方式没有优劣、好坏之分，只是表现为学生对信息加工方式的某种偏爱，主要影响学生的学习方式。

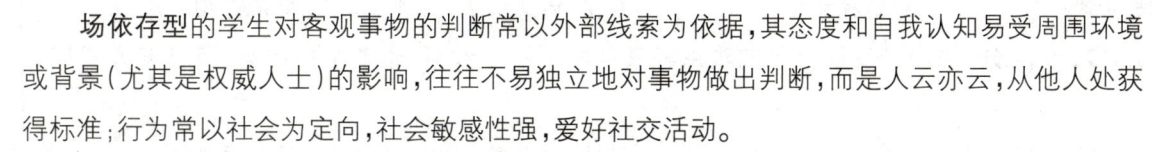

1. 场依存型与场独立型

心理学家把外界环境描述为一个场。

场依存型的学生对客观事物的判断常以外部线索为依据，其态度和自我认知易受周围环境或背景(尤其是权威人士)的影响，往往不易独立地对事物做出判断，而是人云亦云，从他人处获得标准；行为常以社会为定向，社会敏感性强，爱好社交活动。

场独立型的学生对客观事物的判断常以自己的内部线索(经验、价值观)为依据，不易受到周围环境因素的影响和干扰，倾向于对事物的独立判断；行为常是非社会定向的，社会敏感性差，不善于社交，关心抽象的概念和理论，喜欢独处。

场依存型者与场独立型者在学习上的不同特点见下表：

表3-5　场依存型者与场独立型者的学习特点

比较范畴	场依存型者	场独立型者
学习兴趣偏好	人文、社会科学	理科、自然科学
学习成绩倾向	理科、自然科学成绩差，人文、社会科学成绩好	理科、自然科学成绩好，人文、社会科学成绩差
学习策略特点	易受暗示，学习欠主动，由外在动机支配	独立自觉学习，由内在动机支配
教学方式偏爱	结构严密的教学	结构不严密的教学

2. 冲动型与沉思型

冲动型的学生在解决认知任务时，总是急于给出问题的答案，而不习惯对解决问题的各种可能性进行全面思考，有时问题还未弄清楚就开始解答。这种类型的学生认知问题的速度虽然很快，但错误率高，在运用低层次事实性信息的问题解决中占优势。

沉思型的学生在解决认知任务时，总是谨慎、全面地检查各种假设，在确认没有问题的情况下才会给出答案。这种类型的学生认知问题的速度虽然慢，但错误率很低，在解决高层次问题时占优势。区分冲动与沉思的标准是反应时间和精确性。

3. 具体型和抽象型

具体型的学生在进行信息加工时，善于比较深入地分析某一具体观点或情境，但必须把尽可能多的信息提供给他们，否则很容易使他们产生偏见。

抽象型的学生在对事物进行认知时,能够看到某个问题或论点的众多方面,可以避免刻板印象,能够容忍情境的模糊性并能进行抽象程度较高的思考。

4. 辐合型与发散型

辐合型认知方式是指在解决问题的过程中常表现出辐合思维的特征,表现为搜集或综合信息与知识,运用逻辑规律缩小解答范围,直到找到最合适的唯一正确解答。

发散型认知方式是指在解决问题的过程中常表现出发散思维的特征,表现为个人的思维沿着许多不同的方向发展,使观念发散到各个有关的方面,最终产生多种可能的答案而不是唯一正确的答案,因而容易产生有创见性的新颖观念。

> **真题面对面**
>
> 1. [2022,单,2分]小轩在老师上课提问时,经常没有弄清题意,便抢先回答,他的认知风格属于(　　)
>   A. 冲动型　　　　B. 场独立型　　　　C. 沉思型　　　　D. 场依存型
> 2. [2017,单,2分]当小刚发现自己的观点和其他同学不一致时,也能坚持己见,其认知方式属于(　　)
>   A. 集中型　　　　B. 沉思型　　　　C. 场独立型　　　　D. 场依存型
> 3. [2020,判断,1分]认知方式有优劣之分,沉思型优于冲动型,场独立型优于场依存型。(　　)
> 4. [2019,判断,1分]场依存型者通常以内在动机为主,对学习材料本身感兴趣。(　　)
>
> 答案:1. A　2. C　3. ×　4. ×

考点3　学生认知差异的教育意义

我们必须根据学生认知差异的特点,不断改革教学,因材施教。这要求我们做到:

(1)创设适应学生认知差异的教学组织形式。为了适应学生的智力差异,我们常常采用的教学组织形式包括:分校、分班、班内分组(同质分组)、复式教学、升留级、跳级、开设特长班和课外兴趣班等。

(2)采用适应认知差异的教学方式,努力使教学方式个别化。掌握学习、个别指导教学法和个人化教学系统就是其中的三种教学方式。

(3)运用适应认知差异的教学手段。当前直接应用于教学的现代技术设备主要有电视及录像设备、电声设备、光学投影设备、教学机器等。

二、学生的性格差异及其教育意义　【判断】

考点1　性格的差异

1. 性格的特征差异

(1)奥尔波特的性格特征分类

奥尔波特将性格特征分为共同特质和个人特质。特质是决定个体行为的基本特性,是人格的有效组成元素,也是测评人格常用的基本单位。共同特质指在某一社会文化形态下,大多数人或一个群体所共有的、相同的特质。它是在共同的生活方式下形成的。个人特质是个人所独有的、代表个人行为倾向的特质,它包括首要特质、中心特质和次要特质。首要特质是一个人最典型、最具有概括性的特质,它影响一个人的各方面的行为,如多愁善感是林黛玉的首要特质。**中心**特质是构成个体独特性的几个重要特质,在每个人身上大约有5~10个,如清高、率直、聪慧、孤僻都属于林黛玉的中心特质。**次要**特质也是人格的组成因素,是个体的一些不太重要的特质,往往只有在特殊的情况下才会表现出来。

小香课堂

考生在区分个人特质的类型时,可从以下方面入手:"最典型、最具有概括性"对应首要特质;"几个、重要"对应中心特质;"不太重要、特殊情况"对应次要特质。

(2)卡特尔的性格特征分类

卡特尔将性格特征分为表面特质和根源特质。**表面特质**指从外部行为能直接观察到的特质。表面上看起来相似的特征或行为,却可能有大相径庭的原因。比如,一个学生表现出勤奋好学,原因可能是求知欲强烈,也可能是对学习意义的深刻认识,还可能仅仅是为了获得家长的奖励。**根源特质**是决定外显行为的潜在变量,是人格的本质。卡特尔用因素分析的方法,找出了16种相互独立的根源特质。

真题面对面

[2021,判断,1分]人们常说"北方人比较豪爽""军人严格自律",这体现的是人格的首要特质。( )

答案:×

2.性格的类型差异

性格类型是指在一类人身上所共有的性格特征的独特结合。常见的分类学说有向性说和独立顺从说。依据个人心理活动的倾向性,可把人的性格分为外向型与内向型;依据一个人独立或顺从的程度,可把人的性格分为独立型和顺从型。

考点2 学生性格差异的教育意义

(1)性格虽然不会决定学习是否发生,但它却会影响学生的学习方式。性格也可作为动力因素影响学习的速度和质量。性格的个别差异又会影响学生对学习内容的选择,而且还会影响学生的社会性学习和个体社会化。

(2)为了促进学生的全面发展,学校教育应更重视性格因素的作用,使教育内容的选择和组织更好地适应学生的性格差异。

★ 考点大默写 ★

1. 在场依存型与场独立型两种认知方式中,对客观事物的判断常以外部线索为依据的学生的认知方式为_____;理科、自然科学成绩好,人文、社会科学成绩差的学生的认知方式通常为_____。

2. 小明的社会敏感性强,爱好社交活动,但学习欠主动、由外在动机支配,他的认知方式最可能是_____。

3. 认知方式为_____的学生在解决认知任务时,总是急于给出问题的答案,而不习惯对解决问题的各种可能性进行全面思考,有时问题还未弄清楚就开始解答;认知方式为_____的学生在解决认知任务时,总是谨慎、全面地检查各种假设,在确认没有问题的情况下才会给出答案。
4. 根据奥尔波特的性格特征分类,个人特质中的_____是一个人最典型、最具有概括性的特质;_____是构成个体独特性的几个重要特质。
5. 依据卡特尔对性格特征的分类,从外部行为能直接观察到的特质是_____。

【参考答案】

1. 场依存型;场独立型 2. 场依存型 3. 冲动型;沉思型 4. 首要特质;中心特质 5. 表面特质

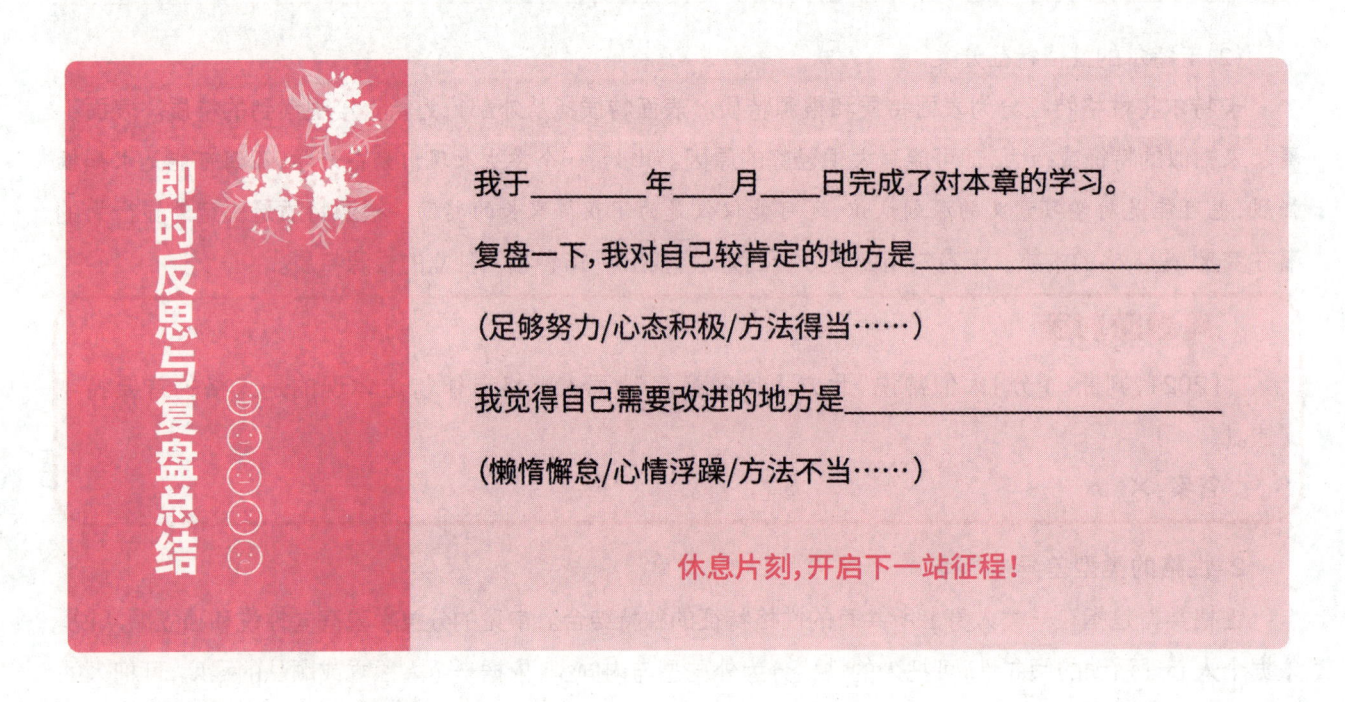

即时反思与复盘总结

我于_____年____月____日完成了对本章的学习。

复盘一下,我对自己较肯定的地方是_____

(足够努力/心态积极/方法得当……)

我觉得自己需要改进的地方是_____

(懒惰懈怠/心情浮躁/方法不当……)

休息片刻,开启下一站征程!

第三章 学习理论

思维导图

- **学习理论**
  - **学习概述**
    - 概念：由于练习或反复经验而产生的行为或行为潜能的相对持久的变化
    - 分类
      - 加涅
        - 学习水平："信刺反锁，言别概念，原理解决"
        - 学习结果："言语智慧有策略，情态动作皆结果"
      - 奥苏贝尔
        - 学生学习方式：接受学习、发现学习
        - 学习内容与认知结构：有意义学习、机械学习
  - **行为主义学习理论**
    - 巴甫洛夫的经典性条件作用——规律：泛化与分化、习得与消退、恢复
    - 桑代克的联结—试误学习——学习的原则：准备律、练习律、效果律
    - 斯金纳的操作性条件作用
      - 规律
        - 惩罚：呈现性惩罚、移除性惩罚
        - 强化：正强化、负强化
        - 逃避条件作用、回避条件作用 —— **重点**
      - 应用——程序教学、行为塑造
    - 班杜拉的社会学习
      - 学习的实质：观察学习
      - 学习过程：注意、保持、复现、动机 —— **重点**
      - 强化：直接强化、替代强化、自我强化
  - **认知派学习理论**
    - 格式塔的完形—顿悟学习——实质（形成新的完形）；过程（顿悟）
    - 托尔曼的符号学习——S-O-R；位置学习和潜伏学习实验
    - 布鲁纳的认知—发现学习
      - 学习观
        - 实质：主动形成认知结构
        - 过程："得花甲"
      - 教学观
        - 目的：理解学科基本结构
        - 原则："冻结城墙"
      - 发现学习：掌握学科的基本结构的最好方法
    - 奥苏贝尔的有意义接受学习
      - 有意义学习：新旧知识建立非人为的、实质性的联系
      - 先行组织者：先于学习任务、引导性学习材料
    - 加涅的信息加工学习——学习过程："东街活宝会盖作坊"
  - **人本主义学习理论**
    - 有意义的自由学习观
      - 无意义学习：仅仅涉及经验累积与知识增长
      - 有意义学习：涉及学习者是完整的人
    - 学生中心的教学观——心理氛围；非指导性教学模式
  - **建构主义学习理论**
    - 主要内容
      - 知识观：知识的动态性
      - 学习观：主动建构性、社会互动性、情境性
      - 学生观：学习者本身已有的经验结构
      - 教师观：帮助者、合作者

河南特岗考向

本章属于教育心理学的基础章节,考查频次较低,内容较为琐碎,需要考生识记的知识较多。在考试中常以选择题、判断题等客观题的形式考查。现对2014~2023年本章河南特岗考向分析如下:

考点	考频	题型	能力层级
桑代克的联结—试误学习理论	1	单选	识记
斯金纳的操作性条件作用理论	6	单选、判断	应用
班杜拉的社会学习理论	4	单选、判断	识记
布鲁纳的认知—发现学习理论	1	单选	识记
建构主义学习理论的主要内容	1	单选	识记

核心考点

第一节 学习概述

一、学习的概念及学生学习的特点

考点1 学习的概念

学习是个体在特定情境下由于练习或反复经验而产生的行为或行为潜能的相对持久的变化。

学习的内涵可以从以下几方面去理解:(1)学习实质上是一种适应活动;(2)学习是人和动物共有的普遍现象;(3)学习是由反复经验引起的;(4)学习是有机体后天习得经验的过程;(5)学习的过程可以是有意的,也可以是无意的;(6)学习引起的是相对持久的行为或行为潜能的变化。

然而值得注意的是,并非所有的行为变化都是由学习产生的,如生理成熟、疲劳、药物等因素亦可引起行为的变化。

> **小香课堂**
>
> 理解一项活动是不是学习需要重点理解两个方面:一是学习的定义;二是学习的"五非原则"。即非本能、非成熟、非疲劳、非药物、非病。

考点2 学生学习的特点

人类学习与学生学习之间是一般与特殊的关系,学生的学习既与人类的学习有共同之处,但又有其自身的特点。

学生学习的主要特点表现为:(1)接受学习是学习的主要形式,具有目的性、计划性和组织性;(2)学习过程是主动构建过程,具有自主性、策略性和风格性,是师生互动的过程;(3)学习内容以系统学习人类的间接知识经验为主,具有间接性;(4)学习目标具有全面性、多重目的性;(5)学生的学习具有一定程度的被动性。

综上所述,学生的学习是在教师的指导下,有目的、有计划、有组织地掌握系统的科学知识和技能,发展各种能力,形成一定的世界观和道德品质的过程。

二、学习的分类

考点1 加涅关于学习的划分

1. 学习水平分类

根据学习情境由简单到复杂、学习水平由低到高的顺序,心理学家加涅把学习分为八类,建构了一个完整的学习层级结构。

表3-6 学习水平分类

分类	内涵	典例
信号学习	学习对某种信号做出某种反应,其过程为:刺激—强化—反应	巴甫洛夫的经典性条件反射
刺激—反应学习	学会对某一情境中的刺激做出某种反应,以获得某种结果,其过程是:情境—反应—强化	桑代克和斯金纳的操作性条件反射
连锁学习	学习联合两个或两个以上的刺激—反应动作,以形成一系列刺激—反应动作的联结	儿童学习打篮球,学会了一系列的接球躲闪动作
言语联结学习	形成一系列的言语单位的联结,即言语连锁化	将单词组成合乎语法规则的句子
辨别学习	学会识别多种刺激的异同并对之做出不同的反应	对相似的、易混淆的单词分别做出正确的反应
概念学习	对刺激进行分类时,学会对一类刺激做出同样的反应,也就是对事物的抽象特征的反应	学生将"狗""猪""牛"等概括为"动物"
原理学习（规则学习）	学习两个或两个以上概念之间的关系	各种规律、定理的学习
解决问题的学习（高级规则的学习）	在各种情况下,使用所学原理或规则去解决问题	根据已知条件证明三角形的度数

记忆有妙招

关于学习水平的划分,考生可结合以下口诀进行记忆:

信刺反锁,言别概念,原理解决。信:信号学习。**刺反**:刺激—反应学习。**锁**:连锁学习。**言**:言语联结学习。**别**:辨别学习。**概念**:概念学习。**原理**:原理学习。**解决**:解决问题的学习。

2. 学习结果分类

按学习结果,加涅将学习分为五种类型:

表3-7 学习结果分类

领域	学习结果	概念	典例
认知领域	智慧技能	运用符号或概念与环境交互作用的能力	把分数转换为小数
认知领域	认知策略	调控自己的注意、学习、记忆和思维等内部心理过程的技能	画出组织结构图
认知领域	言语信息	有关事物的名称、时间、地点、定义以及特征等方面的事实性信息	北京是中国的首都
动作技能领域	动作技能	通过身体动作的质量的不断改善而形成的整体动作模式	进行"8"字形溜冰
情感领域	态度	影响个人对人、事、物采取行动的内部状态	做出听古典音乐的行为选择

记忆有妙招

关于学习结果的划分,考生可结合以下口诀进行记忆:

认知领域有三宝,言语智慧有策略,情态动作皆结果。

考点2 奥苏贝尔关于学习的划分

奥苏贝尔从两个维度对学习做了区分:从学生学习的方式上,将学习分为接受学习与发现学习;从学习内容与学习者认知结构的关系上,又将学习分为有意义学习和机械学习。接受学习和发现学习是学生学习最基本的类型,也是最主要的学习方式。具体内容参见本章第三节中"奥苏贝尔的有意义接受学习理论"。

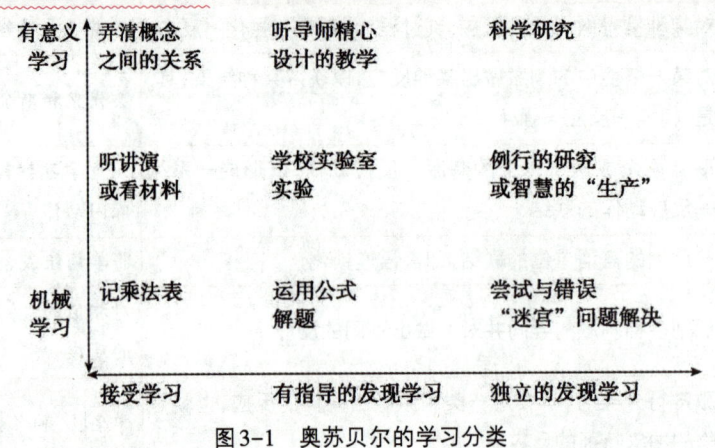

有意义学习	弄清概念之间的关系	听导师精心设计的教学	科学研究
	听讲演或看材料	学校实验室实验	例行的研究或智慧的"生产"
机械学习	记乘法表	运用公式解题	尝试与错误"迷宫"问题解决
	接受学习	有指导的发现学习	独立的发现学习

图3-1 奥苏贝尔的学习分类

考点3 其他关于学习的划分

(1)从学习主体来说,学习可分为动物学习、人类学习和机器学习。

(2)按学习时的意识水平,美国心理学家阿瑟·S·雷伯将学习分为内隐学习和外显学习。

(3)按学习内容,我国学者一般把学习分为知识的学习、技能的学习和行为规范的学习。

★ 考点大默写 ★

1. 学习是个体在特定情境下由于练习或反复经验而产生的行为或行为潜能的_____的变化。

2. 根据加涅的学习水平分类,学会识别多种刺激的异同并对之做出不同的反应属于_____;对刺激进行分类时,学会对一类刺激做出同样的反应属于_____;学习两个或两个以上概念之间的关系属于_____。

3. 根据加涅的学习结果分类,_____是有关事物的名称、时间、地点、定义以及特征等方面的事实性信息。

4. 奥苏贝尔从两个维度对学习做了区分:从学生学习的方式上,将学习分为_____与_____;从学习内容与学习者认知结构的关系上,又将学习分为_____和_____。

【参考答案】

1.相对持久 2.辨别学习;概念学习;原理学习(规则学习) 3.言语信息 4.接受学习;发现学习;有意义学习;机械学习

第二节 行为主义学习理论

行为主义学习理论的核心观点认为,学习过程是有机体在一定条件下形成刺激与反应的联系,从而获得新经验的过程。由于行为主义强调刺激—反应的联结,因此,也属于联结派学习理论。联结学习理论认为,一切学习都是通过条件作用,在刺激和反应之间建立直接联结的过程。强化在刺激—反应联结的建立中起着重要作用。在刺激—反应联结中,个体学到的是习惯,而习惯是反复练习和强化的结果。习惯一旦形成,只要原来的或类似的刺激情境出现,习得的习惯性反应就会自动出现。

一、巴甫洛夫的经典性条件作用理论

考点1 巴甫洛夫的经典性条件作用

巴甫洛夫在研究狗的进食行为时发现,狗吃到食物时,会分泌唾液,这是自然的生理反应,不需要学习,这种反应叫**无条件反射**,引起这种反应的刺激是食物,称为**无条件刺激**。如果在狗每次进食时发出铃声,一段时间后,狗只要听到铃声就会分泌唾液,这时作为中性刺激的铃声由于与无条件刺激联结而成了**条件刺激**,由此引起的唾液分泌就是**条件反射**,这种单独呈现条件刺激即能引起唾液分泌的反应叫作条件反应,后人称之为"**经典性条件作用**"。

考点2 巴甫洛夫的经典性条件作用的主要规律

1. 泛化与分化

机体对与条件刺激相似的刺激做出条件反应,属于**刺激的泛化**。如果只对条件刺激做出条件反应,而对其他相似刺激不做反应,则出现了**刺激的分化**。

刺激泛化和刺激分化是互补的过程。泛化是对事物的相似性的反应,分化则是对事物的差异性的反应。泛化能使我们的学习从一种情境迁移到另一种情境;而分化则能使我们对不同的情境做出不同的恰当反应,从而避免盲目行动。

> **小香课堂**
>
> "泛化"和"分化"易混淆,考生在做题时应注意题干中的关键词,强调对事物相似性的反应(分不清)为"泛化";强调对事物差异性的反应(分得清)为"分化"。

2. 习得与消退

在条件刺激与无条件刺激之间建立联结的过程叫作条件反应的习得过程。条件反射形成以后,如果得不到强化,条件反应会逐渐减弱,直至消失,称为**消退现象**。

3. 恢复

消退现象发生后,如果个体得到一段时间的休息,条件刺激再度出现,这时条件反射可能又会自动恢复。这种未经强化而条件反射自动重现的现象被称为恢复。

二、桑代克的联结—试误学习理论 【单选】

桑代克是美国著名心理学家,西方教育心理学奠基人之一,联结主义学习理论的创始人。桑代克的联结说是教育心理学史上第一个较为完整的学习理论。它系统地回答了有关学习的一些最基本的问题,这为教育心理学成为一门独立的学科起到了奠基作用。

考点1　学习的实质——形成情境与反应的联结

学习的实质在于形成情境与反应之间的联结。联结公式是S-R。桑代克认为刺激与反应之间的联结是直接的,并不需要中介作用。

考点2　学习的过程——一种渐进的、盲目的、尝试错误的过程

学习的过程就是形成刺激与反应之间联结的过程,而联结是通过尝试错误的过程建立的。桑代克依据他对动物(猫)实验的研究,认为一定的联结是通过尝试错误建立的。因此,他认为学习的进程是一种渐进的、盲目的、尝试错误的过程。在此过程中随着错误反应的逐渐减少和正确反应的逐渐增加,而最终在刺激与反应之间形成牢固的联结。这种理论又被称为尝试—错误论,简称试误论。

考点3　学习要遵循三条重要的原则:准备律、练习律、效果律

(1)准备律是指联结的加强或削弱取决于学习者的心理准备和心理调节状态。这里的"准备"不是指学习前的知识准备和成熟方面的准备,而是学习者在学习开始时的学习动机。

(2)练习律是指刺激与反应之间的联结会由于重复或练习而加强,不重复或练习,联结的力量就会减弱。练习律又分为应用律和失用律两个次律。

(3)效果律是指刺激和反应之间的联结可因导致满意的结果而加强,也可因导致烦恼的结果而减弱。即如果一个动作跟随情境中一个满意的变化,在类似的情境中这个动作重复的可能性将增加;但是,如果跟随的是一个不满意的变化,这个行为重复的可能性将减少。这样我们就能看到一个人当前行为的后果对决定他未来的行为起着关键的作用。也即哪一种行为会被"记住"、会与刺激建立起联系,取决于这种行为产生的效果。它是最重要的学习规律。

> **真题面对面**
>
> [2022,单,2分]阳阳的数学成绩比语文成绩好,他学数学的积极性更高,这符合桑代克学习理论中的(　　)
>
> A.准备律　　　　B.练习律　　　　C.效果律　　　　D.强化律
>
> 答案:C

考点4　联结—试误说的教育意义

桑代克的联结—试误理论虽然是从动物实验中推导出来的,但对于人类学习和学生学习仍有很大的借鉴意义。根据学生的学习特点,这一理论特别强调"从做中学",即在实际的操作过程中学习有关的概念、原理、技能和策略等。具体而言,对教育有以下指导意义:

(1)在这一过程中,教师应该允许学生犯错误,并鼓励学生多尝试,从错误中学习,这样获得的知识才会更牢固;

(2)任何学习都应该在学生有准备的状态下进行,不能经常搞"突然袭击";(准备律)

(3)在学习过程中,应加强合理的练习,并注意学习结束后不时地进行练习;(练习律)

(4)在实际教育过程中,教师应努力使学生的学习能得到自我满足的积极结果,防止一无所获或得到消极的后果。(效果律)

三、斯金纳的操作性条件作用理论 【单选、判断】 必背

桑代克为操作性条件作用理论奠定了基础,斯金纳则系统地发展了这一理论,并使之对教育实践产生了巨大作用。

斯金纳把人和动物的行为分为两类:应答性行为和操作性行为。应答性行为是由特定刺激引起的,是不随意的反射性反应;而操作性行为则不与任何特定刺激相联系,是有机体自发做出的随意反应。在日常生活中,人的大部分行为都是操作性行为。经典性条件反射理论可以解释应答性行为的产生,而操作性条件反射理论可以解释操作性行为的产生。

考点1 巴甫洛夫的经典性条件反射与斯金纳的操作性条件反射的比较

表3-8 两种条件作用的比较

比较范畴	经典性条件作用	操作性条件作用
主要代表人物	巴甫洛夫	斯金纳
行为	无意的、情绪的、生理的	有意的
顺序	行为发生在刺激之后	行为发生在刺激之前
学习的发生	中性刺激与无条件刺激的匹配	行为后果影响随后的行为
例子	学生将课堂(开始是中性的)与教师的热情联结在一起,课堂引发出积极情绪	学生回答问题后受到表扬,学生回答问题的次数增加

小香课堂

考生在区分经典性条件反射和操作性条件反射时,要抓住关键点:经典性条件反射指先有刺激(强化)后有行为,对应的是应答性行为;操作性条件反射指先有行为后有刺激(强化),对应的是操作性行为。

真题面对面

[2023,单,1分]学生因上课专心听讲而受到老师表扬,逐步养成良好的听课习惯,其理论依据是( )

A.经典性条件反射   B.联结反应

C.操作性条件反射   D.习惯成自然

答案:C

考点2 操作性条件作用的基本规律

操作性条件作用的基本规律有:惩罚、强化、逃避条件作用与回避条件作用、消退。

1.惩罚

惩罚是指当有机体做出某种反应以后,呈现一个厌恶刺激或失去一个愉快刺激,以消除或抑制此反应

的过程。惩罚可分为呈现性惩罚(正惩罚)和移除性惩罚(负惩罚)。

2. 强化

(1) 强化的分类

强化是采用适当的强化物而使机体的反应频率、强度和速度增加的过程。

强化有正强化和负强化之分。正强化也称积极强化,是通过呈现想要的愉快刺激来增强反应频率;负强化也称消极强化,是通过消除或中止厌恶、不愉快刺激来增强反应频率。

(2) 强化与惩罚的区别

表3-9 强化和惩罚的区别

区别	强化		惩罚	
分类	正强化	负强化	呈现性惩罚(正惩罚)	移除性惩罚(负惩罚)
特点	呈现愉快刺激	取消厌恶刺激	呈现厌恶刺激	取消愉快刺激
目的	提高反应频率		降低反应频率	
典例	给予表扬	免受惩罚	关禁闭	不写完作业不能出去玩

(3) 强化程序

斯金纳认为强化的程序不止一种。所谓强化程序,是按合乎要求的反应次数以及各次强化之间的时距的适当组合而做出的各种强化安排。它包括连续强化和间隔强化。连续强化指每次行为之后都给予强化;间隔强化指间隔一定时间或比例才给予强化。间隔强化又分为固定比例强化和变化比例强化、固定时间强化和变化时间强化等。

强化的安排可以有很多种,不同的强化安排可以起到不同的强化效果。一般来说,间隔强化的效果比连续强化的效果好;可变间隔和可变比例强化的效果好于固定间隔和固定比例强化的效果。

(4) 强化物

凡是能增强行为频率的刺激或事件叫作强化物。在选择强化物时,可以遵循**普雷马克原理**,又称为"**祖母法则**",即用高频活动作为低频活动的有效强化物。简单地说,每个人都有一个强化等级,在强化等级中,处于较高一级的强化物比处于较低一级的强化物更容易引发操作行为,所以,处于较高一级的活动可以强化较低一级的活动。例如,教师在课堂中经常使用的"只要写完作业,就可以出去玩""学完这个难点,我们就休息一下"等。如果有一件愉快的事等着学生去做,他们会很快完成另一件不喜欢的事情。

在应用普雷马克原理时应注意:行为和强化的关系不能颠倒,必须先有行为,再有强化;要让学生明确感觉到这种行为和强化的依随关系;不能过度使用强化物,否则,可能使强化物失去原有的效力。

3. 逃避条件作用与回避条件作用

逃避条件作用是指当厌恶刺激出现时,有机体做出某种反应,从而逃避了厌恶刺激,则该反应在以后的类似情境中发生的概率便增加的一类条件作用。在日常生活中,逃避条件作用不乏其例。例如:看见路上的垃圾后绕道走开;感觉屋内人声嘈杂时暂时离屋等。

回避条件作用是指当预示厌恶刺激即将出现的刺激信号呈现时,有机体也可以自发地做出某种反应,从而避免了厌恶刺激的出现,则该反应在以后的类似情境中发生的概率便增加的一类条件作用。它是在逃避条件作用的基础上建立的,是个体在经历过厌恶刺激的痛苦之后,学会了对预示厌恶刺激的信号做出反应,从而免受痛苦等。

逃避条件作用　　　　　　　　　　　　　回避条件作用

4. 消退

消退是指条件反射形成以后,如果得不到强化,条件反应会逐渐减弱,直至消失的现象。

> **真题面对面**
>
> [2021,单,2分]小王违反课堂纪律,老师取消了他的"班级之星"称号。该老师的做法属于(　　)
> A.正强化　　　　　　B.惩罚　　　　　　C.负强化　　　　　　D.反馈
> 答案:B

考点3　操作性条件作用理论对学习的意义

1. 强化的应用

在学习过程中,强化物有很多种类,如表扬、奖励、自我强化等。表扬或奖励可以根据具体的情况采用不同的形式,如关注、特权、拥抱、活动、实物、金钱等。没有一种强化形式适合于所有的人,当采用的表扬或奖励方式对学生无效时,并不是强化无效,而是没有选择正确的强化方式。

在对学生的行为进行奖励时,应注意避免外部奖励对内部兴趣的破坏。在很多情况下,维持行为的强化物是活动本身带来的快乐,这时再给予外部的奖励,就会使学生活动的目的逐渐变为获得外部奖励。因此,当学生已经自行从事某种活动时,教师应谨慎考虑奖励是否必要,避免给予不必要的奖励。奖励虽然是塑造行为的有效手段,但是奖励的运用必须得当,否则便会强化不良行为。例如,小孩的许多无理取闹的行为实际上是学习的结果,因为他们通过哭闹能得到诸如玩具、冷饮等强化物。

2. 消退的应用

消退是一种无强化过程,其作用在于降低某种反应在将来发生的概率,以达到消除某种行为的目的。不去强化而去淡化,既可消除不正确行为,又不会带来诸如惩罚等导致的感情受挫的副作用。因此,消退是减少不良行为、消除坏习惯的有效方法。

3. 惩罚的应用

惩罚并不能使行为发生永久性的改变,它只能暂时抑制行为,而不能根除行为。惩罚的运用必须慎重,惩罚一种不良行为应与强化一种良好行为结合起来,方能取得预期的效果。一般来说,要尽可能地少用惩罚,在必要的时候才使用。一个经常惩罚孩子的家长或教师,本身就给孩子树立了一个不好的榜样。惩罚的目的可能没有达到,反而使孩子学会了粗暴的不顾别人自尊的处事方式。惩罚的运用应该及时,即在学生做出某种行为之后,立即给予惩罚。惩罚紧紧跟在错误行为之后,与错误的行为之间建立联结。在惩罚时,最好选择一样替代反应进行强化,即指出正确的行为方式,在孩子做出正确的行为后给予强化。

强化、消退、惩罚对课堂管理、学生行为的塑造与矫正有很大作用,教师应对上述原理灵活掌握。

考点4　操作性条件作用理论在教育上的应用

斯金纳的操作性条件作用理论在教育上的应用主要体现在两个方面:(1)改进教学方式;(2)促进学生行为的塑造和矫正。

1. 程序教学

(1)程序教学的内涵

斯金纳将操作性条件反射原理应用到教学活动上,提出了程序教学论及其教学模式。**程序教学**是一种个别化的教学形式,斯金纳将要学习的大问题分解为一系列小问题,并将其按一定的程序编排呈现给学生,要求学生学习并回答问题,学生回答问题后及时得到反馈信息。

(2)程序教学的基本原理

程序教学的基本原理是采用**连续接近法**,通过设计好的程序不断强化,使学生形成教育者希望的行为模式。在教学中,应该首先将各学科知识分解为有内在逻辑联系的小的知识项目,其次使知识项目排列为前后衔接、逐渐加深的序列,然后让学生按顺序进行学习,学习过程中给予反馈和强化,最终使学生掌握知识。

(3)程序教学的原则

程序教学的原则有:①小步子原则;②积极反应原则;③自定步调原则;④及时反馈原则;⑤低错误率原则。

2. 行为塑造

在操作性条件作用的范例中,人们不但能通过强化来控制行为,还可以通过操作性训练来塑造复杂行为。例如,训练狗用鼻子去按响蜂鸣器的行为,就要有一个塑造的过程。首先要在它走近蜂鸣器时给予食物强化,然后再逐步训练它越来越靠近蜂鸣器的行为,通过逐步强化,直至最后出现用鼻子按响蜂鸣器的行为为止。同样,通过逐步强化,也可以塑造人类的复杂行为。例如,家长为了训练儿童的社交技能,刚开始时可以对儿童给客人开门的行为予以强化;然后,当孩子与客人打招呼后才予以强化;再然后,当孩子与客人主动交流时才予以强化;最后,家长可以教会孩子与他人有效交流。

通过逐步强化可以塑造儿童的良好行为,通过消退则可以消除儿童的不良行为,即通过不给予强化来减少某类行为出现的可能性。例如,小孩的许多无理取闹的行为实际上是学习的结果,因为他们通过哭闹能得到诸如玩具、冷饮等强化物。要矫正这种行为就不应再给予强化,因为父母的无端让步实际上正起着强化不正确行为的作用。不去强化而去淡化,既可消除不正确行为,又不会带来诸如惩罚等导致的感情受挫的副作用。

真题面对面

1. [2020,单,2分]下列选项中,最能体现斯金纳的操作性条件作用理论在教育上的应用的是(　　)
   A. 确定教学主题　　　　　　　　B. 更新教学内容
   C. 塑造学生行为　　　　　　　　D. 了解学生的态度

2. [2022,判断,1分]斯金纳的操作性条件作用理论不仅适用于塑造新行为,也适用于改变不良习惯。(　　)

答案:1. C　2. √

四、班杜拉的社会学习理论（观察学习理论）【单选、判断】 必背

考点1 学习的实质——观察学习

班杜拉以儿童的社会行为习得为研究对象,形成了其关于学习的基本思路,即观察学习是人的学习最重要的形式。班杜拉认为,学习是个体通过对他人的行为及其强化结果的观察,从而获得某些新的行为反应或已有的行为反应得到修正的过程。所谓"见贤思齐"只需有"贤者"为楷模足矣;又谓"见不贤而内自省"也是同样的情形。像这种不必亲身经历,只凭观察所见即产生学习的现象,属于替代学习(也称观察学习)。班杜拉的实验证明,榜样在观察学习过程中起到非常重要的作用。

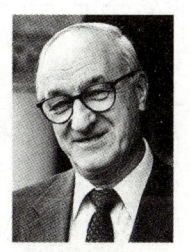

班杜拉

观察学习有其明显的特点:(1)观察学习并不依赖于直接强化;(2)观察学习不一定具有外显的行为反应,人们可以通过观察他人的示范行为,在自己尚未表现行为时就已经学到了如何去做,这样就可以避免许多不必要的错误和危险的结果;(3)观察学习具有认知性。

真题面对面

1.[2022,单,2分]教师利用榜样的作用使学生产生见贤思齐的上进心而不断完善自我,这种学习属于(　　)

A. 直接学习　　　B. 替代学习　　　C. 自主学习　　　D. 参与学习

2.[2021,判断,1分]对"榜样学习"的教育效应做出合理解释的心理学理论是班杜拉的观察学习理论。(　　)

答案:1. B　2.√

考点2 观察学习的过程

班杜拉把观察学习的过程分为注意、保持、复现和动机四个子过程。

(1)在注意过程中,观察者注意并知觉榜样情境的各个方面;

(2)在保持过程中,观察者记住从榜样情境中了解的行为,以表象和语言形式将它们在记忆中进行表征、编码以及存储;

(3)在复现过程中,观察者将头脑中有关榜样情境的表象和符号概念转为外显的行为;

(4)在动机过程中,观察者因表现出所观察到的行为而受到激励。班杜拉还认为习得的行为不一定都表现出来,学习者是否会表现出已习得的行为,会受强化的影响。

考点3 对强化的重新解释

(1)**直接强化**。直接强化是指观察者因表现出观察行为而受到强化。

(2)**替代强化**。替代强化是指观察者因看到榜样的行为被强化而受到强化。

(3)**自我强化**。自我强化是指对自己表现出的符合或超出标准的行为进行自我奖励。

★ 考点大默写 ★

1. 机体对与条件刺激相似的刺激做出条件反应,属于刺激的_____。如果只对条件刺激做出条件反应,而对其他相似刺激不做反应,则出现了刺激的_____。

2. 桑代克提出的学习要遵循的三条重要原则中,_____是指联结的加强或削弱取决于学习者的心理

准备和心理调节状态；_____是指刺激和反应之间的联结可因导致满意的结果而加强，也可因导致烦恼的结果而减弱。

3. _____也称积极强化，是通过呈现想要的愉快刺激来增强反应频率；_____也称消极强化，是通过消除或中止厌恶、不愉快刺激来增强反应频率。

4. _____是指当有机体做出某种反应以后，呈现一个厌恶刺激或失去一个愉快刺激，以消除或抑制此反应的过程。

5. 根据班杜拉的社会学习理论，不必亲身经历，只凭观察所见即产生学习的现象，属于_____。

6. 根据班杜拉对强化的重新解释，_____是指观察者因看到榜样的行为被强化而受到强化；_____是指对自己表现出的符合或超出标准的行为进行自我奖励。

【参考答案】
1. 泛化；分化 2. 准备律；效果律 3. 正强化；负强化 4. 惩罚 5. 观察学习（替代学习） 6. 替代强化；自我强化

第三节 认知派学习理论

认知派学习理论认为，有机体获得经验的过程是通过积极主动的内部信息加工活动形成新的认知结构的过程。

一、格式塔学派的完形—顿悟学习理论

苛勒等人通过著名的黑猩猩取香蕉实验，对学习中个体产生变化的实质及原因做出了解释。他们关于学习本质的观点如下：

考点1 学习的实质——形成新的完形

从学习的结果来看，学习并不是形成刺激—反应的联结，而是形成了新的格式塔（完形）。

考点2 学习的过程——顿悟过程

从学习的过程来看，学习是通过顿悟过程实现的。(1)学习不是简单地形成由此及彼的神经通路的联结活动，而是在头脑中主动积极地对情境进行组织的过程；(2)学习过程中知觉的重新组织，不是渐进地尝试错误的过程，而是突然的顿悟。因此，学习不是一种盲目的尝试，而是由于对情境的顿悟而获得的成功。所谓顿悟，就是领会到自己的动作和情境，特别是和目的物之间的关系。

考点3 联结—试误学习理论与完形—顿悟学习理论

格式塔学派对学习理论的发展做出了重要贡献，肯定了主体的能动作用，把学习视为主动构造完形的过程，强调观察、顿悟和理解等认知功能在学习中的作用，同时也批判了联结—试误学习理论。

但是，完形—顿悟学习与联结—试误学习也并不是互相排斥和绝对对立的。联结—试误往往是顿悟的前奏，顿悟则是练习到某种程度时出现的结果。联结—试误和顿悟在人类学习中均极为常见，它们是两种不同方式、不同阶段或不同水平的学习类型。一般来说，简单的、主体已有经验可循的问题解决，往往不需要进行反复的尝试错误；而对于复杂的、创造性的问题解决，大多需要经过尝试错误的过程，方能产生顿悟。

二、托尔曼的符号学习理论

托尔曼是一位受格式塔学派影响的行为主义者，他提出的认知学习理论和内部强化理论对现代认知学习理论的发展有一定的贡献。他关于学习的主要观点包括：

(1)学习是有目的的,是期望的获得。学习的目的性是人类学习区别于动物学习的主要标志。期望是个体依据已有经验建立的一种内部准备状态,是通过学习而形成的关于目标的认识和期待。期望是托尔曼学习理论的核心概念。

(2)学习是对完形的认知,是形成认知地图的过程。托尔曼主张将行为主义S-R公式改为S-O-R公式,O代表机体的内部变化。

托尔曼的上述观点得到了他和他的同事们所做实验的支持,其中最有说服力的动物学习实验有位置学习实验和潜伏学习实验等。

托尔曼的符号学习理论把认知主义的观点引进行为主义的学习理论,改变了联结派学习理论把学习看成是盲目的、机械的过程的观点。他重视学习的中介过程,强调学习的认知性和目的性,这些思想对现代认知学习理论的产生和发展起到了深远的影响。

三、布鲁纳的认知—发现学习理论 【单选】

布鲁纳是美国著名的认知教育心理学家,他主张学习的目的在于以发现学习的方式,使学科的基本结构转变为学生头脑中的认知结构。因此,他的理论常被称为认知—结构教学论或认知—发现学习说。

考点1 学习观

1. 学习的实质在于主动形成认知结构

认知结构是指一种反映事物之间稳定联系或关系的内部认识系统,或者说,是某一学习者的观念的全部内容与组织。

布鲁纳认为,人不是一个知识的被动接受者。个人的学习都是通过把新得到的信息和原有的认知结构联系起来,去积极地建构新的认知结构。

2. 学习包括获得、转化和评价三个过程

布鲁纳认为学习包括三种几乎同时发生的过程,这三种过程是:新知识的获得、知识的转化、知识的评价。这三个过程实际上就是学习者主动地建构新认知结构的过程。新知识可能是以前知识的精炼,也可能与原有知识相违背。知识的转化就是超越给定的信息,运用各种方法将它们变成另外的形式,以适合新任务,并获得更多的知识。知识的评价是对知识转化的一种检查,通常包含对知识的合理性进行判断。

记忆有妙招

> 关于布鲁纳提出的学习的三个过程,考生可结合以下口诀进行记忆:
> **布鲁纳得花甲。** 得:获得。花:转化。甲:评价。

考点2 结构教学观

1. 教学的目的在于理解学科的基本结构

由于布鲁纳强调学习的主动性和认知结构的重要性,所以他主张教学的最终目标是促进学生对学科结构的一般理解。所谓学科的基本结构,是指学科的基本概念、基本原理及其基本态度和方法。学生理解了学科的基本结构,就容易掌握整个学科的具体内容,就容易记忆学科知识,就能促进学习迁移,促进儿童智力和创造性的发展,并且可以提高学习兴趣。

2. 掌握学科的基本结构的教学原则

(1)动机原则。所有学生都具有内在的学习愿望,内在动机是维持学习的基本动力。学生具有三种最基本的内在动机,即好奇内驱力(求知欲)、胜任内驱力(成功的欲望)和互惠内驱力(人与人之间和睦共处的需要)。教师如果能善于促进并调节学生的探究活动,便可激发他们的这些内在动机,有效地达到预定的学习目标。

(2)**结构原则**。任何知识结构都可以用动作、图像和符号三种表征形式来呈现。**动作表征**是借助动作进行学习,无需语言的帮助;**图像表征**是借助图像进行学习,以感知材料为基础;**符号表征**是借助语言进行学习,经验一旦转化为语言,逻辑推导便能进行。至于究竟选用哪一种呈现方法为好,则视学生的知识背景和课题性质而定。

(3)**程序原则**。教学就是引导学习者通过一系列有条不紊地陈述一个问题或大量知识的结构,以提高他们对所学知识的掌握、转化和迁移的能力。通常每门学科都存在着各种不同的程序,它们对学习者来说,有难有易,不存在对所有的学习者都适用的唯一的程序。

(4)**强化原则**。教学规定适合的强化时间和步调是学习成功的重要一环。知道结果应恰好在学生评估自己作业的那个时刻。知道结果过早,易使学生慌乱,从而阻挠其探究活动的进行;知道结果太晚,易使学生失去受帮助的机会,甚至有可能接受不了正确的信息。

记忆有妙招

关于掌握学科的基本结构的教学原则,考生可结合以下口诀进行记忆:
冻结城墙。冻:动机原则。结:结构原则。城:程序原则。墙:强化原则。

考点3 发现学习法

布鲁纳认为,发现是教育儿童的主要手段,学生掌握学科的基本结构的最好方法是发现学习。所谓发现学习,就是学生利用教材或教师创设的学习情境,经由自己的探索寻找,以获得问题答案的一种学习方式。

在教学中运用发现法,其灵活性和自发性都较大。一般来说,它没有固定的模式,要根据不同学科和不同学生的特点来进行,但其一般步骤包括:(1)提出和明确使学生感兴趣的问题;(2)使学生对问题体验到某种程度的不确定性,以激发探究的欲望;(3)提供解决问题的各种假设;(4)协助学生搜集和组织可用于做结论的资料;(5)组织学生审查有关资料,得出应有的结论;(6)引导学生运用分析思维去验证结论,最终使问题得到解决。总之,在整个问题的解决过程中,要求教师向学生提供材料,让学生亲自发现应得的结论或规律,使学生成为发现者。由于发现法的有效性取决于学生已有的知识经验的丰富性和一定的思维能力,因此,一般来说,学生的年级越高,越适宜使用发现法。

真题面对面

[2019,单,2分]强调学生亲自去发现问题的结论和规律,使自己成为发现者的观点的教育家是( )

A.布卢姆   B.斯金纳   C.布鲁纳   D.斯宾塞

答案:C

四、奥苏贝尔的有意义接受学习理论

考点1 奥苏贝尔对接受学习的理解

1.接受学习与发现学习

奥苏贝尔认为,学生的学习主要是接受学习。接受学习不同于发现学习,主要表现在:(1)发现学习的

过程比接受学习的过程多一个发现即解决问题的阶段,因此,前者比后者复杂。(2)接受学习和发现学习在智力发展和认知功能中的作用也不同。大量的材料是通过接受学习获得的,而各种问题则是通过发现学习解决的。但在儿童的发展中,接受学习比发现学习出现稍晚。接受学习的出现意味着儿童达到了较高水平的认知成熟程度。

2. 消除对接受学习的误解

奥苏贝尔认为,必须把接受学习与被动学习区分开来。被动学习是与主动学习相对的。接受学习可能是主动的,也可能是被动的,它与被动学习、主动学习都没有必然联系。有不少人将接受学习与被动学习相等同,这是错误的。同时,接受学习未必都是机械学习,它可以而且也应该是有意义的学习。同样,发现学习未必都是有意义的学习,它也可能是机械学习。

考点 2 有意义学习

奥苏贝尔的有意义学习理论主要说明学生在课堂中的学习。奥苏贝尔认为学生在学校学习语言符号所代表的系统知识,主要是有意义学习而不是机械学习。学生在学校中的有意义学习应该是有意义的接受学习和有意义的发现学习,但他更强调有意义的接受学习,因为有意义的接受学习可以在短时期内使学生获得大量的系统知识。

有意义学习的本质就是以符号为代表的新观念与学习者认知结构中原有的适当观念建立起非人为的和实质性的联系的过程,是原有观念对新观念加以同化的过程。所谓**非人为的联系**,是指有内在联系而不是任意的联想或联系,指新知识与原有认知结构中有关的观念建立在某种合理的逻辑基础上的联系。所谓**实质性的联系**,是指表达的语词虽然不同,但却是等值的,也就是说这种联系是非字面的联系。

考点 3 有意义学习的条件

(1)客观条件,是指受学习材料本身性质的影响。有意义学习的材料本身必须合乎这种非人为的和实质性的标准,即具有逻辑意义。教材一般符合此要求。

(2)主观条件,是指受学习者自身因素的影响。主要表现在:①学习者必须具有有意义学习的心向;②学习者认知结构中必须具有适当的知识,以便与新知识进行联系;③学习者必须积极主动地使这种具有潜在意义的新知识与认知结构中有关的旧知识发生相互作用。

考点 4 组织学习的原则与策略

以有意义学习和认知同化的观点为基础,奥苏贝尔提出了几个组织学习的基本原则和策略。

1. 组织学习的原则

(1)逐渐分化原则

逐渐分化原则,即首先应该传授最一般、包容性最广的观念,然后根据具体细节对它们逐渐加以分化,这样可以为每个知识单元的教学都提供理想的固定点,即对新知识起固定作用的先前知识。

(2)整合协调原则

整合协调原则,是指如何对学生认知结构中的现有要素重新加以组合。

2. 组织学习的策略——先行组织者

奥苏贝尔提出"先行组织者"概念,即先于某个学习任务本身呈现的引导性学习材料。先行组织者的抽象、概括和综合水平高于学习任务,并与认知结构中的原有观念及新的学习任务相关联。先行组织者可以分为两类:陈述性组织者(说明性组织者)和比较性组织者。

奥苏贝尔认为,先行组织者不仅能够帮助学习者学习新知识,而且可以帮助其保持知识。具体表现在以下几个方面:(1)能够将学生的注意力集中在将要学习的新知识中的重点部分;(2)突出强调新知识与已有知识的关系,为新知识提供一种框架;(3)能够帮助学生回忆起与新知识相关的已有知识,以便更好地建立联系。

五、加涅的信息加工学习理论(累积学习理论)

加涅认为,学习是一个有始有终的过程,这一过程可分成若干阶段,每一阶段需进行不同的信息加工。在各个信息加工阶段发生的事件,称为学习事件。学习事件是学生内部加工的过程,它形成了学习的信息加工理论的基本结构。与此相应,教学过程既要根据学生的内部加工过程,又要影响这一过程。因而,教学阶段与学习阶段是完全对应的。在每教学阶段发生的事情,即教学事件,这是学习的外部条件。教学就是由教师安排和控制这些外部条件构成的,而教学的艺术就在于学习阶段与教学阶段的完全吻合。

考点1 学习结构模式

加涅将学习过程看作是信息加工流程。加涅认为,学习的模式是用来说明学习的结构与过程的,它对于理解教学和教学过程,以及如何安排教学事件具有极大的实用意义,1974年,他描绘出一个典型的学习结构模式图:

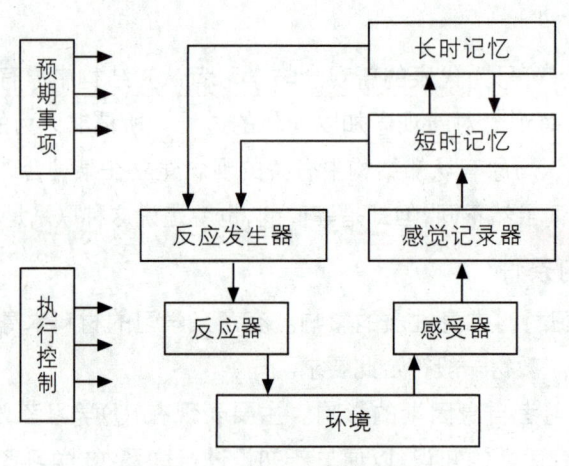

图3-2 学习结构模式图

这一模式分两个部分:第一部分是右边的结构叫操作记忆,它是一个信息流。第二部分是左边的结构,包括预期事项(期望)和执行控制两个环节。

考点2 学习过程的阶段性

加涅认为学习的外部条件和内部条件应加以区别,发生在学习者头脑里(中枢神经系统)的内部活动是学习过程,它是在外界影响下发生的。教学是有目的、有计划地发动、激发、维持和提高学习者学习的一整套外部条件。在此基础上,加涅提出了他的学习过程的八个阶段和相应心理过程的假设:

(1)动机阶段——激发学习者的学习动机。

(2)了解(领会)阶段——注意和选择性知觉。

(3)获得阶段——所学的信息进入短时记忆,并编码和储存。

(4)保持阶段——已编码的信息进入长时记忆储存。

(5)回忆阶段——进行信息的检索。

(6)概括阶段——实现学习的迁移。

(7)操作阶段——反应发生阶段。学生通过作业表现其操作活动。

(8)反馈阶段——证实预期,获得强化。

记忆有妙招

关于加涅的学习过程的八个阶段,考生可结合以下口诀进行记忆:

东街活宝会盖作坊。东:动机。街:了解。活:获得。宝:保持。会:回忆。盖:概括。作:操作。坊:反馈。

★ 考点大默写 ★

1. 布鲁纳认为学习的实质在于主动形成_____,他认为学生掌握学科的基本结构的最好方法是_____。
2. 布鲁纳的教学观认为,掌握学科的基本结构的教学原则有_____、_____、程序原则、_____。
3. _____的本质就是以符号为代表的新观念与学习者认知结构中原有的适当观念建立起非人为的和实质性的联系的过程。
4. 奥苏贝尔提出的_____指先于某个学习任务本身呈现的引导性学习材料。

【参考答案】

1.认知结构;发现学习   2.动机原则;结构原则;强化原则   3.有意义学习   4.先行组织者

第四节　人本主义学习理论

人本主义一方面反对行为主义把人看作是动物或机器,另一方面也批评认知心理学虽然重视人类的认知结构,但忽视人类情感、态度、价值观等对学习的影响。它认为心理学应该探讨完整的人,强调人的价值,强调人有发展的潜能和自我实现的倾向。人本主义的学习理论以人本主义心理学的基本理论框架为基础,其代表人物罗杰斯对学习问题进行了专门的论述。

一、有意义的自由学习观

根据学习对学习者的个人意义,人本主义将学习分为无意义学习和有意义学习两类。

无意义学习是指学习没有个人意义的材料,不涉及感情或个人意义,仅仅涉及经验累积与知识增长,与完整的人(具有情感和理智的人)无关,学得吃力,而且容易遗忘。

有意义学习是指一种涉及学习者是完整的人,使个体的行为、态度、个性以及在未来选择行动方针时发生重大变化的学习,是一种与学习者各种经验融合在一起的、使个体全身心地投入其中的学习。例如,让一个学生取一杯冰水,他就可以学到"冷"这个词的意义,并知道冰加热能融化,而在夏天,装冰水的杯子外面会有水滴等。

人本主义者倡导有意义的自由学习观,有意义学习关注学习内容与个人之间的关系。它不仅是理解记忆的学习,而且是学习者所做出的一种自主、自觉的学习,要求学习者能够在相当大的范围内自行选择学习材料,自己安排适合于自己的学习情境。

二、学生中心的教学观

1.教学观点

教育与教学过程就是要促进学生的个性发展,发挥学生的潜能,培养学生学习的积极性与主动性。而学习是人固有能量的自我实现过程,强调人的尊严和价值,强调无条件积极关注在个体成长过程中的重要作用。教育的目标、学习的结果应该是使学生成为具有高度适应性和内在自由性的人。教师的任务是要为学生提供学习的手段和条件,促进个体自由地成长。

罗杰斯认为,促进学生学习的关键不在于教师的教学技巧,而在于特定的心理氛围。它包括:(1)真实或真诚;(2)尊重、关注和接纳;(3)移情性理解。

2.非指导性教学模式

学生中心模式又称为非指导性教学模式。在这个模式中,教师最富有意义的角色不是权威,而是"助产士"和"催化剂"。教师只是一个"为学习提供便利条件的人""学习的促进者"。人本主义理论提倡自我激励、自我调节的学习、情感教育、真实性评定、合作学习以及开放课堂和开放学校。

非指导性教学过程包括五个阶段:(1)确定帮助的情境,即教师要鼓励学生自由地表达自己的情感;(2)探索问题,即鼓励学生自己来界定问题,教师要接受学生的感情,必要时加以澄清;(3)形成见识,即让学生讨论问题,自由地发表看法,教师给学生提供帮助;(4)计划和抉择,即由学生计划初步的决定,教师帮助学生澄清这些决定;(5)整合,即学生获得较深刻的见识,并做出较为积极的行动,教师对此要予以支持。

★ 考点大默写 ★

1. 根据学习对学习者的个人意义,人本主义将学习分为_____和_____两类。
2. 罗杰斯认为,促进学生学习的关键不在于教师的教学技巧,而在于特定的心理氛围。它包括:_____;尊重、关注和接纳;_____。
3. 学生中心模式又称为_____模式,在这个模式中,教师最富有意义的角色不是权威,而是"助产士"和"催化剂"。

【参考答案】
1. 无意义学习;有意义学习　2. 真实(真诚);移情性理解　3. 非指导性教学

第五节　建构主义学习理论

建构主义是认知学习理论的新发展,对当前的教学改革产生了深远的影响。它不是一个特定的学习理论,而是许多理论观点的统称。建构主义思想的核心是:知识是在主客体相互作用的活动中建构起来的。

一、建构主义学习理论的主要内容　【单选】

考点1　建构主义知识观

建构主义在一定程度上质疑知识的客观性和确定性,强调知识的动态性。

建构主义的知识观包括:(1)知识并不是对现实的准确表征,也不是问题的最终答案,而是随着人类进步而不断改正并随之出现的新的假设和解释;(2)知识并不能精确地概括世界的法则,在具体问题中,并不能拿来就用,一用就灵,而是要针对具体情境进行再创造。此外,知识不可能以实体的形式存在于具体个体之外,尽管我们通过语言符号赋予了知识一定的外在形式,但学习者仍然会基于自己的经验背景进行理解并建构属于自己的知识。

考点2　建构主义学习观

建构主义强调学习的主动建构性、社会互动性和情境性。

(1)学习的**主动建构性**是指学生能够主动地对已有知识经验进行综合、重组和改造,从而用以解释新信息,并最终建构属于个人意义的知识内容。知识不是通过教师传授获得,而是学习者在一定情境下即社会文化的背景下,借助其他人的帮助,利用必要的学习资料,通过意义建构的方式获得的。学习是个体建构自己知识的过程,这就意味着学习是主动的。

(2)**社会互动性**主要表现为:学习是通过对某种社会文化的参与而内化相关的知识和技能、掌握有关工具的过程,这一过程常常需要通过一个学习共同体的合作互动来完成。建构主义者认为,学习不是每个学生单独在头脑中进行的活动,学习者也不是一个孤独的探索者,而是一个社会的人。学习总是学习者在一定社会文化环境下进行的,即使在表现上学习者是一个人在进行学习,但是他在学习中采用的学习材料、学习用具以及学习环境等都是属于社会的,是集体经验的累积。

(3)学习的**情境性**主要指学习、知识和智慧的情境性,建构主义者认为知识是不可能脱离活动情境而孤立存在的。只有通过实际应用活动,知识才能真正被理解。因此,人的学习应该与情境化的社会实践活动相联系,通过对某种社会实践的参与而逐渐掌握有关的社会规则并形成相应的知识。

真题面对面

[2014,单,2分]知识不是通过教师传授获得,而是学习者在一定情境下,利用学习资料生成意义的过程。这符合(　　)

A.行为主义学习观　　　　　　　　B.人本主义学习观
C.新行为主义学习观　　　　　　　D.建构主义学习观

答案:D

考点3　建构主义学生观

建构主义非常强调学习者本身已有的经验结构,认为学习者在学习新信息、解决新问题时往往可以基于相关的经验,依靠其认知能力形成对问题的解释。通过对儿童早期认知发展的研究也发现,即使是年龄非常小的孩子也已经形成了远比我们所想象的要丰富得多的知识经验。因此,教学不能无视学生的已有经验,而是要把儿童现有的知识经验作为新知识的生长点,引导儿童从原有的知识经验中发展出新的知识经验。

考点4　建构主义教师观

信息加工的认知主义更多地把教师看成是学生学习的**指导者**、**设计者**,而建构主义更愿意把教师看成是学生学习的**帮助者**、**合作者**。建构主义认为教学不是由教师到学生的简单的转移和传递,而是在师生的共同活动中,教师通过提供帮助和支持,引导学生从原有的知识经验中"生长"出新的知识经验,为学生的理解提供梯子,使学生对知识的理解能逐步深入;帮助学生形成思考、分析问题的思路,启发他们对自己的学习进行反思,逐渐让学生对自己的学习能自我管理、自我负责;创设良好的、情境性的、富有挑战性的、真实的、复杂多样的学习情境,鼓励并协助学生在其中通过实验、独立探究、讨论、合作等方式学习;组织学生与不同领域的专家或实际工作者进行广泛的交流,为学生的探索提供有力的社会性支持。

二、建构主义学习理论对当前教育实践的启示

建构主义学习理论的形成与发展对当代教育理论与教育实践都有广泛的影响,尤其是其理论中所概括

的知识观、学习观和学生观的核心思想,能够给予当前的教育实践很多启发。教师在教学过程中应当改变传统观念,对教学模式和教学方法进行重新改革。

(1)从建构主义的知识观出发,建构主义强调知识是个体对于现实的理解和假设,其受到特定经验和文化等的影响,因此每个人对知识所建构的理解都是不同的。教师在教育教学过程中应当更加重视学生的个性化特点,因材施教,并不是要对所有的学生传授完全相同的原理知识,而是要让每个学生能够按照他的知识经验建构出新的知识内容。

(2)从教学的角度来看,建构主义认为学习就是主体对学习客体的主动探索、不断变革,从而建构对客体意义理解的过程。因此,在教学中应当注意学生的有意义建构,通过适当的教学策略启发学生能够自主建构认知结构。

(3)从学习者的角度出发,建构主义认为学生是意义的主动建构者,而不是外部刺激的被动接受者和被灌输的对象,因此,在教学过程中除了传统知识的传授,还应当充分发挥学生的主体地位,强调学生的自主性和能动性,在学习过程中能够主动发现、分析、解决问题。学生由被动的知识接受者变为主动的信息搜集者,教师由知识的灌输者变为引导学生建构知识意义的领路人,教师在学生心目中的地位也不再是不可亵渎的权威,而是学生学习的辅助者,师生之间成为共同的学习伙伴和合作者。

★ 考点大默写 ★

1. 建构主义在一定程度上质疑知识的客观性和确定性,强调知识的_____。
2. 建构主义强调学习的_____、_____和情境性。
3. 在教师观上,建构主义认为教学不是由教师到学生的简单的转移和传递,而是在师生的共同活动中,教师通过提供帮助和支持,引导学生从原有的知识经验中"_____"出新的知识经验。

【参考答案】
1. 动态性 2. 主动建构性;社会互动性 3. 生长

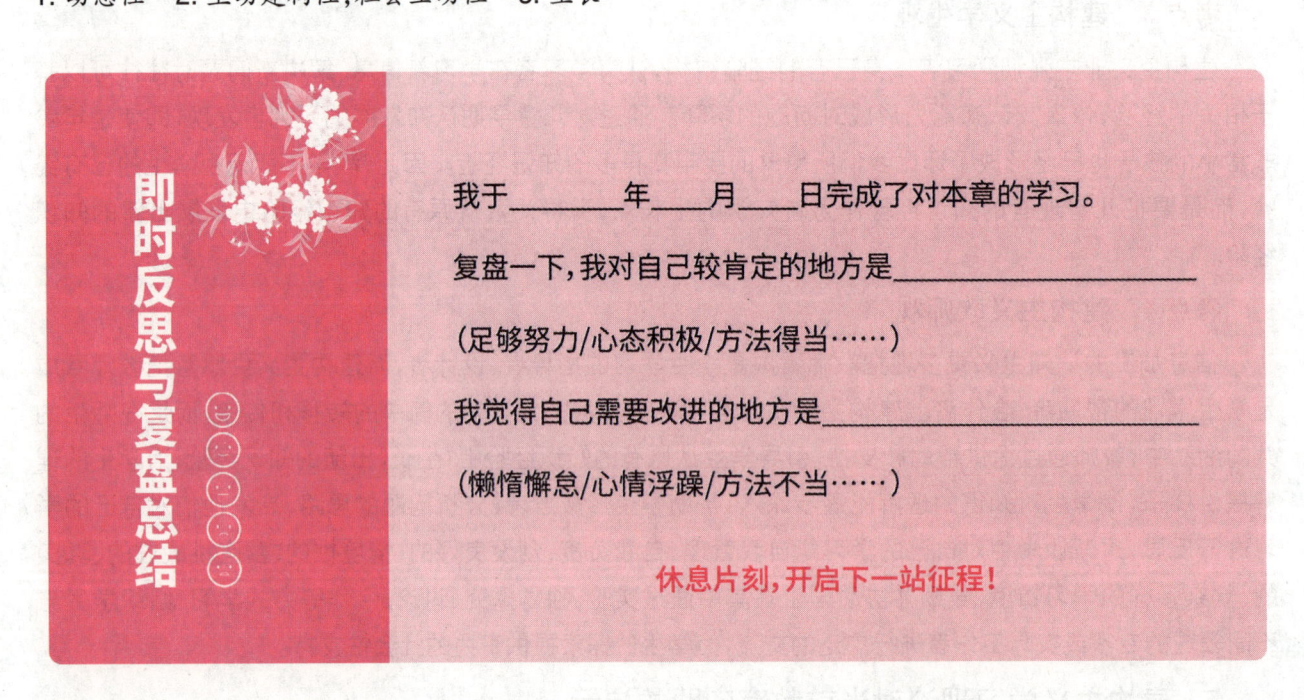

即时反思与复盘总结

我于_____年___月___日完成了对本章的学习。

复盘一下,我对自己较肯定的地方是_____

(足够努力/心态积极/方法得当……)

我觉得自己需要改进的地方是_____

(懒惰懈怠/心情浮躁/方法不当……)

休息片刻,开启下一站征程!

第四章 学习心理

思维导图

- **学习心理**
  - **学习动机**
    - 概述
      - 分类
        - 内部（学习本身）；外部（学习活动以外）
        - 认知内驱力（学习任务本身）；自我提高内驱力；附属内驱力
      - 对学习效果的影响 —— 耶克斯—多德森定律："曲线为倒U，最佳为中等"
    - 理论
      - 成就动机理论（阿特金森）
        - 力求成功：成功概率为50%的任务
        - 避免失败：非常容易或困难的任务
      - 成败归因理论（韦纳）【重点】
        - 能力（内部、稳定、不可控）
        - 努力（内部、不稳定、可控）
        - 工作难度（外部、稳定、不可控）
        - 运气/环境（外部、不稳定、不可控）
        - 身心状况（内部、不稳定、不可控）
      - 自我效能感理论（班杜拉） —— 影响因素：成败经验、替代经验、言语暗示、情绪唤醒
    - 培养与激发 —— 激发：问题情境、目标、控制水平、期望、反馈、奖赏、表扬、竞争
  - **学习策略**
    - 分类【重点】
      - 认知策略
        - 复述策略：及时复习、画线等
        - 精加工策略：记忆术、做笔记等
        - 组织策略：归类策略、纲要策略
      - 元认知策略
        - 计划策略：设置目标、浏览材料等
        - 监控策略：自我提问、监视速度和时间等
        - 调节策略：重读、放慢速度、跳过难题等
      - 资源管理策略 —— 时间管理、环境管理、努力管理、学业求助
  - **学习迁移**
    - 概述
      - 类型
        - 正迁移（促进作用）；负迁移（阻碍作用）；零迁移（无影响）
        - 顺向迁移（前→后）；逆向迁移（后→前）
        - 水平迁移（同一水平）；垂直迁移（自下而上、自上而下）
        - 一般迁移（原理、原则、态度）；具体迁移（要素重新组合）
    - 理论
      - 早期：形式训练说、相同要素说、概括化理论、关系理论
      - 当代：认知结构迁移理论、产生式理论
    - 迁移与教学 —— 影响学习迁移的因素："知情心，策智能，学点教导"
  - **知识的学习**
    - 知识概述
      - 分类：陈述性知识（言语直接陈述）；程序性知识（怎么做）
      - 表征
        - 陈述性知识：命题和命题网络、概念、表象和图式
        - 程序性知识：产生式和产生式系统
    - 知识学习的类型
      - 符号学习、概念学习（本质属性、关键特征）和命题学习
      - 下位学习（新知识层级低）、上位学习、并列结合学习
    - 陈述性知识的学习 —— 知识概括：正例、反例、变式、比较、自觉概括
    - 程序性知识的学习 —— 一般过程（陈述性、程序化、自动化）；教学策略

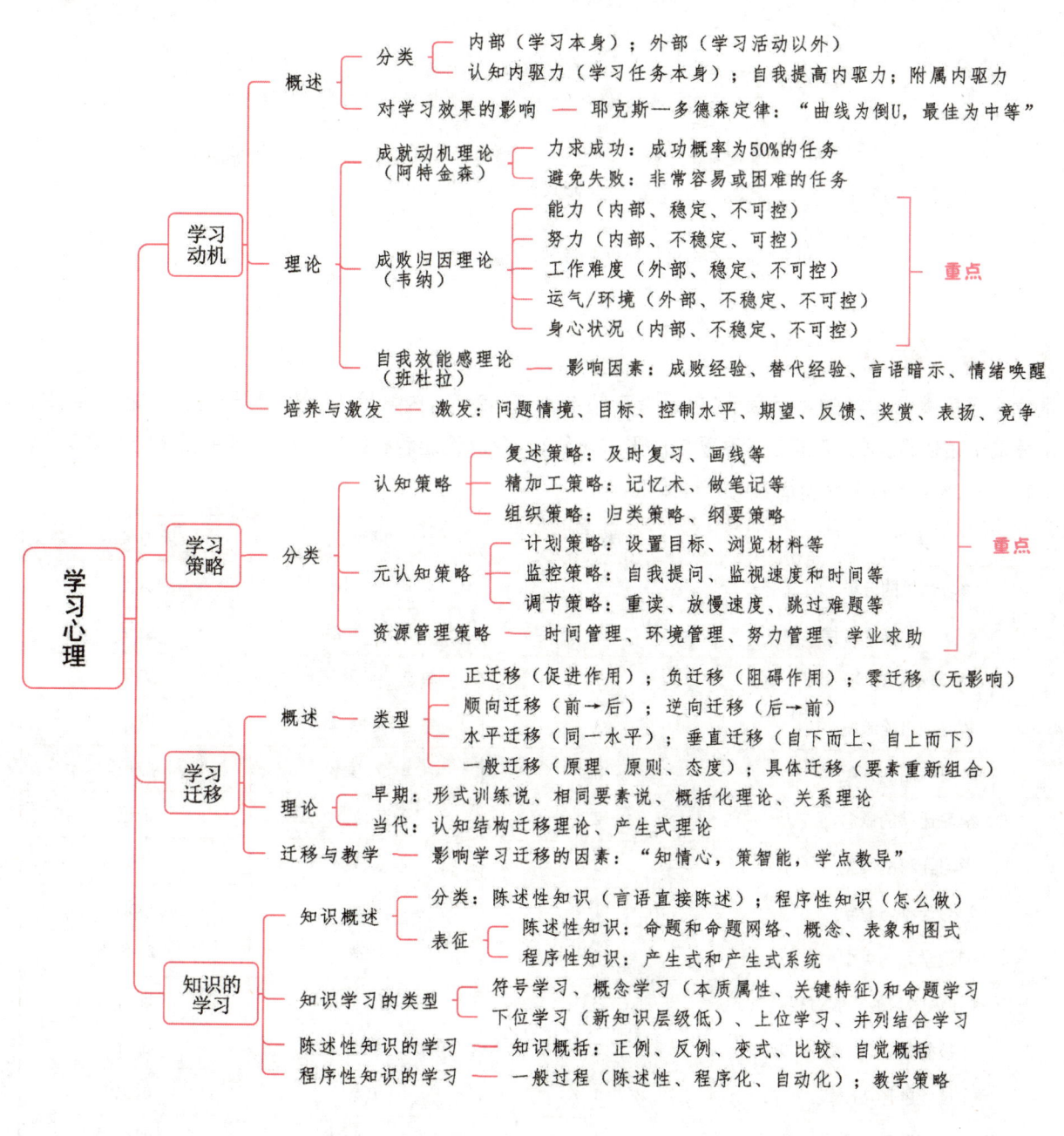

第三部分 教育心理学

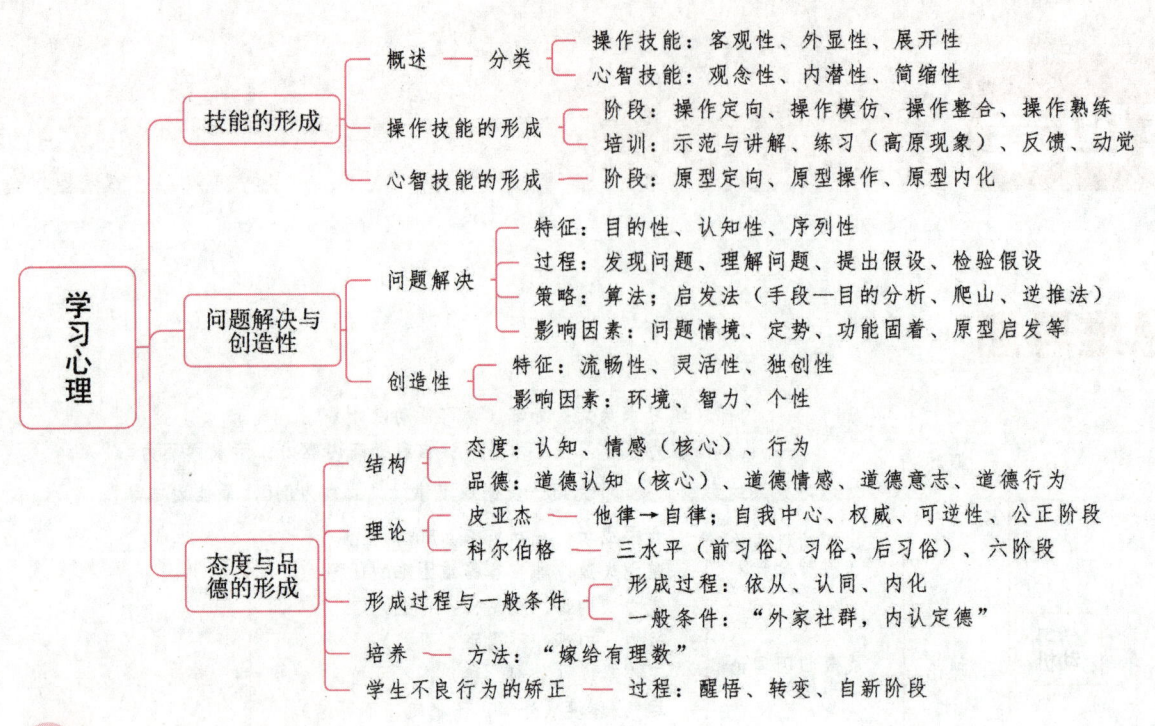

```
                              ┌─ 概述 ── 分类 ┬─ 操作技能：客观性、外显性、展开性
                              │              └─ 心智技能：观念性、内潜性、简缩性
              ┌─ 技能的形成 ──┤─ 操作技能的形成 ┬─ 阶段：操作定向、操作模仿、操作整合、操作熟练
              │              │                 └─ 培训：示范与讲解、练习（高原现象）、反馈、动觉
              │              └─ 心智技能的形成 ── 阶段：原型定向、原型操作、原型内化
              │
              │                              ┌─ 特征：目的性、认知性、序列性
              │              ┌─ 问题解决 ────┤─ 过程：发现问题、理解问题、提出假设、检验假设
              │              │                │─ 策略：算法；启发法（手段—目的分析、爬山、逆推法）
  学习心理 ──┤─ 问题解决与  │                └─ 影响因素：问题情境、定势、功能固着、原型启发等
              │   创造性     │
              │              └─ 创造性 ┬─ 特征：流畅性、灵活性、独创性
              │                        └─ 影响因素：环境、智力、个性
              │
              │                              ┌─ 态度：认知、情感（核心）、行为
              │              ┌─ 结构 ────────┤
              │              │                └─ 品德：道德认知（核心）、道德情感、道德意志、道德行为
              │              │                ┌─ 皮亚杰 ── 他律→自律；自我中心、权威、可逆性、公正阶段
              │              ├─ 理论 ────────┤
              └─ 态度与品德 ─┤                └─ 科尔伯格 ── 三水平（前习俗、习俗、后习俗）、六阶段
                  的形成     │                ┌─ 形成过程：依从、认同、内化
                             ├─ 形成过程与一般条件 ┤
                             │                └─ 一般条件："外家社群，内认定德"
                             ├─ 培养 ── 方法："嫁给有理数"
                             └─ 学生不良行为的矫正 ── 过程：醒悟、转变、自新阶段
```

河南特岗考向

本章属于教育心理学的重点章节，也是考查频次较高的章节，内容较为琐碎，需要考生识记的知识较多。在考试中常以选择题、判断题等客观题的形式考查，也会以论述题和案例分析题等主观题的形式考查。现对2014~2023年本章河南特岗考向分析如下：

考点	考频	题型	能力层级
学习动机的分类	2	单选、判断	识记
耶克斯—多德森定律	3	单选、判断	应用
学习动机理论	7	单选、判断、案例	应用
学习动机的激发	3	单选、判断、论述	识记
学习策略的分类	8	单选、案例	应用
学习迁移的概念	2	多选、判断	识记
学习迁移的类型	3	单选、判断	区分
学习迁移与教学	1	判断	识记
知识学习的类型	1	单选	区分
陈述性知识学习的一般过程	3	单选、判断	理解
技能的分类	1	单选	区分
操作技能的形成阶段	1	单选	识记
操作技能的培训要求	3	单选、判断	理解
心智技能的形成阶段	1	单选	应用
问题解决的过程	1	单选	识记

续表

考点	考频	题型	能力层级
影响问题解决的主要因素	4	单选、案例	理解
学生问题解决能力的培养	1	论述	识记
影响创造性的因素	1	判断	识记
创造性的培养	1	论述	识记
品德发展的阶段理论	3	单选、判断	理解
态度与品德学习的形成过程与一般条件	2	单选、判断	区分

核心考点

第一节 学习动机

一、学习动机概述

考点1 学习动机的概念及其成分

1. 学习动机的概念

学习动机是指激发个体进行学习活动，维持已引起的学习活动，并使行为朝向一定学习目标的一种心理倾向或内部动力。学习动机是直接推动学生进行学习的内部动力。

2. 学习动机的成分

学习动机的两个基本成分是学习需要与学习期待，两者相互作用形成学习的动机系统。关于学习需要和学习期待可以从以下几个方面来理解：

(1)学习需要与内驱力

学习需要是指个体在学习活动中感到有某种欠缺而力求获得满足的心理状态，它包括学习的兴趣、爱好和学习的信念等。学习兴趣是学习动机中最现实、最活跃的成分。内驱力也是一种需要，但它是动态的。从需要的作用上来看，学习需要就是学习的内驱力，即学习驱力。

(2)学习期待与诱因

学习期待是个体对学习活动所要达到目标的主观估计。学习期待所指向的目标可以是成绩，也可以是奖品、教师的赞扬、名誉、地位等。

学习期待不等于学习目标。学习期待是学习目标在个体头脑中的反映。**诱因**是指能够激起有机体的定向行为，并能满足某种需要的外部条件或刺激物。诱因可以是简单的物体，也可以是复杂的事物。凡是能使个体产生积极的行为，即趋向或接近某一目标的刺激物称为积极的诱因。相反，消极的诱因可以产生负性行为，即离开或回避某一目标。学习期待是静态的，诱因是动态的。学习期待就其作用来说是学习的诱因。

考点2　学习动机的分类　【单选、判断】

1. 内部学习动机和外部学习动机

按学习动机产生的诱因来源，可以把学习动机分为内部学习动机和外部学习动机。

内部学习动机是指个体内在的需要引起的动机，即学生因对活动本身发生兴趣而产生的动机。

外部学习动机是指诱因来自学习者外部的某种因素而产生的动机，即在学习活动以外由外部的诱因激发出来的学习动机。

一般来说，内部学习动机的作用比较持久，使学习者有较大的主动性；外部学习动机起作用的时间比较短，使学生的学习比较被动。

2. 高尚的学习动机和低级的学习动机

按学习动机的社会意义，可以把学习动机分为高尚的学习动机和低级的学习动机。判断动机高尚与低级的标准是看它是否有利于社会和集体。

高尚的学习动机的核心是利他主义，如学生把当前的学习同国家和社会的利益联系在一起，把学习看成是对社会做贡献和尽义务，则是高尚的学习动机。

低级的学习动机的核心是利己的、自我中心的，学习动机来源于自己眼前的利益，如把学习看成是猎取个人名利的手段，则是低级的学习动机。

3. 近景的直接性学习动机和远景的间接性学习动机

根据学习动机的作用与学习活动的关系，可以把学习动机分为近景的直接性学习动机和远景的间接性学习动机。

近景的直接性学习动机是指由活动的直接结果所引起的对某种活动的动机，它是与学习活动直接相连的，来源于对学习内容或学习结果的兴趣。例如，学生的求知欲、成功的愿望、对某门学科的浓厚兴趣，以及教师生动形象的讲解、教学内容的新颖性等都直接影响到学生的学习动机。这种动机很具体，作用的效果很明显，但不够稳定，容易随着环境的变化而变化。例如，一个小学三年级的学生数学成绩很好，这是因为任课教师讲得很生动，使枯燥的数字变成了一串串美丽的音符，容易理解与记忆，因此，学生在课后认真预习和复习，取得了好成绩。但这个学生对数学的兴趣并没有保持下去，因为换了任课教师，而这位教师讲得比较死板、乏味，学生觉得没意思，因此不怎么用心，成绩自然下降了。

远景的间接性学习动机是指由于了解活动的社会意义、活动结果的社会价值而引起的对某种活动的动机，它是与学习的社会意义和个人的前途相连的。

4. 认知内驱力、自我提高内驱力和附属内驱力

根据学校情境中的学业成就动机的不同，奥苏贝尔等人把动机分为认知内驱力、自我提高内驱力和附属内驱力。

认知内驱力是指要求了解、理解和掌握知识以及解决问题的需要。一般来说，这种内驱力大多是从好奇倾向中派生出来的。但个体的这些好奇倾向或心理素质最初只是潜在的而非真实的动机，还没有特定的内容和方向，只有通过个体在实践中不断取得成功才能真正表现出来，并获得特定的方向。在有意义学习中，认知内驱力是最重要而且稳定的动机。这种动机指向学习任务本身（为了获得知识），满足这种动机的奖励（知识的实际获得）是由学习本身提供的，属于内部动机。

> **小香课堂**
>
> 奥苏贝尔关于动机的分类是常考的易混点，在做题时，考生应注意把握题干中的关键词，如追求知识乐趣的为认知内驱力，属于内部动机，追求他人赞许的为附属内驱力，属于外部动机，追求地位的为自我提高内驱力，属于外部动机。

自我提高内驱力是指个体因自己的胜任或工作能力而赢得相应地位的需要。自我提高内驱力并非直接指向学习任务本身,而是把成就看作赢得地位与自尊心的根源,属于外部动机。

附属内驱力是指个体为了获得长者(如家长、教师)的赞许或认可而表现出把工作、学习做好的一种需要。它既不直接指向学习任务本身,也不把学业成就看作赢得地位的手段,而是为了从长者那里获得赞许和接纳。附属内驱力是一种间接的学习需要,属于外部动机。

| 认知内驱力 | 自我提高内驱力 | 附属内驱力 |

认知内驱力、自我提高内驱力和附属内驱力在动机结构中所占的比重并非一成不变,通常是随着年龄、性别、个性特征、社会地位和文化背景等因素的变化而变化。

儿童早期:附属内驱力最为突出,他们努力获得学业成就,主要是为了实现家长的期待,并得到家长的赞许。

儿童后期和少年期:附属内驱力的强度有所减弱,来自同伴、集体的赞许和认可逐渐替代了对长者的依附。在这期间,赢得同伴的赞许就成为一个强有力的动机因素。

青年期:认知内驱力和自我提高内驱力成为学生学习的主要动机,学生学习的目的在于满足自己的求知需要,并从中获得相应的地位和威望。

> **真题面对面**
>
> [2014,判断,1分]学生为了得到老师或父母的奖励而努力学习的动机是内部动机。(　　)
>
> 答案:×

考点3　学习动机对学习的作用　【单选、判断】

学习动机是学习活动顺利进行的支持性条件。学习动机对学习的作用表现在两个方面:影响学习过程、影响学习效果。

1. 学习动机对学习过程的影响

学习动机对学习过程的影响主要表现为:学习动机对学习行为有启动、维持和监控作用。当学生有了某些需要时,就可能引发其学习的内驱力,唤起内部状态,激起一定的学习行为。且这种学习行为被激起以后,学习动机的水平还可使学习活动稳定和维持在既定的学习任务上,并对学习过程进行调控,以促使学习目标的最终实现。

2. 学习动机对学习效果的影响

学习动机对学习效果的影响可分为两个方面:一方面是总体上整个动机水平对整个学习活动的影响;另一方面是在具体的学习活动中学习动机对学习效果的影响。

(1)总体而言,一般情况下,学习动机与学习效果的关系是一致的,表现为学习动机可以促进学习,提高成绩。因为学习动机强的学生,通常学习目标明确,所激起的紧张性使其能更好地、认真专心地投入学习,学习效率就高,而这将有助于最终获得好的学习成绩。

但是,学习动机对学习效果的促进作用并不是直接的,而是通过一些中介机制间接地增强与促进学习的效果,所起的作用具体表现在:唤醒学习的情绪状态、加强学习的准备状态、集中注意力、提高努力程度和意志力。同时,还必须通过学习者的学习行为这一中间环节才能作用于学习效果。而学习效果又不单纯只受学习动机的影响,它还受一系列主客观因素(如学习基础、教师指导、学习方法、学习习惯、智力水平、个性特点、健康状况等)的制约。因此,学习动机与学习效果之间的关系不是完全成正比的,学习动机是影响学习行为、提高学习效果的一个重要因素,但不是决定学习活动的唯一条件。

(2)对一项具体的学习活动而言,学习动机与学习效果的关系并不是那么简单。只有当学习动机的强度处于最佳水平时,才能产生最好的学习效果。

"耶克斯—多德森定律"表明,动机不足或过分强烈都会影响学习效率。具体表现在:

第一,动机的最佳水平随着任务性质的不同而不同。在比较容易的任务中,行为效果随着动机的提高而上升;随着任务难度的增加,动机的最佳水平有逐渐下降的趋势。

第二,一般来讲,最佳水平为中等强度的动机。

第三,动机水平与行为效果呈倒U型曲线。

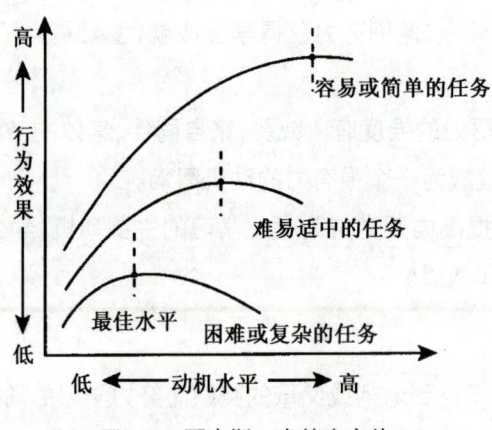

图3-3 耶克斯—多德森定律

记忆有妙招

关于"耶克斯—多德森定律",考生可结合以下口诀进行记忆:
曲线为倒U,最佳为中等;任务易上升,任务难下降。

真题面对面

[2023,判断,1分]学生的学习动机水平越高,学习效果越好。( )
答案:×

知识再拔高

学习效果对学习动机的影响

学习效果反作用于学习动机。所学知识的增多,学习成就的取得可以进一步激发学生的好奇心、求知欲,进一步提高学生的自信心等,从而增强学生进一步学习的动机。教师在强调动机对学习的重要作用的同时,也应该看到所学的知识反过来又可以增强学习的动机。对于那些尚无学习动机或者学习动机不强的学生,尤其是年龄较小的学生,教师没有必要推迟学习活动。教学的最好办法是,把重点放在学习的认知方面而不是动机方面,致力于有效地教他们掌握有关知识,让他们获得成功的体验。学生尝到了学习的乐趣,就有可能产生或者增强其学习的动机。

二、学习动机理论 【单选、判断、案例分析】

考点1 强化理论

行为主义有关学习动机的基本看法是,强化是引起动机的重要因素。人的某种学习行为倾向完全取决于先前的这种学习行为与刺激因强化而建立起来的稳固联系,强化可以使人在学习过程中增强某种反应重复可能性的力量。按照这种观点,任何学习行为都是为了获得某种报偿。

行为主义的学习动机理论对学校教育的实际活动有着广泛影响,主要表现为采用强化原则,通过奖励与惩罚的措施来维持学生的学习动机。在教育上广为流行的程序教学与计算机辅助教学的心理基础,就是通过强化原则来维持学生的学习动机。

考点2 人本主义的学习动机理论

1. 人本主义学习动机理论的基本特征

人本主义的学习动机理论,以促进整体人性的发展为出发点和目标。认为教育的功能是帮助学生心理成长,而这一功用能否发挥,则决定于学生能否把他对自己的认知和对学习内容的认知联系起来,发现所学知识与自我成长之间的密切关系。这就要求教师在教学过程中,设身处地从学生的立场出发,提出并回答这样的问题:"我们为什么要给学生教这些知识?它对学生的成长是有意义的吗?学生会认为这些知识对他的成长是有意义的吗?"只要学生们认为学习是有意义和有价值的,符合他们成长的需要;同时他也觉得有能力学习这些知识,有能力学到教师对他期望的程度,他就自然会努力学习,即使没有外部的强化和控制,他也会主动维持强烈的学习动机。因此,维持良好的师生关系与培养和谐的教室气氛,是维持学生学习动机的基本条件。有了良好的师生关系,学生们在心理上感到教师的关爱和支持,因而增加信心,不需外力奖惩的控制,他就会自愿学习;有了和谐的教室气氛,学生们在心理上感到安全,而不会有因失败而产生对惩罚的恐惧,他就会保持尝试学习的勇气。

2. 马斯洛的需要层次理论

人本主义心理学家马斯洛认为,要揭示动机的本质,必须关注人的需要。他把需要区分为一些基本的层次,对这些需要层次进行研究,从整体上把握动机的实质。

虽然马斯洛的需要层次理论本身没有直接的教育意义,马斯洛也并未直接研究学习动机问题,但是需要层次理论却对教育、教学、学习等产生了间接的影响。需要层次理论说明,在某种程度上学生缺乏学习动机可能是由于某种缺失性需要没有得到充分满足而引起的。

(1)教师发现学生行为异常时,要了解学生的日常状况,看其低级的生理需要是否得到满足。

(2)个体要有一个有秩序、规范的生活环境和生活方式,这是一种生存的需要,是在生理的需要满足以后产生的。生理需要和安全需要虽然并不直接推动学习,却是保证学生进行有效学习的前提条件。这两种需求得不到满足,不仅学习活动无法进行,而且会导致学生出现身心疾病。

(3)归属与爱的需要是学生交往的动力,在学校环境中,师生交往、同伴交往既是学习的条件,也是学习的内容。教师和家长要尽可能地给学生以爱,要创造一个良好和善的学习环境;要重视师生之间的交互作用,要让学生在集体中受到欢迎和接纳,得到友情,尽可能使学生不遭到拒绝或排斥。

(4)尊重需要是推动学生学习的重要动力,学生具有好胜心、求成欲、自尊的动机和避免失败的心愿,因此,教师要很好地利用这一特点,要使学生有成功和获得赞许的机会,使他们从中获得成功的体验,同时要重视和珍惜他们的每一点进步和每一次成功。

(5)求知需要就是学习动机,审美需要在很大程度上也是学习动机,它们推动人去求真、求善、求美。

(6)自我实现的需要推动人发挥自己的潜能,这也是学校教育应该重点加以培养的。培养自我实现的人在学习上至关重要,同时也是教育的主要目标。

考点3 成就动机理论

1. 基本观点

成就动机理论的主要代表人物是**阿特金森**。**成就动机是指个体努力克服障碍,施展才能,力求又快又好地解决某一问题的愿望或趋势**。它是人类所独有的,是后天获得的具有社会意义的动机,能促使个体产生成就行为,并追求在某一社会条件下人们认为重要的社会目标。在学习活动中,成就动机是一种主要的学习动机。

阿特金森把个体的成就动机分为两类:力求成功的动机和避免失败的动机。**力求成功者**的目的是获取成就,即通过各种活动努力提高自尊心和获得心理上的满足,**成功概率为50%的任务是他们最有可能选择的**。**避免失败者**则往往通过各种活动防止自尊心受伤害和产生心理烦恼,**倾向于选择非常容易或非常困难的任务**。如果成功的概率大约是50%时,他们会回避这项任务。

2. 成就动机理论的教育启示

(1)在教育实践中对力求成功者,应通过给予新颖且有一定难度的任务,安排竞争的情境,严格评定分数等方式来激发其学习动机;

(2)对于避免失败者,则要安排少竞争或竞争性不强的情境,如果取得成功则要及时表扬并给予加强,评定分数时要求稍稍放宽些,并尽量避免在公共场合下指责其错误;

(3)由于力求成功的动机比避免失败的动机具有更大的主动性,因此,对学生还应增加他们力求成功的成分,使他们不以避免失败为满足,而以获取成功为快乐,这样才能真正调动一个人的积极性。

> **真题面对面**
>
> [2015,单,2分]根据成就动机理论,教师在教育实践中对力求成功的学生应更多地安排( )
> A.非常容易的任务 B.没有难度和竞争性不强的任务
> C.非常困难的任务 D.有一定难度和竞争性的任务
> 答案:D

考点4 成败归因理论 必背

1. 基本观点

归因是人们对自己或他人活动及其结果的原因所做的解释和评价。在学习和工作当中,人人都会体验到成功与失败,同时还会去寻找成功与失败的原因,这就是对行为进行归因的过程。人们会把成败归结为不同的原因,并产生相应的心理变化,从而影响今后的行为。

在各种有影响的动机理论中,归因理论可看成是最具认知性的一派理论。其基本假设是:寻求理解是行为的基本动因。最早提出归因理论的是**海德**。他认为,人们具有理解世界和控制环境这两种需要,满足这两种需要的根本手段是了解人们行为的原因,并由此预言人们如何行为。后来,罗特对归因理论进行发展,提出控制点的概念,并依据控制点把个体分为"内控型"和"外控型"。内控型的人认为自己可以控制周围的环境,无论成功还是失败,都是由自己的能力或努力等内部因素造成,他们乐于对自己的行为负责。而外控型的人则感到自己无法控制周围的环境,他们不愿为自己的行为承担责任。当然内控和外控不是绝对的一分为二的。人往往是处于从极端内控到极端外控的连续体上。

美国心理学家韦纳根据海德的理论,研究了人们对成功与失败的归因倾向,他把人经历过的事情的成败归结为六种原因,即能力、努力程度、工作难度、运气、身心状况、外界环境。又把上述六项因素按各自的性质,分别归入三个维度:内部归因和外部归因、稳定性归因和不稳定性归因、可控制归因和不可控归因。

表3-10 韦纳的成败归因理论中的六因素与三维度

维度\因素	稳定性		因素来源(控制点)		可控制性	
	稳定	不稳定	内在	外在	可控	不可控
能力	√		√			√
努力程度		√	√		√	
工作难度	√			√		√
运气		√		√		√
身心状况		√	√			√
外界环境		√		√		√

韦纳认为,每一维度对动机都有重要的影响。控制点维度与个体成败的情绪体验有关。稳定性维度与个体对未来成败的期望有关。可控性维度既与情绪体验有关,又与对未来成败的预期有关。

一个总是失败并把失败归因于内部的、稳定的和不可控的因素(即能力低)的学生会形成一种习得性无助的自我感觉。

记忆有妙招

关于成败归因理论中的六种归因方式,考生可结合以下口诀进行记忆:

浑身力气不稳,内在两力与身心,只有努力是可控。浑:环境。身:身心。力:努力。气:运气。两力:能力、努力。

知识再拔高

习得性无力(助)感理论

习得性无力感简称无力感,又称习得性无助,指由于连续的失败体验而导致个体产生的对行为结果感到无力控制、无能为力的心理状态。

塞利格曼在习得性无力感理论中对无力感产生的原因进行了说明。根据他的理论,无力感的产生过程可以分为四个阶段:(1)获得体验;(2)在体验的基础上进行认知;(3)形成"将来结果也不可控"的期待;(4)表现出动机、认知和情绪上的损害,影响后来的学习。

塞利格曼等人指出,人对失败的归因在无力感的形成过程中起着重要的作用。归因不同,人们所产生的认知和期待就不一样,无力感也会呈现多种形式。

真题面对面

1.[2021,单,2分]小刘把考试取得好成绩归因于穿了"幸运服"、考场号正好是自己的"幸运数字"。按照动机的归因理论,小刘的归因模式属于( )
  A.内在不稳定型 B.内在稳定型
  C.外在不稳定型 D.外在稳定型

2.[2020,单,2分]某同学一次考试成绩不理想,就认为自己能力不行。按照动机的归因理论,该同学的归因模式属于( )
  A.内控—稳定性 B.内控—不稳定性
  C.外控—稳定性 D.外控—不稳定性

3.[2018,单,2分]亮亮的语文成绩一直不好,虽几经努力但毫无成效,于是他便在语文课上不听讲,也不做语文作业。这种心理现象属于( )
  A.习得性无助 B.自我效能感 C.期望效应 D.思维定势

答案:1.C 2.A 3.A

2. 帮助学生正确归因以提高学生的学习成绩

韦纳的归因理论在教育上具有重要意义。

(1)教师根据学生的自我归因可预测其此后的学习动机。学生的自我归因虽未必正确,但却是重要的。因为归因促使学生在从了解自己到认识别人的过程中,建立起明确的自我概念,促进自身的成长。而如果学生有不正确的归因,则更表明他们需要教师的辅导与帮助。

(2)长期消极的归因不利于学生的人格成长,这就需要教师利用反馈的作用,并在反馈中给予鼓励和支持,帮助学生正确归因,重塑自信。韦纳发现,在师生交互作用的教学过程中,学生对自己成败的归因,并非完全以其考试分数的高低为基础,而是受到教师对他的成绩表现所做出的反馈的影响。

(3)通过归因训练改变学生消极的自我认识,提高学习动机。根据归因理论,学生将成败归因于努力比归因于能力会产生更强烈的情绪体验。努力而成功,体验到愉快;不努力而失败,体验到羞愧;努力而失败,也应受到鼓励。因此,教师在给予奖励时,不仅要考虑学生的学习结果,而且要联系学生学习进步与努力程度的状况来看,强调内部、不稳定和可控制的因素。在学生付出同样努力时,对能力低的学生应给予更多的奖励;对能力低而努力的人给予最高评价;对能力高而不努力的人则给予最低评价,以此引导学生进行正确归因。

真题面对面

[2019,案例分析,10分]雨后,一只蜘蛛艰难地向墙上已经支离破碎的网爬去,由于墙壁潮湿,蜘蛛爬着爬着就会掉下来,但它就是不放弃,就这样,蜘蛛一次次地掉下来,又一次次地向上爬……这一情景被两个考试失利的学生看到了,一个学生叹气说,我就像这只蜘蛛一样,总是遭遇挫折和失败,回天无力呀!另一个学生则被蜘蛛屡败屡战的精神所感动,他承认这正是自己所缺少的,无论遇到什么样的困难,只要自己坚强起来,不轻言放弃,就一定会成功!

请结合材料,运用心理学知识对该案例进行分析。

答案:(1)美国心理学家韦纳把人经历过的事情的成败归结为六种原因,即能力、努力程度、工作难度、运气、身心状况、外界环境。能力属于内部、稳定、不可控的因素,一个总是失败并把失败归因于内部的、稳定的和不可控的因素(即能力低)的学生会形成一种习得性无助的自我感觉。努力属于内部、可控、不稳定的因素。学生将成败归因于努力比归因于能力会产生更强烈的情绪体验。努力而成功,体验到愉快;不努力而失败,体验到羞愧;努力而失败,也应受到鼓励。案例中感叹无力回天的学生是把自己的失败归因于能力,被蜘蛛屡败屡战的精神所感动的学生则是认识到努力的重要性。

(2)该案例给我们的启示是:

①教师要引导学生形成正确归因。通过归因训练改变学生消极的自我认识,提高学习动机。教师在给予奖励时,不仅要考虑学生的学习结果,而且要联系学生学习进步与努力程度的状况来看,强调内部、不稳定和可控制的因素。在学生付出同样努力时,对能力低的学生应给予更多的奖励;对能力低而努力的人给予最高评价;对能力高而不努力的人则给予最低评价,以此引导学生进行正确归因。

②挫折犹如一把双刃剑,它可以为我们所用,也可以使我们受伤,这要看我们究竟是抓住剑刃还是握住剑柄。学校心理辅导要引导学生在遭受挫折时采取积极的反应,避免消极的反应,并帮助学生找出产生挫折的真正原因,予以克服,达到真正战胜挫折、取得成功的目的。即使不能如此,也要想办法避免挫折对学生身心健康造成损害。要做到这一点,学校心理辅导在进行挫折教育时重点可放在两方面:第一,提高学生的挫折承受力;第二,教会学生积极适应挫折的方法和技术。

考点5 自我效能感理论

1. 自我效能感的内涵

自我效能感由班杜拉首次提出。自我效能感是指人对自己能否成功从事某一成就行为的主观判断。班杜拉指出,人的行为受行为的结果因素与先行因素的影响。行为的结果因素是强化。行为的先行因素是人在认识到行为与强化之间的依随关系之后产生的对下一步强化的期待。

期待包括结果期待和效能期待。结果期待是指人对自己的某一行为会导致某一结果的推测。效能期待是指人对自己能够进行某一行为的能力的推测或判断,它意味着人是否确信自己能够成功地进行带来某一结果的行为。当个体确信自己有能力进行某一活动时,他就会产生高度的自我效能感,并努力实施该活动。

小香课堂

"结果期待"和"效能期待"易混淆,考生在做题时应注意:若题干指向的是行为的结果,即做了有什么结果,则属于"结果期待";若题干指向的是具体的行为,即能不能做此行为,则属于"效能期待"。

2. 自我效能感的作用

(1)决定人们对活动的选择,以及对活动的坚持性。自我效能感水平高者倾向于选择富有挑战性的任务,在困难面前能坚持自己的行为;而自我效能感水平低者则相反。

(2)影响人们在困难面前的态度。自我效能感水平高者敢于面对困难,富有自信心,相信通过坚持不懈的努力可以克服困难;而自我效能感水平低者在困难面前则缺乏自信,畏首畏尾,不敢尝试。

(3)自我效能感不仅影响新行为的习得,而且影响已习得行为的表现。

(4)自我效能感还会影响活动时的情绪。自我效能感高者活动时信心十足,情绪饱满;而自我效能感低者则充满恐惧和焦虑。

3. 自我效能感的影响因素

(1)个人自身行为的成败经验。这一效能信息源对自我效能感的影响最大。一般来说,成功经验会提高效能期望,反复的失败会降低效能期望。当然,成败经验对效能期望的影响还要取决于个体对成败的归因方式。如果把成功归于外部、不可控的因素就不会增强自我效能感;把失败归于外部、不可控的因素也不一定就降低自我效能感。因此个体的归因方式直接影响自我效能感的形成。

(2)**替代经验**。个体的许多效能期望是来源于对他人的观察,如果看到一个与自己一样或不如自己的人成功,自己的效能感就会提高。

(3)**言语暗示**。他人的言语暗示能提高自己的效能感,但缺乏经验基础的言语暗示,效果是不牢固的。

(4)**情绪唤醒**。班杜拉发现,高水平的情绪唤醒使成绩降低而影响自我效能感。联系前述自我效能感对情绪状态的影响,可以看出,自我效能感与情绪状态之间存在相互影响。

值得指出的是,上述四种因素对效能感的作用依赖于个体的认知和评价,人要对与能力有关的因素和非能力因素对成败的作用加以权衡。

真题面对面

[2017,单,2分]班杜拉认为影响个体自我效能感形成的最主要因素是(　　)

A. 个体的努力程度　　　　　　　　B. 个体的成败经验

C. 个体的学习动机　　　　　　　　D. 个体面临的任务难度

答案:B

三、学习动机的培养与激发

考点1　学习动机的培养

1. 了解和满足学生的需要,促进学习动机的产生

学生的学习动机产生于需要,需要是学生学习积极性的源泉。教师应该通过多种方法了解学生的学习需要,通过采取一些强化和训练手段使学习的要求内化为学生自己的学习需要。

2. 重视立志教育,对学生进行成就动机训练

通过立志教育可以增强学生的责任感与使命感,启发学生自觉、勤奋地学习。成就动机训练由国外的教育学家首次开展,研究证明对学生的学习动机有极大的促进作用。

3. 帮助学生确立正确的自我概念,获得自我效能感

自我效能感是一种主观判断,它与个体的自我概念有密切的关系。要培养学生的自我效能感应该从培养正确的自我概念入手。方法包括:(1)创造条件使学生获得成功的体验;(2)为学生树立成功的榜样。

4. 培养学生努力导致成功的归因观

相信成功与努力之间有必然联系，人就不容易表现出消极行为，不容易产生无力感，这有助于培养学生的学习动机。教师训练学生的步骤如下：(1)了解学生的归因倾向；(2)让学生进行某种活动，并取得成功体验；(3)让学生对自己的成败进行归因；(4)引导学生进行积极归因。

5. 培养对学习的兴趣

学习兴趣的发展经历了有趣、乐趣到志趣的逐步深化过程。心理学研究认为：(1)学生对过去经历过并获得成功结果的事情容易产生兴趣；(2)学生对抱有成功希望的事情容易产生兴趣；(3)学生对符合本人能力水平的活动容易产生兴趣；(4)学生对新颖的、能引起好奇和注意的事物容易引起兴趣。

6. 利用原有动机的迁移，使学生产生学习的需要

有的学生对学习持冷漠态度，甚至有厌学情绪。但他们很多在体育运动、课外兴趣小组、文娱表演等活动中具有相当高的积极性和浓厚兴趣，引导学生把这些积极因素与学习联系起来，转化为学习需要和学习兴趣，这是培养学习动机的有效手段。

考点2 学习动机的激发 【单选、判断、论述】

1. 创设问题情境，激发兴趣，维持好奇心

兴趣和好奇心是内部动机最为核心的成分，是培养和激发学生内部学习动机的基础。创设问题情境是指提供能使学生产生疑问、渴望从事活动、探究问题的情境，经过一定的努力能成功地解决问题的学习材料、条件和实践。成功的教学应不断创设问题情境，以激发学生的好奇心、求知欲，激发学生的内部学习动机。

创设问题情境的原则有：(1)问题要小而精；(2)与学生实际生活经验相关；(3)要有适当的难度；(4)要富有启发性。

2. 设置合适的目标

当目标是由个体自己设定，而不是由他人设定时，个体通常会付出更多的努力。在设定一个目标时，教师可以与学生讨论过去设定的目标实现的情况，哪些成功了，哪些失败了，原因何在，并以此作为设置新目标的参考。教师要帮助学生设定一个既具有挑战性、但是又现实的目标，并表扬学生对目标的设定及实现。

3. 根据作业难度，恰当控制动机水平

根据"耶克斯—多德森定律"，教师在教学时，要根据学习任务的不同难度，恰当控制学生学习动机的激起程度。所谓"平时如战时，战时如平时"，就是要求在学习较容易、较简单的课题时，应尽量使学生集中注意力，使学生尽量紧张一点，动机激起水平达到中等偏高的最佳状态；而在学习较复杂、较困难的课题时，则应尽量创造轻松自由的课堂气氛，让动机激起水平处于中等稍低的最佳状态；在学生遇到困难或出现问题时，要尽量心平气和地慢慢引导，以免学生过度紧张和焦虑。从这个角度来看，平日在学生中流传的"大考大耍，小考小耍，不考不要"的俏皮话，在一定程度上是有积极意义的。

4. 表达明确的期望

学生需要清楚地了解自己应该做什么，如何被评价，以及成功之后会有什么收获。教师把期望明确地传达给学生就显得很重要。

5. 提供明确的、及时的、经常性的反馈

通过反馈，使学生及时了解学习的结果，包括运用所学知识解决问题的成效、作业的正误、考试成绩的优劣等，这会产生相当大的激励作用。需要注意的是，反馈必须明确、具体，并紧随学生的学习结果。(1)反

馈必须**明确、具体**,特别是对年幼的学生,从而帮助学生形成有动机效应的努力归因;(2)反馈必须**及时**,紧随个体的学习结果,以免学生延续类似的错误;(3)反馈必须是**经常性**的,使学生能够付出最大的努力。频繁给予小的奖励比偶尔给予大的奖励更能够促进学生的学习。

6. 合理运用外部奖赏

外部奖赏在此是指物质上的奖励。对学生的学习行为和学习结果给予奖励能有效地促进其学习。虽然表扬和奖励对学习具有推进作用,但使用过多或者使用不当,也会产生消极作用。只有当内部动机缺乏时,物质奖励才能起到很好的激励作用。教师要根据学生的具体情况进行奖励,把奖励看成某种隐含着成功的信息,其本身并无价值,只是用它来吸引学生的注意力,应促使学生由外部动机向内部动机转换,对信息任务本身产生兴趣。有许多研究表明,如果滥用外部奖励,不仅不能促进学习,而且可能破坏学生的内在动机。

7. 有效地运用表扬

表扬在课堂教学中的作用主要是通过鼓励学生表现出期望行为并对其适当的行为进行强化。教师对学生的肯定性评价具有积极的强化作用,能鼓励学生产生再接再厉、积极向上的心态,赞扬、奖励一般比批评、惩罚更具激励作用。

在运用表扬时应注意:(1)表扬的方式比表扬的次数更重要。当表扬是针对某一行为结果,并且具体可行时,表扬就是一种有效的激励因素。(2)表扬应该是针对优于常规水平的行为,也就是说,如果学生平常就做得比较好,那么就不宜对他达到常规水平的行为进行表扬。而对那些平时表现不佳,但是有所进步的学生,教师就应该给予表扬。

表扬的有效性取决于它的具体性、可靠性以及行为结果的依随性,教师在运用表扬与批评时,要根据学生的年龄特征与个别差异,做到客观、公正、全面、恰到好处,既要赏罚分明,又要以理服人,这样才能收到预期的教学效果。虽然,表扬和奖励对学习具有推动作用,但使用过多或者使用不当,也会产生消极影响。所以,在教学中要根据学生的具体情况进行适当奖励,当然,对于某些学生而言,适度而善意的批评有时也能促进学习。

8. 对学生进行竞争教育,适当开展学习竞争

竞争是激发学习动机的重要手段。因为竞争可以极大地激发学生的好胜心和求成需要,增强学生的学习兴趣和克服困难的毅力,所以多数人在竞争情况下学习和工作的效率会有很大的提高。而且,通过竞争还可获得对自己能力比较实际的估计,较好地发现自己的不足和尚未显示出来的潜力,这也可以起到促进动机、提高成绩的作用。学校生活为学生提供了多种竞赛或竞争情境。

教师在运用竞争时需要注意:(1)教师要教育学生认识竞争的利弊,教给学生公平竞争的手段;(2)按学生的能力等级进行竞争;(3)进行多指标竞争,让每个人都获得成就感;(4)提倡团体竞争;(5)鼓励个人的自我竞争和团体的竞争。

真题面对面

1.[2019,单,2分]下列选项中关于学生奖励和惩罚的观点正确的是( )
   A. 多使用外部奖励不会削弱内部动机　　B. 惩罚比奖励的效果更好
   C. 奖励和惩罚不需要考虑个别差异　　　D. 奖励比惩罚的效果更好

2.[2020,判断,1分]教师要根据学习任务的不同难度,恰当控制学生学习动机的激发程度。( )

3. [2016,论述,15分]举例说明如何在教学中激发学生的学习动机。

答案：1. D 2. √ 3. 详见内文

★ 考点大默写 ★

1. 按学习动机产生的诱因来源划分，_____是指个体内在的需要引起的动机，即学生因对活动本身发生兴趣而产生的动机。

2. 根据奥苏贝尔等人对学习动机的划分，_____是指要求了解、理解和掌握知识以及解决问题的需要；_____是指个体因自己的胜任或工作能力而赢得相应地位的需要；_____是指个体为了获得长者(如家长、教师)的赞许或认可而表现出把工作、学习做好的一种需要。

3. 耶克斯—多德森定律表明，动机不足或过分强烈都会影响学习效率。一般来讲，最佳水平为_____强度的动机。

4. 根据成就动机理论，力求成功者更可能选择成功概率为_____%的任务。

5. 根据成败归因理论，稳定、内在、不可控的因素是_____；不稳定、内在、可控的因素是_____。

6. 一个总是失败并把失败归因于内部的、稳定的和不可控的因素的学生会形成一种_____的自我感觉。

7. 自我效能感由_____首次提出，是指人对自己能否成功从事某一成就行为的主观判断。

8. 影响自我效能感的因素有个人自身行为的_____、_____、言语暗示和情绪唤醒。其中，对自我效能感的影响最大的是_____。

【参考答案】

1. 内部学习动机 2. 认知内驱力；自我提高内驱力；附属内驱力 3. 中等 4. 50 5. 能力；努力程度 6. 习得性无助 7. 班杜拉 8. 成败经验；替代经验；个人自身行为的成败经验

第二节 学习策略

一、学习策略概述

考点1 学习策略的概念

学习策略是指学习者为了提高学习的效果和效率，有目的、有意识地制订有关学习过程的复杂的方案。

学习方法是学习策略的知识和技能基础，是学习策略的一个重要组成部分，而不是学习的全部。因此，不能把二者完全等同。

考点2 学习策略的特征

学习策略的特征有：(1)主动性。一般来说，学习者采用学习策略都是有意识的心理过程。(2)有效性。学习策略是有效学习所必需的。(3)过程性。学习策略是有关学习过程的策略，它规定学习时做什么不做什么、先做什么后做什么、用什么方式做、做到什么程度等诸方面的问题。(4)程序性。学习策略是学习者制订的学习计划，由规则和技能构成。

二、学习策略的分类 【单选、案例分析】 必背

迈克卡等人认为,学习策略可分为认知策略、元认知策略和资源管理策略三种。认知策略是信息加工的策略,元认知策略是对信息加工过程进行调控的策略,资源管理策略则是辅助学生管理可用的环境和资源的策略。

学习策略
- 认知策略
  - 复述策略(如及时复习、分散复习、过度学习、运用有意识记和无意识记、排除相互干扰、运用多种感官协同记忆、整体识记与部分识记相结合、复习形式多样化、画线等)
  - 精加工策略(如记忆术、做笔记、提问、生成性学习等)
  - 组织策略(如归类策略、纲要策略等)
- 元认知策略
  - 计划策略(如设置目标、浏览材料、设置思考题、分析如何完成学习任务等)
  - 监控策略(如阅读时对注意加以跟踪、对材料进行自我提问、考试时监控速度和时间等)
  - 调节策略(如调整阅读速度、重新阅读、复习、测验时跳过某个难题等)
- 资源管理策略
  - 时间管理策略(如统筹安排学习时间、高效利用最佳时间、灵活利用零碎时间等)
  - 环境管理策略(如调节自然条件、设计好学习的空间等)
  - 努力管理策略(如激发内在的动机、树立正确的学习信念、选择有挑战性的任务、调节成败的标准、正确归因、自我奖励等)
  - 学业求助策略(如学习工具的利用、社会性人力资源的利用等)

图 3-4 学习策略的分类

考点 1 认知策略

认知策略是学习者信息加工的方法和技术。其基本功能有两个方面:(1)对信息进行有效的加工与整理;(2)对信息进行分门别类的系统储存。

1. 复述策略

复述策略是指在工作记忆中为了保持信息,运用内部语言在大脑中重现学习材料或刺激,以便将注意力维持在学习材料上的方法。它是短时记忆的信息进入长时记忆的关键。

常用的复述策略有:(1)在复述的时间上,采用及时复习、分散复习;(2)在复述的次数上,强调过度学习;(3)在复述的方法上,包括运用有意识记和无意识记、排除相互干扰、运用多种感官协同记忆、整体识记与部分识记相结合、复习形式多样化、反复阅读与尝试背诵相结合、画线等。同时,要注意保持积极的心向、态度和兴趣。如果我们对某事感兴趣,或者对它持积极态度,就会记得牢固;反之,则容易遗忘。

2. 精加工策略

精加工策略是指把新信息与头脑中的旧信息联系起来从而增加新信息意义的深层加工策略。与复述策略相比,精加工策略是一种更高水平的、更精细的信息加工策略,是在意义理解基础上的信息加工策略。精加工策略是高效率地获得知识的基本条件之一,不仅能促进新旧知识的联系,增进对新知识的理解,而且能促使精加工后的新命题进入到命题网络,在以后需要唤起的时候容易检索,即使在直接检索它出现困难时,也能通过命题网络间接地把它推导出来。

精加工策略常被描述成一种理解记忆的策略,其要旨在于建立信息间的联系。联系越多,能回忆出信息原貌的途径就越多,即提取的线索就越多。精加工越深入越细致,回忆就越容易。对于比较复杂的课文学习,精加工策略有说出大意、总结、建立类比、用自己的话做笔记、解释、提问以及回答问题等。

常用的精加工策略有：

（1）记忆术

记忆术即通过把那些枯燥无味但又必须记住的信息"牵强附会"地赋予意义，使记忆过程变得生动有趣，从而提高记忆效果的方法。常用的记忆术主要有：

①**形象联想法**。这种方法是通过人为联想，使无意义的、难记的材料和头脑中的鲜明奇特的形象相结合，从而提高记忆效果。想象的形象越鲜明、越具体越好，形象越夸张、奇特越好，形象之间的逻辑联系越紧密越好。

②**谐音联想法**。这种方法是通过谐音线索，运用视觉表象，假借意义进行人为联想。例如，把圆周率"3.1415926535……"编成顺口溜"山巅一寺一壶酒，尔乐苦煞吾……"等。

③**首字连词法**。这种方法是利用每个词语的第一个字形成缩写，或者用一系列词描述某个过程的每个步骤，然后将这一系列词提取首字作为记忆的支撑点。

④**位置记忆法**。这是一种传统的记忆术，最早被古希腊演讲家使用。它是通过与熟悉的地点顺序相联系来记忆一些名称或者客体顺序的方法。位置记忆法对记忆有顺序的系列项目特别有用。使用位置记忆法，就是学习者在头脑中创建一幅熟悉的场景，在这个场景中确定一条明确的路线，在这条路线上确定一些特定的点，然后将所要记的项目全都视觉化，并按顺序把这条路线上的各个点联系起来，回忆时，按这条路线上的各个点提取所记的项目。

⑤**缩简和编歌诀**。缩简就是将识记材料的每条内容简化成一个关键性的字，然后变成自己所熟悉的事物，从而将材料与过去经验联系起来。编歌诀法就是利用编制歌谣口诀的方式来帮助记忆的方法。例如，教师为了让学生能够区分"烧、浇、晓、绕、翘、饶"，可以用这样的顺口溜："用火烧，用水浇，东方日出是拂晓，左边绞丝弯弯绕，右边加羽尾巴翘，丰衣足食才富饶。"

⑥**关键词法**。关键词法就是将新词或概念与相似的声音线索词，通过视觉表象联系起来。例如，英文的"gas"（煤气）一词，可以用汉语"该死"作关键词。两者读音相似，可以产生"人因煤气中毒而死"的联想，这样"gas"一词就很容易记住了。

⑦**视觉联想**。视觉联想就是要通过心理想象来帮助人们对有联系的事物进行记忆，如前述的位置记忆法实际上就是一种视觉联想法，利用了心理表象。联想时，想象越奇特、合理，记忆就越牢固。例如，可以使用夸张、动态、奇异的手段进行联想。

⑧**语义联想**。通过联想，将新材料与头脑中的旧知识联系在一起，赋予新材料以更多的意义。实际上，就是要在理解的基础上，把过去的旧知识当作"衣钩"来"挂住"所要记住的新材料。因此，要设法找出新旧材料之间的内在逻辑联系。

（2）做笔记

做笔记是使用较为普遍的精加工策略。俗话说，好记性不如烂笔头。对于复杂的知识，教师可以指导学生做笔记。做笔记不仅可以有效地控制自己的认知加工过程，还有助于概括新的知识和建立新旧知识之间的联系。做笔记有利于保持学习者的注意和兴趣，以及有效地组织材料。

（3）提问

无论是阅读还是听讲，学生要经常评估自己的理解状态，思考这样一些问题：这些新信息意味着什么，与课文中的其他信息以及以前所学的信息有什么联系。如果教师

> **小香课堂**
>
> "画线"和"做笔记"易记忆错误，考生做题时应注意："画线"属于复述策略；"做笔记"属于精加工策略，二者不能等同。

在给学生上阅读课时,向学生提一些"谁""什么""哪儿"和"如何"的问题并要求学生回答,他们可能对阅读的内容领会得更好。

(4)生成性学习

生成性学习就是要训练学生对所阅读的东西产生一个类比或表象,如图形、图像、表格和图解等,以加强其深层理解。这种方法最重要的一点,就是需要积极的加工,不是简单的记录和记忆信息,也不是从书中寻章摘句或稍加改动,而是要改变对这些信息的知觉。在教学中,教师要指导学生拟写课文中没有的、与课文中某些重要信息相关的或用自己的话组成的句子,从而把所学的信息和自身的知识经验联系起来。

(5)运用背景知识,联系客观实际

对于意义性较强的学习材料则可以通过新知识与旧知识之间的联结,用头脑中已有的图式使新信息合理化。要充分利用背景知识,应注意在对新材料理解的基础上进行学习,而不是机械记忆式地学习,适时建立类比。也可以利用先行组织者策略,在新材料学习之前,温习与新材料有关的已有的背景知识,以理解和记忆新知识。

> **真题面对面**
>
> [2020,单,2分]教师把零散的、枯燥的信息编成歌谣、口诀,帮助学生提高记忆效果的学习策略是( )
> A.组织策略　　　　B.元认知策略　　　　C.复述策略　　　　D.精加工策略
> 答案:D

3.组织策略

组织策略是指将经过精加工提炼出来的知识点加以构造,形成更高水平的知识结构的信息加工策略。组织策略主要有两种:一种是归类策略,用于概念、语词、规则等知识的归类整理;另一种是纲要策略,主要用于对学习材料结构的把握。

(1)归类策略

归类策略也即组块,组块的方法有很多,有相似归类、对比归类、从属归类、递进归类等。归类,也叫群集,是把材料分成小单元,再把这些单元归到适当的类别里。归类策略的应用能使人理清头绪,各知识点与概念之间不致混淆,方便知识的理解、记忆以及提取。

(2)纲要策略

纲要策略也称提纲挈领,是掌握学习材料纲目的方法。纲要可以是用语词或句子表达的主题纲要,如以写小标题的形式概括重点,也可以是用符号、图等形式表达的符号纲要。

①主题纲要法。主题通常是学习材料的各级标题,有时也需要自己进行提炼。列提纲时要先对材料进行系统分析、归纳和总结,然后按材料的逻辑关系,以简要的词语写下主要与次要的观点,也就是以金字塔的形式呈现教材的要点,每一具体的细节都包含在高一级的类别中。

②符号纲要法。符号纲要法是采用图解的方式体现知识的结构,即作关系图。它比主题纲要法更直观形象,但要求学习者对符号相当熟悉。在作关系图时,应先识别主要知识点,然后识别这些知识点之间的关系,再用适当的图解来标明这些知识点之间的内在联系。符号纲要法包括:系统结构图、流程图、模式或模型图、网络关系图。

真题面对面

1. [2019,单,2分]小学低年级学生在教师的指导下进行识字学习时,有的按字音归类识字,有的按偏旁结构归类识字,这种学习策略是( )
   A. 组织策略　　　　　　　　　　B. 元认知策略
   C. 资源管理策略　　　　　　　　D. 精加工策略
2. [2018,单,2分]学生使用列提纲、画网络图等方式增强学习效果,这种学习策略属于( )
   A. 组织策略　　B. 调节策略　　C. 复述策略　　D. 计划策略
   答案:1. A　2. A

考点2　元认知策略

1. 元认知

元认知是对认知的认知,即个体对认知活动的自我意识与调节,主要包括元认知知识、元认知体验和元认知监控。

元认知知识是个体关于自己或他人的认识活动、过程、结果以及与之有关的知识,即知道做什么,它包括三个方面内容:

(1)对个人作为学习者的认识。这类知识又可分为三类:关于个体内差异的认识、关于个体间差异的认识、关于主体认知水平和影响认知活动的各种主体因素的认识。

(2)有关任务的认识。

(3)有关学习策略及其使用方面的认识。

元认知体验是个体伴随认知活动而产生的认知体验或情感体验。

元认知监控是指个体在认知活动中,对自己的认知活动进行积极监控,并进行相应的调节,以达到预定目标,即知道何时做、如何做。

2. 元认知策略的类型

学习的元认知策略是指个体为实现最佳的认知效果而对自己的认知活动所进行的调节和控制。元认知策略大致可分为以下三种:

(1)计划策略

计划策略是指根据认知活动的特定目标,在认知活动开始之前计划完成任务所涉及的各种活动、预计结果、选择策略,设想解决问题的方法,并预估其有效性等。元认知计划策略包括设置学习目标、浏览阅读材料、设置思考题以及分析如何完成学习任务等。

(2)监控策略

监控策略是指在认知过程中,根据认知目标及时检测认知过程,寻找两者之间的差异,并对学习过程及时进行调整,以期顺利实现有效学习的策略。它具体包括领会监控、策略监控和注意监控。领会监控是指学习者在阅读过程中将自己的阅读领会过程作为监控意识对象,不断对其进行积极的监视和调整;策略监控是为了防止学习者在学习了某种策略后,不加利用,而仍沿用以往的习惯;注意监控是为了调节自己的注意,使其集中在学习任务上,而获得较好的学习效果。监控策略包括阅读时对注意加以跟踪和对材料进行自我提问、考试时监视自己的速度和时间等。

第三部分　教育心理学　　327

(3)调节策略

调节策略是指在学习过程中根据对认知活动监视的结果,找出认知偏差,及时调整策略或修正目标;在学习活动结束时,评价认知结果,采取相应的补救措施,修正错误,总结经验教训等。调节策略能帮助学生矫正自己的学习行为,补救理解上的不足。调节策略与监控策略有关。例如:当学习者意识到他不理解课文的某一部分时,就会退回去读困难的段落;在阅读困难或不熟的材料时放慢速度;复习他不懂的课程材料;测验时跳过某个难题先做简单的题目等。

真题面对面

1.[2022,单,2分]学生在阅读课文时发现某段语句没读懂,就放慢阅读速度,重新仔细地进行阅读,其使用的学习策略是( )

A.复述策略　　　　　　　　　　B.资源管理策略

C.元认知策略　　　　　　　　　D.精加工策略

2.[2017,单,2分]小明在语文学习中,经常反思自己的学习方法是否有效。他使用的学习策略是( )

A.认知策略　　　　　　　　　　B.元认知策略

C.精加工策略　　　　　　　　　D.资源管理策略

答案:1.C　2.B

考点3　资源管理策略

1.时间管理策略

在时间管理上,应做到:(1)统筹安排学习时间。(2)高效利用最佳时间。①要根据自己的生物钟安排学习活动;②要根据一周内学习效率的变化安排学习活动;③要根据一天内学习效率的变化安排学习活动;④要根据自己的工作曲线安排学习活动。因为随着学习的进行,人的精神状态和注意力会发生变化。一般来说,存在三种变化模式:先高后低;中间高两头低;先低后高。因此,每个人要根据自己的模式,安排学习内容,确保状态最佳时学习最重要的内容。(3)灵活利用零碎时间。

2.环境管理策略

(1)注意调节自然条件,如流通的空气、适宜的温度、明亮的光线以及和谐的色彩等;

(2)要设计好学习的空间,如空间范围、室内布置、用具摆放等。良好的学习环境对于学生保持良好的心态具有重要作用。

3.努力管理策略

为了使学生维持自己的意志努力,需要不断鼓励学生进行自我激励。这包括:(1)激发内在的动机;(2)树立正确的学习信念;(3)选择有挑战性的任务;(4)调节成败的标准;(5)正确归因;(6)自我奖励等。

4.学业求助策略

学业求助策略指当学生在学习上遇到困难时,向他人请求帮助的行为。学业求助不是自身能力缺乏的标志,而是获取知识、增长能力的一种途径,是一种重要的学习策略。学业求助包括两个方面:

(1)学习工具的利用,如善于利用参考资料、工具书、图书馆、电脑等;

(2)社会性人力资源的利用,如善于利用老师的帮助以及同学间的合作与讨论来加深对学习内容的理解。

> **真题面对面**
> [2014,单,2分]根据自己的生物钟安排学习活动属于学习策略中的( )
> A.认知策略　　　　　　　　　B.资源管理策略
> C.组织策略　　　　　　　　　D.元认知策略
> 答案:B

★ 考点大默写 ★

1. 画线属于认知策略中的_____;做笔记属于认知策略中的_____。
2. _____是指把新信息与头脑中的旧信息联系起来从而增加新信息意义的深层加工策略。
3. 教师为了让学生能够区分"烧、浇、晓、绕、翘、饶",可以用这样的顺口溜:"用火烧,用水浇,东方日出是拂晓,左边绞丝弯弯绕,右边加羽尾巴翘,丰衣足食才富饶。"这使用的是记忆术中的_____法。
4. _____是指将经过精加工提炼出来的知识点加以构造,形成更高水平的知识结构的信息加工策略,画系统结构图、流程图、模式或模型图、网络关系图属于此策略中的_____策略。
5. 元认知策略大致可分为_____、_____、_____三种;考试时监视自己的速度和时间属于元认知策略中的_____。
6. 资源管理策略包括_____、环境管理策略、努力管理策略和学业求助策略四种。

【参考答案】
1.复述策略;精加工策略　2.精加工策略　3.编歌诀　4.组织策略;纲要　5.计划策略;监控策略;调节策略;监控策略　6.时间管理策略

第三节　学习迁移

一、学习迁移概述

考点1　学习迁移的概念　【多选、判断】

学习迁移也称训练迁移,是指一种学习对另一种学习的影响,或习得的经验对完成其他活动的影响。迁移是学习的一种普遍现象,广泛存在于各种知识、技能、行为规范与态度的学习中,平时所说的"举一反三""触类旁通"等属于典型的迁移形式。通过迁移,各种经验得以沟通,经验结构得以整合。

考点2　学习迁移的类型　【单选、判断】

1. 正迁移、负迁移和零迁移

根据迁移的性质和结果,可将迁移分为正迁移、负迁移和零迁移。

正迁移也叫"助长性迁移",是指一种学习对另一种学习的促进作用。例如:学习数学有利于学习物理;学习珠算有利于学习心算;懂得英语的人很容易掌握法语等。

负迁移也叫"抑制性迁移",是指一种学习对另一种学习的阻碍作用。

两种学习也可能不发生相互作用,这种状态称为零迁移,它是迁移的一种特殊形式。

2. 顺向迁移和逆向迁移

根据迁移发生的方向,可将迁移分为顺向迁移和逆向迁移。

顺向迁移是指先前学习对后继学习产生的影响。在物理中学习了"平衡"的概念,就会对以后学习化学平衡、生态平衡、经济平衡产生影响。通常所说的"举一反三"就是顺向迁移的例子。

逆向迁移是指后继学习对先前学习产生的影响。例如,学习了微生物后对先前学习的动物、植物概念的理解会产生影响等。

小香课堂

考生易混淆顺向迁移与逆向迁移、正迁移与负迁移的应用。考生在做题时应注意:顺向迁移是前对后的影响,逆向迁移是后对前的影响;正迁移强调促进作用,负迁移强调阻碍作用。它们是不同的迁移种类。

3. 水平迁移和垂直迁移

根据迁移内容的抽象和概括水平不同,可将迁移分为水平迁移和垂直迁移。

水平迁移也叫**横向迁移**,是指先行学习内容与后继学习内容在难度、复杂程度和概括层次上属于同一水平的学习活动之间产生的影响。

垂直迁移也称**纵向迁移**,是指先行学习内容与后续学习内容是不同水平的学习活动之间产生的影响。垂直迁移表现在两个方面:(1)自下而上的迁移,即下位的较低层次的经验影响上位的较高层次的经验的学习,如先学习例证,再经归纳而帮助形成概念或原理。这类迁移类似奥苏贝尔所称的上位学习。(2)自上而下的迁移也叫原则迁移,即上位的较高层次的经验影响下位的较低层次的经验的学习。也就是经由原则的演绎、推广和应用,而确认某特殊事例隶属于该原则之内。例如,先学习某一概念或原则,再利用它们促进例证的学习,类似奥苏贝尔说的下位学习。

4. 一般迁移和具体迁移

根据迁移内容的不同,可将迁移分为一般迁移和具体迁移。

一般迁移也称非特殊迁移、普遍迁移,是指一种学习中所习得的一般原理、原则和态度对另一种具体内容学习的影响,即原理、原则和态度的具体应用。例如,获得基本的运算技能、阅读技能后运用到各种具体的学科学习中。

具体迁移也称特殊迁移,是指学习迁移发生时,学习者原有的经验组成要素及其结构没有变化,只是将一种学习中习得的经验要素重新组合并移用到另一种学习之中。例如,学习了"日""月"对学习"明"的影响,掌握了加减法对做四则运算题的影响等。

5. 同化性迁移、顺应性迁移和重组性迁移

根据迁移过程中所需的内在心理机制的不同,可将迁移分为同化性迁移、顺应性迁移和重组性迁移。

同化性迁移是指不改变原有的认知结构,直接将原有的认知经验应用到本质特征相同的一类事物中去。原有认知结构在迁移过程中不发生实质性的改变,只是得到某种充实。

顺应性迁移指将原有认知经验应用于新情境中时,需调整原有的经验或对新旧经验加以概括,形成一种能包容新旧经验的更高一级的认知结构,以适应外界的变化。

重组性迁移指重新组合原有认知系统中某些构成要素或成分,调整各成分间的关系或建立新的联系,从而应用于新情境。在重组过程中,基本经验成分不变,但各成分间的结合关系发生了变化,即进行了调整或重新组合。

330 教育理论基础知识模块

真题面对面

1. [2017,单,2分]学生掌握乘法原理后,可以将其运用到许多问题情境中。这种迁移属于( )
A. 水平迁移　　　　B. 垂直迁移　　　　C. 一般迁移　　　　D. 特殊迁移
2. [2019,判断,1分]平行四边形知识的掌握影响着菱形的学习属于自上而下的迁移。( )
答案:1. C　2. √

二、学习迁移理论

考点1　早期的迁移理论

1. 形式训练说

形式训练说是最早的关于迁移的理论,它以官能心理学为基础,代表人物主要有德国的沃尔夫。它认为心理官能只有通过训练才能得以发展,迁移就是心理官能得到训练而发展的结果,迁移是无条件的、自发的。形式训练说还认为,训练和改进心理官能是教学的重要目标,教育的任务就是要改善学生的各种官能,而改善以后的官能就能够自动地迁移到其他学习中去,一种官能的改进也能增强其他的官能。但是形式训练说缺乏科学的依据,所以引起一些研究者的怀疑和反对。

2. 相同要素说

桑代克等人认为,迁移是非常具体的、有条件的,迁移需要有共同的要素。只有当两个机能的因素中有相同要素时,一个机能的变化才会改变另一个机能的习得。两种情境中的相同要素越多,迁移的量也就越大。几乎与此同时,心理学家武德沃斯通过研究也得出了与桑代克相同的结论,他把相同要素说改为共同要素说。根据共同要素说,如果两种学习活动含有共同成分,无论学习者是否意识到这种成分的共同性,都会有迁移现象的产生。这些理论对学习迁移的研究和实际教学产生了积极的影响,但它只看到学习情境的作用,完全忽略了主体因素对学习迁移的影响,只从一个维度讨论学习间的影响问题,并试图从中发现影响迁移的原因,把学习迁移引导到一种狭义的圈子里;并且在看到情境中相同要素的积极迁移的同时,忽略了也可能产生消极的作用,即一种学习也可能会对另一种学习产生干扰作用。

3. 概括化理论

概括化理论也称经验类化说,由美国心理学家贾德提出,其主要观点是,一个人只要对自己的经验进行了概括,就可以完成从一个情境到另一个情境的迁移。他认为先前的学习之所以能迁移到后来的学习中,是因为在先前学习中获得了一般原理,这种一般原理可以部分或全部地运用于后面的学习中。对原理了解、概括得越好,迁移效果就越好。

贾德在1908年所做的"水下击靶"实验,是概括化理论的经典实验。

4. 关系理论

格式塔心理学家提出关系理论,也称为关系转换说或转换理论。认为迁移是学习者突然发现两个学习经验之间关系的结果,是对情境中各种关系的理解和顿悟,而非由于具有共同成分或原理而自动产生。学习迁移的重点不在于掌握

> **小香课堂**
>
> 早期的各个迁移理论,考生易记忆错误,在做题时可根据关键词进行判断,"形式训练说"强调心理官能的训练;"相同要素说"强调有相同的要素;"概括化理论"强调对经验、原理的概括;"关系理论"强调对关系的理解和顿悟。

第三部分　教育心理学　331

原理,而在于觉察到手段与目的之间的关系。他们认为学生"顿悟"情境之间的关系,特别是手段—目的之间的关系,是实现迁移的根本条件。

苛勒所做的"小鸡觅食"实验是支持关系转换说的经典实验。

考点2　当代的迁移理论

1.认知结构迁移理论

奥苏贝尔在有意义接受学习理论的基础上提出了认知结构迁移理论,认为一切有意义的学习都是在原有认知结构的基础上产生的,不受原有认知结构影响的有意义学习是不存在的。一切有意义的学习必然包括迁移,迁移是以认知结构为中介进行的,先前学习所获得的新经验,通过影响原有认知结构的有关特征影响新学习。

认知结构迁移理论指出,学生学习新知识时,认知结构可利用性高、可辨别性大、稳定性强,就能促进对新知识学习的迁移。"为迁移而教"实际上是塑造学生良好认知结构的问题。在教学中,可以通过改革教材内容和教材呈现方式改进学生的原有认知结构变量以达到迁移的目的。

2.产生式理论

产生式迁移理论是针对认知技能的迁移提出的,其基本思想是:前后两项学习任务产生迁移的原因是两项任务之间产生式的重叠,重叠越多,迁移量越大。所谓产生式就是有关条件和行动的规则,简称C-A规则。

产生式迁移理论是根据**安德森**的思维适应性控制理论(简称ACT)发展而来的。根据ACT理论,技能的学习分两个阶段:(1)规则以陈述性知识的形式进入学习者的命题网络;(2)经过变式练习转化为以产生式表征的程序性知识。当两项任务之间有共同的产生式或产生式的重叠时,迁移就会发生。也就是说,产生式的相似是迁移产生的条件。安德森的产生式理论可以说是桑代克相同要素说的翻版。只是安德森研究的是人类高级的认知学习的迁移,其理论能较好地解释认知技能的迁移情况。

三、学习迁移与教学　【判断】

考点1　影响学习迁移的因素(条件)

1.学习材料的特点

学习材料作为学生学习的对象和知识的主要来源,对学习迁移有着重要影响。很多迁移理论都在其理论假说中提及材料对迁移的重要作用,如桑代克的相同要素说。例如,英语和法语在字形、读音和语法结构上有相同或相似的地方,学习这两门外语,在听、说、读、写能力以及记忆、思维等心理过程方面有共同要求,所以学习时就容易产生正迁移。相反,学习对象没有或缺少共同因素,或虽有共同因素,但要求学习者做出不同的反应时,则可能在学习时产生负迁移。共同因素是学习迁移产生的客观必要条件,但不是唯一的条件。

2.原有的认知结构

奥苏贝尔的认知结构迁移理论认为,原有认知结构的特征直接决定了迁移的可能性及迁移的程度。原有认知结构对迁移的影响表现在三个方面:(1)学习者是否拥有相应的背景知识,这是迁移产生的基本前提条件;(2)原有的认知结构的概括水平对迁移起到至关重要的作用;(3)学习者是否具有相应的认知技能或策略以及对认知活动进行调节、控制的元认知策略对迁移的产生有重要影响。

3. 对学习情境的理解

大多数心理学理论都强调情境在迁移中具有重要作用。从学习迁移角度讲,知识经验获得的情境与知识应用的情境在许多方面都密切相关,如情境中事物之间的关系、问题呈现的方式与空间位置、两种情境的类似情况等。注意对情境中各种关系的理解,创设对知识应用有利的情境,引导学生运用所学的知识原理去解决各式各样的问题等,在促进迁移过程中应该受到重视。

4. 学习的心理准备状态(心向)

心理准备状态是在过去学习或活动过程中形成的,又对未来的学习或活动会产生影响,这种影响有时候是积极的,有时候也有可能是消极的。

所谓**定势**就是指由先前影响所形成的往往不被意识到的心理准备状态,它将支配人以同样的方式去对待同类后继活动。定势是在连续活动中发生的,前面的活动经验为后面的活动形成一种准备状态。它使人倾向于在认识方面或外显行为方面以一种特定的方式进行反应。定势实际上是关于活动方向选择方面的一种倾向性。这种倾向性本身是一种活动经验。它往往为分析问题、解决问题提供思路或线索,因此定势会影响学习迁移。定势的作用有两重性:一是积极的促进作用;二是消极的阻碍作用。

5. 学习策略的水平

学习策略和方法对学习迁移效果的影响范围非常广泛,主要表现在认知策略与元认知策略对迁移的影响。研究表明,儿童的学习策略主要是通过自发的形式获得的,并且大体可以分为三个时期。学前期儿童、小学期儿童以及初高中时期的学生,其学习策略在不断发展,各个时期均有不同特点。因此,不同时期学习策略发展的水平不可避免地会影响知识学习、问题解决和迁移。学习策略对迁移的影响主要表现在发展水平、学习策略的丰富程度以及依据情境的变化灵活运用等方面。

6. 智力与能力

个体智能的高低对学习迁移的质量有一定的影响,智能较高的人能较容易地发现学习情境之间的相同要素和关联,能更好地概括总结出一般原理原则,能较好地将习得的学习策略与方法运用于新的学习情境之中。

7. 教师的指导

教师有意识的指导能令学习者发生正迁移。教师要启发学生注意对学习材料进行必要的概括总结,还可以直接教给学生一般性的原则,有效地指导学生的实践。"授人以鱼,不如授人以渔。"教师还应该关注学习方法和策略的传授,让学生学会学习。

记忆有妙招

> 关于影响学习迁移的因素,考生可结合以下口诀进行记忆:
> 知情心,策智能,学点教导。**知**:原有的认知结构。**情**:对学习情境的理解。**心**:心向。**策**:学习策略的水平。**智能**:智力与能力。**学点**:学习材料的特点。**教导**:教师的指导。

考点2 促进学生有效的迁移

1. 改革教材内容,促进迁移

(1)精选教材,提高对概念和原理的理解水平。根据学习迁移规律的要求,应把各门学科中具有广泛迁移价值的科学成果作为教材的主要内容。所谓具有广泛迁移价值的材料,就是学科的基本概念、基本原理、基本法则、基本方法、基本态度等。(2)合理编排教学内容,突出知识的组织特点。

第三部分 教育心理学 333

2. 合理编排教学方式,促进迁移

教师在组织教学时,一方面要抓住教材内容的核心;另一方面要合理安排教学程序,使得学生顺利地将所学习的内容融会贯通,提高迁移的效果。

3. 教授学习策略,提高学生的迁移意识

"授人以鱼供一饭之需,授人以渔则终生受用无穷。"这句话给予教育者的启示是,学习不只是要让学生掌握一门或几门学科的具体知识与技能,而且还要让学生学会如何去学习,即掌握学习方法的知识与技能。

4. 改进对学生的评价

教学条件下的评价作为教学活动的组成部分,同样具有教育性,有效运用评价手段对学生形成积极的学习态度,对学习迁移具有积极的作用。

> **真题面对面**
>
> [2021,判断,1分]典型的事实和生动的例子是一门学科中最具有广泛迁移价值的材料。(　　)
> 答案:×

★ 考点大默写 ★

1. _____是指一种学习对另一种学习的影响,或习得的经验对完成其他活动的影响。

2. 根据迁移的性质和结果划分,_____指一种学习对另一种学习的促进作用;_____是指一种学习对另一种学习的阻碍作用。

3. 根据迁移内容的抽象和概括水平划分,_____是指先行学习内容与后续学习内容是不同水平的学习活动之间产生的影响。先学习某一概念或原则,再利用它们促进例证的学习,属于垂直迁移中的_____。

4. 根据迁移内容的不同划分,_____是指一种学习中所习得的一般原理、原则和态度对另一种具体内容学习的影响,即原理、原则和态度的具体应用。

5. 根据学习的迁移理论,一个人只要对自己的经验进行了概括,就可以完成从一个情境到另一个情境的迁移,这是_____的观点。

【参考答案】

1. 学习迁移(训练迁移)　2. 正迁移(助长性迁移);负迁移(抑制性迁移)　3. 垂直迁移(纵向迁移);自上而下的迁移　4. 一般迁移(非特殊迁移/普遍迁移)　5. 概括化理论(经验类化说)

第四节　知识的学习

一、知识概述

考点1　知识的概念

知识是指主体通过与环境相互作用而获得的信息及其组织。其实质是人脑对客观事物的特征与联系的反映,是客观事物的主观表征。

考点2　知识的分类

1.陈述性知识和程序性知识

安德森根据知识的不同表征形式,将知识分为陈述性知识和程序性知识。

陈述性知识也叫**描述性知识**,是个人能用言语进行直接陈述的知识,主要用于区别和辨别事物。陈述性知识是回答事物"是什么""为什么"等问题的言语信息方面的知识。

程序性知识即**操作性知识**,是一种经过学习后自动化了的关于行为步骤的知识,表现为在信息转换活动中进行具体操作。程序性知识是关于事物"做什么"和"怎么做"的知识。

2.感性知识和理性知识

由于反映活动的深度不同,知识可分为感性知识和理性知识。

感性知识是对活动的外表特征和外部联系的反映,可分为感知和表象两种水平。

理性知识反映的是活动的本质特征与内在联系,包括概念和命题两种形式。

3.策略性知识

美国心理学家**梅耶**提出了一种策略性知识。它与程序性知识相似但又存在区别。策略性知识是关于如何学习和如何思维的知识,即个体运用陈述性知识和程序性知识去学习、记忆、解决问题的一般方法和技巧。

考点3　知识的表征

知识的表征是指信息在人脑中的存储和呈现方式,它是个体知识学习的关键。人们在学习过程中,都是根据自己对知识的不同表征而选择相应的学习方法和应用方式。不同的知识类型在头脑中具有不同的表征方式。陈述性知识主要以命题和命题网络的形式进行表征,概念、表象和图式也是其表征的重要形式;程序性知识则主要以产生式和产生式系统进行表征。

一个大的知识单元中既有陈述性知识,也有程序性知识,二者相互交织在一起,许多心理学家用图式描述这种大块知识的表征。不管是命题网络、产生式系统还是图式,它们都强调知识间的联系,强调知识的组织结构。人的知识不是零乱地"堆积"在人的头脑中,而是按照一定的逻辑联系"集成"在头脑中,形成一定的认知结构。所谓认知结构,就是学生头脑里的知识结构。广义而言,它是某一学习者的全部观念及其组织,狭义来说,它可以是学习者在某一特定知识领域内的观念及其组织。

二、知识学习的类型 【单选】

考点1　符号学习、概念学习和命题学习

根据知识本身的存在形式和复杂程度,知识学习可分为符号学习、概念学习和命题学习。

1.符号学习

符号学习又称表征学习,是指学习单个符号或一组符号的意义。符号学习的心理机制是符号和它们所代表的事物或观念在学习者认知结构中建立相应的等值关系。

符号学习包括:

(1)词汇学习(主要内容)。例如,汉字、英语单词的学习,就属于词汇学习。

(2)非语言符号的学习(如实物、图像、图表、图形等)。因此,对数学图表的认识、对瓜果树木的认识、对各种机床的认识等,也属于符号学习。

(3)事实性知识的学习,即学习一组符号(语言或非语言)所表示的某一具体事实。例如,历史课中历史事件和历史人物的学习,地理课中地形地貌和地理位置的学习,均属于事实性知识的学习。

2. 概念学习

概念学习是指掌握概念的一般意义，其实质是掌握一类事物的共同的本质属性和关键特征。同类事物的关键特征既可由学习者从大量同类事物的不同例证中独立发现，也可由指导者用下定义的方式直接呈现给学习者，让其利用已掌握的概念来理解。概念学习以表征学习为前提，又为命题学习奠定基础，因此，它是意义学习的核心。

3. 命题学习

命题学习是指获得由几个概念构成的命题的复合意义，实际上是学习表示若干概念之间关系的判断。命题只涉及句子表达的意义。人们在长时记忆中保持的不是句子本身，而是句子表达的意义。命题是知识的最小单元，它既可以陈述简单的事实，也可以陈述一般规则、原理、定律、公式等，因此它被看成是陈述性知识掌握的高级形式。命题学习旨在反映事物之间的关系，是一种更加复杂的学习。

> **小香课堂**
>
> 考生易混淆概念学习和命题学习的内涵，在做题时应注意分析题干，如果题干强调事物共同的本质属性、关键特征，就属于概念学习；如果强调两个或两个以上概念之间的关系，就属于命题学习。

考点2 下位学习、上位学习和并列结合学习

奥苏贝尔根据新知识与原有认知结构的关系，将知识学习分为下位学习、上位学习和并列结合学习。

1. 下位学习

下位学习又称类属学习，是一种把新的观念归属于认知结构中原有观念的某一部分，并使之相互联系的过程。原有观念在包容和概括水平上高于新学习的知识。下位学习包括派生类属学习和相关类属学习。

派生类属学习指新观念是认知结构中原有观念的特例或例证，新知识只是旧知识的派生物。这种学习比较简单，只需经过具体化过程即可完成。例如，掌握了轴对称图形的概念后，再学习圆时，将"圆也是轴对称图形"这一命题纳入原有的轴对称图形概念中，新命题就能很快获得意义。

当新知识扩展、修饰或限定学生已有的旧知识，并使其精确化时，便产生了**相关类属学习**。例如，学生已有"挂国旗是爱国行动"这一命题，现在要学习"保护能源是爱国行动"这个新命题，新命题因类属于旧命题而获得意义，原有概念的内涵被加深或扩展。

派生类属学习和相关类属学习的主要区别在于学习之后原有观念是否发生本质属性的改变。

2. 上位学习

上位学习又称总括学习，是在学生掌握一个比认知结构中原有概念的概括和包容程度更高的概念或命题时产生的。上位学习遵循从具体到一般的归纳概括过程。例如，为了让学生掌握"面积"的概念，教师以桌面、地面、墙面、操场为例证，并比较其大小，最后得出"面积就是平面图形或物体表面的大小"的定义，就属于上位学习。

> **小香课堂**
>
> 考生易混淆上位学习和下位学习，可结合实例进行区分。下位学习：掌握了水果的概念后，学习苹果的概念。上位学习：知道了苹果的概念后，学习水果的概念。

3. 并列结合学习

并列结合学习又称组合学习，是在新命题与认知结构中特有的命题既非下位关系又非上位关系，而是一种并列的关系时产生的。例如，学习质量与能量、遗传与变异、需求与价格等概念之间的关系就属于并列结合学习。一般而言，并列结合学习比较困难，必须认真比较新旧知识之间的联系与区别才能掌握。

> **真题面对面**
>
> [2020,单,2分]学过长方形的面积计算公式后,再学习正方形的面积计算公式。这种学习类型是( )
>
> A.上位学习　　　　B.下位学习　　　　C.并列学习　　　　D.结合学习
>
> 答案:B

三、陈述性知识的学习

考点1　陈述性知识学习的一般过程　【单选、判断】

陈述性知识学习的过程包括获得、保持和提取三个阶段。下面重点介绍一下知识的获得。

知识的获得是通过知识的直观和知识的概括两个环节来实现的。

知识直观是主体通过对直接感知到的教学材料的表层意义、表面特征进行加工,从而形成对有关事物具体的、特殊的、感知的认识的加工过程。

知识概括是指主体通过对感性材料的分析、综合、比较、抽象、概括等深度加工改造,从而获得对一类事物的本质特征与内在联系的抽象的、一般的、理性的认识活动过程。按照学生对知识的概括抽象程度不同,将知识概括分为感性概括和理性概括。**感性概括**即直觉概括,它是在直观的基础上自发进行的一种低级的概括形式。**理性概括**是在前人认识的指导下,通过对感性知识经验进行自觉的加工改造,揭示事物的一般的、本质的特征与联系的过程。

有效地进行知识概括的教学策略有以下四条:

1. 配合运用正例和反例

概括的目的在于区分事物的本质和非本质要素,抽取事物的本质要素,抛弃事物的非本质要素。因此,教师在指导学生概括时,不仅要注意抽取本质的一面,也要注意抛弃非本质的一面。为此,必须配合使用概念或规则的正例和反例。**正例**又称**肯定例证**,指包含着概念或规则的本质特征和内在联系的例证;**反例**又称**否定例证**,指不包含或只包含了一小部分概念或规则的主要属性和关键特征的例证。一般而言,概念或规则的正例传递了最有利于概括的信息,反例则传递了最有利于辨别的信息。

在实际的教学过程中,为了便于学生概括出共同的规律或特征,教学时最好同时呈现若干正例,以一个个的例子来说明。同时,如有可能,教师最好能利用机会把正反两种例证同时加以说明。这样,概念和规则的学习将更加容易。因为反例的适当运用,可以排除无关特征的干扰,有利于加深对概念和规则的本质的认知。例如:在教"鸟"的概念时,可用麻雀、燕子作为正例,说明"有羽毛""前肢为翼""无齿有喙"是鸟的概念的本质特征;用蝙蝠作为反例,说明"会飞"是鸟的概念的无关特征。

2. 正确运用变式

理性概括是通过对感性知识的加工改造而完成的,感性知识的获得是把握事物本质的基础和前提。因此,在教学实际中,要提高概括的成效,必须给学生提供丰富而全面的感性知识,必须注意变式的正确运用。

所谓**变式**,就是变换使用不同形式的直观材料或事例说明事物的属性,使本质属性保持不变而非本质属性或有或无,以便突出本质属性。例如,在生物学中介绍"果实"的概念时,不要只选可食的果实(如苹果、西红柿、花生等),还要选择一些不可食的果实(如橡树籽、棉籽等),这样才有利于学生看到一切果实都有"种子"这一关键属性,而舍弃"可食性"等无关特征。变式的有效性并不在于运用变式的数量,而取决于材料呈现方式的典型性和代表性。例如,如果问大家:"鸡鸭是不是鸟?"很多人的答案都是否定的,那就是因为在之前的生物课上,老师呈现的正例的代表性不够,多是会飞的,于是学生就把"会飞"这个无关特征作为本质特征来记忆。

> **真题面对面**
>
> [2018,单,2分]讲解"果实"的概念时,教师运用变式给学生呈现苹果、花生、棉籽等实物,其主要目的是(　　)
>
> A.激发学习兴趣　　B.引起学生注意　　C.突出本质特征　　D.丰富学生想象
>
> 答案:C

3. 科学地进行比较

概括过程,也就是在分析综合的基础上进行比较,在比较的基础上进行抽象概括。因而,区分对象的一般与特殊、本质与非本质特征的比较过程,对于知识的概括具有非常重要的意义。比较主要有两种方式:同类比较和异类比较。同类比较是关于同类事物之间的比较。通过同类比较,便于区分对象的一般与特殊、本质与非本质特征,从而找出一类事物所共有的本质特征。异类比较即不同类但相似、相近、相关的事物之间的比较,如对"重量"与"质量""压力"与"压强""岛"与"半岛""主语"与"谓语"等概念的比较。通过异类比较,不仅能使相比客体的本质更清楚,而且有利于确切了解彼此间的联系与区别,防止知识间的混淆与割裂,有助于知识的系统化。

4. 启发学生进行自觉概括

为了促进知识的获得,在实际的教学情境中,教师应该启发学生进行自觉的概括,鼓励学生自己去总结原理、原则,尽量避免一开始就要求学生记忆或背诵。

教师启发学生进行自觉概括,最常用的方法是鼓励学生主动参与问题的讨论。在概括过程中,教师应充分调动学生的思维,让学生自己去归纳和总结,从根本上改变"教师做总结,学生背总结"的被动方式。例如,一位语文老师让小朋友为班上同学介绍自己是如何记"荷"这个字的,一个小男孩就说,可以记成一个人躲在草下喝可乐。这个概括非常生动,容易记忆。

考点2　陈述性知识的教学策略

(1)激发学习动机,培养学习兴趣(动机激发策略);(2)有效运用注意规律(注意策略);(3)对陈述性知识进行精加工(精加工策略);(4)合理使用工作记忆的有限容量;(5)必要的复习;(6)整理和综合知识材料,使知识系统化(组织策略);(7)了解学生已有的知识系统(认知结构化策略)。

四、程序性知识的学习

考点1　程序性知识学习的一般过程

程序性知识学习的一般过程是从陈述性知识转化为自动化的技能的过程,它主要由三个阶段构成。

1. 陈述性阶段

该阶段是掌握程序性知识的前提,是对以陈述性知识形态存在的程序性知识的学习。学生首先要理解有关的概念、原理、事实和行动步骤等的含义。

2. 程序化阶段

经过大量的练习和反馈,陈述性知识转化为程序性知识,学生能将一个个产生式形成产生式系统,将各个行动步骤联合起来,流畅地完成各种活动。

3. 自动化阶段

随着进一步的练习,学生最终进入到自动化阶段。在这一阶段,学生无需有意识的控制或努力就能够自动完成有关的活动步骤,行为完全由规则支配,技能也相对自动化。操作的准确性和速度均得到大幅提高,表现为纯熟的技能,不需要提取有关操作步骤的知识。

考点 2　程序性知识的教学策略

(1)课题的选择与设计策略;(2)示范与讲解策略;(3)变式练习与比较策略;(4)练习与反馈策略;(5)条件化策略(明确程序性知识的使用条件);(6)分解性策略(分解程序的操作过程)。

★ 考点大默写 ★

1. 从知识的分类看,美国心理学家梅耶提出的,关于如何学习和如何思维的知识是_____。
2. 根据知识学习的类型,_____是一种把新的观念归属于认知结构中原有观念的某一部分,并使之相互联系的过程;_____是在学生掌握一个比认知结构中原有概念的概括和包容程度更高的概念或命题时产生的。
3. _____指包含着概念或规则的本质特征和内在联系的例证;_____指不包含或只包含了一小部分概念或规则的主要属性和关键特征的例证。
4. _____指变换使用不同形式的直观材料或事例说明事物的属性,使本质属性保持不变而非本质属性或有或无,以便突出本质属性。

【参考答案】
1. 策略性知识　2. 下位学习(类属学习);上位学习(总括学习)　3. 正例(肯定例证);反例(否定例证)
4. 变式

第五节　技能的形成

一、技能概述

考点 1　技能的概念

在《心理学大辞典》中,技能被定义为个体运用已有的知识经验,通过练习而形成的智力动作方式和肢体动作方式的复杂系统。皮连生认为,技能是在练习的基础上形成的按某种规则或操作程序顺利完成某种智慧任务或身体协调任务的能力。概括起来,技能是指经过练习而获得的合乎法则的认知活动或身体活动的动作方式。技能具有如下特点:(1)技能是学习得来的,不同于本能行为;(2)技能是一种活动方式,不同于知识;(3)技能是合乎法则的活动方式,不同于一般的随意运动。

考点 2　技能与习惯

习惯是个体在一定情境下自动化地进行某种动作的需要或特殊倾向。技能与习惯的区别之处在于:

(1)技能是越来越向一定的标准动作体系提高,而习惯则越来越保持原来的动作组织情况。习惯是保守的,技能则不断向一个标准趋近。

(2)技能有高级、低级之分,但没有好坏之别。习惯则不同,它根据对个人和社会的意义有好坏之分。

(3)技能和一定的情境、任务都有联系,而习惯只和一定的情境相联系。技能是主动的,需要时出现,不需要时就不出现,习惯则是被动的。

(4)技能要与一定的客观标准做对照,而与习惯做对照的,则只是上一次的动作。这就是说,技能形成中除自己的动觉反馈外,还需要别的反馈,如外部感觉的反馈等。

考点3　技能的分类　【单选】

技能按其本身的性质和特点,可分为操作技能和心智技能。

表3-11　操作技能和心智技能

类别	含义	特点	典例
操作技能 (运动技能、动作技能)	通过学习而形成的合乎法则的操作活动方式	(1)动作对象的客观性; (2)动作进行的外显性; (3)动作结构的展开性	日常生活中的写字、打字、绘画,音乐方面的吹、拉、弹、唱,体育方面的田径、球类、体操,生产劳动方面的车、刨、磨等活动方式
心智技能 (智力技能、认知技能)	通过学习而形成的合乎法则的心智活动方式	(1)动作对象的观念性; (2)动作执行的内潜性; (3)动作结构的简缩性	阅读技能、写作技能、运算技能、解题技能、记忆技能

真题面对面

[2020,单,2分]下列选项中,不属于心智技能的是(　　)

A.感知声音　　　　B.计算题目　　　　C.记忆公式　　　　D.阅读文章

答案:A

二、操作技能的形成

考点1　操作技能的形成阶段　【单选】

1. 操作定向

操作技能表现为一系列的操作活动,在形成之初,学习者必须了解做什么、怎么做的有关信息与要求,形成对动作的初步认识。操作定向就是了解操作活动的结构与要求,在头脑中建立起操作活动的定向映像的过程。

2. 操作模仿

个体在定向阶段了解了一些基本的动作机制之后,就会尝试做出某种动作。模仿的实质是将头脑中形成的定向映像以外显的实际动作表现出来。模仿是在定向的基础上进行的,缺乏定向映像的模仿是机械的模仿。只有通过模仿,才能使这一映像得到检验、巩固与充实。操作模仿是掌握操作技能的开端,需要以认知为基础。

3. 操作整合

操作整合是把构成整体的各动作要素,依据其内在联系联结成整体,形成操作活动的序列,获得有关操作活动的完整的动觉映像的过程。只有通过整合,各动作成分之间才能协调联系,动作结构才趋于合理,动作的初步概括化才得以实现。

4. 操作熟练

操作熟练是操作技能掌握的高级阶段。通过动作练习形成的活动方式对各种变化的条件具有高度的适应性,动作的执行达到高度的程序化、自动化和完善化。自动化并非无意识,而是指它的执行过程不需要意识的高度控制,可以将注意力分配给其他活动。

表3-12 操作模仿、操作整合和操作熟练阶段的特点

特点	操作模仿	操作整合	操作熟练
动作品质	动作的稳定性、准确性、灵活性较差	动作可以表现出一定的灵活性、稳定性和精确性,但当外界条件发生变化时,动作的这些特点都有所降低	动作具有高度的灵活性、稳定性和准确性,在各种变化的条件下都能顺利完成动作
动作结构	各个动作要素之间的协调性较差,互相干扰,常有多余动作产生	各个动作成分趋于分化、精确,整体动作趋于协调、连贯,各动作成分间的相互干扰减少,多余动作也有所减少	各个动作之间的干扰消失,衔接连贯、流畅,高度协调,多余动作消失
动作控制	主要靠视觉控制,动觉控制水平较低,不能主动发现错误与纠正错误	视觉控制不起主导作用,逐步让位于动觉控制,肌肉运动的感觉变得较清晰、准确,并成为动作执行的主要调节器	动觉控制增强,不需要视觉的专门控制和有意识的活动,视觉注意范围扩大,能准确地觉察到外界环境的变化并调整动作方式
动作效能	完成一个动作往往比标准速度要慢,个体经常感到疲劳、紧张	疲劳感、紧张感降低,心理能量不必要的消耗减少,但没有完全消除	心理消耗和体力消耗降至最低,表现为紧张感、疲劳感减少,动作具有轻快感

记忆有妙招

关于不同操作阶段的动作控制特点,考生可结合以下口诀进行记忆:

模仿靠视觉,整合让动觉,熟练主动觉。

考点2 操作技能的培训要求 【单选、判断】

1. 准确的示范与讲解

示范、讲解在操作技能形成过程中是不可缺少的,准确的示范与讲解有利于学习者不断地调整头脑中的动作表象,形成准确的定向映像,进而在实际操作活动中可以调节动作的执行。

言语讲解在技能形成过程中也起到重要的作用。进行讲解与指导时,要注意言语的简洁、概括与形象化;不仅要讲解动作的结构与具体要求,也要讲解动作所包含的基本原理;不仅要讲解动作的物理特性,也要指导学生注意体验执行动作时的肌肉运动知觉。

2. 必要而适当的练习

练习是形成各种操作技能所不可缺少的关键环节,通过应用不同形式的练习,可以使个体掌握某种技能。一般来说,随着练习次数的增多,动作的精确性、速度、协调性等会逐步提高。从练习曲线(见图3-5)中可以看出,技能随着练习量的增加而提高的一般趋势。

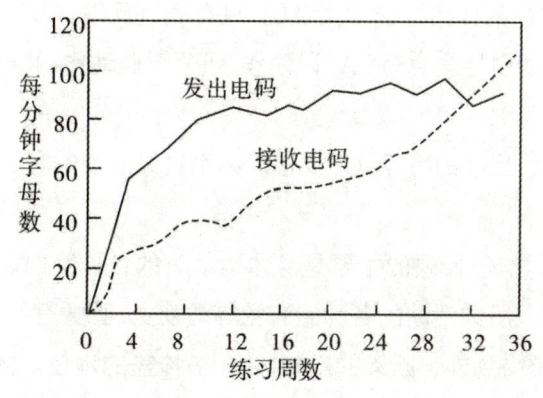

图3-5 常见的练习曲线(学习电码的练习曲线)

虽然不同的学习者的练习曲线存在差异,但也具有共同点,表现在:

(1)开始进步快。初期进步较快的原因主要有两点:①练习开始时,学生对技能中的某些动作成分,可以利用原有的经验;②有些技能可以分解成几个简单动作进行练习,比较容易掌握。

(2)中间有一个明显的、暂时的停顿期,即高原期。通常把学生在学习过程中出现一段时间的学习成绩和学习效率停滞不前,甚至学过的知识感觉模糊的现象,称为"**高原现象**"。高原现象一般在练习中期出现,产生的原因在于:①学习方法的固定化;②学习任务的复杂化;③学习动机减弱;④兴趣降低;⑤心理和生理上的疲劳;⑥意志不够顽强。如果学生能够调整好自己的心态,正确认识自我及现状,并采取一些改进学习方法的措施,消除消极因素的干扰,就能顺利度过"高原期",学习成绩也会有所提高。

(3)后期进步较慢。后期进步逐渐缓慢,但坚持练习还能持续有所提升。为了促进操作技能的形成,过度学习是非常必要的。但值得注意的是,并非过度学习的量越大越好,过分的过度学习若使个体疲劳、丧失兴趣,不仅不会进步甚至可能导致相反的结果。

(4)总趋势是进步的,但有时出现暂时的退步。整个练习过程中,成绩往往会有一些波动起伏现象。而且,多数情况下,练习曲线反映出来的技能的进步是先快后慢;也有少数情况可能出现先慢后快的趋势。

因此,教师在教学中组织练习时,应明确练习的目的和要求,增强学习动机。另外,还需要帮助学生掌握正确的练习方法,并且及时进行反馈。具体表现在:

(1)练习需要循序渐进,由易到难、先简后繁;

(2)正确掌握练习速度,保证练习质量;

(3)适当安排练习的次数和时间;

(4)练习方式多样化。采何种练习方式也直接影响着操作技能的学习。练习方式有多种,根据练习时间分配的不同有集中练习与分散练习;根据练习内容的完整性的不同有整体练习与部分练习;根据练习途径的不同有模拟练习、实际练习与心理练习;等等。

3. 充分而有效的反馈

反馈指在学习与练习过程中信息的返回传递。一般来讲,反馈来自两个方面:

(1)内部反馈,即操作者自身的感觉系统提供的感觉反馈。这是个体通过自身的视觉、听觉、触觉、动觉等获取的反馈信息,尤其是动觉反馈信息最有代表性。

(2)外部反馈,即操作者自身以外的人和事给予的反馈,有时也称结果知识。这是教师、教练、示范者、录像、计算机等外部信息源对学习者的操作结果及其操作过程的反馈。

反馈在操作技能学习过程中的作用是非常关键的,只有通过反馈,学习者才知道自己的动作是否合乎要求。其中准确的结果反馈可以引导学生矫正错误动作、强化正确动作,并鼓励学生努力改善其操作,作用尤为明显。

影响反馈效果的因素有:(1)反馈的内容;(2)反馈的频率;(3)反馈的方式。

4. 建立稳定清晰的动觉

动觉是复杂的内部运动知觉,它反映的主要是身体运动时的各种肌肉活动的特性,如紧张、放松等,而不是外界事物的特性。这些有关肌肉活动的各种感知觉等与视觉、听觉有所不同,如果不经过训练,它们很难为个体明确地意识到,并经常受到外部因素的影响,处于被掩盖的地位。由于运动知觉的模糊性,经常会发生学习者对自己的错误动作不能意识到的现象,当然也就很难对动作进行有意识地调节或控制。这样就容易导致技术水平不稳定,难以找出动作失误的确切原因,致使操作技能的学习陷入盲目状态。因此,有必要进行专门的动觉训练,以提高其稳定性和清晰性,充分发挥动觉在技能学习中的作用。

> **真题面对面**
>
> [2019,单,2分]学生形成各种操作技能不可缺少的关键环节是(　　)
> A.示范要领　　　　B.讲解要点　　　　C.反馈信息　　　　D.适当练习
> 答案:D

三、心智技能的形成

考点1　心智技能的形成阶段　【单选】

1. 原型定向

原型指那些被模拟的自然现象或过程。智力活动的原型是对一些最典型的智力活动样例的设想。原型定向就是了解原型的活动结构,从而使主体明确活动的方向,知道该做哪些动作和怎样去完成这些动作。这一阶段是主体掌握操作性知识的阶段,也是心智技能形成的准备阶段。这一阶段相当于加里培林的"活动的定向阶段"。

2. 原型操作

原型操作阶段,借助于实物模型、图片、示意图或动作等,依据智力活动的实践模式,把学生在头脑中已建立起来的活动程序计划,以外显的操作方式付诸实施,帮助学生理解心智技能学习的内容,以获得完备的动觉映像,有利于形成新的智力活动。这一阶段相当于加里培林的"**物质活动或物质化活动阶段**"。

3. 原型内化

原型内化,即智力活动的实践模式(原型)向头脑内部转化,由物质的、外显的、展开的形式变成观念的、内潜的、简缩的形式的过程。该阶段开始借助言语来对观念性对象进行加工,是原型在学习者头脑中转化为心理结构内容的过程,是心智技能的完成阶段。这一阶段相当于加里培林的以下三个阶段,即出声的外部言语动作阶段、不出声的外部言语动作阶段和内部言语动作阶段。

> **真题面对面**
>
> [2017,单,2分]教师通过详细地演算例题来帮助学生形成的心智技能阶段是(　　)
> A.原型模仿　　　　B.原型操作　　　　C.原型定向　　　　D.原型内化
> 答案:C

考点2　心智技能的培养要求

1. 确立合理的智力活动原型

由于形成的心智技能一般存在于有着丰富经验的专家的头脑中,因此,模拟确立模型的过程实际上是把专家头脑中的观念的、内潜的、简缩的经验"外化"为物质的、展开的、外显的活动模式的过程。

2. 有效进行分阶段练习

由于心智技能是按一定的阶段逐步形成的,因此,在培训方面只有分阶段进行练习,才能获得良好的教学效果。为提高分阶段练习的成效,在培养工作方面,必须充分依据心智技能的形成规律,采取有效的措

施,包括:

(1)激发学习的积极性和主动性;(2)注意原型的完备性、独立性和概括性;(3)适应培养的阶段特征,正确使用言语;(4)注意学生的个别差异;(5)科学地进行练习。教师在指导学生练习时,应该注意以下几点:①教师要做到精讲、使学生多练。所谓"精讲",就是要求教师上课要突出重点、难点,抓关键、讲主干、谈方法;"多练"则是要求教师通过变式、操作等学习活动,增加学生灵活应用知识的机会,而不是让学生搞题海战术。因此,教师在精讲之余,应该留一些时间鼓励学生思考与练习。②注意练习形式的多样化,举一反三。③练习要适量适度,循序渐进。

3. 知识影响技能的形成

了解学生的知识基础,并为学生提供相关知识。

4. 注重培养学生认真思考的习惯和独立思考的能力

要注意形成学生的概括性联想,培养学生的概括力和灵活的思维品质。

★ 考点大默写 ★

1. 技能按其本身的性质和特点,可分为操作技能和心智技能,其中"吹、拉、弹、唱"属于_____;"阅读技能、写作技能、运算技能"属于_____。
2. 操作技能的形成包括操作定向、操作模仿、_____和_____阶段。
3. _____阶段是操作技能掌握的高级阶段,该阶段动作的执行达到高度的程序化、自动化和完善化。
4. 通常把学生在学习过程中出现一段时间的学习成绩和学习效率停滞不前,甚至学过的知识感觉模糊的现象,称为"_____"。
5. 心智技能的形成阶段中,_____指了解原型的活动结构,从而使主体明确活动的方向,知道该做哪些动作和怎样去完成这些动作。

【参考答案】

1. 操作技能(运动技能/动作技能);心智技能(智力技能/认知技能) 2. 操作整合;操作熟练 3. 操作熟练 4. 高原现象 5. 原型定向

第六节 问题解决与创造性

一、问题解决

考点1 问题与问题解决

1. 问题的界定

问题是指这样一种情境:个体想做某件事,但不能马上知道完成这件事所需采取的一系列行动。事实上,当遇到不可能直接完成的事时,就有了问题,如诊断疾病、解答数学应用题、设计大桥、编写剧本等。

每一个问题都必然包含三种成分:(1)给定信息,指有关问题初始状态的一系列描述;(2)目标,指有关问题结果状态的描述;(3)障碍,指在解决问题的过程中会遇到的种种亟待解决的因素。如此看来,问题就是给定信息与要实现的目标之间有某些障碍需要加以克服的情境。

2. 问题的分类——结构良好的问题和结构不良的问题

按照问题的组织程度把问题分为结构良好问题和结构不良问题。

学习者在学科学习中遇到的绝大多数问题都是结构良好问题。例如，"从北京出发乘火车到香港，最短的路线应该怎么走？"其初始状态、目标状态和操作都是具体明确的。

结构不良问题并不是指这个问题本身有什么错误或是不恰当，而是指它没有明确的结构或解决途径。例如："修电脑"，其初始状态不明确，要先检查电脑的故障出在哪儿；让学生考察当地城市的污染状况并写出一篇论文，其初始状态、目标状态，甚至问题解决方案都不明确，是名副其实的结构不良问题。

3. 问题解决的界定

问题解决是指为了从问题的初始状态到达目标状态，而采取一系列具有目标指向性的认知操作的过程。问题解决既是能力又是学习，在教学中得到训练和发展。创造性是解决问题的最高表现形式。加涅在对学习进行分类时，将问题解决视作高级规则的学习，强调问题解决是规则的组合，其结果是生成了新的规则，即高级规则。

问题解决具有以下三个特征：

（1）目的性。问题解决总是要达到某个特定的目标状态，因而具有明确的目的性。没有明确目的指向的心理活动，如漫无目的的幻想等，则不能称为问题解决。

（2）认知性。问题解决活动是通过内在的心理加工实现的，整个活动的过程依赖于一系列认知操作的进行。自动化的操作如走路等基本上没有重要的认知成分参与，因而，不属于问题解决的范畴。

（3）序列性。问题解决包含一系列的心理活动，如分析、联想、比较、推论等，仅有一个心理操作不能称为问题解决。而且这些心理操作是有一定序列的，序列出错，问题也无法解决。简单的记忆操作不能称之为问题解决，如回忆某人的名字等。

考点2　问题解决的过程　【单选】

问题解决的过程一般可分为发现问题、理解问题、提出假设和检验假设四个阶段。

（1）发现问题。从完整的问题解决过程来看，发现问题是其首要环节。能否发现问题，与个体的活动积极性、已有知识经验等有关。

（2）理解问题（明确问题）。理解问题就是把握问题的性质和关键信息，摒弃无关因素，并在头脑中形成有关问题的初步印象，即形成问题的表征。

认知心理学将理解问题看作是在头脑中形成问题空间的过程。问题空间是个体对一个问题所达到的全部认识状态，包括问题的起始状态、目标状态以及由前者过渡到后者的各中间状态和有关的操作。不同的人，构造的问题空间也可能不同；同一个人，在问题解决之前也可能改变或重构问题空间。

（3）提出假设。提出假设就是提出解决问题的可能途径与方案，选择恰当的解决问题的操作步骤。能否有效地提出假设，受到个体思维的灵活性与已有知识经验的影响。提出假设是问题解决的关键阶段。

（4）检验假设。检验假设就是通过一定的方法来确定假设是否合乎实际、是否符合科学原理。检验假设的方法有两种：①直接检验，即通过实践来检验，通过问题解决的结果来检验；②间接检验，即通过推论来淘汰错误的假设，保留并选择合理的、最佳的假设。当然，间接检验的结果是否正确，最终还要由直接检验来证明。

> **真题面对面**
>
> [2021,单,2分]学生把握问题的性质和关键信息,在头脑中形成问题空间的过程是( )
> 　A.理解问题　　　　B.发现问题　　　　C.提出假设　　　　D.验证假设
> 答案:A

考点3　问题解决的策略

1.算法策略

算法策略就是把解决问题的方法——进行尝试,最终找到解决问题的答案。

2.启发法策略

启发法指依据经验或直觉选择解法,即基于一定的经验,根据现有问题状态与目标状态之间的内在联系,采用较少搜索而找到解决问题途径的一种策略。启发法不需要像算法策略那样费时费力,往往是一种比较快捷的方法,但并不能保证一定可以成功地解决问题。下面介绍几种常用的启发法策略。

(1)手段—目的分析法。所谓手段—目的分析,就是将需要达到的问题的目标状态分成若干个子目标,通过实现一系列的子目标而最终达到总目标。它的基本步骤是:①比较初始状态和目标状态,提出第一个子目标;②找出完成第一个子目标的方法或操作,实现子目标;③提出新的子目标。如此循环往复,直至问题解决。

手段—目的分析是一种不断减少当前状态与目标状态之间的差别而逐步前进的策略,是一种常用的解题策略,对解决复杂问题有重要的应用价值。手段—目的分析法还包括这样一种情况,即有时人们为了达到目的,不得不暂时扩大目标状态与初始状态的差距,以便最终达到目标。

(2)爬山法。爬山法是采用一定的方法逐步降低初始状态和目标状态的距离,以达到问题解决的一种方法,与手段—目的分析类似。

(3)逆推法。逆推法就是从问题的目标状态开始搜索直至找到通往初始状态的道路的方法。逆向搜索更适合于解决那些从初始状态到目标状态只有少数解决方法的问题,数学中的推理运算有时采用这一策略。

考点4　影响问题解决的主要因素　【单选、案例分析】　必背

1.问题情境与知识的表征方式

问题情境就是指问题呈现的知觉方式。问题呈现的知觉方式与人们已有的知识经验越接近,问题就越容易解决;反之,如果与人们已有的知识经验相差甚远,问题解决起来就很困难。

所谓表征方式,就是在头脑中记载与呈现知识的方式。比较符合人们日常经验的表征方式会使问题解决速度增加,更利于问题解决。以九点连线图问题为例,实验时要求人们用一笔连续画四条直线把图中的九个点连在一起。人们常常不能成功的解决这一问题,其原因在于,9个点在知觉上组成了方形,人们总是试图在这个方形的轮廓中连线,这样知识的表征方式阻碍了问题的解决,如果在实验中告诉被试,连线时可以突破方形的限制,被试的成绩就会得到很大的提高。

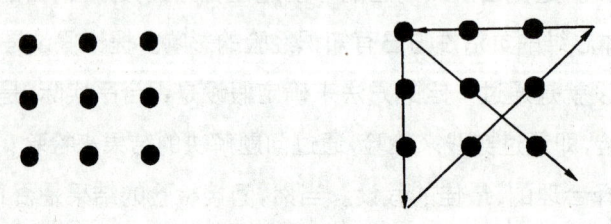

图3-6　九点连线图

2. 定势与功能固着

定势（即心向）是指重复先前的操作所引起的一种心理准备状态。在定势的影响下，人们会以某种习惯的方式对刺激情境做出反应。定势对解决问题既有积极作用，也有消极作用。

人们把某种功能赋予某物体的倾向称为**功能固着**。在功能固着的影响下，人们不易摆脱事物用途的固有观念，从而直接影响问题解决的灵活性。

3. 原型启发

对问题解决起启发作用的事物叫**原型**。原型启发是指从其他事物上发现解决问题的途径和方法。任何一个人对某一项目的发明创造或革新，都不是凭空想象出来的，在开始时总要受到某种类似的事物或模型的启发。例如，鲁班从丝茅草割破手得到启发，发明了锯。原型启发在创造性地解决问题时的作用十分明显。通过联想，人们可以从原型中找到解决问题的新方法。

原型之所以有启发作用，是因为事物本身的特点与所创造的事物之间有相似之处。某事物能否起启发作用，不仅取决于该事物的特点，还取决于问题解决者的心理状态。在问题解决者的思维活动处于积极但又不过于紧张的状态时，才最容易产生原型启发。

4. 已有知识经验

经验水平或实践知识影响问题解决。善于解决问题的专家与新手的区别，就在于前者具备有关问题的大量知识并善于实际应用这些知识来解决问题。有经验的专家在本专业领域内是解决问题的高手，但在其他领域并不一定特别聪明，有时还显得笨拙。这说明实践知识对于高效地解决问题是有一定条件的。

5. 情绪与动机

情绪对问题解决有一定影响，肯定、积极的情绪状态有利于问题的解决，而否定、消极的情绪状态则会阻碍问题的解决。人们对活动的态度、责任感等都可以成为发现问题的动机，影响问题解决的效果。动机的强度不同，影响的大小也不一样。动机强度与问题解决的关系遵循"耶克斯—多德森定律"。

此外，个体的认知结构、个性特征以及问题的特点等也会影响问题的解决。

真题面对面

1. [2019,单,2分] 我们常用电吹风来吹头发，却没有想过用它来烘干潮湿的衣服，这种心理现象属于（　　）
   A. 问题表征　　B. 原型启发　　C. 功能固着　　D. 高原现象

2. [2016,单,2分] 受过去经验与习惯影响而产生的心理活动的准备状态是（　　）
   A. 迁移　　B. 定势　　C. 原型启发　　D. 动机

第三部分　教育心理学　347

3.[2020,案例分析,10分]阿西莫夫是世界著名的科普作家。有一次,一位汽车修理工对他说:"有一位聋哑人,想买几根钉子,就来到商店,对售货员做了一个这样的手势:左手食指立在柜台上,右手握拳做出敲击的样子。售货员见状,先给他拿来一把锤子,聋哑人摇摇头。于是售货员就明白了,他想买的是钉子。聋哑人刚买好钉子,走出商店,接着进来一位盲人。这位盲人想买一把剪刀,请问:盲人将会怎样做?"阿西莫夫顺口答道:"盲人肯定会这样——",他伸出食指和中指,做出剪刀的形状。听了阿西莫夫的回答,汽车修理工笑着说:"盲人想买剪刀,只需开口说'我买剪刀'就行了,他干吗要做手势呀?"

请结合案例运用心理学知识分析。

(1)该案例反映了什么心理效应?

(2)该心理效应对学生的学习有什么影响?

答案: 1.C 2.B 3.(1)该案例反映了定势效应。定势(即心向)是指重复先前的操作所引起的一种心理准备状态。案例中,阿西莫夫的回答受到汽车修理工所给情境的影响,产生了思维定势,认为盲人买剪刀也需要做手势,但实际上盲人可以开口说话,这是在定势的影响下,以同样的思维习惯对刺激情境做出反应,所以该案例反映了定势的心理效应。

(2)定势对学生的学习既有积极作用,也有消极作用。积极作用:在同样的思维范式下,学生举一反三,可以快速地解决问题,提高学习效率;消极作用:总是采用惯用的方式学习,可能会导致错误地理解问题情境,从而出现错误。

考点5 学生问题解决能力的培养 【论述】

在学校情境中,大部分问题解决是通过解决各个学科中的具体问题来体现的,这就意味着结合具体的学科教学来培养解决问题的能力是必要的,也是可行的。具体可从以下几方面入手:

1. 培养学生主动质疑和解决问题的内在动机

学生在学习中面临的问题解决任务,常常是由教师和教材提出的,而且在绝大多数情况下,问题的已知条件、未知条件、目标状态,甚至其大致类型都明确下来,学生完成对问题的理解是不难的。然而这样带来的问题也是明显的:(1)减少了学生自己判断有关信息和无关信息的机会,不能训练学生的模式辨别能力。(2)由于问题是由教师和教材规定的,学生(尤其是一部分成绩不良的学生)常常把它们看成是无可奈何的任务,增加了解决问题的心理阻力,不利于学生获得学习的乐趣和信心,学习变得被动。(3)不利于锻炼学生独立地进行发现问题、提出问题、表述问题和明确问题等的智慧活动能力。实际上,无论是在学生的学习中,还是在社会实践中,发现和提出问题的价值丝毫不比解决问题的价值逊色。许多学习成绩不太好的学生的一个重要特点就是既不善于发现书本上的新问题,也不善于发现自己学习中的问题。

2. 问题的难度要适当

问题难度的设置应当有一个从较易到较难、从简单到综合的渐进的过程。刚学原理或所学知识不多时,难度太大会挫伤学生的解题积极性,但总是解决容易的问题也不利于问题解决能力的提高。

3. 帮助学生正确表征问题

经常训练学生从各个不同的角度、用不同的方式表征问题是有好处的,学生可以从中获得对问题进行灵活的、有效的表征的经验。画草图、列表、写方程式等都是常用的表征问题的方式。

4. 帮助学生养成分析问题和对问题归类的习惯

分析问题的过程是一个不断进行知识的激活、模式识别、辨别与分化的过程。它既能促进对陈述性知识的精加工,又能促进对程序性知识的运用条件的熟练识别。在分析的基础之上对不同的问题进行归类和组织,则有利于获得各种解决问题的图式。

5. 提高学生知识储备的数量和质量,指导学生善于从记忆中提取信息

(1)帮助学生牢固地记忆知识。知识记忆得越牢固,提取也就越快、越准确,成功地解决问题的可能性也就越大。教师应教给学生一些记忆和提取的方法,鼓励学生运用这些方法。

(2)提供多种变式,促进知识的概括。只有深刻领会和理解的知识才能被牢固地记忆和有效地应用,因此,教师要重视概括、抽象、归纳和总结,应用同质不同形的各种问题的变式来突出本质特征,加强学生对不同类型问题的区分和辨别,提高其对所学内容的理解水平。

(3)重视知识间的联系,建立网络化结构。问题解决通常是综合应用各种知识的过程,知识之间的有机联系是保证正确解决问题的基础。为此,教师要有意识地沟通课内外、不同学科、不同知识点之间的纵横交错的联系,完善学生的知识结构。

解决问题需要将已有的知识、原理、经验加以重新组织,因此要训练学生迅速地提取有关的信息;但也要防止学生养成总是重复过去的方法的做法,鼓励他们从不同的角度,用新的方法去解决同类的问题。

6. 训练学生陈述自己的假设及其步骤,鼓励自我评价和反思

学生能够清楚地意识到自己的解题过程,就能自觉地对自己的解题过程和方法加以指导,明白自己理解上的错误和偏差,也能理清自己的思路,有利于及时、正确地归纳和总结解题的经验和策略,进行自我指导和监察。这实际上是对认知策略的觉察和训练,要求学生反复推敲、分析各种假设与方法的优劣,对解决问题的整个过程进行监控和评价。在明确问题的基础上,教师可以鼓励学生从多角度、尽可能多地提出假设,且不对这些想法做过多评判,以免使学生的思路过早地局限于某一方案。

7. 教授与训练解决问题的方法和策略

(1)结合具体学科,教授思维方法。有效的思维方法可以引导学生正确地解决问题。教师既可以结合具体学科内容,教授一些审题技能、构思技能等,也可以根据已有的研究成果,开设专门的思维训练课。(2)外化思路,进行显性教学。教师在教授思维方法时,应将头脑中的思维方法或思路提炼后外化出来,给学生示范,并要求模仿。学生通过这种学习,可以逐步掌握各种思维方法,将教师的经验内化成自己的经验,充实自己的认知结构。

8. 提供多种练习机会

应避免低水平的、简单的提问或重复的机械练习,防止学生埋没于题海之中,应考虑练习的质量,根据不同的教学目的、教学内容、教学时段等来精选、设计例题与习题,充分考虑练什么、什么时候练、以什么方式练、练到什么程度、如何检验练的效果等。还要注意练习形式的多样化,以调动学生主动参与学习的积极性,提高学生知识应用的灵活性和广泛性。

9. 训练逻辑思维能力,提高思维水平

提高思维水平主要靠进行思维训练,训练学生的思维主要有两种形式:(1)直接上思维训练课;(2)在学科教学中穿插思维训练的内容。

真题面对面

[2014,论述,15分]请结合学科教学谈谈如何培养学生解决问题的能力。

答案:详见内文

二、创造性

考点1　创造性的概念

关于创造的定义众说纷纭,目前心理学对它的界定比较倾向于把**创造**定义为:根据一定的目的,运用一切已知信息,产生出某种新颖、独特的,有一定价值意义产品的活动或过程。

创造力,也称为创造性,是一种较特殊的智力品质,是智力发展的结果。创造性并不是少数人独有的,而是人类普遍存在的一种潜能,是每个人都有的一种心理品质。创造性和创造性思维的区别在于创造性具有更广泛的含义,而且其结果是新的产品,而创造性思维只是一种思维形式,其结果是在人的头脑中形成新产品的形象。

考点2　创造性的特征

尽管不同的研究及其相关测验强调创造性的不同特征,但目前比较公认的是以发散思维的基本特征来代表创造性的特征。

表3-13　创造性的特征

特征	概念	举例
流畅性	在限定时间内产生观念数量的多少	让被试"列举报纸的用途",被试在限定时间内回答出较多用途
灵活性（变通性）	摒弃以往的习惯思维方法而开创不同方向的能力	让被试"列举报纸的用途",被试回答"阅读""包东西""折玩具"等,用途范围比较广泛
独创性（独特性）	产生不同寻常的反应和不落常规的能力,以及重新定义或按新的方式对所见所闻加以组织的能力	在"曹冲称象"的故事中,曹冲把"石头"作为称象的工具就显得十分独特

考点3　影响创造性的因素　【判断】

1.环境

家庭与学校的教育环境以及社会文化是影响个体创造性的重要因素。

2.智力

创造性与智力的关系并非简单的线性关系,二者既有独立性,又在某种条件下具有相关性,在整体上呈正相关趋势。创造性与智力的基本关系表现为:(1)低智力不可能具有高创造性;(2)高智力可能有高创造性,也可能有低创造性;(3)低创造性者的智力水平可能高,也可能低;(4)高创造性者必须有高于一般水平的智商。

3.个性

一般而言,创造性与个性二者之间具有互为因果的关系。综合有关研究,高创造性者一般具有以下一些个性特征:(1)具有幽默感;(2)有抱负和强烈的动机;(3)能够容忍模糊与错误;(4)喜欢幻想;(5)具有强烈的好奇心。

> **真题面对面**
>
> [2022,判断,1分]创造力是一种特殊的智力品质,智力越高的人,创造力水平也越高。(　　)
>
> 答案:×

考点4　创造性的培养　【论述】

创造性是由人的认知能力、个性倾向和社会环境相互作用产生的行为结果。因此,可以从以下四个方面来探索创造性的培养途径。

350　教育理论基础知识模块

1. 培养创造性认知能力

(1)培养创造性的知识基础。知识是提高创造性的基础。大量研究表明,高水平的创造性确实需要以一定的知识为基础。在特定的创造性活动领域,获得足够的知识经验是在该领域做出杰出创造性成果的必要条件,掌握丰富的专门知识是产生高创造性的前提和基础。

(2)创造性思维的培养。具体参见第二部分第二章第五节中"创造性思维能力的培养"。

2. 注重创造性个性的塑造

由于创造性与个性之间具有互为因果的关系,因此,从个性入手来培养创造性,也是促进创造性产生的一条有效途径。研究者提出的各种建议,可概括如下:

(1)保护好奇心。应接纳学生任何奇特的问题,并赞许其好奇求知。好奇是创造活动的源动力,可以引发个体进行各种探索活动,应给予鼓励和赞赏,不应忽视或讥讽。

(2)解除个体对答错问题的恐惧心理。对学生所提的问题,无论是否合理,均以肯定态度接纳他所提出的问题。对出现的错误不应全盘否定,更不应指责,应鼓励学生正视并反思错误,引导学生尝试新的探索,而不循规蹈矩。

(3)鼓励独立性和创新精神。应重视学生与众不同的见解、观点,并尽量采取多种形式支持学生以不同的方式来理解事物。对平常的问题的处理能提出超常见解者,教师应给予鼓励。

(4)重视非逻辑思维能力。非逻辑思维是创造性思维的重要成分,在各种创造活动中都起着重要作用,贯穿整个创造活动的始终。教师应鼓励学生大胆猜测,进行丰富的想象,不必拘泥于常规的答案。给学生机会进行猜测,并尽量让他们有猜测的成功体验。在丰富学生的想象力方面,可以应用实物、图片、多媒体辅助教学手段,或者组织参观、访问、组织丰富多彩的课外活动等,使学生头脑中的表象更为鲜明、完整。

(5)给学生提供具有创造性的榜样。通过介绍或引导学生阅读文学家、艺术家或科学家传记,或带领其参观各类创造性展览、与有创造性的人直接交流等,使学生领略到创造者对人类的贡献,受到创造者优良品质的潜移默化的影响,从而启发他们见贤思齐的心理需求。

3. 创设有利的社会环境

(1)创设宽松的心理环境。教师应给学生创造一个能支持或容忍标新立异者或偏离常规思维者的环境,让学生感受到"心理安全"和"心理自由",即给学生创造较为宽松的学习的心理环境。只有这样,才能够真正激发学生学习的积极性和主动性,促进学生的认知功能和情感功能的充分发挥,以提高学生的创造性。

(2)给学生留有充分选择的余地。在可能的条件下,应给学生一定的权利和机会,让有创造性的学生有时间、有机会干自己想干的事,为创造性行为的产生提供机会。例如,可以提供条件使学生有机会选择不同的课程来学习,给学生呈现应用创造性思维才能解决的问题等。

(3)改革考试制度与考试内容。应使考试真正成为选拔有能力、有创造性人才的有效工具,在考试的形式、内容等方面都应考虑如何测评创造性的问题。例如,在学业测试中,可以增添少部分无固定答案的问题,让学生有机会发挥其创造性。评估学生的考试成绩时,也应考虑其创造性的高低。

4. 培养创造型的教师队伍

要培养学生的创造性,必须对教师进行有关创造性的相应培训和专门指导。具体表现在:

(1)要转变教师的教育教学观念,使教师形成理解并鼓励学生的创造,把培养创造性作为一种教学目标的现代教育理念;

(2)要教给教师必要的创造技法和思维策略,提高他们自身的创造意识和创造能力;

(3)要为教师提供比较明晰的具有实际应用价值的关于创造性的操作定义、相应的评价标准和程序、有效的教学策略和技能。

(4)要鼓励教师使用创造性的教学范例和模式。

> **真题面对面**
>
> [2015,论述,15分]请结合教育教学实际,试述如何通过创设适宜的环境培养学生的创造性。
>
> 答案:详见内文

★ 考点大默写 ★

1. 问题解决的过程一般可分为_____、_____、提出假设和检验假设四个阶段,其中,_____就是提出解决问题的可能途径与方案,选择恰当的解决问题的操作步骤。
2. 问题解决的过程中,_____是首要环节;_____是关键阶段。
3. 问题解决的策略中,_____策略就是把解决问题的方法一一进行尝试,最终找到解决问题的答案。
4. _____是指重复先前的操作所引起的一种心理准备状态。
5. 人们把某种功能赋予某物体的倾向称为_____。
6. _____是指从其他事物上发现解决问题的途径和方法。
7. 创造性的特征中,_____指在限定时间内产生观念数量的多少;_____指摒弃以往的习惯思维方法而开创不同方向的能力。

【参考答案】

1. 发现问题;理解问题(明确问题);提出假设 2. 发现问题;提出假设 3. 算法 4. 定势(心向) 5. 功能固着 6. 原型启发 7. 流畅性;灵活性(变通性)

第七节 态度与品德的形成

一、态度与品德的实质与结构

考点1 态度的实质与结构

1. 态度的实质

态度是通过学习而形成的影响个人行为选择的内部准备状态或反应的倾向性。对于该概念,可以从以下几个方面来理解:(1)态度是一种内部准备状态,而不是实际反应本身;(2)态度不同于能力,虽然二者都是内部倾向,但能力决定个体能否顺利完成任务,态度则决定个体是否愿意完成任务;(3)态度是通过学习形成的,不是天生的。

2. 态度的结构

态度的结构包括认知成分、情感成分和行为成分。(1)态度的认知成分是指个体对态度对象所具有的带有评价意义的观念和信念;(2)态度的情感成分是指伴随着态度的认知成分而产生的情绪或情感体验,是态度的核心成分;(3)态度的行为成分是指准备对某对象做出某种反应的意向或意图。一般情况下,这三种成分是一致的,但也有不一致的情况,如知行脱节等。

考点2　品德的实质与结构

1. 品德的实质

品德又称道德品质,是个体依据一定的社会道德准则规范自己行动时所表现出来的稳定的心理倾向和特征。它是社会道德准则在个人思想与行动中的体现,是个性中具有道德评价意义的核心部分。

2. 品德的心理结构

品德的心理结构包括四种相辅相成的基本心理成分:道德认知、道德情感、道德意志和道德行为,简称知、情、意、行。

(1)道德认知

道德认知是指对于行为规范及其意义的认识,是人的认知过程在品德上的表现。道德认知是个体品德的基础,是道德情感、道德意志产生的依据,对道德行为具有定向的意义,是行为的调节机制。品德的核心是道德认知。

(2)道德情感

道德情感是人的道德需要是否得到实现而引起的一种内心体验,也就是人在心理上所产生的对某种道德义务的爱憎、喜恶等情感体验。道德情感是个体道德行为的内部动力之一,是激发道德动机和进行自我监督的内在力量,是从道德认识到道德行为的中间环节,它左右着行为的决策与发动。当道德观念(道德认知)和道德情感成为经常推动个人产生道德行为的内部动力时,它们就成为道德动机。道德动机是道德行为的直接动因。

道德情感的表现形式主要有三种:①直觉的道德情感,即由于对某种具体的道德情境的直接感知而迅速发生的情感体验;②想象的道德情感,即通过对某种道德形象的想象而发生的情感体验;③伦理的道德情感,即以清楚地意识到道德概念、原理和原则为中介的情感体验。伦理的道德情感具有清晰的意识性和明确的自觉性,具有较大的概括性和较强的伦理性,具有稳定性和深刻性。比如,爱国主义情感和集体主义情感属于伦理的道德情感。

(3)道德意志

道德意志是个体自觉地调节道德行为,克服困难,以实现预定道德目标的心理过程。道德意志实际上是道德观念的能动作用,个体通过自己理智的权衡作用去解决道德生活中内心矛盾和支配行为的力量,这种力量表现为能够排除内部障碍和外部困难,坚决执行道德动机所引起的行为决定。

(4)道德行为

道德行为是品德形成的最终环节,是指个体在一定的道德意识支配下表现出来的对他人和社会的有道德意义的活动。它是个体道德认知的外在表现,是实现道德动机的手段。道德行为是衡量道德品质的重要标志。

二、品德发展的阶段理论　【单选、判断】

考点1　皮亚杰的道德发展阶段论

1. 儿童道德认知的发展:从他律到自律

皮亚杰采用"对偶故事法"对儿童道德判断的发展进行研究,发现并总结出了儿童道德认知发展的总规律,即儿童道德的发展经历从他律到自律的转化发展过程。他律是指早期儿童的道德判断只注意行为的客观效果,不关心主观动机,是受自身以外的价值标准所支配的道德判断,具有客体性。自律则是指儿童自己的主观价值和主观标准所支配的道德判断,具有主体性。

他律水平和自律水平是儿童道德判断的两级水平。在此基础上皮亚杰还提出了儿童道德发展的年龄阶段。他认为，10岁是儿童从他律道德向自律道德转化的分水岭，10岁前儿童对道德行为的思维判断主要依据他人设定的外在标准，也就是他律道德，10岁以后儿童对道德行为的思维判断大多依据自己的内在标准，也就是自律道德。在他看来，一个人道德的成熟，主要表现在尊重准则和社会公正感两方面。

2. 儿童道德认知的发展阶段

皮亚杰把儿童的品德发展划分为以下四个阶段：

(1) 自我中心阶段(2~5岁)

自我中心阶段是从儿童能够接受外界的准则开始的。这时期的儿童还不能把自己同外在环境区别开来，而把外在环境看作是他自身的延伸。规则对于他来说，还不具有约束力。

(2) 权威阶段(他律道德阶段或道德实在论阶段)(6~8岁)

这一阶段儿童的道德判断受外部的价值标准所支配和制约，表现出对外在权威的绝对尊重和顺从的愿望。这个阶段的儿童认为，应该尊重权威和尊重年长者的命令。他们认为规则是必须遵守的，是不可更改的，只要服从权威就是对的，比如听父母或大人的话就是好孩子。儿童对行为的判断主要根据客观结果，而不考虑主观动机。一方面，他们绝对遵从成人、权威者的命令；另一方面，他们也服从周围环境对他们所规定的规则或提出的要求。

(3) 可逆性阶段(自律或合作道德阶段)(9~10岁)

这一阶段的儿童已不把准则看成是不可改变的，而把它看作是同伴间共同约定的。该阶段的特征是：儿童一般都形成了这样的概念，如果所有的人都同意的话，规则是可以改变的。儿童已经意识到一种同伴间的社会关系，应相互尊重。准则对他们来说已具有一种保证他们相互行动、互惠的可逆特征。同伴间的可逆关系的出现，标志着品德由他律开始进入自律阶段。儿童开始以动机作为道德判断的依据，认为公平的行为都是好的。关于惩罚，认为只有有回报的惩罚才是合理的；能把自己置于别人的位置，判断不再绝对化，看到可能存在的几种观点。

(4) 公正阶段(11~12岁)

这一阶段的公正观念是从可逆的道德认识中脱胎而来的。他们开始倾向于主持公正、公平等。公正的奖惩不能是千篇一律的，应根据各个人的具体情况进行。也就是说，儿童不再刻板地按固定的规则去判断，在依据规则判断时隐含考虑到同伴的一些具体情况，从关心和同情的角度出发去判断。

真题面对面

[2019，判断，1分]小学生常认为听父母和老师的话就是好孩子，说明其道德发展处于自我中心阶段。(　　)

答案：×

考点2　科尔伯格的道德发展阶段论

科尔伯格提出道德发展阶段论，采用"道德两难故事法"进行研究，最典型的就是"海因茨偷药"的故事，让儿童对道德两难问题做出判断。研究发现，不同国家和地区，虽然种族、文化各有不同，社会道德标准各异，但道德判断能力的发展却相当一致。因此，他以道德判断的发展代表道德认识的发展，进而代表品德发展的水平。

科尔伯格将道德判断分为三个水平，每一水平包含两个阶段，六个阶段依照由低到高的层次发展。

科尔伯格

1. 前习俗水平

前习俗水平大约出现在幼儿园及小学中低年级。该时期的特征是：个体着眼于人物行为的具体结果及其与自身的利害关系，认为道德的价值不决定于人及准则，而是决定于外在的要求。前习俗水平包括两个阶段：

(1) **服从与惩罚的道德定向阶段**。这一阶段儿童的道德价值来自对外力的屈从或对惩罚的逃避。他们衡量是非的标准是由成年人来决定的，对成人或准则采取服从的态度，缺乏是非善恶的观念。他们会认为，海因茨不能去偷药，因为如果被人抓住的话会坐牢的。

(2) **相对功利的道德定向阶段**（相对功利取向阶段或朴素的利己主义的定向）。这一阶段儿童的道德价值来自对自己要求的满足，偶尔也来自对他人需要的满足。在进行道德评价时，他们开始从不同角度将行为与需要联系起来，但具有较强的自我中心性，认为符合自己需要的行为就是正确的。他们会认为，海因茨应该去偷药，谁让那个药剂师那么坏，便宜一点就不行吗。

2. 习俗水平

习俗水平是在小学中年级出现的，一直到青年、成年。这一阶段的特征是：个体着眼于社会的希望和要求，能够从社会成员的角度去思考道德问题；开始意识到人的行为必须符合群体或社会的准则；能够了解、认识社会行为规范，并遵守、执行这些规范。这一水平包括以下两个阶段：

(1) **好孩子的道德定向阶段**（寻求认可取向阶段）。这一阶段儿童的道德价值是以人际关系的和谐为导向，顺从传统的要求，符合大众的意见，谋求大家的称赞。在进行道德评价时，总是考虑到社会对一个"好孩子"的期望和要求，并总是按照这种要求去展开思维。他们会认为，海因茨应该去偷药，因为做一个好丈夫就应该照顾好自己的妻子。如果他不这样做，结果妻子死了，别人都会骂他见死不救，没有良心。

(2) **维护权威或秩序的道德定向阶段**（遵守法规取向阶段或秩序和法规定向）。这一阶段个体的道德价值是以服从权威为导向，包括服从社会规范，遵守公共秩序，尊重法律的权威，以法制观念判断是非、知法守法。儿童会认为，海因茨不应该去偷药，因为如果人人都违法去偷东西的话，社会就会变得很混乱。

3. 后习俗水平

该时期的特点是：个体不只是自觉遵守某些行为规则，还认识到法律的人为性，并在考虑全人类的正义和个人尊严的基础上形成某些超越法律的普遍原则。这一水平包括以下两个阶段：

(1) **社会契约的道德定向阶段**（社会法制取向阶段或社会契约取向阶段）。这一阶段个体仍以法制观念为导向，有强烈的责任心和义务感，但不再把社会规则和法律看成是死板的、一成不变的条文，而认识到了它们的人为性和灵活性，他们尊重法制但不拘泥于法律条文，认为法律是人制定的，不合时宜的条文可以修改。也就是说，他们认识到法律或习俗的道德规范仅仅是一种社会契约，它由大家商定，可以改变，而不是固定僵死的。他们会认为，海因茨应该去偷药，因为一个人生命的价值远远大于药剂师对个人财产的所有权。

(2) **普遍原则的道德定向阶段**（原则或良心定向阶段或良心或普遍原则定向或普遍伦理取向阶段）。这一阶段个体以价值观念为导向，有自己的人生哲学，对是非善恶的判断有独立的价值标准，思想超越了现实道德规范的约束，行为完全自律。由于认识到了社会秩序的重要性与维持这种共同秩序所带来的弊病，看到了社会准则与法律的界限性，所以在进行道德评价时，能超越以前的社会契约所规定的责任，而且是以正义、公平、平等、尊严等这些最高的原则为标准进行思考，以普遍的标准来判断人们的行为。他们认为，海因茨应该去偷药，因为和种种可考虑的事情相比，没有什么比人类的生命更有价值。

小香课堂

鉴于科尔伯格的道德发展阶段论体系庞大、内容较多,现将其内容总结为以下表格帮助考生理解与记忆:

水平	阶段	特点
前习俗水平	服从与惩罚的道德定向	道德价值来自对外力的屈从或对惩罚的逃避
	相对功利的道德定向	道德价值来自对自己要求的满足,偶尔也来自对他人需要的满足
习俗水平	好孩子的道德定向	以人际关系的和谐为导向;"好孩子"
	维护权威或秩序的道德定向	以服从权威为导向;"好公民"
后习俗水平	社会契约的道德定向	不再把社会规则和法律看成是死板的、一成不变的条文
	普遍原则的道德定向	以正义、公平、平等、尊严等这些最高的原则为标准进行思考

真题面对面

1.[2021,单,2分]学生认为"社会法则应符合公众权益,否则就应该修改。"根据科尔伯格的理论,该生的道德发展处于( )

A.社会契约取向阶段　　B.惩罚与服从取向阶段

C.普遍伦理取向阶段　　D.维护权威或秩序取向阶段

2.[2018,单,2分]小明对"为什么偷东西是不对的"这一问题的回答是"抓住会挨打",由此可以判断其道德发展水平处于( )

A.前习俗水平　　B.习俗水平

C.后习俗水平　　D.超习俗水平

答案:1. A　2. A

三、态度与品德学习的形成过程与一般条件 【单选、判断】

考点1　态度与品德的形成过程

态度与品德的形成是一个从外到内的转化过程,是社会规范的接受和内化过程,大致经历三个阶段:

1. 社会规范的依从

依从,即表面上接受规范,按照规范的要求来行动,但对规范的必要性或根据缺乏认识,甚至有抵触情绪。它是规范内化的初级阶段,是态度与品德建立的开端。依从包括从众与服从。

依从阶段的行为具有盲目性、被动性、不稳定性,随着情境的变化而变化。此时个体对道德规范行为的必要性尚缺乏充分的认识,也缺乏情感体验,行为主要受控于外在压力(如奖惩),而不是内在的需要。依从则可能得到奖励,否则将受到惩罚。可以说处于依从阶段的态度与品德,其水平较低,但却是一个不可缺少的阶段,是态度体现于各种具体的行为方式,逐渐获得做出某些行为的必要性的认识与体验,从而使态度与品德的学习逐步深入发展。

2. 社会规范的认同

认同是在思想、情感、态度和行为上主动接受他人的影响，把别人或某个群体的态度作为自己的态度，使自己的态度和行为与他人相接近。认同实质上就是对榜样的模仿，其出发点就是试图与榜样保持一致，包括偶像认同或价值认同。在态度与品德的形成过程中，认同是一个关键阶段，是自觉遵从态度确立的开始。与依从相比，认同更深入一层，它不受外界压力的控制，行为具有一定的自觉性、主动性和稳定性等特点。

3. 社会规范的信奉（内化）

信奉是内化的最高阶段。内化，是指在思想观点上与社会规范及其价值一致，将自己所认同的思想和自己原有的观点、信念融为一体，构成一个完整的价值体系。在内化阶段，个体的行为具有高度的自觉性和主动性，并具有坚定性，表现为"富贵不能淫，贫贱不能移，威武不能屈"。此时，稳定的态度和品德就形成了。

小香课堂

考生易混淆态度与品德形成的三个阶段，区分时应注意：依从阶段强调表面遵守，即阳奉阴违；认同阶段强调与他人保持一致；内化阶段强调价值体系已完善。

依从阶段　　　认同阶段　　　内化阶段

真题面对面

[2020,判断,1分]小张成为教师后要求自己的行为与教师角色保持一致，其态度处于依从阶段。（　　）

答案：×

考点2　影响态度与品德学习的一般条件

亲历学习与观察学习是品德学习的两种方式。亲历学习指个体通过直接体验其行为后果而进行的学习。相比较而言，观察学习是学习态度的最有效的方式。

1. 态度与品德学习的外部条件

（1）家庭教养方式

研究表明，学生的态度与品德特征和家庭的教养方式有密切关系。若家庭教养方式有民主、信任和容忍的特点，则有助于儿童的优良态度与品德的形成与发展。若家长对待子女过分严格或放任，则孩子更容易产生不良的和敌对的行为。

（2）社会风气

社会风气由社会舆论、大众媒介传播的信息和各种榜样的作用等构成。青少年由于其自身的道德、自

第三部分　教育心理学　357

我的发展尚未成熟,不善于做出正确的选择。所以易受不良社会风气的影响,教育者要特别重视。

(3)同伴群体

学生的态度与道德行为在很大程度上受到他们所归属的同伴群体的行为准则和风气的影响。

2. 态度与品德学习的内部条件

(1)认知失调

勒温、皮亚杰、费斯廷格和海德等人的研究都表明,人类具有一种维持平衡和一致性的需要,即力求维持自己的观点、信念的一致,以保持心理平衡。认知失调是态度改变的先决条件。

(2)态度定势

个体由于过去的经验,对所面临的人或事可能会具有某种肯定或否定、趋向或回避、喜好或厌恶等内心倾向性,这种事先的心理准备或态度定势常常支配着人对事物的预期与评价,进而影响着是否接受有关的信息和接受的量。帮助学生形成对教师、对集体的积极的态度定势或心理准备是使学生接受道德教育的前提。

(3)道德认知

态度与品德的形成与改变取决于个体头脑中已有的道德准则、规范的理解水平和掌握程度,取决于已有的道德判断水平。根据皮亚杰和科尔伯格的研究,要改变或提高个体的道德水平,必须考虑其接受能力,遵循先他律而后自律、循序渐进的原则。实施道德教育时,不应只注意道德教育的形式,进行道德说教,而应结合学生的实际生活和切身体验,晓之以理。

此外,个体的智力水平、受教育程度、年龄等因素也对态度与品德的形成与改变有不同程度的影响。

记忆有妙招

关于影响态度与品德学习的一般条件,考生可结合以下口诀进行记忆:

外家社群,内认定德。外:外部条件。**家:**家庭教养方式。**社:**社会风气。**群:**同伴群体。**内:**内部条件。**认:**认知失调。**定:**态度定势。**德:**道德认知。

真题面对面

[2023,单,1分]下列选项中,属于影响态度与品德学习的外部条件的是( )

A.态度定势　　　　B.道德认知　　　　C.认知失调　　　　D.同伴群体

答案:D

四、中小学生品德的发展

考点1　小学生品德的发展

小学阶段是品德发展的奠基阶段,是良好行为习惯养成的最佳时期。小学生品德发展具有明显的**形象性、过渡性和协调性**。

1. 良好行为习惯(自觉纪律)的养成在小学生品德发展中占据显著地位

在小学生品德发展中,形成良好的行为习惯,既是小学德育的重要目标,也是小学德育最有效的手段和方法,小学阶段是良好行为习惯养成的关键期。

2. 小学生品德发展的形象性

小学生的品德发展，尽管原则性、抽象概括性有了一定程度的发展，但在很大程度上带有生活经验的特点，容易受到行为情境的制约，离不开直观的感性形象的支持，带有明显的形象性，处于由具体形象性向抽象逻辑性发展的过程中。

3. 小学生品德发展的过渡性

小学生品德发展的过渡性主要体现在：由简单、低级向复杂、高级过渡，由具体形象向抽象概括过渡，由生活适应性水平向伦理性水平过渡，由依附性向独立性过渡，由他律向自律过渡，由服从向习惯过渡。过渡性是小学生品德发展的基本特征之一，它表现在品德心理各要素的发展中。

小学阶段的品德过渡性特点是品德发展过程中的质变的具体表现，在这个过程中，存在着一个转折期，即儿童品德发展的"关键年龄"。研究结果认为这个关键期大致在小学三年级下学期前后，但是由于教育工作上的差异，前后有一定的出入。

4. 小学生品德发展的协调性

小学生品德发展的协调性表现为密切相关的两个方面：(1)品德心理各种成分之间的协调。就整个小学阶段而言，道德认知与道德行为、道德认知与道德情感等是协调的、一致的。(2)主观愿望与外部要求、约束的协调。

考点2 中学生品德的发展

1. 逐渐从他律变成自律，伦理道德发展具有自律性，言行一致

主要表现在：(1)能独立、自觉地按道德准则来调节自身行为；(2)道德信念、理想在道德动机中占据相当地位；(3)道德情感发展，理性的道德情感占据主导地位，道德情感的社会性水平随着年龄的增长而日益提高；(4)品德心理中自我意识明显化；(5)中学生主导性道德动机明确，道德意志力有显著增长；(6)道德行为习惯逐步巩固；(7)品德发展与世界观形成的一致性；(8)品德结构的组织形式完善化。

2. 品德发展由起伏向成熟过渡

(1)初中阶段品德发展具有波动性。从总体上看，初中即少年期的品德虽然具有伦理道德的特性，但仍不成熟，起伏不定。这一时期既是人生观开始形成的时期，又是容易发生品德两极分化的时期。品德不良、违法犯罪多发生在这个时期。根据研究，初中二年级是品德发展的关键期。

(2)高中阶段品德发展趋向成熟。高中阶段或青年初期的品德发展进入以自律为主要形式、应用道德信念来调节道德行为的成熟时期，表现在能自觉地运用一定的道德观点、信念来调节行为，并初步形成人生观和世界观。

五、态度与品德的培养

教师可以综合应用一些方法来帮助学生形成或改变态度与品德。常用的方法有言语说服、榜样示范、群体约定、价值辨析、奖惩等。具体来讲，有以下几种方法：

1. 有效的说服

有效的说服是提高道德认知的途径。用言语说服学生需要一些技巧，主要有以下几种：

(1)有效地利用正反论据。对于理解能力有限的低年级学生，教师最好只提供正面论据，以免学生产生困惑、无所适从。对于理解能力较强的高年级学生，教师可以考虑提供正反两方面的论据，使学生产生客观、公正的感觉，从而相信教师所言，改变态度。

当学生没有相反的观点时，教师应只呈现正面观点，不宜提出反面观点，以免转移学生的注意，误导学生怀疑正面观点。当学生原本就有反面观点时,教师应主动呈现两方面观点,以增强学生对错误观点的免疫力。

当说服的任务是解决当务之急的问题时,应只提出正面观点,以免延误时间。当说服的任务是培养学生长期稳定的态度时,应提出正反两方面的材料。

(2)发挥情感的作用,不仅要以理服人更要以情动人。一般而言,说服开始时,富于情感色彩的说服内容容易引起兴趣,然后再用充分的材料进行说理论证,比较容易产生稳定的、长期的说服效果。对于低年级的学生来说,情感因素作用更大些。通过说服也可以引发学生产生某些负向的情绪体验,如恐惧、焦虑等,这对于改变作弊、吸烟、酗酒等简单的态度有一定的效果。

(3)考虑原有态度的特点。若原有的态度与教师所希望达到的态度之间的差距较大,教师不要急于求成,不要提出过高的不切实际的要求,否则将难以改变态度,而且还容易产生对立情绪。教师应该以学生原有的态度为基础,逐步提高要求。

2. 树立良好的榜样

这是加强道德行为的途径。根据班杜拉的社会学习理论,对榜样的观察可以改变学生的行为。

3. 利用群体约定

教师可以利用集体讨论后做出的集体约定,来改变学生的态度。

4. 价值辨析

价值辨析是指引导个体利用理性思维和情绪体验来检查自己的行为模式,努力去发现自身的价值观并指导自己的道德行为。价值辨析法的主要任务不是认同和传授"正确的"价值观,而是在于帮助学生辨析其自身的价值观,避免价值混乱,从而促进学生的价值选择。人的价值观刚开始不能被个体清醒地意识到,必须经过一步步的辨别和分析,才能形成清晰的价值观念并指导自己的道德行动。

5. 给予适当的奖励和惩罚

奖励和惩罚作为外部的调控手段,不仅影响着认知、技能和策略的学习,而且对个体态度与品德的形成也起到一定的作用。

(1)给予适当的奖励

奖励有物质的,也有精神的;有内部的,也有外部的。给予奖励时,应注意:

①要选择确定可以得到奖励的道德行为。一般来讲,应奖励诸如爱护公物、拾金不昧、尊老爱幼等一些具体的道德行为,而不是奖励一些概括性的行为。

②应选择恰当的奖励物。同一奖励物,其效用可能因人而异,应考虑个体的实际情况,选用最有效的奖励物。

③应强调内部奖励。外部的物质奖励只是权宜之计,不可过多使用,应引导学生进行自我强化,让学生亲身体验做出道德行为后的愉快感、自豪感、欣慰感,以此转化为产生道德行为的持久的内部动力。

(2)给予适当的惩罚

虽然对惩罚的教育效果有不同的看法,但从抑制不良行为的角度来看,惩罚还是有必要的,也是有助于良好的道德形成的。

当不良行为出现时,可以用以下两种惩罚方式:①给予某种厌恶刺激,如批评、处分、舆论谴责等;②取消个体喜爱的刺激或剥夺某种特权等,如不许参加某种娱乐性活动。

在惩罚时应严格避免体罚或变相体罚,否则,将损害学生的自尊,或导致更严重的不良行为,如攻击性行为。惩罚不是最终目的,给予惩罚时,教师应让学生认识到惩罚与错误行为的关系,使学生从心理上能接受,心服口服。同时,还要给学生指明改正的方向,或提供正确的、可替代的行为。

除上述所介绍的各种方法外,角色扮演、小组道德讨论等方法对于态度与品德的形成和改变都是非常有效的。

记忆有妙招

关于态度与品德的培养方式,考生可结合以下口诀进行记忆:

嫁给有理数。嫁:价值辨析。**给**:给予适当的奖励和惩罚。**有**:有效的说服。**理**:利用群体约定。**数**:树立良好的榜样。

六、学生不良行为的矫正

考点1　过错行为与不良品德行为的概念

学生的不良行为可分为过错行为与不良品德行为两种。这是两个既有联系又有区别的概念,在教育过程中应正确区分。

学生的过错行为是指那些不符合道德要求的问题行为,如调皮捣蛋、恶作剧、起哄、无理取闹、作业和考试作弊等。

学生的不良品德行为则是指那些由错误道德意识支配的,经常违反道德准则,损害他人或集体利益的问题行为。

考点2　学生产生不良行为的原因分析

1.客观方面

(1)家庭教育失误;(2)学校教育不当;(3)社会文化的不良影响。

2.主观方面

(1)缺乏正确的道德观念和道德信念;(2)消极的情绪体验;(3)道德意志薄弱;(4)不良行为习惯的支配;(5)性格上的缺陷等。

考点3　学生不良行为矫正的基本过程

学生不良行为的矫正是一项复杂的工作,其效果取决于教育时机的选择和对众多教育因素的控制。分析和理解其矫正的心理过程,有利于选择矫正措施,提高矫正的效果。

一般认为,学生不良行为的矫正要经历醒悟阶段、转变阶段和自新阶段三个过程。

(1)醒悟阶段是指当事者开始认识到自己的错误,从而产生改过自新的意向。这种意向可能在两种情况下发生:一是教育工作者的真诚关怀和教育;二是当事者开始认识到坚持错误的危害性。

(2)转变阶段是指有了改变自新的意向之后,在行为上发生一定的转变。发生转变是一种可喜的变化,但这仅仅是开始,要想改过自新还需要走一段相当长的路程。有时候还可能产生反复,即重犯以前的过错。反复的情况也有两种:一种是前行中的暂时后退,另一种是教育失败出现的大倒退。

(3)自新阶段是指经过较长的转变时期后,不再出现反复,而进入到一个新的时期。

★ 考点大默写 ★

1. 品德的心理结构包括四种相辅相成的基本心理成分：_____、道德情感、_____和道德行为。

2. 皮亚杰认为_____岁是儿童从他律道德向自律道德转化的分水岭。

3. 根据皮亚杰的道德发展阶段论，_____阶段的孩子认为规则是必须遵守的，是不可更改的，只要服从权威就是对的。

4. 科尔伯格将道德判断分为_____、_____和_____三个水平，每一水平包含两个阶段。

5. 根据科尔伯格的道德发展阶段论，处于_____的道德定向阶段的儿童，衡量是非的标准是由成年人来决定的，对成人或准则采取服从的态度；处于_____的道德定向阶段的儿童的道德价值是以人际关系的和谐为导向，顺从传统的要求，符合大众的意见，谋求大家的称赞。

6. 根据科尔伯格的道德发展阶段理论，一个服从社会规范、以法制观念判断是非、知法守法的个体的道德发展水平最有可能处于_____的道德定向阶段。

7. 态度与品德的形成过程中，_____指表面上接受规范，按照规范的要求来行动，但对规范的必要性或根据缺乏认识，甚至有抵触情绪。_____是在思想、情感、态度和行为上主动接受他人的影响，把别人或某个群体的态度作为自己的态度，使自己的态度和行为与他人相接近。

8. 态度与品德学习的外部条件包括_____、_____和_____。

【参考答案】

1. 道德认知；道德意志　2. 10　3. 权威（他律道德/道德实在论）　4. 前习俗水平；习俗水平；后习俗水平
5. 服从与惩罚；好孩子　6. 维护权威或秩序　7. 依从；认同　8. 家庭教养方式；社会风气；同伴群体

即时反思与复盘总结

我于_____年___月___日完成了对本章的学习。

复盘一下，我对自己较肯定的地方是_____

（足够努力/心态积极/方法得当……）

我觉得自己需要改进的地方是_____

（懒惰懈怠/心情浮躁/方法不当……）

休息片刻，开启下一站征程！

第五章 教学心理

思维导图

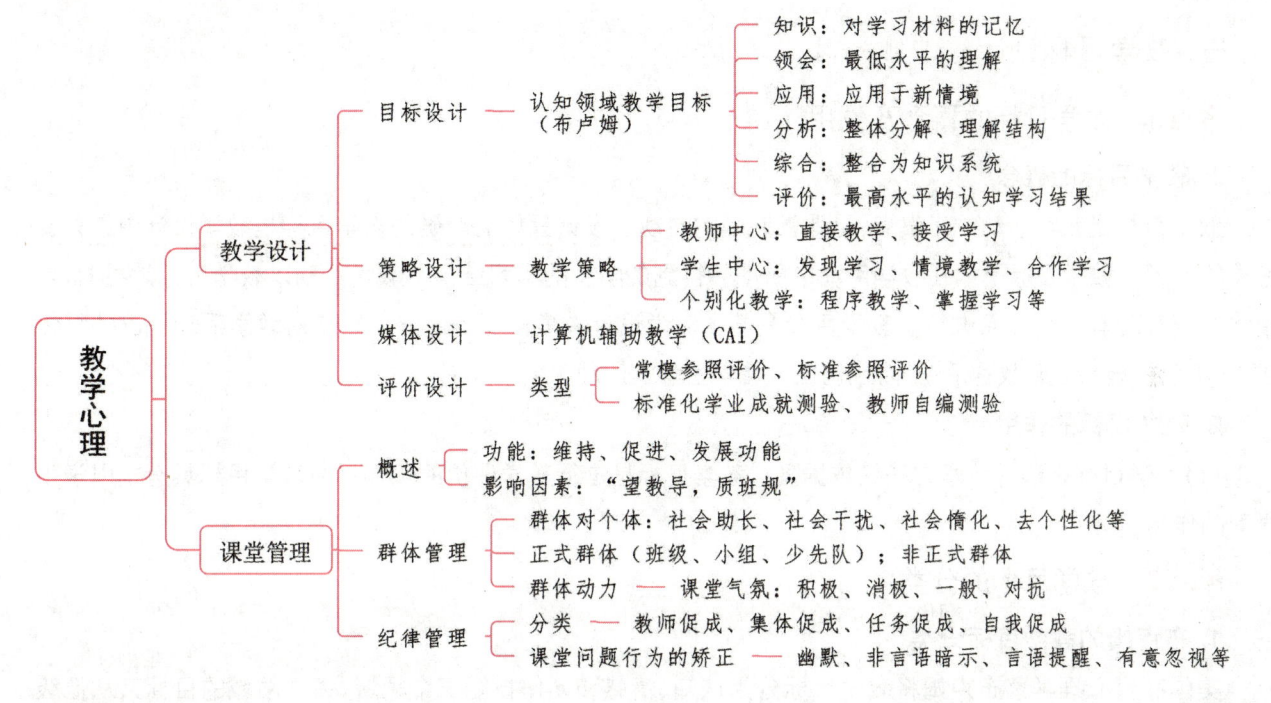

- 教学心理
  - 教学设计
    - 目标设计——认知领域教学目标（布卢姆）
      - 知识：对学习材料的记忆
      - 领会：最低水平的理解
      - 应用：应用于新情境
      - 分析：整体分解、理解结构
      - 综合：整合为知识系统
      - 评价：最高水平的认知学习结果
    - 策略设计——教学策略
      - 教师中心：直接教学、接受学习
      - 学生中心：发现学习、情境教学、合作学习
      - 个别化教学：程序教学、掌握学习等
    - 媒体设计——计算机辅助教学（CAI）
    - 评价设计——类型
      - 常模参照评价、标准参照评价
      - 标准化学业成就测验、教师自编测验
  - 课堂管理
    - 概述
      - 功能：维持、促进、发展功能
      - 影响因素："望教导，质班规"
    - 群体管理
      - 群体对个体：社会助长、社会干扰、社会惰化、去个性化等
      - 正式群体（班级、小组、少先队）；非正式群体
      - 群体动力——课堂气氛：积极、消极、一般、对抗
    - 纪律管理
      - 分类——教师促成、集体促成、任务促成、自我促成
      - 课堂问题行为的矫正——幽默、非言语暗示、言语提醒、有意忽视等

河南特岗考向

本章属于教育心理学的基础章节，考查频次较低，内容较为琐碎，需要考生理解的知识较多。在考试中常以选择题等客观题的形式考查，也会以案例分析题等主观题的形式考查。现对2014~2023年本章河南特岗考向分析如下：

考点	考频	题型	能力层级
教学目标设计	1	案例	应用
课堂问题行为的矫正	1	单选	理解

核心考点

第一节 教学设计

教学设计是指在实施教学之前由教师对教学目标、教学方法、教学评价等进行规划和组织并形成设计方案的过程。

一、教学目标设计【案例分析】

考点1 教学目标的概念及作用

1. 教学目标的概念

教学目标是教学活动的出发点，是课堂教学的灵魂。设计具体而明确的教学目标是教学设计中最先要考虑的问题。教学目标是指在教学活动中所期待得到的学生的学习结果。教学活动以教学目标为导向，且始终围绕实现教学目标而进行。教学目标是整个教学设计中最重要的部分。它是对教学活动提出的具体要求，不仅规范着教师教的活动，而且也规范着学生学的活动。

2. 教学目标的作用

(1)教学目标是选择教学方法的依据;(2)教学目标是进行教学评价的依据;(3)教学目标具有指引学生学习的作用。

考点2 教学目标的分类

1. 布卢姆的教学目标分类

美国教育心理学家布卢姆将教学目标分为认知、情感和动作技能三个领域，每一领域的目标又从低级到高级分成若干层次。其中，认知领域的教学目标分为知识、领会、运用(应用)、分析、综合、评价六级。

表3-14 认知领域的教学目标分类

学习水平	定义	举例
知识	对先前学习过的材料的记忆，包括对具体事实、方法、过程、概念和原理的回忆。代表最低水平的认知学习结果	回忆杜甫的诗"烽火连三月"
领会	把握所学材料的意义。代表最低水平的理解	用自己的话表述"烽火连三月"
应用	将所学材料应用于新的情境之中，包括概念、规则、方法、规律和理论的"应用"。代表较高水平的理解	学习了加减法之后，学生能到模拟商店自由购物
分析	将整体材料分解成其构成成分，并理解其组织结构，包括要素的分析、关系的分析和组织原理的分析。代表了一种较高层次的认知学习	区分新闻报道中的事实、观点
综合	将所学的零碎知识整合为知识系统。强调学生的创造能力	写作或发表演说;给定一些事实材料，写出一篇报道
评价	对所学材料做价值判断的能力，包括按材料内在的标准或外在的标准进行价值判断。代表最高水平的认知学习结果	评定两篇有关某一事件的报道，哪一篇较为真实可信

情感领域的教学目标分为接受、反应、形成价值观念、组织价值观念系统、价值体系个性化五级。

动作技能领域的教学目标包括知觉、模仿、操作、准确、连贯、习惯化六个层次。

2. 加涅的教学目标分类

加涅将学生的学习结果或教学目标分为五类：言语信息、智慧技能、认知策略、动作技能和态度。加涅的教学目标分类被公认为具有处方性，因为这种分类不仅是条目的说明，还进一步告诉教师怎样设置情境去达成预定的教学目标。加涅还特别强调了与实现学生的学习结果密切相关的学习的内在条件。

考点3　教学目标的陈述

教学目标设计的前提是教学目标的明确化。教学目标的明确化是陈述教学目标的基本要求，需要做到：(1)教学目标要用可观察的行为来表述，使教学目标具有可操作性；(2)教学目标的表述要反映学生行为的变化，陈述学生的学习结果。依据这两点，下面具体介绍教学目标的陈述方法。

1. 行为目标陈述法

行为目标也称操作目标，是指用可观察和可测量的学生行为来陈述的目标。它描述的是学生的行为，而不是教师的行为。马杰认为，陈述良好的教学目标应该具备三个要素：(1)具体目标。即用可观测的行为术语说明通过教学后学生能做什么或说什么。基本方法是使用一个动宾结构的短语，动词用来描述学生的行为动作，宾语说明学习的内容，如"说出英语句子中各成分的名称"。(2)产生条件。指规定学生产生行为的条件。即说明学生要在什么情况下表现行为，又该在什么情况下来评定学习结果，如"在热胀冷缩实验中，每个实验组要通过正确的实验操作，填写出实验报告"。(3)行为标准。即规定符合要求的作业标准。通常也是衡量学习结果的最低要求，如"没有语法和拼写错误""90%正确"等。

2. 心理与行为相结合的目标陈述法

行为目标强调行为结果而未注意内在的心理过程。为了弥补行为目标的不足，可用心理与行为相结合的方式来陈述教学目标，即先陈述内部心理过程的目标，然后列出表明这种内部心理变化的可观察的行为样例，使目标具体化。

二、教学策略设计

除了教学目标的制定，教学设计中最为重要的一个环节就是教学策略的选择，教师的教学设计通过这一环节得以实现。这是一个真正把教师的教育教学理念落到实处的一个关键性的环节。

考点1　教学策略的概念

教学策略指教师采取的有效达到教学目标的一切活动计划，包括教学事项的顺序安排、教学方法的选用、教学媒体的选择、教学环境的设置以及师生相互作用设计等。在教学中，由于教学目标、课题特点以及所持学习理论取向不同，教师将会以不同方式来组织教学的程序结构，并采取相应的教学方法、媒体以及环境来实现这一程序。

考点2　可供选择的教学策略

1. 以教师为中心的教学策略

(1)直接教学(指导教学)

直接教学是以学习成绩为中心，在教师指导下使用结构化的有序材料的课堂教学策略。在直接教学中，教师向学生清楚地说明教学目标，在充足而连续的教学时间里给学生呈现教学内容，监控学生的表现，及时向学生提供学习方面的反馈。由于在这种教学策略中，由教师设置教学目标，选择教学材料，控制教学进度，设计师生之间的交互作用，所以这是一种以教师为中心的教学策略。

直接教学尤其适用于教授那些学生必须掌握的、有良好结构的信息或技能。当教学的主要目标是深层次的概念转变、探究、发现，或者是开放的教学目标时，直接教学就不太适用了。

(2)接受学习

接受学习是**奥苏贝尔**所倡导的、在他提出的认知结构同化理论的基础上提出来的，也是我们通常所提到的讲授式教学策略。与直接教学不同的是，直接教学可能更适合于教授程序性的知识与技能，如算术、体育等，而对于陈述性知识，如历史、文学等，接受学习则更加合适。

接受学习中最重要的概念是**先行组织者**，关于先行组织者的概念我们已经在学习理论中提到了。接受学习的教学过程主要有三个环节：①呈现先行组织者；②提供学习任务和学习材料；③增强认知结构。接受学习在讲授知识间的抽象关系时可能更有效，也为学生提供好方法帮助他们保持重要的信息。

2. 以学生为中心的教学策略

(1)发现学习

发现学习的首倡者是**布鲁纳**。一般来说，发现学习的教学要经过四个阶段：①创设问题情境，使学生在这种情境中发现其中的矛盾，提出问题；②促使学生利用教师所提供的某些材料，针对所提出的问题，提出要解答的假设；③从理论上或实践上检验自己的假设；④根据实验获得的一些材料或结果，在仔细评价的基础上引出结论。

布鲁纳对发现教学的教学设计提出了四项原则：①教师要将学习情境和教材性质向学生解释清楚。②要配合学生的经验，适当组织教材。③要根据学生的心理发展水平，适当安排教材难度与逻辑顺序。④确保材料的难度适中，以维持学生的内部学习动机。

当学生具有成功所需的技能和动机时，发现学习技术最为有用。有人认为，发现教学在教授基本技能时并不如直接教学效率高。因此，发现教学可以不作为常规基础课的首选教学策略，但是在教授解决问题的技能、激发好奇心、鼓励自我指导的学习时它能作为一种补充的程序。

(2)情境教学

情境教学指在应用知识的具体情境中进行知识的教学的一种教学策略。在情境教学中，教学的环境是与现实情境相类似的问题情境；教学的目标是解决现实生活中遇到的问题；学习的材料是真实性的任务，这些任务未被做人为的简化处理，隐含于现实问题情境之中，并且，由于现实问题往往同时涉及多方面的原理和概念，因此，这些任务最好能体现学科交叉性；教学的过程要与实际的解决问题的过程相似，教师不是直接将事先准备好的概念和原理告诉学生，而是提出现实问题，然后引导学生进行与现实中专家解决问题的过程相类似的探索过程。

(3)合作学习

合作学习指学生们以主动合作学习的方式代替教师主导教学的一种教学策略。它是一种由能力各异的多名学生组成小组，一起互相帮助共同完成一定的学习任务的教学方法。合作学习不仅有利于培养学生主动求知的能力，而且也发展了学生合作过程中的人际交往能力。

合作学习分组的原则：①组内异质，组间同质；②小组成员人数以5人左右为宜。一般来说，最为有效的小组人数是4~6个成员。

合作学习在设计与实施上必须具备以下五个特征：①分工合作；②密切配合；③各自尽力；④社会互动；⑤团体历程。

3. 个别化教学

个别化教学指让学生以自己的水平和速度进行学习的一种教学模式。个别化教学大致包括这样几个环节：(1)诊断学生的初始学业水平或学习不足；(2)提供教师与学生或机器与学生之间的一一对应关系；(3)引入有序的和结构化的教学材料，随之加以操练和练习；(4)允许学生以自己的速度向前学。

下面介绍几种经典的个别化教学模式。

(1)程序教学

程序教学是一种能让学生以自己的速度和水平自学，以特定顺序和小步子安排的材料的个别化教学方法。程序教学的思想来源于普莱西发明的教学机器，但程序教学的真正首创者应归功于美国行为主义心理学家**斯金纳**。程序教学以精心设计的顺序呈现主题，要求学习者通过填空、选择答案或解决问题，对问题或表述做出反应，在每一个反应之后出现及时反馈，学生能以自己的速度进行学习。学生对问题的回答相当于"反应"，反馈信息相当于"强化"。程序学习的关键是编制出好的程序。为此，斯金纳提出了编制程序的五条基本原则：小步子、积极反应、及时强化(反馈)、自定步调、低错误率。

(2)掌握学习

掌握学习是由美国心理学家布卢姆提出来的一种适应学习者个别差异的教学方法。该方法将学习内容分成小的单元，学生每次学习一个小的单元并参加单元考试，直到学生以80%～100%的掌握水平通过考试，才能进入下一个单元的学习。它代表着一种非常乐观的教学方法，它假设只要给以足够的学习时间和相应的教学，大多数学生都能够学会学校里的科目。

掌握学习通常包括下列组成成分：①小而分离的单元；②逻辑序列；③在每一单元结束时，通过考试检验掌握水平；④每一单元要有一个具体的、可观察的掌握标准；⑤为需要额外帮助或练习的学生提供"补救"措施，以使他们达到掌握水平。

当我们运用掌握学习方法进行教学时，也要考虑其适用范围：①掌握学习更适合基础知识和基本技能的教学；②掌握学习更适合学习能力较低的学生以及有各种特殊需要的学生。

(3)计算机辅助教学

计算机辅助教学将在教学媒体设计中具体介绍。

三、教学媒体设计

考点1　教学媒体的概念

教学媒体是指在教学过程中传递信息的物质工具。按感官来分主要包括听觉媒体、视觉媒体、视听型媒体和交互型媒体；按媒体的表达手段可分为口语媒体、印刷媒体和电子媒体。

考点2　教学媒体的选择

选择教学媒体时，教师要综合权衡教学情境、学生的学习特点、教学目标的性质以及教学媒体的特性等因素。使用教学媒体是为了使教学遵循这样一个顺序而进行：从经验的直接动作表征、经验的图像表征直到经验的符号表征。因此，教师要确定学生的当前经验水平，利用教学媒体融入一定程度的具体经验，帮助学生整合新旧经验，促进学生对抽象概念的理解。

考点3　教学多媒体的呈现

当信息呈现包括两种或两种以上的方式时，该信息就是多媒体信息。学生在处理多媒体信息时的记忆容量有限,所以,教师在呈现多媒体时要遵循以下原则:(1)文字以言语叙述的方式呈现;(2)课程以学生可控的片断呈现,在信息组块之间留出时间;(3)预先训练学生对内容的命名和特征;(4)清除有趣但无关的材料;(5)提供线索引导学生怎样处理材料以减少对无关材料的处理;(6)当文字以言语叙述的方式呈现后,避免以完全一致的书面文字重复呈现;(7)在播放动画的同时呈现相应的叙述,以便学生在记忆中保持表象。

考点4 信息技术与教学

1. 计算机辅助教学

计算机辅助教学,简称CAI,是指使用计算机作为一个辅导者,呈现信息,给学生提供练习机会,评价学生的成绩以及提供额外的教学。

随着多媒体技术、通信网络技术的发展,人们把以计算机为核心的所有个别化教学技术都称为计算机辅助教学。与传统的教学相比,CAI具有这样几个优越性:(1)交互性,即人机对话;(2)即时反馈;(3)以生动形象的手段呈现信息;(4)自定步调等。计算机还能用于管理,如确定错误率,了解学生的进步情况,通过诊断布置学习任务等。

2. 专门的学习系统、多媒体网络学习环境

专门的学习系统通过一个中央服务器连成网络并统一提供课程、资源和进行其他核心控制,系统直接根据学生的需要面向学生提供内容演示、过程模拟,并支持学生的实验和探究。学习系统的课件和管理软件保存在服务器中,学生可以登录网络访问这些课件。登录后,文件服务器会将学生的作业和相关课件传送到学生所用的工作站中并开始追踪记录学习过程。教师的职责是向学生发送课程或布置任务,通过系统监控学生的学习过程等。

多媒体网络学习环境则为学生营造一个虚拟的教学环境和平台,学生可以通过利用其中的问题情境、学习资源、学习工具、交流平台以及评价工具,进行有效的学习和交流。

四、教学评价设计

考点1 教学评价的类型

1. 常模参照评价与标准参照评价

按对教学评价的处理方式不同,可将教学评价分为常模参照评价与标准参照评价。

常模参照评价以学生团体测验的平均成绩即常模为参照点,比较分析某一学生的学业成绩在团体中的相对位置。它采用相对的观点解释学生的学业成就,着重于学生之间的比较,主要用于选拔、编组等。

标准参照评价则以教学目标所确定的作业标准为依据,根据学生在试卷上答对题目的多少来评定学生的学业成就。学校教学评价一般都采用标准参照评价。

2. 标准化学业成就测验和教师自编测验

按教学评价中使用测验的来源,可将教学评价分为标准化学业成就测验和教师自编测验。

标准化学业成就测验是指由学科专家和测验编制专家按照一定标准和程序编制的测验,在国外得到普遍使用。

教师自编测验是教师根据教学需要自行设计与编制的,通常没有统一、具体的规定,内容及取样全部由任课教师决定,操作过程容易,适用于测量教师设定的特殊教学目标,作为班内比较的依据。它在学校教学评价中应用最多,也是教师最愿意用的测验。

考点 2　教学评价的方法与技术

1. 量化教学评价的方法

传统的课堂测验通常采用纸笔考试的形式来测量学生对课程内容的掌握情况。典型的纸笔测验题包括选择题、匹配题、是非题、填空题、论文题和问题解决题。

其中，选择题评分客观、可靠，但编写困难，难以排除学生猜测的成分，且不易测量学生的综合能力。论文题能评价学生对所学知识的组织、分析、综合等较高级的认知能力，但评分困难，且主观性强，涵盖的教学内容较少。

2. 质化教学评价的方法

(1) 观察评价

观察评价是指教师在教学过程中对学生的学习表现和学习行为进行自然观察，并对所观察到的现象做客观、详细的记录，然后根据这些观察和记录对教学效果做出评价。观察评价设计常采用行为检查单、轶事记录和等级评价量表等方式进行。

(2) 档案袋评价

档案袋评价，又称**文件夹评价、学生成长记录袋评价、档案评价**等，是为了取代传统的标准化考试、以体现学生实际发展水平而产生的评价方法。档案袋评价法是教师依据教学目标与计划，请学生持续一段时间主动收集、组织与省思学习成果的档案，以评定其努力、进步、成长情形的一种评价方法。档案袋评价的实施过程分为组织计划、资料收集和成果展示三个阶段。

★ 考点大默写 ★

1. 根据布卢姆认知领域的教学目标分类，用自己的话表述"烽火连三月"属于_____水平。
2. 加涅将学生的学习结果或教学目标分为五类：言语信息、_____、认知策略、动作技能和态度。
3. _____指教师采取的有效达到教学目标的一切活动计划。
4. _____是由美国心理学家布卢姆提出来的一种适应学习者个别差异的教学方法，它假设只要给以足够的学习时间和相应的教学，大多数学生都能够学会学校里的科目。
5. 在以教师为中心的教学策略中，_____尤其适用于教授那些学生必须掌握的、有良好结构的信息或技能。发现学习、情境教学和合作学习是以_____为中心的教学策略。

【参考答案】

1. 领会　2. 智慧技能　3. 教学策略　4. 掌握学习　5. 直接教学；学生

第二节　课堂管理

一、课堂管理概述

考点 1　课堂管理的概念及功能

1. 课堂管理的概念

课堂管理是指教师为有效利用时间、创造愉快的和富有建设性的学习环境以及减少问题行为而采取的组织教学、设计学习环境、处理课堂行为等一系列活动与措施。

2.课堂管理的功能

（1）维持功能

所谓维持功能，是指课堂管理能够在课堂教学中，持久地维持良好的学习环境，有效地排除各种干扰因素，使学生充分地参与到学习活动中。维持功能是课堂管理的基本功能。

（2）促进功能

课堂管理的促进功能是指良好的课堂管理能够增强、提升课堂教学的效果，促进学生的学习。

（3）发展功能

课堂管理本身可以教给学生一些行为准则，促进学生从他律走向自律，帮助学生获得自我管理能力，使学生逐步走向成熟。

考点2　课堂管理的目标

课堂管理的目标是建立一个积极的、有建设性的课堂环境，而不是让学生安静、驯服地遵守课堂纪律。科学有效的课堂管理，不仅维持课堂秩序，而且能增进教学效果；不仅能提高课堂教学质量，而且能促进学生健康地发展。

一般来说，课堂管理具有三个重要目标：（1）为学生争取更多的学习时间；（2）增加学生参与学习活动的机会；（3）帮助学生形成自我管理的能力。

考点3　影响课堂管理的因素

1.教师的领导风格

教师的领导风格对课堂管理有直接的影响。参与式领导注意创造课堂自由气氛，鼓励自由发表意见，不把自己的意见强加于人。而监督式领导则待人冷淡，只注重集体讨论的进程，经常监督学生的行为有无越轨。

2.班级规模

班级的大小是影响课堂管理的一个重要因素。这主要基于以下几个原因：（1）班级的大小会影响成员间的情感联系；（2）班内的学生越多，学生间的个别差异就越大；（3）班级的大小也会影响交往模式；（4）班级越大，内部越容易形成各种非正式小群体。

3.班级的性质

不同的班级往往有不同的群体规范和不同的凝聚力，教师不能用固定不变的课堂管理模式对待不同性质的班级，而应该在深入了解的基础上，掌握班集体的特点。

4.对教师的期望

学生对教师的课堂行为会形成一定的期望，期望教师以某种方式进行教学和课堂管理，这种期望必然会影响教师的课堂管理。如果教师的实际行为与学生的期望不一致，学生就会不满。

记忆有妙招

> 关于影响课堂管理的因素，考生可结合以下口诀进行记忆：
> 望教导，质班规。望：对教师的期望。教导：教师的领导风格。质：班级的性质。班规：班级规模。

二、课堂群体管理

考点1　群体的概念、特征及对个体的作用

1.群体的概念

群体是指人们为了实现共同的目标，以一定方式的共同活动为基础而结合起来的联合体（人群）。课堂

里的每个学生都不是孤立存在的个体。他们通过相互交往,形成各种群体。学校可以说是个大群体,年级、班级则是不同层次上的群体。

2. 群体的特征

作为群体而结合在一起的人群,与由于时间和空间关系偶然聚集在一起的人群是不同的。作为群体而存在的人群必须体现出三个特征:(1)群体成员有共同的活动目标;(2)群体具有一定的结构;(3)成员在心理上有依存关系和共同感。

作为群体,必须由两个以上的个体组成;群体成员根据共同的目标承担任务,相互交往,协同活动;群体内有共同的社会规范制约着成员。

3. 群体对个体的作用

群体是由个体组成的,但群体中的个体不是孤立存在的。群体会对其中的个体产生影响,而个体在群体情境下会出现心理和行为上的变化。表现为以下几个方面:

(1)社会助长、社会干扰与社会惰化

表3-15 社会助长、社会干扰与社会惰化

类别	含义	典例
社会助长	个体与别人在一起活动或有别人在场时,个体的行为效率提高的现象	个体在独自骑单车的情况下时速是每小时15公里,如果与别人骑单车竞赛,时速会更快
社会干扰（社会抑制）	当他人在场或与他人一起从事某项工作时个体行为效率下降的现象	考试时,有些考生会因为老师站在旁边,一个字都写不出来
社会惰化	当群体一起完成一件工作时,群体中的成员每人所付出的努力会比个体在单独情况下完成任务时偏少的现象	滥竽充数

(2)去个性化(个体意识消退)

去个性化是由**费斯廷格**等人提出来的。他们认为,在群体中,人们有时会感到自己被湮没在群体之中,于是个人意识和理解评价感丧失,个体的自我认同被群体的行动与目标认同所取代,个体难以意识到自己的价值与行为,自制力变得极低,结果导致人们加入重复的、冲动的、情绪化的,有时甚至是破坏性的行动中去,这种现象叫作**去个性化**。去个性化具有三个特征:①成员的匿名性;②责任分散;③相互感染。

(3)群体的决策行为

①群体极化

所谓**群体极化**,是指群体成员中原已存在的倾向性,通过群体的作用而得到加强,使一种观点或态度从原来的群体平均水平加强到具有支配性水平的现象。当群体成员最初的意见倾向于保守时,群体讨论的结果将导致意见更加保守;当最初的意见倾向于冒险时,群体讨论将导致意见更倾向于冒险。

造成群体极化的原因主要有以下几个方面:第一,群体使个人的责任得到分散;第二,群体内的信息交流使个体倾向于认为自己掌握了足够多的信息;第三,群体领导者的冒险信息促进了整个群体的冒险性;第四,社会比较的机制使群体成员之间互为影响;第五,竞争性的群体气氛鼓励冒险。

②群体思维

高凝聚力的群体在进行决策时,成员的思维会高度倾向于一致,以至于使其他变通行动路线的现实性评估受到压抑。这种群体决策时的一致倾向性思维方式叫作**群体思维**。

(4)从众与服从

①从众

从众是个体在群体的压力下,放弃自己的意见而采取与大多数人一致的行为的社会现象。

根据外显行为与内在的自我判断是否一致,可将从众行为分为以下三类:第一,真从众;第二,权宜从众;第三,不从众。

影响从众的因素主要有三个方面:第一,群体方面。群体的规模;群体凝聚力;群体意见的一致性;群体的权威性。第二,情境方面。刺激的模糊性;反应的匿名性;承诺感(责任感,约束力)。第三,个人方面。性别;年龄;地位。

从众现象的产生大致有两个原因:第一,人们往往相信大多数人的意见是正确的,觉得别人的看法和意见将有助于他。如果学生越相信集体的正确性,自信心越差,从众的可能性就越大。第二,一个人往往不愿意被群体视为越轨者或不合群者,为了避免他人的非议或排斥,避免受孤立,从而产生从众。

②服从

服从是指在权威命令、社会舆论或群体气氛的压力下,放弃自己的意见而采取与大多数人一致的行为。服从可能是出于自愿,也可能是被迫的。被迫的服从也叫顺从,即表面接受他人的意见或观点,在外显行为方面与他人相一致,而在认识与情感上与他人并不一致。

> **小香课堂**
>
> 考生容易混淆从众和服从的概念。两者的区别在于:从众的原因是群体压力;服从的原因是权威命令、社会舆论或群体气氛的压力。考生可以这样记忆:"众"代表的是群体;"服"一般是对权威、舆论等的服从。

(5)模仿与暗示

①模仿

模仿是指个体有意无意仿效他人的言行而引起的与之相类似的行为活动。模仿是由非强制性刺激引起的,使个人再现某一榜样行为的一种社会心理现象。模仿既可能是行为模仿,也可能是心理倾向的模仿。模仿是社会学习的重要形式,可分为自发模仿和自觉模仿、积极模仿与消极模仿。在班集体教学中,模仿主要用于对榜样的学习上。引起模仿的方法可以通过号召、动员、示范等形式来实现,但要注意既要树立校外或社会的榜样,更要树立校内、班内榜样,如学习校内或班内的好人好事。在班集体教学中,教师本身的榜样作用有特殊意义。

②暗示

暗示是指用含蓄或间接的方法,使某种信息在他人的心理与行为方面产生影响,从而使他按照一定的方式行动或接受某种信念与意见。由于暗示不需要论证和说明,所以接受暗示的行为往往缺乏理解性,有更浓的直观和感觉色彩。接受正确的暗示有利于学生的发展,而接受错误的暗示,则会上当受骗。

(6)流行

群体中有相当数量的人在短时间内争相模仿、追求某种行为方式,从而使人们相互之间发生了**连锁性感染**,这就是**流行**。青少年的好奇心强,在服装、发式、行为方式上都喜欢追求时髦,常常会形成一定的风气。流行的特征一般表现为突然迅速地扩展与蔓延,又在较短时间内消失。

一般来说,流行只要不违反社会规范,可以允许人们自由地去选择,但不良的流行必须予以禁止。例如,中小学生抽烟、喝酒,应该在禁止之列。此外,作为教育单位的学校,应该从有益学生的身心健康出发,对社会上流行的事物有意识地加以选择与引导。

考点 2　正式群体与非正式群体

1. 正式群体

正式群体是指在学校行政部门、班主任或社会团体的领导下,按一定章程组成的学生群体。班级、小组、少先队等都属于正式群体。正式群体的目标与任务明确,成员稳定,有一定的组织纪律和工作计划,这对增强集体凝聚力起到非常重要的作用。正式群体的发展要经历松散群体、联合群体和集体三个阶段。松散群体是指学生在空间和时间上结成群体,但成员间尚无共同活动的目的和内容;联合群体的成员已有共同的活动目的,但活动还只具有个人意义;集体是群体发展的最高阶段,是为了实现有公益价值的社会目标,严密组织起来的有纪律、有心理凝聚力的群体。成员的共同活动不仅对每个成员有个人意义,而且还有重要的社会意义。

2. 非正式群体

在同伴交往过程中,一些学生自由结合、自发形成的小群体,称为**非正式群体**。它是同伴关系的一种重要形式。非正式群体具有这样一些特点:(1)成员之间相互满足心理需要;(2)成员之间具有强烈的情感联系和较强的凝聚力,但有可能存在排他性;(3)受共同的行为规范和行动目标的支配,行为上具有一致性;(4)成员的角色和数量不固定。

非正式群体对学生个体和正式群体既有积极影响,也有消极影响。非正式群体对个体的影响是积极的还是消极的,主要取决于非正式群体的性质以及与正式群体的目标一致的程度。

3. 正式群体与非正式群体的协调

课堂管理必须注意协调正式群体和非正式群体的关系。(1)要不断巩固和发展正式群体,使班内学生之间形成共同的目标和利益关系,产生共同遵守的群体规范,并以此协调大家的行动,满足成员的归属需要和彼此之间的相互认同,从而使班级成为团结的集体。(2)要正确对待非正式群体。对于积极型的非正式群体,应支持和保护;对于中间型的非正式群体,要持慎重态度,积极引导,联络感情,加强班级目标导向;对于消极型的非正式群体,要教育、争取、引导和改造,帮助他们树立正确的人生观和价值观;对于破坏型的非正式群体,则要在教育、改造的基础上,密切注视其活动,及时采取措施,防止他们继续恶化和变质,必要时依据校规和法律给予制裁。

考点 3　群体动力

不管是正式群体还是非正式群体,其中都有群体凝聚力、群体规范、群体气氛以及群体成员的人际关系。所有这些影响群体与个人行为发展变化的力量的总和就是**群体动力**。

1. 群体凝聚力

群体凝聚力是指群体对成员的吸引力和成员之间的相互吸引力。它可以通过群体成员对群体的忠诚、责任感、荣誉感、成员间的友谊和志趣等来表明。关系融洽、凝聚力强的班级,会使学生产生强烈的自豪感和认同感,顺利完成课堂教学任务。所以,凝聚力常常成为衡量一个班集体成功与否的重要标志。

教师提高班级的群体凝聚力,可以从以下几个方面入手:(1)了解本班群体凝聚力的情况;(2)帮助班级里的所有学生对一些重大事件和原则问题保持共同的认识和评价,形成认同感;(3)引导所有学生在情感上加入群体,形成归属感;(4)当学生表现出符合群体规范和群体期待的行为时,给予赞许和鼓励,形成力量感。

第三部分　教育心理学　373

2. 群体规范

群体规范是约束群体内成员的行为准则,包括成文的正式规范和不成文的非正式规范。正式规范是有目的、有计划的教育的结果。非正式规范的形成则是成员们约定俗成的结果,受模仿、暗示和顺从等心理因素的制约。群体规范会形成群体压力,对学生的心理和行为产生极大的影响,还可能导致从众现象的发生。群体规范使学生保持认知、情感和行为上的一致,并为学生的课堂行为划定方向和范围,成为引导学生行为的指南。

3. 课堂气氛

(1)课堂气氛的概念

课堂气氛是指在课堂上占优势地位的态度和情感的综合状态。它具有独特性,不同的课堂往往有不同的气氛,即使是同一课堂,也会形成不同教师的气氛区。一种课堂气氛形成后,往往能维持相当长的一段时间,而且不同的课堂活动也会被同样的课堂气氛所笼罩。

(2)课堂气氛的类型及特征

根据师生相互作用的方式不同,可以将课堂气氛划分为:

①积极的课堂气氛。积极的课堂气氛的特征是:课堂纪律良好,师生关系融洽;学生精神饱满,注意力集中,专心听讲,积极思考,反应敏捷,发言踊跃;教师善于点拨和积极引导;课堂气氛热烈、活跃与祥和。

②消极的课堂气氛。消极的课堂气氛的特征是:课堂纪律问题较多,师生关系疏远;学生无精打采,注意力分散,反应迟钝;多数学生处于被动应付教师的状态;不少学生做小动作,情绪压抑等。

③一般型课堂气氛。教学中大量的课堂气氛属于一般型课堂气氛,它介于积极和消极型之间,即课堂教学能正常进行,教学效果一般。

④对抗的课堂气氛。对抗的课堂气氛的特征是:课堂纪律问题严重,师生关系紧张;学生随心所欲,各行其是,注意力指向无关对象;教师无法正常上课,时常被学生打断或不得不停下来维持课堂纪律,基本上是一种失控的课堂状态。

> **小香课堂**
>
> 考生易混淆消极的课堂气氛和对抗的课堂气氛。消极的课堂气氛:被动、消极;对抗的课堂气氛:主动破坏。

(3)影响课堂气氛的因素

课堂气氛是师生在课堂活动中相互作用而产生的,主要受教师、学生、课堂内物环境等三方面因素的影响。

①教师因素

教师是课堂教学中的主导者,教师的领导方式、教师的移情、教师对学生的期望、教师的情绪状态、教师的教学能力是影响课堂气氛的**决定因素**。

第一,教师的领导方式。教师的领导方式是教师用来行使权力与发挥领导作用的行为方式。勒温将教师的领导方式分为集权型、民主型和放任型三种类型。**集权型**的教师只注重教学的目标,仅仅关心学习的任务和学习的效率,他们对班级中的学生不够关心,师生之间的社会心理距离比较大。民主型的教师注重对学生的学习加以鼓励和协助,关心并满足学生的需要,营造一种民主与平等的氛围,师生之间的社会心理距离比较近。放任型的教师采取的是无政府主义的领导方式,对群体学生的需要都不重视、无要求、无评估、工作效率低、人际关系淡薄。这三种不同的领导方式会使学生产生不同的行为反应,从而形成不同的课堂气氛。研究发现,当教师采用民主型的领导方式时,学生在活动中会表现出极大的兴趣和主动精神,善于合作,活动效果很好。

第二,教师的移情。教师的移情是教师将自身的情绪或情感投射到学生身上,感受到学生的情感体验,并引起与学生相似的情绪性反应,由此产生和谐的心理互动。教师的移情体验有熟悉感、和睦感、理解感、依赖感和睿智感等。学生的移情体验有接近感、安定感、共鸣感和依赖感等。移情好比师生之间的一座桥梁,它可将师生的意图、观点和情感联结起来,在教育情境中形成暂时的统一体,有利于创设良好的课堂气氛。

第三,教师的期望。教师的期望是指教师对学生所要达到的心理、智力、知识、能力、行为状况或变化的预先设定。教师这种内在的主观倾向往往反映在其外在行为上,从而给学生造成某种特定的心理环境,影响学生的自我概念和学业成绩。

第四,教师的情绪状态。教师常常对教学能力和知识水平进行自我评估,并在评估的基础上产生情绪体验。如果对自己的评估过高,会使自己产生优越感,教学准备不足,课堂表现随意性大,即使课堂气氛活跃,也难以达到理想的教学效果。如果教师对自己评估过低,就会产生焦虑感,在课堂上忧心忡忡,唯恐教学失去控制,害怕自己的教学失误,处处小心谨慎,一旦学生发生问题行为,为了保全自己的面子,做出不适当的反应,造成不良的课堂气氛。只有当教师自我评估适中,才有利于教师能力和水平的充分发挥,才会激起教师的教育创造能力和教育机智,以努力改变课堂现状,有效而灵活地处理课堂问题,避免呆板或恐慌反应,从而推动教师不断努力以谋求最佳课堂气氛的出现。

第五,教师的教学能力。课堂气氛与教师的教学能力密切相关,如教师的言语表达能力在很大程度上影响教学效果,进而制约着课堂气氛。教师语言表达清晰、语速适度、语调抑扬顿挫,富有感染力,有利于形成积极的课堂气氛。

②学生因素

课堂气氛是师生共同营造的,学生是课堂活动的主体。因此,学生的一些特点也是影响课堂气氛的重要因素。学生群体之间的关系好,学生之间彼此团结、心理相容、凝聚力强,就易于形成良好的课堂气氛;如若学生之间勾心斗角、离心离德、各行其是、凝聚力低,则很难形成良好的课堂气氛。学生能自觉地遵守课堂纪律,不仅有助于学生的个体社会化、良好品德的形成和遵守纪律的习惯的养成,而且有利于形成良好的课堂气氛。此外,课堂中学生的集体舆论、角色期待以及学生之间的合作与竞争等,都会影响课堂气氛。总之,尊师重道、互助互学、比学赶帮、友好团结、紧张活泼学风的形成,对于改善人际关系、提高学习士气、形成良好的课堂气氛具有极为重要的作用。

③课堂内物环境因素

课堂内物环境又称作教学的时空环境,主要指教学时间和空间因素构成的特定的教学环境,包括教学时间的安排、班级规模、教室内的设备、教具、乐音或噪音、光线充足与否、空气清新或浑浊、高温或低温、座位编排方式等。这些因素虽然不是决定课堂气氛的主要原因,但是它们的优劣会对课堂气氛的形成起着促进或阻碍作用。

(4)创设积极的课堂气氛的方法

①发挥教师的主导作用

教师在营造良好的课堂氛围的过程中起着**主导**作用。如果教师能精心组织课堂教学,巧妙把握语言艺术,善于用良好的情绪情感感染学生,并善于处理课堂问题,就更容易创造出良好的课堂氛围。因此,创造良好的课堂氛围需要:

第三部分 教育心理学

第一,教师具备一定的课堂学习管理能力。第二,教师必须具备较高的业务素养。第三,教师要讲求教学艺术。第四,重视情感在教学中的应用,以积极的情感感染学生。第五,鼓励表扬为主,兼顾其他,有的放矢。第六,注重师生心态调整。第七,教师的自我控制与对偶然事件的控制。第八,采用科学的班级管理方法。第九,教师要有体察学生情感反应的能力。第十,教师应该对每个学生形成恰如其分的高期望。第十一,保持中等水平的焦虑,树立良好的自我意识。

②尊重学生的主体地位

创造良好的课堂氛围,关键在于教师能否切实调动学生学习的主观能动性,使学生真正成为教学的主体,学习的主人。因此,教师必须调动学生参与的积极性和主动性,让学生保持最佳的学习心态。

③构建和谐的师生关系

课堂中的师生关系,直接影响课堂气氛,可以采取以下措施来使师生关系更加和谐:第一,师生民主平等。教师首先要尊重学生的人格、自尊心和正当的兴趣爱好;其次,要充分地信任学生,对每一个学生都寄予厚望,以唤起学生的自信心和对美好前途的憧憬。第二,树立一定的教师威信。第三,教师要关心爱护学生。教师要克服偏见,公正无私,把爱奉献给每一个学生。

4. 课堂中的人际交往与人际关系

(1) 人际关系

人际关系是指人与人在相互交往过程中所形成的社会心理关系。从广义来看,人际关系是指人与人之间的关系,包括社会中所有的人与人之间的关系以及人与人之间关系的一切方面。显然,此种定义没有揭示出人际关系的特殊性。从狭义来看,人际关系是人与人之间通过交往与相互作用而形成的直接的社会心理关系。它反映了个人或群体满足其社会需要的心理状态,其发展变化决定于交往双方社会需要满足的程度。

中小学生主要的人际关系包括亲子关系、师生关系和同伴关系。

(2) 人际交往

人际交往是指人与人之间传递信息、沟通思想和交流情感等方面的联系过程。在课堂里,师生之间、学生之间不断地进行人际交往,在此基础上形成师生之间和学生之间的各种人际关系。

课堂中的人际关系直接影响课堂气氛,教师应该善于处理师生关系及学生与学生之间的人际关系。课堂教学的有效性是以积极的课堂互动为前提。课堂管理应重视建立师生之间、学生之间良好的人际关系,为有效地开展教学创造条件。

三、课堂纪律管理

考点1 课堂纪律的分类

<u>课堂纪律是指为保障或促进学生的学习而设置的行为标准及施加的控制。</u>良好的课堂纪律是课堂教学得以顺利进行的重要保障条件,有助于维持课堂秩序,减少学习干扰,也有助于学生获得情绪上的安全感。根据形成途径,课堂纪律一般可分为以下四类:

1. 教师促成的纪律

教师促成的纪律即在教师的指导帮助下形成的班级行为规范。刚入学的儿童往往需要较多的监督和指导,课堂纪律主要是由教师制定的。随着年龄的增长和自我意识的增强,学生开始反对教师的过多限制,对教师促成的纪律的要求降低,但它始终是课堂纪律的一种重要类型。

2. 集体促成的纪律

集体促成的纪律即在集体舆论和集体压力的作用下形成的群体行为规范。从儿童入学开始，同辈人的集体在促进儿童社会化方面就开始发挥重要的作用。随着年龄的增长，学生受同伴群体的影响会越来越大，开始以同伴群体的集体要求和价值判断作为自己的行为准则，以"别人也都这么干"为理由而做某件事情。

3. 任务促成的纪律

任务促成的纪律即某一具体任务对学生行为提出的具体要求。在日常学习过程中，每项学习任务都有它特定的要求，或者说特定的纪律，如课堂讨论、野外观察、制作标本等。

4. 自我促成的纪律

自我促成的纪律简单来说就是自律，即在个体自觉努力下由外部纪律内化而成的个体内部约束力。形成自我促成的纪律是课堂纪律管理的最终目标。

考点2　课堂结构与课堂纪律

学生、学习过程和学习情境是课堂的三大要素，这三大要素相对稳定的组合模式就是课堂结构。课堂结构包括课堂情境结构和课堂教学结构。

1. 课堂情境结构

（1）班级规模的控制。班级过大容易限制师生交往和学生参加课堂活动的机会，阻碍课堂教学的个别化，有可能导致课堂出现较多的纪律问题。

（2）课堂常规的建立。课堂常规是每个学生必须遵守的最基本的日常课堂行为准则。它赋予学生的课堂行为一定的意义，使学生明白行为所依据的价值标准，具有约束和指导学生课堂行为的功能。

（3）学生座位的分配。研究发现，分配学生座位时，教师主要关心的是减少课堂混乱。其实，分配学生座位时，最值得教师关注的应该是对人际关系的影响。所以，学生座位的分配一方面要考虑课堂行为的有效控制，预防纪律问题的发生；另一方面又要考虑促进学生间的正常交往，形成和谐的师生关系。

2. 课堂教学结构

（1）教学时间的合理利用。学生在课堂里的活动可以分为学业活动、非学业活动和非教学活动三种类型。在通常情况下，用于学业活动的时间越多，学业成绩越好。

（2）课程表的编制。首先应尽量将语文、数学和外语等核心课程安排在学生精力最充沛的上午第一、二、三节课，将音乐、美术、体育和写字等技能课安排在下午。其次，将文科与理科、形象性的学科与抽象性的学科交错安排，避免同类刺激长时间地作用于大脑皮层的同一部位而导致疲劳和厌烦。

（3）教学过程的规划。教学过程的合理规划是维持课堂纪律的又一个重要条件，不少纪律问题就是因教学过程的规划不合理造成的。

考点3　维持课堂纪律的策略

1. 建立有效的课堂规则

课堂规则是课堂成员应遵守的课堂基本行为规范和要求。积极、有效的课堂规则有以下特点：（1）由教师和学生充分讨论，共同制定；（2）尽量少而精，内容表述多以正面引导为主；（3）及时制定、引导与调整课堂规则。

第三部分　教育心理学　377

2. 合理组织课堂教学

教师应做到：(1)增加学生参与课堂教学的机会；(2)保持紧凑的教学节奏，合理布置学业任务；(3)处理好教学活动之间的过渡。

3. 做好课堂监控

教师应能及时预防或发现课堂教学中出现的一些纪律问题，并采取言语提示、目光接触等方式提醒学生注意自己的行为。

4. 培养学生的自律品质

促进学生形成和发展自律品质，是维持课堂纪律的最佳策略之一。教师应做到：(1)要对学生提出明确的要求，加强课堂纪律的目的性教育；(2)引导学生对学习纪律持有正确、积极的态度，产生积极的纪律情感体验，进行自我监控；(3)集体舆论和集体规范是促使学生自律品质形成和发展的有效手段，教师应对其加以有效利用。

考点4　课堂问题行为及其应对

1. 课堂问题行为的概念与性质

(1)课堂问题行为的概念

问题行为指不能遵守公认的正常行为规范和道德标准，不能正常与人交往和参与学习的行为。这样的行为不仅影响学生的学习，而且常常引起课堂纪律问题，影响教学质量。

(2)课堂问题行为的性质

①课堂问题行为是一种普遍行为。课堂问题行为普遍存在，不管是优秀生还是学困生都有可能产生问题行为。

②课堂问题行为是一种消极行为。课堂问题行为干扰教学的正常进行，影响教学效率，是一种负面的消极行为。

③课堂问题行为是一个教育性概念。课堂问题行为是可以接受的，也是可以矫正的，属于教育中的常态问题。由此可见，课堂问题行为的基本特征为：消极性、普遍性、其程度以轻度为主。

2. 课堂问题行为产生的原因

课堂问题行为具有普遍性，是教师经常遇到而又非常敏感的问题，如果处理不好，就会损害师生关系，破坏课堂气氛，影响教学效果。导致学生问题行为的原因概括起来有三点：(1)学生的人格特点、生理因素、挫折经历；(2)教师的教学技能、管理方式、威信；(3)校内外的环境，如大众传媒、家庭环境、课堂座位编排。

3. 课堂问题行为的矫正　【单选】

(1)控制策略

运用行为控制策略，及时终止课堂问题行为。行为控制策略包括强化良好行为和终止已有问题行为两个方面。

①强化良好行为，以良好行为控制问题行为。通常可以采用社会强化、活动强化、行为协议和替代强化等方式。

②选择有效方法，及时终止问题行为。通常采用的方法包括：

使用幽默。变化课程内容、运用不同的材料和方法进行教学，教师显示出幽默和热情，以及让学生进行合作学习等也都能够减少学生因疲劳而引发问题行为的可能性。

非言语暗示。由于一般问题行为大都是一些暂时性的干扰,教师在处理这些行为时,通常只需要运用简单的非言语线索进行暗示,就可以得到既制止问题行为又不影响课堂教学进程的双重效果。例如,如果两个学生正在交头接耳,那么教师就可以用眼睛看着这两个学生或其中的一个,或走到他们身边轻轻敲一下课桌,或突然停下咳嗽一两声,这样通常都能引起他们的注意,从而终止其问题行为。

表扬。对许多学生来说,表扬是一种强有力的激励。减少一般课堂问题行为的一个重要策略就是表扬学生做出的与想要消除的问题行为相反的正确行为。也就是说,通过表扬正确行为来减少问题行为。假如某个学生上课经常不举手就发言,那么,当他举手发言时,教师就应当立即对他进行表扬。此外,表扬其他学生的良好行为也可以促使出现问题行为的学生表现出类似的良好行为,从而达到消除问题行为的目的。

言语提醒。当非言语线索不能制止学生的问题行为时,教师采用适当的言语提醒也有助于让学生回到学习活动中来。在使用言语提醒时,教师要注意不要去追究学生的问题行为,而是要告诉学生他应该怎么做。如果某学生故意不按教师的要求去做,或是与教师辩解、找各种借口,这时,教师可以采用反复提醒的策略,即无视学生的辩解或借口,反复向他陈述要求他去做的事情,直到他服从为止。

有意忽视。个别学生有时为了引起教师和其他同学的注意,会做出一些问题行为。这时,如果教师直接干预,正好迎合了学生的目的,从而对其问题行为起到强化作用。在这种情况下,教师采取有意忽视的态度,装作视而不见,是比较合适的处理方式。

转移注意。对于一些自尊心比较强的学生所表现出来的问题行为,如果教师当众直接制止,可能会产生适得其反的效果。这时,教师可以采用比喻、声东击西等方法加以暗示,并转移其注意力,从而终止其问题行为。

有时,对于个别学生来说,教师也可以采用暂时隔离的办法,即让出现问题行为的学生暂时离开座位,到教室的某一角落,远离其他同学;或是到教室外面的过道上;或是到校长办公室;甚至可以到另一位教师的班级去。由于这种方法很可能引起学生对教师的不满甚至对抗,教师在使用时应当特别慎重,不宜滥用。

总之,无论采取什么方法处理学生的问题行为,教师首先一定要认清真正的问题行为所在,找出行为发生的原因,然后针对症结做出有效处理。

(2)矫正策略

①熟悉课堂问题行为矫正的内容。通常包括:正确认识课堂问题行为、消退处理、积极塑造。

②遵循课堂问题行为矫正的原则。矫正过程中应遵循的原则有:多奖少惩原则、一致性原则、结合性原则。

③采用课堂问题行为矫正的有效程序。课堂问题行为矫正的程序包括六个基本环节:觉察、诊断、目标、改正、检评和追踪。

真题面对面

[2017,单,2分]当某学生上课分心向窗外看时,教师采取的下列处理方式中最为恰当的是(　　)

A. 迅速对其提问　　　　　　　　　　B. 用语言对其提醒

C. 用目光注视该生　　　　　　　　　D. 边讲课边走到该生旁对其暗示

答案:D

考点大默写

1. 影响课堂管理的因素有教师的领导风格、_____、_____和对教师的期望。
2. _____指当群体一起完成一件工作时,群体中的成员每人所付出的努力会比个体在单独情况下完成任务时偏少的现象。
3. _____是个体在群体的压力下,放弃自己的意见而采取与大多数人一致的行为的社会现象。
4. 分配学生座位时,最值得教师关注的应该是对_____的影响。
5. 由于一般问题行为大都是一些暂时性的干扰,教师在处理这些行为时,通常只需要运用简单的_____进行暗示,就可以得到既制止问题行为又不影响课堂教学进程的双重效果。
6. 个别学生有时为了引起教师和其他同学的注意,会做出一些问题行为,这时教师可采用_____的方法矫正课堂问题行为。

【参考答案】
1. 班级规模;班级的性质　2. 社会惰化　3. 从众　4. 人际关系　5. 非言语线索　6. 有意忽视

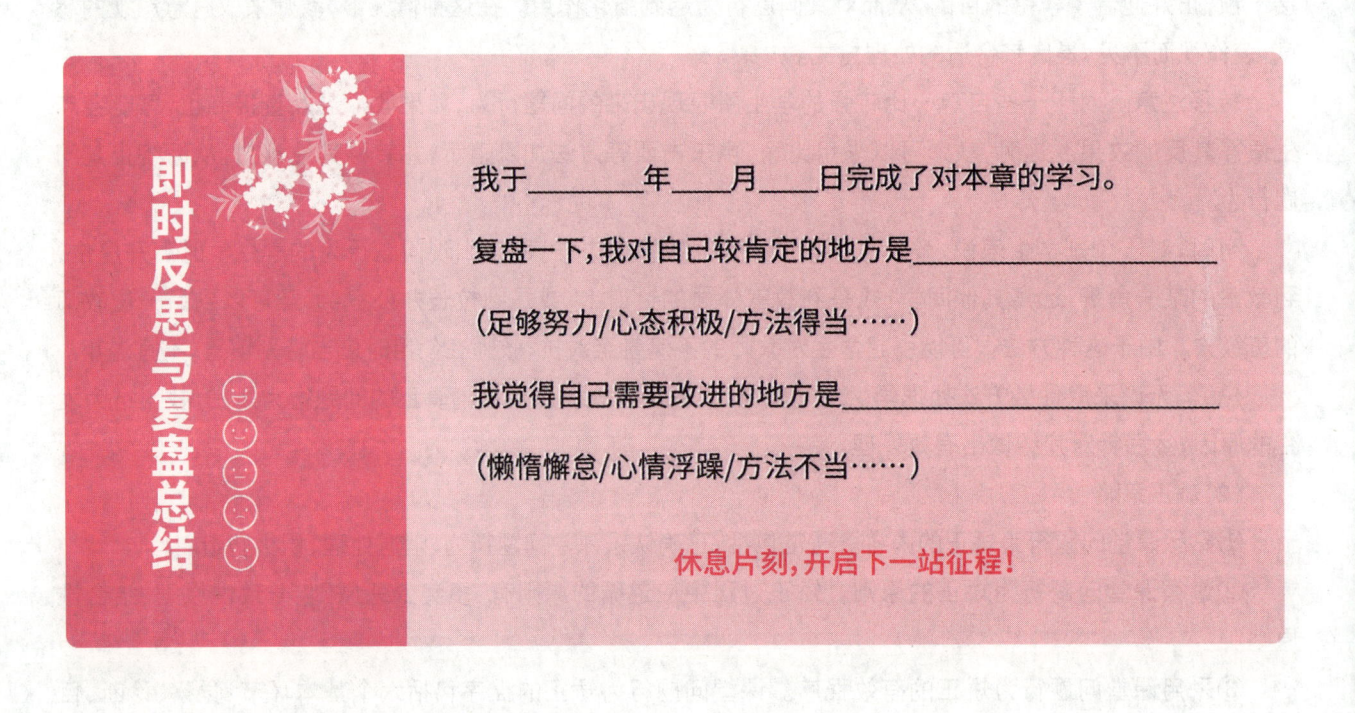

即时反思与复盘总结

我于_____年___月___日完成了对本章的学习。

复盘一下,我对自己较肯定的地方是_____

(足够努力/心态积极/方法得当……)

我觉得自己需要改进的地方是_____

(懒惰懈怠/心情浮躁/方法不当……)

休息片刻,开启下一站征程!

第六章 心理健康与教师职业心理

思维导图

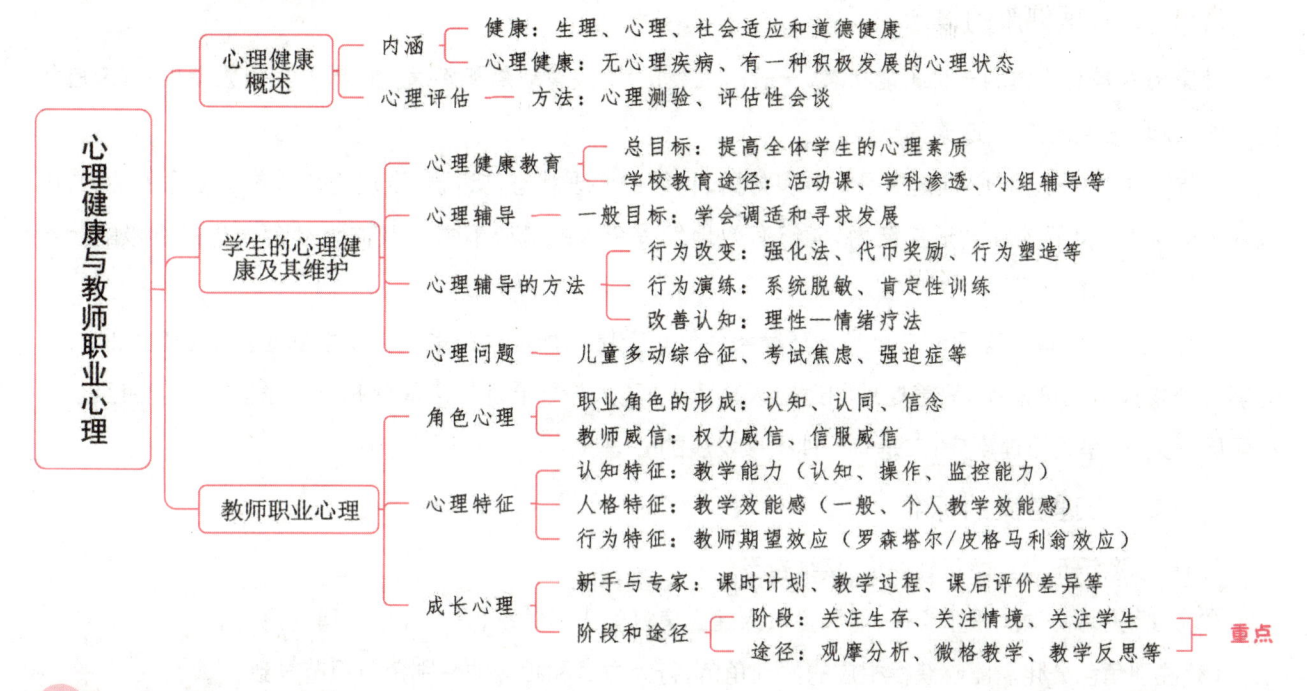

```
心理健康与教师职业心理
├── 心理健康概述
│   ├── 内涵
│   │   ├── 健康：生理、心理、社会适应和道德健康
│   │   └── 心理健康：无心理疾病、有一种积极发展的心理状态
│   └── 心理评估 —— 方法：心理测验、评估性会谈
├── 学生的心理健康及其维护
│   ├── 心理健康教育
│   │   ├── 总目标：提高全体学生的心理素质
│   │   └── 学校教育途径：活动课、学科渗透、小组辅导等
│   ├── 心理辅导 —— 一般目标：学会调适和寻求发展
│   ├── 心理辅导的方法
│   │   ├── 行为改变：强化法、代币奖励、行为塑造等
│   │   ├── 行为演练：系统脱敏、肯定性训练
│   │   └── 改善认知：理性—情绪疗法
│   └── 心理问题 —— 儿童多动综合征、考试焦虑、强迫症等
└── 教师职业心理
    ├── 角色心理
    │   ├── 职业角色的形成：认知、认同、信念
    │   └── 教师威信：权力威信、信服威信
    ├── 心理特征
    │   ├── 认知特征：教学能力（认知、操作、监控能力）
    │   ├── 人格特征：教学效能感（一般、个人教学效能感）
    │   └── 行为特征：教师期望效应（罗森塔尔/皮格马利翁效应）
    └── 成长心理
        ├── 新手与专家：课时计划、教学过程、课后评价差异等
        └── 阶段和途径
            ├── 阶段：关注生存、关注情境、关注学生  【重点】
            └── 途径：观摩分析、微格教学、教学反思等
```

河南特岗考向

本章属于教育心理学的重点章节，在河南特岗考试中的考查频次较高，内容较为琐碎，需要考生识记的知识较多。在考试中常以选择题、判断题等客观题的形式考查，也会以论述题和案例分析题等主观题的形式考查。现对2014~2023年本章河南特岗考向分析如下：

考点	考频	题型	能力层级
心理健康的内涵	1	判断	识记
心理健康教育的目标	1	单选	识记
中小学生心理辅导的方法	2	单选	应用
中小学生常见的心理问题及其干预	1	单选	理解
教师的认知特征	1	判断	识记
教师的期望行为	3	单选、案例	理解
教师成长的阶段和途径	4	单选、判断、论述	区分

第三部分 教育心理学

核心考点

第一节 心理健康概述

一、心理健康的内涵【判断】

考点1 心理健康的概念

健康指的是有机体的一种机能状态,一般指机能正常,没有缺陷和疾病。世界卫生组织指出,健康应包括生理、心理、社会适应和道德健康等。

世界卫生组织认为,**心理健康**是一种良好的、持续的心理状态与过程,表现为个体具有生命的活力,积极的内心体验,良好的社会适应能力,能够有效地发挥个人的身心潜力以及作为社会一员的积极的社会功能。

心理健康是个体心理活动在自身及环境条件许可范围内所能达到的最佳功能状态。心理健康的个体能够充分发挥自己的潜能,妥善处理和适应人与人之间、人与社会环境之间的相互关系。心理健康至少包括两层含义:一是无心理疾病;二是有一种积极发展的心理状态。

考点2 心理健康的标准

(1)自我意识正确。能正确评价、接纳自己。

(2)人际关系协调。乐于交往,能和多数人建立良好的人际关系,具有处理矛盾的能力。

(3)性别角色分化。能够获得相应的性别角色,行为方式和相应的性别角色规范一致。

(4)社会适应良好。能够面对、接受、适应现实,能够妥善处理生活、学习和工作中的各种挑战。

(5)情绪积极稳定。情绪乐观稳定,热爱生活,积极向上,对未来充满希望,有烦恼能自行解脱。

(6)人格结构完整。具有较高的能力、完善的性格、良好的气质、正确的动机、广泛的兴趣和坚定的信念等。

考点3 正确理解心理健康的标准

正确理解和运用心理健康的标准应注意以下几个问题:

(1)判断一个人的心理健康状况时,应兼顾个体内部协调与对外良好适应两个方面。

(2)心理健康概念具有相对性,即心理健康有高低层次之分。高层次(积极)的心理健康不仅是没有心理疾病,而且能充分发挥个人潜能,发展建设性人际关系,从事具有社会价值的活动,追求高层次需要的满足,追求生活的意义。而低层次的心理健康主要指没有心理疾病。

(3)心理不健康与有不健康的心理和行为不能等同。心理不健康是指一种持续的不良状态。偶尔出现一些不健康的心理和行为并不等于心理不健康,更不等于已患心理疾病。因此,不能仅从一时一事而简单地给自己或他人下心理不健康的结论。

(4)心理健康与不健康不是泾渭分明的对立面,而是一种连续状态。从良好的心理健康状态到严重的心理疾病之间有一个广阔的过渡带。在许多情况下,异常心理与正常心理、变态心理与常态心理之间没有绝对的界限,只是程度的差异。

(5)心理健康的状态不是固定不变的,而是动态变化的过程。心理健康既是一种状态,也是一种过程。心理健康不是无失败、无冲突、无痛苦,而是能在这些情况下做出有效的自我调整,且能保持良好的工作效率。随着人的成长、经验的积累、环境的改变,心理健康状况也会有所改变。

(6)心理健康标准是一种理想尺度,它不仅为我们提供了衡量是否健康的标准,而且为我们指明了提高心理健康水平的努力方向。每一个人在自己现有的基础上做不同程度的努力,都可以追求心理发展的更高层次,不断发挥自身的潜能。

(7)心理健康与否,在一定程度上可以说是一个社会评价问题。不同社会由于其主流文化、价值观念、社会规范不同,对于同一行为正常与否,往往会做出不同的判断。

二、心理评估

考点1 心理评估的概念

心理评估是指依据心理学方法和技术搜集得来的资料,对学生的心理特征与行为表现进行评鉴,以确定其性质和水平并进行分类诊断的过程。心理评估是有针对性地进行心理健康教育的依据,是检验心理健康教育效果的手段,也是增强学生自我认识的途径。心理评估既可采用标准化的方法,如各种心理测验;也可以采用非标准化的方法,如评估性会谈、观察法、自述法等。

考点2 心理评估的两种参考架构

现有的评估手段是在两种参考架构的基础上制定的:即疾病模式与健康模式。

疾病模式的心理评估旨在对当事人心理疾病的有无以及心理疾病的类别进行诊断。

健康模式的心理评估旨在了解个体健康状态下的心智能力及自我实现的倾向,关注的是人的潜能和价值实现的程度、心理素质改善的程度,这在学校心理健康教育中应受到高度重视。

考点3 主要的心理评估方法

1. 心理测验

心理测验是一种特殊的测量,是测量一个行为样本的系统的程序。测验通过测量人的行为,去推测受测者个体的智力、人格、态度等方面的特征与水平。按照所要测量的特征大体上可把心理测验分成认知测验、人格测验和神经心理测验。

2. 评估性会谈

评估性会谈是心理咨询与辅导的基本方法。教师通过评估性会谈既可以了解学生的心理与行为,也可以对学生的认知、情绪、态度施加影响。这种会谈法的优点有:在会谈中可以当面澄清问题,以提高所获得资料的准确性,通过观察会谈过程中双方的关系及学生的非言语行为,可以获得许多重要的附加信息。

此外,观察法、自述法等也是心理评估常用的方法。其中自述法是通过学生书面形式的自我描述来了解学生的生活经历及内心世界的一种方法。

★ 考点大默写 ★

1. 心理健康至少包括两层含义：一是无心理疾病；二是有一种_____的心理状态。
2. 判断一个人的心理健康状况时，应兼顾个体内部协调与_____两个方面。
3. _____是心理咨询与辅导的基本方法。

【参考答案】
1. 积极发展　2. 对外良好适应　3. 评估性会谈

第二节　学生的心理健康及其维护

一、心理健康教育

考点1　心理健康教育的意义

(1)心理健康教育是预防精神疾病，保障学生心理健康的需要，而学校是学生心理健康教育的主要场所。(2)心理健康教育是提高学生心理素质，促进其人格健全发展的需要。(3)心理健康教育是对学校日常教育教学工作的配合与补充。

考点2　心理健康教育的目标、任务和途径　【单选】

1. 心理健康教育的目标

心理健康教育的总目标是：提高全体学生的心理素质，培养他们积极乐观、健康向上的心理品质，充分开发他们的心理潜能，促进学生身心和谐可持续发展，为他们健康成长和幸福生活奠定基础。

心理健康教育的具体目标是：(1)使学生学会学习和生活，正确认识自我，提高自主自助和自我教育能力，增强调控情绪、承受挫折、适应环境的能力，培养学生健全的人格和良好的个性心理品质；(2)对有心理困扰或心理问题的学生，进行科学有效的心理辅导，及时给予必要的危机干预，提高其心理健康水平。

2. 心理健康教育的任务

心理健康教育的主要任务是：全面推进素质教育，增强学校德育工作的针对性、实效性和吸引力，开发学生的心理潜能，提高学生的心理健康水平，促进学生形成健康的心理素质，减少和避免各种不利因素对学生心理健康的影响，培养身心健康、具有社会责任感、创新精神和实践能力的德智体美全面发展的社会主义建设者和接班人。

3. 心理健康教育的途径

(1)心理健康教育活动课；(2)学科渗透；(3)班主任工作；(4)学校心理咨询与心理辅导；(5)家庭教育；(6)环境教育；(7)社会磨砺；(8)其他途径(少先队、板报、校报、广播等)。

考点3　学校心理健康教育的途径

心理健康教育不能像知识教育那样主要通过教师的传授来完成。它需要渗透到学生日常生活的各个方面，通过多种方式进行。随着中小学生心理问题的日益严重，心理健康教育越发显得迫切而重要，学校心理辅导也日益成为学校实施心理健康教育的主要渠道。在学校开展心理健康教育有以下几种途径：

1. 开设心理健康教育的有关课程和心理辅导的活动课

心理健康教育与辅导有丰富的内容和独立的体系，需专门设置一个科目，使它像其他课程一样有固定的时间来完成艰巨的任务。从目前国内各级各类学校开展心理辅导的情况来看，这种专门开设的心理健康课程一般有两种形式：一种是以讲授为主的有关课程，另外一种是开设心理辅导活动课。

2. 在学科教学中渗透心理健康教育的内容

学科教学是学校教育最主要、最基本的活动形式。学生获得知识、发展能力、形成品德、掌握方法主要是在学科教学过程中实现的。同样，在学科教学中渗透心理健康教育具有时间和空间上的优势，使心理健康教育在学校里得以全方位地展开。

3. 结合班级、团体活动开展心理健康教育

结合班会活动、课外活动、团体活动来进行，是这一途径的特点。心理辅导同学校、班级活动的宗旨是并行不悖的，从某种意义上说，学校心理健康教育与辅导还拓宽和加深了学校、班级的活动领域，提高了活动的科学性和有效性。但要注意的是，心理辅导仍须有自身的目标和内容，不要让心理辅导被班级、团体的日常活动所代替而丧失自己的特色。

4. 个别心理辅导或咨询

个别辅导是辅导教师通过与学生一对一的沟通互动来实现的专业助人活动，是对个别存在心理问题或心理障碍的学生提供针对性的辅导或矫治，以缓解学生的心理困惑或压力，并促使学生学会自我调节，从而使个人的心理得到健康发展。

5. 小组辅导

小组辅导也称团体辅导，指一组学生在辅导教师的指导下，围绕他们面临的共同问题，通过讨论、训练等一定的活动形式，使团体成员之间相互启发、诱导，达成共识与共同目标，进而改变团体成员的观念和行为。

二、心理辅导

考点1 心理辅导的概念

心理辅导是指学校教育者根据学生心理发展的特征与规律，在一种新型的、建设性的人际关系中，运用心理学等专业知识技能，设计与组织各种教育性活动，以帮助学生形成良好的心理素质，充分发挥个人潜能，进一步提高心理健康水平的过程。理解这个概念，要特别注意以下几点：

(1)学校心理辅导强调面向全体学生；

(2)辅导以正常学生为主要对象，以发展辅导为主要内容；

(3)心理辅导是一种专业活动，是专业知识和技能的运用。要做好心理辅导工作，必须遵循面向全体学生、预防与发展相结合、尊重与理解学生、发挥学生主体性、个别对待学生、促进学生整体性发展等原则。

考点2 心理辅导的目标

学校心理辅导的一般目标可归纳为两个方面：学会调适和寻求发展。**学会调适**是基本目标，以此为主要目标的心理辅导可称为调适性辅导；**寻求发展**是高级目标，以此为主要目标的心理辅导可称为发展性辅导。简言之，这两个目标分别是要引导学生达到基础层次的心理健康和高层次的心理健康。

三、中小学生心理辅导的方法 【单选】

考点1　行为改变的基本方法

1. 强化法

强化法可以用来培养新的适应行为。根据学习原理，一个行为发生后，如果紧跟着一个强化刺激，这个行为就可能再一次发生。例如，一个不敢同老师说话，学习上有了疑问也没有勇气向老师求教的学生，一旦在一次主动请教后得到了老师的耐心解答和表扬，那么他的胆怯心理就会得到很大改善。

2. 代币奖励法

代币是一种象征性强化物，筹码、小红星、特制的塑料币等都可作为代币。当学生做出教师所期待的良好行为后，教师就发给他们数量相当的代币作为强化物，学生用代币可以兑换有实际价值的奖励物或活动。

3. 行为塑造法

行为塑造是指通过不断强化逐渐趋近目标的反应，来形成某种较复杂的行为。有时候教师所期望的行为在某个学生身上很少出现或很少完整地出现，这时就可以依次强化那些渐趋目标的行为，直至合意行为的出现。

4. 示范法

观察、模仿教师呈现的范例或榜样，是学生社会行为学习的重要方式。模仿学习的机制是替代强化。由于范例的不同，示范法有以下几种情况：(1)辅导教师的示范；(2)他人提供的示范；(3)电视、录像、有关读物提供的示范；(4)角色的示范等。

5. 惩罚法

惩罚的作用是消除不良行为。惩罚有两种：

(1)在不良行为出现后，呈现一个厌恶刺激(如否定评价、给予处分)；

(2)在不良行为出现后，撤销一个愉快刺激。

6. 自我控制法

自我控制法是指让学生自己运用学习原理，进行自我分析、自我监督、自我强化、自我惩罚，以改善自身的行为。

考点2　行为演练的基本方法

1. 全身松弛法

全身松弛法，或称全身松弛训练，是通过改变肌肉紧张，减轻肌肉紧张引起的酸痛，以应对情绪上的紧张、不安、焦虑和气愤。

训练有不同的操作方式，紧张、松弛对照训练是最常见的一种。全身训练法由雅各布松在20世纪20年代首创，经后人修改完成。其要点是训练者要学会接受自身生理状态的信息，辨认肌肉紧张、放松的感觉，对肌肉做"紧张—坚持—放松"的练习，从紧张与放松的感觉对比中学会放松。训练时，对全身多处肌肉按固定次序依次放松，每日练习，坚持不断。

2. 系统脱敏法

系统脱敏是指当某些人对某事物、某环境产生敏感反应(害怕、焦虑、不安)时,我们可以在当事人身上发展起一种不相容的反应,使其对本来可引起敏感反应的事物不再发生敏感反应。例如,一个学生过分害怕猫,我们可以让他先看猫的照片、谈论猫;再让他远远观看关在笼中的猫,让他靠近笼中的猫;最后让他摸猫、抱起猫,消除对猫的惧怕反应。这就是"脱敏"。

系统脱敏法由沃尔帕首创,它包括以下几个步骤:(1)进行全身放松训练;(2)建立焦虑刺激等级表;(3)焦虑刺激与松弛活动相配合。

3. 肯定性训练

肯定性训练,也叫**自信训练、果敢训练**,其目的是促进个人在人际关系中公开表达自己真实的情感和观点,维护自己的权益也尊重别人的权益,发展人的自我肯定行为。

自我肯定行为主要表现在三个方面:

(1)请求他人为自己做某事,以满足自己合理的需要;

(2)拒绝他人的无理要求而又不伤害对方;

(3)真实地表达自己的意见和情感。

实际生活中,许多学生表现出的是不肯定行为。例如:谈话时眼睛不敢看着对方;说话句子短;不敢提出合理要求;不敢拒绝别人的无理要求;不敢表达自己的不满情绪;与同学发生矛盾时不敢正面解决问题而是哭着找老师等。

肯定性训练是通过角色扮演以增强自信心,然后再将学得的应对方式应用到实际生活情境中。通过训练,当事人不仅降低了焦虑程度,而且发展了应对实际生活的能力。

真题面对面

1.[2020,单,2分]王老师经常鼓励胆小的同学在课堂上大胆表达自己的观点,并对其发言行为加以表扬,使其克服了胆怯心理。王老师运用的方法是( )

A.自我控制法　　　　　　　B.强化法

C.系统脱敏法　　　　　　　D.代币奖励法

2.[2019,单,2分]体育活动中,老师让胆小害怕的学生先看别的同学练习,再让他尝试简单练习,然后进行难度大的练习,多次练习后学生在面对难度大的练习时也不害怕了。这种消除恐惧心理的方法是( )

A.心理放松法　　　　　　　B.系统脱敏法

C.注意转移法　　　　　　　D.意志锻炼法

答案:1.B　2.B

考点3 改善学生认知的方法

理性—情绪疗法(RET),又称合理情绪疗法,是20世纪50年代由艾利斯在美国创立的,它是认知疗法的一种,因其采用了行为治疗的一些方法,故又被称为**认知—行为疗法**。

艾利斯认为,人的情绪是由他的思想决定的,合理的观念导致健康的情绪,不合理的观念导致负向的、不稳定的情绪。人有许多非理性的观念。例如:我"必须"成功,并得到他人赞同;别人"必须"对我关怀和体贴;事情"应该"做得尽善尽美;课堂上回答问题有错误是很糟糕的事等。人们持有的不合理信念总结起来有三个特征:<u>绝对化的要求、过分概括化和糟糕至极</u>。通过改变不合理信念调整自己的认知,是维护心理健康的重要途径。因此,艾利斯提出了一个解释人的行为的ABC理论。

A:个体遇到的主要事实、行为、事件。

B:个体对A的信念、观点。

C:事件造成的情绪结果。

我们的情绪反应C是由B(我们的信念)直接决定的。可是许多人只注意A与C的关系,而忽略了C是由B造成的。B如果是一个非理性的观念,就会造成负向情绪。若要改善情绪状态,必须驳斥(D)非理性信念B,建立新观念并获得正向的情绪效果(E)。这就是艾利斯理性情绪治疗的ABCDE步骤。

四、中小学生常见的心理问题及其干预 【单选】

表3-16 中小学生常见的心理问题及其干预

心理问题	概念与表现	原因	治疗方法
儿童多动综合征（多动症）	小学生中最为常见的一种以注意力缺陷和活动过度为主要特征的行为障碍综合征。高峰发病年龄为8~10岁。主要表现为:(1)活动过多;(2)注意力不集中;(3)冲动行为	(1)先天体质上的原因;(2)社会因素。不安的环境可能引起个体的精神高度紧张,如父母的经常性批评等	(1)在医生指导下采用药物治疗;(2)行为疗法;(3)自我指导训练
学习困难（学习障碍）	即学习技能缺乏,指在知识的获取、巩固和应用的过程中缺乏策略和技巧,也就是我们常说的没有掌握学习方法。表现:(1)知识水平。①知识背景贫乏;②概念水平差;③基本知识技能的熟练程度差;④知识结构水平差。(2)认知方面。①注意力差;②感知觉能力差;③记忆不良;④阅读困难;⑤言语落后;⑥思维水平低;⑦学习策略与学习方式差	因神经系统的某种或某些功能性失调,使个体在听、读、写、算方面能力降低或发展较慢	(1)多赞扬鼓励学生;(2)学法指导;(3)注重培养学生的学习动机、学习兴趣、学习的情感、意志和态度
考试焦虑	学生中常见的焦虑反应是考试焦虑。这是一种复杂的情绪现象,是在一定的应试情境下,受个体认知评价能力、人格倾向与其他身心因素制约,以担忧为基本特征,以防御或逃避为行为方式,通过一定程度的情绪反应所表现出来的心理状态。表现:随着考试临近,心情极度紧张。考试时注意力不集中,知觉范围变窄,思维刻板,表现慌乱,无法发挥正常水平	(1)学校的统考和应试教育体制使学生缺乏内在自尊;(2)家长对子女期望过高;(3)学生的个性过于争强好胜,缺乏对于失败的耐受力,知识准备不足,缺乏相应的应试技能等	(1)采用肌肉放松、系统脱敏等方法;(2)采用认知矫正程序,指导学生在考试中使用正向的自我对话,如"我能应付这个考试。"(3)锻炼学生的性格,提高挫折应对能力;(4)往最好处做,不要计较最后结果;(5)考前要注意调节情绪

续表

心理问题	概念与表现	原因	治疗方法
儿童厌学症（学习抑郁症）	是由人为因素造成的儿童厌恶学习的一系列症状。 主要表现：对学习不感兴趣，讨厌学习	(1)学校教育的失误； (2)家庭教育的不当； (3)社会不良风气的影响	(1)教师要调动学生的学习积极性；(2)家长需要改变自己的教养态度；(3)纠正一些不良的社会风气；(4)学生自己要调整好心态；(5)改变应试教育体制
恐怖症	恐怖症是对特定的无实际危害的事物与场景的非理性的惧怕。恐怖症可分为单纯恐怖症、广场恐怖症和社交恐怖症。 学生中社交恐怖较为常见，主要表现为：害怕在社交场合讲话，担心自己因双手发抖、脸红、声音颤抖、口吃而暴露自己的焦虑，觉得自己说话不自然，因而不敢抬头，不敢正视对方的眼睛	(1)直接经验刺激；(2)观察学习；(3)对某些事物或情境的危险做出了不切实际的评估	(1)系统脱敏法是治疗恐怖症最常用的方法；(2)改善人际关系，营造宽松、自由的氛围，适当减轻当事人的压力
强迫症	强迫症是一组以强迫症状（主要包括强迫观念和强迫行为）为主要临床表现的神经症。 表现：强迫观念指当事人身不由己地思考他不想考虑的事情，强迫行为指当事人反复去做他不希望执行的动作，如果不这样想、不这样做，他就会感到极端焦虑。强迫洗手、强迫计数、反复检查（门是否上锁）、强迫性仪式动作是生活中常见的强迫症状	(1)社会心理原因；(2)个人原因，如胆小怕事、优柔寡断、偏执刻板	(1)药物治疗；(2)行为治疗；(3)建立支持性环境；(4)森田疗法
抑郁症	抑郁症是以持久的心境低落为特征的神经症。 表现有：(1)情绪消极、悲观、颓废、淡漠、失去满足感和对生活的乐趣；(2)消极的认知倾向，低自尊、无能感，对未来没有期望；(3)动机缺乏、被动、缺乏热情；(4)肢体疲劳、失眠、食欲不振	(1)行为主义者认为抑郁症是由多次不愉快的经历、生活中缺乏强化鼓励造成的；(2)精神分析学派认为抑郁源于各种丧失和失落（失去爱、失去地位）；(3)认知学派认为抑郁源于个人自我贬低式的思维方式或者不适当的归因方式	(1)要给当事人以情感支持与鼓励；(2)采用合理情绪疗法，调整当事人消极的认知状态；(3)积极行动起来，从活动中体验成功与愉快；(4)服用抗抑郁药物

真题面对面

[2014，单，2分]指导学生使用"我能应付这个考试""成绩并不重要，学会才是最重要的"等正向自我对话以缓解考试焦虑的方法是（　　）

A. 全身松弛法　　B. 系统脱敏法　　C. 肯定性训练　　D. 认知矫正法

答案：D

第三部分　教育心理学　389

★ 考点大默写 ★

1. 理解心理辅导的概念,要特别注意,学校心理辅导强调面向_____学生。学校心理辅导的一般目标可归纳为两个方面:学会调适和寻求发展。_____是基本目标;_____是高级目标。

2. _____是指当某些人对某事物、某环境产生敏感反应(害怕、焦虑、不安)时,我们可以在当事人身上发展起一种不相容的反应,使其对本来可引起敏感反应的事物不再发生敏感反应。

3. 人们持有的不合理信念总结起来有三个特征:绝对化的要求、_____和_____。

4. 学生中常见的焦虑反应是_____。其表现是:随着考试临近,心情极度紧张;考试时注意力不集中,知觉范围变窄,思维刻板,表现慌乱,无法发挥正常水平。

【参考答案】

1. 全体;学会调适;寻求发展 2. 系统脱敏 3. 过分概括化;糟糕至极 4. 考试焦虑

第三节 教师职业心理

一、教师的职业角色心理

考点1 教师的角色心理

1. 教师角色的概念

教师角色是指由教师的社会地位决定的,并为社会所期望的行为模式。也即教师角色代表教师个体在社会团体中的地位和身份,同时包含着许多社会期望教师个体应表现的行为模式,包括社会对教师个人行为模式的期望和教师对自己应有行为的认识两方面。

2. 现代教师角色观

社会对每一种社会角色所规定的行为规范和要求,称为角色期待。现代教师角色观主要表现在:(1)学习的引导者和促进者;(2)行为规范的示范者;(3)班集体的管理者;(4)心理健康的维护者;(5)学生成长的合作者;(6)教学的研究者。

3. 教师职业角色的形成阶段

教师职业角色的形成是一个连续的过程,通过教学实践,从新手型教师逐渐成长为一个胜任教学工作的熟手型教师,其职业角色的形成主要经历以下三个阶段:(1)教师角色的认知;(2)教师角色的认同;(3)教师角色的信念。

考点2 教师威信

1. 教师威信概述

(1)教师威信的概念

教师威信是指由教师的资历、声望、才能和品德等因素决定的,教师个人或群体在学生或社会中的影响力。教师威信实质上反映了一种良好的师生关系,是教师成功地扮演教育者角色、顺利完成教育使命的重要条件。

(2)教师威信的分类

教师的威信有两种:一种是权力威信,另一种是信服威信。**权力威信**是教师根据教育法律法规、学校规章制度、教育传统以及社会心理优势而建立起来的威信。**信服威信**是由于教师良好的思想品德、教学能力、教学态度与民主作风而使学生自愿接受、内心佩服而树立起来的威信。教师应该树立信服威信,而不应该追求权力威信。

(3)教师威信的结构

教师威信主要包括人格威信、学识威信和情感威信三个方面的内容。

2. 影响教师威信形成的因素

(1)教师威信形成的客观条件

①教师在全社会的政治和经济地位、全民族的道德文化素养和尊师重教的良好社会风气是教师威信形成的重要条件;②教育行政机关和学校领导对教师工作的信任、关心和支持是提高教师威信的重要条件;③家长对教师的态度也是影响教师威信的重要因素。

(2)教师威信形成的主观条件

①教师的专业素质——教师高尚的思想道德品质、渊博的知识和高超的教育教学艺术是教师获取威信的基本条件。

②教师的人格魅力——教师的仪表、作风和习惯,是教师获得威信的必要条件。

③师生关系——师生平等交往是教师获得威信的重要条件。

④教师的评价手段。教师的评价手段包括教师对学生评价的时机是否适当、评价的场合是否适宜、评价的强度是否适中、评价的方式是否合适等。

3. 教师威信的形成与发展

(1)教师威信形成的过程

教师威信形成的过程,一般来说是由"不自觉威信"向"自觉威信"发展。

(2)建立教师威信的途径

①培养自身良好的道德品质;②培养良好的认知能力和性格特征;③注重良好仪表、风度和行为习惯的养成;④给学生以良好的第一印象;⑤做学生的朋友与知己。

(3)教师威信的维护

教师威信建立后,具有一定的稳定性,但不是一成不变的。因此,教师在建立威信后,维护和发展已形成的威信也是十分重要的。具体的维护措施有:

①教师要有坦荡的胸怀、实事求是的态度。②教师要正确认识和合理运用自己的威信。③教师要有不断进取的敬业精神。④教师要言行一致,做学生的楷模。

二、教师的职业心理特征

考点1 教师的认知特征 【判断】

教师是在知识含量高的教育领域从事职业活动的人,职业的成功有赖于教师良好的知识结构和教学能力。

1. 教师的知识结构

一般认为,教师的知识结构主要包括:(1)专业学科内容知识;(2)教育教学知识;(3)心理学的知识;(4)实践性知识。

2. 教师的教学能力

一般来说,教师的教学能力包括:(1)组织和运用教材的能力;(2)言语表达能力;(3)组织教学的能力;(4)对学生学习困难的诊治能力;(5)教学媒体的使用能力;(6)教育机智等。

申继亮等人采用内隐理论的研究范式,对教师的教学能力进行了系列研究,把教师的教学能力分成以下几个方面:

(1)教学认知能力

教学认知能力是指教师对所教学科的定理、法则和概念等的概括化程度,以及对所教学生的心理特点和自己所使用的教学策略的理解程度。教师的智力水平与教学效果的相关极低,教师的智力水平超过了某一个临界点以后,教学效果并不随着教师智力水平的提高而提高,因此,教师的智力对教学效果的影响只是作为一个有限的因素在起作用。

教师的认知特征主要包括以下三个方面:

①观察力特征。教师的观察力是了解学生个性特征、发挥教育机智、因材施教的前提,因此,善于观察学生是教师教学能力结构的基本要素。

②思维特征。教师从观察中获得的材料,必须经过思维的加工才能形成教育决策,因此,思维能力是教师职业素养的重要标志。

③注意力特征。注意力对于教师的教育教学活动具有增强清晰度和调控的功能,可以使教师在教育教学活动中进行细致的观察、提高感受性、准确记忆、思维敏锐,从而提高教育教学效果。教师注意力的特点集中表现在注意分配能力上。

(2)教学操作能力

教学操作能力是指教师在教学中使用策略的水平,其水平高低主要看他们是如何引导学生掌握知识、积极思考、运用多种策略解决问题的,它是教师课堂教学能力的集中体现。

(3)教学监控能力

教学监控能力是指教师为了保证教学达到预期的目的而在教学的全过程中,将教学活动本身作为意识对象,不断对其进行积极主动的计划、检查、评价、反馈、控制和调节的能力。

在这个教学能力结构中,教学认知能力是基础,教学操作能力是教学能力的集中体现,而教学监控能力是关键。

考点2 教师的人格特征

教师具备了一定的知识和能力,其人格特征就成为影响学生的重要因素,教师优良的人格特征对学生健康人格的塑造有重要影响。教师的人格特征包含多方面的内容,如教师的职业信念、教师的性格特点和教师对学生的理解等。

1. 职业信念

教师的职业信念是指教师对成为一个成熟的教育教学专业工作者的向往和追求,它为教师提供了奋斗

的目标,是推动教师成长的巨大动力。有关职业信念的心理研究主要集中在以下两方面:

(1)教学效能感

①教学效能感的概念和种类

教学效能感一般指教师对自己影响学生行为和学习结果的能力的一种主观判断。这种判断会影响教师对学生的期待和指导,从而影响教师的工作效率。教学效能感又分两个部分:**一般教学效能感和个人教学效能感**。前者指教师对教与学的关系、教育在学生身心发展中的作用等问题的一般看法和判断;后者指教师认为自己能够有效地影响学生,相信自己具有教好学生的能力。

②提高教师的教学效能感的方法

从教师的自身方面来说:第一,要形成科学的教育观,这需要教师不断地学习和掌握教育学与心理学的知识,在教育实践中运用这些知识,通过自身的教育实践验证并发展这些知识;第二,向他人学习,如观摩优秀教师教学、学习其他教师的好的经验等,增强教师的自信心;第三,教师要注意对自己的教学进行总结和反思,不断改进自己的教学。

从教师所处的外部环境来说:第一,在社会上,必须树立尊师重教的良好风气;第二,在学校内,必须建立一套完整、合理的管理制度和规则并严格加以执行,以及努力创立进修、培训等有利于教师发展和实现其自身价值的条件。另外,良好的校风建设、提高福利待遇等措施也会对教师的教学效能感产生积极的影响。

(2)教学归因

教学归因是指教师对学生学习结果的原因的解释和推测,这种解释和推测所获得的观念必然会影响其自身的教学行为。例如,倾向于将原因归于外部因素的教师,往往会更多地将学生的学习结果归结于学生的能力、教学条件等因素。因而,在其面对挫折时,就比较倾向于采取职业逃避策略,做出听之任之或者怨天尤人的消极反应。

2. 职业性格

有研究认为,优秀教师的性格品质的基本内核是"促进",即对别人的行为有所帮助,教师的"促进"主要表现在三个方面:(1)理解学生;(2)与学生相处;(3)了解自己。

考点3 教师的行为特征

1. 教师的教学行为

教师的教学行为可以从以下六个方面来衡量:(1)教师行为的明确性,即教师的教学行为是否正确;(2)教学方法的多样性,即教师的教学方法是否灵活、多样,调动学生学习积极性的手段是否有效;(3)任务取向,即教师在课堂上的所有活动是否围绕教学任务而进行;(4)富有启发性,即教师的课堂教学对学生能否启发得当;(5)参与性,即在课堂教学过程中,班上的学生是否都积极地参与到教学活动中去;(6)及时评估教学效果,即教师能否及时掌握学生的学习状况和课堂中出现的问题,并据此调整自己的教学节奏和教学行为。如果一个教师在教学中能做到这六个方面,那么其教学行为应是非常恰当的,教学效果也必然会好。

2. 教师的期望行为 【单选、案例分析】

(1)教师期望效应

教师期望效应也叫**罗森塔尔效应**或**皮格马利翁效应**,即教师的期望或明或暗地传递给学生,会使学生

第三部分 教育心理学 393

按照教师所期望的方向来塑造自己的行为。教师期望效应的发生,既取决于教师自身的因素,也取决于学生的人格特征、原有认知水平、归因风格和自我意识等心理因素。

(2)教师期望对学生的影响

多数心理学家认为,教师期待的自我实现预言效应确实是存在的。在日常教育中,经常可以发现,如果教师喜欢某些学生,对他们抱有较高期待,一段时间后,教师会将自己暗含期待的感情微妙地传递给学生,使这些学生更加自尊、自信、自爱、自强,诱发出一种积极向上的激情,这些学生常常像老师所期待的那样有所进步。相反,如果教师厌恶某些学生,对学生期待较低,一段时间后,学生也会感受到教师的"偏心",也常常像老师所期待的那样一天天变差。教师的这种期待产生了相互交流的反馈,出现了教师期待的效果。

> **真题面对面**
>
> 1. [2019,单,2分]教师在课堂上提问一些有难度的问题时,通常会不由自主地将眼光停留在那些优秀的学生身上,这种现象反映的是( )
>
> A.从众效应　　　　B.首因效应　　　　C.期望效应　　　　D.投射效应
>
> 2. [2022,案例分析,10分]1968年美国著名的心理学家罗森塔尔及其团队做了一个实验,研究者从小学每个年级中随机抽出部分学生进行了一个非言语智力测验,并告诉教师这个测验能预测学生未来的智力发展。之后,研究者又从中随机抽取了20%的学生,告诉教师这些学生是有发展潜力的。8个月后,重新测试,发现那些被告知有发展潜力的学生在各方面都获得了更大的进步,成绩提高更明显。
>
> 请结合材料,运用心理学相关知识对该案例进行分析。
>
> 答案:1.C 2.(1)案例所述就是著名的罗森塔尔效应,也叫教师期望效应或皮格马利翁效应,是指教师的期望或明或暗地传递给学生,会使学生按照教师所期望的方向来塑造自己的行为。案例中,那些被告知有发展潜力的学生在各方面都获得了更大的进步,成绩提高也更明显的现象正是教师期望效应的体现。
>
> (2)教师期望效应对学生的影响:①如果教师喜欢某些学生,对他们抱有较高期待,一段时间后,教师会将自己暗含期待的感情微妙地传递给学生,使这些学生更加自尊、自信、自爱、自强,诱发出一种积极向上的激情,这些学生常常像老师所期待的那样有所进步。②如果教师厌恶某些学生,对学生期待较低,一段时间后,学生也会感受到教师的"偏心",也常常像老师所期待的那样一天天变差。教师的这种期待产生了相互交流的反馈,出现了教师期待的效果。因此,在教育过程中,教师要对学生充满信心,对学生抱着极大的期望,学生将感受到这种期望,并将这种期望转化成一定的动力,在这种动力的驱使下,学生将在智力、情感、个性等方面获得更好的发展。

三、教师的职业成长心理

考点1 专家型教师与新手型教师的区别

研究者认为,教师的成长过程是一个由新手到熟手向专家型教师发展的过程。专家型教师是有教学专长的教师。专家型教师和新手型教师有如下差异:

表3-17　专家型教师和新手型教师的区别

比较范畴		专家型教师	新手型教师
课时计划	课时计划的内容	突出课程的主要步骤和教学内容,并未涉及一些细节;修改与演练在正式计划的时间之外	关注课时计划的细节;临上课前演练
	教学的细节	由学生的行为决定	依赖于课程的目标
	制订课时计划	根据学生的先前知识来安排教学进度,有很大的灵活性	仅仅按照课时计划去做,并想办法去完成它
	备课	表现出一定的预见性	不能预测计划执行时的情况
课堂教学过程	课堂规则的制订与执行	课堂规则明确,并能坚持执行	课堂规则较为含糊,难以坚持执行
	维持学生注意	有一套完善的方法	相对缺乏完善的方法
	教材内容的呈现	注重回顾先前的知识,并能根据教学内容选择适当的教学方法	不能很好地呈现教材内容
	课堂练习	将课堂练习看作检查学生学习的手段	仅仅将课堂练习当作必经的步骤
	家庭作业的检查	具有一套常规程序	缺乏相应的规范
	教学策略的运用	具有丰富的教学策略并能灵活运用	或缺乏或不会运用教学策略
课后评价	关注的焦点	关注学生对新材料的理解情况和课堂中值得注意的活动	更多地关注课堂中发生的细节
其他	师生关系	热情、平等地对待学生,师生关系融洽	还没有形成良好的师生关系
	人格魅力	具有注重实际和自信心强的人格特点,能更好地控制和调节情绪,理智地处理面临的教育教学问题,并在课后进行评估和反思	有时不能理智地处理面临的教育教学问题,课后评估和反思能力还不足
	职业道德	对职业的情感投入程度高,职业义务感和责任感强	有待发展

考点2　教师成长的阶段和途径　【单选、判断、论述】　必背

1. 教师成长的阶段

福勒和布朗根据教师的需要和不同时期所关注的焦点问题不同,把教师的成长划分为关注生存、关注情境和关注学生三个阶段。

处于**关注生存阶段**的一般是新教师,他们非常关注自己的生存适应性,最担心的问题是"学生喜欢我吗""同事们如何看我""领导是否觉得我干得不错"等。因而,他们可能会把大量的时间都花在如何与学生搞好个人关系上,想方设法控制学生,而不是更多地考虑如何让学生获得学习上的进步。

处于**关注情境阶段**的教师关心的是如何教好每一堂课的内容,以及班级大小、时间压力和备课材料是否充分等与教学情境有关的问题,如"内容是否充分得当""如何呈现教学信息""如何掌握教学时间"等。传统教学评价集中关注这一阶段,一般来说,老教师比新教师更关注此阶段。

> **小香课堂**
>
> 对于教师成长的不同阶段,考生应重点掌握三个词:生存、情境和学生。在关注生存阶段,教师主要关注人际关系的相关问题;在关注情境阶段,教师主要关注教学情境的相关问题;在关注学生阶段,教师注重因材施教,关注学生的个体差异。

第三部分　教育心理学　395

当教师顺利地适应了前两个阶段后,成长的下一个目标便是关注学生。教师将考虑学生的个别差异,认识到不同发展水平的学生有不同的需要,根据学生的差异采取适当的教学方法,促进学生的发展。能否自觉关注学生是衡量一个教师是否成熟的重要标志之一。

学生会不会不喜欢我？	我能把这堂课上好吗？学生能听懂吗？ XX六班	我要因材施教,让每个学生都成才。
关注生存阶段	关注情境阶段	关注学生阶段

> **真题面对面**
>
> [2019,判断,1分]教师能否自觉关注学生是衡量教师是否成熟的标志。( )
> 答案:√

2. 教师成长的途径

教师成长与发展的基本途径主要有两个方面:一是通过师范教育培养新教师作为教师队伍的补充;二是通过实践训练提高在职教师的素质。

(1)观摩和分析优秀教师的教学活动

课堂教学观摩可分为组织化观摩和非组织化观摩。组织化观摩是有计划、有目的的观摩,非组织化观摩则没有这些特征。一般来说,为培养新教师和教学经验欠缺的年轻教师宜进行组织化观摩,可以是现场观摩,如组织听课,也可以观看优秀教师的教学录像。非组织化观摩要求观摩者有相当完备的理论知识和洞察力,否则难以达到观摩学习的目的。

(2)开展微格教学

微格教学又称微型教学,是20世纪60年代由美国斯坦福大学的阿伦和他的同事伊芙首先开发的,是一种运用现代教育技术来培养师范生教学技能训练和提高在职教师专业水平的方法。它以少数的学生为对象,在较短的时间内(5~20分钟),尝试做小型的课堂教学,并把这种教学过程摄制成录像,课后再进行分析。这是训练新教师、提高其教学水平的一条重要途径。微格教学有许多特点,但最能体现其特点的是训练单元小。

(3)进行专门训练

教师的成长与发展也可以通过专门的教学能力训练来实现,如训练新教师掌握教学过程中有效的教学策略等。研究表明,专家型教师所具有的教学技能和教学策略是可以教给新教师的,新教师在掌握这些知识后,会在一定程度上促进其教学。但同时也要明白,仅仅通过学习专家型教师的经验是远远不够的,新教师还应注重对自身教学经验的反思,使两者有效结合,才能真正提高自己的教学水平。

396　教育理论基础知识模块

(4)进行教学反思

教学反思是指教师以自己的教学活动为意识对象,对自己的教育理念、教学行为、决策以及由此所产生的结果进行认真的自我审视、评价、反馈、控制、调节、分析的过程。反思帮助教师把经验和理论联结起来,从而更加有效地运用自己的专业技能。教学反思的过程一般分为以下环节:具体经验→观察分析→抽象的重新概括→积极的验证。具体内容如下:①教师选择特定问题加以关注,并从课程、学生等领域,收集关于这一问题的资料;②教师分析收集来的资料,形成对问题的表征,并利用自我提问的方式来帮助理解;③教师建立假设以解释情境和指导行动,并且在内心对行动的短期和长期效果加以考虑;④实施行动计划。当这种行动再次被观察和分析时,就开始了新一轮循环。在以上四个环节中,反思最集中地体现在观察与分析阶段,但它只有与其他环节结合起来才会更好地发挥作用。教学反思的成分有:①认知成分;②批判成分;③教师的陈述。

布鲁巴奇等人认为教学反思的方法主要有:①**反思日记**。在每一天教学工作结束后,要求教师写下自己的经验,并与指导教师共同分析。②**详细描述**。教师相互观摩彼此的教学,详细描述看到的情景,并对此进行讨论分析。③**交流讨论**。来自不同学校的教师聚集在一起,主要的工作是:第一,提出课堂上发生的问题;第二,共同讨论解决问题的办法;第三,得到的方案为所有教师共享。④**行动研究**。为弄清课堂上遇到的问题的实质,探索用以改进教学的行动方案,教师以及研究者可以进行调查和实验研究,这不同于研究者由外部进行的旨在探索普遍法则的研究,而是直接着眼于教学实践的改进。

另外,教学反思的方法还有教学案例和教师成长档案袋。教师成长档案袋是一种教师成长的历史记录,是一种实质性的文档,是一种学习工具。教师成长档案袋包括以下内容:①教师个人基本信息及分析;②教师不同领域的工作进展情况。

美国教育心理学家波斯纳提出了教师成长公式:经验+反思=成长。

> **真题面对面**
>
> [2019,判断,1分]反思有助于教师把经验与理论联结起来,从而更加有效地运用自己的专业技能。(　　)
>
> 答案:√

★ 考点大默写 ★

1. 教师威信实质上反映了一种良好的_____。教师的威信有两种:一种是权力威信,另一种是_____。

2. _____是指教师为了保证教学达到预期的目的而在教学的全过程中,将教学活动本身作为意识对象,不断对其进行积极主动的计划、检查、评价、反馈、控制和调节的能力。

3. _____一般指教师对自己影响学生行为和学习结果的能力的一种主观判断。

4. _____指教师的期望或明或暗地传递给学生,会使学生按照教师所期望的方向来塑造自己的行为。

5. 根据福勒和布朗提出的教师发展三阶段,处于_____阶段的教师关注自己的生存适应性,最担心的问题是"学生喜欢我吗""同事们如何看我"等;处于_____阶段的教师将考虑学生的个别差异,认识到不同发展水平的学生有不同的需要,根据学生的差异采取适当的教学,促进学生发展。

6. _____是衡量一个教师是否成熟的重要标志之一。

7. _____是指教师以自己的教学活动为意识对象,对自己的教育理念、教学行为、决策以及由此所产生的结果进行认真的自我审视、评价、反馈、控制、调节、分析的过程。

【参考答案】

1. 师生关系;信服威信　2. 教学监控能力　3. 教学效能感　4. 教师期望效应(罗森塔尔效应/皮格马利翁效应)　5. 关注生存;关注学生　6. 能否自觉关注学生　7. 教学反思

即时反思与复盘总结

我于_____年___月___日完成了对本章的学习。

复盘一下,我对自己较肯定的地方是_____

(足够努力/心态积极/方法得当……)

我觉得自己需要改进的地方是_____

(懒惰懈怠/心情浮躁/方法不当……)

休息片刻,开启下一站征程!

第四部分

新课程理念

内容导学

- 河南省特岗教师招聘考试新课程理念部分共分为三章。
- 第一章主要是对新课程改革基本内容的介绍,考查频率较低;
- 第二章主要介绍新课程改革所倡导的教师角色、教学行为、教学观及学习方式等内容,考查题型客观题和主观题并重;
- 第三章主要是对综合实践活动的介绍,考查频率较低。
- 考生要重点掌握第一章第二节、第二章的内容,并结合历年真题有针对性地进行复习。

思维导图

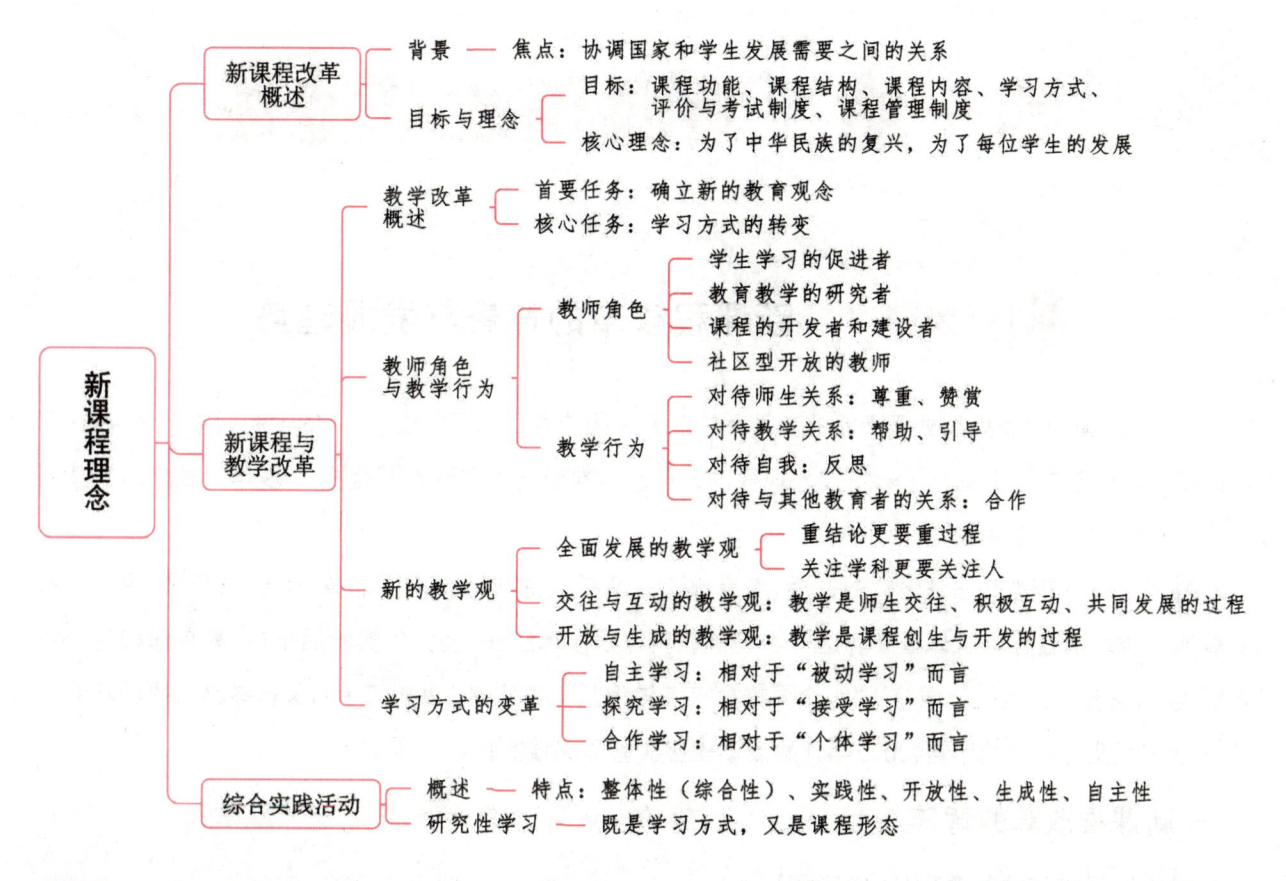

- 新课程理念
  - 新课程改革概述
    - 背景 — 焦点：协调国家和学生发展需要之间的关系
    - 目标与理念
      - 目标：课程功能、课程结构、课程内容、学习方式、评价与考试制度、课程管理制度
      - 核心理念：为了中华民族的复兴，为了每位学生的发展
  - 新课程与教学改革
    - 教学改革概述
      - 首要任务：确立新的教育观念
      - 核心任务：学习方式的转变
    - 教师角色与教学行为
      - 教师角色
        - 学生学习的促进者
        - 教育教学的研究者
        - 课程的开发者和建设者
        - 社区型开放的教师
      - 教学行为
        - 对待师生关系：尊重、赞赏
        - 对待教学关系：帮助、引导
        - 对待自我：反思
        - 对待与其他教育者的关系：合作
    - 新的教学观
      - 全面发展的教学观
        - 重结论更要重过程
        - 关注学科更要关注人
      - 交往与互动的教学观：教学是师生交往、积极互动、共同发展的过程
      - 开放与生成的教学观：教学是课程创生与开发的过程
    - 学习方式的变革
      - 自主学习：相对于"被动学习"而言
      - 探究学习：相对于"接受学习"而言
      - 合作学习：相对于"个体学习"而言
  - 综合实践活动
    - 概述 — 特点：整体性（综合性）、实践性、开放性、生成性、自主性
    - 研究性学习 — 既是学习方式，又是课程形态

河南特岗考向

本部分内容较为琐碎，需要考生识记的知识较多。现对2014~2023年本部分河南特岗考向分析如下：

考点	考频	题型	能力层级
新课程倡导的教师角色	1	判断	区分
新的教学观	1	案例	应用
新课程倡导的学习方式	2	单选、判断	理解

第四部分 新课程理念

核心考点

第一章 新课程改革概述

第一节 新课程改革的背景与发展趋势

20世纪,中国的教育始终处于不断的变革之中。新中国成立后,除了几次重大的学制调整之外,在基础教育课程和教材领域至少进行了七次较大规模的改革。本次新一轮课程改革是指1999年正式启动的基础教育课程改革,简称"新课改"。

2001年全国基础教育工作会议召开后,教育部正式颁布了《基础教育课程改革纲要(试行)》,明确了基础教育课程改革的目标与总体框架。这一次基础教育课程改革工作,坚持先实验后推广,教育部和各地共同组织实验,逐步扩大实验范围,努力为全面推广打下较为坚实的基础。2001年9月义务教育阶段的新课程在38个国家级实验区开始实验,2002年开始启动省级实验区课程实验。

一、新课程改革的背景

1. 时代发展特征的新要求(时代背景)

(1)初见端倪的知识经济;(2)国际竞争空前激烈;(3)人类的生存和发展面临困境。

2. 我国政治经济发展的客观需要(社会背景)

知识经济时代的科学技术已经成为第一生产力。在国与国之间综合国力竞争的时代,由于教育在综合国力竞争中起着奠基作用,综合国力竞争必将聚焦到教育上来。由此,党的十二大提出把教育提高到现代化建设战略重点之一的地位;党的十三大强调"必须坚持把发展教育事业放在突出的战略位置";党的十四大第一次提出"必须把教育摆在优先发展的战略地位";基于对教育功能准确而深刻的认识,党中央、国务院适时提出了"科教兴国"战略,党的十五大进一步明确提出要把教育摆在优先发展的战略地位。

3. 我国基础教育发展的内在需求

我国基础教育课程体系已经到了非改不可的地步,原因在于:(1)固有的知识本位、学科本位问题没有得到根本转变,所产生的危害影响至深,这与时代对人的要求形成了极大反差。(2)传统的应试教育势力强大,素质教育不能真正得到落实。

4. 国外课程改革的启示

(1)政府参与并领导课程改革;(2)课程改革的焦点是协调国家和学生发展需要之间的关系;(3)课程改革具有整体性。

二、新课程改革的发展趋势

(1)以学生发展为本,促进学生全面发展与培养个性相结合;

(2)稳定并加强基础教育;

(3)加强道德教育和人文教育,促进课程科学性与人文性融合;

(4)加强课程综合化;

(5)课程与现代信息技术相结合,加强课程个性化和多样化;

(6)课程法制化。

第二节 新课程改革的目标与理念

一、新课程改革的根本任务

基础教育课程改革的**根本任务**是全面贯彻党的教育方针,调整和改革基础教育的课程体系、结构、内容,构建符合素质教育要求的新的基础教育课程体系。

二、新课程改革的六项具体目标

1.实现课程功能的转变

本次课程改革在《基础教育课程改革纲要(试行)》中首先确立了课程改革的核心目标即课程功能的转变:改变课程过于注重知识传授的倾向,强调形成积极主动的学习态度,使获得基础知识与基本技能的过程同时成为学生学会学习和形成正确价值观的过程。

2.体现课程结构的均衡性、综合性和选择性

改变课程结构过于强调学科本位、科目过多和缺乏整合的现状,整体设置九年一贯的课程门类和课时比例,并设置综合课程,以适应不同地区和学生发展的需求,体现了课程结构的均衡性、综合性和选择性。

(1)确保均衡性,促进学生全面和谐的发展

新课程在结构上所倡导和实现的均衡性试图改变以往学生动手实践能力低下、知识体系相互隔离、所学知识远离现实生活的状况,引导学生在掌握课程内容的同时,关注生活,关注社会发展和科技进步,能够积极开展探究活动,能够主动地参与社会生活,实现素质的均衡发展。从学生角度来说,均衡性绝不是指学生各学科或各领域平均发展,而是指个性的和谐发展。

(2)强调综合性,克服学科门类过多、相互独立的倾向

新课程结构的综合性是针对过分强调学科本位、科目过多和缺乏整合的现状而提出的。它体现在三个方面:①加强学科的综合性;②设置综合课程;③增设综合实践活动课程。

(3)加强选择性,以适应地方、学校、学生发展的多样化需求

新课程结构的选择性是针对地方、学校与学生的差异而提出的,它要求学校课程要以充分的灵活性适应于地方社会发展的现实需要,以显著的特色性适应于学校的办学宗旨和方向,以选择性适应于学生的个性发展。

3. 密切课程内容与生活和时代的联系

改变课程内容"繁、难、偏、旧"和过于注重书本知识的现状,加强课程内容与学生生活以及现代社会和科技发展的联系,关注学生的学习兴趣和经验,精选终身学习必备的基础知识和技能。

4. 改善学生的学习方式

改变课程实施过于强调接受学习、死记硬背、机械训练的现状,倡导学生主动参与、乐于探究、勤于动手,培养学生搜集和处理信息的能力、获取新知识的能力、分析和解决问题的能力以及交流与合作的能力。

5. 建立与素质教育理念相一致的评价与考试制度

改变课程评价过分强调甄别与选拔的功能,发挥评价促进学生发展、教师提高和改进教学实践的功能。新课程倡导"立足过程,促进发展"的课程评价,这不仅仅是评价体系的变革,更重要的是评价理念、评价方法与手段以及评价实施过程的转变。

要建立一种发展性的评价体系,一是要建立促进学生全面发展的评价体系,使评价不仅关注学生在语言和数理逻辑方面的发展,而且要发现和发展学生多方面的潜能;

二是要建立促进教师不断提高的评价体系,以强调教师对自己教学行为的分析与反思,建立以教师自评为主,校长、教师、学生、家长共同参与的评价制度,使教师从多种渠道获得信息,不断提高教学水平;

三是要将评价看作是一个系统,从形成多元的评价目标、制定多样的评价工具,到广泛地收集各种资料,形成建设性的改进意见和建议,每一个环节都是通过评价促进发展的不可或缺的部分。评价目标多元、评价方法多样,重视学生发展和教师成长记录,是今后一段时间内评价与考试改革的主要方向。

6. 实行三级课程管理制度

改变课程管理过于集中的状况,实行国家、地方、学校三级课程管理,增强课程对地方、学校及学生的适应性。

本次课程改革从我国的国情出发,妥善处理课程统一性与多样性的关系,建立国家、地方、学校三级课程管理体制,实现了集权与放权的结合。三级课程管理制度的确立有助于教材的多样化,有利于满足地方经济、文化发展的需要和学生发展的需要。

三、新课程改革的理念

影响基础教育改革的理论、理念非常庞杂,有些理论主要影响着基础教育的宏观改革,如人力资本理论、终身教育思潮、全民教育思潮等;而有些理论却对基础教育改革的微观领域影响较大,如人本主义教育理念、建构主义教育理念、多元智力理论等。

考点1 基础教育课程改革的核心理念

贯穿于第八次课程改革的核心理念是:为了中华民族的复兴,为了每位学生的发展。这一基本的价值取向预示着我国基础教育课程体系的价值转型。

考点2 基础教育课程改革的基本理念

新课程改革的基本理念是:走出知识传授的目标取向,确立培养"整体的人"的课程目标;破除书本知识的桎梏,构筑具有生活意义的课程内容;摆脱被知识奴役的处境,恢复个体在知识生成中的合法身份;改变学校个性缺失的现实,创建富有个性的学校文化。具体如下:

1.促进课程的适应性和管理的民主化,创建富有个性的学校文化

为了保障新课程能够适应各地区、学校的差异,新课程体系确立了国家、地方和学校三级课程管理的体制,这是促进课程适应性的重大举措。同时,也推进了课程的适应性和课程管理民主化的进程。

学校文化是教师和学生在学校和班级的特定场所内,由于拥有独特的社会结构、地理环境、人文景观而形成的学校独有的一系列传统习惯、价值规范、思维方式和行为模式的综合。学校文化的变革是课程与教学改革最深层次的改革,创建富有个性的学校文化正是课程改革的核心课题。学校文化的重建是课程改革的直接诉求和终极目标。在重建学校文化的过程中,我们应当特别关注建立民主的管理文化、建设合作的教师文化和营造丰富的环境文化。

2.重建课程结构和倡导和谐发展的教育

新课程在重建课程结构时,强调综合性,加强选择性,并确保均衡性,倡导一种和谐发展的教育。

3.提升学生的主体性和注重学生经验

课程改革既要满足社会发展的需要,又要满足儿童发展的需要。"为了每一位学生的发展"的基本含义如下:

(1)关注学生作为"整体的人"的发展

"整体的人"包括两层含义:人的完整性和生活的完整性。人的完整性意味着人是一个智力和人格和谐发展的有机整体,生活的完整性意味着学生的生活是学习生活和日常生活有机交融的整体世界。人的完整性植根于生活的完整性,并丰富和改善生活的完整性。因此,国家、地方和学校要为学生提供谋求其整体发展的课程。

(2)统整学生的生活世界和科学世界

生活世界是建立在日常交往基础上,由主体与主体之间所结成的丰富生动的"日常生活世界"。"**科学世界**"是指建立在数理、逻辑结构的基础上,由概念原理和规律原则构成的世界。

对学生的整体发展而言,生活世界至关重要。因此,除了对科学世界的学习外,对生活世界的探究和意义建构同样重要。为了统整学生的生活世界和科学世界,当前的课程改革提出了"增强课程的生活化、凸显课程的综合化"的理念。

(3)寻求学生主体对知识的建构

①基础教育课程确立了新的知识观,视知识为一种探索的行动或创造的过程,从而使人摆脱传统知识观的钳制,走向对知识的理解和建构。

②基础教育课程强调个性化的知识生成方式。

③基础教育课程构建发展性的评价模式。

★ 考点大默写 ★

1.新课程改革的具体目标包括:(1)_____;(2)体现课程结构的均衡性、综合性和选择性;(3)密切课程内容与生活和时代的联系;(4)改善学生的学习方式;(5)建立与素质教育理念相一致的评价与考试制度;(6)_____。

2. 新课程改革强调从单纯注重传授知识转变为引导学生学会学习、学会合作、学会生存、学会做人。这是实现_____的转变。
3. 新课程改革的核心理念是:为了中华民族的复兴,为了_____。
4. 新课程结构的综合性体现在:加强学科的综合性、设置_____和增设_____。
5. 新课程改革倡导改变课程评价过分强调_____的功能,发挥评价促进_____、教师提高和_____的功能。

【参考答案】

1. 实现课程功能的转变;实行三级课程管理制度 2. 课程功能 3. 每一位学生的发展 4. 综合课程;综合实践活动课程 5. 甄别与选拔;学生发展;改进教学实践

第二章 新课程与教学改革

第一节 教学改革概述

一、本次教学改革的主要任务

(1)改革旧的教育观念,真正确立起与新课程相适应的、体现素质教育精神的教育观念。确立新的教育观念,是教学改革的首要任务。

(2)坚定不移地推进教学方式和学习方式的转变。学习方式的转变是本次课程改革的显著特征和**核心任务**。

(3)致力于教学管理制度的重建。在转变观念和方式的同时,重建制度,同样是本次教学改革的重要任务。

二、我国当前教学改革的主要观点

纵观各个改革方针及主流言论,可将当前教学改革的发展趋势综合为:
(1)实施素质教育——我国当前教学改革的主题;
(2)坚持整体教学改革和实验——我国当前改革的基本策略;
(3)建立合理的课程结构——我国当前教学改革的重心;
(4)实施科学的教学评价。

第二节 教师角色与教学行为

一、新课程倡导的教师角色 【判断】

1. 从教师与学生的关系看,教师是学生学习的促进者

这是教师最明显、最直接、最富时代性的角色特征,是教师角色中的核心特征。其内涵主要包括两个方面:

(1)教师是学生学习能力的培养者。教师不仅传授知识,而且重在检查学生对知识的掌握程度。教师应成为学生学习的激发者、各种能力和积极个性的培养者。

(2)教师是学生人生的引路人。这要求教师不仅仅向学生传播知识,更要引导学生沿着正确的道路前进,并不断在他们成长的道路上设置不同的路标,成为学生健康心理和健康品德形成的促进者、催化剂,引导学生学会自我调适、自我选择,引导学生向更高的目标前进。

2. 从教学与研究的关系看,教师是教育教学的研究者

在中小学教师的职业生涯中,传统的教学活动和研究活动是彼此分离的。教师的任务只是教学,研究被认为是专家们的"专利"。这种教学与研究的脱节,对教师和教学的发展是极其不利的。

教师即研究者,意味着教师在教学过程中要以研究者的心态置身于教学情境之中,以研究者的眼光审视和分析教学理论与教学实践中的各种问题,对自身的行为进行反思,对出现的问题进行探究,对积累的经验进行总结,最终形成规律性的认识。

研究性教学的特点表现为:(1)研究性教学是开放性的,没有标准答案的;(2)研究性教学常常需要综合运用知识;(3)研究性教学常常与生活密切联系,鼓励协作性学习。

3. 从教学与课程的关系看,教师是课程的开发者和建设者

在传统的教学中,教学与课程是彼此分离的。教师被排斥于课程之外,教师的任务只是教学,课程游离于教学以外。教学内容和教学进度由国家的教学大纲和教学计划规定,教学参考资料和考试试卷由专家或教研部门编写、提供,教师成了教育行政部门各项规定的机械执行者,成为各种教学参考资料的简单照搬者。

新课程倡导民主、开放、科学的课程理念,同时确立了国家、地方、学校三级课程管理政策,这就要求课程与教学相互整合,教师必须在课程改革中发挥主体作用。教师不仅是课程实施的执行者,更应成为课程的开发者和建设者。

4. 从学校与社区的关系看,教师是社区型开放的教师

新课程特别强调学校与社区的互动,重视挖掘社区的教育资源。在这种情况下,教师的角色也要求变革。教师不仅仅是学校的一员,还是社区的一员,是整个社区教育、科学、文化事业的共建者。因此,教师角色是开放的,是"社区型"教师。

真题面对面

[2019,判断,1分]教师不仅是课程的实施者,也是课程的开发者。(　　)

答案:√

二、教师教学行为的变化

1. 在对待师生关系上,新课程强调尊重、赞赏

为了实现本次课程改革的理念,教师必须尊重每一位学生做人的尊严和价值,尤其要尊重这六种学生:智力发育迟缓的学生、学业成绩不良的学生、被孤立和拒绝的学生、有过错的学生、有严重缺点的学生以及和自己意见不一致的学生。

尊重学生同时意味着不伤害学生的自尊心。教师应努力做到:(1)不体罚学生;(2)不辱骂学生;(3)不大声训斥学生;(4)不冷落学生;(5)不羞辱、嘲笑学生;(6)不随意当众批评学生。

教师不仅要尊重每一位学生,还要学会发现学生的闪光点,学会赞赏每一位学生:(1)赞赏学生的独特性、兴趣、爱好、专长;(2)赞赏学生所取得的哪怕是极其微小的成绩;(3)赞赏学生所付出的努力和所表现出来的善意;(4)赞赏学生对教科书的质疑和对自身的超越。

2. 在对待教学关系上,新课程强调帮助、引导

教如何促进学?这就要求教师"教"的职责在于帮助学生检视和反思自我,明了自己想要学习什么和获得什么,确立能够达成的目标;帮助学生寻找、搜集和利用学习资源;帮助学生设计恰当的学习活动并形成

有效的学习方式;帮助学生发现所学东西的个人意义和社会价值;帮助学生营造和维持学习过程中积极的心理氛围;帮助学生对学习过程和结果进行评价,并促进评价的内化;帮助学生发现自己的潜能和性向。

教的本质在于引导。引导的特点是含而不露、指而不明、开而不达、引而不发;引导的内容不仅包括方法和思维,同时也包括价值和做人。在这里,引导表现为教师对学生的启迪与激励。

3. 在对待自我上,新课程强调反思

新课程非常强调教师的教学反思,依据教学进程,教学反思分为教学前、教学中、教学后三个阶段。教学反思有助于教师形成自我反思的意识和自我监控的能力。

4. 在对待与其他教育者的关系上,新课程强调合作

在教育教学过程中,教师除了面对学生外,还要与周围其他教师发生联系,要与学生家长进行沟通与配合。课程的综合化趋势特别需要教师之间的合作,不同年级、不同学科的教师要相互配合,齐心协力地培养学生。教师必须处理好与家长的关系,加强与家长的联系与合作,共同促进学生的健康成长。

第三节 新的教学观

一、全面发展的教学观 【案例分析】

考点1 教学重结论更要重过程

从教学角度来讲,教学结论即教学所要达到的目的或所需获得的结果;所谓教学过程,即达到教学目的或获得所需结论而必须经历的活动程序。毋庸置疑,教学的目的之一就是使学生理解和掌握正确的结论。但是,如果不经过学生一系列的质疑、判断与比较,以及相应的分析、综合等认识活动,结论就难以获得,也难以真正理解和巩固。更重要的是,没有以多样性、丰富性为前提的教学过程,学生的创新精神和创新思维就不可能培养起来。所以,教学不仅要重结论,更要重过程。

为此,教师要做到:(1)让学生经历过程;(2)要创设生活情境,生活情境要具有含而不露、显而不僵、生动形象且符合实际的特点;(3)要善于引导,教学的本质在于引导。

考点2 教学关注学科更要关注人

传统的学校教育以学科为本,重认知轻情感,重教书轻育人。新课程强调以人为本,关注人是新课程的核心理念在教学中的具体体现。它意味着:

(1)关注每一位学生。每一位学生都是生动活泼的人、发展的人、有尊严的人,在教师的课堂教学理念中,包括每一位学生在内的全体学生都是自己应该关注的对象。关注的实质是尊重、关心、牵挂,关注本身就是最好的教育。

(2)关注学生的情绪生活和情感体验。孔子说过:"知之者莫如好之者,好之者莫如乐之者。"教学过程应该成为学生的一种愉悦的情绪生活和积极的情感体验。

(3)关注学生的道德生活和人格养成。教师要充分挖掘和展示课堂教学潜藏的道德因素,同时要积极关注和引导学生在教学活动中的各种道德表现和道德发展,从而使教学过程成为学生一种高尚的道德生活和丰富的人生体验。这样,学生学科知识的增长过程同时也是人格的健全和发展过程。

二、交往与互动的教学观——教学不只是教师教学生学的过程,更是师生交往、积极互动、共同发展的过程

教与学的关系问题是教学过程的本质问题,同时也是教学论中的重大理论问题。教学是教师教与学生学的统一,这种统一的实质是交往、互动。基于此,新课程把教学过程看成是师生交往、积极互动、共同发展的过程。

新课程强调教学是教与学的交往、互动,师生双方相互交流、相互沟通,在这个过程中,教师与学生分享彼此的思考、经验和知识,交流彼此的情感、体验与观念,丰富教学内容,求得新的发现,从而达成共识、共享、共进,实现教学相长和共同发展。交往昭示着教学不是教师教、学生学的机械相加,传统的严格意义上的教师教和学生学,将不断让位于师生互教互学,彼此形成一个真正的"学习共同体"。(1)对教学而言,交往意味着人人参与,意味着平等对话,意味着合作性意义建构,它不仅是一种认识活动过程,更是一种人与人之间平等的精神交流。(2)对学生而言,交往意味着主体性的凸显、个性的表现、创造性的解放。(3)对教师而言,交往意味着上课不仅是传授知识,而且是一起分享理解,促进学习;上课不是单向的付出,而是生命活动、专业成长和自我实现的过程。交往还意味着教师角色定位的转换;教师由教学中的主角转向"平等中的首席",由传统的知识传授者转向现代学生发展的促进者。

新课程提倡的师生关系是合作伙伴关系。为此,教师要处理好师生之间的伙伴关系:(1)要尊重学生,尊重每一位学生的尊严和价值;(2)要民主,民主是师生关系的融化剂,是师生平等对话的前提。

三、开放与生成的教学观——教学不只是课程传递和执行的过程,更是课程创生与开发的过程

新课程所倡导的教学观认为教师和学生是课程的有机构成部分,是课程的创造者和主体,他们共同参与课程开发的过程。教学成为课程内容持续生成与转化、课程意义不断建构与提升的过程。这样,教学与课程相互转化,相互促进,彼此有机融为一体。

全面发展的教学观是从教学目的角度提出来的,交往与互动的教学观是从师生关系的角度提出来的,开放与生成的教学观是从教学过程与教学结果的角度提出来的,这三种教学观虽是从不同角度提出来的,彼此间却是相互联系、相辅相成的,我们必须从整体的高度把握每一种观念的精神实质,唯其如此,才能正确引领新课程的教学改革。

真题面对面

[2018,案例分析,10分] 张老师选了一篇课文改编成课本剧,分配表演任务时,听到了学生们的议论,学生A说:"老师怎么选了这篇课文,又长又不好演。"学生B说:"你管呢,让演什么就演什么呗。"学生A又说:"我可不想演。"于是,张老师就请不想演的学生谈谈自己的看法,学生A说:"您选的课文不好,而且您每次都是写好剧本让我们演,为什么不让我们自己来试一试呢?"经过考虑,张老师把编导的任务交给了学生A,她高兴地接受了任务,与同学们商量表演哪一课,并请老师做参谋。最终,课本剧表演非常成功,师生共同品尝了收获的喜悦。

请结合基础教育课程改革的教学理念对该案例进行分析

答案:案例中,教师的做法体现了新课程改革的教学理念。

(1)全面发展的教学观认为,教师在教学过程中,既要重结果更要重过程;既要关注学科,但是更应

410 教育理论基础知识模块

该关注人的发展。案例中的张老师尊重学生的意见,在经过考虑之后调整了原本的教学计划,关注了学生的学习状态,符合全面发展的教学观。

(2)交往与互动的教学观认为,教学过程不只是教师教学生学的过程,更是师生交往、积极互动、共同发展的过程。案例中的张老师通过与学生之间的交流,引导学生说出了自己内心的想法,体现了交往与互动的教学观。

(3)开放与生成的教学观认为,教学不只是课程传递和执行的过程,更是课程创生与开发的过程。因此老师在教学中要能够根据课堂情况进行灵活的安排,实现新课的创生与开发。案例中的张老师在听完学生的理由之后能够调整原本的安排,引导学生完成了表演,体现了开放与生成的教学观。

综上所述,案例中教师的行为是正确的,体现了新课程改革的教学理念。

第四节　学习方式的变革

一、新课程倡导的学习方式　【单选、判断】

考点1　自主学习

1. 自主学习的概念

自主学习关注学习者的主体性和能动性,是学生自主而不受他人支配的学习方式。

2. 自主学习的特点

(1)自主学习是一种主动学习,是相对于"被动学习""他主学习"而言的。主动性是自主学习的基本品质,它在学生学习活动中表现为"我要学"。"我要学"一方面表现为学习兴趣,另一方面表现为学习责任。只有学生自觉地担负起学习的责任时,学习才是一种真正的自主学习。

(2)自主学习是一种独立学习。"独立学习"是自主学习的核心,表现为"我能学"。新基础教育课程改革要求教师要充分尊重学生的独立性,积极鼓励并创造各种机会,让学生独立学习,培养其独立学习的能力。

(3)自主学习也是一种元认知监控的学习。自主学习要求学生对为什么学习、能否学习、学习什么、如何学习等问题有自觉的意识和反应,它突出表现在学生对学习的自我计划、自我调整、自我指导和自我强化上。培养学生对学习的自我意识和自我监控并使之养成习惯,是促进学生自主学习的重要因素。

考点2　探究学习

1. 探究学习的概念

探究学习也称为发现学习,是一种以问题为依托的学习,是学生通过主动探究解决问题的过程。探究学习是相对于"接受学习"而言的。新课程要求的学习方式的转变就是要学生转变单一的被动接受式的学习,把学习过程之中的发现、探究等认识活动凸显出来,使学习过程更多地成为学生发现问题、分析并解决问题的过程。

2. 探究学习的特点

探究学习的特点表现为:(1)问题性;(2)过程性;(3)开放性。

3. 探究学习的过程

探究学习的过程是:问题阶段—计划阶段—研究阶段—解释阶段—反思阶段。

值得注意的是,提倡探究学习并不是完全抛弃接受学习。只是因为传统学习方式过分突出和强调接受和掌握,冷落和贬低发现和探究,从而在实践中导致了对学生认识过程的极端处理,使学生学习书本知识变成仅仅是接受书本知识,学生学习成了纯粹被动地接受、记忆的过程。我们批判的是教师没有正确引导学生运用传统学习方式,而不是学习方式本身。

考点3　合作学习

1. 合作学习的概念

合作学习是指学生以小组为单位进行学习的方式。合作学习是相对于"个体学习"而言的。合作学习的展开往往是在自学基础上进行的小组合作学习和小组内讨论。小组合作学习首先要制定一个小组学习目标,然后通过合作活动达到目标并对小组总体表现进行评价。此外,还可以在小组合作学习的基础上进行全班交流或全校交流。

2. 合作学习的特点

成功的合作学习情境具有如下特征:异质性小组、明确的目标、小组成员的相互依赖、教师充当监控者和学习资源、个体责任、奖赏小组的成功、自我评价、变化合作时间。合作学习的特点具体表现在互助性、互补性、自主性和互动性。

3. 合作学习的意义

(1)合作学习能够激发创造性,有助于培养学生的合作意识和合作技能;

(2)合作学习有利于学生之间的交流沟通,有利于培养团队精神,凝聚人心,增进认识与理解;

(3)合作学习能够促使学生不断反省,不断提高。

> **真题面对面**
>
> 1. [2023,单,1分]课堂教学中教师引导学生模拟科学家发现知识的过程,以学生为主体,一步一步揭示和总结问题的答案。这属于新课改倡导的(　　)
>
> A. 自主学习　　　　B. 合作学习　　　　C. 探究学习　　　　D. 综合学习
>
> 2. [2014,判断,1分]基础教育课程改革提倡自主、合作、探究的学习方式。(　　)
>
> 答案:1. C　2. √

二、现代学习方式的基本特征

(1)主动性。主动性是现代学习方式的**首要特征**,它对应于传统学习方式的被动性。

(2)独立性。独立性是现代学习方式的**核心特征**,它对应于传统学习方式的依赖性。

(3)独特性。每个人的学习方式是不同的,要尊重每个学生的独特个性和具体生活,为每个学生富有个性的发展创造空间。

(4)体验性。体验性是现代学习方式的突出特征,在实际的学习活动中,它表现为强调身体性参与、重视直接经验等。

(5)问题性。现代学习方式特别强调问题在学习活动中的重要性,问题意识是学生进行学习特别是发现学习、研究性学习的重要心理因素。

考点大默写

1. 实施_____是我国当前教学改革的主题;建立合理的_____是我国当前教学改革的重心。
2. _____角色是教师最明显、最直接、最富时代性的角色特征,也是教师角色中的核心特征。
3. 从教学与研究的关系看,新课程倡导教师是_____;从教学与课程的关系看,教师是课程的_____和_____。
4. 在对待师生关系上,新课程强调教师应_____;在对待教学关系上,新课程强调教师应_____。
5. 孔子说:"知之者莫如好之者,好之者莫如乐之者。"这句话体现的课程理念是教学要关注学生的_____。
6. 新课程把教学过程看成是师生交往、_____、_____的过程。
7. 新课程倡导的学习方式包括_____、_____和_____。
8. _____是一种以问题为依托的学习,是学生通过主动探究解决问题的过程。
9. 现代学习方式的首要特征是_____;_____是现代学习方式的核心特征。

【参考答案】

1. 素质教育;课程结构　2. 学生学习的促进者　3. 教育教学的研究者;开发者;建设者　4. 尊重、赞赏;帮助、引导　5. 情绪生活和情感体验　6. 积极互动;共同发展　7. 自主学习;探究学习;合作学习　8. 探究学习　9. 主动性;独立性

第三章　综合实践活动

第一节　综合实践活动概述

一、综合实践活动的概念与内容

综合实践活动是基于学生的直接经验,密切联系学生自身生活和社会生活,体现对知识的综合运用的课程形态。这是一门以学生的经验与生活为核心的实践性课程。

教育部于2001年印发的《基础教育课程改革纲要(试行)》规定,综合实践活动的内容主要包括:信息技术教育、研究性学习、社区服务与社会实践、劳动与技术教育。综合实践活动是新的基础教育课程体系中设置的必修课程,自小学三年级开始设置。

教育部于2017年印发的《中小学综合实践活动课程指导纲要》规定,综合实践活动是国家义务教育和普通高中课程方案规定的必修课程,与学科课程并列设置,是基础教育课程体系的重要组成部分。该课程由地方统筹管理和指导,具体内容以学校开发为主,自小学一年级至高中三年级全面实施。

教育部印发的《义务教育课程方案(2022年版)》规定,将劳动、信息科技从综合实践活动课程中独立出来。

> **小香课堂**
>
> 综合实践活动课程是我国基础教育课程改革的重要内容之一。随着基础教育课程改革的深入,综合实践活动课程的开设学段和内容都有所变化。考生在学习这部分内容时,要重点关注"变化"。

二、综合实践活动的基本理念

(1)坚持学生的自主选择和主动参与,发展学生的创新精神和实践能力;

(2)面向学生完整的生活领域,为学生提供开放的个性发展空间;

(3)注重学生的亲身体验和积极实践,促进学习方式的变革。

三、综合实践活动的性质

(1)相对于学科课程而言,综合实践活动是一门经验性课程,不存在内在的知识逻辑和知识体系,按主题的形式来展开设计;

(2)相对于分科课程而言,综合实践活动是一门综合性课程,包括内容综合、学习方式综合和活动时空综合三个方面;

(3)综合实践活动还是一门实践性课程,强调对学生实践能力的培养;

(4)综合实践活动是三级管理的课程。

四、综合实践活动的特点

(1)整体性(综合性);(2)实践性;(3)开放性;(4)生成性;(5)自主性。

第二节 研究性学习

一、研究性学习的概念

研究性学习是指学生在教师指导下,从学习生活和社会生活中选择和确定研究专题,主动获得知识、应用知识、解决问题的学习活动。

二、对"研究性学习"几种现实价值取向的反思

1."研究性学习"应该防止成人专家化倾向

与"研究性学习"成人专家化取向相伴随的,必然是参与"研究性学习"的学生"精英化"。这与当代我国基础教育的普及化和大众化趋势是不相吻合的。

2."研究性学习"应该防止功能上的过分窄化倾向

研究性学习不仅仅是获取知识的方式和渠道,更重要的是在知识探寻中孕育一种问题意识,亲自寻找并实践解决问题的途径,引发整个学习方式的变革。

3."研究性学习"应该防止学科化倾向

"研究性学习"既是一种学习方式,也是一种课程形态。学科化倾向最终可能导致的是忽视学生学习的过程,以及在过程中所产生的丰富多彩的、活生生的研究性体验,大大加重学生的学习负担,这在根本上是背离研究性学习的价值追求的。研究性学习的教学过程成为师生双方共同构建课程领域的过程,而"研究性学习"作为课程领域则成为师生共同探索新知的发展过程。

当然,强调研究性学习的生成取向并不是不要预设。此外,"研究性学习"的开展,要有"课程成本"的观念。我们必须防止不顾学校经费实际情况的浮夸做法,而应该本着量力而行的原则,因地制宜地加以实施。

三、作为学习方式的"研究性学习"与作为课程的"研究性学习"的关系

作为一种学习方式,"研究性学习"是指教师不把现成结论告诉学生,而是学生自己在教师指导下自主地发现问题、探究问题、获得结论的过程。作为一种学习方式,"研究性学习"是渗透于学生的所有学科、所有活动之中的。

作为一种课程形态,"研究性学习"课程是为"研究性学习"方式的充分展开所提供的相对独立的、有计划的学习机会。

为使"研究性学习"方式尽快深入人心,有必要设置专门的"研究性学习"课程。再者,即使各门学科有效渗透了"研究性学习"方式,也有必要设置"研究性学习"课程。这是因为:

(1)学科中的研究性学习具有学科性,往往局限于一门学科的狭隘视野,研究性学习课程则属于经验课程的范畴,它基于学生的直接经验,面向学生自身的生活和火热的社会生活实践,强调操作与体验,强调综合运用学生的所有知识。

(2)学科中的研究性学习具有手段的、辅助的性质,往往服从于学生掌握系统学科知识的需要;而研究性学习课程则把研究性学习本身视为直接的目的,它强调学生需要的优先性,强调对学生独特经验的尊重,强调学生从自己的立场与世界交互作用出发,建构自己的意义。

当然,学科中的研究性学习与研究性学习课程也有内在联系:二者都强调研究性学习这种学习方式;二者的终极目的都指向学生的个性发展,尽管直接目的有别。研究性学习课程是学科中的研究性学习的归纳、整合、开拓、提升;学科中的研究性学习则可从学科领域细化、深化生活中的主题。

★ 考点大默写 ★

1. 教育部于2001年印发的《基础教育课程改革纲要(试行)》规定,综合实践活动的内容主要包括:_____、_____、社区服务与社会实践、_____。
2. 教育部印发的《义务教育课程方案(2022年版)》规定,将_____、_____从综合实践活动课程中独立出来。
3. 相对于学科课程而言,综合实践活动是一门_____课程;相对于分科课程而言,综合实践活动是一门_____课程。
4. 综合实践活动的特点包括:实践性、_____、开放性、_____和_____。
5. _____是指学生在教师指导下,从学习生活和社会生活中选择和确定研究专题,主动获得知识、应用知识、解决问题的学习活动。

【参考答案】
1. 信息技术教育;研究性学习;劳动与技术教育　2. 劳动;信息科技　3. 经验性;综合性　4. 整体性/综合性;生成性;自主性　5. 研究性学习

即时反思与复盘总结

我于_____年___月___日完成了对本部分的学习。

复盘一下,我对自己较肯定的地方是_____

(足够努力/心态积极/方法得当……)

我觉得自己需要改进的地方是_____

(懒惰懈怠/心情浮躁/方法不当……)

休息片刻,开启下一站征程!

第五部分

教师职业道德

SHAN XIANG

内容导学

- 河南省特岗教师招聘考试教师职业道德部分,共三章。
- 第一章主要是对教师职业道德的基础概念的讲解,考查题型主要为客观题。
- 第二章主要介绍了教师职业道德的基本原则和主要范畴,以及对《中小学教师职业道德规范》的解读,主、客观题型均会涉及。
- 第三章主要讲述了教师职业道德修养与评价的相关内容,考查题型以客观题为主。
- 考生要重点掌握第二章的内容,并结合历年真题有针对性地进行复习。

思维导图

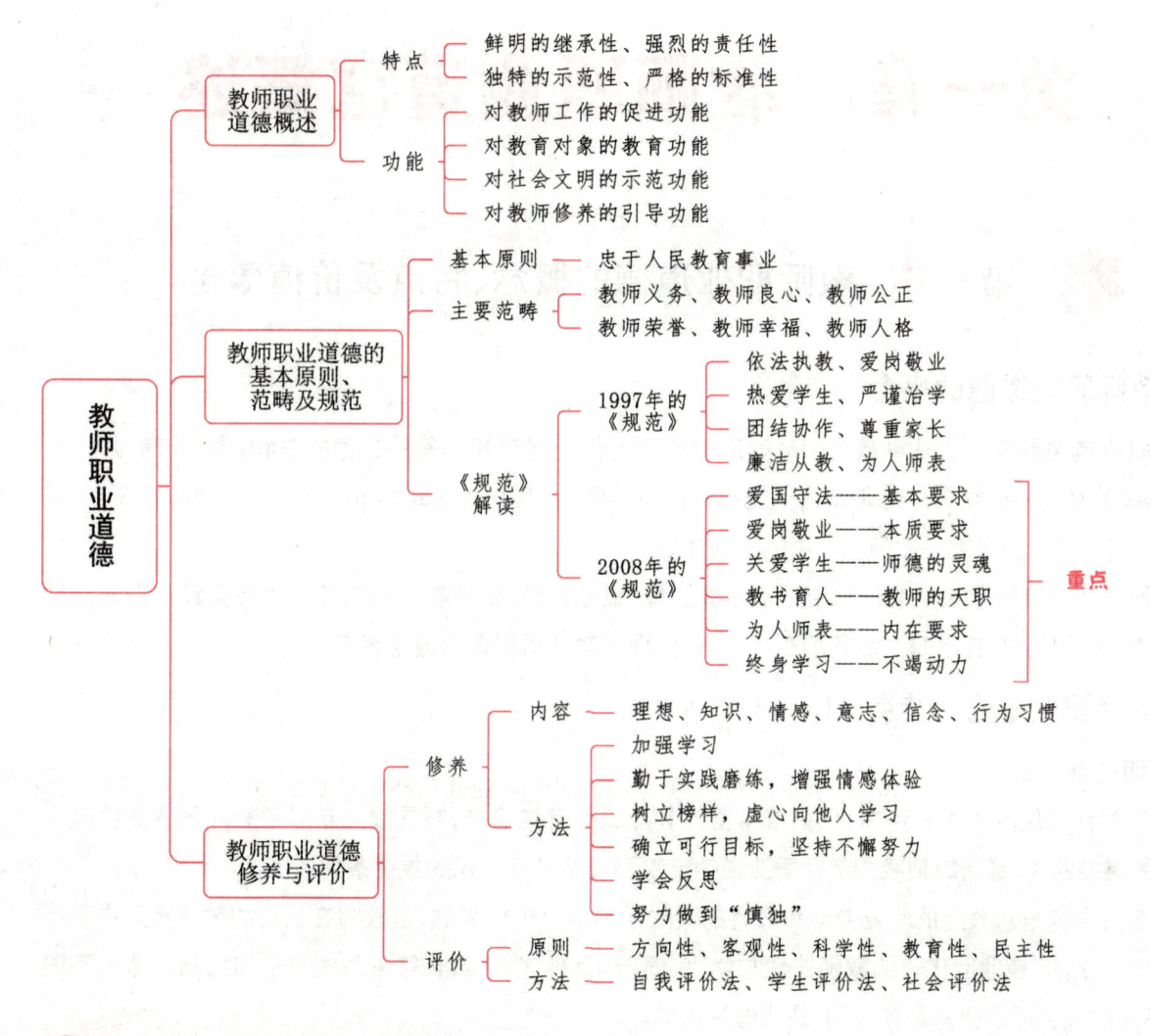

- 教师职业道德
  - 教师职业道德概述
    - 特点
      - 鲜明的继承性、强烈的责任性
      - 独特的示范性、严格的标准性
    - 功能
      - 对教师工作的促进功能
      - 对教育对象的教育功能
      - 对社会文明的示范功能
      - 对教师修养的引导功能
  - 教师职业道德的基本原则、范畴及规范
    - 基本原则——忠于人民教育事业
    - 主要范畴
      - 教师义务、教师良心、教师公正
      - 教师荣誉、教师幸福、教师人格
    - 《规范》解读
      - 1997年的《规范》
        - 依法执教、爱岗敬业
        - 热爱学生、严谨治学
        - 团结协作、尊重家长
        - 廉洁从教、为人师表
      - 2008年的《规范》【重点】
        - 爱国守法——基本要求
        - 爱岗敬业——本质要求
        - 关爱学生——师德的灵魂
        - 教书育人——教师的天职
        - 为人师表——内在要求
        - 终身学习——不竭动力
  - 教师职业道德修养与评价
    - 修养
      - 内容——理想、知识、情感、意志、信念、行为习惯
      - 方法
        - 加强学习
        - 勤于实践磨练，增强情感体验
        - 树立榜样，虚心向他人学习
        - 确立可行目标，坚持不懈努力
        - 学会反思
        - 努力做到"慎独"
    - 评价
      - 原则——方向性、客观性、科学性、教育性、民主性
      - 方法——自我评价法、学生评价法、社会评价法

河南特岗考向

本部分内容较为繁琐，多为识记性知识。现对2014~2023年本部分河南特岗考向分析如下：

考点	考频	题型	能力层级
教师职业道德的特点	1	单选	识记
教师职业道德基本原则的内涵	1	单选	理解
2008年修订的《中小学教师职业道德规范》的基本内容	12	单选、多选、案例	运用
教师职业道德评价的原则	1	单选	识记

核心考点

第一章 教师职业道德概述

第一节 教师职业道德的概念、特点及价值蕴含

一、教师职业道德的概念

教师职业道德是教师在从事教育劳动时所应遵循的行为规范和必备的品德的总和,是调节教师与他人、与社会等关系时所必须遵守的基本道德规范和行为准则,以及在此基础上所表现出来的道德观念、情操和品质。它是一般社会道德在教师职业中的特殊体现。

教师职业道德是教师在从业过程中进行道德选择、道德评价、道德教育和道德行为等实践活动时必须遵循的道德规范和要求,它反映了教师的职业义务,体现了教师所担负的道德责任。

二、教师职业道德的特点 【单选】

1. 鲜明的继承性

在人类教育发展的历史长河中,保留着丰富的教师职业道德遗产,它是我国新时期教师职业道德建构不可缺少的重要源头,是新时期我国教师职业道德丰富和发展不可忽视的**重要条件**。

教师职业道德是从教师的职业劳动和教育的实践活动中引申出来的,是教师在长期的教书育人中不断总结和提炼出来的,是世世代代的教师处理与学生、同行、上级、学生家长等关系的经验和结晶。这在不同的时代、不同的社会形态中都是存在的,是能够沿用的。

2. 强烈的责任性

教师的**根本任务**是教书育人,为学生的全面发展打下良好的基础,为社会的繁荣进步培养合格的人才。教师职业道德具有强烈的责任性,是教师自觉、积极职业态度形成的基础,是教师教育、教学和自身发展的重要精神动力。教师要做好教育教学工作、获得发展,首先要有很高的工作积极性,从而产生强烈而持久的发展动力。

3. 独特的示范性

教师的劳动对象是身心处于成长过程中、具有各自个性特征和年龄特点的青少年,他们具有强烈的模仿性、发展性和创造性,教师是用自己的知识、才能和品德,在与劳动对象的共同活动中去影响他们。教师工作中的一言一行、一举一动,对学生、对社会都有示范性。教师的行为、品德、人格会自觉不自觉地影响学生的成长。教师作为教育教学活动的实施者和指导者,不仅要以言立教,而且要以身立教、榜样示范,要以高尚的人格和行为影响和感召学生,引导学生的行为合乎道德的要求。

教师职业道德具有教育人、感化人的作用。无论是教师个人的道德品质,还是教师的集体风貌,都具有

独特的示范性。正如孔子所言:"其身正,不令而行;其身不正,虽令不从。"教师的思想品德都是通过言传身教、身体力行来表现其独特的示范性的。苏霍姆林斯基认为:"教师成为学生道德上的指路人,并不在于他时时刻刻都在讲大道理,而在于他对人的态度(对学生、对未来公民的态度),能为人师表,在于他有高度的道德水平。"

4. 严格的标准性

教师职业道德比其他职业道德有更高、更全面的内容要求。由于教师在塑造学生的劳动过程中,主要是通过自身的知识、才能、思想道德、个性,以及敬业、乐业、献身教育的精神情操和实际行为对学生施加影响,因此,教师劳动的这种性质和特点,不仅决定了教师职业道德具有强烈的示范性,更要求教师有崇高的精神境界和高尚的道德品质。

教师职业道德的社会影响比其他职业道德影响更广泛、更深远。纵观人类道德发展历史,历代教师道德都处在当时社会道德的较高水准上,作为人类道德继承和发展的主要桥梁发挥着积极的作用。因此,教师职业道德具有更严格的标准。

真题面对面

[2015,单,2分]苏霍姆林斯基说:"教师成为学生道德上的指路人,并不在于他时时刻刻都在讲大道理,而在于他对人的态度(对学生、对未来公民的态度),能为人师表,在于他有高度的道德水平。"这句话说明教师职业道德应具有(　　)

A. 鲜明的继承性　　　B. 强烈的责任性　　　C. 独特的示范性　　　D. 严格的标准性

答案:C

三、教师职业道德的价值蕴含

1. 教育价值

教师是从事教育工作的人,其职业道德的教育价值是客观存在的。教师职业道德对社会成员也具有教育价值。同时,教师职业道德所含有的教育价值也体现在它对教师自身的教育中。

2. 文化价值

教师职业道德既是一种行为规范,又是一种文化现象。它的发展,不仅仅是提出一定的职业道德规范或根据社会及教育的实际变化更新教师职业道德,同时总是伴随着对这些规范的理论解释,它反映着教育对自身文明和社会文明的系统思考和追寻,体现出浓郁而又独特的文化意蕴,进而使教师职业道德不仅呈现出一种独特的规范存在,也体现出一种独特的文化存在。

3. 伦理价值

教师职业道德作为教师的行为规范,在本质上表现为教师职业行为中的向善和"应当"的价值取向,它常常以公正、热爱、民主、团结、廉洁、文明等概念体现出来。在教育过程中,教师职业道德具体表现为热爱学生、尊重学生的人格、培养学生的思想品德、增进学生的健康、挖掘学生的潜力、陶冶学生的情操、锻炼学生的意志、发展学生的个性……所有这些,确立和保护了学生作为个性的人的价值和精神的独立,从而促使他们的发展既符合社会的需要,又满足个体的需要;既符合道德的原则,又符合学生身心成长规律的要求。从这个意义上讲,教师职业道德具有明显的伦理价值。

第二节　教师职业道德的功能

一、对教师工作的促进功能

教师职业道德相对于学校的规章制度、教育计划、教学大纲等,更灵活、更有效,能够时时处处指导、调节与监督教师的教育行为。教师职业道德对教师教育行为的调节主要是通过社会舆论和内心信念两种形式来实现的。教师职业道德能够通过激发动力、评价优劣、调节行为来处理和调节各种利益关系,保证教师教学工作的顺利开展和教育任务的圆满完成,这是教师职业道德**最基本**的社会作用。

二、对教育对象的教育功能

青少年具有很大的可塑性。他们往往从教师的道德意识和道德行为中汲取是非、善恶观念。当教师按照教师职业道德作为时,会使道德要求具体化、人格化,从而使学生在富于形象性的榜样中受到启迪和教育,在潜移默化中形成教师所期望学生拥有的良好思想品德,增强教师教育的可信度、吸引力和有效性。

三、对社会文明的示范功能

教师对社会文明的示范功能通过三种途径表现出来:

(1)通过培养学生的优良品德而影响社会道德,学生是具有多重角色的个体,在校是学生,在社会上是公民,他们的多重身份更利于社会文明的传播;

(2)通过教师参加各种社会活动而影响社会道德,当教师严格遵循教师职业道德,以高尚的道德面貌出现在社会中时,他们的道德风貌、人格形象便会对社会各方面产生积极影响;

(3)通过教师的家庭生活和社会生活,促进社会主义新型人际关系的建立和发展。这些都直接或间接地以各种方式体现在社会生活的各个方面,促进文明之花处处开。

四、对教师修养的引导功能

社会对教师整体素质的要求高于其他行业的从业人员。教师在工作岗位上不断提高自己的业务能力和道德水平,加强自身修养是教师职业道德品质的重要内容和应有要求。在教师自身修养过程中,教师职业道德具有引导功能。

★★ 考点大默写 ★★

1. 孔子所说的:"其身正,不令而行;其身不正,虽令不从。"体现了教师职业道德特点中的_____。
2. 教师职业道德的特点包括:鲜明的_____、强烈的_____、独特的_____和严格的_____。
3. 教师职业道德既是一种行为规范,又是一种文化现象,它反映着教育对自身文明和社会文明的系统思考和追寻。这体现了教师职业道德的_____价值。
4. 教师职业道德对教师教育行为的调节主要是通过_____和_____两种形式来实现的。

【参考答案】
1.独特的示范性　2.继承性;责任性;示范性;标准性　3.文化　4.社会舆论;内心信念

第二章 教师职业道德的基本原则、范畴及规范

第一节 教师职业道德基本原则

一、教师职业道德基本原则的内涵【单选】

考点1 教师职业道德基本原则的含义

教师职业道德基本原则是教师在教育职业活动中正确处理各种利益关系所应遵循的最根本的指导准则,是一定社会或阶级对教师在职业活动中提出的最根本的道德要求。它指明了教师职业实践中道德行为的总方向,体现了教师职业道德的本质属性,统帅整个教师职业道德体系,是衡量和判断教师行为善恶的最高道德标准。简言之,教师职业道德基本原则具有指导、统帅和裁决作用。

考点2 忠于人民教育事业是我国教师职业道德基本原则

忠于人民教育事业是我国教育社会主义性质的必然要求,是教师处理个人利益和社会整体利益关系时所必须遵循的根本指导原则,是衡量教育工作者个人行为和品质的最高道德标准。忠于人民教育事业不仅是教育工作者从事职业活动的基本要求,更重要的是每个教育工作者在自己的教育劳动中,要建立崇高的职业理想,把从事教育劳动、培养社会主义事业的建设者和接班人作为自己的志向和抱负,培养自己对教育劳动真挚的、深厚的情感,并以从事教育劳动为荣,以献身教育事业为乐,把自己平生精力都投入到教育事业中,全心全意地为社会主义教育事业服务。

考点3 教师职业道德基本原则与教师职业道德范畴、教师职业道德规范的关系

道德原则是一定社会或阶级对人们行为提出的最基本的要求,是道德体系的核心,是人们立身处世的基本准则,也是判断是非、善恶的基本标准。道德规范则是比较具体的道德原则,是在一定条件下,一定范围内人们立身处世和评价是非、善恶的标准。道德范畴存在于每一个人的意识和感情中,是反映人们道德关系和行为调节方向的一些基本概念。

教师职业道德规范和范畴都是由教师职业道德基本原则派生出来的,是教师职业道德基本原则的展开、补充和具体化。

> **真题面对面**
> [2017,单,2分]体现教师职业道德的本质属性,统帅整个教师职业道德体系的是( )
> A.教师职业道德范畴　　　　　　　　B.教师职业道德评价
> C.教师职业道德规范　　　　　　　　D.教师职业道德基本原则
> 答案:D

二、教师职业道德基本原则确立的依据

(1)必须反映一定社会经济关系和阶级利益的根本要求;(2)必须符合一般社会道德原则的基本要求;(3)必须反映教师职业活动的特点。

三、教师职业道德基本原则的要求

(1)树立无产阶级的世界观、人生观和价值观;(2)树立崇高的理想、信念和价值目标;(3)具备良好的专业能力素质;(4)具有顽强的意志和崇高的精神境界。

第二节 教师职业道德范畴

一、教师职业道德范畴的含义

教师职业道德范畴是指那些概括和反映教师职业道德的主要特征、体现一定社会对教师职业道德的根本要求,并成为教师的普遍内心信念,对教师的行为发生影响的基本道德概念。

二、教师职业道德的主要范畴 【判断】

考点1 教师义务

教师义务的内容主要有:(1)不断提高思想政治觉悟和教育教学业务水平;(2)尽职尽责,教书育人;(3)创设一个良好的内部教育环境。

教师义务,从其客观要求和内容来说,是教师的一种职责、使命或任务,具有不以人们的主观意志为转移的客观的约束力,因而也就存在着道德意识强制的因素,获得了"道德命令"的性质。有了这一点,就能使每个教师遵循所有教师职业生活纪律,去做"应该做"的事情。但是,从主观方面来说,它是在教师理解和认识了社会对教师的客观要求,自觉在教师的使命、职责或任务的基础上形成的一种内心信念和意志。因此,履行义务的行为又是自由的。

教师在履行教师义务的活动中,最主要、最基本的道德责任是正反两个方面。正面:教书育人;反面:"不要误人子弟"。教师应当对此有清醒的认识。

考点2 教师良心

教师良心是教师个人在自己的教育实践中,对社会向教师提出的一系列道德要求的自觉意识,是教师个人对学生、教师集体和社会自觉履行其职责的道德责任感以及对自己教育行为进行道德控制和道德评价的能力,是多种教师职业道德心理因素在教师个人意识中的有机统一。从教师个体职业良心形成的角度看,教师的职业良心首先会受到社会生活和群体的影响。教师良心是教师道德觉悟的综合表现,是教师的道德灵魂。

教师良心作为一种精神动力,是一种内在的道德信念,对教师的道德活动和道德行为具有重要的指导、自我监督和评价作用。

教师良心的特点包括:(1)公正性;(2)综合性;(3)稳定性;(4)内隐性;(5)广泛性。

考点3 教师公正

教师公正是指教师在教育职业活动中,公平合理地对待和评价全体合作者。所谓公平合理地对待和评

价全体合作者,即按照社会主义的道德原则指导下的伦理定位来对待、评价和处理教师同所面对的群体或个人之间的关系。从外部来看,主要是教师同社会各界的关系;从内部来看,主要是教师个人同领导、同事和学生的关系。其中,<u>公平合理地评价和对待每个学生是教师公正的最基本的内容</u>。教师公正是教育公正的<u>核心内容</u>,教育公正不仅包括教师公正,而且也包括教育的制度性公正。

教师公正的内容有:(1)坚持真理;(2)秉公办理;(3)奖罚分明。

教师公正的作用有:(1)有利于调动每个学生的学习积极性;(2)有利于学生形成公正无私的道德品质;(3)有利于教师威信的形成;(4)有利于形成良好的教育教学环境。

考点4 教师荣誉

教师荣誉即社会对教师的道德行为的价值所做出的公认的客观评价和教师对自己行为的价值的自我意识。

教师荣誉的作用有:(1)教师荣誉是教师道德行为的调节器,对教师道德行为、品质的取向具有导向和制约作用;(2)教师荣誉是激励和推进教师积极进取,更好地履行教师义务,争取个人道德高尚、人格完善的助推器;(3)教师荣誉是促进教师自身道德发展和完善,形成良好师德风尚的重要精神条件。

教师荣誉的内容有:(1)光荣的角色称号;(2)无私的职业特性;(3)崇高的人格形象。

考点5 教师幸福

教师幸福也称**教育幸福**,是指处于一定社会经济关系和历史环境中的教育工作者,在教育教学过程中,由于感受到目标和理想的实现,而获得的精神上的满足。

准确把握和理解教师幸福的含义,应从四个方面着眼:(1)教师幸福更多体现在精神层面;(2)教师幸福具有给予性和被给予性;(3)教师幸福具有集体性;(4)教师幸福具有无限性。

教师的幸福能力的培养:(1)充分认识教师职业的意义,并与自己的生命意义相联系;(2)培养高尚的师德水平,提升教师的人生境界;(3)教师对自己从事的教育教学活动要有实践能力。

考点6 教师人格

这里的人格主要是指道德人格。教师的道德人格是指个体作为教师这一特定社会角色所表现出的道德面貌与特征,是教师在自己的职业活动中表现出的稳定的道德行为的范式(格式)和道德品质与境界(格位),也是教师之所以成为教师的主体本质。由于职业的规定性,教师的道德人格与一般道德人格有显著的不同。其主要的特质可以归结为两点:(1)人格与师格的统一;(2)较高的格位水平。

教师人格修养有两个问题:一是修养的策略问题,二是修养的尺度问题。

在策略上,采取"**取法乎上**"的策略,这是因为:(1)人格修养的规律性;(2)师范人格的特点(格位高);(3)中国古代的伦理智慧。

在尺度上要确立教师人格修养的审美尺度。按照审美的尺度去修养教师的人格,就是要进行师表美的建设。从德育(道德教育)的角度看,师表美的价值至少有三:(1)充分发挥教育主体的德育潜能;(2)充分促成学生的榜样学习;(3)改善教育与道德教育的效能。<u>师表美主要包括:(1)"表美";(2)"道美";(3)风格美。</u>

> **真题面对面**
>
> [2014,判断,1分]教师职业道德的主要范畴包括教师义务、教师良心、教师荣誉。( )
> 答案:×

第五部分 教师职业道德 425

第三节 《中小学教师职业道德规范》解读

改革开放以来，我国于1985年、1991年、1997年先后三次颁布和修订了《中小学教师职业道德规范》。为适应时代发展的需要，2008年9月，教育部、中国教科文卫体工会全国委员会联合发布了重新修订的《中小学教师职业道德规范》(以下简称新《规范》)。新《规范》的基本内容有六条，体现了教师职业特点对师德的本质要求和时代特征。爱与责任是贯穿其中的核心和灵魂。

一、1997年修订的《中小学教师职业道德规范》

1. 依法执教

学习和宣传马列主义、毛泽东思想和邓小平同志建设有中国特色社会主义理论，拥护党的基本路线，全面贯彻国家教育方针，自觉遵守《中华人民共和国教师法》等法律法规，在教育教学中同党和国家的方针政策保持一致，不得有违背党和国家方针、政策的言行。

2. 爱岗敬业

热爱教育、热爱学校，尽职尽责、教书育人，注意培养学生具有良好的思想品德。认真备课上课，认真批改作业，不敷衍塞责，不传播有害学生身心健康的思想。

3. 热爱学生

关心爱护全体学生，尊重学生的人格，平等、公正对待学生。对学生严格要求，耐心教导，不讽刺、挖苦、歧视学生，不体罚或变相体罚学生，保护学生合法权益，促进学生全面、主动、健康发展。

4. 严谨治学

树立优良学风，刻苦钻研业务，不断学习新知识，探索教育教学规律，改进教育教学方法，提高教育、教学和科研水平。

5. 团结协作

谦虚谨慎、尊重同志，相互学习、相互帮助，维护其他教师在学生中的威信。关心集体，维护学校荣誉，共创文明校风。

6. 尊重家长

主动与学生家长联系，认真听取意见和建议，取得支持与配合。积极宣传科学的教育思想和方法，不训斥、指责学生家长。

7. 廉洁从教

坚守高尚情操，发扬奉献精神，自觉抵制社会不良风气影响。不利用职责之便谋取私利。

8. 为人师表

模范遵守社会公德，衣着整洁得体，语言规范健康，举止文明礼貌，严于律己，作风正派，以身作则，注重身教。

这里主要介绍热爱学生和严谨治学这两点。

热爱学生是教育学生的感情基础，是教师职业道德高低的试金石。

严谨治学是教师必备的素质，是教师自我完善的重要途径，是教师适应时代发展的需要。严谨治学是教师在提高业务水平方面应当遵循的准则，是教师完成教育教学任务必须具备的基本条件。严谨治学的基本要求是：(1)要有精深的专业知识；(2)要有刻苦钻研、精益求精的精神；(3)要有谦虚谨慎的态度；(4)要有锐意创新的品质。

二、2008年修订的《中小学教师职业道德规范》【单选、多选、案例分析】 必背

考点1　爱国守法——教师职业的基本要求

爱国守法是教师处理其与国家社会的关系时所应遵循的原则要求。教师与国家社会的关系是教师必须首先面对的关系，也是在职业行为上必须首先要协调的关系。在教师与国家社会的关系上，教师需要处理自己作为一个公民和自己作为社会职业者与国家社会的关系。

新《规范》中关于"爱国守法"方面所规定的具体职业行为要求有以下几点：

1. 全面贯彻国家教育方针

教师是从事国家教育事业的专业人员，教师代表国家从事人民的教育事业。教师爱国、爱中国共产党、爱社会主义，具体行为表现在全面贯彻国家教育方针。这是要求教师的一切教育教学行为都要符合国家教育方针的要求。

2. 自觉遵守教育法律法规，依法履行教师职责权利

爱国要求教师必须守法，遵守教育法律法规的规范要求。法律法规的核心是权利和义务，因此教师必须自觉履行教育法律法规所规定的教师的权利和义务。

3. 不得有违背党和国家方针政策的言行

上面两个要求是"爱国守法"方面倡导性的职业行为，而这一要求则是禁止性的职业行为规定。在教师的职业活动中，出现违背党和国家方针政策的言行，是违背"爱国守法"职业行为规定的。

考点2　爱岗敬业——教师职业的本质要求

爱岗敬业是教师处理其与教育事业的关系时所应遵循的原则要求。教师的职业活动，是一种事业——教育事业。教育事业是教师职业活动的全部内容，是教师职业活动中必须处理好的根本关系。在一定意义上也可以说，教师与教育事业的关系涵盖了教师职业活动内部全部的关系。这里所说的教师与教育事业的关系，是将教育事业作为一个整体，教师与之发生的关系。

新《规范》中关于"爱岗敬业"方面所规定的具体职业行为要求有以下几点：

1. 对工作高度负责

在教师与教育事业的关系上，这一职业行为要求仍然是原则性的，但是从"责任"的要求来看，也可以说是具体的。这也就是说，教师对教育事业在行为上最重要的是"责任"。

2. 认真备课上课

教师对教育事业负责，是通过课堂教学来实现的，因而教师在职业行为上首先就要做到认真备课上课。认真备课上课，是要求教师认真备好每一节课，认真上好每一节课。

3. 认真批改作业

学生写作业和教师批改作业，是教学活动的重要环节。教师没有认真地批改作业，学生就不能得到准确的学习信息反馈，教学环节就有缺失。

4. 认真辅导学生

现代教学活动是以班级授课制为基础的，但是学生的学习是有个性的、有个体差异的，因而集体教学与个别辅导必须结合起来。只有班级教学活动，而没有学生个别辅导，这样的教学是不完整的。

5. 不得敷衍塞责

这是禁止性的职业行为规定，也是原则性、概括性的规定。"不得敷衍塞责"是从禁止性方面强调了教师的教育教学责任。

真题面对面

[2023,多,2分]下列选项中,体现了"爱岗敬业"的教师职业道德规范的有( )

A. 对成绩差的学生进行课外辅导　　B. 用综合性标准对学生进行评价
C. 注重培养学生良好的品行　　　　D. 积极寻找学生身上的闪光点
E. 立志在三尺讲台建功立业

答案:AE

考点3　关爱学生——师德的灵魂

关爱学生是教师处理其与学生的关系时所应遵循的原则要求。教师与学生的关系是教师职业活动中发生的最重要的关系。教育活动主要是在教师与学生之间发生的,教师所从事的教育活动中心就是师生关系。

新《规范》中关于"关爱学生"方面所规定的具体职业行为要求有以下几点:

1. 关心爱护全体学生,尊重学生人格,平等公正对待学生

关爱学生的范围是全体学生,而不是某一部分。在实际教育活动中,有些教师不是不能给予学生关爱,而是往往不能给予全体学生关爱。这不符合教师职业行为要求。

关爱学生的核心是尊重学生人格。尊重学生人格,就是把学生看作与自己一样有尊严、有利益诉求的人。

关爱学生的关键是做到对学生平等公正。平等,是师生之间的平等、生生之间的平等;公正,是将关爱给每一个学生,不论这些学生的发展状况如何、社会背景和家庭背景如何。

2. 对学生严慈相济,做学生的良师益友

关爱学生不是不要严格。严格要求学生,是对学生的成长负责;然而严格不意味着没有宽容,学生成长总会出现这样那样的问题。所以,要严慈相济。严慈相济体现的也是亦师亦友的师生关系。严格要求是作为教师的责任,倾心帮助是作为朋友的热诚。学生在严慈相济、良师益友的环境中才能健康成长。

3. 保护学生安全,关心学生健康,维护学生权益

关爱学生还要求教师对学生的安全、健康负责,对学生的权益负责。学生的安全,是他们的人身安全;学生的健康,是他们的身心健康;学生的权益,是法律赋予他们的权益。

4. 不讽刺、挖苦、歧视学生,不体罚或变相体罚学生

这是对教师与学生关系上的禁止性规定。在语言上讽刺、挖苦学生,在态度上歧视学生,这在职业行为上是不容许的。在教育学生的方法上,采用体罚和变相体罚,也是教师职业道德不容许的。

真题面对面

[2023,单,1分]教师应该理解学生的情感,包容学生的缺点。这体现的教师职业道德规范是( )

A. 爱国守法　　　　　　　　　　B. 关爱学生
C. 终身学习　　　　　　　　　　D. 为人师表

答案:B

考点4　教书育人——教师的天职

教书育人是教师在处理其与职业劳动的关系时所应遵循的原则要求。教师的职业劳动是具体的教育教学活动。教育教学活动从现象上看是"教书"。在教育教学活动中，教师要开展传递知识与技能的活动，知识与技能是教师直接操作的对象，但是，教师操作知识与技能的目的还在于学生。因而，"育人"是教师职业劳动的本质。

教书育人是教师必须完成的任务，也是教师必须坚守的职责。教师通过教书育人的实践活动完成自己的本职工作，实现自己的职业理想、人生价值。总之，教书育人是教师实现人生价值的根本途径，是教师职业道德的最终体现。

新《规范》中关于"教书育人"方面所规定的具体职业行为要求有以下几点：

1. 遵循教育规律，实施素质教育

教育的本质要求是促进人健康全面发展，遵循教育规律就要实施素质教育。素质教育从根本上说，就是"育人"。"教书"是途径，"育人"是目的。两者不可偏废。没有"教书"，"育人"就没有依托；没有"育人"，"教书"就失去了本来意义。

2. 循循善诱，诲人不倦，因材施教

符合教书育人要求的教师职业劳动行为应当是"耐心"的、"引导"的、充满教育"热情"的，而且能够实施针对每一个学生"量身定做"的教育。

3. 培养学生良好品行，激发学生创新精神，促进学生全面发展

把"育人"作为目的的教育，把德育放在重要位置上，把教育学生成"人"放在首要位置上；"育人"也要把培养具有创新精神的现代人作为职业劳动的要求。

以"育人"为目的的教育，必须实施全面发展的教育，最终要达到学生全面发展的目的。

4. 不以分数作为评价学生的唯一标准

在"教书育人"方面禁止的行为，就是背离"育人"目标的做法，或者说是应试教育的做法。教师头脑中必须明确，以分数作为评价学生唯一标准的做法，是教师职业行为明确禁止的。

考点5　为人师表——教师职业的内在要求

为人师表是教师在处理其与自己的关系时所应遵循的原则要求。教师职业劳动不只是同别人交往，也是同自己交往，即教师也把自己作为职业行为所要调节的对象，就是对自己提出道德的要求，在自己的心中树立起一种职业行为的形象。

新《规范》中关于"为人师表"方面所规定的具体职业行为要求有以下几点：

1. 坚守高尚情操，知荣明耻

这是要求教师在职业行为上符合社会主义的荣辱观。

2. 严于律己，以身作则

教师在职业活动中对自己要严格要求，要以自己的行为作为他人，特别是学生的楷模。

3. 衣着得体，语言规范，举止文明

以身作则，在行为举止上，要注意穿着、言语和行为符合现代文明要求，能够为学生做出榜样。

4. 关心集体，团结协作，尊重同事，尊重家长

以身作则，也表现在处理与同事、学生家长的关系上，要能够尊重他人，与他人和谐相处。在处理与家长关系时应遵循的道德要求是：(1)主动与学生家长联系；(2)认真听取家长的意见和建议；(3)尊重学生家长的人格；(4)教育学生尊重家长。

5. 作风正派，廉洁奉公

以身作则，体现在为人作风上，就是"廉洁奉公"。这一行为要求在教师方面，就是要求教师不从学生那里谋取自己的利益，就是"廉洁从教"。

6. 自觉抵制有偿家教，不利用职务之便谋取私利

有偿家教，是市场经济条件下出现的比较严重的违背教师职业行为规范的问题，新《规范》特别作为禁止性规定提出。

> **真题面对面**
> [2020,单,2分]中小学在职教师有偿补课主要违反的教师职业道德规范是（　　）
> A. 爱岗敬业　　　　B. 为人师表　　　　C. 教书育人　　　　D. 关爱学生
> 答案：B

考点6　终身学习——教师专业发展的不竭动力

终身学习是教师在处理其与自己发展的关系时所应遵循的原则要求。教师与自己的发展，也属于教师与自己关系的范畴。但是，强调教师自己的发展，是说教师在教育活动中，不仅要把学生作为一种发展对象来看待，也要把自己作为一种发展对象来看待。教师的自我发展，也是教师职业行为调节的对象。这是在终身学习的社会中发生的关系。

新《规范》中关于"终身学习"方面所规定的具体职业行为要求有以下几点：

1. 崇尚科学精神，树立终身学习理念，拓宽知识视野，更新知识结构

科学精神是求真的精神，是不断探索的精神。根据科学精神的要求，在一个终身学习的社会里，教师应当具有终身学习的理念，在行为上能够自觉地继续学习，发展自己的知识。

2. 潜心钻研业务，勇于探索创新，不断提高专业素养和教育教学水平

教师的发展，特别是指自己的专业发展。一个能够自觉地发展自己专业水平的教师，才能不断适应教育实践给自己提出的新要求。

一般认为，爱岗敬业、教书育人和为人师表是师德的核心内容，关爱学生是最基本内容。这是社会对教师职业道德的最基本的要求。爱岗敬业是对一切职业的共同要求，没有爱岗敬业的精神，一切都无从谈起。因此，它是师德的基础。教书育人是对教师这一特殊职业的专业要求，它是教师工作的具体内容，师德所引发的效果如何，必须由此而体现，所以它是师德的载体。为人师表是社会对教师这一职业所承担的职责具有的特殊性而提出的比一般职业道德更高的要求，教师的人格、品行所具有的感召力，由此得到充分表现，故而它是师德的支柱。三者形成有机整体，缺一不可。作为一位人民教师，必须信奉之，遵循之，笃行之，并在此基础上升华之，力求达到爱岗敬业精神高尚、教书育人水平高超、为人师表品行高洁的"三高"境界。

> **记忆有妙招**
> 关于2008年修订的《中小学教师职业道德规范》的六条内容，考生可结合口诀进行记忆：三爱两人一终身。**三爱**：爱国守法、爱岗敬业、关爱学生。**两人**：教书育人、为人师表。**一终身**：终身学习。

430　教育理论基础知识模块

真题面对面

[2022,案例分析,10分]"出彩河南人"2021最美教师——元建周,是河南省首批特岗教师,他扎根乡村,潜心教育十余年,诠释了一名教师对人民教育事业的忠诚。他生活节俭,从微薄的工资中拿出一部分来接济贫困学生,不让一个学生辍学,被学生亲切地称为元大哥。他利用业余时间不断充电,2015年取得教育硕士专业学位。他教育学生懂得感恩、美言善行,有的学生成才后,已经开始捐助社会困难群体。他先后被评为安阳市优秀教师、优秀班主任等。新华社以《太行深处最情牵》为题对他的事迹进行了报道。

请结合材料,运用教师职业道德相关知识对该案例进行分析。

答案:案例中,元建周老师的行为体现了爱岗敬业、关爱学生、教书育人、为人师表、终身学习的教师职业道德规范。

(1)元建周老师的行为体现了爱岗敬业的师德规范。爱岗敬业的师德规范要求教师忠诚于人民教育事业,志存高远,勤恳敬业,甘为人梯,乐于奉献。元建周老师扎根乡村,潜心教育十余年,诠释了一名教师对人民教育事业的忠诚。

(2)元建周老师的行为体现了关爱学生的师德规范。关爱学生的师德规范要求教师关心爱护全体学生,尊重学生人格,平等公正对待学生;对学生严慈相济,做学生良师益友。元建周老师用自己的工资接济贫困学生,不让一个学生辍学,被学生亲切地称为元大哥。这些都体现了他对学生深切的关爱。

(3)元建周老师的行为体现了教书育人的师德规范。教书育人的师德规范要求教师遵循教育规律,实施素质教育;培养学生良好品行,激发学生创新精神,促进学生全面发展。元建周老师不仅教给学生知识,还教育学生懂得感恩、美言善行,有利于促进学生的全面发展。

(4)元建周老师的行为体现了为人师表的师德规范。为人师表的师德规范要求教师坚守高尚情操,知荣明耻,严于律己,以身作则。元建周老师接济贫困学生的行为为学生们树立了良好的榜样。他的学生在成才后开始捐助社会困难群体,表明了元建周老师做到了为人师表。

(5)元建周老师的行为体现了终身学习的师德规范。终身学习的师德规范要求教师崇尚科学精神,树立终身学习理念,拓宽知识视野,更新知识结构;潜心钻研业务,勇于探索创新,不断提高专业素养和教育教学水平。元建周老师在业余时间不断充电,取得教育硕士专业学位,体现了他坚持终身学习。

★ 考点大默写 ★

1. _____指明了教师职业实践中道德行为的总方向,体现了教师职业道德的本质属性,统帅整个教师职业道德体系,是衡量和判断教师行为善恶的最高道德标准。

2. _____是教育公正的核心内容。

3. _____是教师教育学生的感情基础,是教师职业道德高低的试金石。

4. 2008年修订的《中小学教师职业道德规范》,明确提出爱国守法、_____、关爱学生、_____、为人师表、_____六条师德规范。

5. 在2008年修订的《中小学教师职业道德规范》中,_____是教师职业的本质要求,_____是教师的天职。

第五部分 教师职业道德 431

6. "循循善诱,诲人不倦,因材施教"体现了_____的师德规范。
7. "学为人师,行为世范"体现了_____的教师职业道德规范。
8. 备好每一份教案,上好每一节课,阅好每一份作业,体现了教师职业道德规范中的_____。
9. "不以分数作为评价学生的唯一标准",这是2008年修订的《中小学教师职业道德规范》在_____方面对教师的要求。
10. 某老师在职期间参加了由学生家长付费的旅游。该老师的行为违背了2008年修订的《中小学教师职业道德规范》中的_____的要求。

【参考答案】
1. 教师职业道德基本原则　2. 教师公正　3. 热爱学生　4. 爱岗敬业;教书育人;终身学习　5. 爱岗敬业;教书育人　6. 教书育人　7. 为人师表　8. 爱岗敬业　9. 教书育人　10. 为人师表

第三章 教师职业道德修养与评价

第一节 教师职业道德修养

一、教师职业道德修养的概念及意义

教师职业道德修养是将教师职业道德要求转化为自己的信念并付诸行动的活动。简单来说,是一种自我锻炼、自我改造、自我陶冶、自我教育的过程。

教师职业道德修养不仅是培养教师职业道德的**首要环节**,也是加强社会主义职业道德建设的迫切要求。首先,教师职业道德修养是提高教师职业道德水平和促进个人进步与发展的必由之路;其次,只有加强教师职业道德修养,才能发挥教师职业道德的社会作用。

二、教师职业道德修养的内容

教师职业道德修养的内容包含两个方面:(1)职业道德意识修养;(2)职业道德行为修养。具体来说,教师职业道德修养主要包括职业道德理想、知识、情感、意志、信念和行为习惯六个方面。

(1)树立远大的职业道德理想。职业道德理想体现了教师职业道德要求的**本质**。

(2)掌握正确的职业道德知识。学习和掌握教师职业道德知识是教师职业道德修养的首要环节和**最初阶段**。

(3)陶冶真诚的职业道德情感。教师的职业道德情感包括:①职业正义感;②职业责任感;③职业义务感;④职业良心感;⑤职业荣誉感;⑥职业幸福感。其中,职业正义感是一种最基本、最高尚的道德情感。职业幸福感是教师从事职业活动最强大的**精神动力和根本目的**。

(4)磨炼坚强的职业道德意志。是否具备坚强的职业道德意志是衡量教师职业道德素质高低的**重要标志**。

(5)确立坚定的职业道德信念。坚定教师职业道德信念,是教师职业道德修养的**核心问题**。

(6)养成良好的职业道德行为习惯。教师职业道德修养的**最终目的**是要养成良好的职业道德行为习惯。

三、教师职业道德修养的基本原则

(1)坚持知和行的统一;
(2)坚持动机和效果的统一;
(3)坚持自律和他律相结合;
(4)坚持个人和社会相结合;
(5)坚持继承和创新相结合。

四、教师职业道德修养的方法

1. 加强学习

加强学习,是师德修养的必要途径。学习是修养的前提。

2. 勤于实践磨炼，增强情感体验

教育实践是正确师德观念的认识来源，只有在教育实践活动中，才能正确认识教育活动中的各种利益和道德关系，才能养成良好的师德品质。

3. 树立榜样，虚心向他人学习

树立道德榜样是提升师德修养的重要方法。榜样的力量是无穷的，要引导和鼓励教师之间相互学习、探讨、交流和借鉴，大力宣传教师中的先进典型，用榜样人物的先进事迹、高尚情操、模范行为引领广大教师，把抽象的道德观念、行为规范等形象化、具体化，以先进模范的行为激励教师，增强师德修养的自觉性。学习先进教师的优秀品质，主要有两个途径：(1)多读教育界名人的传记和模范教师的先进事迹；(2)学习身边的模范教师。

4. 确立可行目标，坚持不懈努力

教师职业道德修养同人们认识和改造世界的其他活动一样，有着明确的目标作为指导。师德修养实际上是教师道德认识、道德情感、道德意志、道德信念、道德行为和习惯诸要素从无到有、从低到高、从旧到新的矛盾运动过程，这也就决定了它是一个长期的艰苦过程，必然要求教师确立可行目标后做出坚持不懈的努力。

5. 学会反思

反思是提高师德修养的重要方法。师德修养是教师自身素养的重要组成部分，是教师自我锻炼、自我陶冶、自我教育、逐步完善的过程。

(1)教师必须对自己的教育教学效果进行不断地反思，及时发现自己的缺点和不足，并及时纠正，不断地实现自我更新，对学生施以积极的教育影响，促进学生健康成长；

(2)教师要反思自己的行为与职业道德理论要求的差距，反思自己与周围其他教师和先进模范人物的差距，努力完善自己；

(3)要善于听取来自各方面的反馈信息，在别人对自己的评价中，更好地认识自己、改造自己。

6. 努力做到"慎独"

教师职业道德修养的最高层次就是"慎独"，"慎独"一语最早出自儒家经典《礼记·中庸》。"慎独"用我们现代语言来表述，就是指在没有外界监督、独自一人的情况下，也能自觉遵守道德规则，不做任何对国家、对社会、对他人不道德的事情。显然，这既是一种崇高的道德境界，又是一种重要的职业道德修养方法。

作为教师职业道德修养的方法，"慎独"可以通过自我约束、自我监督，更好地培养、锻炼坚定的职业道德情感、意志和信念，养成良好的职业道德行为习惯；作为崇高的教师职业道德境界，"慎独"标志着一个教师的职业道德修养已达到高度自觉的程度。尽管很难，但这也是教师必须做到的。

第二节 教师职业道德评价

一、教师职业道德评价的概念和目的

教师职业道德评价是指教师自己、他人或社会，根据社会主义教师职业道德准则、规范和科学的标准，在系统广泛地搜集各方面信息，充分占有各种资料的基础上，运用现代技术手段，对教师的职业道德意识、道德情感、道德意志和道德行为进行考察和价值判断。

教师职业道德评价的目的是在对教师的道德进行全面考察、判断和论证的基础上，探索和掌握教师职业道德形成和发展的客观规律，以便更加有效地指导广大教师提高自己的职业道德素质，完善自己的职业道德品质。教师职业道德评价的依据就是教师教育行为的动机和效果。

二、教师职业道德评价的原则 【单选】

1. 方向性原则

评价的方向性原则是指教师职业道德评价要体现社会主义的性质,坚持社会主义方向,有利于广大教师提高社会主义的思想觉悟和道德水平。社会主义方向性是我们开展教师职业道德评价的最根本的指导思想和工作原则。因为我们是社会主义国家,我国的教育是社会主义教育,我们的教师职业道德建设和评价必须坚持社会主义方向。

2. 客观性原则

评价的客观性原则是指在进行教师职业道德评价的过程中,必须采取实事求是的态度,真实、客观地反映教师职业道德的实际情况。尊重客观事实,实事求是地反映事物的本来面目是做好一切工作的基础。

3. 科学性原则

评价的科学性原则是指在教师职业道德评价的过程中,评价者要以客观事实为基础,严格遵守评价科学和教育科学的客观规律,恰当运用现代科学技术手段去设计评价标准、评价方法,处理评价结果。

4. 教育性原则

评价的教育性原则是指教师职业道德评价要符合教育的要求,充分发挥评价的教育作用,充分体现"教育是评价的基础,评价过程是教育过程"这一宗旨,通过评价使广大教师在评价中发扬优点,改正缺点,不断地提升自身的职业道德修养。

5. 民主性原则

民主性原则是指教师职业道德评价要坚持走群众路线,要相信、尊重、依靠教育行政部门、学校领导、教职员工和社会各界,调动各方面的积极性,充分发扬民主,共同搞好教师职业道德评价工作。

真题面对面

[2019,单,2分]教师职业道德评价最根本的指导思想和原则是( )
A. 社会主义科学性　　　　　　　B. 社会主义教育性
C. 社会主义方向性　　　　　　　D. 社会主义发展性
答案:C

三、教师职业道德评价的方法

教师职业道德评价的方法有:自我评价法、学生评价法、社会评价法、加减评分法、模糊综合评判法。这里只介绍前三种方法。

1. 自我评价法

自我评价法是指教师个人根据教师职业道德规范和教师职业道德评价的标准、原则等一系列评价体系,对自己的道德所进行的一种自我认识和自我判断。

自我评价是教师自己对自己的道德进行评价,在自我评价过程中教师既是评价的主体,又是评价的客体。教师自我评价的内在动力是教师的内心信念。

2. 学生评价法

学生评价法是指在教师和学生教与学的相互作用中,学生依据教师职业道德的原则和规范对教师的行为予以判断的一种道德评价方式。

3. 社会评价法

社会评价法是指行为当事人之外的个人或组织,如学校或其他社会方面的人员,根据教师职业道德规范对教师的道德状况做出评价的方法。社会评价法主要是通过社会舆论对教师的道德进行评判。

★★ 考点大默写 ★★

1. _____是将教师职业道德要求转化为自己的信念并付诸行动的活动。
2. _____是教师从事职业活动最强大的精神动力和根本目的。
3. 是否具备坚强的_____是衡量教师职业道德素质高低的重要标志。
4. 教师职业道德修养的基本原则包括:坚持_____的统一、坚持动机和效果的统一、坚持自律和他律相结合、坚持个人和社会相结合、坚持_____相结合。
5. 教师职业道德修养的最高层次是_____。
6. _____是我们开展教师职业道德评价的最根本的指导思想和工作原则。

【参考答案】
1. 教师职业道德修养 2. 职业幸福感 3. 职业道德意志 4. 知和行;继承和创新 5. "慎独" 6. 社会主义方向性

即时反思与复盘总结

我于_____年____月____日完成了对本部分的学习。

复盘一下,我对自己较肯定的地方是_____

(足够努力/心态积极/方法得当……)

我觉得自己需要改进的地方是_____

(懒惰懈怠/心情浮躁/方法不当……)

休息片刻,开启下一站征程!

第六部分

教育法律法规及政策

SHAN XIANG

内容导学

- 河南省特岗教师招聘考试教育法律法规及政策部分,共四章。
- 第一章主要是对教育法律基础的阐述,考查题型以选择等客观题为主。
- 第二章主要是对依法执教与教师违法(侵权)行为的阐述,考查题型以选择等客观题为主。
- 第三章是对现行主要的教育法律法规的介绍,考查题型以选择、判断等客观题为主,但也会涉及案例分析等主观题。
- 第四章选取了现阶段我国教育工作中的一些重要的政策文件,通过节选各个文件中的重要内容,帮助考生快速了解现阶段我国学校教育工作的重点与发展方向。
- 考生要重点掌握第三章和第四章的内容,并结合历年真题和每章的栏目有重点地复习。对于以客观题为主要考查形式的知识点,应注重识记与理解;对于以主观题为主要考查形式的知识点,不仅要做到识记和理解,更要能灵活运用。

思维导图

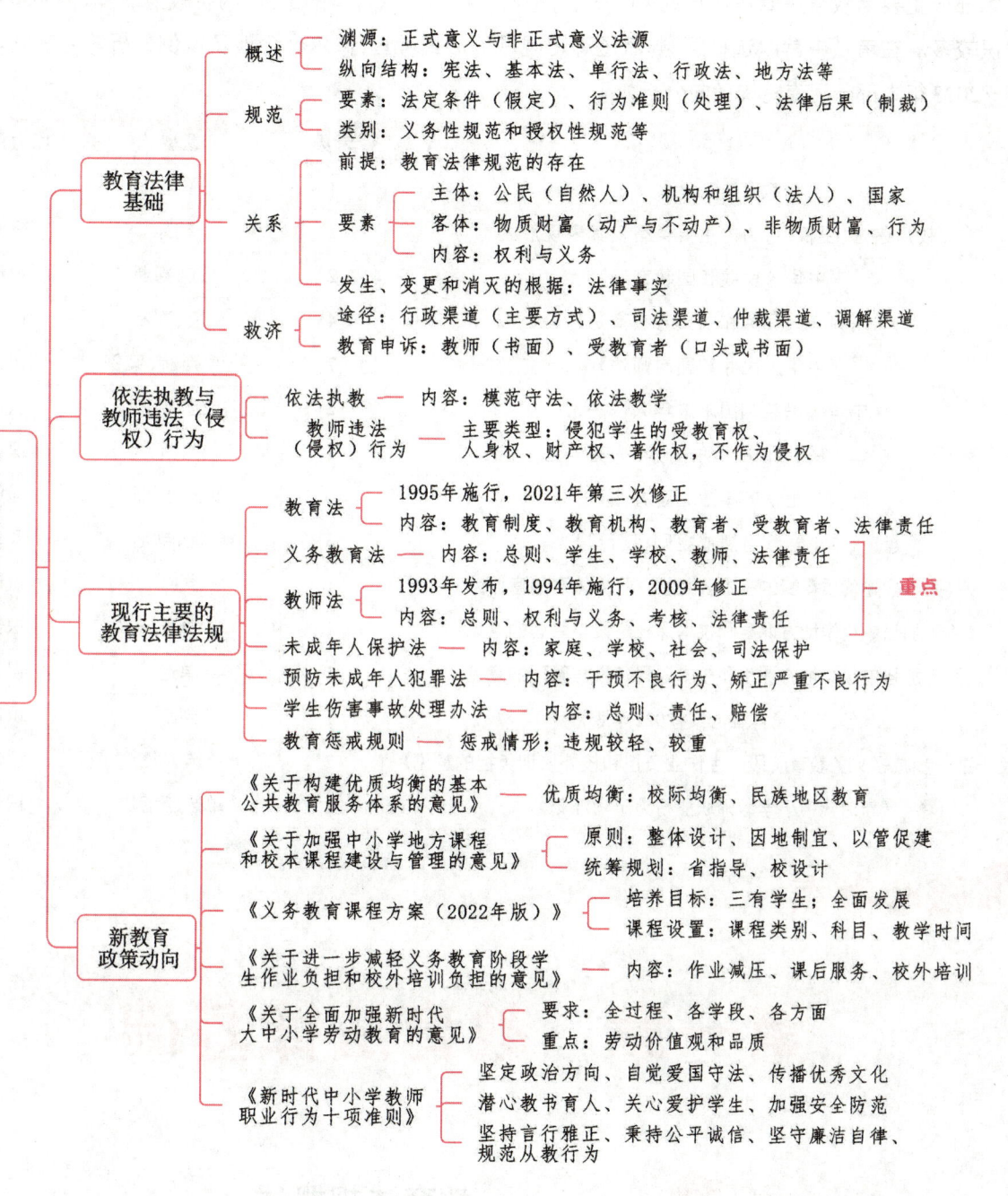

- 教育法律法规及政策
  - 教育法律基础
    - 概述
      - 渊源：正式意义与非正式意义法源
      - 纵向结构：宪法、基本法、单行法、行政法、地方法等
    - 规范
      - 要素：法定条件（假定）、行为准则（处理）、法律后果（制裁）
      - 类别：义务性规范和授权性规范等
    - 关系
      - 前提：教育法律规范的存在
      - 要素
        - 主体：公民（自然人）、机构和组织（法人）、国家
        - 客体：物质财富（动产与不动产）、非物质财富、行为
        - 内容：权利与义务
      - 发生、变更和消灭的根据：法律事实
    - 救济
      - 途径：行政渠道（主要方式）、司法渠道、仲裁渠道、调解渠道
      - 教育申诉：教师（书面）、受教育者（口头或书面）
  - 依法执教与教师违法（侵权）行为
    - 依法执教——内容：模范守法、依法教学
    - 教师违法（侵权）行为——主要类型：侵犯学生的受教育权、人身权、财产权、著作权，不作为侵权
  - 现行主要的教育法律法规
    - 教育法
      - 1995年施行，2021年第三次修正
      - 内容：教育制度、教育机构、教育者、受教育者、法律责任
    - 义务教育法——内容：总则、学生、学校、教师、法律责任
    - 教师法 【重点】
      - 1993年发布，1994年施行，2009年修正
      - 内容：总则、权利与义务、考核、法律责任
    - 未成年人保护法——内容：家庭、学校、社会、司法保护
    - 预防未成年人犯罪法——内容：干预不良行为、矫正严重不良行为
    - 学生伤害事故处理办法——内容：总则、责任、赔偿
    - 教育惩戒规则——惩戒情形：违规较轻、较重
  - 新教育政策动向
    - 《关于构建优质均衡的基本公共教育服务体系的意见》——优质均衡：校际均衡、民族地区教育
    - 《关于加强中小学地方课程和校本课程建设与管理的意见》
      - 原则：整体设计、因地制宜、以管促建
      - 统筹规划：省指导、校设计
    - 《义务教育课程方案（2022年版）》
      - 培养目标：三有学生；全面发展
      - 课程设置：课程类别、科目、教学时间
    - 《关于进一步减轻义务教育阶段学生作业负担和校外培训负担的意见》——内容：作业减压、课后服务、校外培训
    - 《关于全面加强新时代大中小学劳动教育的意见》
      - 要求：全过程、各学段、各方面
      - 重点：劳动价值观和品质
    - 《新时代中小学教师职业行为十项准则》
      - 坚定政治方向、自觉爱国守法、传播优秀文化
      - 潜心教书育人、关心爱护学生、加强安全防范
      - 坚持言行雅正、秉持公平诚信、坚守廉洁自律、规范从教行为

河南特岗考向

本部分主要为教育法律法规及政策的知识,是河南特岗重点考查的部分,内容较为琐碎,需要考生识记的知识较多。在考试中常以选择题、判断题等客观题的形式考查,偶尔也会涉及案例分析等主观题。现对2014～2023年本部分河南特岗考向分析如下:

考点	考频	题型	能力层级
教育法的渊源	1	单选	识记
教师违法(侵权)行为的主要类型及其表现形式	3	单选	理解
《中华人民共和国教育法》	2	单选、判断	识记
《中华人民共和国义务教育法》	4	单选、判断	识记
《中华人民共和国教师法》	7	单选、判断、案例	识记
《中华人民共和国未成年人保护法》	2	单选、判断	识记
《中华人民共和国预防未成年人犯罪法》	1	判断	识记
《学生伤害事故处理办法》	2	单选、判断	理解
《中小学教育惩戒规则(试行)》	3	单选、判断	区分
《关于构建优质均衡的基本公共教育服务体系的意见》	1	判断	识记
《关于加强中小学地方课程和校本课程建设与管理的意见》	1	单选	识记
《关于加强中小学地方课程和校本课程建设与管理的意见》	1	单选	识记
《义务教育课程方案(2022年版)》	1	判断	识记
《关于进一步减轻义务教育阶段学生作业负担和校外培训负担的意见》	2	单选、判断	识记
《新时代中小学教师职业行为十项准则》	2	单选、案例	识记

核心考点

第一章 教育法律基础

第一节 教育法规概述

一、教育法规的内涵

教育法规是指国家权力机关和国家行政机关为调整教育与经济、社会、政治的关系,调整教育内部各个环节的关系而制定和发布的教育法律(基本法律和法律)、法令、条例、规程、制度等规范文件的总称。它是兴办教育事业所必须遵循的准则、依据和规范,是国家领导、组织、管理教育,促进教育事业健康发展的重要工具,是国家法制建设的重要组成部分。教育法律是由国家权力机关(或称立法机关)制定或认可的关于教育的规范性文件。在我国,由全国人大制定的法律称为基本法律;由全国人大常委会通过的法律称为一般法律。

二、教育法的特点

考点1　教育法作为一般社会规范和法律所具有的特点

(1)教育法具有国家意志性。(2)教育法具有强制性,这是教育法的本质特征。(3)教育法具有规范性。(4)教育法具有普遍性。一方面,在国家权力所涉及的范围内,教育法律具有普遍的约束力;另一方面,教育法律面前人人平等,不存在适用对象的例外。

考点2　教育法区别于其他社会规范和法律的特点

(1)教育法律关系成立的单向性;(2)教育强制措施的柔软性;(3)教育行政管理方式的指导性;(4)教育法规具体内容的广泛性。

三、教育法的渊源 【单选】

法律的渊源可以简称为法源。法学家们对此有不同的分类和解释。例如,有正式意义和非正式意义、形式意义和实质意义、直接意义和间接意义之分,等等。正式意义的法源指官方法律文件中以条文形式明确体现的渊源,如宪法、法律、法规、规章和条约等。非正式意义的法源指具有一定法律意义的准则和观念,如正义标准、理性原则、公共政策、道德信念、社会思潮和习惯法等。

我国教育法的渊源包括:宪法、教育法律、教育行政法规、地方性教育法规、教育规章、教育条例和规定。

四、教育法规的体系结构

教育法规体系是指教育法作为一个专门的法律部分,按照一定的原则组成的一个相互联系、相互协调、完整统一的法律有机整体。

考点1　纵向结构

教育法规体系的纵向结构,即教育法规的表现形式,是指由不同层级的教育法律文件组成的等级、效力有序的纵向体系。由于制定机关的性质和法律地位不同,上下层次的教育法规之间具有从属关系。我国教育法律体系的纵向结构为:

1.《中华人民共和国宪法》中有关教育的条款

《中华人民共和国宪法》由最高国家权力机关(全国人民代表大会)制定,是国家的根本大法,是其他一切法律法规制定的依据。《中华人民共和国宪法》中有关教育的条款是我国教育立法的根本依据,是教育法规的最高层次,其他形式的教育法律、法规都不得与之相违背。

2. 教育基本法律

教育基本法律是由全国人民代表大会制定,调整教育内部、外部相互关系的基本法律准则。它对整个教育全局起宏观调控作用,或称为"教育宪法""教育母法"。我国的教育基本法律为1995年第八届全国人民代表大会第三次会议通过的《中华人民共和国教育法》。

3. 教育单行法律

教育单行法律一般是由全国人民代表大会常务委员会制定的,规定教育领域某一方面具体问题的规范性文件,其效力低于《中华人民共和国宪法》和教育基本法律。例如,《中华人民共和国教师法》《中华人民共和国职业教育法》《中华人民共和国高等教育法》及《中华人民共和国兵役法》中对教育的相关规定等。

4. 教育行政法规

教育行政法规是行政法规的形式之一，是由最高国家行政机关（国务院）依据《中华人民共和国宪法》和教育法律制定的关于教育行政管理的规范性文件。其效力低于《中华人民共和国宪法》和教育法律，高于地方性教育法规和教育规章。它们内容广泛、数量众多，在实际工作中起主要作用。教育行政法规的名称一般有三种：条例、规定、办法或细则，如《征收教育费附加的暂行规定》《教师资格条例》等。

5. 地方性教育法规

地方性法规是地方国家权力机关制定的规范性文件的专称。由省、自治区、直辖市和设区的市、自治州的人民代表大会及其常务委员会制定。制定地方性教育法规，须报全国人大常委会备案。地方性教育法规只在该行政区域内有效，不得同宪法、法律、行政法规相抵触，其名称通常有条例、办法、规定、规则、实施细则等。例如，《上海市中小学校学生伤害事故处理条例》《山东省职业教育条例》等。

6. 教育规章

教育规章是中央和地方有关国家行政机关依照法定权限和程序制定颁布的有关教育的规范性文件，有的称为教育行政规章，包括部门教育规章和地方政府教育规章。

部门教育规章是国务院所属各部、各委员会发布的有关教育的规范性文件。这类文件主要是就国家有关教育的法律、行政法规的实施问题制定出相应的实施办法、条例、大纲、标准等，以保证相关法律、法规的实施，如《教育行政处罚暂行实施办法》。

地方政府教育规章是省、自治区、直辖市和设区的市、自治州的人民政府所制定的有关教育的规范性文件。地方政府教育规章只在本行政区域内有效，其效力低于《中华人民共和国宪法》、教育法律、教育行政法规和地方性教育法规。地方政府教育规章是整个教育法规体系的重要组成部分。

考点2　横向结构

教育法规体系的横向结构是指依据教育法规所调整的教育社会关系的特点或教育关系构成要素的不同，划分出若干处于同一层级的部门教育法，形成法规调整的横向体系。我国教育法规体系的横向结构主要包含以下几个部类：

（1）教育基本法。（2）基础教育法。（3）高等教育法。（4）职业教育法。（5）成人教育或社会教育法。（6）学位法。中华人民共和国颁布的第一部教育法律是《中华人民共和国学位条例》。（7）教师法。（8）教育投入法或教育财政法。

第二节　教育法律规范

一、教育法律规范的概念及结构

教育法律规范是由国家制定或认可，并以国家强制力保证实施的行为规则。它是通过教育法律条文表现出来的、具有自己内在逻辑结构的一般行为规则。每一部具体的教育法律都是由若干个行为规则组成的有机整体，其中组成教育法行为规则有机整体的单个行为规则就是一个具体的教育法律规范。

在教育实践中，并非所有与教育有关的行为都以教育法律规范来约束，这是不可能的，也是不必要的。因为教育过程在相当大的程度上是一种精神活动过程，精神活动的最大特点之一是人的主观能动性的发挥。因此，对教育活动的某些方面以过于具体的教育法律规范予以约束，可能会限制这种主观能动性的发挥。精神活动还具有灵活性的特点。过于具体的行为规则可能会导致教育教学过程的刻板和程序化,反而影响教育教学效果。

教育法律规范的结构是指构成教育法律规范内容的各个组成部分及其相互关系。从逻辑结构上看,教育法律规范通常由法定条件(假定)、行为准则(处理)和法律后果(制裁)三个要素组成。法定条件指法律规范适用的条件和情况;行为准则指法律规范中规定的行为规则的基本要求;法律后果是指在某种条件或情况出现时,法律关系主体做出或没有做出"行为准则"要求的某种行为,而应承担的法律责任。

二、教育法律规范的类别

表6-1　教育法律规范的类别

分类标准	种类	概念	要点
要求人们行为的性质	义务性规范	教育法律关系主体必须为一定行为或不为某种行为的规范	必须、应当、义务、禁止
	授权性规范	教育法律关系主体有权做出或不做出某种行为的规范	可以、有权、不受……干涉、有……的自由
表现的强制性程度	强制性规范	法律关系参加者必须做出或禁止做出一定行为的规范	禁止性和义务性
	任意性规范	法律关系参加者可以做出一定行为的规范	自行确定
法律后果	制裁性规范	对法律关系参加者做出违反"行为准则"的有过错行为进行制裁的规范	预警、惩戒
	奖励性规范	对法律关系参加者做出有益于社会的行为时给予奖励的规范	奖励

第三节　教育法律关系

一、教育法律关系的概念

教育法律关系是教育法律规范在调整人们有关教育活动的行为过程中形成的权利和义务关系,是一种特殊的社会关系。在教育领域内,学校与政府、学校与社会、学校与教师、学校与学生的关系因为有相应的法律规定,故皆属于法律关系。

教育法律关系的发生以教育法律规范的存在为前提,只有适用教育法律规范调整的教育关系才能转化为教育法律关系。教育法律关系是一种权利义务关系,是以法律规范为前提,在法律规范基础上调整的主体之间的利益关系。

二、教育法律关系的构成要素

教育法律关系的构成要素有主体、客体和内容,三者相互制约、缺一不可,其中任何一个要素的改变,都会导致原有法律关系的变更。

考点1　教育法律关系的主体

教育法律关系的主体是指教育法律关系的参加者,也就是在具体的教育法律关系中享有权利并承担义务的人和组织。我国教育法律关系的主体可分为三类:公民(自然人)、机构和组织(法人)、国家。

教育法律关系中最重要的法律主体是学生与教师,教师的教育教学和学生的学习是教育活动的主要内容和基本形式。教师与学生之间的法律关系是产生教师与学生权利、义务的基础。教师与学生之间的法律关系包括:(1)教育和被教育的关系;(2)管理和被管理的关系;(3)保护和被保护的关系;(4)互相尊重的平等关系。

考点2 教育法律关系的客体

教育法律关系的客体是教育法律关系主体的权利与义务所指向的对象。教育法律关系的客体一般包括物质财富、非物质财富、行为三个大的方面。教育领域中存在的法律纠纷,往往都是因之而引起的。

1. 物质财富

物质财富简称物。它既可以表现为自然物,如森林、土地、自然资源等,也可以表现为人的劳动创造物,如建筑、机器、各种产品等;既可以是国家和集体的财产,也可以是公民个人的财产。物一般可分为动产与不动产两类,不动产包括土地、房屋和其他建筑设施,动产包括资金和教学仪器设备等。

2. 非物质财富

非物质财富包括创作活动的产品和其他与人身相联系的非财产性的财富。前者也被称做智力成果,在教育领域中主要包括各种教材、著作在内的成果,各种有独创性的教案、教法、教具、课件、专利、发明等。其他与人身相联系的非物质财富包括公民或组织的姓名、名称,公民的肖像、名誉、身体健康、生命等。

3. 行为

行为是指教育法律关系主体实现权利义务的作为与不作为。一定的行为可以满足权利人的利益和需要,也可以成为教育法律关系的客体。在教育领域中,教育行政机关的行政行为、学校的管理行为和教育教学行为都是教育法律关系赖以存在的最基本的行为。

学校、教师、学生的物质财富、非物质财富以及这些主体依法进行的教育行为和教育活动都受法律的承认和保护,都是教育法律关系的重要客体。

考点3 教育法律关系的内容

教育法律关系的内容是教育法律关系的主体依据法律规定而享有的权利与义务。教育法律关系一旦发生,其主体间就在法律上形成了一种权利与义务关系。

权利与义务是法律关系的核心,它由法律规范所确认并由国家强制力保证实施,是教育法律关系的重要构成要素之一。权利与义务相互依存,不可分割。

三、教育法律关系的发生、变更和消灭

考点1 教育法律关系发生、变更和消灭的概念

教育法律关系的发生,是指教育法律关系主体之间形成了一定的权利义务关系,如某个适龄儿童进入某校学习,即和该校发生了一定的权利义务关系。

教育法律关系的变更,是指教育法律关系构成要素的改变,包括主体、客体或内容等要素的改变,如甲乙两校签订了联合办学合同,在履行合同的过程中,由于遇到了新情况,甲乙两校经过协商修改了合同中的某些条款,从而引起了原合同关系内容的部分改变。

教育法律关系的消灭,是指教育法律关系主体、客体的消灭,主体间权利义务的终止,如学校向某一企业借款而形成了民事法律关系(债权关系),学校为债务人,企业为债权人。届时学校依照合同返还了借款,则与该企业的债权债务民事关系归于消灭。

考点 2　法律事实是教育法律关系发生、变更和消灭的根据

教育法律关系的发生、变更和消灭是由一定的客观情况的出现而引起的。通常把能够引起法律关系发生、变更和消灭的客观情况称为法律事实。法律事实依据它是否以教育法律关系主体的意志为转移，可以分为行为和事件。

行为是以主体的意志为转移的法律事实，包括作为和不作为，如挪用教育经费、体罚学生、校舍失修倒塌伤人等；事件是不以主体的意志为转移的法律事实，如某教师的死亡，会导致一系列法律关系的变化。

第四节　教育法律救济

一、教育法律救济概述

考点 1　教育法律救济的概念及特征

教育法律救济是指教育法律关系主体的合法权益受到侵犯并造成损害时，获得恢复和补救的法律制度。在教育领域中主要运用的法律救济方式包括教师申诉制度、受教育者申诉制度、行政复议、行政诉讼、行政赔偿和民事诉讼。其特征如下：

(1)是宪法公平、正义的立法精神的体现；(2)纠纷的存在是教育法律救济的基础；(3)损害的发生是教育法律救济的前提；(4)补救受害者的合法权益是教育法律救济的根本目的；(5)法律救济具有权利性；(6)具有补救与监督双重作用。

考点 2　教育法律救济的途径

法律救济的渠道有四种：行政渠道、司法渠道、仲裁渠道和调解渠道。其中，行政渠道、仲裁渠道和调解渠道统称为非诉讼渠道。

(1)**行政渠道**。行政救济渠道主要有行政申诉和行政复议两种方式。行政救济是教育法律救济的主要方式。

(2)**司法渠道**。司法渠道又称诉讼渠道，是指相对人就特定的侵权行为向人民法院提起诉讼，请求救济。

(3)**仲裁渠道**。仲裁渠道与行政、司法渠道不同。仲裁是建立在纠纷双方自愿平等的基础上，由非国家机关的仲裁机构以平等的第三者身份进行的活动。

(4)**调解渠道**。调解有司法调解、行政调解、民间调解三种形式。

二、教育申诉制度

教育申诉制度是指作为教育法律关系主体的公民，在其合法权益受到侵害时，向国家机关申诉理由，请求处理的制度。我国的教育申诉制度主要有教师申诉制度和受教育者申诉制度。

考点 1　教师申诉制度

1. 教师申诉制度的概念及特征

所谓**教师申诉制度**，是指教师在其合法权益受到侵犯时，依照法律、法规的规定，向主管的行政机关申诉理由，请求处理的制度。

教师申诉制度的特征是：(1)法律性。(2)特定性。(3)非诉讼性。

2. 教师申诉的范围

根据《中华人民共和国教师法》的规定,教师申诉的范围包括:

(1)教师认为学校或其他教育机构侵犯其《中华人民共和国教师法》规定的合法权益的,可以提起申诉。

(2)教师对学校或其他教育机构作出的处理决定不服的,可以提出申诉。

(3)教师认为当地人民政府的有关行政部门侵犯其根据《中华人民共和国教师法》享有的合法权益的,可以提出申诉。需特别指出的是,这里的被诉对象只能是当地人民政府隶属的行政机关,而不能是当地人民政府。其他企业、事业单位或个人侵犯教师合法权益的,不列入教师申诉制度的范围。

3. 教师申诉的程序

教师申诉的程序包括提出、受理和处理三个环节,并依次进行。

(1)提出申诉。教师提出申诉必须符合的条件:①符合法定申诉范围;②有明确的理由和请求;③以法定形式提出。教师申诉应当以书面形式提出。

(2)申诉的受理。在对教师申诉的受理上,主管教育行政部门接到申诉书后,要对申诉人的资格和申诉条件进行认真审查,并就不同情况作出相应处理。对于符合申诉条件的应予以受理;对于不符合申诉条件的,可以答复申诉人不予受理;如果申诉书未说清理由和要求时,应要求申诉人重新提交申诉书。

(3)申诉的处理决定。受理机关对于受理的申诉案件,在进行调查研究,全面核查的基础上,应区别不同情况,分别作出处理决定。

教育行政部门应当在接到申诉的三十日内,作出处理。逾期未做处理或者久拖不决的,若申诉内容涉及人身权、财产权及其他属于行政复议、行政诉讼受案范围的,申诉人可依法提起行政复议或行政诉讼。受理机关作出申诉处理决定后,应将处理决定书发送当事人。申诉处理决定书自送达之日起生效。如果申诉当事人对处理决定不服,可以向原处理机关隶属的人民政府申请复核或依法提起行政复议或行政诉讼。

考点2 受教育者申诉制度

1. 受教育者申诉制度的概念和特征

受教育者申诉制度即学生申诉制度,是指受教育者在其合法权益受到侵害时,依法向主管的行政机关申诉理由,请求处理的制度。受教育者申诉制度具有与教师申诉制度相同的法律性、特定性和非诉讼性。

2. 受教育者申诉的范围

根据《中华人民共和国教育法》的规定,学生申诉的范围包括:(1)对学校作出的各种处分不服,如警告、严重警告、记过、留校察看、勒令退学、开除学籍等,可以提出申诉;(2)对学校或教师侵犯其人身权,如在教育活动中对其进行体罚或变相体罚,限制其人身自由权等,可以提出申诉;(3)对学校或教师侵犯其财产权,如非法乱收费、乱摊派、乱罚款,非法没收其财物,强迫其购买非必需教学物品等,可以提出申诉;(4)对学校或教师侵犯其知识产权可以提出申诉。例如,教师剽窃学生的著作权、发明权或其他科技成果权,学校强行将学生的知识产权收归学校等。

3. 受教育者申诉制度的程序

和教师申诉制度一样,受教育者申诉制度也有提出申诉、申诉受理和申诉处理等环节。

(1)提出申诉。申诉可以以口头或书面形式提出。

(2)申诉受理。主管机关接到学生的口头或书面申诉后,可以依据具体情况经审查后作出不同的处理。

(3)申诉处理。对申诉的处理,如果主管机关对申诉进行受理,则应该对事件进行调查核实,根据不同情况作出不同处理。

考点大默写

1. 教育法作为一般社会规范和法律所具有的特点中,教育法的本质特征是教育法具有_____。
2. 从教育法的渊源来看,正义标准、理性原则、公共政策等属于_____的法源。
3. 从教育法规体系的纵向结构来说,我国的教育基本法律为_____;《中华人民共和国教师法》属于_____。
4. 从逻辑结构上看,教育法律规范通常由_____、_____和法律后果(制裁)三个要素组成。
5. 我国教育法律关系的主体可分为_____、机构和组织(法人)、_____三类。教育法律关系的客体一般包括物质财富、非物质财富、_____三个大的方面。
6. 法律救济的渠道有四种:_____、_____、仲裁渠道和调解渠道。

【参考答案】
1. 强制性 2. 非正式意义 3.《中华人民共和国教育法》;教育单行法律 4. 法定条件(假定);行为准则(处理) 5. 公民(自然人);国家;行为 6. 行政渠道;司法渠道

第二章 依法执教与教师违法(侵权)行为

第一节 依法执教

一、依法执教的概念

依法执教就是要求教师在教育教学活动中,按照教育法律、法规使自己的教育教学活动法制化和规范化。依法执教是依法治教在教师工作中的具体体现,也是对教师的基本要求。

<u>1995年制定的《中华人民共和国教育法》标志着我国第一次以国家基本法律的形式明确了教育的地位和作用</u>,从而为教育事业的改革和发展提供了坚实有力的法律保障。

二、依法执教的基本要求

依法执教的基本要求概括来说有以下四点:

(1)坚持正确的政治方向;(2)拥护党的基本路线和领导;(3)自觉增强法律意识;(4)认真贯彻党和国家的方针政策。

教师依法执教的具体内容如下:

(1)教师要模范地遵守宪法及其他各种法律、法规;(2)教师要依法进行教育教学活动。

三、依法执教的意义

(1)依法执教是依法治国的必然要求。依法治国的依据是我国的宪法和法律,基本要求有四个方面,即有法可依,有法必依,执法必严,违法必究。其中有法可依是依法治国的法律前提,也是依法治国的首要环节;有法必依是依法治国的中心环节。(2)依法执教是依法治教的重要内容。(3)依法执教是人民教师之必需。

第二节 教师违法(侵权)行为

一、教师违法(侵权)行为的含义

教师违法行为即教师出于故意或由于过失而侵害他人(主要是学生)合法权利的行为。在履行教师职责、实施教育教学活动中,中小学教师实施的侵权行为若是执行职务的行为,那么学校必须承担因此而导致的损害后果。如果是教师的个人行为导致他人权利受损,则学校不必承担责任。

二、教师违法(侵权)行为的主要类型及其表现形式 【单选】

考点1 侵犯学生的受教育权

受教育权是学生最基本的权利。学生的受教育权包括受完法定年限教育权、学习权和公正评价权。(1)受完法定年限教育权是指年满六周岁的儿童应入学接受义务教育并受满法律规定年限的教育,学校和教师不能随意开除学生;(2)学习权是指学生有权利在义务教育年限内在校学习,在教育教学过程中,教师不得以任何借口随意侵犯或剥夺学生参加学习活动,诸如听课、作业等的权利;(3)公正评价权是指学生在教育教学过程中,享有教师、学校对自己的学业成绩、道德品质等进行公正评价,并客观真实地记录在学生成绩档案中,在毕业时获得相应的学业成绩证明和毕业证书的权利。

常见的侵犯学生受教育权的表现形式主要有:

(1)侵犯学生受教育机会的平等权。我国《教育法》第九条规定了公民受教育机会平等的基本原则。受教育机会平等,是指公民在受教育方面的权利和义务具有平等的法律地位,不因民族、种族、性别、职业、财产状况、宗教信仰等方面的不同或者差别而受到不平等的对待。

(2)侵犯学生的入学权。我国《义务教育法》第十一条规定了义务教育对象的入学条件,即凡达到入学年龄(新学年开学前满6周岁),不分性别、民族、种族,只要有接受教育的能力,都必须入学接受规定年限的义务教育。此外,实施义务教育的学校必须依法接收应该在本校就读的适龄儿童入学。

(3)侵犯学生参加考试的权利。我国《教育法》第四十三条规定,受教育者享有"参加教育教学计划安排的各种活动"的权利。这是学生在学校中享有的最基本的权利。在教育教学中,学生有权参加教学计划安排的授课、讲座、课堂讨论、观摩、实验、实习和考试等活动。

(4)随意开除学生。我国《未成年人保护法》第二十八条规定,学校应当保障未成年学生受教育的权利,不得违反国家规定开除、变相开除未成年学生。一些学校随意开除学生或勒令未成年学生退学的行为,就侵犯了未成年学生的受教育权。

此外,还有侵犯学生上课学习的权利、侵犯学生受教育的选择权、侵犯学生升学复学方面的同等权利、以侵犯姓名权的手段侵犯学生的受教育权、延误学生录取通知书的发放等。

考点2 侵犯学生的人身权

人身权是公民享有的最基本的、最重要的权利。根据有关法律规定,学生的人身权可分为生命权、身体权、健康权、姓名与肖像权、名誉与荣誉权、人格尊严权、人身自由权、隐私权等。

(1)**侵犯学生的生命权、身体权和健康权**。学生作为公民享有生命权、身体权和健康权。在学校教育中,这类侵害主要是由体罚或变相体罚、教育教学设施设备不安全以及学校、教师的不作为侵权等造成的。

(2)**侵犯学生的姓名肖像权、名誉荣誉权**。一些特殊情况除外,学生有权禁止他人未经允许制作和使用自己的肖像;有权禁止他人对自己的肖像进行毁损、玷污、丑化或歪曲。学生的名誉不得受到歪曲或损害。荣誉是一个人受到外部给予的光荣称誉,每个学生在学校应有平等的机会获得。

(3)**侵犯学生的人格尊严权**。学校和教师必须尊重学生的人格尊严,严禁对学生实施体罚、变相体罚或其他侮辱人格尊严的行为。

(4)**侵犯学生的人身自由权**。人身自由是公民的一项基本权利,包括身体行动自由和表达的自由。侵害学生人身自由的表现形式有:非法拘禁和限制学生、非法搜查学生、非法限制学生表达自由的权利等。

(5)**侵犯学生的隐私权**。隐私包括个人私生活、个人日记、照片、储蓄及财产状况、生活习惯及通讯秘密等。隐私权是指公民生活中不愿为他人公开或知悉的个人秘密的不可侵犯的人身权利。学校和教师侵犯学生隐私的表现形式有:故意隐匿、毁弃或者非法开拆学生信件,披露、宣扬学生自身及家庭成员的资料,提供学生成绩的方式不适当等。

(6)**性侵害**。近年来,少数教师对学生实施性犯罪的现象日趋严重,被侵害的对象绝大部分是14周岁以下的中小学生。其中最主要的性犯罪案件是强奸罪和猥亵儿童罪。

考点3 侵犯学生的财产权

个人的财产所有权是指公民对个人所有的财产依法进行占有、使用、收益和处分的权利。学生的合法财产受法律保护,教师不得侵占、破坏或非法扣押、没收等。学生对教师侵犯其财产权的行为可依法申诉或提起诉讼。教师侵犯学生财产权的表现形式有:损坏学生财物、非法没收学生物品、乱罚款、乱摊派、推销商品等。

考点4　侵犯学生的著作权

我国《著作权法》中规定的作品是指文学、艺术和科学领域内具有独创性并能以一定形式表现的智力成果,包括:(1)文字作品;(2)口述作品;(3)音乐、戏剧、曲艺、舞蹈、杂技艺术作品;(4)美术、建筑作品;(5)摄影作品;(6)视听作品;(7)工程设计图、产品设计图、地图、示意图等图形作品和模型作品;(8)计算机软件;(9)符合作品特征的其他智力成果。著作权人对其作品享有发表权,任何人未经许可不得发表其作品。中小学生的作文也是作品,是受《中华人民共和国著作权法》保护的文字作品。

考点5　不作为违法侵权

依性质不同,侵权行为可分为两类,即作为侵权行为和不作为侵权行为。**作为侵权行为是指行为人以一定的作为致人损害的行为,如体罚、侮辱学生等。不作为侵权行为是指行为人以一定的不作为致人损害的行为。**根据《中华人民共和国教师法》《中华人民共和国未成年人保护法》的规定,学校和教师负有保护学生的法定义务。如果教师没有积极履行保护职责或阻止有害学生的行为即构成不作为侵权行为。学校和教师不作为侵权行为的表现形式有:

(1)**对学生身体状况关照不力**。即学生有特异体质或特定疾病,不宜参加某种教育教学活动,教师应当知道或已经知道,但未予以必要注意。

(2)**教师对生病或受伤学生救护不力**。即教师对学生在校期间突发疾病或者受到伤害,没有根据实际情况及时采取相应救治措施,而是消极的不作为,致使学生的疾病或者伤害因为延迟治疗的原因而加重。

(3)**在履行职责中违反工作要求、操作规程**。即教师在教育教学活动中违反专业规范,包括特定工作岗位、工作期间的要求,如实验室教师在组织实验过程中不得擅离职守;特定教育教学活动中遵循的操作规范,如体育课应当按照教学大纲要求首先组织学生热身。

(4)**学校活动组织失职**。即学校违反有关规定,组织或安排未成年学生从事不宜未成年人参加的劳动、体育运动或其他活动。

(5)**饮食安全事故**。即学校向学生提供的药品、食品、饮用水等不符合国家或者行业有关标准、要求。

(6)**未及时向学生监护人履行告知义务**。即教师发现或知道未成年学生擅自离校等与学生人身安全直接相关的信息,但未及时告知未成年学生的监护人,导致未成年学生因脱离监护人的监护而发生伤害,学校负有管理责任。

真题面对面

1.[2023,单,1分]初二学生李某品学兼优,因为拒绝参加班主任介绍的培训班,期末操行评定被评为D等。班主任这种行为侵犯了李某的(　　)

A.人身自由权　　　B.隐私权　　　C.人格尊严权　　　D.受教育权

2.[2022,单,2分]李老师在学生做实验时到室外接听电话,几个学生趁机乱扔实验用品导致实验室失火,所幸没有造成人员伤亡。李老师的这种行为(　　)

A.侵犯了学生的健康权　　　　　　B.属于不作为侵权

C.侵犯了学生的受教育权　　　　　D.属于意外教学事故

答案:1.D　2.B

考点大默写

1. 1995年制定的_____是我国第一次以国家基本法律的形式明确了教育的地位和作用，从而为教育事业的改革和发展提供了坚实有力的法律保障。
2. 学生最基本的权利是_____，包括受完法定年限教育权、_____和_____。
3. _____是指学生在教育教学过程中，享有教师、学校对自己的学业成绩、道德品质等进行公正评价，并客观真实地记录在学生成绩档案中，在毕业时获得相应的学业成绩证明和毕业证书的权利。
4. 教师披露、宣扬学生自身及家庭成员的资料的行为侵犯了学生的_____。
5. 损坏学生财物、非法没收学生物品侵犯了学生的_____。
6. 如果教师没有积极履行保护职责或阻止有害学生的行为即构成_____。
7. 依性质不同，侵权行为可分为两类，教师对生病或受伤学生救护不力属于_____，体罚、侮辱学生属于_____。

【参考答案】
1.《中华人民共和国教育法》　2.受教育权；学习权；公正评价权　3.公正评价权　4.隐私权　5.财产权　6.不作为侵权行为　7.不作为侵权行为；作为侵权行为

第三章 现行主要的教育法律法规

第一节 《中华人民共和国教育法》

一、《中华人民共和国教育法》的制定

《中华人民共和国教育法》于1995年3月18日经第八届全国人民代表大会第三次会议通过，自1995年9月1日起施行，这是新中国成立以来我国制定的第一部教育基本法。它的颁行是我国教育史上具有里程碑意义的大事，标志着我国开始进入全面依法治教的新时期。《中华人民共和国教育法》进行过三次修正：根据2009年8月27日第十一届全国人民代表大会常务委员会第十次会议《关于修改部分法律的决定》第一次修正；根据2015年12月27日第十二届全国人民代表大会常务委员会第十八次会议《关于修改〈中华人民共和国教育法〉的决定》第二次修正；根据2021年4月29日第十三届全国人民代表大会常务委员会第二十八次会议《关于修改〈中华人民共和国教育法〉的决定》第三次修正。

二、《中华人民共和国教育法》的节选内容 【单选、判断】

第一章 总则

第一条 为了发展教育事业，提高全民族的素质，促进社会主义物质文明和精神文明建设，根据宪法，制定本法。

第二条 在中华人民共和国境内的各级各类教育，适用本法。

第三条 国家坚持中国共产党的领导，坚持以马克思列宁主义、毛泽东思想、邓小平理论、"三个代表"重要思想、科学发展观、习近平新时代中国特色社会主义思想为指导，遵循宪法确定的基本原则，发展社会主义的教育事业。

第四条 教育是社会主义现代化建设的基础，对提高人民综合素质、促进人的全面发展、增强中华民族创新创造活力、实现中华民族伟大复兴具有决定性意义，国家保障教育事业优先发展。全社会应当关心和支持教育事业的发展。全社会应当尊重教师。

第五条 教育必须为社会主义现代化建设服务、为人民服务，必须与生产劳动和社会实践相结合，培养德智体美劳全面发展的社会主义建设者和接班人。

第六条 教育应当坚持立德树人，对受教育者加强社会主义核心价值观教育，增强受教育者的社会责任感、创新精神和实践能力。国家在受教育者中进行爱国主义、集体主义、中国特色社会主义的教育，进行理想、道德、纪律、法治、国防和民族团结的教育。

第七条 教育应当继承和弘扬中华优秀传统文化、革命文化、社会主义先进文化，吸收人类文明发展的一切优秀成果。

第八条 教育活动必须符合国家和社会公共利益。国家实行教育与宗教相分离。任何组织和个人不得利用宗教进行妨碍国家教育制度的活动。

第九条 中华人民共和国公民有受教育的权利和义务。公民不分民族、种族、性别、职业、财产状况、宗教信仰等，依法享有平等的受教育机会。

第十条 国家根据各少数民族的特点和需要,帮助各少数民族地区发展教育事业。国家扶持边远贫困地区发展教育事业。国家扶持和发展残疾人教育事业。

第十四条 国务院和地方各级人民政府根据分级管理、分工负责的原则,领导和管理教育工作。中等及中等以下教育在国务院领导下,由地方人民政府管理。高等教育由国务院和省、自治区、直辖市人民政府管理。

第十五条 国务院教育行政部门主管全国教育工作,统筹规划、协调管理全国的教育事业。县级以上地方各级人民政府教育行政部门主管本行政区域内的教育工作。县级以上各级人民政府其他有关部门在各自的职责范围内,负责有关的教育工作。

第二章 教育基本制度

第十七条 国家实行学前教育、初等教育、中等教育、高等教育的学校教育制度。

国家建立科学的学制系统。学制系统内的学校和其他教育机构的设置、教育形式、修业年限、招生对象、培养目标等,由国务院或者由国务院授权教育行政部门规定。

第十八条 国家制定学前教育标准,加快普及学前教育,构建覆盖城乡,特别是农村的学前教育公共服务体系。各级人民政府应当采取措施,为适龄儿童接受学前教育提供条件和支持。

第十九条 国家实行九年制义务教育制度。各级人民政府采取各种措施保障适龄儿童、少年就学。适龄儿童、少年的父母或者其他监护人以及有关社会组织和个人有义务使适龄儿童、少年接受并完成规定年限的义务教育。

第二十条 国家实行职业教育制度和继续教育制度。各级人民政府、有关行政部门和行业组织以及企业事业组织应当采取措施,发展并保障公民接受职业学校教育或者各种形式的职业培训。国家鼓励发展多种形式的继续教育,使公民接受适当形式的政治、经济、文化、科学、技术、业务等方面的教育,促进不同类型学习成果的互认和衔接,推动全民终身学习。

第二十一条 国家实行国家教育考试制度。国家教育考试由国务院教育行政部门确定种类,并由国家批准的实施教育考试的机构承办。

第二十二条 国家实行学业证书制度。经国家批准设立或者认可的学校及其他教育机构按照国家有关规定,颁发学历证书或者其他学业证书。

第二十三条 国家实行学位制度。学位授予单位依法对达到一定学术水平或者专业技术水平的人员授予相应的学位,颁发学位证书。

第二十五条 国家实行教育督导制度和学校及其他教育机构教育评估制度。

真题面对面

[2020,单,2分]以法律形式规定了我国教育基本制度的是(　　)
A.《中华人民共和国未成年人保护法》　　B.《中华人民共和国教育法》
C.《中华人民共和国教师法》　　D.《中华人民共和国义务教育法》
答案:B

第三章 学校及其他教育机构

第二十六条 国家制定教育发展规划,并举办学校及其他教育机构。

国家鼓励企业事业组织、社会团体、其他社会组织及公民个人依法举办学校及其他教育机构。国家举办学校及其他教育机构,应当坚持勤俭节约的原则。以财政性经费、捐赠资产举办或者参与举办的学校及其他教育机构不得设立为营利性组织。

第二十七条 设立学校及其他教育机构,必须具备下列基本条件:

(一)有组织机构和章程;

(二)有合格的教师;

(三)有符合规定标准的教学场所及设施、设备等;

(四)有必备的办学资金和稳定的经费来源。

第二十八条 学校及其他教育机构的设立、变更和终止,应当按照国家有关规定办理审核、批准、注册或者备案手续。

第二十九条 学校及其他教育机构行使下列权利:

(一)按照章程自主管理;

(二)组织实施教育教学活动;

(三)招收学生或者其他受教育者;

(四)对受教育者进行学籍管理,实施奖励或者处分;

(五)对受教育者颁发相应的学业证书;

(六)聘任教师及其他职工,实施奖励或者处分;

(七)管理、使用本单位的设施和经费;

(八)拒绝任何组织和个人对教育教学活动的非法干涉;

(九)法律、法规规定的其他权利。

国家保护学校及其他教育机构的合法权益不受侵犯。

第三十条 学校及其他教育机构应当履行下列义务:

(一)遵守法律、法规;

(二)贯彻国家的教育方针,执行国家教育教学标准,保证教育教学质量;

(三)维护受教育者、教师及其他职工的合法权益;

(四)以适当方式为受教育者及其监护人了解受教育者的学业成绩及其他有关情况提供便利;

(五)遵照国家有关规定收取费用并公开收费项目;

(六)依法接受监督。

第三十一条 学校及其他教育机构的举办者按照国家有关规定,确定其所举办的学校或者其他教育机构的管理体制。

学校及其他教育机构的校长或者主要行政负责人必须由具有中华人民共和国国籍、在中国境内定居、并具备国家规定任职条件的公民担任,其任免按照国家有关规定办理。学校的教学及其他行政管理,由校长负责。

学校及其他教育机构应当按照国家有关规定,通过以教师为主体的教职工代表大会等组织形式,保障教职工参与民主管理和监督。

第四章 教师和其他教育工作者

第三十三条 教师享有法律规定的权利,履行法律规定的义务,忠诚于人民的教育事业。

第三十四条 国家保护教师的合法权益,改善教师的工作条件和生活条件,提高教师的社会地位。教师的工资报酬、福利待遇,依照法律、法规的规定办理。

第三十五条 国家实行教师资格、职务、聘任制度,通过考核、奖励、培养和培训,提高教师素质,加强教师队伍建设。

第三十六条 学校及其他教育机构中的管理人员,实行教育职员制度。学校及其他教育机构中的教学辅助人员和其他专业技术人员,实行专业技术职务聘任制度。

> **真题面对面**
>
> [2021,判断,1分]《中华人民共和国教育法》规定,学校及其他教育机构中的教学辅助人员,实行教育职员制度。( )
> 答案:×

第五章 受教育者

第三十七条 受教育者在入学、升学、就业等方面依法享有平等权利。学校和有关行政部门应当按照国家有关规定,保障女子在入学、升学、就业、授予学位、派出留学等方面享有同男子平等的权利。

第三十八条 国家、社会对符合入学条件、家庭经济困难的儿童、少年、青年,提供各种形式的资助。

第三十九条 国家、社会、学校及其他教育机构应当根据残疾人身心特性和需要实施教育,并为其提供帮助和便利。

第四十条 国家、社会、家庭、学校及其他教育机构应当为有违法犯罪行为的未成年人接受教育创造条件。

第四十一条 从业人员有依法接受职业培训和继续教育的权利和义务。国家机关、企业事业组织和其他社会组织,应当为本单位职工的学习和培训提供条件和便利。

第四十二条 国家鼓励学校及其他教育机构、社会组织采取措施,为公民接受终身教育创造条件。

第四十三条 受教育者享有下列权利:

(一)参加教育教学计划安排的各种活动,使用教育教学设施、设备、图书资料;

(二)按照国家有关规定获得奖学金、贷学金、助学金;

(三)在学业成绩和品行上获得公正评价,完成规定的学业后获得相应的学业证书、学位证书;

(四)对学校给予的处分不服向有关部门提出申诉,对学校、教师侵犯其人身权、财产权等合法权益,提出申诉或者依法提起诉讼;

(五)法律、法规规定的其他权利。

第四十四条 受教育者应当履行下列义务:

(一)遵守法律、法规;

(二)遵守学生行为规范,尊敬师长,养成良好的思想品德和行为习惯;

(三)努力学习,完成规定的学习任务;

(四)遵守所在学校或者其他教育机构的管理制度。

第四十五条 教育、体育、卫生行政部门和学校及其他教育机构应当完善体育、卫生保健设施,保护学生的身心健康。

第七章 教育投入与条件保障

第五十四条 国家建立以财政拨款为主、其他多种渠道筹措教育经费为辅的体制,逐步增加对教育的投入,保证国家举办的学校教育经费的稳定来源。

企业事业组织、社会团体及其他社会组织和个人依法举办的学校及其他教育机构,办学经费由举办者负责筹措,各级人民政府可以给予适当支持。

第五十五条 国家财政性教育经费支出占国民生产总值的比例应当随着国民经济的发展和财政收入的增长逐步提高。具体比例和实施步骤由国务院规定。

全国各级财政支出总额中教育经费所占比例应当随着国民经济的发展逐步提高。

第五十六条 各级人民政府的教育经费支出,按照事权和财权相统一的原则,在财政预算中单独列项。各级人民政府教育财政拨款的增长应当高于财政经常性收入的增长,并使按在校学生人数平均的教育费用逐步增长,保证教师工资和学生人均公用经费逐步增长。

第五十七条 国务院及县级以上地方各级人民政府应当设立教育专项资金,重点扶持边远贫困地区、少数民族地区实施义务教育。

第五十九条 国家采取优惠措施,鼓励和扶持学校在不影响正常教育教学的前提下开展勤工俭学和社会服务,兴办校办产业。

第六十条 国家鼓励境内、境外社会组织和个人捐资助学。

第六十一条 国家财政性教育经费、社会组织和个人对教育的捐赠,必须用于教育,不得挪用、克扣。

第六十二条 国家鼓励运用金融、信贷手段,支持教育事业的发展。

第六十三条 各级人民政府及其教育行政部门应当加强对学校及其他教育机构教育经费的监督管理,提高教育投资效益。

第六十四条 地方各级人民政府及其有关行政部门必须把学校的基本建设纳入城乡建设规划,统筹安排学校的基本建设用地及所需物资,按照国家有关规定实行优先、优惠政策。

第九章 法律责任

第七十一条 违反国家有关规定,不按照预算核拨教育经费的,由同级人民政府限期核拨;情节严重的,对直接负责的主管人员和其他直接责任人员,依法给予处分。

违反国家财政制度、财务制度,挪用、克扣教育经费的,由上级机关责令限期归还被挪用、克扣的经费,并对直接负责的主管人员和其他直接责任人员,依法给予处分;构成犯罪的,依法追究刑事责任。

第七十二条 结伙斗殴、寻衅滋事,扰乱学校及其他教育机构教育教学秩序或者破坏校舍、场地及其他财产的,由公安机关给予治安管理处罚;构成犯罪的,依法追究刑事责任。侵占学校及其他教育机构的校舍、场地及其他财产的,依法承担民事责任。

第七十三条 明知校舍或者教育教学设施有危险,而不采取措施,造成人员伤亡或者重大财产损失的,对直接负责的主管人员和其他直接责任人员,依法追究刑事责任。

第七十四条 违反国家有关规定,向学校或者其他教育机构收取费用的,由政府责令退还所收费用;对直接负责的主管人员和其他直接责任人员,依法给予处分。

第七十五条 违反国家有关规定,举办学校或者其他教育机构的,由教育行政部门或者其他有关行政部门予以撤销;有违法所得的,没收违法所得;对直接负责的主管人员和其他直接责任人员,依法给予处分。

第七十六条 学校或者其他教育机构违反国家有关规定招收学生的,由教育行政部门或者其他有关行政部门责令退回招收的学生,退还所收费用;对学校、其他教育机构给予警告,可以处违法所得五倍以下罚款;情节严重的,责令停止相关招生资格一年以上三年以下,直至撤销招生资格、吊销办学许可证;对直接负责的主管人员和其他直接责任人员,依法给予处分;构成犯罪的,依法追究刑事责任。

第七十七条 在招收学生工作中滥用职权、玩忽职守、徇私舞弊的,由教育行政部门或者其他有关行政部门责令退回招收的不符合入学条件的人员;对直接负责的主管人员和其他直接责任人员,依法给予处分;构成犯罪的,依法追究刑事责任。

盗用、冒用他人身份,顶替他人取得的入学资格的,由教育行政部门或者其他有关行政部门责令撤销入学资格,并责令停止参加相关国家教育考试二年以上五年以下;已经取得学位证书、学历证书或者其他学业证书的,由颁发机构撤销相关证书;已经成为公职人员的,依法给予开除处分;构成违反治安管理行为的,由公安机关依法给予治安管理处罚;构成犯罪的,依法追究刑事责任。

与他人串通,允许他人冒用本人身份,顶替本人取得的入学资格的,由教育行政部门或者其他有关行政部门责令停止参加相关国家教育考试一年以上三年以下;有违法所得的,没收违法所得;已经成为公职人员的,依法给予处分;构成违反治安管理行为的,由公安机关依法给予治安管理处罚;构成犯罪的,依法追究刑事责任。

组织、指使盗用或者冒用他人身份,顶替他人取得的入学资格的,有违法所得的,没收违法所得;属于公职人员的,依法给予处分;构成违反治安管理行为的,由公安机关依法给予治安管理处罚;构成犯罪的,依法追究刑事责任。

入学资格被顶替权利受到侵害的,可以请求恢复其入学资格。

第二节 《中华人民共和国义务教育法》

一、《中华人民共和国义务教育法》的制定

《中华人民共和国义务教育法》于1986年4月12日第六届全国人民代表大会第四次会议通过,并于1986年7月1日起施行,是新中国成立以来颁布的第一部基础教育方面的法律,是促进和保障我国基础教育健康发展的基本法。它的颁布与实施有力地推动了我国基础教育的普及和全民素质的提高,标志着我国义务教育制度的正式确立。2006年6月29日第十届全国人民代表大会常务委员会第二十二次会议修订通过《中华人民共和国义务教育法》,并于2006年9月1日起开始施行。根据2015年4月24日第十二届全国人民代表大会常务委员会第十四次会议《关于修改〈中华人民共和国义务教育法〉等五部法律的决定》进行第一次修正;根据2018年12月29日第十三届全国人民代表大会常务委员会第七次会议《关于修改〈中华人民共和国产品质量法〉等五部法律的决定》进行第二次修正。

二、《中华人民共和国义务教育法》的节选内容 【单选、判断】 必背

第一章 总 则

第一条 为了保障适龄儿童、少年接受义务教育的权利,保证义务教育的实施,提高全民族素质,根据宪法和教育法,制定本法。

第二条 国家实行九年义务教育制度。义务教育是国家统一实施的所有适龄儿童、少年必须接受的教育,是国家必须予以保障的公益性事业。实施义务教育,不收学费、杂费。国家建立义务教育经费保障机制,保证义务教育制度实施。

第三条 义务教育必须贯彻国家的教育方针,实施素质教育,提高教育质量,使适龄儿童、少年在品德、智力、体质等方面全面发展,为培养有理想、有道德、有文化、有纪律的社会主义建设者和接班人奠定基础。

第四条 凡具有中华人民共和国国籍的适龄儿童、少年,不分性别、民族、种族、家庭财产状况、宗教信仰等,依法享有平等接受义务教育的权利,并履行接受义务教育的义务。

第五条 各级人民政府及其有关部门应当履行本法规定的各项职责,保障适龄儿童、少年接受义务教育的权利。适龄儿童、少年的父母或者其他法定监护人应当依法保证其按时入学接受并完成义务教育。依法实施义务教育的学校应当按照规定标准完成教育教学任务,保证教育教学质量。社会组织和个人应当为适龄儿童、少年接受义务教育创造良好的环境。

第六条 国务院和县级以上地方人民政府应当合理配置教育资源,促进义务教育均衡发展,改善薄弱学校的办学条件,并采取措施,保障农村地区、民族地区实施义务教育,保障家庭经济困难的和残疾的适龄儿童、少年接受义务教育。国家组织和鼓励经济发达地区支援经济欠发达地区实施义务教育。

第七条 义务教育实行国务院领导,省、自治区、直辖市人民政府统筹规划实施,县级人民政府为主管理的体制。县级以上人民政府教育行政部门具体负责义务教育实施工作;县级以上人民政府其他有关部门在各自的职责范围内负责义务教育实施工作。

第八条 人民政府教育督导机构对义务教育工作执行法律法规情况、教育教学质量以及义务教育均衡发展状况等进行督导,督导报告向社会公布。

第九条 任何社会组织或者个人有权对违反本法的行为向有关国家机关提出检举或者控告。发生违反本法的重大事件,妨碍义务教育实施,造成重大社会影响的,负有领导责任的人民政府或者人民政府教育行政部门负责人应当引咎辞职。

第十条 对在义务教育实施工作中做出突出贡献的社会组织和个人,各级人民政府及其有关部门按照有关规定给予表彰、奖励。

第二章 学 生

第十一条 凡年满六周岁的儿童,其父母或者其他法定监护人应当送其入学接受并完成义务教育;条件不具备的地区的儿童,可以推迟到七周岁。适龄儿童、少年因身体状况需要延缓入学或者休学的,其父母或者其他法定监护人应当提出申请,由当地乡镇人民政府或者县级人民政府教育行政部门批准。

第十二条 适龄儿童、少年免试入学。地方各级人民政府应当保障适龄儿童、少年在户籍所在地学校就近入学。父母或者其他法定监护人在非户籍所在地工作或者居住的适龄儿童、少年,在其父母或者其他法定监护人工作或者居住地接受义务教育的,当地人民政府应当为其提供平等接受义务教育的条件。具体办法由省、自治区、直辖市规定。县级人民政府教育行政部门对本行政区域内的军人子女接受义务教育予以保障。

第十三条 县级人民政府教育行政部门和乡镇人民政府组织和督促适龄儿童、少年入学,帮助解决适龄儿童、少年接受义务教育的困难,采取措施防止适龄儿童、少年辍学。居民委员会和村民委员会协助政府做好工作,督促适龄儿童、少年入学。

第十四条 禁止用人单位招用应当接受义务教育的适龄儿童、少年。根据国家有关规定经批准招收适龄儿童、少年进行文艺、体育等专业训练的社会组织,应当保证所招收的适龄儿童、少年接受义务教育;自行实施义务教育的,应当经县级人民政府教育行政部门批准。

> **真题面对面**
>
> [2020,判断,1分]适龄儿童、少年因身体状况需要延缓入学或者休学的,其父母或其他法定监护人应当提出申请,由学校批准。( )
>
> 答案:×

第三章 学 校

第十五条 县级以上地方人民政府根据本行政区域内居住的适龄儿童、少年的数量和分布状况等因素,按照国家有关规定,制定、调整学校设置规划。新建居民区需要设置学校的,应当与居民区的建设同步进行。

第十六条 学校建设,应当符合国家规定的办学标准,适应教育教学需要;应当符合国家规定的选址要求和建设标准,确保学生和教职工安全。

第十七条 县级人民政府根据需要设置寄宿制学校,保障居住分散的适龄儿童、少年入学接受义务教育。

第十八条 国务院教育行政部门和省、自治区、直辖市人民政府根据需要,在经济发达地区设置接收少数民族适龄儿童、少年的学校(班)。

第十九条 县级以上地方人民政府根据需要设置相应的实施特殊教育的学校(班),对视力残疾、听力语言残疾和智力残疾的适龄儿童、少年实施义务教育。特殊教育学校(班)应当具备适应残疾儿童、少年学习、康复、生活特点的场所和设施。普通学校应当接收具有接受普通教育能力的残疾适龄儿童、少年随班就读,并为其学习、康复提供帮助。

第二十条 县级以上地方人民政府根据需要,为具有预防未成年人犯罪法规定的严重不良行为的适龄少年设置专门的学校实施义务教育。

第二十一条 对未完成义务教育的未成年犯和被采取强制性教育措施的未成年人应当进行义务教育,所需经费由人民政府予以保障。

第二十二条 县级以上人民政府及其教育行政部门应当促进学校均衡发展,缩小学校之间办学条件的差距,不得将学校分为重点学校和非重点学校。学校不得分设重点班和非重点班。县级以上人民政府及其教育行政部门不得以任何名义改变或者变相改变公办学校的性质。

第二十三条 各级人民政府及其有关部门依法维护学校周边秩序,保护学生、教师、学校的合法权益,为学校提供安全保障。

第二十四条 学校应当建立、健全安全制度和应急机制,对学生进行安全教育,加强管理,及时消除隐患,预防发生事故。县级以上地方人民政府定期对学校校舍安全进行检查;对需要维修、改造的,及时予以维修、改造。学校不得聘用曾经因故意犯罪被依法剥夺政治权利或者其他不适合从事义务教育工作的人担任工作人员。

第二十五条 学校不得违反国家规定收取费用,不得以向学生推销或者变相推销商品、服务等方式谋取利益。

第二十六条 学校实行校长负责制。校长应当符合国家规定的任职条件。校长由县级人民政府教育行政部门依法聘任。

第二十七条 对违反学校管理制度的学生,学校应当予以批评教育,不得开除。

真题面对面

[2018,单,2分]小学生小明屡次迟到早退,扰乱课堂秩序,教师和学校可以采取的管理方式是(　　)

A.体罚　　　　B.停课　　　　C.开除学籍　　　　D.批评教育

答案:D

第四章 教　师

第二十八条 教师享有法律规定的权利,履行法律规定的义务,应当为人师表,忠诚于人民的教育事业。全社会应当尊重教师。

第二十九条 教师在教育教学中应当平等对待学生,关注学生的个体差异,因材施教,促进学生的充分发展。教师应当尊重学生的人格,不得歧视学生,不得对学生实施体罚、变相体罚或者其他侮辱人格尊严的行为,不得侵犯学生合法权益。

第三十条 教师应当取得国家规定的教师资格。国家建立统一的义务教育教师职务制度。教师职务分为初级职务、中级职务和高级职务。

第三十一条 各级人民政府保障教师工资福利和社会保险待遇,改善教师工作和生活条件;完善农村教师工资经费保障机制。教师的平均工资水平应当不低于当地公务员的平均工资水平。特殊教育教师享有特殊岗位补助津贴。在民族地区和边远贫困地区工作的教师享有艰苦贫困地区补助津贴。

第三十二条 县级以上人民政府应当加强教师培养工作,采取措施发展教师教育。县级人民政府教育行政部门应当均衡配置本行政区域内学校师资力量,组织校长、教师的培训和流动,加强对薄弱学校的建设。

第三十三条 国务院和地方各级人民政府鼓励和支持城市学校教师和高等学校毕业生到农村地区、民族地区从事义务教育工作。国家鼓励高等学校毕业生以志愿者的方式到农村地区、民族地区缺乏教师的学校任教。县级人民政府教育行政部门依法认定其教师资格,其任教时间计入工龄。

真题面对面

1. [2021,单,2分]《中华人民共和国义务教育法》规定,在民族地区和边远贫困地区工作的教师享有( )
   A. 困难补助津贴　　　　　　　　B. 艰苦贫困地区补助津贴
   C. 生活补助津贴　　　　　　　　D. 特殊岗位补助津贴

2. [2021,判断,1分]高等学校毕业生以志愿者的方式到农村地区缺乏教师的学校任教,其任教时间计入工龄。( )

答案:1. B　2. √

第七章 法律责任

第五十一条 国务院有关部门和地方各级人民政府违反本法第六章的规定,未履行对义务教育经费保障职责的,由国务院或者上级地方人民政府责令限期改正;情节严重的,对直接负责的主管人员和其他直接责任人员依法给予行政处分。

第五十二条 县级以上地方人民政府有下列情形之一的,由上级人民政府责令限期改正;情节严重的,对直接负责的主管人员和其他直接责任人员依法给予行政处分:

（一）未按照国家有关规定制定、调整学校的设置规划的;
（二）学校建设不符合国家规定的办学标准、选址要求和建设标准的;
（三）未定期对学校校舍安全进行检查,并及时维修、改造的;
（四）未依照本法规定均衡安排义务教育经费的。

第五十三条 县级以上人民政府或者其教育行政部门有下列情形之一的,由上级人民政府或者其教育

行政部门责令限期改正、通报批评;情节严重的,对直接负责的主管人员和其他直接责任人员依法给予行政处分:

(一)将学校分为重点学校和非重点学校的;
(二)改变或者变相改变公办学校性质的。

县级人民政府教育行政部门或者乡镇人民政府未采取措施组织适龄儿童、少年入学或者防止辍学的,依照前款规定追究法律责任。

第五十七条 学校有下列情形之一的,由县级人民政府教育行政部门责令限期改正;情节严重的,对直接负责的主管人员和其他直接责任人员依法给予处分:

(一)拒绝接收具有接受普通教育能力的残疾适龄儿童、少年随班就读的;
(二)分设重点班和非重点班的;
(三)违反本法规定开除学生的;
(四)选用未经审定的教科书的。

第三节 《中华人民共和国教师法》

一、《中华人民共和国教师法》的制定

《中华人民共和国教师法》从1986年开始起草,后经过八年酝酿、修改,于1993年10月31日第八届全国人民代表大会常务委员会第四次会议通过,1993年10月31日中华人民共和国主席令第15号公布,自1994年1月1日起施行;根据2009年8月27日第十一届全国人民代表大会常务委员会第十次会议《关于修改部分法律的决定》修正。

二、《中华人民共和国教师法》的节选内容 【单选、判断、案例分析】 必背

第一章 总 则

第一条 为了保障教师的合法权益,建设具有良好思想品德修养和业务素质的教师队伍,促进社会主义教育事业的发展,制定本法。

第二条 本法适用于在各级各类学校和其他教育机构中专门从事教育教学工作的教师。

第三条 教师是履行教育教学职责的专业人员,承担教书育人,培养社会主义事业建设者和接班人、提高民族素质的使命。教师应当忠诚于人民的教育事业。

第四条 各级人民政府应当采取措施,加强教师的思想政治教育和业务培训,改善教师的工作条件和生活条件,保障教师的合法权益,提高教师的社会地位。全社会都应当尊重教师。

第五条 国务院教育行政部门主管全国的教师工作。

国务院有关部门在各自职权范围内负责有关的教师工作。

学校和其他教育机构根据国家规定,自主进行教师管理工作。

第六条 每年九月十日为教师节。

真题面对面

[2016,单,2分]根据《中华人民共和国教师法》的规定,教师是履行教育教学职责的( )
A. 技术人员　　　B. 管理人员　　　C. 科研人员　　　D. 专业人员
答案:D

第二章 权利和义务

第七条 教师享有下列权利：

(一)进行教育教学活动,开展教育教学改革和实验;

(二)从事科学研究、学术交流,参加专业的学术团体,在学术活动中充分发表意见;

(三)指导学生的学习和发展,评定学生的品行和学业成绩;

(四)按时获取工资报酬,享受国家规定的福利待遇以及寒暑假期的带薪休假;

(五)对学校教育教学、管理工作和教育行政部门的工作提出意见和建议,通过教职工代表大会或者其他形式,参与学校的民主管理;

(六)参加进修或者其他方式的培训。

小香课堂

关于教师享有的六个权利,考生可将其简化记忆。教师的权利可依次简称为:(1)教育教学权;(2)科学研究权(学术自由权);(3)管理学生权(指导评价权);(4)获得报酬权;(5)民主管理权(参与教育管理权);(6)进修培训权。

真题面对面

1.[2021,单,2分]体育老师在课堂上发现某学生的动作很不规范,要求其反复练习5次,该老师的这种行为属于(　　)

A.体罚　　　　　　　　　　B.变相体罚

C.正常的教学行为　　　　　D.教育机智

2.[2017,单,2分]教师参加专业的学术团体,在学术活动中充分发表意见,进行学术交流。这是《中华人民共和国教师法》赋予教师的(　　)

A.教育教学权　　　　　　　B.民主管理权

C.科学研究权　　　　　　　D.参加培训权

答案:1. C　2. C

第八条 教师应当履行下列义务:

(一)遵守宪法、法律和职业道德,为人师表;

(二)贯彻国家的教育方针,遵守规章制度,执行学校的教学计划,履行教师聘约,完成教育教学工作任务;

(三)对学生进行宪法所确定的基本原则的教育和爱国主义、民族团结的教育,法制教育以及思想品德、文化、科学技术教育,组织、带领学生开展有益的社会活动;

(四)关心、爱护全体学生,尊重学生人格,促进学生在品德、智力、体质等方面全面发展;

(五)制止有害于学生的行为或者其他侵犯学生合法权益的行为,批评和抵制有害于学生健康成长的现象;

(六)不断提高思想政治觉悟和教育教学业务水平。

第九条 为保障教师完成教育教学任务,各级人民政府、教育行政部门、有关部门、学校和其他教育机构应当履行下列职责:

(一)提供符合国家安全标准的教育教学设施和设备;

(二)提供必需的图书、资料及其他教育教学用品;

(三)对教师在教育教学、科学研究中的创造性工作给以鼓励和帮助;

(四)支持教师制止有害于学生的行为或者其他侵犯学生合法权益的行为。

第三章 资格和任用

第十条 国家实行教师资格制度。

中国公民凡遵守宪法和法律,热爱教育事业,具有良好的思想品德,具备本法规定的学历或者经国家教师资格考试合格,有教育教学能力,经认定合格的,可以取得教师资格。

第十一条 取得教师资格应当具备的相应学历是:

(一)取得幼儿园教师资格,应当具备幼儿师范学校毕业及其以上学历;

(二)取得小学教师资格,应当具备中等师范学校毕业及其以上学历;

(三)取得初级中学教师、初级职业学校文化、专业课教师资格,应当具备高等师范专科学校或者其他大学专科毕业及其以上学历;

(四)取得高级中学教师资格和中等专业学校、技工学校、职业高中文化课、专业课教师资格,应当具备高等师范院校本科或者其他大学本科毕业及其以上学历;取得中等专业学校、技工学校和职业高中学生实习指导教师资格应当具备的学历,由国务院教育行政部门规定;

(五)取得高等学校教师资格,应当具备研究生或者大学本科毕业学历;

(六)取得成人教育教师资格,应当按照成人教育的层次、类别,分别具备高等、中等学校毕业及其以上学历。不具备本法规定的教师资格学历的公民,申请获取教师资格,必须通过国家教师资格考试。国家教师资格考试制度由国务院规定。

第十二条 本法实施前已经在学校或者其他教育机构中任教的教师,未具备本法规定学历的,由国务院教育行政部门规定教师资格过渡办法。

第十三条 中小学教师资格由县级以上地方人民政府教育行政部门认定。中等专业学校、技工学校的教师资格由县级以上地方人民政府教育行政部门组织有关主管部门认定。普通高等学校的教师资格由国务院或者省、自治区、直辖市教育行政部门或者由其委托的学校认定。具备本法规定的学历或者经国家教师资格考试合格的公民,要求有关部门认定其教师资格的,有关部门应当依照本法规定的条件予以认定。取得教师资格的人员首次任教时,应当有试用期。

第十四条 受到剥夺政治权利或者故意犯罪受到有期徒刑以上刑事处罚的,不能取得教师资格;已经取得教师资格的,丧失教师资格。

第十五条 各级师范学校毕业生,应当按照国家有关规定从事教育教学工作。国家鼓励非师范高等学校毕业生到中小学或者职业学校任教。

第十六条 国家实行教师职务制度,具体办法由国务院规定。

第十七条 学校和其他教育机构应当逐步实行教师聘任制。教师的聘任应当遵循双方地位平等的原则,由学校和教师签订聘任合同,明确规定双方的权利、义务和责任。实施教师聘任制的步骤、办法由国务院教育行政部门规定。

第五章 考 核

第二十二条 学校或者其他教育机构应当对教师的政治思想、业务水平、工作态度和工作成绩进行考核。教育行政部门对教师的考核工作进行指导、监督。

第二十三条 考核应当客观、公正、准确，充分听取教师本人、其他教师以及学生的意见。

第二十四条 教师考核结果是受聘任教、晋升工资、实施奖惩的依据。

> **真题面对面**
> [2022,判断,1分]学校不能把教师考核结果作为受聘任教、实施奖惩的依据。（　　）
> 答案：×

第六章 待 遇

第二十五条 教师的平均工资水平应当不低于或者高于国家公务员的平均工资水平，并逐步提高。建立正常晋级增薪制度，具体办法由国务院规定。

第二十六条 中小学教师和职业学校教师享受教龄津贴和其他津贴，具体办法由国务院教育行政部门会同有关部门制定。

第二十七条 地方各级人民政府对教师以及具有中专以上学历的毕业生到少数民族地区和边远贫困地区从事教育教学工作的，应当予以补贴。

第三十二条 社会力量所办学校的教师的待遇，由举办者自行确定并予以保障。

第八章 法律责任

第三十五条 侮辱、殴打教师的，根据不同情况，分别给予行政处分或者行政处罚；造成损害的，责令赔偿损失；情节严重，构成犯罪的，依法追究刑事责任。

第三十六条 对依法提出申诉、控告、检举的教师进行打击报复的，由其所在单位或者上级机关责令改正；情节严重的，可以根据具体情况给予行政处分。国家工作人员对教师打击报复构成犯罪的，依照刑法第一百四十六条的规定追究刑事责任。

第三十七条 教师有下列情形之一的，由所在学校、其他教育机构或者教育行政部门给予行政处分或者解聘。

（一）故意不完成教育教学任务给教育教学工作造成损失的；

（二）体罚学生，经教育不改的；

（三）品行不良、侮辱学生，影响恶劣的。

教师有前款第（二）项、第（三）项所列情形之一，情节严重，构成犯罪的，依法追究刑事责任。

第三十八条 地方人民政府对违反本法规定，拖欠教师工资或者侵犯教师其他合法权益的，应当责令其限期改正。违反国家财政制度、财务制度，挪用国家财政用于教育的经费，严重妨碍教育教学工作，拖欠教师工资，损害教师合法权益的，由上级机关责令限期归还被挪用的经费，并对直接责任人员给予行政处分；情节严重，构成犯罪的，依法追究刑事责任。

第三十九条 教师对学校或者其他教育机构侵犯其合法权益的，或者对学校或者其他教育机构作出的处理不服的，可以向教育行政部门提出申诉，教育行政部门应当在接到申诉的三十日内，作出处理。教师认为当地人民政府有关行政部门侵犯其根据本法规定享有的权利的，可以向同级人民政府或者上一级人民政府有关部门提出申诉，同级人民政府或者上一级人民政府有关部门应当作出处理。

真题面对面

[2020,案例分析,10分]李老师参加了某教育学会组织的为期一天的学术研讨会,事先未向学校请假,也未向学校领导请示派人代课,导致他所任教的两个班各有一节缺课。学校发现后,按照本校的教学管理规定,认定为教学事故。李老师对学校认定意见不服,向学校的主管部门提出申诉,要求撤销对其教学事故的认定,其申诉理由是依据《中华人民共和国教师法》规定:"教师享有从事科学研究、学术交流,参加专业的学术团体,在学术中充分发表意见的权利"。

请结合案例运用法律法规知识分析。

(1)该教师有权利对学校的认定意见提出申诉吗?

(2)该校的主管部门会同意他的申诉要求吗?为什么?

答案:(1)有权利申诉。根据《中华人民共和国教师法》第三十九条规定,教师对学校或者其他教育机构侵犯其合法权益的,或者对学校或者其他教育机构作出的处理不服的,可以向教育行政部门提出申诉,教育行政部门应当在接到申诉的三十日内,作出处理。教师享有学术自由权,李老师认为学校的认定意见侵犯了自己的学术自由权,所以从此角度出发,该教师可以对学校的认定意见提出自己的申诉。

(2)不会同意。虽然教师具有学术交流的权利,但是任何权利的行使,不是没有条件的,李老师事先未向学校请假而造成教学损失,违反了《中华人民共和国教师法》第三十七条规定,即教师有故意不完成教育教学任务给教育教学工作造成损失的情形的,由所在学校、其他教育机构或者教育行政部门给予行政处分或者解聘。此案例中李老师没有完成学校所规定的教育教学任务,所以学校有权按照学校管理规定,给予其行政处分或者解聘。

第四节 《中华人民共和国未成年人保护法》

一、《中华人民共和国未成年人保护法》的制定

《中华人民共和国未成年人保护法》于1991年9月4日第七届全国人民代表大会常务委员会第二十一次会议通过,自1992年1月1日起施行。2006年12月29日第十届全国人民代表大会常务委员会第二十五次会议第一次修订;根据2012年10月26日第十一届全国人民代表大会常务委员会第二十九次会议《关于修改〈中华人民共和国未成年人保护法〉的决定》修正;2020年10月17日第十三届全国人民代表大会常务委员会第二十二次会议第二次修订。《未成年人保护法》的颁布填补了我国法制建设的一项空白,为保护青少年的健康成长提供了重要的法律依据。

二、《中华人民共和国未成年人保护法》的节选内容 【单选、判断】

第一章 总则

第一条 为了保护未成年人身心健康,保障未成年人合法权益,促进未成年人德智体美劳全面发展,培养有理想、有道德、有文化、有纪律的社会主义建设者和接班人,培养担当民族复兴大任的时代新人,根据宪法,制定本法。

第二条 本法所称未成年人是指未满十八周岁的公民。

第三条 国家保障未成年人的生存权、发展权、受保护权、参与权等权利。

未成年人依法平等地享有各项权利,不因本人及其父母或者其他监护人的民族、种族、性别、户籍、职业、宗教信仰、教育程度、家庭状况、身心健康状况等受到歧视。

第四条 保护未成年人,应当坚持最有利于未成年人的原则。处理涉及未成年人事项,应当符合下列要求:

(一)给予未成年人特殊、优先保护;
(二)尊重未成年人人格尊严;
(三)保护未成年人隐私权和个人信息;
(四)适应未成年人身心健康发展的规律和特点;
(五)听取未成年人的意见;
(六)保护与教育相结合。

第七条 未成年人的父母或者其他监护人依法对未成年人承担监护职责。

国家采取措施指导、支持、帮助和监督未成年人的父母或者其他监护人履行监护职责。

第二章 家庭保护

第二十一条 未成年人的父母或者其他监护人不得使未满八周岁或者由于身体、心理原因需要特别照顾的未成年人处于无人看护状态,或者将其交由无民事行为能力、限制民事行为能力、患有严重传染性疾病或者其他不适宜的人员临时照护。

未成年人的父母或者其他监护人不得使未满十六周岁的未成年人脱离监护单独生活。

第二十二条 未成年人的父母或者其他监护人因外出务工等原因在一定期限内不能完全履行监护职责的,应当委托具有照护能力的完全民事行为能力人代为照护;无正当理由的,不得委托他人代为照护。

未成年人的父母或者其他监护人在确定被委托人时,应当综合考虑其道德品质、家庭状况、身心健康状况、与未成年人生活情感上的联系等情况,并听取有表达意愿能力未成年人的意见。

具有下列情形之一的,不得作为被委托人:

(一)曾实施性侵害、虐待、遗弃、拐卖、暴力伤害等违法犯罪行为;
(二)有吸毒、酗酒、赌博等恶习;
(三)曾拒不履行或者长期怠于履行监护、照护职责;
(四)其他不适宜担任被委托人的情形。

第三章 学校保护

第二十七条 学校、幼儿园的教职员工应当尊重未成年人人格尊严,不得对未成年人实施体罚、变相体罚或者其他侮辱人格尊严的行为。

第二十八条 学校应当保障未成年学生受教育的权利,不得违反国家规定开除、变相开除未成年学生。

学校应当对尚未完成义务教育的辍学未成年学生进行登记并劝返复学;劝返无效的,应当及时向教育行政部门书面报告。

第二十九条 学校应当关心、爱护未成年学生,不得因家庭、身体、心理、学习能力等情况歧视学生。对家庭困难、身心有障碍的学生,应当提供关爱;对行为异常、学习有困难的学生,应当耐心帮助。

学校应当配合政府有关部门建立留守未成年学生、困境未成年学生的信息档案,开展关爱帮扶工作。

第四十条 学校、幼儿园应当建立预防性侵害、性骚扰未成年人工作制度。对性侵害、性骚扰未成年人等违法犯罪行为,学校、幼儿园不得隐瞒,应当及时向公安机关、教育行政部门报告,并配合相关部门依法处理。

学校、幼儿园应当对未成年人开展适合其年龄的性教育,提高未成年人防范性侵害、性骚扰的自我保护意识和能力。对遭受性侵害、性骚扰的未成年人,学校、幼儿园应当及时采取相关的保护措施。

第四章 社会保护

第四十四条 爱国主义教育基地、图书馆、青少年宫、儿童活动中心、儿童之家应当对未成年人免费开放;博物馆、纪念馆、科技馆、展览馆、美术馆、文化馆、社区公益性互联网上网服务场所以及影剧院、体育场馆、动物园、植物园、公园等场所,应当按照有关规定对未成年人免费或者优惠开放。

国家鼓励爱国主义教育基地、博物馆、科技馆、美术馆等公共场馆开设未成年人专场,为未成年人提供有针对性的服务。

国家鼓励国家机关、企业事业单位、部队等开发自身教育资源,设立未成年人开放日,为未成年人主题教育、社会实践、职业体验等提供支持。

国家鼓励科研机构和科技类社会组织对未成年人开展科学普及活动。

第五十五条 生产、销售用于未成年人的食品、药品、玩具、用具和游戏游艺设备、游乐设施等,应当符合国家或者行业标准,不得危害未成年人的人身安全和身心健康。上述产品的生产者应当在显著位置标明注意事项,未标明注意事项的不得销售。

第五十六条 未成年人集中活动的公共场所应当符合国家或者行业安全标准,并采取相应安全保护措施。对可能存在安全风险的设施,应当定期进行维护,在显著位置设置安全警示标志并标明适龄范围和注意事项;必要时应当安排专门人员看管。

大型的商场、超市、医院、图书馆、博物馆、科技馆、游乐场、车站、码头、机场、旅游景区景点等场所运营单位应当设置搜寻走失未成年人的安全警报系统。场所运营单位接到求助后,应当立即启动安全警报系统,组织人员进行搜寻并向公安机关报告。

公共场所发生突发事件时,应当优先救护未成年人。

第六十条 禁止向未成年人提供、销售管制刀具或者其他可能致人严重伤害的器具等物品。经营者难以判明购买者是否是未成年人的,应当要求其出示身份证件。

第六十一条 任何组织或者个人不得招用未满十六周岁未成年人,国家另有规定的除外。

营业性娱乐场所、酒吧、互联网上网服务营业场所等不适宜未成年人活动的场所不得招用已满十六周岁的未成年人。

招用已满十六周岁未成年人的单位和个人应当执行国家在工种、劳动时间、劳动强度和保护措施等方面的规定,不得安排其从事过重、有毒、有害等危害未成年人身心健康的劳动或者危险作业。

任何组织或者个人不得组织未成年人进行危害其身心健康的表演等活动。经未成年人的父母或者其他监护人同意,未成年人参与演出、节目制作等活动,活动组织方应当根据国家有关规定,保障未成年人合法权益。

第六十三条 任何组织或者个人不得隐匿、毁弃、非法删除未成年人的信件、日记、电子邮件或者其他网络通讯内容。

除下列情形外,任何组织或者个人不得开拆、查阅未成年人的信件、日记、电子邮件或者其他网络通讯内容:

(一)无民事行为能力未成年人的父母或者其他监护人代未成年人开拆、查阅;

(二)因国家安全或者追查刑事犯罪依法进行检查;

(三)紧急情况下为了保护未成年人本人的人身安全。

第七章 司法保护

第一百一十条 公安机关、人民检察院、人民法院讯问未成年犯罪嫌疑人、被告人,询问未成年被害人、证人,应当依法通知其法定代理人或者其成年亲属、所在学校的代表等合适成年人到场,并采取适当方式,在适当场所进行,保障未成年人的名誉权、隐私权和其他合法权益。

人民法院开庭审理涉及未成年人案件,未成年被害人、证人一般不出庭作证;必须出庭的,应当采取保护其隐私的技术手段和心理干预等保护措施。

第一百一十一条 公安机关、人民检察院、人民法院应当与其他有关政府部门、人民团体、社会组织互相配合,对遭受性侵害或者暴力伤害的未成年被害人及其家庭实施必要的心理干预、经济救助、法律援助、转学安置等保护措施。

第一百一十二条 公安机关、人民检察院、人民法院办理未成年人遭受性侵害或者暴力伤害案件,在询问未成年被害人、证人时,应当采取同步录音录像等措施,尽量一次完成;未成年被害人、证人是女性的,应当由女性工作人员进行。

第一百一十三条 对违法犯罪的未成年人,实行教育、感化、挽救的方针,坚持教育为主、惩罚为辅的原则。

对违法犯罪的未成年人依法处罚后,在升学、就业等方面不得歧视。

第五节 《中华人民共和国预防未成年人犯罪法》

一、《中华人民共和国预防未成年人犯罪法》的制定

《中华人民共和国预防未成年人犯罪法》于1999年6月28日第九届全国人民代表大会常务委员会第十次会议通过,自1999年11月1日起施行。根据2012年10月26日第十一届全国人民代表大会常务委员会第二十九次会议通过的《关于修改〈中华人民共和国预防未成年人犯罪法〉的决定》进行修正;根据2020年12月26日第十三届全国人民代表大会常务委员会第二十四次会议进行修订,自2021年6月1日起施行。

二、《中华人民共和国预防未成年人犯罪法》的节选内容 【判断】

第一章 总 则

第一条 为了保障未成年人身心健康,培养未成年人良好品行,有效预防未成年人违法犯罪,制定本法。

第二条 预防未成年人犯罪,立足于教育和保护未成年人相结合,坚持预防为主、提前干预,对未成年人的不良行为和严重不良行为及时进行分级预防、干预和矫治。

第五条 各级人民政府在预防未成年人犯罪方面的工作职责是:

(一)制定预防未成年人犯罪工作规划;

(二)组织公安、教育、民政、文化和旅游、市场监督管理、网信、卫生健康、新闻出版、电影、广播电视、司法行政等有关部门开展预防未成年人犯罪工作;

(三)为预防未成年人犯罪工作提供政策支持和经费保障;

(四)对本法的实施情况和工作规划的执行情况进行检查;
(五)组织开展预防未成年人犯罪宣传教育;
(六)其他预防未成年人犯罪工作职责。

第十二条　预防未成年人犯罪,应当结合未成年人不同年龄的生理、心理特点,加强青春期教育、心理关爱、心理矫治和预防犯罪对策的研究。

第二章　预防犯罪的教育

第十六条　未成年人的父母或者其他监护人对未成年人的预防犯罪教育负有直接责任,应当依法履行监护职责,树立优良家风,培养未成年人良好品行;发现未成年人心理或者行为异常的,应当及时了解情况并进行教育、引导和劝诫,不得拒绝或者怠于履行监护职责。

第十七条　教育行政部门、学校应当将预防犯罪教育纳入学校教学计划,指导教职员工结合未成年人的特点,采取多种方式对未成年学生进行有针对性的预防犯罪教育。

第十九条　学校应当配备专职或者兼职的心理健康教育教师,开展心理健康教育。学校可以根据实际情况与专业心理健康机构合作,建立心理健康筛查和早期干预机制,预防和解决学生心理、行为异常问题。

学校应当与未成年学生的父母或者其他监护人加强沟通,共同做好未成年学生心理健康教育;发现未成年学生可能患有精神障碍的,应当立即告知其父母或者其他监护人送相关专业机构诊治。

第二十二条　教育行政部门、学校应当通过举办讲座、座谈、培训等活动,介绍科学合理的教育方法,指导教职员工、未成年学生的父母或者其他监护人有效预防未成年人犯罪。

学校应当将预防犯罪教育计划告知未成年学生的父母或者其他监护人。未成年学生的父母或者其他监护人应配合学校对未成年学生进行有针对性的预防犯罪教育。

第三章　对不良行为的干预

第二十八条　本法所称不良行为,是指未成年人实施的不利于其健康成长的下列行为:
(一)吸烟、饮酒;
(二)多次旷课、逃学;
(三)无故夜不归宿、离家出走;
(四)沉迷网络;
(五)与社会上具有不良习性的人交往,组织或者参加实施不良行为的团伙;
(六)进入法律法规规定未成年人不宜进入的场所;
(七)参与赌博、变相赌博,或者参加封建迷信、邪教等活动;
(八)阅览、观看或者收听宣扬淫秽、色情、暴力、恐怖、极端等内容的读物、音像制品或者网络信息等;
(九)其他不利于未成年人身心健康成长的不良行为。

第三十一条　学校对有不良行为的未成年学生,应当加强管理教育,不得歧视;对拒不改正或者情节严重的,学校可以根据情况予以处分或者采取以下管理教育措施:
(一)予以训导;
(二)要求遵守特定的行为规范;
(三)要求参加特定的专题教育;
(四)要求参加校内服务活动;
(五)要求接受社会工作者或者其他专业人员的心理辅导和行为干预;

（六）其他适当的管理教育措施。

第三十二条　学校和家庭应当加强沟通，建立家校合作机制。学校决定对未成年学生采取管理教育措施的，应当及时告知其父母或者其他监护人；未成年学生的父母或者其他监护人应当支持、配合学校进行管理教育。

第三十四条　未成年学生旷课、逃学的，学校应当及时联系其父母或者其他监护人，了解有关情况；无正当理由的，学校和未成年学生的父母或者其他监护人应当督促其返校学习。

第四章　对严重不良行为的矫治

第三十八条　本法所称严重不良行为，是指未成年人实施的有刑法规定、因不满法定刑事责任年龄不予刑事处罚的行为，以及严重危害社会的下列行为：

（一）结伙斗殴，追逐、拦截他人，强拿硬要或者任意损毁、占用公私财物等寻衅滋事行为；

（二）非法携带枪支、弹药或者弩、匕首等国家规定的管制器具；

（三）殴打、辱骂、恐吓，或者故意伤害他人身体；

（四）盗窃、哄抢、抢夺或者故意损毁公私财物；

（五）传播淫秽的读物、音像制品或者信息等；

（六）卖淫、嫖娼，或者进行淫秽表演；

（七）吸食、注射毒品，或者向他人提供毒品；

（八）参与赌博赌资较大；

（九）其他严重危害社会的行为。

第三十九条　未成年人的父母或者其他监护人、学校、居民委员会、村民委员会发现有人教唆、胁迫、引诱未成年人实施严重不良行为的，应当立即向公安机关报告。公安机关接到报告或者发现有上述情形的，应当及时依法查处；对人身安全受到威胁的未成年人，应当立即采取有效保护措施。

第四十条　公安机关接到举报或者发现未成年人有严重不良行为的，应当及时制止，依法调查处理，并可以责令其父母或者其他监护人消除或者减轻违法后果，采取措施严加管教。

第四十一条　对有严重不良行为的未成年人，公安机关可以根据具体情况，采取以下矫治教育措施：

（一）予以训诫；

（二）责令赔礼道歉、赔偿损失；

（三）责令具结悔过；

（四）责令定期报告活动情况；

（五）责令遵守特定的行为规范，不得实施特定行为、接触特定人员或者进入特定场所；

（六）责令接受心理辅导、行为矫治；

（七）责令参加社会服务活动；

（八）责令接受社会观护，由社会组织、有关机构在适当场所对未成年人进行教育、监督和管束；

（九）其他适当的矫治教育措施。

第四十二条　公安机关在对未成年人进行矫治教育时，可以根据需要邀请学校、居民委员会、村民委员会以及社会工作服务机构等社会组织参与。

未成年人的父母或者其他监护人应当积极配合矫治教育措施的实施，不得妨碍阻挠或者放任不管。

第四十三条　对有严重不良行为的未成年人，未成年人的父母或者其他监护人、所在学校无力管教或者管教无效的，可以向教育行政部门提出申请，经专门教育指导委员会评估同意后，由教育行政部门决定送入专门学校接受专门教育。

第四十四条 未成年人有下列情形之一的,经专门教育指导委员会评估同意,教育行政部门会同公安机关可以决定将其送入专门学校接受专门教育:

(一)实施严重危害社会的行为,情节恶劣或者造成严重后果;

(二)多次实施严重危害社会的行为;

(三)拒不接受或者配合本法第四十一条规定的矫治教育措施;

(四)法律、行政法规规定的其他情形。

第五章 对重新犯罪的预防

第五十条 公安机关、人民检察院、人民法院办理未成年人刑事案件,应当根据未成年人的生理、心理特点和犯罪的情况,有针对性地进行法治教育。

对涉及刑事案件的未成年人进行教育,其法定代理人以外的成年亲属或者教师、辅导员等参与有利于感化、挽救未成年人的,公安机关、人民检察院、人民法院应当邀请其参加有关活动。

第五十六条 对刑满释放的未成年人,未成年犯管教所应当提前通知其父母或者其他监护人按时接回,并协助落实安置帮教措施。没有父母或者其他监护人、无法查明其父母或者其他监护人的,未成年犯管教所应当提前通知未成年人原户籍所在地或者居住地的司法行政部门安排人员按时接回,由民政部门或者居民委员会、村民委员会依法对其进行监护。

第五十八条 刑满释放和接受社区矫正的未成年人,在复学、升学、就业等方面依法享有与其他未成年人同等的权利,任何单位和个人不得歧视。

第六节 《学生伤害事故处理办法》

一、《学生伤害事故处理办法》的制定

《学生伤害事故处理办法》是教育部2002年6月25日发布的部门规章,明确了学生伤害事故与责任、事故处理程序、事故损失的赔偿、事故责任者的处理等事项。根据2010年12月13日《教育部关于修改和废止部分规章的决定》进行修正。

二、《学生伤害事故处理办法》的节选内容 【单选】

第一章 总 则

第一条 为积极预防、妥善处理在校学生伤害事故,保护学生、学校的合法权益,根据《中华人民共和国教育法》、《中华人民共和国未成年人保护法》和其他相关法律、行政法规及有关规定,制定本办法。

第二条 在学校实施的教育教学活动或者学校组织的校外活动中,以及在学校负有管理责任的校舍、场地、其他教育教学设施、生活设施内发生的,造成在校学生人身损害后果的事故的处理,适用本办法。

第四条 学校的举办者应当提供符合安全标准的校舍、场地、其他教育教学设施和生活设施。

教育行政部门应当加强学校安全工作,指导学校落实预防学生伤害事故的措施,指导、协助学校妥善处理学生伤害事故,维护学校正常的教育教学秩序。

第五条 学校应当对在校学生进行必要的安全教育和自护自救教育;应当按照规定,建立健全安全制

度,采取相应的管理措施,预防和消除教育教学环境中存在的安全隐患;当发生伤害事故时,应当及时采取措施救助受伤害学生。

学校对学生进行安全教育、管理和保护,应当针对学生年龄、认知能力和法律行为能力的不同,采用相应的内容和预防措施。

第七条 未成年学生的父母或者其他监护人(以下称为监护人)应当依法履行监护职责,配合学校对学生进行安全教育、管理和保护工作。

学校对未成年学生不承担监护职责,但法律有规定的或者学校依法接受委托承担相应监护职责的情形除外。

> **真题面对面**
> [2022,单,2分]根据《学生伤害事故处理办法》的规定,学校对未成年学生不承担(　　)
> A. 安全教育职责　　B. 自救教育职责　　C. 法定监护职责　　D. 安全管理职责
> 答案:C

第二章 事故与责任

第九条 因下列情形之一造成的学生伤害事故,学校应当依法承担相应的责任:

(一)学校的校舍、场地、其他公共设施,以及学校提供给学生使用的学具、教育教学和生活设施、设备不符合国家规定的标准,或者有明显不安全因素的;

(二)学校的安全保卫、消防、设施设备管理等安全管理制度有明显疏漏,或者管理混乱,存在重大安全隐患,而未及时采取措施的;

(三)学校向学生提供的药品、食品、饮用水等不符合国家或者行业的有关标准、要求的;

(四)学校组织学生参加教育教学活动或者校外活动,未对学生进行相应的安全教育,并未在可预见的范围内采取必要的安全措施的;

(五)学校知道教师或者其他工作人员患有不适宜担任教育教学工作的疾病,但未采取必要措施的;

(六)学校违反有关规定,组织或者安排未成年学生从事不宜未成年人参加的劳动、体育运动或者其他活动的;

(七)学生有特异体质或者特定疾病,不宜参加某种教育教学活动,学校知道或者应当知道,但未予以必要的注意的;

(八)学生在校期间突发疾病或者受到伤害,学校发现,但未根据实际情况及时采取相应措施,导致不良后果加重的;

(九)学校教师或者其他工作人员体罚或者变相体罚学生,或者在履行职责过程中违反工作要求、操作规程、职业道德或者其他有关规定的;

(十)学校教师或者其他工作人员在负有组织、管理未成年学生的职责期间,发现学生行为具有危险性,但未进行必要的管理、告诫或者制止的;

(十一)对未成年学生擅自离校等与学生人身安全直接相关的信息,学校发现或者知道,但未及时告知未成年学生的监护人,导致未成年学生因脱离监护人的保护而发生伤害的;

(十二)学校有未依法履行职责的其他情形的。

第十条 学生或者未成年学生监护人由于过错,有下列情形之一,造成学生伤害事故,应当依法承担相应的责任:

（一）学生违反法律法规的规定，违反社会公共行为准则、学校的规章制度或者纪律，实施按其年龄和认知能力应当知道具有危险或者可能危及他人的行为的；

（二）学生行为具有危险性，学校、教师已经告诫、纠正，但学生不听劝阻、拒不改正的；

（三）学生或者其监护人知道学生有特异体质，或者患有特定疾病，但未告知学校的；

（四）未成年学生的身体状况、行为、情绪等有异常情况，监护人知道或者已被学校告知，但未履行相应监护职责的；

（五）学生或者未成年学生监护人有其他过错的。

第十二条 因下列情形之一造成的学生伤害事故，学校已履行了相应职责，行为并无不当的，无法律责任：

（一）地震、雷击、台风、洪水等不可抗的自然因素造成的；

（二）来自学校外部的突发性、偶发性侵害造成的；

（三）学生有特异体质、特定疾病或者异常心理状态，学校不知道或者难于知道的；

（四）学生自杀、自伤的；

（五）在对抗性或者具有风险性的体育竞赛活动中发生意外伤害的；

（六）其他意外因素造成的。

第十三条 下列情形下发生的造成学生人身损害后果的事故，学校行为并无不当的，不承担事故责任；事故责任应当按有关法律法规或者其他有关规定认定：

（一）在学生自行上学、放学、返校、离校途中发生的；

（二）在学生自行外出或者擅自离校期间发生的；

（三）在放学后、节假日或者假期等学校工作时间以外，学生自行滞留学校或者自行到校发生的；

（四）其他在学校管理职责范围外发生的。

第十四条 因学校教师或者其他工作人员与其职务无关的个人行为，或者因学生、教师及其他个人故意实施的违法犯罪行为，造成学生人身损害的，由致害人依法承担相应的责任。

第四章 事故损害的赔偿

第二十三条 对发生学生伤害事故负有责任的组织或者个人，应当按照法律法规的有关规定，承担相应的损害赔偿责任。

第二十四条 学生伤害事故赔偿的范围与标准，按照有关行政法规、地方性法规或者最高人民法院司法解释中的有关规定确定。

教育行政部门进行调解时，认为学校有责任的，可以依照有关法律法规及国家有关规定，提出相应的调解方案。

第二十五条 对受伤害学生的伤残程度存在争议的，可以委托当地具有相应鉴定资格的医院或者有关机构，依据国家规定的人体伤残标准进行鉴定。

第二十六条 学校对学生伤害事故负有责任的，根据责任大小，适当予以经济赔偿，但不承担解决户口、住房、就业等与救助受伤害学生、赔偿相应经济损失无直接关系的其他事项。

学校无责任的，如果有条件，可以根据实际情况，本着自愿和可能的原则，对受伤害学生给予适当的帮助。

第二十七条 因学校教师或者其他工作人员在履行职务中的故意或者重大过失造成的学生伤害事故，学校予以赔偿后，可以向有关责任人员追偿。

第二十八条　未成年学生对学生伤害事故负有责任的,由其监护人依法承担相应的赔偿责任。

学生的行为侵害学校教师及其他工作人员以及其他组织、个人的合法权益,造成损失的,成年学生或者未成年学生的监护人应当依法予以赔偿。

> **真题面对面**
>
> [2023,判断,1分]未成年学生对学生伤害事故负有责任的,由其监护人依法承担相应的赔偿责任。(　　)
>
> 答案:√

第七节　《中小学教育惩戒规则(试行)》

第一条　为落实立德树人根本任务,保障和规范学校、教师依法履行教育教学和管理职责,保护学生合法权益,促进学生健康成长、全面发展,根据教育法、教师法、未成年人保护法、预防未成年人犯罪法等法律法规和国家有关规定,制定本规则。

第二条　普通中小学校、中等职业学校(以下称学校)及其教师在教育教学和管理过程中对学生实施教育惩戒,适用本规则。

本规则所称教育惩戒,是指学校、教师基于教育目的,对违规违纪学生进行管理、训导或者以规定方式予以矫治,促使学生引以为戒、认识和改正错误的教育行为。

第三条　学校、教师应当遵循教育规律,依法履行职责,通过积极管教和教育惩戒的实施,及时纠正学生错误言行,培养学生的规则意识、责任意识。

教育行政部门应当支持、指导、监督学校及其教师依法依规实施教育惩戒。

第四条　实施教育惩戒应当符合教育规律,注重育人效果;遵循法治原则,做到客观公正;选择适当措施,与学生过错程度相适应。

第五条　学校应当结合本校学生特点,依法制定、完善校规校纪,明确学生行为规范,健全实施教育惩戒的具体情形和规则。

学校制定校规校纪,应当广泛征求教职工、学生和学生父母或者其他监护人(以下称家长)的意见;有条件的,可以组织有学生、家长及有关方面代表参加的听证。校规校纪应当提交家长委员会、教职工代表大会讨论,经校长办公会议审议通过后施行,并报主管教育部门备案。

教师可以组织学生、家长以民主讨论形式共同制定班规或者班级公约,报学校备案后施行。

第六条　学校应当利用入学教育、班会以及其他适当方式,向学生和家长宣传讲解校规校纪。未经公布的校规校纪不得施行。

学校可以根据情况建立校规校纪执行委员会等组织机构,吸收教师、学生及家长、社会有关方面代表参加,负责确定可适用的教育惩戒措施,监督教育惩戒的实施,开展相关宣传教育等。

第七条　学生有下列情形之一,学校及其教师应当予以制止并进行批评教育,确有必要的,可以实施教育惩戒:

(一)故意不完成教学任务要求或者不服从教育、管理的;

(二)扰乱课堂秩序、学校教育教学秩序的;

(三)吸烟、饮酒,或者言行失范违反学生守则的;

(四)实施有害自己或者他人身心健康的危险行为的;

(五)打骂同学、老师,欺凌同学或者侵害他人合法权益的;

(六)其他违反校规校纪的行为。

学生实施属于预防未成年人犯罪法规定的不良行为或者严重不良行为的,学校、教师应当予以制止并实施教育惩戒,加强管教;构成违法犯罪的,依法移送公安机关处理。

第八条 教师在课堂教学、日常管理中,对违规违纪情节较为轻微的学生,可以当场实施以下教育惩戒:

(一)点名批评;

(二)责令赔礼道歉、做口头或者书面检讨;

(三)适当增加额外的教学或者班级公益服务任务;

(四)一节课堂教学时间内的教室内站立;

(五)课后教导;

(六)学校校规校纪或者班规、班级公约规定的其他适当措施。

教师对学生实施前款措施后,可以以适当方式告知学生家长。

真题面对面

[2023,单,1分]教师在课堂教学、日常管理中,对违规违纪情节较为轻微的学生,可以当场实施的教育惩戒方式是( )

A. 由学校德育工作负责人予以训导
B. 暂停校外集体活动
C. 一节课堂教学时间内的教室内站立
D. 承担校内公益服务任务

答案:C

第九条 学生违反校规校纪,情节较重或者经当场教育惩戒拒不改正的,学校可以实施以下教育惩戒,并应当及时告知家长:

(一)由学校德育工作负责人予以训导;

(二)承担校内公益服务任务;

(三)安排接受专门的校规校纪、行为规则教育;

(四)暂停或者限制学生参加游览、校外集体活动以及其他外出集体活动;

(五)学校校规校纪规定的其他适当措施。

第十条 小学高年级、初中和高中阶段的学生违规违纪情节严重或者影响恶劣的,学校可以实施以下教育惩戒,并应当事先告知家长:

(一)给予不超过一周的停课或者停学,要求家长在家进行教育、管教;

(二)由法治副校长或者法治辅导员予以训诫;

(三)安排专门的课程或者教育场所,由社会工作者或者其他专业人员进行心理辅导、行为干预。

对违规违纪情节严重,或者经多次教育惩戒仍不改正的学生,学校可以给予警告、严重警告、记过或者留校察看的纪律处分。对高中阶段学生,还可以给予开除学籍的纪律处分。

对有严重不良行为的学生,学校可以按照法定程序,配合家长、有关部门将其转入专门学校教育矫治。

真题面对面

[2022,判断,1分]学校在事先告知家长的情况下,可以给予违规违纪情节严重的小学高年级学生停课一周的教育惩戒。( )

答案:√

第六部分 教育法律法规及政策 475

第十一条 学生扰乱课堂或者教育教学秩序,影响他人或者可能对自己及他人造成伤害的,教师可以采取必要措施,将学生带离教室或者教学现场,并予以教育管理。

教师、学校发现学生携带、使用违规物品或者行为具有危险性的,应当采取必要措施予以制止;发现学生藏匿违法、危险物品的,应当责令学生交出并可以对可能藏匿物品的课桌、储物柜等进行检查。

教师、学校对学生的违规物品可以予以暂扣并妥善保管,在适当时候交还学生家长;属于违法、危险物品的,应当及时报告公安机关、应急管理部门等有关部门依法处理。

第十二条 教师在教育教学管理、实施教育惩戒过程中,不得有下列行为:

(一)以击打、刺扎等方式直接造成身体痛苦的体罚;

(二)超过正常限度的罚站、反复抄写,强制做不适的动作或者姿势,以及刻意孤立等间接伤害身体、心理的变相体罚;

(三)辱骂或者以歧视性、侮辱性的言行侵犯学生人格尊严;

(四)因个人或者少数人违规违纪行为而惩罚全体学生;

(五)因学业成绩而教育惩戒学生;

(六)因个人情绪、好恶实施或者选择性实施教育惩戒;

(七)指派学生对其他学生实施教育惩戒;

(八)其他侵害学生权利的。

第十三条 教师对学生实施教育惩戒后,应当注重与学生的沟通和帮扶,对改正错误的学生及时予以表扬、鼓励。

学校可以根据实际和需要,建立学生教育保护辅导工作机制,由学校分管负责人、德育工作机构负责人、教师以及法治副校长(辅导员)、法律以及心理、社会工作等方面的专业人员组成辅导小组,对有需要的学生进行专门的心理辅导、行为矫治。

第十四条 学校拟对学生实施本规则第十条所列教育惩戒和纪律处分的,应当听取学生的陈述和申辩。学生或者家长申请听证的,学校应当组织听证。

学生受到教育惩戒或者纪律处分后,能够诚恳认错、积极改正的,可以提前解除教育惩戒或者纪律处分。

第十五条 学校应当支持、监督教师正当履行职务。教师因实施教育惩戒与学生及其家长发生纠纷,学校应当及时进行处理,教师无过错的,不得因教师实施教育惩戒而给予其处分或者其他不利处理。

教师违反本规则第十二条,情节轻微的,学校应当予以批评教育;情节严重的,应当暂停履行职责或者依法依规给予处分;给学生身心造成伤害,构成违法犯罪的,由公安机关依法处理。

第十六条 学校、教师应当重视家校协作,积极与家长沟通,使家长理解、支持和配合实施教育惩戒,形成合力。家长应当履行对子女的教育职责,尊重教师的教育权利,配合教师、学校对违规违纪学生进行管教。

家长对教师实施的教育惩戒有异议或者认为教师行为违反本规则第十二条规定的,可以向学校或者主管教育行政部门投诉、举报。学校、教育行政部门应当按照师德师风建设管理的有关要求,及时予以调查、处理。家长威胁、侮辱、伤害教师的,学校、教育行政部门应当依法保护教师人身安全、维护教师合法权益;情形严重的,应当及时向公安机关报告并配合公安机关、司法机关追究责任。

第十七条 学生及其家长对学校依据本规则第十条实施的教育惩戒或者给予的纪律处分不服的,可以在教育惩戒或者纪律处分作出后15个工作日内向学校提起申诉。

学校应当成立由学校相关负责人、教师、学生以及家长、法治副校长等校外有关方面代表组成的学生申诉委员会,受理申诉申请,组织复查。学校应当明确学生申诉委员会的人员构成、受理范围及处理程序等并向学生及家长公布。

学生申诉委员会应当对学生申诉的事实、理由等进行全面审查,作出维持、变更或者撤销原教育惩戒或者纪律处分的决定。

第十八条 学生或者家长对学生申诉处理决定不服的,可以向学校主管教育部门申请复核;对复核决定不服的,可以依法提起行政复议或者行政诉讼。

第十九条 学校应当有针对性地加强对教师的培训,促进教师更新教育理念、改进教育方式方法,提高教师正确履行职责的意识与能力。

每学期末,学校应当将学生受到本规则第十条所列教育惩戒和纪律处分的信息报主管教育行政部门备案。

第二十条 本规则自2021年3月1日起施行。

各地可以结合本地实际,制定本地方实施细则或者指导学校制定实施细则。

★ 考点大默写 ★

1. 根据《中华人民共和国教育法》可知,国家实行_____年制义务教育制度。

2. 根据《中华人民共和国教育法》可知,学校及其他教育机构中的管理人员,实行_____制度;学校及其他教育机构中的教学辅助人员和其他专业技术人员,实行_____制度。

3. 根据《中华人民共和国义务教育法》可知,凡年满_____周岁的儿童,其父母或者其他法定监护人应当送其入学接受并完成义务教育;条件不具备的地区的儿童,可以推迟到_____周岁。适龄儿童、少年因身体状况需要延缓入学或者休学的,其父母或者其他法定监护人应当提出申请,由当地乡镇人民政府或者_____人民政府教育行政部门批准。

4. 根据《中华人民共和国义务教育法》可知,对违反学校管理制度的学生,学校应当予以_____,不得_____。

5. 根据《中华人民共和国义务教育法》可知,教师的平均工资水平应当_____当地公务员的平均工资水平。特殊教育教师享有_____补助津贴。在民族地区和边远贫困地区工作的教师享有_____补助津贴。

6. 根据《中华人民共和国教师法》可知,教师是履行教育教学职责的_____,承担教书育人,培养社会主义事业建设者和接班人、提高民族素质的使命。

7. 《中华人民共和国教师法》赋予教师的权利有:(1)教育教学权;(2)_____;(3)_____;(4)获得报酬权;(5)民主管理权(参与教育管理权);(6)_____ _____。其中,_____是指教师有进行教育教学活动,开展教育教学改革和实验的权利;_____是指教师有从事科学研究、学术交流,参加专业的学术团体,在学术活动中充分发表意见的权利。

8. 根据《中华人民共和国教师法》可知,教师考核结果是_____、_____、实施奖惩的依据。

9. 根据《中华人民共和国未成年人保护法》可知,任何组织或者个人不得招用未满_____周岁未成年人,国家另有规定的除外。

第六部分 教育法律法规及政策 477

10. 根据《中华人民共和国预防未成年人犯罪法》可知,未成年人的父母或者其他监护人对未成年人的预防犯罪教育负有_____责任,应当依法履行_____职责,树立优良家风,培养未成年人良好品行。

11. 根据《学生伤害事故处理办法》可知,未成年学生的父母或者其他监护人应当配合学校对学生进行安全教育、_____和_____工作;学校对未成年学生不承担_____职责。

12. 根据《中小学教育惩戒规则(试行)》可知,对于扰乱课堂秩序、学校教育教学秩序的学生,教师应当予以制止并进行_____,确有必要的,可以实施_____;小学高年级、初中和高中阶段的学生违规违纪情节严重或者影响恶劣的,学校可以给予不超过_____的停课或者停学,要求家长在家进行教育、管教。

【参考答案】

1. 九(9)　2. 教育职员;专业技术职务聘任　3. 六(6);七(7);县级　4. 批评教育;开除　5. 不低于;特殊岗位;艰苦贫困地区　6. 专业人员;　7. 科学研究权(学术自由权);管理学生权(指导评价权);进修培训权;教育教学权;科学研究权(学术自由权)　8. 受聘任教;晋升工资　9. 十六(16)　10. 直接;监护　11. 管理;保护;监护　12. 批评教育;教育惩戒;一周

第四章　新教育政策动向

第一节　《关于构建优质均衡的基本公共教育服务体系的意见》(节选)

为深入贯彻落实党的二十大精神,加快推进国家基本公共服务均等化,构建优质均衡的基本公共教育服务体系,现提出如下意见。

一、总体要求

以习近平新时代中国特色社会主义思想为指导,全面贯彻党的教育方针,坚持以人民为中心,服务国家战略需要,聚焦人民群众所急所需所盼,以公益普惠和优质均衡为基本方向,全面提高基本公共教育服务水平,加快建设教育强国,办好人民满意的教育。

坚持优先保障,在经济社会发展规划、财政资金投入、公共资源配置等方面优先保障基本公共教育服务。坚持政府主责,尽力而为、量力而行、循序渐进、动态调整,不断加大财政投入力度。坚持补齐短板,继续改善办学条件,更加注重内涵发展,推进基本公共教育服务覆盖全民、优质均衡。坚持改革创新,持续深化综合改革,破解体制机制障碍,优化资源配置方式,强化教师关键作用,加强基本公共教育服务标准化、专业化、法治化建设。

到2027年,优质均衡的基本公共教育服务体系初步建立,供给总量进一步扩大,供给结构进一步优化,均等化水平明显提高。到2035年,义务教育学校办学条件、师资队伍、经费投入、治理体系适应教育强国需要,市(地、州、盟)域义务教育均衡发展水平显著提升,绝大多数县(市、区、旗)域义务教育实现优质均衡,适龄学生享有公平优质的基本公共教育服务,总体水平步入世界前列。

二、全面保障义务教育优质均衡发展

加快校际均衡发展。以推进师资配置均衡化为重点,加快缩小校际办学质量差距。完善集团化办学和学区制管理办法及运行机制,促进校际间管理、教学、教研紧密融合,强化优质带动、优势互补、资源共享,加快实现集团内、学区内校际优质均衡,为县域义务教育优质均衡发展奠定基础。促进新优质学校成长,办好群众"家门口"的学校。实施校长教师有序交流轮岗行动计划,科学推进教师"县管校聘"管理改革,从城市、农村等不同地区的实际出发,完善交流轮岗保障与激励机制,将到乡村学校或办学条件薄弱学校任教1年以上作为申报高级职称的必要条件,3年以上作为选任中小学校长的优先条件,推动优秀校长和骨干教师向乡村学校、办学条件薄弱学校流动;原则上在同一学校连续任教达到一定年限的校长和优秀骨干教师应优先进行交流轮岗,各地区要以县(市、区、旗)为单位,制定校长和优秀骨干教师交流轮岗具体实施方案,加快实现县域内校际间师资均衡配置,对培养、输送优秀骨干教师的学校给予奖励支持,对作出突出贡献的校长教师在各级评优表彰工作中予以倾斜,按照国家有关规定予以表彰奖励。积极探索建立新招聘教师在办学水平较高的学校见习培养制度。聚焦新课程、新教材、新方法、新技术,加大"国培计划"实施力度,推动省、市、县、学校开展校长教师全员培训,优化师范生培养方案和课程体系,开展人工智能助推教师队伍建设行动,全面提高校长办学治校能力和教师教育教学水平。支持教师创新教学方式,深入开展精品课遴选工作,大力推广应用优秀教学成果,提高教师数字素养和信息技术应用能力。建设全国基础教育管理服务平台,提升数字化管理水平和管理效能。完善学校管理和义务教育质量评价制度,积极开展县域义务教育优质均衡创建和督导评估认定工作。

加快民族地区教育发展。全面改善民族地区办学条件,整体提升办学水平。加强民族地区师资队伍建设,强化思想政治素质、国家通用语言文字、学科专业素养、教育教学能力等方面专门培训,加大"特岗计划"、"国培计划"等项目向民族地区倾斜力度,推进教育人才"组团式"支援工作,引导和支持优秀教师到民族地区学校帮扶任教。将中华民族共同体意识宣传教育纳入学校育人全过程,筑牢各族师生中华民族共同体思想基础。

真题面对面

[2023,判断,1分]《关于构建优质均衡的基本公共教育服务体系的意见》指出,完善交流轮岗保障与激励机制,将到乡村学校或办学条件薄弱学校任教3年以上作为申报高级职称的必要条件。(　　)
答案:×

三、大力提高家庭经济困难学生应助尽助水平

确保家庭经济困难学生资助全覆盖。完善覆盖全学段学生资助体系。建立健全幼儿资助制度,通过减免保教费等方式,切实保障家庭经济困难幼儿接受普惠性学前教育。坚持和完善义务教育"两免一补"政策,为学生免除学杂费、提供免费教科书,为家庭经济困难学生提供生活补助;深入实施农村义务教育学生营养改善计划,为实施地区学生提供营养膳食补助。对符合条件的普通高中家庭经济困难学生提供国家助学金、免除学杂费。对符合条件的中等职业教育在校生提供国家助学金、免除学费。优先将家庭经济困难的残疾儿童纳入资助范围,对残疾学生特殊学习用品、教育训练、交通费等予以补助。根据经济社会发展水平和国家财政状况,综合考虑物价水平和生活成本等变动情况,完善资助标准动态调整机制,帮助家庭经济困难学生顺利完成学业。

五、认真做好组织实施

加强党的全面领导,各级党委和政府要把构建优质均衡的基本公共教育服务体系作为实现共同富裕的一项重大民生工程,列入党委和政府重要议事日程。强化省级统筹,充分发挥市级政府作用,落实以县为主的管理责任,制定工作实施方案,建立部门协同机制,压实部门责任,形成工作合力,确保各项政策措施落到实处。深化基础教育综合改革实验区建设,强化区域统筹和改革攻坚。同时,进一步加大对普惠性非基本公共教育服务支持力度,完善普惠性学前教育保障机制,提高县域普通高中办学水平,整体提升公共教育服务能力。采取财政补贴、服务性收费或代收费等方式筹措义务教育课后服务经费,丰富优质课后服务资源,强化课后育人功能。各地区各部门要加大政策宣传解读力度,及时总结、广泛宣传典型经验和实施成效,形成全社会关心支持教育的良好氛围。

第二节 《关于加强中小学地方课程和校本课程建设与管理的意见》(节选)

中小学地方课程、校本课程是国家课程方案规定开设的课程,是基础教育课程体系的重要组成部分。《基础教育课程改革纲要(试行)》实施以来,各地和学校积极探索,开发了丰富多样的地方课程和校本课程,积累了课程育人经验,但还存在着定位不准确、建设质量参差不齐、管理不到位等问题。为全面贯彻党的教育方针,落实立德树人根本任务,提高国家义务教育、普通高中课程方案实施水平,发挥地方课程和校本课程育人功能,制定本意见。

一、明确指导思想

以习近平新时代中国特色社会主义思想为指导,坚持为党育人、为国育才,发展社会主义先进文化、弘扬革命文化、传承中华优秀传统文化,落实有理想、有本领、有担当的时代新人培养目标,遵循教育教学规律和学生成长规律,把培育和践行社会主义核心价值观融入课程建设全过程,强化课程管理,激发地方和学校课程建设活力,构建以国家课程为主体、地方课程和校本课程为重要拓展和有益补充的基础教育课程体系,增强课程适应性,实现课程全面育人、高质量育人。

二、遵循基本原则

(一)整体设计,协同育人

坚持立德树人,聚焦核心素养,把促进学生全面发展、健康成长作为出发点和落脚点。强化系统设计,增强地方课程、校本课程与国家课程的有效配合,形成课程育人合力。

(二)因地制宜,体现特色

结合实际,充分挖掘当地自然、社会、人文、科技资源,构建主题内容、呈现形式和实施方式等各具特色的课程,发挥独特育人价值。面向全体学生,关注个体差异,开发丰富多样、可供选择的课程,因材施教,满足学生个性发展需求。

(三)以管促建,提升质量

明确责任主体,建立健全管理制度,完善课程设置、开发、审核、评价、监测等建设与管理程序,充分发挥制度机制的规范和引导作用。加强建设规划,注重科学论证,建立健全课程持续发展机制,将提高课程质量贯穿在建设与管理的全过程。

真题面对面

[2023,单,1分]教育部印发的《关于加强中小学地方课程和校本课程建设与管理的意见》指出,中小学地方课程和校本课程要强化系统设计,增强地方课程、校本课程与国家课程的有效配合,形成课程育人合力。这遵循的原则是( )

A. 整体设计,协同育人　　　　B. 因地制宜,体现特色
C. 以管促建,提升质量　　　　D. 以评促建,提升质量

答案:A

三、加强统筹规划

(一)省级强化规范与指导

省级教育行政部门是本地区全面落实国家课程政策的责任主体;依据国家课程方案和课程标准,结合实际,加强基础教育课程实施的规范管理与指导,明确地市、县区和学校相应职责;统筹本地区中小学地方课程建设与管理工作,统筹指导、规范校本课程建设工作。

研究制定义务教育课程实施办法。准确把握国家、地方、校本三类课程间的关系,发挥义务教育阶段培养目标统领作用,确保各类课程目标的育人指向一致,内容协调配合。确定国家课程各科目在各学段的周课时上下限,体现学段差异;明确地方课程门类数量、年级或学段分布、课时分配,九年累计总课时数原则上不超过校本课程,民族语文另行规定;明确校本课程开发建设的基本要求。注重统筹课内外学习安排,明确考试评价改革的方向、原则与基本任务,确定促进学校、家庭、社会相互配合的主要措施。

研究制定并推动落实普通高中课程实施指导意见。明确普通高中课程改革方向,细化育人方式改革要求;保证基础性、落实选择性、增加开放性,指导并统筹实施必修、选择性必修和选修三类课程。按照国家课

程方案规定,普通高中必修、选择性必修课程为国家课程,选修课程为校本课程,不设地方课程,民族语文另行规定。围绕课程实施组织保障,提出并落实教学组织方式、师资配备、教学材料及条件装备等基本要求。

(二)学校整体设计

学校是本校落实国家课程政策的责任主体。要依据国家课程方案和省级义务教育课程实施办法、省级普通高中课程实施指导意见,立足学校办学理念,分析资源条件,对学校课程实施工作做出总体安排,形成课程实施方案。义务教育阶段学校要对有效实施国家课程、规范开设地方课程、合理开发校本课程等做出全面具体安排,明确每个年级开设科目、课时分配、教学组织形式等,注重健全课程实施机制,推动各学科、各环节、各方面力量协同育人。鼓励将劳动、综合实践活动、班团队活动、地方课程、校本课程等整合实施,相关内容统筹安排,课时打通使用。普通高中要全面落实必修、选择性必修、选修课程规定,合理安排三年课程,避免高一并行科目过多、压缩必修课程课时、超前学习。

(三)专题教育安排

各类专题教育以融入为主,原则上不独立设课。准确把握相关专题教育在国家课程中的有关要求,强化指导,引导学校以国家课程为主,把专题教育落实到日常教育教学活动中。地方课程和校本课程涉及的专题教育内容,要避免与国家课程简单重复。

七、加强组织领导

各省级教育行政部门要在党委统一领导下,切实担负起地方课程建设与管理的职责,本着"谁设置、谁负责""谁开发、谁负责"的原则,压实政治责任和监管责任。坚持课程教材建设的社会公益属性,会同有关部门从严加强开发、出版单位管理,存在违法违规情况的不得续用,确保地方课程育人为本,教材按需编写、规范使用,扭转被经济利益绑架等不良倾向。

各中小学要在学校党组织统一领导下,切实履行校本课程建设与管理的职责,严把政治关和科学关,确保三类课程协同育人。

第三节 《义务教育课程方案(2022年版)》(节选)

义务教育是国家依法统一实施的所有适龄儿童、少年必须接受的教育,旨在保障每位适龄儿童、少年接受教育的权利,提高国民素质。

义务教育课程坚持以习近平新时代中国特色社会主义思想为指导,全面贯彻党的教育方针,落实立德树人根本任务,反映时代特征,体现中国特色,遵循教育规律和学生身心发展规律,突出全纳性、全面性和基础性,发展素质教育,培养时代新人,为全面建成社会主义现代化强国、实现中华民族伟大复兴奠定人才基础。

一、培养目标

义务教育要在坚定理想信念、厚植爱国主义情怀、加强品德修养、增长知识见识、培养奋斗精神、增强综合素质上下功夫,使学生**有理想、有本领、有担当**,培养德智体美劳全面发展的社会主义建设者和接班人。

真题面对面

[2022,判断,1分]2022年3月,教育部印发的《义务教育课程方案和课程标准(2022年版)》从有理想、有本领、有担当三个方面,明确义务教育阶段时代新人培养的具体要求。( )

答案:√

二、基本原则

为落实培养目标，义务教育课程应遵循以下基本原则：(1)坚持全面发展，育人为本；(2)面向全体学生，因材施教；(3)聚焦核心素养，面向未来；(4)加强课程综合，注重关联；(5)变革育人方式，突出实践。

三、课程设置

1. 课程类别

义务教育课程包括国家课程、地方课程和校本课程三类。以国家课程为主体，奠定共同基础；以地方课程和校本课程为拓展补充，兼顾差异。

国家课程由国务院教育行政部门统一组织开发、设置。所有学生必须按规定修习。

地方课程由省级教育行政部门统筹规划，确定开发主体。充分利用地方特色教育资源，注重用好中华优秀传统文化资源和红色资源，强化**实践性**、**体验性**、**选择性**，促进学生认识家乡，涵养家国情怀，铸牢中华民族共同体意识。校本课程由学校组织开发，立足学校办学传统和目标，发挥特色教育教学资源优势，以多种课程形态服务学生个性化学习需求。校本课程原则上由学生自主选择。

2. 科目设置

义务教育课程九年一贯设置，按"六三"学制或"五四"学制安排。

国家课程设置道德与法治、语文、数学、外语（英语、日语、俄语）、历史、地理、科学、物理、化学、生物学、信息科技、体育与健康、艺术、劳动、综合实践活动等。

3. 教学时间

每学年共39周。一至八年级新授课时间35周，复习考试时间2周，学校机动时间2周；九年级新授课时间33周，第一学期复习考试时间1周，第二学期毕业复习考试时间3周，学校机动时间2周。学校机动时间可用于集中安排劳动、科技文体活动等。

一至二年级每周26课时，三至六年级每周30课时，七至九年级每周34课时，九年新授课总课时数为9522。小学每课时按40分钟计算，初中每课时按45分钟计算。

四、课程标准编制与教材编写

1. 课程标准编制

国家课程标准规定课程性质、课程理念、课程目标、课程内容、学业质量和课程实施等，是教材编写、教学、考试评价以及课程实施管理的直接依据。

坚持正确的政治方向和价值导向，加强思想性。坚持素养导向，体现育人为本。注重学段衔接与科目分工，加强课程一体化设计。课程标准编制要适应"六三"学制、"五四"学制的相关要求。

2. 教材编写

教材编写须落实课程标准的基本要求，基于核心素养精选素材，确保内容的思想性、科学性、适宜性与时代性。

按"六三"学制、"五四"学制分别编写教材。

五、课程实施

包括科学规划课程实施、深化教学改革、改进教育评价、强化专业支持和健全实施机制五方面。

第四节 《关于进一步减轻义务教育阶段学生作业负担和校外培训负担的意见》(节选)

为深入贯彻党的十九大和十九届五中全会精神,切实提升学校育人水平,持续规范校外培训(包括线上培训和线下培训),有效减轻义务教育阶段学生过重作业负担和校外培训负担(以下简称"双减"),现提出如下意见。

一、总体要求

1. 指导思想。坚持以习近平新时代中国特色社会主义思想为指导,全面贯彻党的教育方针,落实立德树人根本任务,着眼建设高质量教育体系,强化学校教育主阵地作用,深化校外培训机构治理,坚决防止侵害群众利益行为,构建教育良好生态,有效缓解家长焦虑情绪,促进学生全面发展、健康成长。

2. 工作原则。坚持学生为本、回应关切,遵循教育规律,着眼学生身心健康成长,保障学生休息权利,整体提升学校教育教学质量,积极回应社会关切与期盼,减轻家长负担;坚持依法治理、标本兼治,严格执行义务教育法、未成年人保护法等法律规定,加强源头治理、系统治理、综合治理;坚持政府主导、多方联动,强化政府统筹,落实部门职责,发挥学校主体作用,健全保障政策,明确家校社协同责任;坚持统筹推进、稳步实施,全面落实国家关于减轻学生过重学业负担有关规定,对重点难点问题先行试点,积极推广典型经验,确保"双减"工作平稳有序。

3. 工作目标。学校教育教学质量和服务水平进一步提升,作业布置更加科学合理,学校课后服务基本满足学生需要,学生学习更好回归校园,校外培训机构培训行为全面规范。学生过重作业负担和校外培训负担、家庭教育支出和家长相应精力负担1年内有效减轻、3年内成效显著,人民群众教育满意度明显提升。

二、全面压减作业总量和时长,减轻学生过重作业负担

4. 健全作业管理机制。学校要完善作业管理办法,加强学科组、年级组作业统筹,合理调控作业结构,确保难度不超国家课标。建立作业校内公示制度,加强质量监督。严禁给家长布置或变相布置作业,严禁要求家长检查、批改作业。

5. 分类明确作业总量。学校要确保小学一、二年级不布置家庭书面作业,可在校内适当安排巩固练习;小学三至六年级书面作业平均完成时间不超过60分钟,初中书面作业平均完成时间不超过90分钟。

6. 提高作业设计质量。发挥作业诊断、巩固、学情分析等功能,将作业设计纳入教研体系,系统设计符合年龄特点和学习规律、体现素质教育导向的基础性作业。鼓励布置分层、弹性和个性化作业,坚决克服机械、无效作业,杜绝重复性、惩罚性作业。

7. 加强作业完成指导。教师要指导小学生在校内基本完成书面作业,初中生在校内完成大部分书面作业。教师要认真批改作业,及时做好反馈,加强面批讲解,认真分析学情,做好答疑辅导。不得要求学生自批自改作业。

8. 科学利用课余时间。学校和家长要引导学生放学回家后完成剩余书面作业,进行必要的课业学习,从事力所能及的家务劳动,开展适宜的体育锻炼,开展阅读和文艺活动。个别学生经努力仍完不成书面作业的,也应按时就寝。引导学生合理使用电子产品,控制使用时长,保护视力健康,防止网络沉迷。家长要积极与孩子沟通,关注孩子心理情绪,帮助其养成良好学习生活习惯。寄宿制学校要统筹安排好课余学习生活。

真题面对面

1. [2022,单,2分]2021年7月,中共中央办公厅、国务院办公厅印发了《关于进一步减轻义务教育阶段学生作业负担和校外培训负担的意见》,要求初中书面作业平均完成时间不超过(　　)

　A.60分钟　　　　　　B.70分钟　　　　　　C.80分钟　　　　　　D.90分钟

2. [2021,判断,1分]教师要加强作业管理,控制学生书面作业的总量与时长,严禁机械性、重复性和体罚性作业,提高作业育人质量。(　　)

答案:1.D　2.√

三、提升学校课后服务水平,满足学生多样化需求

9. 保证课后服务时间。学校要充分利用资源优势,有效实施各种课后育人活动,在校内满足学生多样化学习需求。引导学生自愿参加课后服务。课后服务结束时间原则上不早于当地正常下班时间;对有特殊需要的学生,学校应提供延时托管服务;初中学校工作日晚上可开设自习班。学校可统筹安排教师实行"弹性上下班制"。

10. 提高课后服务质量。不得利用课后服务时间讲新课。

11. 拓展课后服务渠道。课后服务一般由本校教师承担,也可聘请退休教师、具备资质的社会专业人员或志愿者提供。充分利用社会资源,发挥好少年宫、青少年活动中心等校外活动场所在课后服务中的作用。

12. 做强做优免费线上学习服务。

四、坚持从严治理,全面规范校外培训行为

13. 坚持从严审批机构。各地不再审批新的面向义务教育阶段学生的学科类校外培训机构,现有学科类培训机构统一登记为非营利性机构。对原备案的线上学科类培训机构,改为审批制。

14. 规范培训服务行为。严禁超标超前培训,严禁非学科类培训机构从事学科类培训,严禁提供境外教育课程。

15. 强化常态运营监管。线上培训机构不得提供和传播"拍照搜题"等惰化学生思维能力、影响学生独立思考、违背教育教学规律的不良学习方法。聘请在境内的外籍人员要符合国家有关规定,严禁聘请在境外的外籍人员开展培训活动。

第五节 《关于全面加强新时代大中小学劳动教育的意见》

为构建德智体美劳全面培养的教育体系,现就加强新时代大中小学劳动教育提出如下意见。

一、充分认识新时代培养社会主义建设者和接班人对加强劳动教育的新要求

(一)重大意义。劳动教育是中国特色社会主义教育制度的重要内容,直接决定社会主义建设者和接班人的劳动精神面貌、劳动价值取向和劳动技能水平。长期以来,各地区和学校坚持教育与生产劳动相结合,在实践育人方面取得了一定成效。同时也要看到,近年来一些青少年中出现了不珍惜劳动成果、不想劳动、不会劳动的现象,劳动的独特育人价值在一定程度上被忽视,劳动教育正被淡化、弱化。对此,全党全社会必须高度重视,采取有效措施切实加强劳动教育。

(二)指导思想。以习近平新时代中国特色社会主义思想为指导,全面贯彻党的教育方针,落实全国教育大会精神,坚持立德树人,坚持培育和践行社会主义核心价值观,把劳动教育纳入人才培养全过程,贯通大中小学各学段,贯穿家庭、学校、社会各方面,与德育、智育、体育、美育相融合,紧密结合经济社会发展变

化和学生生活实际,积极探索具有中国特色的劳动教育模式,创新体制机制,注重教育实效,实现知行合一,促进学生形成正确的世界观、人生观、价值观。

(三)基本原则

——把握育人导向。坚持党的领导,围绕培养担当民族复兴大任的时代新人,着力提升学生综合素质,促进学生全面发展、健康成长。把准劳动教育价值取向,引导学生树立正确的劳动观,崇尚劳动、尊重劳动,增强对劳动人民的感情,报效国家,奉献社会。

——遵循教育规律。符合学生年龄特点,以体力劳动为主,注意手脑并用、安全适度,强化实践体验,让学生亲历劳动过程,提升育人实效性。

——体现时代特征。适应科技发展和产业变革,针对劳动新形态,注重新兴技术支撑和社会服务新变化。深化产教融合,改进劳动教育方式。强化诚实合法劳动意识,培养科学精神,提高创造性劳动能力。

——强化综合实施。加强政府统筹,拓宽劳动教育途径,整合家庭、学校、社会各方面力量。家庭劳动教育要日常化,学校劳动教育要规范化,社会劳动教育要多样化,形成协同育人格局。

——坚持因地制宜。根据各地区和学校实际,结合当地在自然、经济、文化等方面条件,充分挖掘行业企业、职业院校等可利用资源,宜工则工、宜农则农,采取多种方式开展劳动教育,避免"一刀切"。

二、全面构建体现时代特征的劳动教育体系

(四)把握劳动教育基本内涵。劳动教育是国民教育体系的重要内容,是学生成长的必要途径,具有树德、增智、强体、育美的综合育人价值。<u>实施劳动教育重点是在系统的文化知识学习之外,有目的、有计划地组织学生参加日常生活劳动、生产劳动和服务性劳动,让学生动手实践、出力流汗,接受锻炼、磨炼意志,培养学生正确劳动价值观和良好劳动品质。</u>

(五)明确劳动教育总体目标。通过劳动教育,使学生能够理解和形成马克思主义劳动观,牢固树立劳动最光荣、劳动最崇高、劳动最伟大、劳动最美丽的观念;体会劳动创造美好生活,体认劳动不分贵贱,热爱劳动,尊重普通劳动者,培养勤俭、奋斗、创新、奉献的劳动精神;具备满足生存发展需要的基本劳动能力,形成良好劳动习惯。

(六)**设置劳动教育课程**。整体优化学校课程设置,将劳动教育纳入中小学国家课程方案和职业院校、普通高等学校人才培养方案,形成具有综合性、实践性、开放性、针对性的劳动教育课程体系。

五、切实加强劳动教育的组织实施

(十六)加强组织领导。在党委统一领导下,各级政府要把劳动教育摆上重要议事日程,出台相关政策措施,切实解决劳动教育实施过程中的重大问题,做好督促落实。省级政府要加强劳动教育工作的统筹协调,明确市地级、县级政府及有关部门加强劳动教育的职责,推动建立全面实施劳动教育的长效机制。

(十七)强化督导检查。把劳动教育纳入教育督导体系,完善督导办法。对地方各级政府和有关部门保障劳动教育情况以及学校组织实施劳动教育情况进行督导,督导结果向社会公开,同时作为衡量区域教育质量和水平的重要指标,作为对被督导部门和学校及其主要负责人考核奖惩的依据。开展劳动教育质量监测,强化反馈和指导。

(十八)加强宣传引导。引导家长树立正确劳动观念,支持配合学校开展劳动教育。加强劳动教育科学研究,宣传推广劳动教育典型经验。积极宣传企事业单位和社会机构提供劳动教育服务的先进事迹。注重挖掘在抗疫救灾等重大事件中涌现出来的典型人物和事迹,大力宣传不畏艰难、百折不挠、敢于担当的高尚品格。鼓励和支持创作更多以歌颂普通劳动者为主题的优秀作品,大力宣传辛勤劳动、诚实劳动、创造性劳动的典型人物和事迹,弘扬劳动光荣、创造伟大的主旋律,旗帜鲜明地反对一切不劳而获、贪图享乐、崇尚暴富的错误观念,营造全社会关心和支持劳动教育的良好氛围。

第六节 《新时代中小学教师职业行为十项准则》

教师是人类灵魂的工程师，是人类文明的传承者。长期以来，广大教师贯彻党的教育方针，教书育人，呕心沥血，默默奉献，为国家发展和民族振兴作出了重大贡献。新时代对广大教师落实立德树人根本任务提出新的更高要求，为进一步增强教师的责任感、使命感、荣誉感，规范职业行为，明确师德底线，引导广大教师努力成为有理想信念、有道德情操、有扎实学识、有仁爱之心的好老师，着力培养德智体美劳全面发展的社会主义建设者和接班人，特制定以下准则。

一、坚定政治方向。坚持以习近平新时代中国特色社会主义思想为指导，拥护中国共产党的领导，贯彻党的教育方针；不得在教育教学活动中及其他场合有损害党中央权威、违背党的路线方针政策的言行。

二、自觉爱国守法。忠于祖国，忠于人民，恪守宪法原则，遵守法律法规，依法履行教师职责；不得损害国家利益、社会公共利益，或违背社会公序良俗。

三、传播优秀文化。带头践行社会主义核心价值观，弘扬真善美，传递正能量；不得通过课堂、论坛、讲座、信息网络及其他渠道发表、转发错误观点，或编造散布虚假信息、不良信息。

四、潜心教书育人。落实立德树人根本任务，遵循教育规律和学生成长规律，因材施教，教学相长；不得违反教学纪律，敷衍教学，或擅自从事影响教育教学本职工作的兼职兼薪行为。

五、关心爱护学生。严慈相济，诲人不倦，真心关爱学生，严格要求学生，做学生良师益友；不得歧视、侮辱学生，严禁虐待、伤害学生。

六、加强安全防范。增强安全意识，加强安全教育，保护学生安全，防范事故风险；不得在教育教学活动中遇突发事件、面临危险时，不顾学生安危，擅离职守，自行逃离。

七、坚持言行雅正。为人师表，以身作则，举止文明，作风正派，自重自爱；不得与学生发生任何不正当关系，严禁任何形式的猥亵、性骚扰行为。

八、秉持公平诚信。坚持原则，处事公道，光明磊落，为人正直；不得在招生、考试、推优、保送及绩效考核、岗位聘用、职称评聘、评优评奖等工作中徇私舞弊、弄虚作假。

九、坚守廉洁自律。严于律己，清廉从教；不得索要、收受学生及家长财物或参加由学生及家长付费的宴请、旅游、娱乐休闲等活动，不得向学生推销图书报刊、教辅材料、社会保险或利用家长资源谋取私利。

十、规范从教行为。勤勉敬业，乐于奉献，自觉抵制不良风气；不得组织、参与有偿补课，或为校外培训机构和他人介绍生源、提供相关信息。

真题面对面

[2021,单,2分]教师在教育教学过程中，带头践行社会主义核心价值观，弘扬真善美，传递正能量。这体现了《新时代中小学教师职业行为十项准则》中的（　　）

A. 热爱教育事业　　　B. 潜心教书育人　　　C. 坚持言行雅正　　　D. 传播优秀文化

答案：D

★★ 考点大默写 ★★

1. 中共中央办公厅、国务院办公厅印发的《关于构建优质均衡的基本公共教育服务体系的意见》指出，将到乡村学校或办学条件薄弱学校任教_____年以上作为申报高级职称的_____条件，

_____年以上作为选任中小学校长的_____条件,推动优秀校长和骨干教师向乡村学校、办学条件薄弱学校流动。

2. 《关于加强中小学地方课程和校本课程建设与管理的意见》指出,实现课程全面育人、高质量育人,需要遵循的基本原则有:_____;_____;以管促建,提升质量。其中,"面向全体学生,关注个体差异,开发丰富多样、可供选择的课程"遵循的原则是_____。

3. 《义务教育课程方案(2022年版)》指出,义务教育要在坚定理想信念、厚植爱国主义情怀、加强品德修养、增长知识见识、培养奋斗精神、增强综合素质上下功夫,使学生有理想、_____、_____,培养德智体美劳全面发展的社会主义建设者和接班人。

4. 《关于进一步减轻义务教育阶段学生作业负担和校外培训负担的意见》指出,小学三至六年级书面作业平均完成时间不超过_____分钟,初中书面作业平均完成时间不超过_____分钟;鼓励布置分层、弹性和_____作业,坚决克服机械、无效作业,杜绝重复性、惩罚性作业。

5. 《关于全面加强新时代大中小学劳动教育的意见》指出,以习近平新时代中国特色社会主义思想为指导,全面贯彻党的教育方针,落实全国教育大会精神,坚持立德树人,坚持培育和践行社会主义核心价值观,把_____纳入人才培养全过程。

6. "带头践行社会主义核心价值观,弘扬真善美,传递正能量"属于《新时代中小学教师职业行为十项准则》中的_____准则。

【参考答案】

1. 1(一);必要;3(三);优先　2. 整体设计,协同育人;因地制宜,体现特色;因地制宜,体现特色　3. 有本领;有担当　4. 60(六十);90(九十);个性化　5. 劳动教育　6. 传播优秀文化

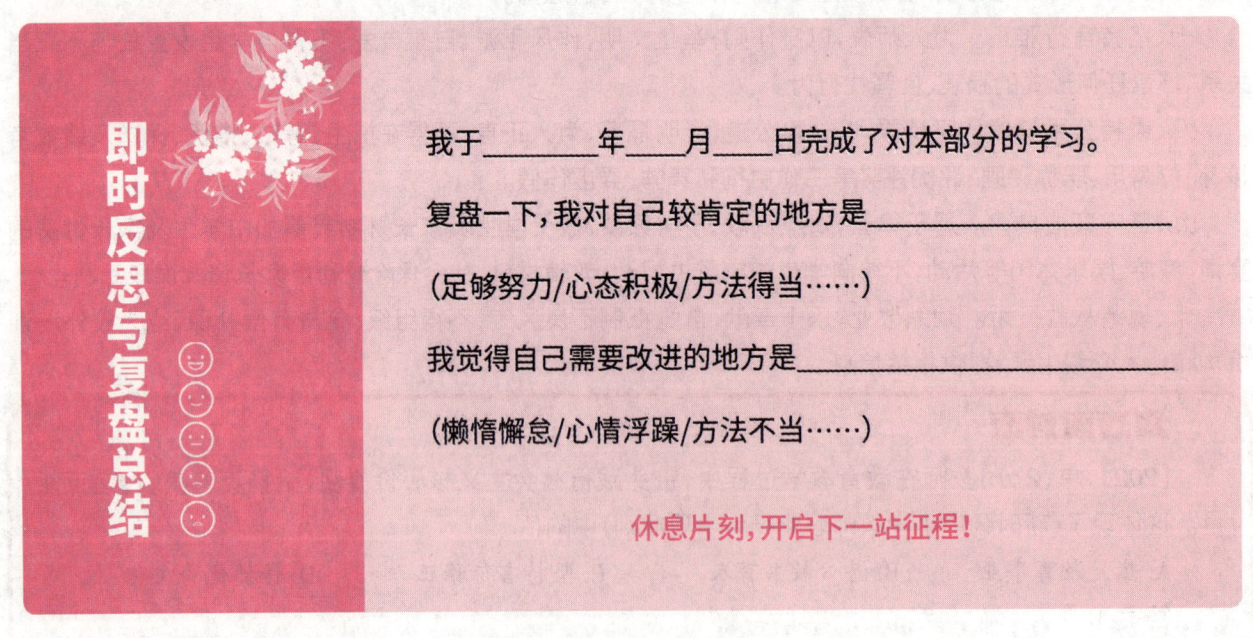

即时反思与复盘总结

我于_____年___月___日完成了对本部分的学习。

复盘一下,我对自己较肯定的地方是_____

(足够努力/心态积极/方法得当……)

我觉得自己需要改进的地方是_____

(懒惰懈怠/心情浮躁/方法不当……)

休息片刻,开启下一站征程!

主观题应试技巧模块

第一章 案例分析题

第一节 2014-2023年真题分析

年份	题序	题干	考点
2023	第一题	请结合材料,运用教师职业道德和教育法律法规知识分析。	《新时代中小学教师职业行为十项准则》和教育法律法规
	第二题	请结合材料,运用心理学知识分析。	识记的类型和提高学生学习效果的方法
2022	第一题	请结合材料,运用教师职业道德相关知识对该案例进行分析。	《中小学教师职业道德规范(2008年修订)》
	第二题	请结合材料,运用教育学相关知识对案例进行分析。	掌握知识和发展能力的关系
	第三题	请结合材料,运用心理学相关知识对该案例进行分析。	罗森塔尔效应
2021	第一题	请结合材料,运用教师职业道德的知识对该案例进行分析。	《中小学教师职业道德规范(2008年修订)》
	第二题	请结合材料,运用教育学相关知识对该案例进行分析。	班级管理、班主任工作和新课程倡导的教师观、学生观
	第三题	请结合案例运用心理学相关知识分析。	学习策略
2020	第一题	请结合案例运用法律法规知识分析。	《中华人民共和国教师法》
	第二题	请结合案例,运用教育学知识分析:人工智能时代教师职业角色的"不变"与"变化"各是什么?	教师职业角色
	第三题	请结合案例运用心理学知识分析。	定势的含义与作用
2019	第一题	请结合材料,运用教师职业道德的知识,对该案例进行分析。	《中小学教师职业道德规范(2008年修订)》
	第二题	结合材料运用基础教育课程改革的评价理念对案例进行分析。	发展性评价与激励性评价
	第三题	请结合材料,运用心理学知识对案例进行分析。	成败归因理论、挫折适应与辅导
2018	第一题	请从教师职业道德的角度对该案例进行分析。	《中小学教师职业道德规范(2008年修订)》
	第二题	请结合基础教育课程改革的教学理念对案例进行分析。	新课改的教学理念
	第三题	请结合德育原则对此案例进行分析。	德育原则
2017	第一题	请运用中小学教师职业道德知识对该教师的做法进行分析。	《中小学教师职业道德规范(2008年修订)》、教师职业道德的特点与功能
	第二题	请从教育学角度分析赵老师的知识素养。	教师的知识素养
	第三题	请运用教学方法的相关理论对案例中李老师的做法进行分析。	合作学习

第一章 案例分析题 491

续表

年份	题序	题干	考点
2016	第一题	请从教育法规和教师职业道德角度对李老师的做法进行分析评价。	教育法律法规和《中小学教师职业道德规范(2008年修订)》
	第二题	请运用所学教学原则分析王老师的做法。	启发性原则、直观性原则
	第三题	请分析案例中的胡老师在教学中体现出的教师角色。	教师职业角色
2015	第一题	请结合案例,分析教师关爱学生的基本要求。	《中小学教师职业道德规范(2008年修订)》
	第二题	请分析上面哪一位教师预设的教学目标较为理想,并说明理由。	教学目标
	第三题	请分析该教师在处理这一事件时所表现出的教育教学素养。	教育教学素养
2014	第一题	请从教师职业道德规范的角度对该教师的做法进行分析评价。	《中小学教师职业道德规范(2008年修订)》
	第二题	请运用有关教学理论对此案例进行分析评价。	教学原则和教学反思

第二节 答题策略

一、解答案例分析题的基本策略

案例分析从作答要求上来说主要分为两种类型:(1)描述评价型,即要求考生给出具体的分析;(2)分析决策型,即要求考生分析问题并提出对策。

(一)描述评价型解题策略

解答这类案例分析题的基本策略是:整体阅读,初步判断;提取信息,锁定考点;组织语言,规范作答。例如:

2021年6月29日被颁授"七一勋章"的云南省丽江市华坪女子高级中学党支部书记、校长张桂梅同志,①扎根贫困地区40余年,看到不少山区女孩因贫困失学而深感痛心,②于2008年创办了全国第一所全免费女子高中。②③她坚持为党育人、为国育才,以党建统领教学、以革命传统立校、以红色文化育人,③引导学生们感党恩、听党话、跟党走,做党的好女儿。她生活节俭,④拿出自己绝大部分工资接济困难学生,把母亲般的慈爱全部献给学生,帮助近2000名贫困山区女孩圆大学梦。她先后荣获⑤"全国十佳师德标兵"②"全国教书育人楷模"等荣誉称号。

请结合材料,运用教师职业道德的知识对该案例进行分析。

1. 整体阅读,初步判断

通过阅读案例可知,该案例主要描述的是张桂梅校长的事迹。作答要求是结合材料,运用教师职业道德的知识对该案例进行分析。这属于典型的描述评价型案例分析题。

2. 提取信息,锁定考点

①——爱岗敬业;②——教书育人;③——爱国守法;④——关爱学生;⑤——为人师表。

3. 组织语言,规范作答

答案如下:

案例中张桂梅校长的事迹体现了爱国守法、爱岗敬业、关爱学生、教书育人、为人师表的师德规范。

(1)"爱国守法"的师德规范要求教师全面贯彻国家教育方针;自觉遵守教育法律法规,依法履行教师职责权利;不得有违背党和国家方针政策的言行。倡导"爱国守法"就是要求教师热爱祖国、遵纪守法。张桂梅校长在教育中坚持为党育人、为国育才,以党建统领教学、以革命传统立校、以红色文化育人,引导学生们感党恩、听党话、跟党走,做党的好女儿。这说明张桂梅校长热爱祖国,在教育过程中全面贯彻国家的教育方针,做到了爱国守法。

(2)"爱岗敬业"的师德规范要求教师对工作高度负责,认真备课上课等。张桂梅校长扎根贫困地区40余年,始终坚持为党育人、为国育才,这说明张桂梅校长做到了爱岗敬业。

(3)"关爱学生"的师德规范要求教师对学生严慈相济,做学生的良师益友;保护学生安全,关心学生健康,维护学生权益等。张桂梅校长为了山区贫困女孩可以接受高中阶段教育,创办免费女子高中,并且拿出自己的大部分工资接济贫困学生,把母亲般的慈爱全部献给学生,这说明张桂梅校长做到了关爱学生。

(4)"教书育人"的师德规范要求教师遵循教育规律,实施素质教育;培养学生良好品行,激发学生创新精神,促进学生全面发展等。张桂梅校长创办免费女子高中,坚持为党育人、为国育才,帮助近2000名贫困山区女孩圆大学梦,并荣获"全国教书育人楷模"荣誉称号。这说明张桂梅校长做到了教书育人。

(5)"为人师表"的师德规范要求教师坚守高尚情操,知荣明耻;严于律己,以身则;作风正派、廉洁奉公等。张桂梅校长个人生活节俭,却拿出自己的大部分工资接济困难学生,并且先后获得"全国十佳师德标兵""全国教书育人楷模"等荣誉称号。这些都充分体现了张桂梅校长做到了为人师表。

(二)分析决策型解题策略

解答这类案例分析题的基本策略是:整体阅读,初步判断;提取信息,探究因果;采取措施,规范作答。例如:

李老师是一位教学经验丰富的语文教师,在教学生如何写"买""卖"两个字时,李老师告诉学生①"多了就卖,少了就买",②学生很快记住了这两个字。针对有的学生常常把"干燥"写成"干躁",把"急躁"写成"急燥"的问题,李老师就教学生记住③"干燥防失火,急躁必跺足",④学生从此对这两个字不再混淆了。

请结合案例运用心理学相关知识分析。

(1)李老师采用了何种学习策略来帮助学生记忆?

(2)根据该学习策略的特点分析其在学习中的意义。

1. 整体阅读,初步判断

由题干"学习策略"可知该题目考查教育心理学中学习策略的相关知识点。而题干问"在学习中的意义",说明需要分析材料后谈意义。这属于典型的分析决策型案例。

2. 提取信息,探究因果

①③——编顺口溜属于精加工策略;②④——促进学生学习。

因此题目描述的是精加工策略对学生学习的意义,需要回答与其相关的知识点。

3. 采取措施,规范作答

答案如下:

(1)精加工策略是指把新信息与头脑中的旧信息联系起来从而增加新信息意义的深层加工策略。它常被描述成一种理解记忆的策略,其要旨在于建立信息间的联系。联系越多,能回忆出信息原貌的途径就越多,即提取的线索就越多。精加工越深入越细致,回忆就越容易。案例中的李老师在教授学生记忆与区别"买""卖""燥""躁"时,把字词与生活实际联系起来,赋予学习材料内在意义,让学生在理解的基础上掌握了知识,这一过程运用了学习策略中的精加工策略。

(2)精加工策略,是一种比复述策略更高水平的、更精细的信息加工策略,是在意义理解基础上的信息加工策略。精加工策略是高效率地获得知识的基本条件之一,不仅能促进新旧知识的联系,增进对新知识的理解,而且促使精加工后的新命题进入到命题网络,在以后需要唤起的时候容易检索,即使在直接检索它出现困难时,也能通过命题网络间接地把它推导出来。在学习中,精加工策略主要通过对学习的材料补充细节,举例分析,采用类比、比较、想象、推理等方法使之与其他知识之间建立联想,增加了知识回忆时的提取线索,能帮助学习者更好地记住所学的材料。

二、案例分析题的解题步骤及要求

实际上案例分析题并不是太难,只要抓住规律,就非常容易作答。答题时要在审清题意后,准确回答和处理题目中提出的问题。

1. 审题

很多考生都普遍认为案例分析题较难。原因有三:

一是题干太长,有的长达数百字;二是概念理论、事实关系错综复杂;三是论述内容的增加。在这种情形下,审题一定要有目的性,先看问题,然后根据问题来阅读案例,这样可以排除案例中很多不必要的干扰,节省时间。

2. 析题

一般而言,案例中所交代的信息都是有用的,有的从正面提供解答线索,有的从反面提供干扰信息,因此对任何一个有教育意义的信息都不能放过。有些考生读完题后就匆匆动笔,贸然作答,很容易出错。考试中出现的问题一般都是若干小问题,问题之间层层递进;也有属于"大杂烩"的问题。如果考生答完前面的题目后才发现后面的题目与前面的答案相矛盾,就容易慌乱,造成心理压力,浪费时间,影响卷面整洁,直接导致失分。

析题要从哪些方面着手呢?首先,确定案例内容所涉及的知识点;其次,理解题型,抓重点;最后,全面考虑问题,理清思路。在析题的过程中,要判断题目属于综合型的还是单一型的,然后再确定题目所涉及的教育理论。

因此,面对任何一个案例分析题,都应该树立全局观念,即不能仅仅凭借对概念、理论或法条的简单记忆来应付。另外在答题时要考虑每一个案例所涉及的概念或理论解释,将这些内容明确地串联组织起来。

3. 答题

考取高分取决于三个方面:一是组织答案;二是专业语言;三是卷面整洁。

(1)组织答案

组织答案时并非多多益善。原因有二:一是考试时间不允许;二是过多的答案会使阅卷人感到厌烦。案例分析题一般踩点给分,因此对任何一个问题的解答应力求全面、简明。我们总结为三个部分:第一部分为结论及概括分析,针对问题直接作答,简洁明了,千万不能答非所问。第二部分是具体分析,这是答案的主体部分,这一部分要按点列条,每一条首先要列出相关的教育理论知识。案例分析题考查考生对理论的实际运用能力,每道题都是根据教育理论编出来的,所以考生在解答案例分析题时,一定要分析这个题背后的原理是什么。当然对教育理论的回答不需要一字不差地列出原文,只要答出基本意思即可,然后要结合案例对理论进行具体分析。第三部分是总结,对前面的答案进行总结,照应第一部分。当然,这三部分是比较完整的综合型题目的作答策略。如果题目仅仅考一个理论知识点,只有一个关键词,那就没有必要在第一部分进行概括分析和在第三部分进行总结了。

(2)专业语言

选用专业语言是答题时必须遵循的原则。因此,答题时一定要用教育理论的专业语言来解答。考试中常常出现这样一种情况:考生已经把道理说得很清楚了,就是得不到高分。因为阅卷人不能判断这个考生到底懂不懂教育理论。任何一个人,只要面对问题都会有自己的判断,不懂教育理论也可能做出正确的判断。但只有用专业语言表达了你想要说的内容,阅卷人才能把你与普通人区别开。

(3)卷面整洁

在答好题的基础上,一定要注意卷面整洁美观。主观题的卷面在考试中是一定会占分数的,当阅卷老师面对一张清晰干净的卷子和一张到处是修改痕迹的卷子时,给两者的分数一定会有很大差别。因此,考生在考试的时候一定要尽可能保证卷面的整洁,注意以下几方面:①分点、分段,层次清晰;②字体的大小适中;③字距、行距要合适;④避免出现"黑疙瘩"和箭头乱画。

第二章 论述题

第一节 2014-2023年真题分析

年份	题干	考点
2023	结合实践论述劳动教育如何与德育、智育、体育、美育相融合。	劳动教育
2022	请结合某一学科,论述如何在教学中对学生进行思想政治教育。	思想政治教育
2021	请结合实际,论述新任教师促进自身专业发展的主要途径。	新任教师成长的途径
2020	请结合实际,论述运用榜样示范法的基本要求。	榜样示范法
2019	请结合新时代立德树人的要求,论述学校德育的主要途径。	德育途径
2018	请结合实际论述如何培养学生良好的意志品质。	良好意志品质的培养
2017	请结合实际论述教育心理学对教师在教育实践中的作用。	教育心理学的作用
2016	举例说明如何在教学中激发学生的学习动机。	学习动机的激发
2015	请结合教育教学实际,试述如何通过创设适宜的环境培养学生的创造性。	创造性的培养
2014	请结合学科教学谈谈如何培养学生解决问题的能力。	学生问题解决能力的培养

第二节 答题策略

一、通读教材,系统复习

首先要了解真题的考查特点,结合教材内容,进行系统的知识梳理。其次要注意一些容易考查论述题的知识点。例如,措施类、影响因素类的内容,在历年考试中备受命题人的青睐。

二、巧用方法,加深记忆

在紧锣密鼓的复习阶段,容易出现理论混淆、记忆条目不全等现象。因此,考生可以结合自己的理解,巧记关键词或自编口诀,以减轻记忆负担。

三、以点带面,强化考点

真题是把握命题趋势的重要依据。考生要顺藤摸瓜,以点带面,通过历年真题串联起一系列相关或相似考点,强化记忆。例如,2012年真题中考到"结合实际阐述如何培养学生的创造性。"考生应据此来进一步掌握创造性的影响因素、特征等相关内容。同样的考点在2015年再次出现:"请结合教育教学实际,试述如何通过创设适宜的环境培养学生的创造性。"

四、总结技巧,举一反三

除了常规记忆外,对于每种类型的问题,还要总结答题方法。(1)对于概念类问题,要条理清楚、简洁明了地说明"是什么";(2)对于理解类问题,要注意适当添加自己的理解,但理解不可凭空而设,不可脱离基础理论;(3)对于对策类问题,要注意操作的程序性,针对其中一些题目可以根据具体情况采用"主体分析法/主客观分析法/内外因分析法"来分析问题,使答案具有逻辑性和条理性。

教育问题涉及的主体主要有社会、学校、家庭、学生、同伴等。这些主体又可以分为主观因素(内部因素)和客观因素(外部因素)。如果问题本身从学生角度出发,那么学生方面的因素可以被归为主观或内部因素,而其他方面则属于客观的、外部的因素。对于原因类问题,关键是要把道理讲清楚,论据分条写全面。

另外,论述题的评分标准为"踩点给分",因此在作答时要条理清楚、字迹工整,最好标明序号。

第三章 教学设计题

第一节 2014—2023年真题分析

年份	内容		要求
2023	语文（统编本七年级）	天下国家	请你根据上述材料完成该主题的综合性学习教学设计，写出设计的理念、目标与实施过程。
2022	道德与法治（六年级）	应对自然灾害	请设计本节课的教学目标及教学过程。
2021	语文（五年级）	走进信息世界	请设计一则语文综合性学习活动方案，写出活动理念、目标和具体过程。
2020	主题班会（五年级）	公益劳动	请你根据上述材料完成主题班会的方案设计。
2019	品德与社会（四年级）	安全地生活	请设计一个体验活动方案，写出活动内容、形式和具体做法。
2018	品德与社会（五年级）	感受快乐	请设计一个体验活动，写出活动的内容、形式和具体做法。
2017	语文（人教版二年级）	秋天的图画	(1)请根据课文内容制定本节微型课的教学目标。 (2)请根据课文内容设计一个朗读教学设计，并说明设计意图。
2016	品德与社会（四年级）	我的邻里乡亲	(1)确定教学目标。 (2)设计教学过程并说明设计的理由。
2015	数学（四年级）	认识计算器	请设计一个课堂导入活动并说明设计理由。
2015	语文（七年级）	汉字的魅力	请设计一次语文实践活动，写出活动的内容、方式及具体做法。
2014	思想品德（八年级）	诚信的智慧	请根据所提供的教学材料，完成教学设计。

第二节 教案设计

教案是教师经过周密策划而设计出来的关于课堂教学的具体实施方案，通常以一节课为单位编写，也称之为课时教学进度计划。它既是备课成果的提炼和升华，又是备课的继续和深入。设计教案是教师备课工作的最后一个环节，也是教师备课工作中最全面系统、深入具体的一步，是保证教师有计划、有步骤地上好课的必要手段，对提高教学质量有着重要意义。

一、设计思路

1. 课题

课题名称即所授课的名称。

2. 课型

课型是指根据教学任务而划分出来的课堂教学的类型。按照不同的标准,分类也是多种多样的。在教案中常见的有讲授课、练习课、复习课、实验课、示范课、研讨课、汇报课、观摩课、优质课、录像课等。

3. 课时

课时主要是指授课内容是第几个课时,一般为第一课时。

4. 教材分析(教材情况+主要内容)

××××是××××(学段)××××(版本)××××年级,××××册第××××单元中的内容,主要讲解××××(主要内容)。

5. 学情分析

××××年级的学生××××,但××××欠缺。所以在教学中××××。

学情分析主要包括:(1)学生已有的认知水平和能力基础;(2)学生可能遇到的问题;(3)应采取的方法措施。

6. 教学目标

根据《义务教育课程方案和课程标准(2022年版)》的要求,课程要围绕核心素养,体现课程性质,反映课程理念,确立课程目标。

以道德与法治课程为例,核心素养是课程育人价值的集中体现,是学生通过课程学习逐步形成的正确价值观、必备品格和关键能力。道德与法治课程要培养的核心素养,主要包括政治认同、道德修养、法治观念、健全人格、责任意识。政治认同是社会主义建设者和接班人必须具备的思想前提,道德修养是立身成人之本,法治观念是行为的指引,健全人格是身心健康的体现,责任意识是担当民族复兴大任时代新人的内在要求。

7. 教学的重点和难点

本课的教学重点:通过××××学生能够掌握××××。

本课的教学难点:通过××××发展/提高学生××××。

(教学重点是指在授课时必须着重讲解和分析的内容,一般是知识目标;教学难点是指学生经过自学还不能理解或理解有较大困难的内容。一节课可以没有教学难点,但是必须有教学重点)

8. 教学方法

主要采取的教学方法:××××法。

在本节课的教学中主要渗透××××法、××××法等。

(教学方法是指在授课过程中所采用的方法,如课堂提问、讨论、启发、自学、演示、演讲、辩论等)

9. 教学过程

(1)导入新课

本课主要采用:故事导入/直接导入/游戏导入/情境导入/演示导入/提问导入等。

(具体怎么导入,需要简单阐述)

(2)讲授新课

在讲授新课时,为了突出本节课的教学目标,首先引导学生自主学习,学生对基本的概念和知识初步感知、学习后,再对重要的生词(这里以语文为例,其他科目视具体情况而定)进行讲解。

(3)巩固练习

必要的练习有利于学生对新知识的掌握,练习题要紧紧围绕教学目标设计,要精巧、有层次、有梯度、有密度,还要考虑练习的方式,是教师板演还是学生板演。

(4)课堂小结

课堂小结也叫归纳小结,在所授课程将要结束时,总结回顾本节课所学的知识。考生在设计时可以根据实际需要,采用合适的方法,力求做到简单明了。

(5)作业布置

作业的设计要适度、适量、新颖,同时要考虑学生的学习差异,对不同程度的学生,设计不同难度的作业,尽量使每个学生都能获得相应的学习成就感。

10. 板书设计

板书是教师为了配合讲解,在黑板上运用文字、图画和表格等视觉符号传递知识的教学行为方式。考生在设计板书时要目的明确、布局合理,与讲授的内容、进度密切结合,同时还要注意形式的美观。

二、设计模板

这里以小学语文为例,设计模板如下:

(一)教学目标

1. 认识并能准确书写_____等生字或多音字;重点掌握_____等词语。

2. 能够用普通话(正确、流利、有感情地)朗读课文;发现课文中优美的句子,复述/背诵优美的句子;简单说出_____的含义;理解_____等重点句子的意义。

3. 通过合作学习(小组讨论等)的方式,学会运用_____等修辞手法,体验_____过程,提高_____的能力。

4. 通过对人物(对话、语言、动作、表情等)细节描写的阅读,体会_____的精神,增强_____的情感或意识。

(二)教学重难点

1. 教学重点:掌握_____字/词,掌握_____写作手法,体会语言特色。

2. 教学难点:能够运用_____修辞/写作手法,体会_____的思想感情,表达真实情感等。

(三)常见教学内容的指导过程

1. 现代汉语语音教学

小学阶段现代汉语语音教学的目标主要为:

(1)能够准确发音,可以正确认读并拼写生字、生词拼音;

(2)在流利、准确地朗读课文的基础上,注意轻声、重音、儿化音、停顿等。其主要教学方式是讲、读、评。

开展教学时,教师应在教师讲解、教师范读、学生试读、教师评价、生生互评等基础上增强课程的趣味性。以下为小学阶段现代汉语语音教学常用的教学步骤:

(1)教师出示生字(生词)拼音及放大的发音时口腔及唇形图,讲解声母、韵母、声调及其发音。

(2)教师范读。范读时应注意放慢发音速度,发音口形夸张化,保证让学生能够看到发音的过程。

(3)学生试读。试读后教师根据学生情况进行正音指导。此处如有学生发音准确,可增设学生范读环节。

(4)学生再读。学生根据教师正音指导再读生字(生词)拼音,其他学生尝试评价,教师相机指导。

(5)教师再次强调发音时后齿、舌等器官的位置变化,学生小组合作,反复朗读,互听互评,教师巡视指导。

(6)教师请学生以生字(生词)造句并朗读完整的句子。强调句中生字(生词)的读音——声调。

(7)教师讲解句中应注意轻声、重音词语与停顿处等,学生再读句子,教师点评。

(8)布置作业。重点练习生字(生词)拼音拼写,反复认读生字(生词)。

2. 汉字识字教学

识字是《义务教育语文课程标准(2022年版)》中要求的重要教学内容。识字与写字是教学重点,是阅读和写作的基础。对识字与写字的要求应有所不同,要贯彻多认少写的识字教学原则,讲究教学方法,以减轻学生负担。识字教学要将儿童熟识的语言因素作为主要材料,同时充分利用儿童的生活经验,引导学生利用课外各种机会主动识字,力求识用结合。要运用多种识字教学方法和形象直观的教学手段,创设丰富多彩的教学情境,提高识字教学效率。

3. 汉字书写教学

小学阶段汉字书写教学的目标主要为:

会认、会写生字,能按笔画顺序正确书写,可以与形近字相区分等。其主要教学方式为讲、写、评,具体教学方式为教师讲解、教师示范、学生合作讨论、学生练习等。

教学过程中应灵活变换教学方式,体现出汉字教学的趣味性、直观性。以下为小学阶段汉字书写教学的常见教学步骤,在具体指导中可适当调整。

(1)教学导入。多媒体出示田字格中生字,学生查阅字典,认读生字。教师正音并讲解字义。

(2)教师在黑板上的田字格中范写生字,学生观察书写过程——偏旁部首、笔画笔顺、间架结构。

(3)学生发言并讨论。教师播放生字书写顺序Flash动画,学生认真观看,再次讨论,教师加以明确。

(4)教师引导学生回忆学过的生字形近字,小组讨论其字形异同,强化学生对生字的认识以及对形近字的辨析——强调偏旁部首异同、笔画笔顺。

(5)教师多次播放生字书写顺序Flash动画,学生边观看边记忆,然后书写。

(6)学生试写,生生互评,教师相机指导——强调生字的间架结构。

(7)学生练写,教师巡视指导——强调写字姿势、笔画笔顺、间架结构。

(8)成果展示,教师评价、学生自评、生生互评相结合。

4. 现代汉语词语教学

小学阶段现代汉语词语教学的目标主要为:

会认、会写生词,能够区分同义词,找出反义词,掌握词义并学会运用生词造句。其主要教学方式为讲、议、练、评,具体教学方式为教师讲解、学生小组讨论、学生练习、多元化评价等。

在具体的教学过程中,教师应在保证完成既定教学目标的前提下,设计多元化的教学环节,使教学活动更加趣味化。以下为小学阶段现代汉语词语教学的常见教学步骤:

(1)教师出示生词,学生认读,教师正音。

(2)学生在黑板上拼写生词拼音、书写生词,师生评价,助其修改——强调拼音书写规则,汉字书写要求。

(3)教师出示完整的句子,引导学生结合上下文讨论分析、理解并说出生词词义。

(4)教师组织"比一比"等活动,鼓励学生集思广益,分小组思考生词的同义词、反义词,比一比哪一组想出的有效同义词最多,哪一组想出的有效反义词最少。小组代表发言时,请一位同学上台将小组代表所说词语按同义词、反义词分类并一一写在黑板上,教师相机引导。

(5)造句。教师示范,用生词、生词同义词、生词近义词造句;学生尝试造句,教师评价并强调词义异同,鼓励学生扩展、丰富造句内容。

(6)教师布置作业——学生练习生词拼音拼写及汉字书写,向家人汇报本节课学习成果等。

三、设计范例

范例一

下面是某版本二年级语文上册《黄山奇石》,请根据课文内容回答问题。

黄山奇石

中外闻名的黄山风景区在我国安徽省南部。那里景色秀丽神奇,尤其是那些怪石,有趣极了。

就说"仙桃石"吧,它好像从天上飞下来的一个大桃子,落在山顶的石盘上。

在一座陡峭的山峰上,有一只"猴子"。它两只胳膊抱着腿,一动不动地蹲在山头,望着翻滚的云海。这就是有趣的"猴子观海"。

"仙人指路"就更有趣了!远远望去,那巨石真像一位仙人站在高高的山峰上,伸着手臂指向前方。

每当太阳升起,有座山峰上的几块巨石,就变成了一只金光闪闪的雄鸡。它伸着脖子,对着天都峰不住地啼叫。不用说,这就是著名的"金鸡叫天都"了。

黄山的奇石还有很多,如"天狗望月""狮子抢球""仙女弹琴"。那些叫不出名字的奇形怪状的岩石,正等你去给它们起名字呢!

阅读材料,设计一节课的教学环节。

【参考设计】

(一)创设情境,导入新课

同学们,大家去过黄山吗?黄山的美,可以说是中国名山之最。黄山兼有泰山的雄伟,庐山的飞瀑,衡山的烟云,峨眉的清凉,所以又有"天下第一奇山"的称号。黄山有四绝:奇松、怪石、云海、温泉(出示相应图片)。今天,老师就带着大家来欣赏一下黄山的怪石。

(二)初读课文,学习生字

1.学生小声地读课文,教师提出要求。

读课文的时候,把课后的生字在文中圈画出来,并借助课文下面的拼音多读几遍,也可以用自己喜欢的方法学习生字。

2.标自然段序号,通读课文。

3.自己学完生字之后,同桌的小伙伴互相当"小老师"考查一下。有不会读的字,"小老师"要教教你的小学生。

4.指导书写:区、巨。

(三)再读课文,整体感知

请学生自由朗读课文,思考:

1.哪些自然段向我们介绍了黄山的奇石?

2.用横线画出课文中介绍的几种石头。

小伙伴交流之后,全班汇报,教师根据学生的回答板书。

(四)精读课文,品味黄山

1. 探"奇"

(1)通过读第一自然段,你们对黄山有了哪些了解?(黄山的地点、黄山怪石很有趣)

(2)黄山奇石的奇从哪能看出来?(中外闻名、怪石、有趣)

(3)"尤其"是什么意思?你能换一个词语来说一说吗?(尤其:表示更进一步,可以将"尤其"换成"特别")

2. 悟"奇"

(1)课文介绍了很多奇石,我们先来看看第一块奇石——仙桃石。课文是怎样描写这块石头的?大家互相说说。(出示课件图片"仙桃石")

(2)第二块奇石"猴子观海"是什么样子的?(出示课件图片"猴子观海")

(3)除了"仙桃石""猴子观海","仙人指路"也另有一番趣味。(出示课件图片"仙人指路")

①谁来学着做一下这位仙人的样子?(生模仿)

②同学们,假如你在黄山游玩,山路一转,突然看到远处高高的山峰上有一块这样的石头,你会觉得怎么样?(生:神奇、想去看个究竟)

③同学们,假如你是山中的仙人,你会对游客说些什么呢?(生自由回答)

(4)课文还向我们具体介绍了另一块跟动物有关的石头呢,这块石头的写法和"猴子观海"的写法有相同之处吗?(出示课件图片"金鸡叫天都")

3. 说"奇"

(1)作者经过观察,抓住黄山石的样子,展开合理的想象,通过打比方,把静止的石头写活了,写具体了。下面,我们也运用这种方法,选择大屏幕上其中的一块石头,抓住它的特点来说一说吧。(出示课文最后一段中提及的石头的图片:"天狗望月""狮子抢球""仙女弹琴")

(2)重点指导"天狗望月",指导学生模仿"金鸡叫天都"的形式以及部分句式来说。

(五)激发兴趣,课外延伸

1. 搜集黄山的图片资料。

2. 展示黄山其他三绝:奇松、云海、温泉,体会"天下第一奇山"的称号。

范例二

请根据下面提供的教学材料和相关情况,按要求完成教学设计。

教学材料:统编本七年级语文教材综合性学习板块——"孝亲敬老,从我做起"。

"孝"是中华民族的传统美德。《诗经·小雅·蓼莪》说:"父兮生我,母兮鞠我。拊我畜我,长我育我,顾我复我,出入腹我。欲报之德,昊天罔极。"意思是父母生我养我,拉扯我长大,呵护备至,我想好好报答,但上天无常,想要报答父母也没有机会了!父母养育子女,并不求回报;作为子女的我们,则要充满感恩之心,孝敬父母。如果更进一步,"老吾老以及人之老",将孝敬双亲的心,扩大到敬爱所有的长辈,则是一种更为可贵的品德。让我们从现在做起,体谅父母,关心父母,孝敬父母,并敬爱老人。

请你根据上述材料完成该主题的综合性学习活动计划,写出活动的目标、主题与步骤。

【参考设计】

【活动目标】

1. 了解中国传统的孝文化,继承和发扬中华民族孝亲敬老的优良传统。

2. 积极参加孝亲敬老活动,培养心存感恩、孝敬父母、回报社会的美好品德。

3. 学习制作活动计划、海报,提高表达自己观点的能力。

4. 在生活中能主动体谅父母的辛劳,帮助父母做力所能及的事情。

【活动主题】

孝亲敬老,从我做起。

【活动步骤】

(一)宣传动员

1. 利用国旗下的讲话时间,向全校师生宣读《孝亲敬老活动倡议书》,号召全校同学开展孝亲敬老活动。

2. 以"孝亲敬老,从我做起"为主题,布置宣传栏、黑板报,悬挂感恩主题条幅或制作"孝亲敬老月"活动海报,积极宣传,营造校园孝亲感恩的氛围。

3. 各班召开主题班会,讨论"孝"的内涵,呼吁同学们"孝亲敬老,从我做起"。

(二)活动实施

1. 小组搜集孝亲故事或相关名言警句,利用各种形式进行展示。

2. 开展"亲情作文"征文活动,组织评比。参考题目:《写给父母的话》《爸爸妈妈,我爱你们》《今天,我为爸爸做顿饭》《妈妈,您辛苦了》。

3. 布置"爱心家庭作业"。回家为父母或其他长辈做一些力所能及的孝亲之事。例如:送父母几句温馨的祝福,给爷爷奶奶讲一个开心的故事,帮长辈做家务,支持长辈的爱好,等等。

4. 邀请校内老师或校外专家学者、作家名人做有关"中国孝文化"主题的报告。

5. 到敬老院开展慰问活动。

6. 活动结束后,各小组搜集素材,分别制作一期关于"孝亲敬老"活动的手抄报。

范例三

请根据所提供的教学材料和学生情况,按一节课的要求完成教学设计。

教学材料:

4 买东西的学问

学会看包装

我们都有过购物的经历。怎样才能买到称心如意的商品,这里面可有不少学问。

班级要开联欢会,需要购买零食、小奖品和装饰教室的物品。生活委员雯雯邀请你来帮忙。请运用你的经验和智慧,圆满完成购物任务。

请仔细看一看,这两种零食,哪种可以购买,哪种不可以购买,为什么?

正规商品的外包装上一般都有厂名厂址、使用说明、生产日期等内容,这是我们了解商品信息的重要渠道。

小标签,大用途

请在食品、服装、文具、家用电器、药品等商品中任选一类,收集它们的商品标签、外包装、说明书等。比较一下,同类产品有哪些共同的信息。仔细阅读并完成下面的观察记录表。

观察记录表

我观察到的信息:

1.
2.
3.
4.

我觉得要特别关注的信息:

因为:

你在哪里看到过这样的标志?你知道这些标志的含义吗?

学生情况:教学对象为某农村小学四年级学生,班级人数为45人。
请设计本节课的教学目标及教学过程。

【参考设计】
【教学目标】
1. 掌握购物的技巧:学会看包装,避免购物麻烦。
2. 认识安全标志,主动拒绝"三无"产品。
3. 树立正确的购物意识,保护自身的健康。
4. 能够有意识地维护自己作为消费者的合法权益。

【教学过程】
(一)导入新课
师:同学们,我们都有过购物的经历。怎样才能买到称心如意的商品,这里面可有不少学问。让我们来探究一下购物的学问吧!
(二)新知探究
1. 辨一辨
(1)班级要开联欢会,需要购买零食、小奖品、装饰教室的物品。生活委员雯雯邀请你来帮忙。请运用你的经验和智慧圆满完成购物任务。
(2)这两种零食,哪种可以购买?哪种不可以购买?为什么?(出示教材第28页的图片)
①分小组进行交流。
②学生代表汇报。
③师小结:第一种商品有生产日期、生产厂家、产品的名称、配料、保质期、安全标志以及绿色食品标志。所以第一种商品是可以购买的。第二种商品不可以购买。因为它无产品名称,无配料,无保质期,无安全标志,所以不能购买。
2. 观察记录,找出共同点
(1)观察:在食品、服装、文具、家用电器、药品等商品中任选一类,收集它们的商品标签、外包装、说明书等。
(2)找共同点:比较一下,同类产品有哪些共同的信息。
(3)记录信息:仔细阅读并完成下面的观察记录表。
例如:

观察商品的种类	食品
我观察到的信息	产品名称、配料、执行标准、生产厂家、产地、生产日期、保质期、储存条件、净含量、服务热线、条形码等
我觉得应该特别关注的信息	正规生产厂家、生产日期和保质期、储存条件、产品的配料等

3. 认一认
(出示教材第29页的安全标志)你在哪里看到过这样的标志,你知道这些标志的含义吗?
(1)学生自由交流讨论。
(2)请学生代表汇报。
(3)师小结:
第一个:绿色食品标志,它由三部分构成,即上方的太阳、下方的叶片和中心的蓓蕾,象征自然生态;颜色为绿色,象征着生命、农业、环保;图形为正圆形,意为保护。

第二个:中国能效标识,又称能源效率标识,是附在耗能产品或其最小包装物上,表示产品能源效率等级等性能指标的一种信息标签,目的是为用户和消费者的购买决策提供必要的信息,以引导和帮助消费者选择高能效节能产品。

第三个:中国环境标志,它由中心的青山、绿水、太阳及周围的十个环组成。图形的中心结构表示人类赖以生存的环境,外围的十个环紧密结合,环环紧扣,表示公众参与,共同保护环境;同时十个环的"环"字与环境的"环"同字,其寓意为"全民联合起来,共同保护人类赖以生存的环境。"

范例四

请根据所提供的教学材料,完成教学设计。

教学材料:某版本八年级《尊重,从我做起》。

人们需要相互尊重。在交往中,我们每个人都是富有尊严的独立存在的个体,有权得到别人的尊重。同时,我们也要尊重他人的尊严,尊重他人的基本权利。如果彼此缺乏起码的尊重,那么,交往就会产生严重障碍,失去平等、诚信、友善的交往氛围。尊重他人,要求我们做到礼貌待人、平等待人、诚信待人、友善待人,充分理解他人。

我们尊重人,不仅仅限于尊重个体,还要尊重社会。我们社会主义国家代表人民的意志,维护人民的利益。我们对社会的尊重,也是对他人的尊重。尊重社会,就要遵守社会规则、承担社会责任。爱护公共环境和设施、维护公共秩序,践行道德、遵纪守法等,这些是我们应当履行的义务,也是我们尊重社会的具体表现。

尊重自然与尊重他人、尊重社会息息相关。人类来自自然,人类的生存离不开自然的恩赐,人类有责任和义务尊重无私奉献的大自然。尊重自然的核心是保护环境。我们要树立生态文明观念。人类只有一个地球,面对严峻的生态环境,保护地球、尊重自然是我们的神圣职责。

【参考设计】

【教学目标】

(1)了解什么是尊重;懂得爱护公共环境和设施;理解遵守公德和秩序体现了对他人的尊重。

(2)在生活、学习中能够爱护公共环境和设施,遵守公德和秩序。

(3)初步形成平等待人、宽容待人、尊重他人、与人为善的良好品质。

(4)在生活中能践行以文明礼貌、相互尊重、助人为乐、爱护公物、保护环境、遵纪守法为主要内容的道德要求,做社会的好公民。

【教学重点】

明确"尊重,从我做起"的行为要求。

【教学难点】

努力实践平等待人、尊重他人、尊重社会、尊重自然的行为要求。

【教学方法】

直观演示法、集体讨论法

【教学过程】

(一)导入新课

展示照片:习近平主席与一位普通老人握手。

老师:习近平主席到河北省阜平县看望、慰问困难群众时,来到了一位普通农民的家里。在亲切地握手之后,老人请主席入座,主席微笑地点点头说:"老人家,您先请!"然后主席入乡随俗地盘腿坐在炕上,同乡亲手拉手,详细询问他们一年下来有多少收入,粮食够不够吃,过冬的棉被有没有……

老师:这个交往片段体现了人与人交往的哪些美德?

老师:很好,同学们说"人人生而平等"。既然我们知道了人人生而平等,那么在日常生活中,我们该怎么做呢?今天我们就来学习《尊重,从我做起》。

(二)讲授新课

活动1:集思广益

老师:与不同的人交往,应该如何表达你的尊重呢?大家一起讨论,思考这个问题。

要求:每组对应思考一个问题;前后交流2分钟,答案汇报给小组代表,各组代表进行1分钟计时回答(符合要求的答案最多的组获胜);每组派一个代表发言,其他同学可举手补充回答。

老师总结:其实,无论与谁交往,尊重要求我们做到……(联系教材:尊重他人的要求)

活动2:社会观察

老师:尊重是相互的,对于不尊重他人的行为,我们又该如何看待呢?(出示身边不文明行为的图片)

老师:图片上的这些做法,会有哪些影响?

老师:没有尊重,对自己、对社会、对国家都不利。社会是个大家庭,我们生活在其中,必须要遵守规则、承担责任。具体有哪些责任呢? 我们一起来看看。(展示公民基本道德规范)

老师:没有规矩,不成方圆。良好的社会秩序会使我们每一个人都受益,所以,尊重社会既是尊重他人,也是尊重自己。

老师:很多规章中都提到了要爱护公共环境和设施,现在就请大家一起来说说,保护校园环境,具体应该怎么做呢?

老师:校园是我们生活的地方,需要我们一起来保护。其实,我们还有一个共同的家园——地球。(播放明星号召参与环保的公益广告视频)

老师总结:面对大自然给人类的一次又一次的惩罚,我们不得不反思——地球只有一个! 我们必须保护地球,尊重自然。尊重自然就是在尊重我们自己生存的权利。

活动3:欣赏歌曲《爱的奉献》

老师总结:尊重身边的人就是一种简单的爱、实在的爱。让我们从现在做起,从自我做起,尊重你我他,让世界充满爱!

(三)课堂小结

通过这节课的学习,同学们理解了人们需要相互尊重。在交往中,我们每个人都是富有尊严的独立存在的个体,有权得到别人的尊重。同时,我们也要尊重他人的尊严,尊重他人的基本权利。人类只有一个地球,面对严峻的生态环境,保护地球、尊重自然是我们的神圣职责。希望同学们在今后的学习和生活中,都能做到尊重他人、尊重社会、尊重自然。

(四)课后作业

请以"打造宜居家园,创造和谐社会"为主题,从尊重社会或尊重自然的角度,向身边的人写一份倡议书。

第三节 教育方案设计

教育方案设计一般是根据一定的教育情境或为解决某些教育问题而进行的教育活动方案的设计。

一、设计思路

(一)班级主题活动(主题班会)

此类活动设计不仅要按照题目要求的内容进行,还需要注意具体环节的设计。

1. 提炼主题

在确立班会主题时要注意:

(1)以小见大。大处着眼,小处着手,防止假、大、空。

(2)有针对性。根据不同年龄段学生的心理特点,富有针对性地设计贴近他们年龄特点的活动。

(3)有创新性。主题班会的构思要新颖,有创新性、艺术性,即便是常用的班会主题,也可以从不同角度进行创新性的阐释。

(4)有实用性。主题的设计要务本求实,针对实际问题,注重行为指导。

2. 选取内容

充实的内容是主题班会取得成功的重要保证。选取内容时需要注意:

(1)注重积累素材。一些名人案例、谜语故事、游戏表演等,都要在平时下足功夫进行搜集和准备。

(2)融合教育实际。要注意结合学生的实际,让学生能够切实感受到班会主题和自身成长、发展的关系。真实的案例能够引起学生的共鸣,从而取得良好的教育效果。

3. 确定形式

班会要达到寓教于乐的目的,就要根据青少年学生的特点,运用多种形式开展班会。结合案例分析,班会形式的新颖性可以从如下方面着手:

(1)班会开场

例如:《寸草报春晖》的班会,是从学生介绍自己的家长开始的,通过这样的开场,既缓解了家长和孩子的紧张情绪,又让教师了解了家长们的情况,以便在班会开展过程中更有的放矢;《法,离我们并不遥远》的班会是用几个孩子在放学路上打闹受伤引发纠纷的小品开始的;中秋节的班会《中秋"家长来访"》,是以家长们朗读悄悄写给孩子的信开始的。

(2)班会主体

小学的班会要有热度,中学的班会要有深度。因此,在小学班会中可以结合游戏、表演、视频、歌唱等形式,在中学阶段的班会中可以结合案例、主题讨论和说服教育等形式。

(3)班会总结

例如,在召开了《你为集体做了些什么》的主题班会后,就要及时表扬那些关心集体利益,为集体做了好事的同学。在召开《"中秋"家长来访》的班会后,可以让学生给自己的家长也写一封信。另外,班主任的总结性寄语要画龙点睛,情感真切,富于感染力,这有利于强化学生对班会主题的理解。

(二)班级社会实践活动

社会实践活动的方案设计一般包括以下几个方面：

1. 活动的宗旨和目的

由于社会实践活动种类较多，明确社会实践活动的目的，才能在活动中贯彻始终，实现目标，完成好实践活动。

2. 参与主体

一般调研、实践活动需要参与成员进行分工与合作，主体一般包括学生和教师。

3. 组织形式

一般来说，任务繁重的调研和实践都需要成立相关小组，以小组为单位实施活动。

4. 时间要求

做好活动计划和时间分配，要在规定时间内完成规定项目。

5. 成果处理

活动成果通过一定形式进行展示，并体现出指导实践的作用。

(三)家长会

常规家长会的基本内容及组织的基本流程如下：

1. 家长会的目的

确定召开家长会的主要目的，在不同的时间召开，其目的不同。

2. 制订计划

(1)确定家长会的时间、地点和形式。

(2)确定邀请人员及参会人数。

(3)确定会议的主要内容和流程。

(4)准备家长会所需材料(PPT、演讲稿、致家长的一封信等)。

(5)拟订阶段性培养计划。

(6)了解学生家庭情况，掌握班级学生的共性和个性问题。

3. 落实计划

(1)教师阐明家长会的目的和主要内容。

(2)介绍学校、年级、班级的基本情况以及学生在校学习情况。

(3)注意维持家长会秩序，把握会议进度。

(4)设立教师与家长互动交流和个别交流的环节，也可以设置家长之间互相交流的环节。

(5)征求家长对学校教育教学工作的意见与建议。

(6)总结家长会的经验。

二、设计模板

这里以主题班会为例，设计模板如下：

一、活动主题

主题一：直接点明活动目的，如我们都是最棒的、相信你自己。

主题二：以活动形式命名，如班级音乐会、趣味运动会。

二、活动目标

1. 学生能了解_____的重要性,正确认识_____。

2. 学生能做到_____,树立_____的观念。

3. 学生能培养_____的能力,掌握_____的技能。

4. 学生能在日常生活中践行_____的理念,促进学生_____的发展。

三、活动准备

1. 班主任准备:活动方案及班会所需的课件、教具等物品。

2. 学生准备:自己的发言稿,协助班主任做好教室布置等事宜。

四、活动过程

(一)播放(展示)_____,引入主题。

给学生播放_____,结合活动主题,让学生感受_____。

(二)联系实际,亲身体验

教师组织学生开展_____活动,引导学生从活动中体会_____。

(三)合作探究,深化意识

通过小组合作的方式,让学生探讨_____,并形成_____的意识。

五、活动总结

学生讨论得出:当我们遇到_____时,要_____,不能_____。

主持人(班主任):希望同学们通过今天的主题班会,能够明白_____(道理),体会_____(情感),在以后的生活学习中可以_____。

六、预计效果

学生认识到了_____的重要性,懂得了_____。

七、检验方法

观察同学们在日常生活中的表现。通过家长、任课教师,了解学生情况。

三、设计范例

范例一(班级主题活动)

2023年10月1日是中华人民共和国成立74周年,为进一步加强思想道德建设,激发学生的爱国主义情感,增强集体荣誉感,某学校拟开展"庆国庆"班级活动,请你以此为主题,设计一节40分钟的小学生班会活动。

要求包括:题目设计、活动目的设计、活动过程与内容设计。

【参考设计】

1. 班会题目:庆国庆,迎未来

2. 班会目的:通过此次班会活动,让学生了解新中国成立以来祖国母亲发生的伟大变化,从而更加热爱祖国,不仅能增强学生的民族自豪感和荣誉感,而且能增强集体荣誉感和班级凝聚力,促进班集体的发展,进一步提高个人的素质。

3. 活动过程与内容设计

(1)主持人宣布《庆国庆,迎未来》主题班会现在开始。

男:伴着金秋明媚的阳光,迎着十月的天高云淡。

女：带着世纪创业的豪情，满怀丰收的幸福渴望。

男：中华人民共和国七十四岁华诞。

合：在万众期盼的目光中向我们阔步走来。

女：最难忘的，是1949年的那个秋天。

男：最难忘的，是开国大典的那个夜晚。

女：我们满怀热情——喜迎国庆。

男：此时此刻，全中国都在欢呼，全世界都在为中国雀跃。

女：让我们一起为中国呐喊、加油！

(2)全班合唱《今天是你的生日，我的祖国》。

(3)请两位同学朗诵《祖国啊，我为你自豪》。

女：当巍峨的华表，让挺拔的身躯披上曙光。

男：当雄伟的天安门，让风云迎来东升的太阳。

女：历史的耳畔，传来了礼炮的隆隆回响，那排山倒海般的回响，是中国沧桑巨变的回响。

合：一位巨人俯瞰着世界，洪亮的声音，全世界都听到了，中华人民共和国成立了！

……

(4)请两位同学朗诵诗歌《少年中国说》，激发同学们的积极进取之心。

(5)播放视频《大国重器》。

(6)针对视频中祖国出现的一些发展变化进行知识问答，回答不出的或者答错的要表演节目，回答对的有小奖品。

(7)玩传花筒小游戏，主持人喊停止，拿到花的同学要回答主持人提出的关于祖国的一个小问题，回答不出或者答错的要表演节目。

(8)请同学们自由分享自己的梦想，帮助学生了解自己喜欢的事物或者职业。

预设一：我长大要当科学家！

预设二：我长大要当医生！

(9)全班合唱《我爱你中国》。

(10)班会结束，主持人致结束语：我们的祖国母亲之所以繁荣富强，是无数的英雄为我们奋斗而来的，没有他们抛头颅、洒热血、不怕牺牲、锲而不舍，哪来我们今日的美好生活？他们开创了祖国的今天，身为祖国下一代的我们要还祖国一个灿烂的明天！为了实现我们的光荣使命，我们必须努力学习，用最先进的科学技术和博大精深的中华文化武装自己，学好建设祖国的本领，用自己的聪明才智为祖国贡献力量，让祖国越来越好。

4.班会总结

通过这次主题班会，希望同学们更加了解祖国以及自己的梦想，给自己设定一个美好的明天，鼓励自己积极进取，努力学习。

范例二（班级社会实践活动）

随着人类生活需求的扩大以及工业的迅猛发展，人类赖以生存和发展的环境受到污染，生态遭到破坏，环境问题已成为当今人类面临的全球性问题之一，引起了世界各国的普遍关注。为了增强中学生的环境意识，树立正确的环境观，班主任程老师组织学生利用寒假，对本市的环境污染进行一系列的考察和调研。

假如你是程老师，请设计一个教育活动方案（自选一个学段）。

【参考设计】

学段:初中

主题:环保在我心中

设计依据:

(1)环境问题与人类的生存和发展息息相关,人类需要承担社会责任,积极关注环境问题。

(2)初中生已经具备了一定的社会责任意识和实践动手能力。

(3)通过本次实践活动,可以提升学生的实践能力,促进学生成长发展。

活动目标:

(1)学生能够比较全面地了解我市环境问题的现状和防治措施,正确认识人类经济发展同环境协调发展的关系。

(2)学生能够形成一定的调查研究能力。

(3)学生能够做到自觉保护人类赖以生存的自然环境。

(4)学生能敬畏自然,具有绿色发展理念,初步形成环保意识和生态文明观;能够在日常生活中自觉践行生态文明的理念。

活动准备:

(1)学生自愿组合,成立调查小组,民主选举组长,确定调查线路及访问对象。

(2)教师与一些企业的负责人进行联系,请求配合学生的调查访问。

(3)学生搜集企业违法排污,影响群众生产生活的事例,通过真实的例子感知环境对生活的影响。

活动内容与过程:

1. 活动步骤

(1)学习书本知识。认识当今环境问题的产生、现状及其危害,了解人们为解决环境问题而采取的一般措施。

(2)进行实地考察。查看附近河流水体污染现状,到市区查看大气污染现状,到主要交通干道及建筑施工现场考察噪声污染情况,到垃圾转运中心观察废渣污染情况等。

(3)记录数据。重点走访市环保局、环境监测站、排污站等单位,全面地了解我市环境污染和环境治理的情况。

(4)谈心得体会。撰写《大气污染与防治》《水污染与防治》《噪声污染与防治》《固体废弃物污染与防治》《环境与我们》等一系列文章,并进行分享交流。

2. 实施过程

(1)调查走访

①学生以小组为单位,到河流所在地进行观察及取样,并以表格的形式记录观测的数据。

②学生以小组为单位,对确定的企业进行调查,小组成员合理地进行分工与合作。

③访问河流沿岸居民,询问内容由各组自定。

④在家长的帮助下,通过上网、查阅书籍等方式了解更多的环境问题,以及目前我市的环境状况,并详细记录相关数据。

(2)收集整理

对活动过程中收集的资料进行归纳整理,以小组为单位制作一张小报,内容可以包括:

①活动剪影:调查统计图表、活动的部分照片。

②感想分析:这次实践活动的感想,对一些污染事件的看法等。

(3)宣传环保意识

①评出优秀小报,张贴在校园宣传栏中,并提出倡议。

②当小小解说员,向家长、周围邻居介绍一些环境问题,讲解一些环保做法。

预计效果:

(1)学生能够形成正确的资源观、环境观,具有保护环境的责任感和使命感。

(2)学生在课题研究中能够增强团结协作、信息搜集和处理的能力。

(3)学生能够在日常生活中注意保护环境。

检验方法:

(1)通过学生的调查报告进行直观分析和检验。

(2)观察学生在今后的学习中分析问题的能力以及在日常生活中是否注意保护环境。

范例三(家长会)

经过一个学期的学习,学生在学习、交往、综合表现等方面都发生了很大的变化。为了在学期末与家长就学生的整体表现进行沟通和交流,帮助学生在以后的学习中克服缺点,不断进步,班主任决定召开一次家长会。

假如你是该班的班主任,请设计一个家长会方案(自选一个学段)。

【参考设计】

学段:初中

题目:回顾与展望——期末家长交流会

设计依据:

一个学期过后,需要对学生在本学期的表现做出总结和评价。肯定其努力并且督促其改正问题,继续进步,这需要家长的密切配合,特别是在临近假期之时,需要家长和教师形成教育合力,才能达成对学生教育和影响的一致性。

活动目标:

(1)整合学校、家庭的教育力量,加强教师与家长的沟通,共同办好教育,促进孩子健康成长。

(2)对学生一学期的表现做出合理的评价,增强学生学习的自信心和积极性。

(3)认真听取家长对班级管理和教育教学的意见、建议,做好后续教育教学工作。

活动准备:

(1)选取入场音乐,创设愉快的会场氛围。

(2)设计黑板布置。

(3)向家长发放困惑咨询表和班级建设意见征集表,征求家长在家庭教育方面的困惑和对班级工作的建议和意见。

(4)准备给家长的一封信以及家长会的PPT和演讲稿。

(5)制作班级在本学期取得的各项成绩表及孩子在校生活的视频短片。

(6)请家长提前准备好对孩子在本学期的学习生活的点评和对孩子新学期的展望的发言。(在家长会上进行交流)

(7)与个别家长沟通,准备在家长会上介绍自己的教育心得。(将提前准备发言的家长分在不同小组)

(8)将教室座位合并成几个小组,每个小组6~7人。

活动内容与过程：

(1)向家长分发本学期的学生评语。

(2)班主任总结一学期以来班级建设取得的成绩。

(3)班主任总结期末检测的情况。帮助家长分析原因，提出今后的改进措施，并指导家长正确对待考试成绩。

(4)家长分组交流教育心得和教育中存在的困惑，相互学习，共同提高(讨论结束后，每小组安排一名家长发言)。

(5)家长代表发言：吐露自己的教育心得和感慨，表达对孩子的看法和希望，提出自己的见解，并对班级今后的工作提出建议和意见。

(6)对家长在问卷中提出的问题进行反馈，并给家长提出几点教育孩子的建议。要帮助家长认识到学生的成长应该是全面的，不能仅仅看成绩，更要关注学生在成长过程中的身心健康、人格发展，要以发展的眼光看待学生，关注孩子一点一滴的进步。

(7)观看班级视频短片，取得家长对班级工作的支持和理解。

(8)对新学期的学习生活提出展望和期待。

(9)假期的安全教育。

(10)与部分家长进行个别沟通。

预计效果：

(1)家长有正确的教育理念和方法，能够与教师共同努力，形成教育合力。

(2)学生从家长和教师的评价中获得鼓励和肯定，学习的积极性和主动性得到提高。

检验方法：

(1)与学生沟通，从侧面了解家长的想法和做法。

(2)通过联络群组与家长直接沟通，及时了解家长的教育想法和教育方法。

第四章 教育写作题

第一节 2014—2023年真题分析

年份	命题方式	主题	要求
2023	材料作文	农村特岗教师的使命	选准角度,确定立意,明确文体,自拟标题,不要套作,不得抄袭。不得泄露个人信息,不少于600字。
2022		教师的角色与担当	深入思考,确定立意,自拟题目,写一篇不少于600字的议论文。
2021		好老师	
2020		扶贫与教育	选好角度,确定立意,自拟题目;诗歌除外,文体不限。不少于600字。
2019		责任与奉献	
2018		逆境出人才	
2017		为师之道	
2016		舍利取义	
2015		愚公精神(艰苦奋斗等)	
2014		爱岗敬业,无私奉献	

第二节 教育写作评分标准

一、评分标准

为了让考生了解写作中需要注意的问题,有一个自我评价的标准,我们在结合高考作文评分标准的基础上,专门制定了针对河南省特岗教师招聘考试的教育写作评分标准,详见下表。

教育写作评分标准

标准 \ 等级	一等文章 (30~40分)	二等文章 (20~29分)	三等文章 (10~19分)	四等文章 (9分以下)
内容	题目完整 切合题意 中心突出 内容充实 感情真挚 见解深刻 有创意 符合文体要求	题目完整 符合题意 中心明确 内容较充实 感情真实 见解较深刻 较有创意 符合文体要求	题目完整 基本符合题意 中心基本明确 内容单薄 感情基本真实 见解略显深刻 略显创意 大体符合文体要求	题目完整 略显符合题意 中心不明或立意不当 内容空洞 感情虚假 个别语句有点深刻 略显个性 略能符合文体要求

等级 标准	一等文章 （30~40分）	二等文章 （20~29分）	三等文章 （10~19分）	四等文章 （9分以下）
语言	有文采 语言流畅	较有文采 语言通顺	略显文采 语言基本通顺	个别语句精彩 语病较多 不通顺
结构	结构严谨	结构完整	结构基本完整	结构混乱
书写	字体工整 没有错别字	字体较工整 基本没有错别字	字迹清楚 错别字较少	字迹潦草难辨 错别字较多

二、评分解读

1. 切合题意

一等切合题意，二等符合题意，三等基本符合题意，四等略显符合题意。

现在的教育写作，无论是话题作文，还是材料作文，正确的立意可能有多个，但是如果材料已经暗示了几个立意角度的关系，那么这些最佳立意角度中最具有辩证性的立意，就是最切合题意的。如果材料叙述冷静客观，没有流露褒贬，从几个允许的角度立意，都算符合题意。基本符合题意是指作文的中心论点与作文材料或题目有关联，是从材料引申出来的，阐述了题目的基本含义但又偏离了出题人的本意。偏离题意是指作文的中心论点与题目毫无关系，这个论点不在材料命题含义的范围内，如命题人让写的主题是"创新"，考生写的主题是"合作"。

2. 中心突出

一等中心突出，二等中心明确，三等中心基本明确，四等中心不明或立意不当。

中心突出即全文明确表达出了一种观点，如赞同什么，反对什么，认为是什么，我们该怎么办，有明显的主论点和分论点，并且论据能充分表现主题。中心不明或立意不当常表现为语言堆砌，多样论据、故事的罗列，各种观点都有，这些观点前后无关联，甚至矛盾，无主旨句，老师阅后不知文章在阐述怎样的道理。

3. 内容充实

一等内容充实，二等内容较充实，三等内容单薄，四等内容空洞。

作文内容即作文中运用词句呈现出来的整体情况，包括各种论据、材料，记叙的事件、情节等。内容充实是指作文中所用的材料丰富真实，运用合理，针对现实，言之有物，且言之凿凿。内容单薄指文章像是在做简答题或论述题一样，甚至空发议论，空喊口号，没有可信服的材料，满是空洞的说教之词。内容空洞是指论述不着边际，缺乏实质性内容，记叙天马行空，让阅卷老师如坠云里雾里。

4. 思想感情

一等思想健康，感情真挚；二等思想健康，感情真实；三等思想基本健康，感情基本真实；四等思想不健康，感情虚假。

如果文章表达的思想感情是作者真挚感情的自然流露，与文章内容和谐一致，融为一体，合情合理，且传递的是正能量，引导读者积极向上，则视为思想健康，感情真挚。如果文章表达的感情不符合情理，是矫揉造作的虚情假意，甚至与文章内容冲突，传递的是负能量，给读者以不良影响，把读者引向灰暗的死胡同，则视为思想不健康，感情虚假。

5. 创意

一等有创意，二等较有创意，三等略显创意，四等略显个性。

作文有创意有时也表述为作文有创新或者作文有个性。

创意包括作文的各个方面,涵盖观点、内容等。有创意体现在见解新颖,观点不同于众人,能够引人注意;材料新鲜,时代感强,贴近社会生活;构思精巧,推理想象有独到之处,能够吸引人;语言比较新颖;全篇有突出的个性特征。略显个性表现在见解、材料一般,基本属于"泯然众人"类型;构思基本完整,但太常规;推理想象较少,甚至没有;整篇文章的个性不突出。

6. 符合文体要求

一、二等都需符合文体要求,三等大体符合文体要求,四等略能符合文体要求。

文体方面,不做过分的限制,能大致看出是议论文或记叙文、书信体、演讲稿即可。议论文的三要素要齐全,能看出明确的论点、论据、论证方法。记叙文的六要素要完备,故事的时间、地点、人物、起因、经过、结果要叙述清楚。

7. 结构严谨

一等结构严谨,二等结构完整,三等结构基本完整,四等结构混乱。

结构严谨即文章有一个严密有力的框架(骨骼)在支撑,这个框架保证文章可以坚强地站立,有始有终,并有说服力。同时,上下部分紧密相连,前后内容围绕中心,是个有机的整体。结构完整即文章大概有个框架,前后能比较自然地联系、过渡。结构基本完整即文章有个基本的小框架,前后稍微有联系。结构混乱即文章如一盘散沙,条理不清,逻辑不明,甚至没有成篇。

8. 语言流畅

一等语言流畅,二等语言通顺,三等语言基本通顺,四等语言不通顺。

以600字的作文为例,语言流畅即文章语句自然通顺,有文采,语病在3处内;语言通顺即文章读起来上下衔接自然,不一定有文采,语病在5处内;语言基本通顺即上下语句大致能连起来,语病在7~10处;语言不通顺即有大量语病,读起来佶屈聱牙,影响理解。

9. 字体

一等字体工整,二等字体较工整,三等字迹清楚,四等字迹潦草难辨。

字体工整即书写规范,端正大方,全文整齐有力;字体较工整即字体可能不规范,有大有小,上下错落,不够整齐,但易辨识;字迹清楚是指字迹尚能让阅卷老师看懂写的是哪个字;字迹潦草难辨就不单单是连笔的问题,而是"龙飞凤舞",难以辨认,无从阅读。

第三节 教育写作答题技巧

一、审题

正确审题是顺利解题的关键,考生的审题能力直接决定着答题质量。审题就是分析材料所表现出来的主旨、意图和角度,由于材料本身的意思是由阅读者本人领会出来的,所以会造成理解上的多样性,这种多样性只要符合材料的主旨、命题者的意图,都是允许存在的。

为了保证能真正读懂材料,考生在阅读过程中需要把握以下几个原则:

(1)**时间原则**。注意审题效率,保证做到又好又快。(2)**整体把握原则**。全面理解材料信息,宏观把握。(3)**筛选性原则**。筛选题中有用信息,辨别无用信息。(4)**抓关键点原则**。找出材料主旨及其命题角度是关键。

审题方法主要有:略读、精读、速读、跳读。在审题时,考生要想完全理解材料,至少要将材料阅读两三遍,每一次阅读都有应该完成的任务。

第一遍:主要是了解材料内容,速度应尽可能快,只要把握住关键句和中心句即可。在这一遍阅读中要掌握阅读的技巧——圈点画线,编注眉批,把握材料中的关键句和中心句。

第二遍:主要是理清材料脉络,提炼材料中心思想。第二遍阅读材料的目的是:由感性认识上升到抽象理解。理清脉络的具体步骤是:总结自然段;划分段落层次——可用合并同类法;提炼中心思想——透过表象分析本质。

第三遍:检查有无遗漏和误解。

二、写作

近年来,河南省特岗教师招聘考试写作的主要题型是论述类题型,考生需要就给定材料所反映的主要问题进行论述,要求中心明确,内容充实,论述深刻,有说服力。

1. 写作步骤

(1)通读材料及写作要求,抓住主要问题。

(2)思考材料提出的主要问题,提炼出中心论点。注意要从命题人的思维角度出发,把握其命题意图。

(3)围绕中心论点选择能证明其合理性的材料,在头脑中酝酿写作提纲,对全文谋篇布局。

(4)将头脑中酝酿成熟的文章内容表述出来。注意不要随意修改,不写错别字,保持卷面整洁。

2. 文章写作

(1)确立论点。论点是考生的主要观点、见解,因此确立论点首先应联系实际并严格遵循针对性、新颖性、准确性和前瞻性等原则。同时,立论应注意几个问题:把握题意,全面分析;要有理论分析,显示专业素养;明确写作角度,符合题意。

(2)确立标题。标题是文章的"窗口",它能映射出文章的中心思想,显示出作者的写作水平。因此,好的标题能使人耳目一新,吸引阅卷教师的注意力。河南省特岗教师招聘考试写作中标题的拟定方法主要有这几种:开宗明义,点明主旨;高度概括文章内容;运用修辞,为文章添彩;引用诗句或名言。

注意:河南省特岗教师招聘考试写作中切忌标题不准确,表述老套。经常会看见有的考生的答卷标题不够贴切、精练、生动,具体表现有:标题表述欠妥,使人产生歧义;标题不够具体,空泛乏味,大而无当;文章标题的观点、立场、态度不够鲜明;标题不够精练,句式复杂,语言啰唆,难以让人产生阅读的兴趣;标题不生动,难以给人留下深刻印象。

(3)论证要充分。论证是文章的骨架,是论点的支柱,因此论证要严密、得当,才能支撑文章论点。这主要表现在逻辑严密、结构严谨、详略得当。

考生在论证时容易出现的问题有:丢掉主旨,偏离题意;立意陈旧,思路单一;思路不清,逻辑混乱;不会引用,断章取义。

(4)论据要有力。论据是文章的血肉,好的论据应做到感情丰富,使文章鲜活起来。如果说论述是晓之以理,那么论据就要动之以情了。

论据的引用需遵循的基本原则:引用材料要简洁明了;切不可直接引用试卷中所给材料;联系实际,突出论据的针对性。

3. 常用写作方法

(1)联想法

孤立地去谈某些事,容易显得平淡而枯燥,如果展开联想,由该事物想到与之相关的另一事物,并从它们的相互联系中去突出事物的特征,发掘事物的本质,就可以使议论变得更加深入,思路也会更加开阔。

(2)分类法

分类法就是按照事物的性质、特点、用途等作为区分的标准,将符合同一标准的事物聚类,不同的则分开的一种认识事物的方法。当我们遇到较为抽象的论题,如果笼统地去谈,议论就很难展开。这个时候我们就可以考虑将所要讨论的事物做一下分类。分类不仅可以打开思路,还可以更加深入地看待问题。

(3)层递法

层递法是一种给论题加上其他成分,进行变形思考的方法。对于一些抽象的概念,如果只就概念本身来谈很容易使议论空泛、肤浅。这时候可以考虑采用"层递"的方法,缩小议论,层层深入。层递法有两种方式:一种是增加定语。随着定语的不断增加,文章的思路不断向前发展,议论的范围也就逐步集中到更小的范围之内。另一种是扩展内容。把一个抽象的论题具体化,从而使文章的思路更加开阔、论述更加全面。需要注意的是,在使用层递法时既不能出现论点转移的情况,也不能把增加成分以后的概念作为分论点,造成论点的不集中。

(4)阐述法

阐述法即在论证过程中对论据进行阐明、解释,把论据中所蕴含的为了证明论点的内容揭示得更加鲜明、充分的一种方法。它有助于我们打开写作思路。

(5)反弹琵琶法

有些问题似乎已成定论,但仔细分析就会发现其中仍有不恰当的地方。这就需要我们拿出破旧立新的勇气,推翻传统的看法,提出新的见解。这种逆向思维、推陈出新的方法,我们称之为"反弹琵琶法"。它可以帮助我们破除陈旧观念,得出新的见解。

第四节 教育写作素材精选

一、妙言隽语

1. 他们似园丁,用慈母般的乳汁哺育着满园的桃李,用深深爱意滋润着处处心田;似红烛,有一分热,便会发一分光,耗尽自己,照亮他人;似春蚕,用尽最后一份力,吐尽最后一根丝,用生命满足人们对美的向往。

2. 教育是一种幸福,教育的理想就是引领孩子们一心一意、时时刻刻去追求本来就应该属于他们的幸福,去成为他们本来就应该成为的人……所以,我们要关注每一个孩子,使每一个孩子都能在自己应有的发展空间自由、充分、和谐地发展。

3. 教育不是牺牲,而是享受;教育不是重复,而是创造;教育不是谋生的手段,而是生活的本身。教师的一生不一定要干成什么惊天动地的伟业,但它应当如百合,绽开是一朵花,凝集成一枚果;它应当如星辰,远望像一盏灯,近看是一团火。应该庆幸,在教育中享受着生命,和学生一起成长,采摘到了一路的幸福体验。

4. 教育是知识创新、传播和应用的主要基地,也是培育创新精神和创新人才的摇篮。

5. 教师要敏锐地观察生活,善于用生活的内容、时代的"活水"来充实、丰富教材。

6. 作为教师,只要我们摒弃传统"照本宣科"的教学观念,增强课程意识和课程资源开发能力,就一定能"化平庸为神奇",使教材这一课程资源的价值得到"超水平"发挥。

7. 敬业,是对自己的尊重,对工作的尊重,是在工作中表现出来的优秀品德和人格。这种内在的精神,是鼓舞人们勤勤恳恳、认真负责工作的强大动力,是一种对事业全身心投入和不悔追求的信念,是拼搏奋斗的动力以及事业成功的保证。

8. 教育是事业,事业的成功在于奉献;教育是科学,科学的探索在于求真;教育是艺术,艺术的生命在于创新。

9. 教给学生能借助已有的知识去获取新知识,这是最高的教学技巧之所在。

10. 追求理想是一个人进行自我教育的最初的动力,而没有自我教育就不能想象会有完美的精神生活。我认为,教会学生自己教育自己,是一种最高级的技巧和艺术。自我教育需要有非常重要而强有力的促进因素———自尊心、自我尊重感、上进心。

11. 要记住,你不仅是教课的教师,也是学生的教育者、生活的导师和道德的引路人。

12. 播种行为,可以收获习惯;播种习惯,可以收获性格;播种性格,可以收获命运。

13. 课堂教学要引领学生攀登知识的高山,攀登情感的高山,攀登思维的高山,攀登人格的高山。

14. 教师不应该专教书,他的责任是教人做人;学生不应该专读书,他的责任是学习人生之道。

15. 教师是火种,点燃了孩子的心灵之火;教师是石级,承受着孩子一步步踏实地向上攀登。

二、榜样故事

1. 袁隆平——"禾下乘凉梦"

"我有一梦,叫作'禾下乘凉梦'。我们的水稻有高粱那么高,穗子有扫帚那么长,籽粒有花生米那么大,我看着好高兴,坐到稻穗下乘凉。"

袁隆平院士是中国杂交水稻事业的开创者,是当代神农。几十年间,始终在农业科研一线辛勤耕耘、不懈探索,为人类运用科技手段战胜饥饿带来绿色的希望和金色的收获。他不畏艰难,甘于奉献,呕心沥血,苦苦追求,为解决中国人的吃饭问题做出了重大贡献。他的卓越成就,不仅为解决中国人民的温饱和保障国家粮食安全做出了贡献,更为世界和平和社会进步树立了丰碑。

【适用主题】①无私奉献;②坚持不懈;③终身学习;④梦想;⑤不忘初心。

2. 张桂梅——让教育之光照亮贫困山区

张桂梅,云南省丽江华坪女子高级中学党支部书记、校长,华坪县儿童福利院(华坪儿童之家)院长。张桂梅同志把全部身心投入到边疆民族地区教育事业和儿童福利事业,创办了全国第一所全免费女子高中,是华坪儿童之家130多个孤儿的"妈妈"。她常年坚持家访,行程11万多公里,覆盖学生1300多名,为学校留住了学生,为学生留住了用知识改变命运的机会。她吃穿用非常简朴,对自己近乎"抠门",却把工资、奖金捐出来,用在教学和学生身上。她以坚韧执着的拼搏和无私奉献的大爱,诠释了共产党员的初心使命。

扎根边疆山区教育四十余载,张桂梅用教育之光阻断贫困代际传递,照亮了无数人的心。2020年张桂梅被评为"全国优秀共产党员""时代楷模"。2021年张桂梅被授予"七一勋章"。"学生们远方有灯、脚下有路、眼前有光,在山沟沟里也能看到外面精彩的世界,看到美好的未来。"张桂梅在"七一勋章"颁授仪式上发言时说道,"只要还有一口气,我就要站在讲台上,倾尽全力、奉献所有,九死亦无悔!"

【适用主题】①乡村教师;②爱岗敬业;③坚守初心;④顽强拼搏。

3. 杨宁——山川展画图

杨宁,现任广西壮族自治区柳州市融水苗族自治县江门村党总支书记、村民委员会主任、全国青联常委。

2010年,杨宁大学毕业后毅然回到家乡——国家扶贫开发工作重点县融水苗族自治县的安陲乡江门村,当起了大学生村官,在村里一干就是6年,用心为村里的老人、残疾人、瘫痪病人、留守儿童等解决生活中的种种困难,赢得了群众的真情拥护。

2016年,杨宁决定通过网络渠道推广、销售村子里的农副产品,分享大苗山的美食和文化。很快,杨宁和6名大学生村官成立了融水县大学生村官创业联盟,共同建立起"苗村倌"农产品电商服务中心和微信公众号,并通过大学生村官们的微信朋友圈,做起了"微商"。

2017年,她被群众一致推选为村委会主任。她全心全意为群众、一心一意谋发展,带领328户贫困户发展高山泉水西瓜、高山水稻等特色产业,并创办了"苗阿嫂"品牌,通过品牌销售农产品,使户均收入增加3200多元。带领农村创业青年成立了"苗村倌"农产品电商服务中心,3年销售贫困户特色农产品900多万元,带领江门村94户326人成功脱贫,贫困发生率从20%降低到0.05%,实现整村脱贫。

【适用话题】①党员模范;②乡村扶贫;③无私奉献。

第五节 教育写作范文展示

范文一

坚守职业素养,做新时代教师

"春蚕到死丝方尽,蜡炬成灰泪始干。"教师好似一支蜡烛,虽然细弱,但有一分热,发一分光,照亮了别人,耗尽了自己。作为未来教师团队中的一员,在新时代更应该立志成为一位爱岗敬业,拥有良好师德,能够言传身教的教师。在新时代的背景下,做一名能够坚守职业素养的教师,不仅让个人的青春激荡,让求知的学子成长,还能让知识传承,让文明赓续。

扎根基层40载,辛苦奋斗数十年,为的是用自己的青春,用自己的光芒来奉献云南当地的教育事业。如今的张桂梅依旧在基层教育散发光亮,她用行动阐释了教育事业者最终奋斗的目标———教书育人,并且始终将德育教育、爱国教育、理想成才教育作为自己的初心和使命,她激励着我们踏上三尺讲台。那么,在今后的育人之旅中,我们又应该怎样坚守职业素养,做一名新时代的教师呢?

首先,爱岗敬业是基础。古语说"十年树木,百年树人"这就意味着作为一名教师必须要忠诚于人民的教育事业。在这三尺讲台上,教师要像那默默奉献的春泥,给予学生养料,时刻践行新时代教师的使命,将"有理想信念,有道德情操,有扎实学识,有仁爱之心"的"四有"精神牢记心中。

其次,良好师德不可少。教师良好的思想品行将是教师最伟大的人格力量的体现。"上一秒疲惫不堪,下一秒笑容满面",虽然变的是表情和状态,不变的却是良好的职业操守。这一良好的师德形象,不仅体现了教师良好的职业道德,还在潜移默化中影响着自己的学生。

最后,言传身教很重要。为人师表,不仅要言传,还要身教,用自己的模范行为影响、教育学生。一个言行举止合乎规范的教师,才能与学生打成一片,在融洽的师生关系中感染学生,从而成为学生学习的楷模。

当我们走上三尺讲台,要教书育人;走下三尺讲台,要为人师表。我们要坚守教师的职业素养,不仅要做莘莘学子的道德基因的转接者,更要做社会主义精神文明的建设者和传播者。

范文二

舍利取义,践行道德

道德虽然看不见、摸不着,但它却很重要,犹如氧气和水,没有氧气和水,我们就无法生存在地球上。因此,我们都应该努力践行道德,让社会上弥漫美好的道德之风。

践行道德,贵在舍利取义。

孟子曾说:"鱼,我所欲也,熊掌亦我所欲也。二者不可得兼,舍鱼而取熊掌者也。生,亦我所欲也;义,亦我所欲也。二者不可得兼,舍生而取义者也。"同样,在市场经济社会中,要恪守道德,就必须舍弃不当利益。有舍才有得,只有舍弃这些不义之财,我们才能对得起良心,才能达到道德的要求。中国肝脏手术专家吴孟超,在选择弟子时的第一个标准就是"德",他给自己和弟子定下规定:保证疗效的前提下,尽量用最便宜的药,尽量少做各种医疗设备的检查。吴孟超这样做大大减少了给医院带来的不当利润,但给患者省的钱却大大增加了。

践行道德,错在时刻从自身利益出发。

有人会说,只要我遵守道德要求,不违法乱纪就行了,该捐款时也捐款,该献爱心时也献爱心,但时时刻刻要维护自己的利益不受损害。其实不然,道德的践行和提升,关键体现在如何权衡自身和他人的利益上,尤其是当自身利益和社会利益发生矛盾时。例如在买东西找零钱时,自己不细心被商贩给了假钞,你是否想着赶快想法把它花出去?明知道这是假钞,人人厌恶,但是为了自己的利益,还是想把它花出去。这种做法实在是伤人害己,这种做法在无形中降低了自身道德素质,也损害了社会道德。

践行道德,做到一时舍利取义也许不难,难的是要坚持在平时的一言一行、点点滴滴中都做到,这就需要我们心中时刻想着他人,时刻为他人着想,为社会着想。

范文三

国势之强由于人,人材之成出于学

"国势之强由于人,人材之成出于学。"语出清代张之洞的《创设储才学堂折》,意指国家的强盛要依靠人才,人才的培养要依靠教育。面对晚清时期外患日亟、国事艰难的危局,张之洞深感教育、人才对于国家发展的重要意义,倡导开办新学之风,以教育强国、人才强国。这句话的内涵在今天也有着重要的借鉴意义。

习近平总书记高度重视人才工作,早在2013年庆祝欧美同学会成立100周年大会上的讲话中就指出:"人才是衡量一个国家综合国力的重要指标。没有一支宏大的高素质人才队伍,全面建成小康社会的奋斗目标和中华民族伟大复兴的中国梦就难以顺利实现。"在北京大学师生座谈会上的讲话中,他更是通过引用"国势之强由于人,人材之成出于学"来强调人才和教育的重要性。他说:"教育兴则国家兴,教育强则国家强。高等教育是一个国家发展水平和发展潜力的重要标志。今天,党和国家事业发展对高等教育的需要,对科学知识和优秀人才的需要,比以往任何时候都更为迫切。"

面对新一轮科技革命和产业变革的孕育兴起,"我们要深入贯彻新发展理念,深入实施科教兴国战略和人才强国战略",坚持优先发展教育事业,加快教育现代化,建设教育强国、人才强国,"努力建设一支矢志爱国奉献、勇于创新创造的优秀人才队伍"。只有这样,我们的民族才能在激烈的国际竞争中脱颖而出,我们的国家才能在新时代新形势下谱写改革开放这幅鸿篇巨制的新篇章。

"国势之强由于人,人材之成出于学。"教育的意义在于培养社会发展所需要的人。在我国,社会主义教育就是要培养社会主义建设者和接班人,这是坚持办学正确政治方向的重大问题,既是党和国家的教育方针,也是各级各类学校的共同使命。

"师者,人之模范也。"教师是学生健康成长的指导者和引路人,习近平总书记在北大考察时指出,建设政治素质过硬、业务能力精湛、育人水平高超的高素质教师队伍是大学建设的基础性工作。因此,要让教师更好地担当起学生健康成长指导者和引路人的责任。要抓好师德师风建设,引导教师把教书育人和自我修养结合起来,做到以德立身、以德立学、以德施教。

教育是国之大计、党之大计。我们应积极投身我国的教育大业,在奋斗中释放青春激情、追逐青春理想,以青春之我、奋斗之我,为民族复兴铺路架桥,为祖国建设添砖加瓦。

范文四

读到不忍舍处见真味

书,是精神领域的必需品;书,是喧哗浮躁的一剂灵药;书,是通向心灵深处的潺潺溪流。游戏娱乐、浮躁的时代氛围使不少人丧失了对阅读的兴趣。对于读书,我们有许多种选择,或是仰之弥高,钻之弥坚;或是泛泛而读,略晓其义。我以为精读一遍胜过略读百遍。

读书须读到不忍舍处,方是见得真味。身处浮华社会的我们,或许早已体会不到这种感觉。每天穿梭于车水马龙的街道,每个人都怀揣着或大或小的梦想奔走在人生的旅途。世人熙熙,皆为利来;世人攘攘,皆为利往。然而,当华灯初上,又有什么能带给我们一丝安慰呢?对,是书。书是炫目的先秦繁星,书是皎洁的汉宫秋月;书是珠落玉盘的琵琶,书是高山流水的琴瑟。书可以让我们诗意地栖息在天地之间,书可以让我们的灵魂找到归宿,书可以让我们穿越时空和古人促膝谈心。

每一本书,都有属于它的价值。读书不在多而在于精,在于细。只有反复揣摩,才能知其味品其香。读书是一个由厚变薄再由薄变厚的过程,也许我们会因为其中的一句话而被深深触动,反复理解,这也算是格物致知了。精读是"推""敲"不定的月下门,精读是"吟安一个字"的"数茎须",精读是"来试人间第二泉"的"小团月"。书集聚了人类的智慧和知识,似一座高山在等待每一个人攀登。无限风光在险峰,读书越加深入,才越能发现旖旎风光。

从孔子那里,我们可以读到"仁义礼智信"的真正含义;从雨果那里,我们可以读到"美就在丑陋旁边"的美丑对照原则;从曹雪芹那里,我们可以读到爱情的凄美和各色人性的原色。

若是懂得读书,定会成为一种嗜好,若略晓其义即厌之,定是只了解皮毛,成为一辆空马车而已。马车越空,噪音越大。金玉其外,败絮其中。纸上谈兵者难道不是因为没有深入阅读领会而只知道简单背诵吗?邯郸学步、东施效颦为人所笑,跟其未深入领会本质不无关联。

诸葛亮读书独观其大意的做法,我认为不是粗读,而是在无数精读积累的基础上,直入精髓的另一种深度阅读。而陶公好读书不求甚解,跟其大济苍生志向破灭后想麻醉自己的灵魂不无关联。若无韦编三绝的痴心醉读,哪来半部论语治天下,哪来"天不生仲尼,万古长如夜"?哪来大成至圣先师?

读书是一件奇妙的事情,它可以使浮躁的内心平静;会读书是一件美好的事情,它会使你感受到无穷无尽的乐趣。所以,读书——"精益求精"。

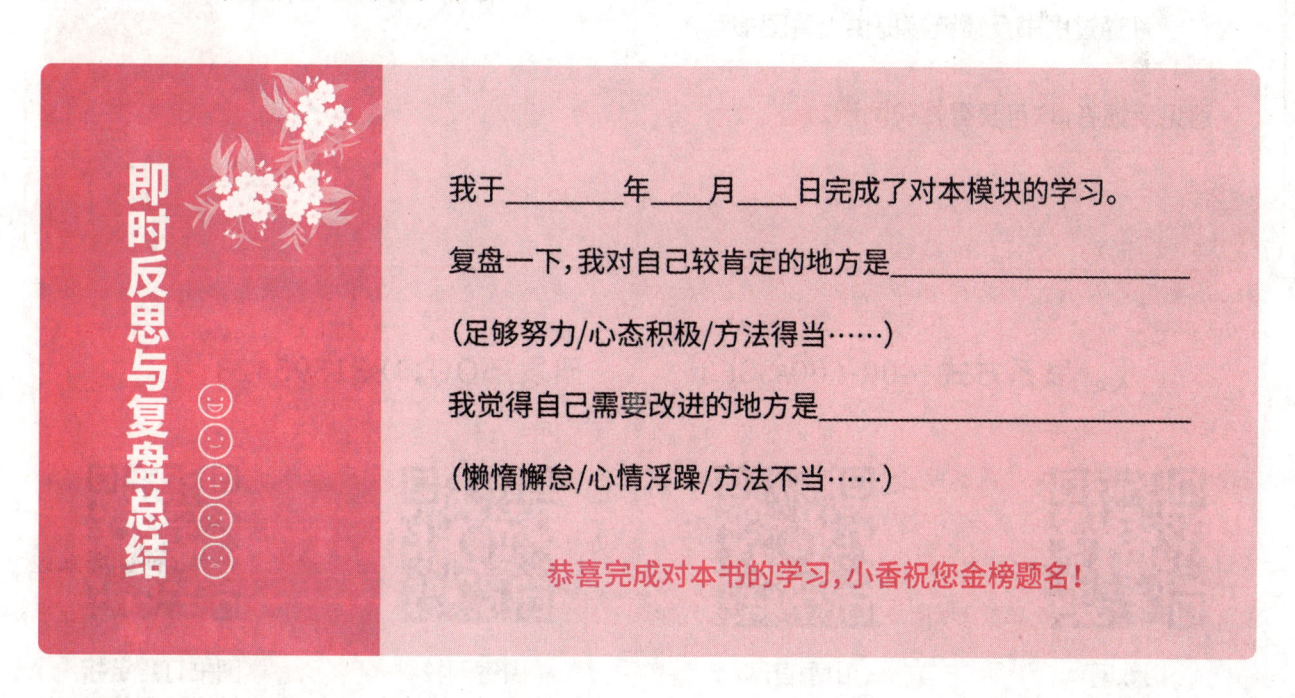

即时反思与复盘总结

我于_____年___月___日完成了对本模块的学习。

复盘一下,我对自己较肯定的地方是_____

(足够努力/心态积极/方法得当……)

我觉得自己需要改进的地方是_____

(懒惰懈怠/心情浮躁/方法不当……)

恭喜完成对本书的学习,小香祝您金榜题名!

图书反馈

重磅！考题有奖征集！

「凡提供当年度考题者，根据考题完整度，可获得500元以内奖励。」

具体请联系QQ：1831595423

（温馨提示：所提供考题须是当年度考题，且真实有效。）

亲爱的考生：

感谢您对山香教育的信任和支持，您的建议是我们前进的动力！为进一步提高图书质量，我们特向全国各地的考生开展图书反馈活动。

凡通过图书反馈链接提供山香图书意见反馈者，均可获得**相关网课1套**。

图书反馈链接

联系方式：400-600-3363　　研发部QQ：1831595423

招教网
招考资讯平台

山香官网
考编服务平台

山香网校
线上学习平台

图书订正链接
勘误更新平台